辽宁统计年鉴

2003

辽宁省统计局　编

中国统计出版社
China Statistics Press

(京)新登字 041 号

图书在版编目(CIP)数据

辽宁统计年鉴.2003/辽宁省统计局编.—北京:
中国统计出版社,2003.7
ISBN 7-5037-4091-4

Ⅰ.辽…
Ⅱ.辽…
Ⅲ.统计资料—辽宁省-2003—年鉴
Ⅳ.C832.31-54
中国版本图书馆 CIP 数据核字(2003)第 037952 号

辽宁统计年鉴—2003

作　　者/ 辽宁省统计局
责任编辑/ 蔡启新
E-mail/ Yearbook@stats.gov.cn
责任校对/ 王海鹰
封面设计/ 庄庆芳
出版发行/ 中国统计出版社
通信地址/ 北京市西城区三里河月坛南街 75 号　中国统计出版社
电　　话/ (010)63262295
印　　刷/ 辽宁省统计局印刷厂
经　　销/ 新华书店
开　　本/ 880×1230 毫米 1/16
字　　数/ 140 万字
印　　张/ 36.5
印　　数/ 2000 册
版　　别/ 2003 年 8 月第 1 版
版　　次/ 2003 年 8 月第 1 次印刷
书　　号/ ISBN 7-5037-4091-4/ F·1607
定　　价/ 240.00 元

本书附同版本 CD-ROM 一张,光盘内容以书面文字为准。

《辽宁统计年鉴》编委会和编辑出版人员

编 辑 委 员 会

主　　编　方晓林

副 主 编　张　晶　姜志悌　马艳竞　赵荣超

刘景文　黄　锡　张兴武　胡亚军　郑　坚

编辑委员　（以姓氏笔划为序）

于传国　王洪奇　孙　瑛　李旭文　李献唐

牟文普　李继斌　陈惠丽　郜树威　郭志敏

徐　平　徐卫平　崔英奇　黄贵顺　景玉霞　温炳林

编 辑 工 作 人 员

总 编 辑　姜志悌

副总编辑　王洪奇　乔智媛　王海鹰

编辑人员　于文宽　惠秀丽　琚慧敏　邓　焱

电 子 版 工 作 人 员

监　　制　方晓林

策　　划　张　晶　姜志悌　郑　坚

总体设计　李献唐　王洪奇

制　　作　李忠诚　王海鹰

编 者 说 明

一、《辽宁统计年鉴—2003》是一部全面、系统、翔实反映辽宁省国民经济和社会发展情况的大型资料工具书，本书收录了全省和各市、县、区2002年经济、社会、科技等方面大量的统计数据，以及全省历年主要统计数据。

二、全书分为二十个部分，即：1.行政区划和自然资源；2.综合；3.国民经济核算；4.人口；5.从业人员和职工工资；6.固定资产投资；7.能源和物质；8.财政；9.物价；10.人民生活；11.城市建设；12.农业；13.工业；14.建筑业；15.运输和邮电；16.商业；17.对外经济贸易和国际旅游；18.金融；19.教育、科技和文化；20.体育、卫生、社会福利和其他。另附辽宁省与有关省市经济指标对比及各市、县、区主要经济指标。

三、资料中所使用的计量单位除个别照顾使用习惯外均采用国际统一标准计量单位。

四、本年鉴的资料大部分来自年度统计报表，一部分来自抽样调查。

五、本年鉴部分数据的合计数或相对数由于单位取舍不同产生的计算误差均未作机械调整。

六、本年鉴中凡带续表的资料，如有注解均加在最后一张续表下面，请使用时注意。

七、本年鉴表中的符号使用说明："…"表示数据不足本表最小单位数；"空格"表示该项统计指标数据不详或无该项数据；"#"表示其中的主要项。

本《年鉴》的编辑出版，得到了各方面的大力支持和协作，在此深表谢意。由于编者水平有限，不足之处，欢迎广大用户和读者提出批评意见，以利改进。

目　录

六、固定资产投资

七、能源和物资

八、财政

十三、工　　　业

十四、建　　筑　　业

十五、运 输 和 邮 电

十六、商 业

十七、对外经济贸易和国际旅游

CONTENTS

CHAPTER 5 EMPLOYMENT AND WAGE

CHAPTER 6 INVESTMENT IN FIXED ASSETS

CHAPTER 10 PEOPLE'S LIVELIHOOD

CHAPTER 11 DEVELOPMENT OF CITIES

CHAPTER 12 AGRICULTURE

CHAPTER 16 DOMESTIC TRADE

CHAPTER 17 FOREIGN ECONOMY TRADE AND INTERNATIONAL TOURISM

国内生产总值

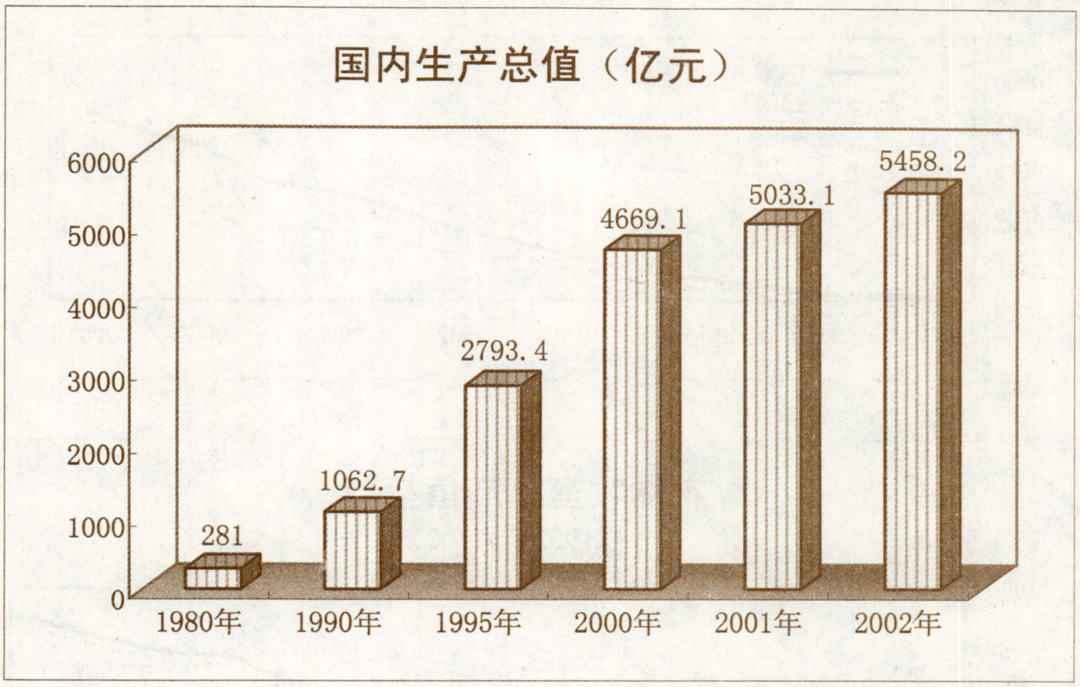

国内生产总值构成

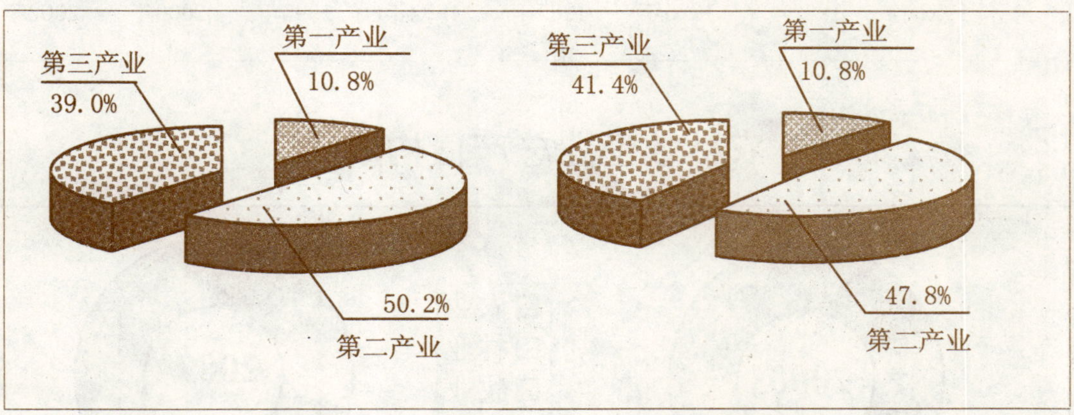

2000年　　2002年

工农业总产值

工业总产值指数

（以1952年为100）

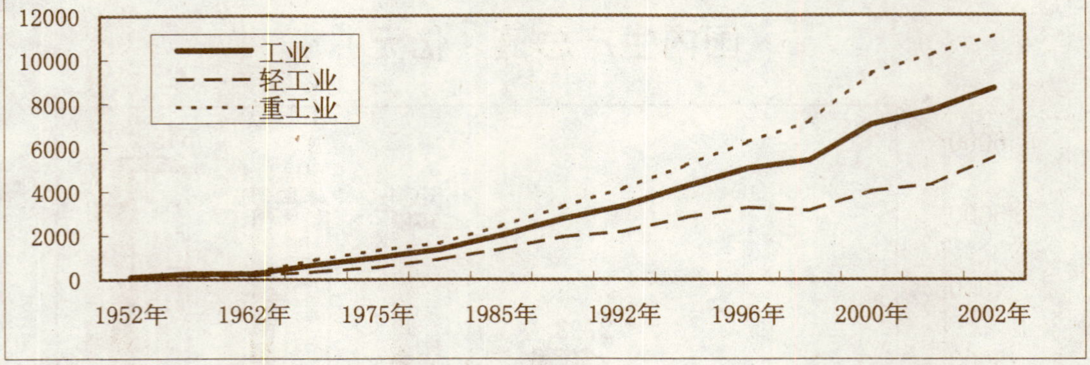

农林牧渔总产值指数

（以1952年为100）

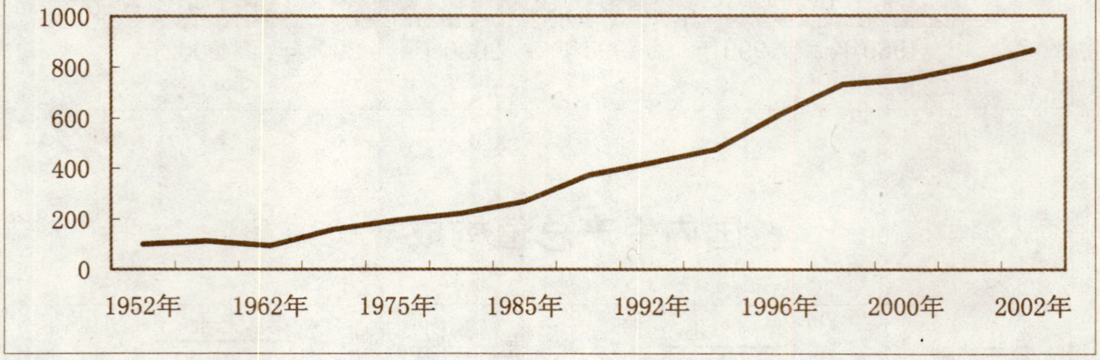

农林牧渔业总产值构成

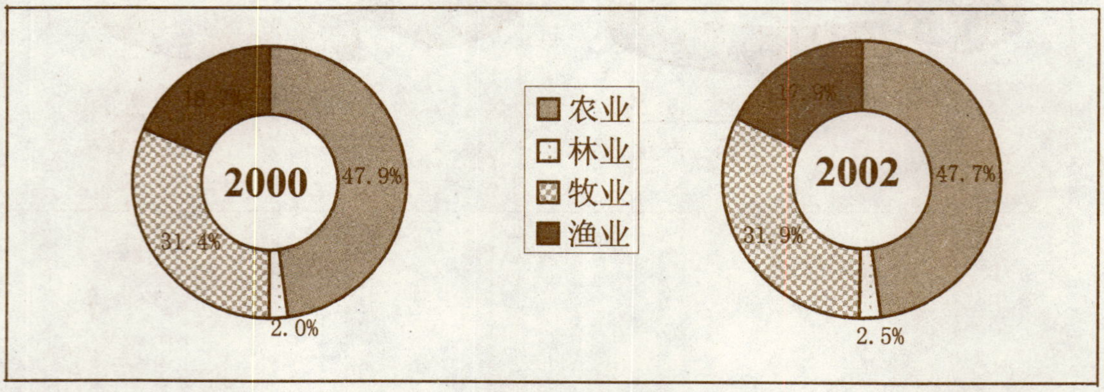

投资　外贸

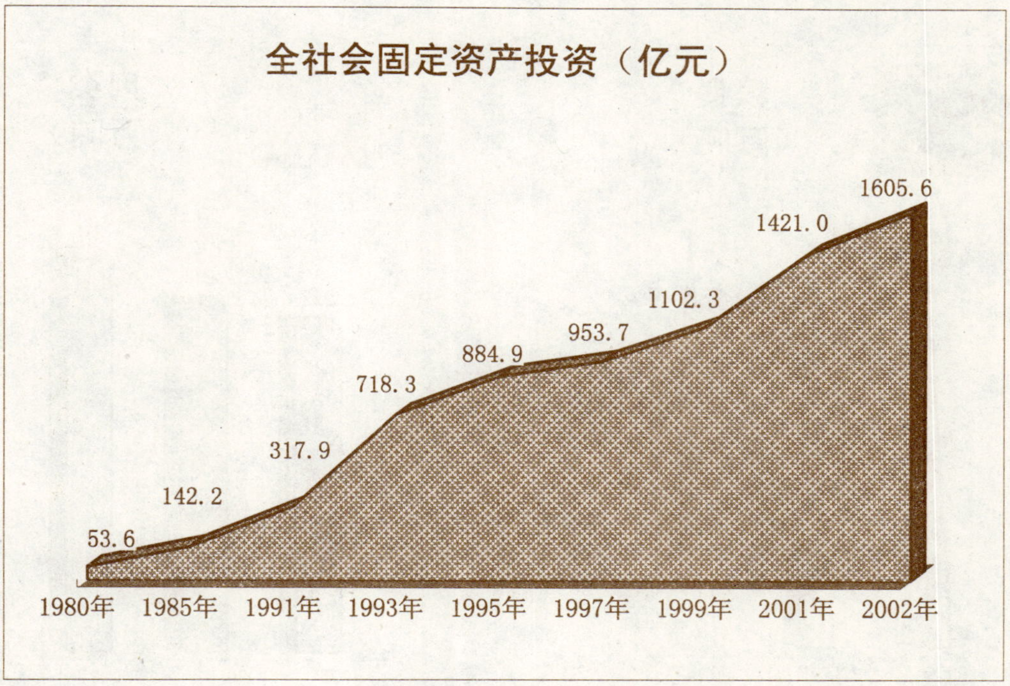
全社会固定资产投资（亿元）
53.6
142.2
317.9
718.3
884.9
953.7
1102.3
1421.0
1605.6
1980年
1985年
1991年
1993年
1995年
1997年
1999年
2001年
2002年

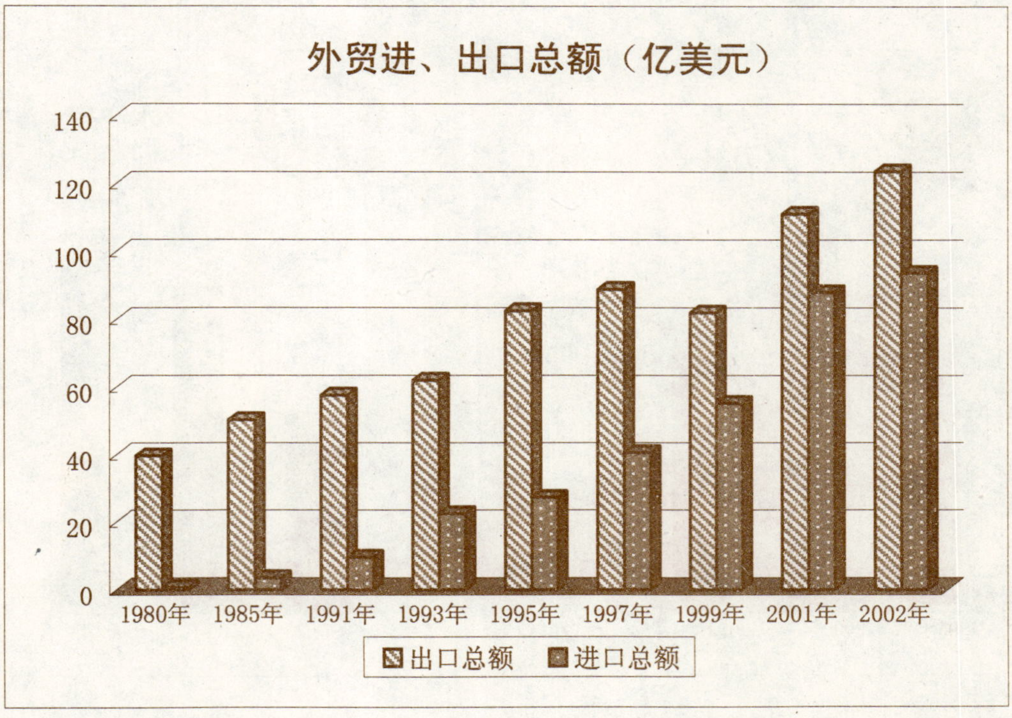
外贸进、出口总额（亿美元）
140
120
100
80
60
40
20
0
1980年
1985年
1991年
1993年
1995年
1997年
1999年
2001年
2002年
出口总额
进口总额

主要农业产品产量

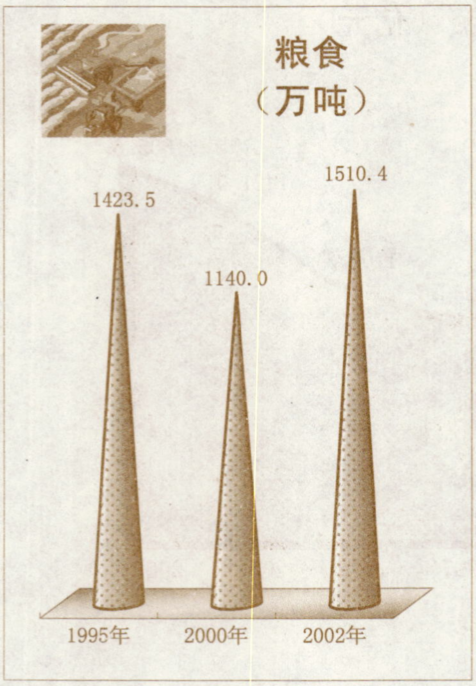
粮食
（万吨）
1423.5
1140.0
1510.4
1995年
2000年
2002年

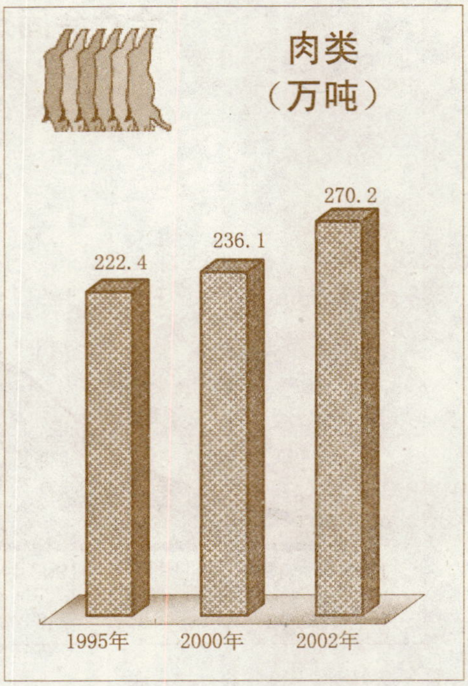
肉类
（万吨）
222.4
236.1
270.2
1995年
2000年
2002年

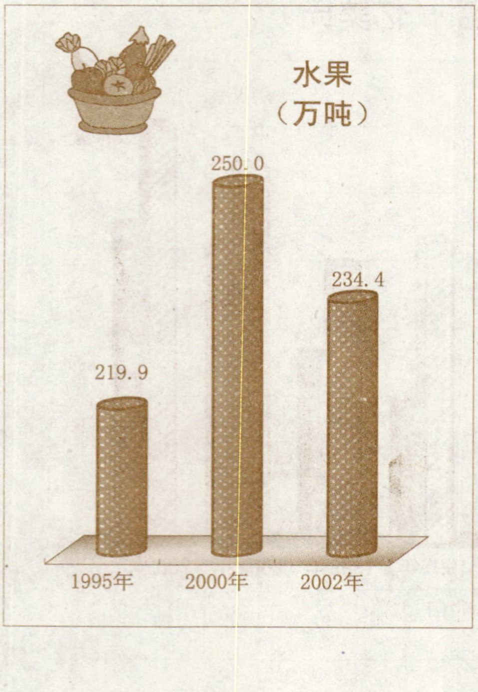
水果
（万吨）
219.9
250.0
234.4
1995年
2000年
2002年

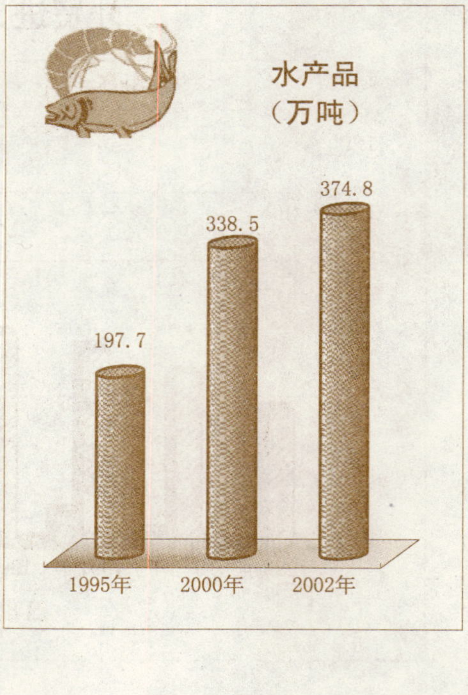
水产品
（万吨）
197.7
338.5
374.8
1995年
2000年
2002年

主要工业产品产量

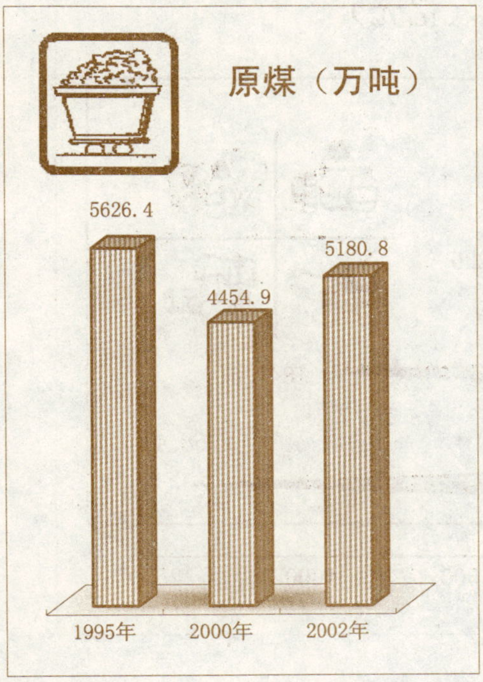
原煤（万吨）
5626.4
4454.9
5180.8
1995年
2000年
2002年

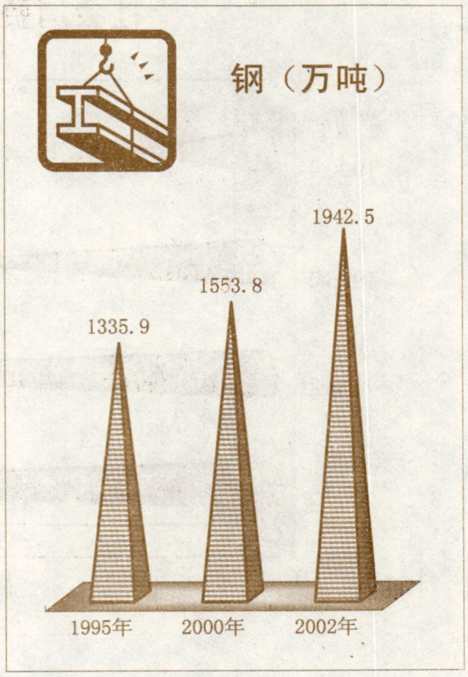
钢（万吨）
1335.9
1553.8
1942.5
1995年
2000年
2002年

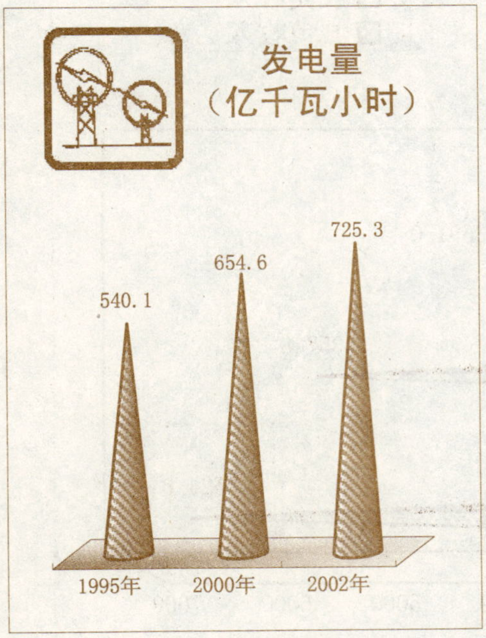
发电量
（亿千瓦小时）
540.1
654.6
725.3
1995年
2000年
2002年

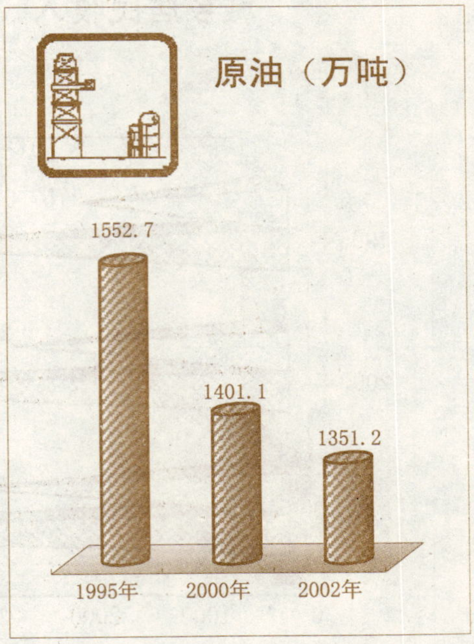
原油（万吨）
1552.7
1401.1
1351.2
1995年
2000年
2002年

贸易　生活

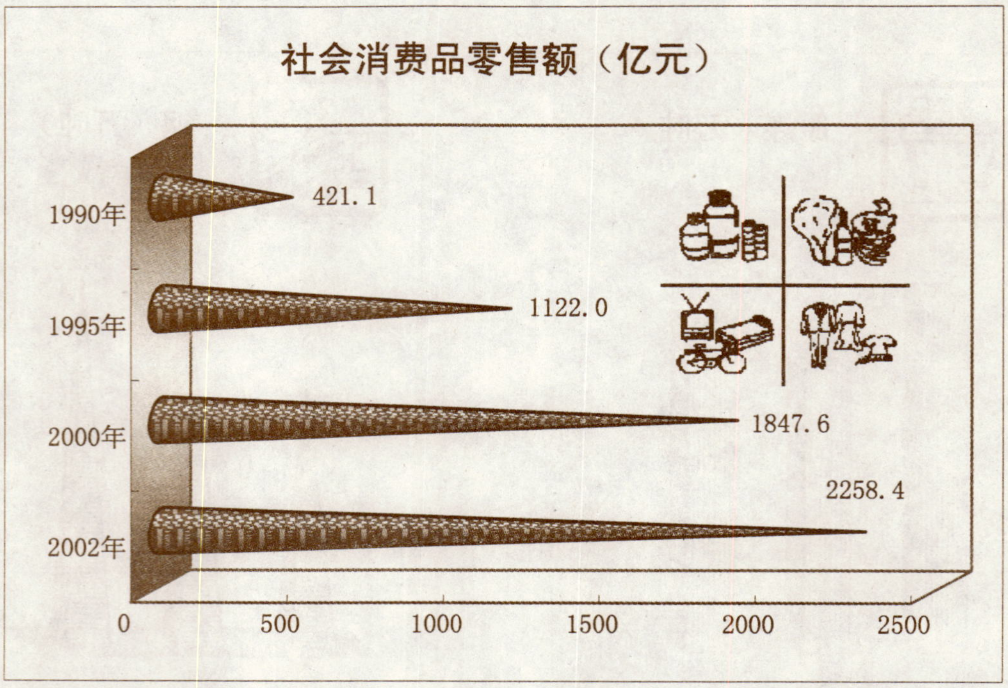

社会消费品零售额（亿元）
1990年
1995年
2000年
2002年
421.1
1122.0
1847.6
2258.4
0
500
1000
1500
2000
2500

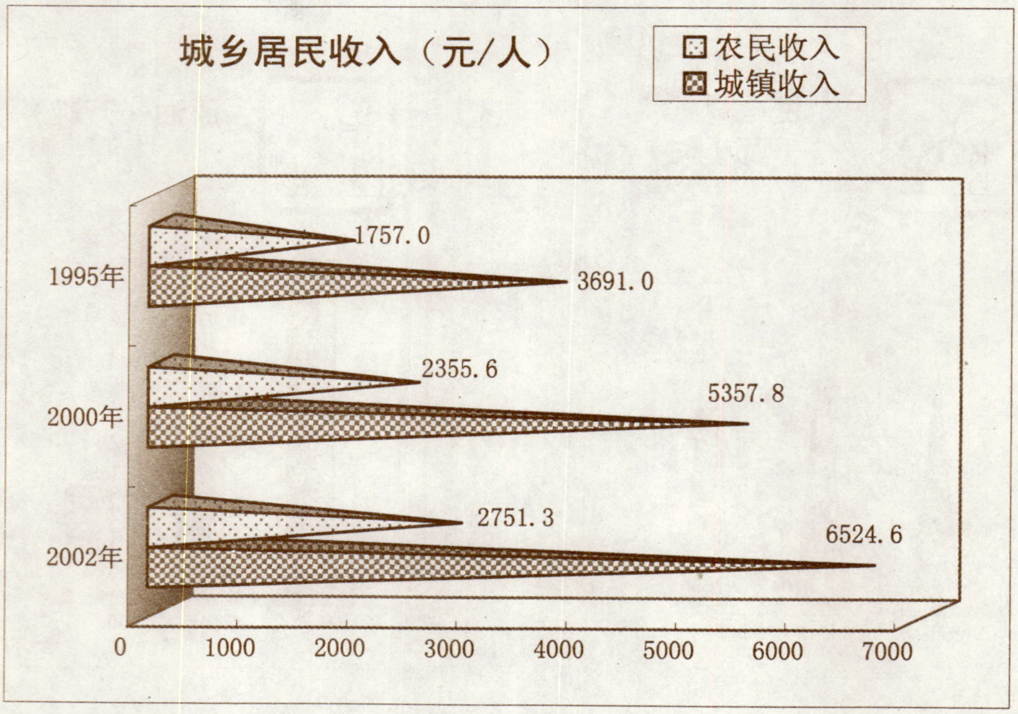

城乡居民收入（元/人）
农民收入
城镇收入
1995年
2000年
2002年
1757.0
3691.0
2355.6
5357.8
2751.3
6524.6
0
1000
2000
3000
4000
5000
6000
7000

第一篇

行政区划和自然资源

1

XINGZHENG
QUHUA
HE
ZIRAN
ZIYUAN

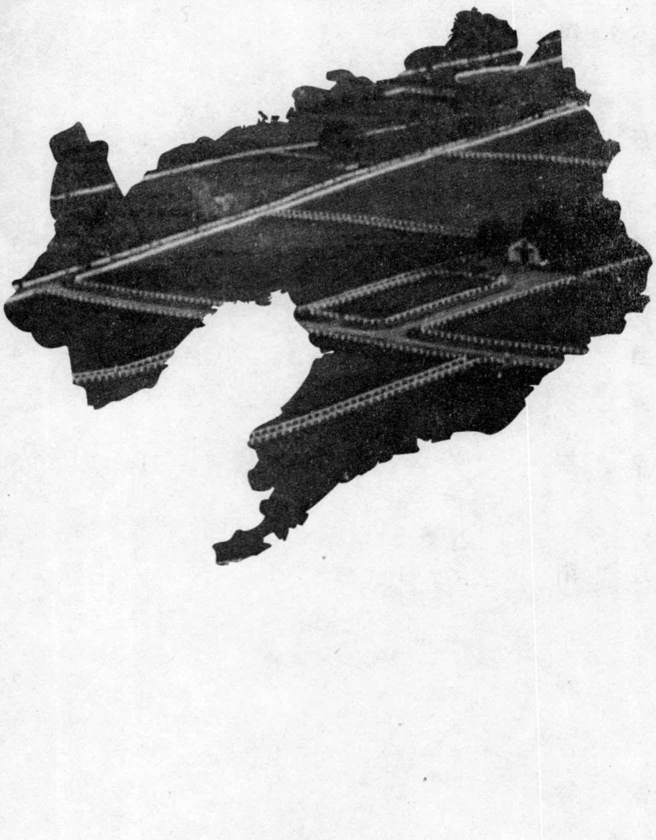

1—1 行　政　区　划

(2002年)　　单位:个

地　区	县级市	县	自治县	区	镇	乡	民族乡	街　道
全　省	**17**	**19**	**8**	**56**	**613**	**302**	**78**	**558**
沈　阳	1	3		9	64	47	10	124
大　连	3	1		6	65	17	5	96
鞍　山	1	1	1	4	58	7		38
抚　顺		1	2	4	24	21	2	33
本　溪			2	4	28	10	2	23
丹　东	2		1	3	60	2	2	24
锦　州	2	2		3	48	24	9	34
营　口	2			4	38	3		31
阜　新		1	1	5	34	27	4	29
辽　阳	1	1		5	29	5	2	25
盘　锦		2		2	19	9	1	27
铁　岭	2	3		2	51	25	13	13
朝　阳	2	2	1	2	61	68	6	26
葫芦岛	1	2		3	34	37	22	35

1—2 县区一览表

地区	县(市)	区
沈阳	新民市、辽中县、康平县、法库县	和平、沈河、大东、皇姑、铁西、东陵、苏家屯、新城子、于洪
大连	瓦房店市、普兰店市、庄河市、长海县	中山、西岗、沙河口、甘井子、旅顺口、金州
鞍山	海城市、台安县、岫岩县(满)	铁东、铁西、立山、千山
抚顺	抚顺县、新宾县(满)、清原县(满)	新抚、东洲、望花、顺城
本溪	本溪县(满)、桓仁县(满)	平山、溪湖、明山、南芬
丹东	东港市、凤城市、宽甸县(满)	元宝、振兴、振安
锦州	凌海市、北宁市、义县、黑山县	古塔、凌河、太和
营口	大石桥市、盖州市	站前、西市、老边、鲅鱼圈
阜新	阜新县(蒙)、彰武县	海州、新邱、太平、细河、清河门
辽阳	辽阳县、灯塔市	白塔、文圣、宏伟、弓长岭、太子河
盘锦	盘山县、大洼县	双台子、兴隆台
铁岭	调兵山市、开原市、铁岭县、西丰县、昌图县	银州、清河
朝阳	北票市、凌源市、朝阳县、建平县、喀左县(蒙)	双塔、龙城
葫芦岛	兴城市、绥中县、建昌县	连山、南票、龙港

1—3 自然状况及资源

指标	2002年	指标	2002年
一、自然状况		海水养殖面积	27.9万公顷
1.经纬度		滩涂面积	9.0万公顷
东经	118°53′～125°46′	浅海面积	14.5万公顷
北纬	38°43′～43°26′	港湾面积	4.4万公顷
2.气候		淡水渔场面积	15.9万公顷
平均降水量	532毫米	水库面积	8.4万公顷
平均气温	9.7摄氏度	小水面积	7.5万公顷
平均无霜期	198天	四、水资源	
平均日照时数	2 595.3小时	省内流域面积	14.6万平方公里
二、土地资源		#辽河	6.9万平方公里
土地总面积	14.8万平方公里	鸭绿江	1.7万平方公里
山地	8.8万平方公里	沿海诸河	5.8万平方公里
平地	4.8万平方公里	地表水:	
其他	1.2万平方公里	河川径流量	123.38亿立方米
1.耕地面积	414万公顷	#辽河	46.73亿立方米
2.园地面积	60万公顷	鸭绿河	43.88亿立方米
3.林地面积	430万公顷	沿海诸河	31.34亿立方米
4.牧草地面积	37.4万公顷	地下水:	
5.城镇村及工矿用地面积	110万公顷	资源量	70.13亿立方米
6.交通用地面积	8万公顷	地表水与地下水之间重复计算量	45.3亿立方米
7.水利设施用地	14.2万公顷	水资源总量	148.21亿立方米
8.未利用地面积	141万公顷	五、矿产资源	
三、海洋、水产资源		铁矿石	5 530 302千吨
海岸线总长度	2 920公里	煤	1 790 156千吨
大陆岸线长度	2 292.4公里	硼矿	3 325千吨
岛屿岸线长度	627.6公里	滑石	41 341千吨
大小岛屿个数	266个	流铁矿(矿石)	23 330千吨
有人居住岛屿	30个	玉石	199 772千吨
岛屿面积	191.5平方公里		

1—4 主要城市平均气温

（2002年） 单位:摄氏度

城市	1月	2月	3月	4月	5月	6月	7月	8月	9月	10月	11月	12月	年平均
沈阳	-7.4	-1.7	4.7	12.0	20.0	21.2	25.6	23.2	19.0	7.6	-3.2	-9.2	9.3
大连	-0.9	2.2	6.7	11.3	18.2	20.5	24.8	24.6	22.0	11.8	3.9	-2.3	11.9
鞍山	-4.7	0.9	6.4	12.8	20.9	22.1	26.2	24.0	20.9	8.9	-0.6	-7.0	10.9
抚顺	-9.8	-4.1	3.0	10.9	18.1	19.8	24.5	21.6	16.5	6.6	-5.6	-1.1	8.4
本溪	-7.8	-2.3	3.8	11.1	18.5	20.0	24.3	22.2	17.6	7.0	-3.9	-9.8	8.4
丹东	-4.9	-1.4	4.0	10.2	17.0	19.9	23.8	23.4	19.1	9.0	-1.1	-4.4	9.6
锦州	-4.2	-0.1	6.0	11.6	20.4	21.1	25.6	23.8	20.5	9.4	-0.2	-6.2	10.6
营口	-5.1	-0.4	5.6	11.8	19.4	21.6	26.1	23.9	20.0	8.9	-0.9	-7.1	10.3
阜新	-8.1	-3.0	4.2	10.8	20.2	21.1	25.5	22.4	18.1	6.7	-3.8	-9.6	8.7
辽阳	-6.4	-1.2	5.2	12.5	20.3	21.6	25.9	23.3	19.0	8.2	-2.1	-8.6	9.8
盘锦	-5.8	-1.2	4.5	11.0	19.5	21.1	25.1	23.1	19.5	8.3	-1.6	-7.5	9.7
铁岭	-8.3	-2.0	4.2	11.5	19.7	20.9	25.2	22.3	18.7	6.9	-4.3	-1.0	9.5
朝阳	-4.9	-0.1	6.4	12.1	21.4	21.4	26.2	23.7	19.3	7.7	-1.3	-7.9	10.3
葫芦岛	-3.7	-0.7	5.6	11.0	18.3	20.4	25.4	23.8	20.1	9.8	0.3	-5.8	10.4

1—5 主要城市降水量

(2002年)　　单位:毫米

城　市	1月	2月	3月	4月	5月	6月	7月	8月	9月	10月	11月	12月	全年
沈　阳	7.1	1.0	26.9	40.6	87.1	76.4	278.7	139.1	0.1	60.7	12.6	8.9	739.2
大　连	0.7	0.0	6.9	61.5	9.7	82.0	44.1	32.7	34.5	24.6	15.3	0.9	312.9
鞍　山	10.0	4.3	20.1	26.7	3.5	61.3	108.2	200.1	10.2	70.8	21.7	12.2	549.1
抚　顺	5.8	4.4	16.3	46.0	40.2	118.4	159.8	147.6	0.0	62.4	14.4	11.0	626.3
本　溪	9.8	4.2	18.6	38.9	34.2	123.8	187.8	128.1	3.2	76.2	17.2	15.0	657.0
丹　东	18.7	7.5	24.6	72.7	27.4	68.3	179.4	185.1	24.7	147.4	12.2	13.3	781.3
锦　州	0.1	0.0	22.9	59.2	4.5	104.1	109.6	104.0	2.2	10.1	0.4	2.7	419.8
营　口	4.4	5.3	22.8	29.6	12.6	63.5	102.2	233.7	7.3	81.4	22.3	8.4	593.5
阜　新	1.3	0.0	19.2	39.3	10.2	71.6	95.0	139.7	2.8	15.6	1.6	1.6	397.9
辽　阳	6.4	6.6	21.4	26.2	18.5	73.4	178.2	139.0	1.0	69.0	13.3	10.1	563.1
盘　锦	1.5	0.0	26.0	48.5	3.7	83.0	83.0	141.0	0.3	16.6	5.9	3.2	412.7
铁　岭	7.1	0.0	25.1	38.3	25.4	86.0	127.9	110.4	1.0	54.8	8.7	8.1	492.8
朝　阳	2.1	0.0	18.1	58.3	4.3	138.1	78.9	94.3	17.7	22.8	0.3	3.8	438.7
葫芦岛	0.8	0.5	25.5	63.3	4.9	92.3	26.7	198.0	20.3	20.8	7.3	3.2	463.6

1—6 主要城市日照时数

(2002年)　　单位:小时

城　市	1月	2月	3月	4月	5月	6月	7月	8月	9月	10月	11月	12月	全　年
沈　阳	138.1	205.3	175.5	157.0	277.8	179.6	213.4	193.8	245.9	156.1	158.8	104.8	2 206.1
大　连	190.9	175.4	234.8	269.3	251.8	263.0	213.6	247.1	246.6	163.4	181.4	157.2	2 594.5
鞍　山	176.9	208.4	214.1	206.6	310.7	213.5	221.3	214.5	255.5	172.6	186.2	154.7	2 535.0
抚　顺	172.7	226.2	225.9	203.8	339.9	242.7	219.1	193.0	261.0	179.5	190.0	180.8	2 634.6
本　溪	177.7	217.7	236.7	212.0	321.0	226.2	226.9	230.3	263.6	183.7	192.7	165.1	2 653.6
丹　东	184.7	182.9	219.8	225.6	271.7	267.8	163.8	207.5	225.7	153.2	192.4	152.2	2 447.3
锦　州	196.0	225.3	242.6	225.3	324.8	227.6	276.0	259.3	243.6	198.9	194.8	173.3	2 787.5
营　口	183.5	214.0	232.4	245.4	321.3	252.5	256.4	250.1	265.9	184.6	198.7	155.8	2 760.6
阜　新	197.4	230.4	234.2	220.3	328.8	222.8	284.9	253.8	260.1	203.0	199.4	170.2	2 805.3
辽　阳	115.6	174.9	194.3	178.2	298.9	206.1	177.0	158.7	193.6	113.1	118.8	95.8	2 025.0
盘　锦	195.8	232.3	230.7	173.1	315.4	242.5	290.4	199.4	267.0	207.4	171.3	142.7	2 668.0
铁　岭	181.6	233.9	231.5	217.6	372.2	288.4	306.2	231.4	283.9	197.2	190.1	150.8	2 884.8
朝　阳	192.6	204.3	207.7	197.4	312.1	188.1	255.3	272.9	238.1	185.9	183.9	177.4	2 615.7
葫芦岛	207.8	201.8	207.8	224.9	307.8	219.3	260.0	246.6	242.0	216.7	204.7	177.4	2 716.8

主要统计指标解释

森林面积　指生长着乔木和竹林,郁闭度在0.3以上(不包括0.3)的林地面积,即有林地面积。它是反映森林资源总面积的重要指标。森林面积包括天然林面积和人工林面积。但不包括灌木林地和疏林面积。

森林覆盖率　通常是指森林面积占土地总面积之比,一般用百分数表示。但国家规定在计算森林覆盖率时,森林面积还包括灌木林面积、农田林网树占地面积以及四旁树木的覆盖面积。森林覆盖率,是反映一个国家或地区森林资源和绿化水平的重要指标。计算公式:

$$森林覆盖率(\%)=\frac{森林面积}{土地总面积}\times 100\%$$

本《年鉴》内所列森林覆盖率是按有林地面积计算的。

活立木总蓄积量　指全部土地上树木蓄积的总量。包括森林蓄积、疏林蓄积、散生木蓄积和四旁树蓄积。

森林蓄积量　指森林面积上生长着的林木树干材积总量。它是反映一个国家或地区森林资源总规模和水平的重要指标。

草地面积　指牧区或农区用于放牧牲畜或割草,植被盖度在5%以上的草原、草坡、草山等面积。包括天然的和人工种植或改良的草地面积。

草地面积　指牧区和农区用于放牧牲畜或割草,植被盖度在5%以上的草原、草坡、草山等面积。包括天然的和人工种植或改良的草地面积。

矿产保有储量　指探明的矿产储量(包括工业储量和远景储量)扣除已开采部分和地下损失量后的年底实有储量。它反映全省矿产资源的现状。

第二篇

综合

2

ZONGHE

2—1 全省法人、产业活动单位数

（2002年末）　　　　单位：个

行业	法人单位数			产业活动单位数	
	合计	单产业法人单位	多产业法人单位	合计	多产业法人单位所属的产业活动单位数
总计	**222 855**	**210 741**	**12 114**	**280 128**	**69 387**
按行业分					
农、林、牧、渔业	7 294	7 062	232	9 457	2 395
采掘业	3 716	3 662	54	3 895	233
制造业	58 928	58 093	835	61 530	3 437
电力、煤气及水的生产和供应业	692	570	122	1 422	852
建筑业	7 481	7 240	241	8 530	1 290
地质勘查业、水利管理业	1 495	1 457	38	1 872	415
交通运输、仓储及邮电通信业	4 228	3 850	378	8 007	4 157
批发和零售贸易、餐饮业	50 640	48 818	1 822	62 649	13 831
金融、保险业	3 068	1 717	1 351	10 114	8 397
房地产业	4 494	4 376	118	4 903	527
社会服务业	16 113	15 842	271	20 669	4 827
卫生、体育和社会福利业	10 133	9 919	214	13 331	3 412
教育、文化艺术及广播电影电视业	12 055	10 802	1 253	24 298	13 496
科学研究和综合技术服务业	3 657	3 586	71	3 915	329
国家机关、政党机关和社会团体	34 343	29 465	4 878	40 105	10 640
其他行业	4 518	4 282	236	5 431	1 149
按登记注册类型分					
国有	58 297	52 956	5 341	92 317	39 361
集体	50 467	48 441	2 026	63 762	15 321
股份合作	6 683	6 382	301	7 536	1 154
国有联营	148	143	5	166	23
集体联营	370	367	3	387	20
国有与集体联营	154	148	6	168	20
其他联营	210	205	5	277	72
国有独资公司	534	454	80	787	333
其他有限责任公司	10 844	10 546	298	12 021	1 475
股份有限公司	2 785	2 583	202	3 838	1 255
私营独资	35 856	35 731	125	37 109	1 378
私营合伙	3 040	3 030	10	3 072	42
私营有限责任公司	19 249	19 107	142	19 656	549
私营股份有限公司	2 775	2 746	29	2 832	86
其他内资企业	24 815	21 362	3 453	29 199	7 837
与港澳台商合资经营企业	1 423	1 399	24	1 482	83
与港澳台商合作经营企业	146	142	4	149	7
港澳台商独资经营企业	472	456	16	577	121
港澳台商投资股份有限公司	57	54	3	70	16
中外合资经营企业	2 534	2 505	29	2 648	143
中外合作经营企业	288	286	2	297	11
外资企业	1 651	1 641	10	1 716	75
外商投资股份有限公司	57	57		62	5

2—2 国民经济和社会

指标	单位	总量指标				
		1990年	1995年	2000年	2001年	2002年
人口与就业						
人口						
年底总人口	万人	3 917.3	4 034.0	4 135.3	4 147.0	4 155.4
市镇人口	万人	2 880.8	3 419.3	3 705.9	3 726.6	3 754.3
乡村人口	万人	1 036.5	614.7	429.4	420.4	401.1
男性人口	万人	1 999.1	2 056.9	2 103.3	2 109.1	2 111.6
女性人口	万人	1 918.2	1 977.1	2 032.0	2 037.9	2 043.8
就业						
从业人员数	万人	1 897.3	2 027.8	2 052.0	2 069.3	2 025.3
#职工人数	万人	1 012.2	1 021.0	826.5	781.3	685.4
城镇登记失业人数	万人	23.7	30.4	40.8	55.5	75.5
宏观经济						
国内生产总值(现价)	**亿元**	**1 062.7**	**2 793.4**	**4 669.1**	**5 033.1**	**5 458.2**
第一产业	亿元	168.6	392.2	503.4	544.4	590.2
第二产业	亿元	540.8	1 390.0	2 344.4	2 440.6	2 609.8
第三产业	亿元	353.3	1 011.2	1 821.2	2 048.1	2 258.2
人均国内生产总值	元	2 698	6 880	11 226	12 041	12 986
固定资产投资						
全社会固定资产投资总额	亿元	262.9	885.0	1 267.7	1 421.0	1 605.6
#基本建设	亿元	106.0	324.3	451.4	490.8	529.0
更新改造	亿元	68.4	217.0	283.4	329.9	365.4
房地产开发	亿元	19.6	163.2	264.9	323.1	388.3
财政						
地方财政收入	亿元	129.3	184.4	295.6	370.5	399.7
地方财政支出	亿元	122.2	273.8	518.1	635.4	690.9
物价总指数(上年=100)						
商品零售价格总指数	%	102.7	114.0	98.4	99.4	97.4
居民消费价格总指数	%	103.3	116.1	99.9	100.0	98.9
利用外资						
签订利用外资协议额	亿美元	8.5	46.7	55.6	59.2	74.3
实际利用外资额	亿美元	7.9	19.1	30.2	35.9	42.6
能源生产与消费(标准煤)						
能源生产总量	万吨	5 958.9	6 239.3	5 380.5	5 376.8	5 809.8
能源消费总量	万吨	7 170.8	9 381.8	9 877.2	10 356.9	10 333.5
产业						
农业						
耕地面积	千公顷	3 467.2	3 389.7	4 164.2	4 155.2	3 976.4
乡村从业人员	万人	869.4	903.0	966.0	977.5	993.5
农林牧渔业总产值(现价)	亿元	273.8	691.8	967.4	1 045.7	1 132.5
主要农产品产量						

发展总量与速度指标

速度指标(%)						
指数(2002为以下各年)				平均增长速度		
1990年	1995年	2000年	2001年	1996年-2000年	2001年-2002年	1991年-2002年
106.1	103.0	100.5	100.2	0.5	0.2	0.5
130.3	109.8	101.3	100.7	1.6	0.7	2.2
38.7	65.3	93.4	95.4	-6.9	-3.4	-7.6
105.6	102.7	100.4	100.1	0.4	0.2	0.5
106.5	103.4	100.6	100.3	0.5	0.3	0.5
106.7	99.9	98.7	97.9	0.2	-0.7	0.5
67.7	67.1	82.9	87.7	-4.1	-8.9	-3.2
318.6	248.4	185.0	136.0	6.1	36.0	10.1
295.1	**181.3**	**120.1**	**110.2**	**8.6**	**9.6**	**9.4**
198.5	154.2	115.7	108.4	5.9	7.5	5.9
305.1	181.7	118.0	109.8	9.0	8.6	9.7
324.2	189.2	124.1	111.3	8.8	11.4	10.3
279.0	175.7	118.8	109.6	8.1	9.0	8.9
610.7	181.4	126.7	113.0	7.5	12.5	16.3
499.1	163.1	117.2	107.8	2.1	8.3	14.3
534.2	168.4	128.9	110.8	10.0	13.5	15.0
1 981.1	237.9	146.6	120.2	24.7	21.1	28.3
309.1	216.8	135.2	107.9	9.9	16.3	9.9
565.4	252.3	133.4	108.7	13.6	15.5	15.5
163.7	95.1	96.8	97.4	-0.3	-1.6	4.2
214.0	109.3	98.9	98.9	1.7	-0.6	6.5
874.1	159.1	133.6	125.5	3.6	15.6	19.8
539.2	223.0	141.1	118.7	9.6	18.8	15.1
97.5	93.1	108.0	108.1	-2.9	3.9	-0.2
144.1	110.1	104.6	99.8	1.0	2.3	3.1
114.7	117.3	95.5	95.7	4.2	-2.3	1.1
114.3	110.0	102.8	101.6	1.4	1.4	1.1
232.7	163.0	115.5	108.3	7.1	7.4	7.3

2-2续表1

指　　标	单　位	总量指标				
		1990年	1995年	2000年	2001年	2002年
粮　　食	万吨	1 494.7	1 423.5	1 140.0	1 394.4	1 510.4
棉　　花	万吨	1.4	2.4	0.6	0.8	0.3
油　　料	万吨	17.5	19.8	29.6	46.3	56.5
甜　　菜	万吨	49.8	50.4	28.7	35.6	39.8
水　　果	万吨	111.3	220.0	250.0	241.7	234.4
肉　　类	万吨	90.4	222.4	236.1	249.0	270.2
水 产 品	万吨	107.3	197.9	338.5	350.8	374.8
工　　业						
工业总产值(现价)	亿元	1 348.2	3 055.5	4 249.5	4 480.3	4 888.0
#国有及国有控股工业	亿元	983.9	1 876.5	2 827.9	2 929.0	3 051.6
主要工业产品产量						
布	亿米	6.5	5.8	5.0	4.3	5.0
机制纸及纸板	万吨	77.5	97.5	55.2	62.9	52.0
糖	万吨	3.2	3.8	2.1	4.0	4.2
家用电冰箱	万台	16.4	14.2	23.1	14.7	51.6
彩色电视机	万台	43.9	23.9	374.4	377.8	404.8
家用洗衣机	万台	33.4	19.9	13.7	11.7	10.5
原　　煤	万吨	5 101.0	5 626.4	4 454.9	4 468.2	5 180.8
原　　油	万吨	1 368.7	1 552.7	1 401.1	1 385.0	1 351.2
发 电 量	亿千瓦小时	435.8	540.1	645.6	662.1	725.3
钢	万吨	1 216.3	1 335.9	1 553.8	1 660.7	1 942.5
成品钢材	万吨	939.9	1 074.2	1 443.2	1 655.2	2 086.7
水　　泥	万吨	1 092.0	1 911.0	1 954.9	2 090.5	2 145.8
国有及限额以上非国有工业企业财务指标						
固定资产原价	亿元			5 372.8	6 112.0	6 543.9
固定资产净值年平均余额	亿元			3 449.1	3 810.2	4 073.6
利润总额	亿元			176.2	144.5	156.2
建 筑 业						
建筑业企业人数	万人	97.1	89.7	96.0	98.6	95.1
建筑业总产值	亿元	126.6	407.3	598.1	761.2	839.3
施工房屋面积	万平方米	2 821.9	5 188.2	6 334.9	6 970.2	7 235.0
竣工房屋面积	万平方米	1 669.3	2 318.6	3 547.9	3 994.3	4 037.0
交通运输						
货运量合计	万吨	76 326	88 465	83 604	82 295	83 633
铁　　路	万吨	14 306	13 073	12 523	12 990	13 186
公　　路	万吨	56 105	68 524	64 515	63 281	64 104
水　　运	万吨	1 521	2 649	3 091	2 726	3 071
管　　道	万吨	4 393	4 216	3 466	3 292	3 264
空　　运	万吨	1	3	9	7	8

速度指标(%)						
指数(2002为以下各年)				平均增长速度		
1990年	1995年	2000年	2001年	1996年－2000年	2001年－2002年	1991年－2002年
101.1	106.1	132.5	108.3	－4.3	15.1	0.1
21.4	12.5	50.0	37.5	－24.2	－29.3	－12.0
322.9	285.4	190.9	122.0	8.4	38.2	10.3
79.9	79.0	138.7	111.8	－10.7	17.8	－1.9
210.6	106.5	93.8	97.0	2.6	－3.2	6.4
298.9	121.5	114.4	108.5	1.2	7.0	9.6
349.3	189.4	110.7	106.8	11.3	5.2	11.0
315.6	190.1	123.2	113.0	9.1	11.0	10.0
223.7	186.5	119.5	109.5	9.3	9.3	6.9
76.9	86.2	100.0	116.3	－2.9	0.0	－2.2
67.1	53.3	94.2	82.7	－10.8	－2.9	－3.3
131.3	110.5	200.0	105.0	－11.2	41.4	2.3
314.6	363.4	223.4	351.0	10.2	49.5	10.0
922.1	1 693.7	108.1	107.1	73.4	4.0	20.3
31.4	52.8	76.6	89.7	－7.2	－12.5	－9.2
101.6	92.1	116.3	115.9	－4.6	7.8	0.1
98.7	87.0	96.4	97.6	－2.0	－1.8	－0.1
166.4	134.3	112.3	109.5	3.6	6.0	4.3
159.7	145.4	125.0	117.0	3.1	11.8	4.0
222.0	194.3	144.6	126.1	6.1	20.2	6.9
196.5	112.3	109.8	102.6	0.5	4.8	5.8
		121.8	107.1		10.4	
		118.1	106.9		8.7	
		88.6	108.1		－5.8	
97.9	106.0	99.1	96.5	1.4	－0.5	－0.2
663.0	206.1	140.3	110.3	8.0	18.5	17.1
256.4	139.5	114.2	103.8	4.1	6.9	8.2
241.8	174.1	113.8	101.1	8.9	6.7	7.6
109.6	94.5	100.0	101.6	－1.1	0.0	0.8
92.2	100.9	105.3	101.5	－0.9	2.6	－0.7
114.3	93.5	99.4	101.3	－1.2	－0.3	1.1
201.9	115.9	99.4	112.7	3.1	－0.3	6.0
74.3	77.4	94.2	99.1	－3.8	－3.0	－2.4
800.0	266.7	88.9	114.3	24.6	－5.7	18.9

2-2续表2

指标	单位	总量指标				
		1990年	1995年	2000年	2001年	2002年
客运量合计	万人	44 547	52 228	51 555	52 259	54 339
铁路	万人	15 823	13 928	10 174	10 038	9 701
公路	万人	28 367	37 591	40 385	41 207	43 554
水运	万人	302	533	616	602	626
空运	万人	55	176	380	412	458
沿海主要港口货物吞吐量	万吨	5 360	7 572	13 665	14 841	16 565
邮电通信业						
邮电业务总量	亿元	8.4	50.1	242.6	213.1	249.3
函件	亿件	2.2	2.4	1.7	1.5	1.3
报刊期发数	万份	1 176	698	415	440	379
电话机	万部	75.8	281.3	776.6	922	1 044.4
国内商业						
社会消费品零售总额	亿元	421.1	1 122	1 847.6	2 034.9	2 258.4
对外贸易						
进出口总额	亿美元	63.2	109.9	190.2	199.1	217.4
进口额	亿美元	7.1	27.3	81.7	88.0	93.7
出口额	亿美元	56.1	82.6	108.5	111.1	123.7
国际旅游						
接待旅游人数	万人	11.4	26.4	61.2	74.0	92.9
旅游外汇收入	亿美元	0.7	1.9	3.8	4.6	5.5
金融						
金融机构各项存款	亿元	865.3	2 619.9	5 880	6 591.4	7 600.1
金融机构各项贷款	亿元	1 140.4	2 881.8	5 195.6	5 597.4	6 247.4
金融机构现金收入	亿元	972.8	4 385.6	14 891.5	16 843.3	18 631.6
金融机构现金支出	亿元	1 027.3	4 439.9	14 891.6	16 811.6	18 631.4
教育、科技、文化						
教育						
专任教师数						
普通高等学校	万人	2.3	2.3	2.8	3.0	3.4
中等学校	万人	16.8	17.5	16.9	17.0	16.9
小学	万人	21.2	19.9	18.6	18.1	17.6
在校学生数						
普通高等学校	万人	12.3	17.9	29.8	37.2	45.1
中等学校	万人	215.6	244.4	253.0	266.5	276.1
小学	万人	407.3	375.2	344.4	323.1	306.1
教育经费支出	亿元	20.1	44.0	76.1	85.5	99.1
科技						
科学家、工程师数	万人	2.2	1.8	1.6	1.2	1.4
研究与发展经费支出	亿元	10.4	16.6	21.0	53.9	71.6

速度指标(%)						
指数(2002为以下各年)				平均增长速度		
1990年	1995年	2000年	2001年	1996年－2000年	2001年－2002年	1991年－2002年
122.0	104.0	105.4	104.0	－0.3	2.7	1.7
61.3	69.7	95.4	96.6	－6.1	－2.4	－4.0
153.5	115.9	107.8	105.7	1.4	3.8	3.6
207.3	117.4	101.6	104.0	2.9	0.8	6.3
832.7	260.2	120.5	111.2	16.6	9.8	19.3
309.0	218.8	121.2	111.6	12.5	10.1	9.9
2 967.9	497.6	102.8	117.0	37.1	1.4	32.6
59.1	54.2	76.5	86.7	－6.7	－12.6	－4.3
32.2	54.3	91.3	86.1	－9.9	－4.4	－9.0
1 377.8	371.3	134.5	113.3	22.5	16.0	24.4
536.3	201.3	122.2	111.0	10.5	10.6	15.0
344.0	197.8	114.3	109.2	11.6	6.9	10.8
1 319.7	343.2	114.7	106.5	24.5	7.1	24.0
220.5	149.8	114.0	111.3	5.6	6.8	6.8
814.9	351.9	151.8	125.5	18.3	23.2	19.1
785.7	289.5	144.7	119.6	14.9	20.3	18.7
878.3	290.1	129.3	115.3	17.5	13.7	19.8
547.8	216.8	120.2	111.6	12.5	9.7	15.2
1 915.3	424.8	125.1	110.6	27.7	11.9	27.9
1 813.6	419.6	125.1	110.8	27.4	11.9	27.3
147.8	147.8	121.4	113.3	4.0	10.2	3.3
100.6	96.6	100.0	99.4	－0.7	0.0	0.0
83.0	88.4	94.6	97.2	－1.3	－2.7	－1.5
366.7	252.0	151.3	121.2	10.7	23.0	11.4
128.1	113.0	109.1	103.6	0.7	4.5	2.1
75.2	81.6	88.9	94.7	－1.7	－5.7	－2.4
493.0	225.2	130.2	115.9	11.6	14.1	14.2
63.6	77.8	87.5	116.7	－2.3	－6.5	－3.7
688.5	431.3	341.0	132.8	4.8	84.6	17.4

2-2 续表 3

指　　标	单　位	总量指标				
		1990 年	1995 年	2000 年	2001 年	2002 年
技术市场成交额	亿元	7.6	22.9	34.8	40.9	48.0
家庭、生活、环境						
家　　庭						
家庭总户数	万户	1 126.5	1 224.0	1 315.3	1 329.9	1 344.4
城镇居民平均每户家庭人口	人	3.4	3.2	3.1	3.1	3.0
农村居民平均每户家庭人口	人	4.3	3.9	3.6	3.6	3.5
婚　　姻						
结　婚　数	万对	38.4	30.4	27.3	25.4	23.5
离　婚　数	万对	2.4	3.0	3.5	4.0	4.1
居　　住						
城市居民人均居住面积	平方米	5.8	7.3	8.9	9.2	9.4
农村居民人均住房面积	平方米	16.5	19.1	22.0	22.6	23.0
生　　活						
城镇居民人均可支配收入	元	1 551.0	3 691.4	5 357.8	5 797.0	6 524.6
农村居民人均纯收入	元	776.4	1 756.5	2 355.6	2 557.9	2 751.3
城乡储蓄存款余额	亿元	463.2	1 659.8	3 779.6	4 131.0	4 665.0
工资和福利						
工资总额	亿元	217.8	496.9	553.1	595.9	635.9
在岗职工平均工资	元	2 180	4 877	8 811	10 145	11 659
卫　　生						
医疗机构数	个	7 863	6 239	6 451	6 624	3 410
医　　生	万人	8.6	9.5	10	10.2	8.1
医疗床位数	万张	19.7	20.3	19.1	18.8	17.4
市政建设						
自来水供应量	亿吨	29.5	32	30.9	29.7	28.0
下水道长度	公里	5 280	7 357	8 354	8 394	8 880
城市煤气和天然气供气量	亿立方米	16	13.5	10.7	9.0	9.2
公共汽(电)车总数	辆	5 051	9 032	13 136	14 363	15 601
铺装道路长度	公里	5 914	8 465	9 249	9 462	9 875
绿地面积	公顷	37 740	51 268	61 432	65 394	61 519
环境、灾害						
污染治理项目本年完成投资额	万元	38 953	61 689	120 195	114 664	102 427
环境污染与破坏事故次数	起	156	115	94	59	26
环境污染直接经济损失	万元		201	130	138	57
环境污染事故赔罚款金额	万元	455	146	140	270	27
火灾发生数	起	1 801	5 009	14 836	19 452	25 012
火灾损失	万元	1 996.1	4 341	5 487	5 793	5 451
交通事故发生数	起	10 778	17 036	19 278	25 069	19 777
交通事故损失	万元	1 233	9 193	10 194	12 930	11 179

注：1. 本表总量指标中的价值量指标除邮电业务总量指标外均按当年价格计算。
2. 本表速度指标中，国内生产总值及三次产业、物价指数、农林牧渔业总产值、工业总产值、邮电业务总量指标均按可比价格计算。
3. 邮电业务总量按不变价格计算。
4. 2002 年卫生统计范围与以前年份不可比。

速 度 指 标(%)						
指 数(2002 为以下各年)				平 均 增 长 速 度		
1990 年	1995 年	2000 年	2001 年	1996 年－2000年	2001 年－2002年	1991 年－2002年
631.6	209.6	137.9	117.4	8.7	17.4	16.6
119.3	109.8	102.2	101.1	1.4	1.1	1.5
88.2	93.8	96.8	96.8	0	－1.6	－1.0
81.4	89.7	97.2	97.2	0	－1.4	－1.7
61.2	77.3	86.1	92.5	－2.1	－7.2	－4.0
170.8	136.7	117.1	102.5	3.1	8.2	4.6
162.1	128.8	105.6	102.2	4.0	2.8	4.1
139.4	120.4	104.5	101.8	2.9	2.2	2.8
420.7	176.8	121.8	112.6	7.7	10.4	12.7
354.4	156.6	116.8	107.6	6.0	8.1	11.1
1 007.1	281.1	123.4	112.9	17.9	11.1	21.2
292.0	128.0	115.0	106.7	2.2	7.2	9.3
534.8	239.1	132.3	114.9	6.4	15.0	15.0
43.4	54.7	52.9	51.5	0.7	－27.3	－6.7
94.2	85.3	81.0	79.4	1.1	－10.0	－0.5
88.3	85.7	91.1	92.6	－1.2	－4.6	－1.0
94.9	87.5	90.6	94.3	－0.7	－4.8	－0.4
168.2	120.7	106.3	105.8	2.6	3.1	4.4
57.5	68.1	86.0	102.2	－4.5	－7.3	－4.5
308.9	172.7	118.8	108.6	7.8	9.0	9.9
167.0	116.7	106.8	104.4	1.8	3.3	4.4
163.0	120.0	100.1	94.1	3.7	0.1	4.2
263.0	166.0	85.2	89.3	14.3	－7.7	8.4
16.7	22.6	27.7	44.1	－4.0	－47.4	－13.9
	28.4	43.8	41.3	－8.3	－33.8	
5.9	18.5	19.3	10.0	－0.8	－56.1	－21.0
1 388.8	499.3	168.6	128.6	24.3	29.8	24.5
273.1	125.6	99.3	94.1	4.8	－0.3	8.7
183.5	116.1	102.6	78.9	2.5	1.3	5.2
906.7	121.6	109.7	86.5	2.1	4.7	20.2

2—3 国民经济主要比例关系

单位：%

指　　　　　标	1985年	1990年	1995年	2000年	2001年	2002年
国内生产总值产业比例						
第　一　产　业	14.4	15.9	14.0	10.8	10.8	10.8
第　二　产　业	63.3	50.9	49.8	50.2	48.5	47.8
第　三　产　业	22.3	33.2	36.2	39.0	40.7	41.4
固定资产投资总额资金来源比例						
国　家　预　算	14.7	6.6	2.4	5.7	7.9	6.7
国　内　贷　款	19.5	20.7	20.2	19.9	18.6	17.4
利　用　外　资	0.8	8.2	12.7	5.8	3.8	4.5
自　　　　　筹	35.9	50.2	48.3	54.2	55.3	57.8
其　　　　　他	29.1	14.3	16.4	14.4	14.4	13.6
实际利用外资额中资金来源比例						
对　外　借　款	38.6	65.7	25.9	11.8	9.3	4.9
外商直接投资	37.4	31.5	73.6	84.6	86.8	92.0
外商其它投资	24.0	2.7	0.5	3.6	3.9	3.1
农业总产值中五业比例						
农　　　　　业	64.5	59.7	55.3	47.9	48.1	47.7
林　　　　　业	3.9	2.4	1.9	2.0	2.1	2.5
牧　　　　　业	25.9	27.6	29.8	31.4	31.8	31.9
渔　　　　　业	5.7	10.3	13.0	18.7	18.0	17.9
工业总产值中轻重工业比例						
轻　　工　　业	31.6	29.6	27.4	23.4	23.2	26.5
重　　工　　业	68.4	70.4	72.6	76.6	76.8	73.5
货运周转总量比例						
铁　　　　　路	58.7	58.9	48.4	53.2	52.4	50.7
公　　　　　路	7.8	9.4	9.5	11.6	11.6	11.6
水　　　　　运	18.9	18.1	32.1	31.6	32.7	34.5
民　　　　　航	…	…	…	0.1	0.1	0.1
管　　　　　道	14.6	13.6	10.0	3.5	3.2	3.1
客运周转总量比例						
铁　　　　　路	78.0	69.0	64.8	58.8	58.1	58.1
公　　　　　路	19.3	26.4	24.3	29.9	29.7	29.7
水　　　　　运	1.8	1.6	1.9	2.0	1.5	1.5
民　　　　　航	0.9	3.0	9.0	9.3	10.7	10.7

2—4 平均每天主要社会经济活动

指　　标	单　位	1985年	1990年	1995年	2000年	2001年	2002年
一、全省每天创造财富							
国内生产总值(现价)	亿元	1.34	2.65	7.65	12.79	13.79	14.95
农业总产值	亿元	0.33	0.75	2.09	2.65	2.86	3.10
地区财政收入	亿元	0.44	0.57	1.24	2.55	2.90	3.02
地方预算内财政收入	亿元	0.23	0.35	0.51	0.81	1.02	1.10
布	万米	170	178	158	137	118	137
纸及纸板	万吨	0.19	0.21	0.27	0.15	0.17	0.14
卷烟	箱	1 195	1 386	1 183	630	849	1 041
啤酒	吨	943	1 507	3 105	4 101	3 951	3 756
原煤	万吨	12.59	14.0	15.41	12.21	12.24	14.19
发电量	亿千瓦小时	0.97	1.19	1.48	1.77	1.81	1.99
原油	万吨	2.53	3.75	4.25	3.84	3.79	3.70
钢	万吨	2.81	3.33	3.66	4.26	4.55	5.32
水泥	万吨	2.82	2.99	5.24	5.36	5.73	5.88
二、全省每天消费量							
城乡居民消费总额	万元	5 927	13 364	32 263	51 161	54 848	58 670
每人平均消费额	元	1.61	2.94	7.95	12.30	13.12	13.96
三、其他经济活动量							
货物运输总量	万吨	125.7	209.1	242.4	229.05	225.47	229.13
旅客运输总量	万人	99.0	122.1	143.1	141.25	143.18	148.87
港口货物吞吐量	万吨	12.3	14.7	20.7	37.44	40.66	45.38
房屋建筑竣工面积	万平方米	7.56	8.35	10.0	14.25	15.12	17.29
#住宅	万平方米	5.39	5.79	6.8	10.74	11.05	22.56
邮寄函件	万件	57.5	59.8	66.5	46.58	41.10	35.62
四、人口变动和婚姻							
出生	人	1 191	1 544	1 091	1 204	801	854
死亡	人	530	604	608	761	604	615
结婚	对	1 148	1 052	833	747	696	644
离婚	对	54	67	81	97	110	112

2—5 按总人口平均的国民经济主要指标

指 标	单 位	1985 年	1990 年	1995 年	2000 年	2001 年	2002 年
国内生产总值(现价)	元/人	1 413	2 698	6 880	11 226	12 041	12 986
农业总产值(现价)	元/人	322	702	1 895	2 348	2 525	2 728
固定资产投资总额	元/人	387.4	674.6	2 201	3 077	3 431	3 868
#基本建设投资额	元/人	152.8	272.0	694.2	1 096	1 185	1 274
地方财政收入	元/人	232.1	331.8	458.6	718	895	963
地方财政支出	元/人	155.0	313.6	681.0	1 258	1 534	1 664
耕地面积	亩/人	1.5	1.3	1.3	1.5	1.5	1.4
粮食产量	公斤/人	264.8	381.6	344.7	276.7	336.7	363.8
油料产量	公斤/人	14.7	4.5	4.9	7.2	11.2	13.6
棉花产量	公斤/人	0.7	0.3	0.6	0.1	0.2	0.1
猪牛羊肉产量	公斤/人	15.5	20.1	43.2	38.0	40.8	44.0
水产品产量	公斤/人	15.8	27.4	49.1	82.2	84.7	90.3
水果产量	公斤/人	22.0	28.6	54.7	60.7	58.4	56.5
布产量	米/人	16.8	16.7	14.4	12.1	10.4	12.0
纸及纸板产量	公斤/人	19.2	19.9	24.2	13.4	15.2	12.5
卷烟产量	箱/千人	11.9	13.0	10.7	5.6	7.5	9.2
啤酒产量	公斤/人	9.4	14.1	28.2	36.3	34.8	33.0
钢产量	公斤/人	279.6	312.1	332.2	377.2	401.0	468.0
煤产量	公斤/人	1 251.9	1 309.1	1 399	1 081.5	1 079.0	1 248
发电量	千瓦小时/人	961.7	1 118.4	1 343	1 567.3	1 598.8	1 747
原油产量	公斤/人	251.2	351.3	386.0	340.0	334.4	325.0
水泥产量	公斤/人	280.6	280.2	475.0	474.6	504.8	517.0
社会消费品零售总额	元/人	630.7	1 180.5	2 790.6	4 485	4 913.9	5 440.4
出口总额	美元/人	137.3	143.7	205.4	263.4	268.3	298.0
高等学校在校学生	人/万人	25.9	31.6	44.6	72.3	89.9	108.5
中等专业学校在校学生	人/万人	19.2	26.7	35.0	36.0	34.5	36.6
普通中学在校学生	人/万人	508.9	464.7	499.5	526.1	561.0	577.9
医院床位数	张/万人	37.0	44.5	44.7	41.8	40.9	41.8
卫生技术人员数	人/万人	52.7	57.2	57.9	55.3	54.8	46.0
#医生	人/万人	18.0	22.1	23.6	24.4	24.5	19.6
城乡储蓄余额	元/人	275	1 213	4 359	9 140	9 961	11 226

注:2002 年医生数为执业医师和执业助理医师。

主要统计指标解释

可比价格 指在不同时期的价值指标对比时，扣除了价格变动的因素，以确切反映物量的变化。按可比价格计算有两种方法：一种是直接用产品产量乘某一年的不变价格计算；另一种是用价格指数换算。

不变价格 指用同类产品的年平均价格作为固定价格，来计算各年产品价值。按不变价格计算的产品价值消除了价格变动因素，不同时期对比可以反映生产的发展速度。新中国成立后，随着工农业产品价格水平的变化，国家统计局先后五次制定了全国统一的工业产品不变价格和农业产品不变价格，从1949年到1957年使用1952年工(农)业产品不变价格，从1957年到1971年使用1957年不变价格，从1971年到1981年使用1970年不变价格，从1981年到1990年使用1980年不变价格，从1990年开始使用1990年不变价格。

平均每年增长速度 在我国计算平均增长速度有两种方法，一种是习惯上经常使用的"水平法"，又称几何平均法，是以间隔期最后一年的水平同基期水平对比来计算平均每年增长(或下降)速度。另一种是"累计法"，又称代数平均法或方程法，是以间隔期内各年水平的总和同基期水平对比来计算平均每年增长(或下降)速度。

在一般正常情况下，两种方法计算的平均每年增长速度比较接近，但在经济发展不平衡，出现大起大落时，两种方法计算的结果差别较大。

本《年鉴》内所列的平均每年增长速度均用"水平法"计算。从某年到某年平均增长速度的年份，均不包括基期年在内。如建国四十三年的平均增长速度是以 1949 年为基期计算的，则写为 1950—1992 年平均增长速度，余类推。

各个计划时期 表内所用各个"时期"代表的年份如下：恢复时期为1950年到1952年；第一个五年计划时期(简称一五时期)为1953年到1957年；第二个五年计划时期(简称二五时期)为1958年到1962年；第三个五年计划时期(简称三五时期)为1966年到1970年；第四个五年计划时期(简称四五时期)为1971年到1975年；第五个五年计划时期(简称五五时期)为1976年到1980年；第六个五年计划时期(简称六五时期)为1981年到1985年；第七个五年计划时期(简称七五时期)为1986年到1990年；第八个五年计划时期(简称八五时期)为1991到1995年；第九个五年计划时期(简称九五时期)为 1996 年到 2000 年。

企业(单位)登记注册类型 是以在工商行政管理机关登记注册的各类企业为划分对象，以工商行政管理部门对企业登记注册的类型为依据，将企业登记注册类型分为内资企业、港澳台商投资企业和外商投资企业三大类。内资企业包括国有企业、集体企业、股份合作企业、联营企业、有限责任公司、股份有限公司、私营公司和其他企业；港澳台商投资企业和外商投资企业分别包括合资经营企业、合作经营企业、独资经营企业和股份有限公司。对不在工商行政管理部门进行登记注册的行政机关、事业单位和社会团体，主要按其经费来源和管理方式进行划分。

国有企业 指企业全部资产归国家所有，并按《中华人民共和国企业法人登记管理条例》规定登记注册的非公司制的经济组织。不包括有限责任公司中的国有独资公司。

集体企业 指企业资产归集体所有，并按《中华人民共和国企业法人登记管理条例》规定登记注册的经济组织。

股份合作企业 指以合作制为基础，由企业职工共同出资入股，吸收一定比例的社会资产投资组建，实行自主经营，自负盈亏，共同劳动，民主管理，按劳分配与按股分红相结合的一种集体经济组织。

联营企业 指两个及两个以上相同或不同所有制性质的企业法人或事业单位法人，按自愿、平等、互利的原则，共同投资组成的经济组织。联营企业包括国有联营企业、集体联营企业、国有与集体联营企业和其他联营企业。

有限责任公司 指根据《中华人民共和国公司登记管理条例》规定登记注册，由两个以上、五十个以下的股东共同出资，每个股东以其所认缴的出资额对公司承担有限责任，公司以其全部资产对其债务承担责任的经济组织。有限责任公司包括国有独资公司以及其他有限责任公司。

(1)国有独资公司：指国家授权的投资机构或者国家授权的部门单独投资设立的有限责任公司。

(2)其他有限责任公司：指国有独资公司以外的有限责任公司。

股份有限公司 指根据《中华人民共和国公司登记管理条例》规定登记注册，其全部注册资本由等额股份构成并通过发行股票筹集资本，股东以其认购的股份对公司承担有限责任，公司以其全部资产对其债务承担责任的经济组织。

私营企业 指由自然人投资设立或由自然人控股，以雇佣劳动为基础的营利性经济组织。包括按照《公司法》、《合伙企业法》、《私营企业暂行条例》规定登记注册的私营有限责任公司、私营股份有限公司、私营合伙企业和私营独资企业。

(1)私营独资企业：指按《私营企业暂行条例》的规定，由一名自然人投资经营，以雇佣劳动为基础，投资者对企业债务承担无限责任的企业。

(2)私营合伙企业：指按《合伙企业法》或《私营企业暂行条例》的规定，由两个以上自然人按照协议共同投资、共同经营、共负盈亏，以雇佣劳动为基础，对债务承担无限责任的企业。

(3)私营有限责任公司：指按《公司法》、《私营企业暂行条例》的规定，由两个以上自然人投资或由单个自然人控股的有限责任公司。

(4)私营股份有限公司：指按《公司法》的规定，由五个以上自然人投资，或由单个自然人控股的股份有限公司。

其他内资企业　指上述企业之外的其他内资经济组织。

第三篇

国民经济核算

3

GUOMIN
JINGJI
HESUAN

3—1 国 内 生 产 总 值

单位:亿元

年份	国内生产总值	第一产业	第二产业	工业	建筑业	第三产业	#运输邮电	#批发和零售贸易餐饮业	人均国内生产总值(元)
1952	41.4	12.0	20.0	—	—	9.4	—	—	218
1953	52.9	12.3	26.1	—	—	14.4	—	—	266
1957	78.7	16.0	46.6	—	—	16.1	—	—	335
1965	103.2	20.2	62.6	—	—	20.4	—	—	372
1970	136.8	28.5	85.3	—	—	23.0	—	—	447
1975	198.5	36.0	132.7	—	—	29.8	—	—	607
1978	229.2	32.4	162.9	155.2	7.7	33.9	12.8	12.6	680
1979	245.0	40.7	163.4	158.0	8.4	37.9	13.1	12.8	717
1980	281.0	46.1	192.3	183.7	9.7	42.6	14.8	14.1	811
1981	288.6	49.1	187.5	174.0	13.5	51.9	14.8	16.1	823
1982	315.1	54.7	199.7	185.6	14.1	60.7	15.2	17.6	884
1983	364.0	72.2	219.7	202.2	17.5	72.1	17.9	20.8	1 012
1984	438.2	80.4	268.2	243.3	24.9	89.6	24.3	26.2	1 203
1985	518.6	74.9	328.1	299.2	28.9	115.6	30.2	35.8	1 413
1986	605.3	92.9	357.8	326.0	31.8	154.6	40.6	49.3	1 633
1987	719.1	109.5	417.0	375.6	41.4	192.6	52.7	61.1	1 917
1988	881.0	141.9	492.5	444.4	48.1	246.6	64.1	71.6	2 285
1989	1 003.8	141.9	545.1	492.6	52.5	316.9	79.6	89.5	2 574
1990	1 062.7	168.6	540.8	482.9	57.9	353.3	83.9	95.4	2 698
1991	1 200.1	180.8	590.1	526.8	63.3	429.2	96.2	124.1	3 027
1992	1 473.0	194.6	741.9	661.2	80.7	536.5	111.5	167.9	3 693
1993	2 010.8	260.8	1 039.3	920.6	118.8	710.8	127.4	237.4	5 015
1994	2 461.8	319.0	1 259.1	1 109.8	149.2	883.8	160.2	287.6	6 103
1995	2 793.4	392.2	1 390.0	1 233.4	156.6	1 011.2	176.9	339.6	6 880
1996	3 157.7	474.1	1 537.7	1 379.1	158.6	1 145.9	194.6	391.3	7 730
1997	3 582.5	474.4	1 743.9	1 567.6	176.3	1 364.2	248.5	490.2	8 725
1998	3 881.7	531.5	1 855.2	1 664.1	191.2	1 495.1	272.0	533.2	9 415
1999	4 171.7	520.8	2 001.5	1 795.7	205.8	1 649.4	314.5	575.8	10 086
2000	4 669.1	503.4	2 344.4	2 114.9	229.5	1 821.2	350.5	631.6	11 226
2001	5 033.08	544.44	2 440.55	2 190.12	250.43	2 048.09	394.50	696.51	12 041
2002	5 458.22	590.20	2 609.85	2 331.95	277.90	2 258.17	425.41	760.26	12 986

3—2 国内生产总值指数

(以上年为100)

单位:%

年份	国内生产总值	第一产业	第二产业	工业	建筑业	第三产业	#运输邮电	#批发和零售贸易餐饮业	人均国内生产总值(元)
1953	130.8	101.6	139.6	130.7	219.8	151.5	122.8	167.7	124.9
1957	108.5	92.4	116.2	120.6	90.0	100.7	92.1	101.7	104.3
1965	122.8	107.6	130.9	131.8	110.6	114.1	127.9	109.2	119.2
1970	124.6	126.1	126.8	126.7	131.8	114.9	131.7	100.0	122.5
1975	108.2	107.4	109.2	108.7	117.8	105.1	102.0	109.0	107.1
1978	110.7	96.9	115.4	116.6	92.6	103.4	107.1	90.6	109.3
1979	104.9	106.9	103.3	103.2	106.5	111.2	103.2	104.2	103.6
1980	109.2	103.8	110.0	110.0	109.4	109.9	104.7	104.0	107.6
1981	98.4	98.1	94.0	92.8	123.5	119.4	106.0	108.1	97.2
1982	105.3	106.6	102.5	101.8	113.5	113.8	105.4	102.0	103.7
1983	113.3	128.3	108.8	109.1	104.4	115.2	114.2	118.3	112.3
1984	116.8	105.0	119.5	120.1	109.3	119.5	116.9	116.7	115.4
1985	113.3	84.0	118.7	118.2	127.8	120.5	122.8	120.9	112.4
1986	108.3	111.7	103.5	103.1	109.6	120.5	114.5	124.0	107.2
1987	114.1	106.0	111.4	111.5	110.4	124.8	123.7	127.0	112.7
1988	111.7	106.9	111.7	111.5	114.9	113.7	109.1	119.5	108.7
1989	103.1	95.7	101.6	102.0	95.4	109.3	106.3	103.2	101.9
1990	100.9	114.5	97.0	96.6	104.0	104.8	102.7	102.9	100.1
1991	106.1	104.2	104.0	103.2	110.9	110.2	113.3	115.5	105.4
1992	112.1	104.2	113.6	114.7	104.4	113.6	113.2	116.1	111.4
1993	114.9	110.7	116.6	116.1	120.4	114.3	113.3	114.1	114.3
1994	111.2	102.1	113.8	128.1	109.3	111.1	112.7	110.8	111.2
1995	107.1	104.9	107.1	107.8	100.1	107.8	106.8	112.7	106.4
1996	108.6	112.6	107.8	108.6	99.1	108.4	108.1	110.7	107.9
1997	108.9	101.3	110.5	110.9	106.1	109.2	111.0	113.8	108.7
1998	108.3	113.0	107.6	107.6	108.2	107.9	102.2	111.4	107.9
1999	108.2	105.1	108.5	108.6	106.7	108.9	110.0	111.1	107.9
2000	108.9	98.4	110.7	110.8	109.3	109.6	108.5	111.5	108.3
2001	109.0	106.7	107.5	107.4	108.7	111.5	111.0	110.6	108.4
2002	110.2	108.4	109.8	109.8	110.3	111.3	108.6	111.7	109.6

注:本表按可比价计算。

3—3 国内生产总值指数

(以1952年为100)　　单位:%

年份	国内生产总值	第一产业	第二产业	工业	建筑业	第三产业	#运输邮电	#批发和零售贸易餐饮业	人均国内生产总值
1952	100.0	100.0	100.0	100.0	100.0	100.0	100.0	100.0	100.0
1953	130.8	101.6	139.6	130.7	219.8	151.2	122.8	167.7	124.9
1957	212.8	113.8	297.2	293.7	327.8	174.9	185.2	148.9	171.9
1965	251.2	134.7	353.4	365.0	183.0	203.4	219.6	167.7	172.3
1970	382.9	168.5	588.5	616.3	201.4	260.9	391.0	159.4	237.3
1975	578.8	192.8	955.5	986.6	486.7	359.7	485.2	237.9	335.3
1978	665.8	173.9	1 178.8	1 248.7	378.1	380.1	549.2	216.3	373.7
1979	698.4	185.9	1 217.7	1 288.7	402.7	422.7	566.8	225.4	387.2
1980	762.7	193.0	1 339.5	1 417.5	440.5	464.5	593.4	234.9	416.6
1981	750.5	189.3	1 259.1	1 315.5	544.1	554.6	629.1	253.9	405.0
1982	790.3	201.8	1 290.6	1 339.2	617.5	631.2	663.0	259.0	419.9
1983	895.4	258.9	1 404.1	1 461.0	644.7	727.1	757.2	306.4	471.6
1984	1 045.8	271.8	1 677.9	1 754.7	704.6	868.9	885.1	357.6	544.2
1985	1 184.9	228.4	1 991.7	2 074.0	900.5	1 047.0	1 086.9	432.3	611.7
1986	1 283.2	255.1	2 061.4	2 138.3	987.0	1 261.6	1 244.6	536.0	655.7
1987	1 464.1	270.4	2 296.4	2 384.2	1 089.6	1 574.5	1 539.5	680.8	739.0
1988	1 635.4	289.0	2 565.1	2 658.4	1 252.0	1 790.2	1 679.6	813.5	803.3
1989	1 686.1	276.6	2 606.1	2 711.6	1 194.4	1 956.7	1 785.4	839.5	818.6
1990	1 701.3	316.7	2 528.0	2 619.4	1 242.2	2 050.6	1 837.2	863.9	819.4
1991	1 805.1	330.0	2 629.1	2 703.2	1 377.6	2 259.8	2 081.6	997.8	863.6
1992	2 023.5	343.9	2 986.6	3 100.6	1 438.2	2 567.1	2 356.3	1 158.4	962.1
1993	2 325.0	380.7	3 482.4	3 599.8	1 731.6	2 934.2	2 669.7	1 321.8	1 099.7
1994	2 585.4	388.7	3 963.0	4 611.3	1 892.6	3 259.9	3 008.8	1 464.5	1 222.9
1995	2 768.9	407.7	4 244.3	4 971.0	1 894.5	3 514.2	3 213.4	1 650.5	1 301.1
1996	3 007.2	459.1	4 575.4	5 398.5	1 877.4	3 809.4	3 472.6	1 827.1	1 403.9
1997	3 274.8	465.1	5 055.8	5 986.9	1 992.0	4 159.9	3 854.6	2 079.2	1 526.0
1998	3 546.7	525.6	5 440.1	6 442.0	2 155.3	4 488.5	3 939.4	2 316.3	1 646.6
1999	3 837.5	552.4	5 902.5	6 996.0	2 299.7	4 888.0	4 333.3	2 573.4	1 776.7
2000	4 179.0	543.6	6 534.1	7 751.5	2 513.6	5 357.2	4 703.1	2 869.3	1 924.2
2001	4 555.1	580.0	7 024.2	8 325.1	2 732.3	5 973.3	5 220.4	3 173.4	2 085.8
2002	5 019.7	628.7	7 712.6	9 141.0	3 013.7	6 648.3	5 669.4	3 544.7	2 286.0

注:本表按可比价计算。

3—4 国内生产总值构成

单位：%

年份	国内生产总值	第一产业	第二产业	工业	建筑业	第三产业	#运输邮电	#批发和零售贸易餐饮业
1952	100	29.0	48.3	—	—	22.7	—	—
1953	100	23.3	49.5	—	—	27.2	—	—
1957	100	20.3	59.3	—	—	20.4	—	—
1965	100	19.6	60.7	—	—	19.7	—	—
1970	100	20.8	62.4	—	—	16.8	—	—
1975	100	18.1	66.9	—	—	15.0	—	—
1978	100	14.1	71.1	95.3	4.7	14.8	37.8	38.2
1979	100	16.6	67.9	94.9	5.1	15.5	34.6	36.4
1980	100	16.4	68.4	95.0	5.0	15.2	34.7	32.9
1981	100	17.0	65.0	92.8	7.2	18.0	28.3	31.0
1982	100	17.4	63.4	92.9	7.1	19.2	25.0	29.0
1983	100	19.9	60.3	92.1	7.9	19.8	24.8	28.8
1984	100	18.3	61.2	90.7	9.3	20.5	27.1	29.2
1985	100	14.4	63.3	91.2	8.8	22.3	26.1	31.0
1986	100	15.3	59.1	91.1	8.9	25.6	26.3	31.9
1987	100	15.2	58.0	90.1	9.9	26.8	27.4	31.7
1988	100	16.1	55.9	90.2	9.8	28.0	26.0	29.0
1989	100	14.1	54.3	90.4	9.6	31.6	25.1	28.3
1990	100	15.9	50.9	89.3	10.7	33.2	23.7	27.0
1991	100	15.1	49.2	89.3	10.7	35.7	22.4	28.9
1992	100	13.2	50.4	89.1	10.9	36.4	20.8	31.3
1993	100	13.0	51.7	88.6	11.4	35.3	17.9	33.4
1994	100	13.0	51.1	88.2	11.8	35.9	18.1	32.5
1995	100	14.0	49.8	88.7	11.3	36.2	17.5	33.6
1996	100	15.0	48.7	89.7	10.3	36.3	17.0	34.1
1997	100	13.2	48.7	89.9	10.1	38.1	18.2	35.9
1998	100	13.7	47.8	89.7	10.3	38.5	18.2	35.7
1999	100	12.5	48.0	89.7	10.3	39.5	19.1	34.9
2000	100	10.8	50.2	90.2	9.8	39.0	19.2	34.7
2001	100	10.8	48.5	89.7	10.3	40.7	19.3	34.0
2002	100	10.8	47.8	89.4	10.6	41.4	18.8	33.7

注：1999年初进行了第三产业快速调查，本表中1997、1998年国内生产总值使用的是快速调查数，以前年度未进行调整。

3—5 国内生产总值项目构成

(2002 年)　　　　单位:亿元

项　　目	增加值	劳动者报酬	生产税净额	固定资产折旧	营业盈余
国内生产总值	**5 458.22**	**2 437.35**	**736.65**	**857.78**	**1 426.44**
第 一 产 业	590.20	471.35	14.45	24.67	79.73
第 二 产 业	2 609.85	818.22	458.30	495.12	838.21
工　业	2 331.95	678.64	422.83	475.94	754.54
建 筑 业	277.90	139.58	35.47	19.18	83.67
第 三 产 业	2 258.17	1 147.78	263.90	337.99	508.50
农林牧渔服务业	18.01	11.59	1.39	1.56	3.47
地质勘探业、水利管理业	8.18	3.14	0.47	2.51	2.06
交通运输、仓储及邮电通讯业	425.41	213.11	40.07	104.35	67.88
批发和零售贸易、餐饮业	760.26	390.54	112.97	51.95	204.80
金 融 保 险 业	137.18	71.32	43.09	25.59	-2.82
房 地 产 业	130.94	24.76	19.54	68.65	17.99
社 会 服 务 业	311.19	119.32	29.00	32.14	130.73
卫生、体育和社会福利业	95.51	42.14	7.59	11.96	33.82
教育、文艺和广播电影电视业	152.08	108.27	2.38	16.10	25.33
科学研究和综合技术服务业	51.72	27.48	4.11	6.29	13.84
国家机关、政党机关和社会团体	143.35	118.30	2.23	13.69	9.13
其 他 行 业	24.34	17.81	1.06	3.20	2.27

注:本表按当年价格计算。

3—6 第三产业增加值

单位:亿元

行　　业	1990年	1995年	1997年	1998年	1999年	2000年	2001年	2002年
总　　计	**353.33**	**1 011.20**	**1 364.20**	**1 495.05**	**1 649.41**	**1 821.22**	**2 048.09**	**2 258.17**
农林牧渔服务业	—	6.41	10.31	11.17	12.68	14.01	16.02	18.01
地质勘探业、水利管理业	—	10.62	7.04	8.17	8.86	8.29	8.43	8.18
交通运输、仓储及邮电通讯业	83.89	176.86	248.50	271.96	314.48	350.46	394.50	425.41
交通运输和仓储业	—	147.45	182.25	193.83	221.15	242.54	257.80	271.16
邮电通信业	—	29.41	66.25	78.14	93.33	107.92	136.70	154.25
批发和零售贸易、餐饮业	95.44	339.58	490.24	533.15	575.78	631.64	696.51	760.26
金融保险业	72.69	162.79	124.21	123.78	125.12	127.91	131.32	137.18
房地产业	15.15	56.37	70.87	82.60	89.62	103.56	114.96	130.94
社会服务业	18.08	72.12	161.42	187.70	210.37	237.97	277.66	311.19
卫生、体育和社会福利业	11.66	40.39	53.40	58.63	67.49	75.34	88.40	95.51
教育、文艺及广播电影电视业	20.04	56.07	82.38	90.52	101.06	111.75	131.85	152.08
科学研究和综合技术服务业	11.95	20.20	29.25	31.71	35.54	40.19	45.86	51.72
国家机关、政党机关和社会团体	21.18	60.08	76.05	84.05	95.40	107.01	127.20	143.35
其他行业	3.25	9.71	10.53	11.61	13.01	13.09	15.38	24.34

3—7　第三产业增加值构成

单位：%

行　　业	1990年	1995年	1997年	1998年	1999年	2000年	2001年	2002年
总　计	**100**	**100**	**100**	**100**	**100**	**100**	**100**	**100**
农林牧渔服务业	—	0.6	0.8	0.7	0.8	0.8	0.8	0.8
地质勘探业、水利管理业	—	1.1	0.5	0.5	0.5	0.5	0.4	0.4
交通运输、仓储及邮电通讯业	23.7	17.5	18.2	18.2	19.1	19.2	19.3	18.8
交通运输和仓储业	—	83.4	73.3	71.3	71.3	69.2	65.3	63.7
邮电通信业	—	16.6	26.7	28.7	28.7	30.8	34.7	36.3
批发和零售贸易、餐饮业	27.0	33.6	35.9	35.7	34.9	34.7	34.0	33.7
金融保险业	20.6	16.1	9.1	8.3	7.6	7.0	6.4	6.1
房地产业	4.3	5.6	5.2	5.5	5.4	5.7	5.6	5.8
社会服务业	5.1	7.1	11.8	12.6	12.8	13.1	13.6	13.8
卫生、体育和社会福利业	3.3	4.0	3.9	3.9	4.1	4.1	4.3	4.2
教育、文艺及广播电影电视业	5.7	5.5	6.0	6.1	6.1	6.1	6.4	6.7
科学研究和综合技术服务业	3.4	2.0	2.1	2.1	2.1	2.2	2.2	2.3
国家机关、政党机关和社会团体	6.0	5.9	5.6	5.6	5.8	5.9	6.2	6.3
其他行业	0.9	1.0	0.8	0.8	0.8	0.7	0.8	1.1

3—8 第三产业增加值指数

(上年=100)

单位:%

行业	1990年	1995年	1997年	1998年	1999年	2000年	2001年	2002年
总计	**104.8**	**107.8**	**109.2**	**107.9**	**108.9**	**109.6**	**111.5**	**111.3**
农林牧渔服务业	—	114.8	114.2	109.1	113.7	110.6	97.1	113.7
地质勘探业、水利管理业	—	109.2	111.8	116.8	110.1	93.6	98.7	98.1
交通运输、仓储及邮电通讯业	102.9	106.8	111.0	102.2	110.0	108.5	111.0	108.6
交通运输和仓储业	—	105.5	109.8	98.6	107.5	97.6	104.1	104.0
邮电通信业	—	117.0	118.8	118.0	119.1	144.8	126.4	117.0
批发和零售贸易、餐饮业	102.9	112.7	113.8	111.4	111.1	111.5	110.6	111.7
金融保险业	—	105.3	95.9	100.2	101.9	102.1	102.6	105.0
房地产业	—	97.7	112.0	116.8	109.6	115.0	110.1	115.0
社会服务业	—	105.8	112.4	107.8	104.2	105.8	112.3	112.9
卫生、体育和社会福利业	—	110.2	109.1	112.3	109.7	113.0	118.7	110.7
教育、文艺及广播电影电视业	—	110.5	110.3	112.3	108.8	112.0	116.6	111.7
科学研究和综合技术服务业	—	109.7	117.5	110.7	108.6	114.6	114.1	111.9
国家机关、政党机关和社会团体	—	101.2	109.5	113.0	109.8	113.6	118.9	113.2
其他行业	—	102.8	106.6	110.5	105.4	102.0	117.5	144.9

3—9 各 地 区 国 内

（20

地　　区	国内生产总值（亿元）	第一产业	第二产业	工　业	建筑业	第三产业	#运邮电业
全　　省	**5 458.22**	**590.20**	**2 609.85**	**2 331.95**	**277.90**	**2 258.17**	**425.41**
沈　　阳	1 400.02	83.54	615.17	545.70	69.47	701.31	129.97
大　　连	1 406.10	118.50	661.14	597.71	63.43	626.46	101.79
鞍　　山	708.96	51.54	391.24	349.65	41.58	266.19	48.58
抚　　顺	280.18	22.51	166.02	151.83	14.19	91.65	16.87
本　　溪	193.50	15.80	98.42	88.14	10.28	79.27	14.09
丹　　东	202.65	37.78	74.64	65.03	9.61	90.23	17.07
锦　　州	242.87	64.20	85.81	73.04	12.77	92.86	26.17
营　　口	217.63	29.90	108.02	95.04	12.98	79.71	22.50
阜　　新	85.21	15.05	33.97	24.16	9.81	36.19	9.50
辽　　阳	201.95	24.22	94.43	83.55	10.87	83.30	9.53
盘　　锦	302.01	35.10	207.54	191.02	16.52	59.37	11.31
铁　　岭	151.81	46.68	52.30	42.30	10.00	52.84	12.68
朝　　阳	102.62	29.93	32.88	28.12	4.76	39.81	8.32
葫 芦 岛	206.08	30.88	97.07	88.11	8.97	78.12	19.25

生　产　总　值

02年)

#批发和零售贸易、餐饮业	人均国内生产总值(元)	构成(%)			指数(上年=100)			
		第一产业	第二产业	第三产业	国内生产总值	第一产业	第二产业	第三产业
760.26	**12 986**	**10.8**	**47.8**	**41.4**	**110.2**	**108.4**	**109.8**	**111.3**
231.26	20 316	6.0	43.9	50.1	113.1	108.0	114.6	112.5
178.60	25 276	8.4	47.0	44.6	114.1	106.2	115.1	114.8
77.25	20 609	7.3	55.2	37.5	111.0	106.4	110.4	112.9
30.58	12 362	8.0	59.3	32.7	110.5	108.8	109.8	112.1
19.47	12 362	8.2	50.9	41.0	110.5	107.1	111.1	110.5
32.32	8 403	18.6	36.8	44.5	109.5	106.0	110.9	109.7
26.36	7 907	26.4	35.3	38.2	112.0	113.4	109.2	113.7
17.36	9 549	13.7	49.6	36.6	112.5	108.0	114.4	111.7
9.02	4 420	17.7	39.9	42.5	120.4	143.3	120.6	113.2
29.81	11 099	12.0	46.8	41.2	112.0	106.0	114.9	110.6
15.96	24 468	11.6	68.7	19.7	107.0	107.7	105.8	111.8
11.71	5 076	30.7	34.5	34.8	110.0	113.3	108.8	108.5
9.39	3 066	29.2	32.0	38.8	111.6	118.4	113.8	105.5
23.42	7 633	15.0	47.1	37.9	112.0	103.9	115.4	111.3

3—10　各地区国内生产总值和指数

地　区	国内生产总值(亿元)				指数(上年＝100)			
	1995年	2000年	2001年	2002年	1995年	2000年	2001年	2002年
沈　阳	682.7	1 119.1	1 236.5	1 400.0	109.9	110.3	110.1	113.1
大　连	645.1	1 110.8	1 235.6	1 406.1	115.2	111.8	111.9	114.1
鞍　山	349.9	581.2	641.5	709.0	109.6	110.0	110.0	111.0
抚　顺	153.0	232.2	257.9	280.2	107.6	110.0	110.0	110.5
本　溪	113.0	158.3	177.3	193.5	106.5	110.2	110.0	110.5
丹　东	125.8	172.9	186.6	202.6	108.2	107.4	108.1	109.5
锦　州	155.2	195.9	216.5	242.9	107.7	108.0	110.0	112.0
营　口	100.7	170.8	192.3	217.6	106.6	110.9	111.6	112.5
阜　新	57.7	65.1	70.3	85.2	107.2	100.2	108.5	120.4
辽　阳	114.0	172.1	180.6	202.0	110.1	108.0	105.2	112.0
盘　锦	175.4	299.1	300.9	302.0	111.4	106.8	107.0	107.0
铁　岭	86.0	126.5	137.9	151.8	107.9	107.3	109.0	110.0
朝　阳	98.6	82.0	92.8	102.6	100.6	97.7	110.5	111.6
葫芦岛	116.7	160.3	184.1	206.1	109.9	105.8	112.0	112.0

3—11 各地区国内生产总值项目构成

(2002 年)

地区	国内生产总值(亿元)	劳动者报酬	固定资产折旧	生产税净额	营业盈余
全省	**5 458.22**	**2 437.35**	**736.65**	**857.78**	**1 426.44**
沈阳	1 400.02	680.08	180.32	144.87	394.75
大连	1 406.10	501.21	167.03	226.38	511.48
鞍山	708.96	294.39	136.60	102.94	175.03
抚顺	280.18	125.90	55.95	67.69	30.64
本溪	193.50	85.17	33.72	34.87	39.73
丹东	202.65	114.54	37.67	23.61	26.83
锦州	242.87	164.97	21.29	29.43	27.18
营口	217.63	116.49	28.26	39.94	32.94
阜新	85.21	63.86	8.39	13.11	-0.14
辽阳	201.95	95.75	21.88	34.39	49.94
盘锦	302.01	74.17	44.94	69.18	113.72
铁岭	151.81	107.32	16.14	22.13	6.22
朝阳	102.62	72.98	8.16	14.24	7.24
葫芦岛	206.08	108.12	32.38	50.02	15.55

3—12 国内生产总值(支出法)

单位:亿元

年份	国内生产总值	最终消费	资本形成总额	净流出	消费率 %	投资率 %
1978	229.20	109.37	62.33	57.50	47.72	27.19
1979	244.96	129.30	64.68	50.98	52.79	26.40
1980	281.00	157.43	56.82	66.75	56.02	20.22
1981	288.61	177.41	53.80	57.40	61.47	18.64
1982	315.07	185.21	67.87	61.99	58.78	21.54
1983	364.02	208.15	86.81	69.06	57.18	23.85
1984	438.17	236.89	127.59	73.69	54.06	29.12
1985	518.59	276.19	174.24	68.16	53.26	33.60
1986	605.33	314.75	215.95	74.63	52.00	35.67
1987	719.12	371.81	256.83	90.48	51.70	35.71
1988	881.24	459.39	335.39	86.24	52.14	38.07
1989	1 003.81	543.60	356.47	103.74	54.15	35.51
1990	1 062.74	574.24	392.74	95.76	54.03	36.96
1991	1 200.10	640.51	452.62	106.97	53.37	37.72
1992	1 472.95	769.94	561.81	141.20	52.27	38.14
1993	2 010.82	962.51	901.26	147.05	47.87	44.82
1994	2 461.78	1 239.61	1 024.66	197.51	50.35	41.62
1995	2 793.37	1 501.84	1 046.60	244.93	53.76	37.47
1996	3 148.23	1 728.74	1 076.26	343.23	54.91	34.19
1997	3 582.46	1 943.35	1 146.95	491.66	54.42	32.02
1998	3 881.73	2 128.05	1 225.99	527.69	54.82	31.58
1999	4 171.69	2 330.53	1 284.31	556.85	55.87	30.79
2000	4 669.06	2 587.52	1 471.61	609.93	55.42	31.52
2001	5 033.08	2 828.09	1 625.50	579.49	56.19	32.30
2002	5 458.22	3 031.47	1 835.54	591.21	55.54	33.63

3—13 国内生产总值结构(支出法)

单位:亿元

	资本形成总额		最 终 消 费			
	固定资本形成总额	存货增加	居民消费	农村居民	城镇居民	政府消费
一、绝 对 数						
1978	33.63	28.70	90.22	40.20	50.02	19.15
1980	42.94	13.88	124.79	53.01	71.78	32.64
1981	43.10	10.70	142.53	59.27	83.26	34.88
1982	63.03	4.84	148.54	60.89	87.65	36.67
1983	71.55	15.26	162.51	67.86	94.65	45.64
1984	92.63	34.96	188.42	80.66	107.76	48.47
1985	130.91	43.33	225.51	90.99	134.52	50.68
1986	158.58	57.37	257.88	100.04	157.84	56.87
1987	210.23	46.60	296.93	113.00	183.93	74.88
1988	260.30	75.09	379.61	131.15	248.46	79.78
1989	241.89	114.58	434.09	148.43	285.66	109.51
1990	262.39	130.35	450.76	140.60	310.16	123.48
1991	323.66	128.96	502.22	156.02	346.20	138.29
1992	405.18	156.63	614.28	200.54	413.74	155.66
1993	731.60	169.66	770.19	240.22	529.97	192.32
1994	887.99	136.67	965.96	302.29	663.67	273.65
1995	884.95	161.65	1 177.59	350.38	827.21	324.25
1996	920.66	155.60	1 327.68	408.76	918.92	401.06
1997	976.45	170.50	1 485.79	425.90	1 059.89	458.06
1998	1 069.57	156.42	1 578.49	462.27	1 116.22	549.56
1999	1 115.82	168.49	1 707.30	491.98	1 215.32	623.23
2000	1 293.92	177.69	1 867.36	535.84	1 331.52	720.16
2001	1 444.15	181.35	2 001.97	566.95	1 435.02	826.12
2002	1 627.56	207.98	2 141.47	590.27	1 551.20	890.00
二、比 重 (%)						
1978	53.95	46.05	82.49	44.56	55.44	17.51
1980	70.16	29.84	83.19	43.14	56.86	16.82
1981	75.57	24.43	79.27	42.48	57.52	20.73
1982	80.11	19.89	80.34	41.58	58.42	19.66
1983	92.87	7.13	80.20	40.99	59.01	19.80
1984	82.42	17.58	78.07	41.76	58.24	21.93
1985	72.60	27.40	79.54	42.81	57.19	20.46
1986	75.13	24.87	81.65	40.35	59.65	18.35
1987	73.43	26.57	81.93	38.79	61.21	18.07
1988	81.86	18.14	79.86	38.06	61.94	20.14
1989	77.61	22.39	82.63	34.55	65.45	17.37
1990	67.86	32.14	79.85	34.19	65.81	20.15
1991	66.81	33.19	78.50	31.19	68.81	21.50
1992	71.51	28.49	78.41	31.07	68.93	21.59
1993	72.12	27.88	79.78	32.65	67.35	20.22
1994	74.41	25.59	80.02	31.19	68.81	19.98
1995	86.66	13.34	77.92	31.29	68.71	22.08
1996	84.55	15.45	78.41	29.75	70.25	21.59
1997	85.54	14.46	76.80	30.79	78.03	23.20
1998	85.13	14.87	76.44	29.99	70.01	23.56
1999	87.24	12.76	74.18	29.29	70.71	25.82
2000	86.88	13.12	73.26	28.82	71.18	26.74
2001	88.84	11.16	70.79	28.32	71.68	29.21
2002	88.67	11.33	70.64	27.56	72.44	29.36

3—14 各地区国内生产总值(支出法)及构成

(2002年)

单位:亿元

地区	国内生产总值	最终消费	资本形成总额	净流出	国内生产总值=100 最终消费	资本形成总额
沈阳	1 400.02	735.74	420.32	243.97	52.55	30.02
大连	1 406.10	546.36	613.02	246.72	38.86	43.60
鞍山	708.96	497.91	154.55	56.51	70.23	21.80
抚顺	280.18	137.10	124.56	18.52	48.93	44.46
本溪	193.50	94.21	71.34	27.95	48.69	36.87
丹东	202.65	101.72	60.47	40.46	50.19	29.84
锦州	242.87	117.84	63.04	61.99	48.52	25.96
营口	217.63	116.52	93.31	7.80	53.54	42.88
阜新	85.34	59.42	29.90	-3.98	69.63	35.04
辽阳	201.95	99.40	98.30	4.25	49.22	48.67
盘锦	302.01	83.61	126.61	91.79	27.68	41.92
铁岭	151.81	104.56	49.69	-2.44	68.87	32.73
朝阳	102.62	74.75	38.77	-10.90	72.84	37.78
葫芦岛	206.08	99.80	102.17	4.11	48.43	49.58

3—15 各地区总投资及构成

(2002年)

地区	资本形成总额(亿元)	固定资产形成总额	存货增加	构成(%) 固定资本形成总额	存货增加
沈阳	420.32	383.72	36.60	91.3	8.7
大连	613.02	458.43	154.59	74.8	25.2
鞍山	154.55	129.17	25.38	83.6	16.4
抚顺	124.56	112.67	11.89	90.5	9.5
本溪	71.34	55.64	15.70	78.0	22.0
丹东	60.47	55.12	5.35	91.1	8.9
锦州	63.04	54.62	8.42	86.6	13.4
营口	93.31	73.65	19.66	78.9	21.1
阜新	29.90	32.41	-2.51	108.4	-8.4
辽阳	98.30	54.42	43.88	55.4	44.6
盘锦	126.61	111.49	15.12	88.1	11.9
铁岭	49.69	45.66	4.03	91.9	8.1
朝阳	38.77	34.73	4.04	89.6	10.4
葫芦岛	102.17	57.01	45.16	55.8	44.2

3—16 总 消 费

单位:亿元

指 标	1978年	1985年	1990年	1995年	2000年	2001年	2002年
最 终 消 费	**109.37**	**276.19**	**574.24**	**1 501.84**	**2 587.52**	**2 828.09**	**3 031.47**
一、居 民 消 费	90.22	225.51	450.76	1 177.59	1 867.36	2 001.97	2 141.47
1.农 村 居 民	40.20	90.99	140.60	350.38	535.84	566.95	590.27
自 给 性 消 费	16.88	28.66	33.92	113.49	172.93	168.29	175.93
商 品 性 消 费	21.71	54.17	87.76	179.30	232.00	243.80	254.10
文化生活服务性消费	0.58	3.90	11.00	25.98	76.78	82.06	83.50
住房及水电消费	1.03	4.26	7.92	31.61	54.13	72.80	76.74
#住 房 消 费	0.66	2.73	5.07	11.68	36.41	43.65	45.83
2.城 镇 居 民	50.02	134.52	310.16	827.21	1 331.52	1 435.02	1 551.20
商 品 性 消 费	42.80	120.61	261.49	670.97	864.40	921.50	991.00
文化生活服务性消费	6.26	11.71	42.05	111.57	369.58	401.96	429.00
住房及水电消费	0.96	2.20	6.62	44.67	97.54	111.56	131.20
#住 房 消 费	0.23	0.53	1.59	30.66	43.63	53.55	65.00
二、政 府 消 费	19.15	50.68	123.48	324.25	720.16	826.12	890.00
三、居民消费水平(元/人)	267	605	1 144	2 900	4 490	4 789	5 095.10
农 村 居 民	173	414	622	1 566	2 403	2 540	2 643.39
城 镇 居 民	476	880	1 849	4 540	6 903	7 366	7 874.11

3—17 各地区消费及构成

（2002年）

地区	最终消费（亿元）	居民消费	农村居民	城镇居民	政府消费	最终消费=100 居民消费	政府消费	居民消费=100 农村居民	城镇居民
沈阳	735.74	602.20	86.32	515.88	133.53	82	18	14	86
大连	546.36	403.27	123.41	279.86	143.09	74	26	31	69
鞍山	497.91	341.10	108.93	232.17	156.81	69	31	32	68
抚顺	137.10	103.10	18.89	84.21	33.99	75	25	18	82
本溪	94.21	70.00	14.34	55.67	24.20	74	26	20	80
丹东	101.72	76.66	35.24	41.42	25.06	75	25	46	54
锦州	117.84	84.54	27.21	57.33	33.31	72	28	32	68
营口	116.52	90.56	41.80	48.76	25.96	78	22	46	54
阜新	59.42	52.95	18.88	34.07	6.47	89	11	36	64
辽阳	99.40	80.24	27.15	53.09	19.16	81	19	34	66
盘锦	83.61	66.00	22.55	43.45	17.61	79	21	34	66
铁岭	104.56	81.97	43.75	38.23	22.59	78	22	53	47
朝阳	74.75	66.88	40.57	26.32	7.87	89	11	61	39
葫芦岛	99.80	86.89	46.76	40.12	12.91	87	13	54	46

3—18 居民消费水平

年份	居民消费水平(元/人)			城镇与农村消费水平对比
	全体居民	农村居民	城镇居民	
1957	163	106	268	2.52:1
1965	179	140	249	1.78:1
1970	195	160	274	1.72:1
1975	215	148	362	2.44:1
1978	267	173	476	2.75:1
1979	315	202	546	2.70:1
1980	355	235	573	2.44:1
1981	400	264	632	2.39:1
1982	410	270	641	2.37:1
1983	443	301	669	2.22:1
1984	510	362	735	2.03:1
1985	605	414	880	2.12:1
1986	686	454	1 012	2.23:1
1987	780	508	1 160	2.28:1
1988	985	589	1 530	2.60:1
1989	1 113	662	1 722	2.60:1
1990	1 144	622	1 849	2.97:1
1991	1 267	687	2 045	2.98:1
1992	1 540	884	2 407	2.72:1
1993	1 921	1 065	3 021	2.84:1
1994	2 397	1 348	3 704	2.75:1
1995	2 900	1 566	4 540	2.90:1
1996	3 250	1 826	4 975	2.73:1
1997	3 619	1 906	5 665	2.97:1
1998	3 828	2 073	5 897	2.84:1
1999	4 128	2 209	6 366	2.84:1
2000	4 490	2 403	6 903	2.88:1
2001	4 789	2 540	7 366	2.90:1
2002	5 095	2 643	7 874	2.98:1

3—19 居民消费水平指数

单位：%

年份	以上年为100			以1952年为100		
	全体居民	农村居民	城镇居民	全体居民	农村居民	城镇居民
1957	103.5	97.9	104.2	122.5	123.7	93.9
1965	101.9	100.9	103.2	123.3	130.7	89.7
1970	122.1	133.3	117.1	128.5	135.4	103.0
1975	101.6	101.9	101.7	138.9	127.2	122.5
1978	108.5	97.6	116.3	170.1	143.4	160.2
1979	115.3	109.7	113.6	196.1	157.2	182.0
1980	107.2	119.1	95.2	210.2	187.3	173.4
1981	108.1	109.1	105.5	227.4	204.2	182.9
1982	101.1	100.8	100.2	229.8	205.9	183.2
1983	106.1	108.6	103.1	243.9	223.6	188.9
1984	111.8	115.9	107.1	272.6	259.1	202.3
1985	106.3	104.7	105.8	289.7	271.3	214.1
1986	107.6	105.7	108.5	311.7	286.6	232.2
1987	106.3	105.1	106.7	331.2	301.1	247.8
1988	107.6	104.6	108.9	356.3	314.8	269.7
1989	122.3	157.4	99.9	435.8	495.7	269.4
1990	83.7	56.8	109.9	364.9	281.7	296.1
1991	105.3	104.5	105.5	384.3	294.4	312.5
1992	112.4	112.9	111.5	431.8	332.5	348.3
1993	108.7	108.9	107.6	469.4	361.9	374.8
1994	108.8	108.9	107.7	476.4	330.8	454.7
1995	106.2	102.3	107.3	505.9	338.4	423.8
1996	106.3	106.1	105.9	537.8	359.0	448.8
1997	110.7	110.2	110.4	595.34	395.62	495.48
1998	107.7	109.9	106.3	641.18	434.79	526.70
1999	108.4	107.0	108.6	749.58	465.23	571.99
2000	108.4	107.9	108.2	695.04	501.98	618.89
2001	107.6	106.1	107.8	747.86	532.60	667.16
2002	108.4	107.2	108.4	810.68	570.95	723.20

3—20 各地区居民消费水平

(2002 年)

地区	居民消费水平(元/人)			居民消费水平指数(上年为 100)		
	全体居民	农村居民	城镇居民	全体居民	农村居民	城镇居民
沈阳	8 739	3 423	11 806	114.22	107.37	115.33
大连	7 249	4 534	9 851	108.85	111.15	106.88
鞍山	9 916	6 370	13 420	109.57	108.95	109.86
抚顺	4 549	2 434	5 651	109.75	102.99	111.38
本溪	4 473	2 661	5 423	113.36	112.97	113.23
丹东	3 179	2 490	4 096	102.77	105.13	99.13
锦州	2 752	1 389	5 154	101.73	102.23	100.38
营口	3 973	3 097	5 248	109.35	107.04	109.60
阜新	2 747	1 767	3 965	106.28	105.95	106.38
辽阳	4 410	2 595	6 865	109.95	100.38	115.29
盘锦	5 347	3 652	7 042	101.62	99.43	102.61
铁岭	2 741	2 110	4 164	106.96	102.07	112.63
朝阳	1 995	1 633	3 032	114.92	113.21	117.14
葫芦岛	3 183	2 436	4 953	103.50	103.42	102.48

主要统计指标解释

国内生产总值 是按市场价格计算的国内生产总值的简称。它是一个国家(地区)所有常住单位在一定时期内生产活动的最终成果。国内生产总值有三种表现形态,既价值形态、收入形态和产品形态。从价值形态看,它是所有常住单位在一定时期内所生产的全部货物和服务价值超过同期投入的全部非固定资产货物和服务价值的差额,即所有常住单位的增加值之和;从收入形态看,它是所有常住单位在一定时期内所创造并分配给常住单位和非常住单位的初次分配收入之和;从产品形态看,它是最终使用的货物和服务减去进口货物和服务。在实际核算中,国内生产总值的三种表现形态表现为三种计算方法,即生产法、收入法和支出法。三种方法分别从不同的方面反映国内生产总值及构成。

国民生产总值 是按市场价格计算的国民生产总值的简称。它是一个国家(或地区)所有常住单位在一定时期内收入初次分配的最终成果。一国常住单位从事生产活动所创造的增加值在初次分配过程中主要分配给该国的常住单位,但也有一部分以生产税及进口税(扣除生产和进口补贴)、劳动者报酬和财产收入等形式分配给该国的非常住单位,同时,国外生产所创造的增加值也有一部分以生产税及进口税(扣除生产和进口补贴)、劳动者报酬和财产收入等形式分配给该国的常住单位。从而产生了国民生产总值概念,它等于国内生产总值加上来自国外的初次分配收入净额。与国内生产总值不同,国内生产总值是一个生产概念,而国民生产总值则是个收入概念。

三次产业 根据社会生产活动历史发展的顺序对产业结构的划分,产品直接取自自然界的部门称为第一产业,对初级产品进行再加工的部门称为第二产业。为生产和消费提供各种服务的部门称为第三产业。它是世界上通用的产业结构分类,但各国的划分不尽一致。我国的三次产业划分是:

第一产业:农林牧渔业(包括农业、林业、畜牧业和渔业)。

第二产业:工业(包括采掘业、制造业、电力煤气及水的生产和供应业)、建筑业。

第三产业:除第一、第二产业以外的其他各业。包括农林牧渔服务业、地质勘查业及水利管理业、交通运输仓储及邮电通信业、批发和零售贸易及餐饮业、金融保险业、房地产业、社会服务业、卫生体育和社会福利业、教育文化艺术及广播电影电视业、科学研究和综合技术服务业、国家机关政党机关和社会团体、其他行业。

最终消费 最终消费是指常住单位在一定时期内对于货物和服务的全部最终消费支出,也就是常住单位为满足物质、文化和精神生产的需要,从本国经济领土和国外购买的货物和服务的支出。它不包括非常住单位在本国经济领土内的消费支出。最终消费分为居民消费和政府消费。

居民消费 居民消费指常住住户在一定时期内对于货物和服务的全部最终消费支出。居民消费除了包括直接以货币形式购买的货物和服务的消费支出外,还包括以其他方式获得的货物和服务的消费支出。

政府消费 政府消费指政府部门为全社会提供的公共服务的消费支出和免费或以较低的价格向居民住户提供的货物和服务的净支出,前者等于政府服务的产出价值减去政府单位所获得的经营收入的价值,政府服务的产出价值等于它的经营性业务支出加上固定资产折旧;后者等于政府部门免费或以较低价格向居民住户提供的货物和服务的市场价值减去向住户收取的价值。

资本形成总额 资本形成总额指常住单位在一定时期内对固定资产和存货的投资支出合计,包括固定资产形成总额和存货增加。

(1)固定资产形成总额:指从常住单位在一定时期内购置、转入和资产自用的固定资产,扣除固定资产的销售和转出后的价值。可分为有形固定资本形成总额和无形固定资产形成总额。

(2)存货增加:存货增加指常住单位在一定时期内存货实物量变动的市场价值,即期末价值减期初价值的差额。存货增加可以是正值,也可以是负值,正值表示存货上升,负值表示存货下降。它包括生产单位购进的原材料、燃料和储备物资等存货,以及生产单位生产的产成品、在制品和半成品等存货等。

货物和服务净出口 指货物和服务出口减货物和服务进口的差额。出口包括常住单位向非常住单位出售或无偿转让的各种货物和服务的价值;进口包括常住单位从非常住单位购买或无偿得到的各种货物和服务的价值。由于服务活动的提供与使用同时发生,因此服务的进出口业务并不发生出入境现象,一般把常住单位从国外得到的服务作为进口,非常住单位从本国得到的服务作为出口。货物的出口和进口都按离岸价格计算。

劳动者报酬 劳动者报酬是指劳动者因从事生产活动所获得的全部报酬。它包括劳动者获得的各种形式工资、奖金和津贴,即包括货币形式的,也包括实物形式的,它还包括劳动者所享受的公费医疗和医药卫生费、上下班交通补贴和单位支付的社会保险费等。单位支付的社会保险费,就是单位直接支付给负责社会保险的政府单位(一般指劳动部门)的社会保险金或为本单位职工离退休、发生死亡、伤残、医疗保险等而支付的保险费。对于个体经济来说,其所有者所获得的劳动报酬和经营利润不易区分,这两部分统一作为劳动者报酬处理。

生产税净额 生产税净额是指生产税减生产补贴后的差额。生产税指政府对生产单位生产、销售和从事经营活动以及因从事生产活动使用某些生产要素,如固定资产、土地、劳动力所征收的各种税、附加费和规费。具体包括销售锐金及附加、增值税、管理费中开支的各种税、应交纳的养路费、排污费和水电费附加、烟酒专卖上缴政府的专项收入等。生产补贴与生产税相反,是政府对生产单位的单方面收入转移,因此视为负生产税处理,包括政策亏损补贴、粮食系统价格补贴、外贸企业出口退税收入等。

固定资产折旧 固定资产折旧是指一定时期内为弥补固定资产损耗按照核定的固定资产折旧率提取的固定资产折旧,或按国民经济核算统一规定的折旧率虚拟计算的固定资产折旧。它反映了固定资产在当期生产中的转移价值。各种类型企业和企业化管理的事业单位的固定资产折旧指实际计提并计入成本费用中的折旧费;不计提折旧的单位,如政府机关、非企业化管理的事业单位和居民住房的固定资产折旧则是按照统一规定的折旧率和固定资产原值计算的虚拟折旧。原则上,固定资产折旧应按固定资产的重置价值来计算,但是我国目前尚不具备对全社会固定资产进行重估价的基础,所以暂时只能采用上述方法来计算。

营业盈余 营业盈余是指常住单位创造的增加值扣除劳动者报酬、生产税净额和固定资产折旧后的余额。它相当于企业的营业利润加上生产补贴,但要扣除从利润中开支的工资和福利等。

第四篇

人口

4

RENKOU

4—1 人　　口　　数

单位:万人

年份	年末总人口	按性别分		按城乡分		按农业与非农业分	
		男	女	市镇人口	乡村人口	农村人口	非农业人口
1952	1 932.3	1 003.0	929.3	560.1	1 372.2	1 480.0	452.3
1957	2 395.5	1 239.3	1 156.2	950.2	1 445.3	1 511.2	884.3
1965	2 808.3	1 439.4	1 368.9	1 154.8	1 653.5	1 794.6	1 013.7
1970	3 083.7	1 579.0	1 504.7	1 074.5	2 009.2	2 157.0	926.7
1975	3 282.0	1 679.1	1 602.9	1 178.6	2 103.4	2 252.5	1 029.5
1978	3 394.0	1 735.3	1 658.7	1 242.4	2 151.6	2 316.7	1 077.3
1979	3 442.6	1 756.4	1 686.2	1 360.5	2 082.1	2 277.7	1 164.9
1980	3 486.9	1 779.2	1 707.7	1 419.5	2 067.4	2 250.2	1 236.7
1981	3 534.8	1 803.2	1 731.6	1 465.5	2 069.3	2 245.5	1 289.3
1982	3 592.1	1 832.0	1 760.1	1 509.2	2 082.9	2 252.5	1 339.6
1983	3 629.1	1 852.9	1 776.2	1 546.5	2 082.6	2 249.6	1 379.5
1984	3 654.8	1 866.6	1 788.2	2 001.2	1 653.6	2 207.5	1 447.3
1985	3 686.2	1 883.2	1 803.0	2 481.4	1 204.8	2 183.7	1 502.5
1986	3 726.0	1 904.1	1 821.9	2 570.4	1 155.6	2 217.1	1 508.9
1987	3 777.4	1 930.4	1 847.0	2 680.4	1 097.0	2 225.2	1 552.2
1988	3 825.5	1 955.5	1 870.0	2 783.0	1 042.5	2 232.1	1 593.4
1989	3 876.0	1 979.5	1 896.5	2 841.9	1 034.1	2 251.3	1 624.7
1990	3 917.3	1 999.1	1 918.2	2 880.8	1 036.5	2 272.4	1 644.9
1991	3 938.5	2 009.8	1 928.7	2 967.2	971.3	2 273.1	1 665.4
1992	3 957.9	2 018.9	1 939.0	3 037.2	920.7	2 264.4	1 693.5
1993	3 982.9	2 031.6	1 951.3	3 265.4	717.5	2 247.2	1 735.7
1994	4 007.2	2 043.6	1 963.6	3 357.6	649.6	2 237.7	1 769.5
1995	4 034.0	2 056.9	1 977.1	3 419.3	614.7	2 238.5	1 795.5
1996	4 056.8	2 067.5	1 989.3	3 465.0	591.8	2 236.6	1 820.2
1997	4 077.1	2 076.9	2 000.2	3 517.7	559.4	2 232.7	1 844.4
1998	4 090.4	2 083.1	2 007.3	3 577.9	512.5	2 227.2	1 863.2
1999	4 103.2	2 088.4	2 014.8	3 668.9	434.3	2 226.3	1 876.9
2000	4 135.3	2 103.3	2 032.0	3 705.9	429.4	2 233.1	1 902.2
2001	4 147.0	2 109.1	2 037.9	3 726.6	420.4	2 229.0	1 918.0
2002	4 155.4	2 111.6	2 043.8	3 754.3	401.1	2 211.7	1 943.7

注:本表至4—6表为公安户籍统计数。

4—2 人口构成

单位：%

年份	总人口	按性别分		按城乡分		按农业与非农业分	
		男	女	市镇人口	乡村人口	农村人口	非农业人口
1952	100.0	51.9	48.1	29.0	71.0	76.6	23.4
1957	100.0	51.7	48.6	39.7	60.3	63.1	36.9
1965	100.0	51.3	48.7	41.1	58.9	63.9	36.1
1970	100.0	51.2	48.8	34.9	65.1	70.0	30.0
1975	100.0	51.2	48.8	35.9	64.1	68.6	31.4
1978	100.0	51.2	48.8	36.6	63.4	68.3	31.7
1979	100.0	51.0	49.0	39.5	60.5	69.2	33.8
1980	100.0	51.0	49.0	40.7	59.3	64.5	35.5
1981	100.0	51.0	49.0	41.5	58.5	63.5	36.5
1982	100.0	51.0	49.0	42.0	58.0	62.7	37.3
1983	100.0	51.1	48.9	42.6	57.4	62.0	38.0
1984	100.0	51.1	48.9	54.8	45.2	60.4	39.6
1985	100.0	51.1	48.9	67.3	32.7	59.2	40.8
1986	100.0	51.1	48.9	69.0	31.0	59.5	40.5
1987	100.0	51.1	48.9	71.0	29.0	58.9	41.1
1988	100.0	51.1	48.9	72.8	27.2	58.4	41.6
1989	100.0	51.1	48.9	73.3	26.7	58.1	41.9
1990	100.0	51.0	49.0	73.5	26.5	58.0	42.0
1991	100.0	51.0	49.0	75.3	24.7	57.7	42.3
1992	100.0	51.0	49.0	76.7	23.3	57.2	42.8
1993	100.0	51.0	49.0	82.0	18.0	56.4	43.6
1994	100.0	51.0	49.0	83.8	16.2	55.8	44.2
1995	100.0	51.0	49.0	84.8	15.2	55.5	44.5
1996	100.0	51.0	49.0	85.4	14.6	55.1	44.9
1997	100.0	50.9	49.1	86.3	13.7	54.8	45.2
1998	100.0	50.9	49.1	87.5	12.5	54.4	45.6
1999	100.0	50.9	49.1	89.4	10.6	54.3	45.7
2000	100.0	50.9	49.1	89.6	10.4	54.0	46.0
2001	100.0	50.9	49.1	89.9	10.1	53.7	46.3
2002	100.0	50.8	49.2	90.3	9.7	53.2	46.8

4—3　人口出生率、死亡率、自然增长率

单位:‰

年份	全省			市			县		
	出生率	死亡率	自然增长率	出生率	死亡率	自然增长率	出生率	死亡率	自然增长率
1957	41.9	9.4	32.5	57.4	10.7	46.7	34.8	8.9	25.9
1965	36.2	7.1	29.1	29.9	5.1	24.8	39.3	8.1	31.2
1970	26.6	5.1	21.5	20.2	4.4	15.8	29.1	5.4	23.7
1975	15.9	6.1	9.7	10.6	5.3	5.3	17.9	6.5	11.4
1978	18.0	5.3	12.7	16.4	5.0	11.4	18.3	5.5	13.1
1979	17.0	5.0	12.0	15.1	4.7	10.4	17.8	5.1	12.7
1980	14.1	5.4	8.7	12.3	4.9	4.9	14.9	5.6	9.3
1981	16.6	5.3	11.3	16.2	4.8	11.5	16.8	5.5	11.3
1982	18.9	5.4	13.4	21.1	5.0	16.1	17.7	5.7	12.1
1983	13.4	5.0	8.4	15.2	4.6	10.6	12.5	5.3	7.3
1984	10.8	5.0	5.8	12.5	4.7	7.8	9.9	5.2	4.7
1985	11.9	5.3	6.6	12.7	5.0	7.7	11.2	5.5	5.7
1986	14.8	5.2	9.6	14.7	5.0	9.7	14.9	5.1	9.8
1987	17.3	5.3	12.0	17.1	5.0	12.1	17.4	5.5	11.9
1988	15.4	5.2	10.2	15.7	5.1	10.6	15.1	5.4	9.7
1989	14.6	5.2	9.4	14.1	5.1	9.0	15.1	5.3	9.8
1990	14.5	5.7	8.8	12.8	5.5	7.3	16.1	5.8	10.3
1991	9.9	5.2	4.7	8.8	5.0	3.8	11.1	5.4	5.7
1992	10.2	5.4	4.8	9.7	5.2	4.5	10.7	5.5	5.2
1993	10.0	5.6	4.4	10.4	5.9	4.5	9.5	5.0	4.5
1994	10.7	5.8	4.9	10.3	5.8	4.5	—	—	0
1995	9.9	5.5	4.4	9.3	5.5	3.8	11.3	5.5	5.8
1996	9.5	5.8	3.7	8.7	5.7	3.0	11.2	6.0	5.2
1997	8.9	5.7	3.2	8.3	5.7	2.6	10.1	5.7	4.4
1998	7.9	5.8	2.1	7.3	5.8	1.5	9.2	5.8	3.4
1999	8.0	6.0	2.0	7.4	6.1	1.3	9.5	5.9	3.6
2000	10.7	6.7	4.0	9.7	6.7	3.0	12.9	7.0	5.9
2001	7.1	5.3	1.8	6.7	5.3	1.4	7.9	5.4	2.5
2002	7.5	5.4	2.1	7.3	5.4	1.9	8.2	5.4	2.8

4—4　各地区年末总户数及总人口

单位:万户、万人

地　区	总户数		总人口		男性人口		女性人口	
	2001年	2002年	2001年	2002年	2001年	2002年	2001年	2002年
全　省	**1 329.9**	**1 344.4**	**4 147.0**	**4 155.4**	**2 109.1**	**2 111.6**	**2 037.9**	**2 043.8**
沈　阳	221.5	224.0	689.3	688.9	348.0	347.4	341.3	341.5
大　连	186.5	188.9	554.6	557.9	280.5	281.9	274.1	276.0
鞍　山	107.0	107.9	344.2	344.7	175.5	175.6	168.7	169.1
抚　顺	74.9	75.9	226.2	226.1	114.3	114.2	111.9	111.9
本　溪	51.1	51.9	156.5	156.6	79.2	79.2	77.2	77.4
丹　东	73.4	75.0	241.0	241.3	122.0	122.1	119.0	119.2
锦　州	98.6	99.4	307.2	307.1	155.7	155.7	151.5	151.5
营　口	74.1	74.3	227.4	228.4	116.8	116.8	110.5	111.7
阜　新	59.3	60.6	192.6	193.0	97.1	97.3	95.4	95.6
辽　阳	61.5	62.3	181.8	182.1	93.0	93.1	88.9	89.0
盘　锦	41.4	41.9	122.9	123.9	62.8	63.3	60.2	60.7
铁　岭	93.7	94.2	298.9	299.3	152.8	153.2	146.0	146.2
朝　阳	101.6	102.4	334.6	335.2	172.3	172.6	162.3	162.5
葫芦岛	85.3	85.9	269.8	270.9	138.9	139.4	130.9	131.5

4-4续表

单位:万户、万人

地区	农业人口		非农业人口		市镇人口		乡村人口	
	2001年	2002年	2001年	2002年	2001年	2002年	2001年	2002年
全省	**2 229.0**	**2 211.7**	**1 918.0**	**1 943.7**	**3 726.6**	**3 754.3**	**420.4**	**401.1**
沈阳	253.6	250.7	435.7	438.3	628.3	629.5	61.0	59.4
大连	274.4	270.0	280.2	287.9	550.6	553.9	4.0	4.0
鞍山	170.5	170.6	173.7	174.1	329.4	335.4	14.8	9.3
抚顺	77.7	77.6	148.5	148.5	194.7	197.0	31.5	29.1
本溪	54.1	53.6	102.4	102.9	144.9	147.3	11.6	9.3
丹东	141.7	141.4	99.3	99.9	237.5	237.8	3.5	3.5
锦州	197.0	194.9	110.2	112.2	270.4	270.6	36.8	36.5
营口	138.3	131.7	89.1	96.7	227.4	228.4	0.0	0.0
阜新	106.8	106.9	85.8	86.1	147.1	147.4	45.5	45.6
辽阳	104.7	104.5	77.1	77.6	175.7	176.8	6.1	5.3
盘锦	61.6	61.9	61.4	62.1	98.4	106.2	24.6	17.7
铁岭	207.5	207.2	91.3	92.2	240.4	246.1	58.5	53.2
朝阳	248.4	248.3	86.2	86.8	275.4	268.8	59.2	66.4
葫芦岛	192.8	192.4	77.0	78.5	206.5	209.1	63.3	61.8

4—5 各地区人口自然变动情况

地区	平均人口(万人)		人口出生率(‰)		人口死亡率(‰)		人口自然增长率(‰)	
	2001年	2002年	2001年	2002年	2001年	2002年	2001年	2002年
全省	**4 141.2**	**4 151.2**	**7.1**	**7.5**	**5.3**	**5.4**	**1.7**	**2.1**
沈阳	687.2	689.1	6.4	6.6	5.6	5.8	0.8	0.8
大连	553.0	556.3	6.5	7.2	5.1	4.5	1.4	2.7
鞍山	344.2	344.5	6.9	7.6	6.1	6.2	0.8	1.4
抚顺	226.6	226.2	5.9	5.9	5.8	5.6	0.1	0.3
本溪	156.8	156.5	6.1	6.7	5.1	5.3	1.0	1.4
丹东	241.0	241.2	7.3	8.3	6.1	6.1	1.2	2.2
锦州	306.8	307.2	7.6	7.9	5.7	6.1	1.9	1.8
营口	226.8	227.9	6.7	7.2	4.6	5.3	2.1	1.9
阜新	192.3	192.8	7.7	8.4	5.1	5.7	2.6	2.7
辽阳	181.6	182.0	6.9	7.1	4.7	4.9	2.2	2.2
盘锦	122.5	123.4	8.6	8.9	3.6	4.1	4.9	4.8
铁岭	298.7	299.1	7.2	7.5	5.3	5.1	1.9	2.4
朝阳	334.4	334.9	8.8	9.3	5.1	5.3	3.7	4.0
葫芦岛	269.2	270.3	7.8	8.3	5.1	4.8	2.7	3.5

4—6 各地区及市、镇、县人口数

(2002年)　　单位:万人

地　区	合　计	# 非农业人口	市人口	镇	# 非农业人口	县	# 非农业人口
全　省	**4 155.4**	**1 943.7**	**2 929.8**	**824.5**	**200.7**	**401.1**	**23.1**
沈　阳	688.9	438.3	557.9	71.6	21.4	59.4	3.9
大　连	557.9	287.9	549.0	5.0	2.0	4.0	0.5
鞍　山	344.7	174.1	257.3	78.1	16.6	9.3	0.5
抚　顺	226.1	148.5	139.0	58.0	19.1	29.1	5.1
本　溪	156.6	102.9	96.3	51.0	18.9	9.3	0.6
丹　东	241.3	99.9	197.8	40.0	10.4	3.5	0.3
锦　州	307.1	112.2	200.0	70.6	20.1	36.6	1.1
营　口	228.4	96.7	228.4	—	—	—	—
阜　新	193.0	86.1	78.4	69.0	15.0	45.6	2.0
辽　阳	182.1	77.6	122.4	54.4	9.3	5.2	0.3
盘　锦	123.9	62.1	56.3	49.9	11.3	17.7	1.2
铁　岭	299.3	92.2	124.8	121.4	24.8	53.2	2.4
朝　阳	335.2	86.8	173.9	94.9	17.6	66.4	2.7
葫芦岛	270.9	78.5	148.4	60.7	14.0	61.8	2.6

4—7 全省历年人口变动抽样调查推算数

年 份	总人口（万人）	出生率（‰）	死亡率（‰）	自然增长率（‰）	文盲率（%）	家庭户规模（人/户）
1990	3 946	15.60	6.01	9.59	11.51	3.59
1991	3 990	12.10	6.64	5.46	—	3.60
1992	4 016	12.57	6.11	6.46	—	3.57
1993	4 042	12.43	6.11	6.32	—	3.53
1994	4 067	12.26	6.03	6.23	10.46	3.48
1995	4 092	12.17	6.15	6.02	9.31	3.49
1996	4 116	12.15	6.20	5.95	8.86	3.44
1997	4 138	11.78	6.38	5.40	8.21	3.31
1998	4 157	11.39	6.81	4.58	8.17	3.27
1999	4 171	10.38	7.05	3.30	7.18	3.24
2000	4 184	8.46	6.06	2.40	5.79	3.15
2001	4 194	7.74	6.10	1.64	5.16	3.12
2002	4 203	7.38	6.04	1.34	5.16	3.14

注：文盲率指成人文盲率（文盲、半文盲占15岁及以上人口的比重）

4—8 全省历年人口变动抽样调查年龄构成指数

单位：%

年 份	0－14岁占总人口比重	15－64岁占总人口比重	65岁及以上占总人口比重	总负担系数	负担少儿系数	负担老年系数
1990	23.22	71.10	5.68	40.65	32.66	7.99
1991	23.33	70.48	6.19	41.88	33.10	8.78
1992	22.78	70.62	6.60	41.60	32.25	9.35
1993	22.00	71.21	6.79	40.44	30.90	9.54
1994	22.26	71.20	6.54	40.45	31.27	9.18
1995	21.37	71.61	7.02	40.15	29.96	10.19
1996	20.61	72.47	6.92	37.98	28.44	9.54
1997	19.12	73.63	7.25	36.62	25.95	10.67
1998	18.51	73.94	7.55	35.24	25.03	10.21
1999	18.48	73.71	7.81	35.67	25.08	10.60
2000	17.68	74.44	7.88	34.34	23.75	10.59
2001	17.68	74.44	7.88	34.34	23.75	10.59
2002	15.70	76.21	8.10	31.22	20.60	10.63

主要统计指标解释

人口数 指一定时点、一定地区范围内的有生命的个人的总和。

年度统计的年末人口数是指每年12月31日24时的人口数。

市镇总人口和乡村总人口 一般是按户籍人口划分的。

市镇总人口 指市辖区(含县级市)、县辖镇的全部人口。

乡村总人口 指县(不含镇)的全部人口。

出生率(又称粗出生率) 指在一定时期内(通常为一年)平均每千人所出生的人数的比率,一般用千分率表示。计算公式:

$$出生率 = \frac{年出生人数}{年平均人数} \times 1000‰$$

出生人数是指活产婴儿,即胎儿脱离母体时(不管怀孕月数),有过呼吸或其他生命现象。

年平均人数是指年初、年末人口数的平均数,也可用年中人口数代替。

死亡率(又称粗死亡率) 指在一定时期内(通常为一年)某地区的死亡人数与同期平均人数(或期中人数)之比,一般用千分率表示。计算公式:

$$死亡率 = \frac{年死亡人数}{年平均人数} \times 1000‰$$

人口自然增长率 指在一定时期内(通常为一年)人口自然增加数(出生人数减死亡人数)与该时期内平均人数(或期中人数)之比,一般用千分率表示。计算公式:

$$人口自然增长率 = \frac{本年出生人数 - 本年死亡人数}{年平均人数} \times 1000‰$$

$$人口自然增长率 = 人口出生率 - 人口死亡率$$

第五篇

从业人员和职工工资

5

CONGYE
RENYUAN
HE
ZHIGONG
GONGZI

5—1 就业基本情况

指标	单位	1990年	1995年	2000年	2001年	2002年
年末从业人员	**万人**	**1 897.3**	**2 027.8**	**2 052.0**	**2 069.3**	**2 025.3**
第一产业	万人	650.6	632.7	685.4	686.7	697.6
第二产业	万人	778.2	787.5	649.6	625.9	580.6
第三产业	万人	468.5	607.6	717.0	756.7	747.1
按城乡分从业人员						
城镇从业人员	万人	1 080.1	1 161.8	1 086.0	1 091.8	1 031.9
国有经济单位	万人	669.7	690.6	546.5	507.5	423.1
集体经济单位	万人	322.9	302.2	184.3	163.8	134.3
其他内资	万人	14.9	28.9	77.6	93.1	106.3
外商投资经济单位	万人	4.5	15.2	21.6	22.2	25.2
港澳台投资经济单位	万人	0.1	6.8	11.2	9.2	10.2
其他	万人	21.1	0.1	0.5	0.5	3.5
私营企业	万人	5.0	32.6	83.3	110.6	130.8
个体	万人	41.9	85.4	161.0	184.9	198.5
乡村从业人员	万人	817.2	866.0	966.0	977.5	993.4
职工人数	万人	1 012.2	1 021.0	826.5	781.3	685.4
国有经济单位	万人	669.7	678.5	537.1	498.8	413.9
城镇集体经济单位	万人	322.9	292.4	181.8	161.5	131.9
其他经济单位	万人	19.6	50.1	107.6	121.0	139.6
城镇当年就业人数	万人	40.5	29.2	68.6	82.8	102.8
城镇登记失业人数	万人	29.6	30.4	40.8	55.5	75.5
#失业女性	万人	12.8	16.8	21.6	29.2	39.1
城镇登记失业率	%	2.7	2.6	3.7	4.8	6.8

5—2 按三次产业分的从业人员

（年末数）

年份	从业人员合计（万人）	第一产业	第二产业	第三产业	构成（以合计为100） 第一产业	第二产业	第三产业
1952	707.1	506.9	113.6	86.6	71.7	16.1	12.2
1957	770.2	484.6	154.1	131.5	62.9	20.0	17.1
1965	846.6	510.4	181.9	154.3	60.3	21.5	18.2
1970	1 047.4	…	…	…	…	…	…
1971	1 113.6	622.0	284.9	206.7	55.9	25.6	18.5
1972	1 105.8	588.6	314.2	203.0	53.2	28.4	18.4
1973	1 114.9	599.3	316.6	199.0	53.8	28.4	17.8
1974	1 085.9	553.4	336.3	196.2	51.0	31.0	18.0
1975	1 125.4	542.4	371.8	211.2	48.2	33.0	18.8
1976	1 141.1	525.0	399.5	216.6	46.0	35.0	19.0
1977	1 180.6	571.4	407.5	201.7	48.4	34.5	17.1
1978	1 254.1	595.3	433.4	225.4	47.4	34.6	18.0
1979	1 321.5	590.2	486.1	245.2	44.7	36.8	18.5
1980	1 441.7	597.1	564.7	279.9	41.4	39.2	19.4
1981	1 505.1	610.8	593.7	300.6	40.6	39.4	20.0
1982	1 571.6	639.0	600.4	332.2	40.7	38.2	21.1
1983	1 638.6	669.9	619.2	349.5	40.9	37.8	21.3
1984	1 680.7	645.6	656.8	378.3	38.4	39.1	22.5
1985	1 769.1	634.3	726.4	408.4	35.9	41.0	23.1
1986	1 799.2	640.4	735.3	423.5	35.6	40.9	23.5
1987	1 835.4	630.7	770.7	434.0	34.4	42.0	23.6
1988	1 858.6	625.1	784.2	449.3	33.6	42.2	24.2
1989	1 874.8	638.2	777.1	459.5	34.0	41.5	24.5
1990	1 897.3	646.0	778.2	473.1	34.0	41.0	25.0
1991	1 938.3	666.3	788.5	483.5	34.4	40.7	24.9
1992	1 957.8	652.6	797.4	507.8	33.3	40.7	26.0
1993	2 006.1	640.3	827.4	538.4	31.9	41.3	26.8
1994	2 009.3	627.7	773.3	608.3	31.2	38.5	30.3
1995	2 027.8	632.7	787.5	607.6	31.2	38.8	30.0
1996	2 031.8	644.7	751.8	635.3	31.7	37.0	31.3
1997	1 967.1	639.7	716.7	610.7	32.5	36.4	31.1
1998	1 958.8	657.9	684.7	616.2	33.6	35.0	31.4
1999	1 994.4	651.5	658.3	684.6	32.7	33.0	34.3
2000	2 052.0	685.4	649.6	717.0	33.4	31.7	34.9
2001	2 069.3	686.7	625.9	756.7	33.2	30.2	36.6
2002	2 025.3	697.6	580.6	747.1	34.4	28.7	36.9

5—3 分行业从业人员

（年末数） 单位:万人

行业	1985年	1990年	1995年	2000年	2001年	2002年
总计	**1 769.1**	**1 897.3**	**2 027.8**	**2 052.0**	**2 069.3**	**2 025.3**
农、林、牧、渔业	634.3	648.5	632.7	685.4	686.7	697.6
采掘业	110.3	84.2	61.3	45.9	44.0	42.9
制造业	832.6	565.1	570.4	459.1	434.8	394.3
电力、煤气及水的生产和供应业	21.9	12.2	17.4	19.3	19.9	19.8
建筑业	137.2	115.7	138.3	125.3	127.0	123.6
地质勘查业、水利管理业	16.7	9.9	8.3	6.3	6.3	4.2
交通运输、仓储及邮电通信业	94.7	78.7	98.4	108.0	111.7	107.9
批发和零售贸易、餐饮业	199.6	180.4	254.7	267.4	284.9	275.1
金融、保险业	12.3	11.1	15.0	18.8	19.0	19.1
房地产业	9.2	6.1	7.9	8.8	8.6	9.0
社会服务业	50.9	35.1	59.0	68.8	69.8	71.5
卫生、体育和社会福利业	35.7	25.7	23.1	24.2	24.1	23.8
教育、文化艺术和广播电影电视业	84.7	62.5	62.3	59.5	59.8	59.8
科学研究和综合技术服务业	14.2	9.5	10.4	8.9	8.3	8.4
国家机关、政党机关和社会团体	65.5	52.6	42.2	41.0	41.4	41.1
其他行业	—	—	26.4	105.3	122.7	127.3

5—4 按经济类型分的各行业从业人员

（2002年末）　　　　　　　　　　　　　　　　单位：万人

行　业	合　计	国有单位职　工	城镇集体单位职工	其他单位职　工	城镇私营从业人员个　体劳动者	乡　村劳动者	其　他
总　计	**2 025.3**	**413.9**	**131.9**	**139.6**	**329.3**	**993.4**	**17.2**
农、林、牧、渔业	697.6	30.7	0.3	0.2	7.0	659.2	0.2
采　掘　业	42.9	21.9	7.2	12.3	1.4	—	0.2
制　造　业	394.3	96.5	68.0	88.6	56.9	80.5	3.8
电力、煤气及水的生产和供应业	19.8	13.7	0.7	5.2	—	—	0.2
建　筑　业	123.6	20.9	21.9	8.9	9.8	60.2	1.9
地质勘查业、水利管理业	4.2	4.0	0.1	—	—	—	0.1
交通运输、仓储及邮电通信业	107.9	32.3	4.8	3.4	28.2	38.2	1.0
批发和零售贸易、餐饮业	275.1	22.4	17.3	10.6	172.2	51.5	1.1
金融、保险业	19.1	10.1	2.9	2.8	—	—	3.3
房地产业	9.0	5.9	0.3	2.1	—	—	0.6
社会服务业	71.5	22.3	4.2	4.2	39.4	—	1.3
卫生、体育和社会福利业	23.8	21.2	1.9	0.2	—	—	0.6
教育、文化艺术和广播电影电视业	59.8	57.6	0.3	0.2	—	—	1.7
科学研究和综合技术服务业	8.4	7.4	0.2	0.3	—	—	0.4
国家机关、政党机关和社会团体	41.1	40.2	0.1	—	—	—	0.8
其他行业	127.3	6.7	1.6	0.5	14.4	103.9	0.2

5—5 城镇私营企业和个体分行业从业人员

（年末数）　　　　单位:人

行　　业	1990年	1995年	1998年	1999年	2000年	2001年	2002年
总　　计	**522 883**	**1 200 452**	**1 814 545**	**2 109 776**	**2 442 710**	**2 954 595**	**3 292 369**
农、林、牧、渔业	—	6 137	14 566	15 575	21 848	46 646	70 267
采　掘　业	—	2 605	3 112	3 918	8 136	10 505	13 527
制　造　业	118 723	151 221	283 557	353 195	421 300	483 013	569 050
电力、煤气及水的生产和供应业	—	—	—	—	—	—	—
建　筑　业	8 108	12 210	22 455	28 775	44 254	76 772	97 533
地质勘查业、水利管理业	—	—	—	—	—	—	—
交通运输、仓储及邮电通信业	45 927	90 461	136 891	162 417	200 579	248 334	281 666
批发和零售贸易、餐饮业	223 222	747 735	1 094 542	1 239 001	1 368 037	1 613 269	1 722 273
金融、保险业	—	—	—	—	—	—	—
房地产业	—	—	—	—	—	—	—
社会服务业	122 442	156 872	215 790	265 108	320 488	358 808	394 409
卫生、体育和社会福利业	—	5 252	—	—	—	—	—
教育、文化艺术和广播电影电视业	—	10 455	—	—	—	—	—
科学研究和综合技术服务业	—	4 377	—	—	—	—	—
国家机关、政党机关和社会团体	—	—	—	—	—	—	—
其他行业	4 461	13 127	43 632	41 787	58 068	117 248	143 644

5—6 各地区个体从业人员

单位:户、万人

地区	2000年		2001年		2002年	
	户数	从业人数	户数	从业人数	户数	从业人数
全省	**1 451 832**	**279.4**	**1 529 851**	**309.1**	**1 558 500**	**346.0**
沈阳	225 800	54.6	228 762	63.5	220 744	71.4
大连	273 845	42.3	316 344	46.2	365 871	51.8
鞍山	98 949	17.0	115 046	21.6	126 554	24.9
抚顺	56 415	13.9	59 649	16.0	63 421	18.5
本溪	54 866	13.0	57 655	13.0	58 015	14.6
丹东	95 966	19.9	98 674	21.9	89 796	25.8
锦州	161 978	25.6	179 499	28.1	185 817	36.6
营口	65 867	12.5	76 497	13.0	72 772	16.0
阜新	60 243	11.6	46 035	12.7	46 517	15.0
辽阳	60 690	15.3	60 456	17.2	60 161	17.9
盘锦	31 500	5.2	33 009	5.5	35 584	6.2
铁岭	117 303	22.1	114 742	23.3	104 802	22.5
朝阳	60 905	11.6	56 755	11.5	60 887	12.3
葫芦岛	87 505	14.8	86 728	15.7	67 559	12.4

5—7 各地区私营企业从业人员

单位:户、万人

地区	2000年		2001年		2002年	
	户数	从业人数	户数	从业人数	户数	从业人数
全省	**74 160**	**124.9**	**83 780**	**157.7**	**97 576**	**186.0**
沈阳	20 000	33.9	21 000	37.3	23 074	42.4
大连	24 514	32.5	28 372	42.9	35 047	55.3
鞍山	4 554	6.4	5 728	11.7	6 660	14.5
抚顺	2 234	7.6	2 823	8.9	3 333	10.3
本溪	2 812	8.0	3 374	11.0	3 455	10.6
丹东	3 735	6.2	3 907	7.2	3 856	8.9
锦州	4 085	4.2	4 098	5.0	5 177	7.1
营口	3 033	4.8	3 870	6.7	4 561	6.9
阜新	852	1.8	1 003	2.4	1 257	3.1
辽阳	2 322	4.6	2 645	5.8	3 030	7.4
盘锦	702	1.6	1 005	2.4	1 305	3.4
铁岭	1 914	3.3	2 172	3.9	2 534	3.8
朝阳	1 461	6.5	1 569	8.0	1 925	8.1
葫芦岛	1 942	3.5	2 214	4.4	2 362	4.2

5—8 分行业职工人数

（年末数） 单位：万人

行业	1985年	1990年	1995年	2000年	2001年	2002年
总计	**920.9**	**1 012.2**	**1 021.0**	**826.5**	**781.3**	**685.4**
农、林、牧、渔业	43.5	42.8	38.9	32.0	33.1	31.2
采掘业	57.4	68.9	59.2	44.9	42.9	41.3
制造业	433.4	461.8	444.3	335.9	305.5	253.1
电力、煤气及水的生产和供应业	11.4	10.0	17.3	19.1	19.7	19.6
建筑业	71.4	77.7	86.7	63.1	59.9	51.7
地质勘查业、水利管理业	8.7	10.0	8.3	6.3	6.2	4.2
交通运输、仓储及邮电通信业	49.3	54.5	57.2	49.4	48.3	40.5
批发和零售贸易、餐饮业	103.9	116.4	118.5	79.6	71.9	50.3
金融、保险业	6.4	10.5	14.8	16.8	16.9	15.8
房地产业	4.8	6.2	7.6	8.2	8.1	8.4
社会服务业	26.5	27.3	35.6	35.6	32.9	30.7
卫生、体育和社会福利业	18.6	21.4	22.6	23.8	23.5	23.2
教育、文化艺术和广播电影电视业	44.1	52.2	56.3	57.2	57.7	58.1
科学研究和综合技术服务业	7.4	8.9	10.0	8.5	8.0	8.0
国家机关、政党机关和社会团体	34.1	43.6	41.2	40.4	40.9	40.3
其他行业	—	—	2.5	5.7	5.6	8.9

5—9 各地区分行业

(2002

行业	沈阳	大连	鞍山	抚顺	本溪	丹东
总计	**994 285**	**766 481**	**457 864**	**315 176**	**258 365**	**201 135**
农、林、牧、渔业	11 779	18 305	7 997	8 379	2 718	5 012
采掘业	20 524	7 598	8 740	38 322	20 763	4 344
制造业	348 724	297 676	200 355	98 922	105 802	59 984
电力、煤气及水的生产和供应业	31 181	21 670	13 391	17 242	10 577	9 355
建筑业	59 348	30 048	54 154	36 529	22 425	12 962
地质勘查业、水利管理业	6 487	3 430	2 010	1 064	1 005	1 262
交通运输、仓储及邮电通信业	44 031	55 766	12 938	9 373	9 051	10 898
批发和零售贸易、餐饮业	71 332	51 205	18 626	11 590	8 750	7 390
金融、保险业	30 781	23 897	12 771	8 435	6 441	8 844
房地产业	18 003	17 128	4 593	2 489	4 112	3 014
社会服务业	65 416	59 585	21 081	16 214	11 363	8 259
卫生、体育和社会福利业	50 750	32 909	13 547	10 241	11 847	11 098
教育、文化艺术和广播电影电视业	124 331	81 170	45 390	29 003	24 359	30 711
科学研究和综合技术服务业	30 166	10 968	5 218	3 704	2 124	3 008
国家机关、政党机关和社会团体	73 055	48 610	31 639	22 460	16 637	21 707
其他行业	8 377	6 516	5 414	1 209	391	3 287

在 岗 职 工 人 数

年)　　　　单位:人

锦州	营口	阜新	辽阳	盘锦	铁岭	朝阳	葫芦岛
267 661	**174 798**	**173 567**	**169 574**	**369 963**	**240 264**	**214 917**	**227 058**
20 081	2 460	5 121	4 150	146 736	16 959	8 880	5 591
1 013	4 626	40 869	776	94 295	42 330	9 408	16 372
73 804	50 064	25 179	58 648	43 613	31 363	61 131	94 260
16 036	6 321	6 939	6 290	4 613	15 411	7 555	5 132
20 860	6 094	11 470	23 514	17 575	14 122	8 220	10 392
1 916	2 181	1 241	2 367	2 984	3 437	1 341	2 147
15 119	13 896	4 823	5 944	6 527	11 241	9 359	7 315
11 575	7 684	7 534	5 048	5 490	15 319	8 397	7 171
10 190	6 991	4 616	6 077	3 568	7 586	7 685	7 368
2 965	2 812	1 122	1 572	990	2 583	1 420	1 112
12 197	9 317	6 075	5 883	7 610	6 586	6 258	7 085
15 503	9 952	6 924	7 075	5 545	11 231	11 368	11 068
38 613	25 606	25 437	21 339	14 271	32 432	41 028	26 391
4 143	2 184	1 275	1 750	1 733	2 403	2 095	2 600
22 235	23 112	18 740	17 439	14 350	24 553	27 832	22 335
1 411	1 498	6 202	1 702	63	2 708	2 940	719

5—10 各地区分行业

(2002

行　　业	沈阳	大连	鞍山	抚顺	本溪	丹东
总　　计	**365 004**	**97 052**	**242 950**	**262 128**	**143 345**	**91 362**
农、林、牧、渔业	3 625	2 536	2 044	5 475	5 522	786
采　掘　业	9 172	1 900	9 121	35 900	9 923	1 118
制　造　业	226 615	37 946	149 132	123 378	87 069	61 724
电力、煤气及水的生产和供应业	5 424	1 210	2 665	1 900	2 435	1 453
建　筑　业	30 172	7 591	33 329	45 568	13 253	9 534
地质勘查业、水利管理业	1 290	174	433	771	183	505
交通运输、仓储及邮电通信业	9 115	8 724	6 745	8 744	3 087	2 671
批发和零售贸易、餐饮业	49 353	20 602	25 737	25 997	11 848	7 249
金融、保险业	1 817	2 089	1 141	1 003	458	943
房地产业	2 107	1 430	969	1 020	1 800	723
社会服务业	12 154	5 812	5 253	8 495	5 503	2 372
卫生、体育和社会福利业	3 429	779	1 118	1 436	1 041	333
教育、文化艺术和广播电影电视业	5 417	1 790	1 331	1 002	497	646
科学研究和综合技术服务业	2 852	713	610	197	279	174
国家机关、政党机关和社会团体	1 467	2 095	1 491	693	313	195
其他行业	995	1 661	1 831	549	134	936

离岗职工人数

年)

单位:人

锦州	营口	阜新	辽阳	盘锦	铁岭	朝阳	葫芦岛
134 860	**79 395**	**77 212**	**59 221**	**28 891**	**117 827**	**52 945**	**62 608**
10 492	1 717	520	630	6 493	2 056	366	5 092
1 776	1 628	16 397	406	2 841	4 533	1 064	7 028
73 211	46 760	27 554	31 434	8 440	53 387	23 809	26 459
1 965	929	1 198	1 541	582	1 831	931	296
7 888	1 820	7 256	9 965	2 614	5 635	4 056	4 978
1 091	852	553	93	88	1 480	474	727
6 061	3 440	1 922	2 250	1 505	7 190	2 664	2 088
23 762	13 684	13 822	9 474	3 597	33 258	15 351	10 610
848	1 188	697	555	535	624	783	308
987	1 024	59	215	60	345	225	778
3 288	1 395	1 469	1 101	534	1 965	669	1 735
1 357	1 112	296	328	274	2 228	827	684
985	446	491	631	436	1 010	384	435
209	175	14	142	10	302	23	216
802	918	453	429	882	1 275	952	1 058
138	2 307	4 511	27		708	367	116

5—11 分行业职工人数

单位:万人

行业	2001年			2002年		
	全部职工	在岗职工	离岗职工	全部职工	在岗职工	离岗职工
总计	**781.3**	**545.3**	**235.9**	**685.4**	**502.0**	**183.3**
农、林、牧、渔业	33.1	28.0	5.1	31.2	26.5	4.7
采掘业	42.9	29.2	13.7	41.3	31.0	10.3
制造业	305.5	177.1	128.4	253.1	155.4	97.7
电力、煤气及水的生产和供应业	19.7	17.5	2.2	19.6	17.2	2.4
建筑业	59.9	39.7	20.2	51.7	33.3	18.4
地质勘查业、水利管理业	6.2	5.3	0.9	4.2	3.3	0.9
交通运输、仓储及邮电通信业	48.3	37.0	11.3	40.5	32.6	8.0
批发和零售贸易、餐饮业	71.9	31.0	40.8	50.3	23.9	26.4
金融、保险业	16.9	15.8	1.1	15.8	14.5	1.3
房地产业	8.1	7.0	1.1	8.4	7.1	1.2
社会服务业	32.9	26.9	6.1	30.7	25.6	5.2
卫生、体育和社会福利业	23.5	22.3	1.3	23.2	21.7	1.5
教育、文化艺术和广播电影电视业	57.7	56.3	1.4	58.1	56.5	1.6
科学研究和综合技术服务业	8.0	7.5	0.5	8.0	7.4	0.6
国家机关、政党机关和社会团体	40.9	40.2	0.7	40.3	39.0	1.3
其他行业	5.6	4.6	1.1	8.9	7.1	1.8

注:不在岗职工是离开本单位仍保留劳动关系的职工(下同)

5—12 分细行业在岗职工人数

(2002年末)

单位:人

项目	在岗职工人数合计	国有经济单位	城镇集体经济单位	其他经济单位
全省总计	**5 020 285**	**3 290 871**	**561 213**	**1 168 201**
按隶属关系分组				
中央	825 449	825 449	—	—
省属	311 770	311 770	—	—
市属	938 432	938 432	—	—
县及县以下	1 214 980	1 214 980	—	—
其他	240	240	—	—
按企、事业和机关分组				
企业	3 510 666	1 807 057	536 383	1 167 226
#地方	2 773 908	1 070 299	536 383	1 167 226
事业	1 130 102	1 104 936	24 191	975
#地方	1 072 389	1 047 223	24 191	975
机关	379 517	378 878	639	—
#地方	348 539	347 900	639	—
按国民经济行业分组				
农、林、牧、渔业	264 599	260 412	2 005	2 182
农业	187 921	187 263	237	421
林业	13 787	13 705	77	5
畜牧业	13 927	13 655	178	94
渔业	10 746	9 211	275	1 260
农林牧渔服务业	38 218	36 578	1 238	402
采掘业	310 455	187 321	18 980	104 154
制造业	1 554 163	555 751	255 402	743 010
电力、煤气及水的生产和供应业	171 713	119 169	6 014	46 530
建筑业	333 108	146 697	122 350	64 061
土木工程建筑业	244 399	118 909	79 315	46 175
线路管道和设备安装业	81 977	27 226	42 208	12 543
建筑物的装修装饰业	6 732	562	827	5 343
地质勘查、水利管理业	32 872	32 070	538	264
地质勘查业	9 661	9 019	403	239
水利管理业	23 211	23 051	135	25
交通运输、仓储及邮电通信业	325 710	273 788	22 153	29 769
铁路运输业	108 003	101 704	4 322	1 977
公路运输业	33 007	16 959	6 844	9 204
管道运输业	3 700	2 244	143	1 313
水上运输业	9 977	8 365	262	1 350
航空运输业	9 494	8 688	806	—
交通运输辅助业	93 289	79 884	6 751	6 654
其他交通运输业	641	349	266	26
仓储业	22 910	18 450	1 527	2 933
邮电通信业	44 689	37 145	1 232	6 312
批发零售贸易和餐饮业	239 034	106 527	47 171	85 336
食品饮料烟草和家庭用品批发业	65 988	45 646	7 076	13 266
能源材料和机械电子设备批发业	45 790	20 502	10 436	14 852
其他批发业	12 614	6 443	3 957	2 214
零售业	95 675	28 789	23 446	43 440
商业经济与代理业	879	658	54	167
餐饮业	18 088	4 489	2 202	11 397

5－12续表　　(2002年末)　　单位:人

项目	在岗职工人数合计	国有经济单位	城镇集体经济单位	其他经济单位
金融、保险业	145 352	92 491	27 210	25 651
金融业	135 650	88 007	27 210	20 433
保险业	9 702	4 484	—	5 218
房地产业	71 433	49 328	2 024	20 081
房地产开发与经营业	21 460	7 838	488	13 134
房地产管理业	49 039	40 760	1 536	6 743
房地产代理与经纪业	934	730	—	204
社会服务业	255 622	191 248	27 062	37 312
公共服务业	139 627	126 432	4 797	8 398
居民服务业	16 095	6 880	7 299	1 916
旅馆业	38 153	20 184	4 060	13 909
租赁服务业	1 136	371	220	545
旅游业	3 221	2 518	64	639
娱乐服务业	1 800	434	263	1 103
信息咨询服务业	9 282	5 281	899	3 102
计算机应用服务业	6 835	875	276	5 684
其他社会服务业	39 473	28 273	9 184	2 016
卫生体育和社会福利业	216 776	199 779	15 703	1 294
卫生	200 463	183 915	15 426	1 122
体育	4 258	4 126	—	132
社会福利保障业	12 055	11 738	277	40
教育、文化艺术和广播电影电视业	565 080	561 125	2 512	1 443
教育	514 164	511 611	2 037	516
#普通高等学校	65 486	65 486	—	—
普通中学	170 332	170 211	121	—
小学校	197 179	197 060	119	—
文化艺术业	30 764	30 226	305	233
广播、电影、电视业	20 152	19 288	170	694
科学研究和综合技术服务业	74 174	69 044	1 990	3 140
科学研究业	26 786	26 430	18	338
自然科学研究	20 836	20 544	10	282
社会科学研究	892	892	—	—
其他科学研究	5 058	4 994	8	56
综合技术服务业	47 388	42 614	1 972	2 802
气象	2 450	2 444	6	—
地震	596	596	—	—
测绘	1 660	1 579	18	63
技术监督	12 779	11 865	436	478
海洋环境	324	324	—	—
环境保护	4 640	4 299	310	31
技术推广和科技交流服务业	4 903	4 330	247	326
工程设计业	14 434	12 587	711	1 136
其他综合技术服务业	5 602	4 590	244	768
国家机关、政党机关和社会团体	389 593	388 735	858	—
#国家机关	363 233	363 203	30	—
政党机关	19 257	19 257	—	—
其他	70 601	57 386	9 241	3 974
#企业管理机构	33 538	20 784	8 787	3 967

5—13 分行业离岗职工人数

（年末数） 单位:万人

行业	1997年	1998年	1999年	2000年	2001年	2002年
总计	**178.3**	**227.6**	**235.6**	**239.5**	**235.9**	**183.3**
农、林、牧、渔业	1.7	2.0	1.8	2.1	5.1	4.7
采掘业	8.7	11.0	14.3	13.2	13.7	10.3
制造业	106.6	132.9	135.7	137.5	128.4	97.7
电力、煤气及水的生产和供应业	0.8	1.1	1.4	1.7	2.2	2.4
建筑业	13.4	18.2	19.8	20.3	20.2	18.4
地质勘查业、水利管理业	0.5	0.8	0.8	0.8	0.9	0.9
交通运输、仓储及邮电通信业	6.7	9.7	10.4	10.5	11.3	8.0
批发和零售贸易、餐饮业	35.2	42.4	41.1	41.3	40.8	26.4
金融、保险业	…	…	0.1	0.4	1.1	1.3
房地产业	0.4	0.9	0.8	0.7	1.1	1.2
社会服务业	3.3	5.1	5.6	6.5	6.1	5.2
卫生、体育和社会福利业	0.2	0.8	0.9	1.0	1.3	1.5
教育、文化艺术和广播电影电视业	0.3	0.8	1.1	1.4	1.4	1.6
科学研究和综合技术服务业	0.2	0.4	0.4	0.5	0.5	0.6
国家机关、政党机关和社会团体	0.1	0.5	0.5	0.7	0.7	1.3
其他行业	0.2	1.0	0.9	0.9	1.1	1.8

5—14 各地区国有经济单位

（2002

行　　业	沈 阳	大 连	鞍 山	抚 顺	本 溪	丹 东
总　　计	**590 703**	**392 652**	**334 680**	**173 233**	**189 479**	**131 830**
农、林、牧、渔业	11 401	16 361	7 670	8 194	2 494	4 930
采　掘　业	3 644	4 140	2 301	4 876	13 929	2 249
制　造　业	108 681	52 308	136 101	32 220	70 468	13 937
电力、煤气及水的生产和供应业	16 498	15 140	11 256	13 661	8 230	8 425
建　筑　业	27 062	13 425	30 238	12 537	11 556	6 872
地质勘查业、水利管理业	6 179	3 425	1 949	1 039	903	1 238
交通运输、仓储及邮电通信业	30 328	44 399	9 526	7 019	5 773	8 547
批发和零售贸易、餐饮业	29 718	16 705	9 630	6 862	5 021	3 179
金 融、保 险 业	21 832	14 421	7 763	5 735	4 217	5 444
房 地 产 业	11 617	8 071	3 158	2 050	3 259	1 846
社 会 服 务 业	46 467	33 450	16 622	13 529	9 253	6 787
卫生、体育和社会福利业	46 841	31 441	12 039	9 432	11 319	10 044
教育、文化艺术和广播电影电视业	123 359	79 421	44 992	28 967	24 317	30 699
科学研究和综合技术服务业	28 291	9 337	5 024	3 588	1 840	2 754
国家机关、政党机关和社会团体	73 055	48 610	31 639	22 460	16 637	21 707
其 他 行 业	5 730	1 998	4 772	1 064	263	3 172

分行业在岗职工人数

年)

单位:人

锦州	营口	阜新	辽阳	盘锦	铁岭	朝阳	葫芦岛
183 018	**113 431**	**129 134**	**106 998**	**330 536**	**141 639**	**146 267**	**138 094**
19 879	2 364	4 875	4 125	146 701	16 702	8 701	5 584
383	3 707	37 073	463	94 295	939	3 021	15 826
32 921	8 083	8 101	23 232	18 270	4 919	17 492	24 380
11 205	5 233	5 909	4 746	3 995	7 010	4 690	3 171
4 269	3 714	3 376	7 349	10 846	4 714	2 977	2 367
1 916	2 181	1 226	2 367	2 745	3 417	1 338	2 147
11 212	11 441	3 511	4 008	5 383	9 041	8 033	6 138
3 660	3 356	1 950	1 836	2 054	11 022	4 637	4 974
5 725	4 594	3 114	3 491	2 895	4 339	4 313	4 506
2 122	1 967	900	1 396	653	2 527	1 336	908
9 538	7 009	5 073	5 624	7 084	6 035	5 743	6 341
14 291	8 538	6 332	6 411	5 510	9 392	10 397	10 074
38 575	25 586	25 254	21 305	14 264	32 254	40 936	26 197
3 904	2 036	1 224	1 672	1 491	2 389	2 095	2 596
22 235	22 284	18 710	17 439	14 350	24 553	27 832	22 335
1 183	1 338	2 506	1 534	—	2 386	2 726	550

5—15 各地区国有单位分

(2002

行业	沈阳	大连	鞍山	抚顺	本溪	丹东
总计	**172 615**	**51 616**	**100 910**	**89 146**	**58 828**	**40 341**
农、林、牧、渔业	3 625	2 473	1 970	5 472	5 383	772
采掘业	3 172	1 004	2 086	1 110	1 970	944
制造业	99 315	15 093	61 185	45 680	32 144	23 070
电力、煤气及水的生产和供应业	3 474	1 138	2 262	1 114	1 950	1 329
建筑业	11 966	3 465	9 841	12 596	3 596	5 305
地质勘查业、水利管理业	1 246	174	428	693	183	504
交通运输、仓储及邮电通信业	5 411	7 173	2 782	2 657	934	1 383
批发和零售贸易、餐饮业	20 833	9 915	9 536	11 062	6 250	3 031
金融、保险业	1 560	1 129	654	696	423	629
房地产业	1 595	930	561	972	1 487	216
社会服务业	7 816	3 924	3 989	4 022	2 548	1 050
卫生、体育和社会福利业	2 861	720	868	1 029	986	329
教育、文化艺术和广播电影电视业	5 219	1 592	1 168	978	477	646
科学研究和综合技术服务业	2 634	648	608	157	132	168
国家机关、政党机关和社会团体	1 467	2 095	1 491	693	313	195
其他行业	421	143	1 481	215	52	770

行业离岗职工人数

年）

单位：人

锦州	营口	阜新	辽阳	盘锦	铁岭	朝阳	葫芦岛
79 280	**47 373**	**31 441**	**25 519**	**24 296**	**54 721**	**20 834**	**32 207**
10 461	1 714	346	630	6 490	1 830	337	5 087
1 624	1 327	10 623	253	2 841	646	1 030	3 092
42 373	23 693	8 745	12 640	6 869	19 921	5 899	12 083
1 503	913	1 171	1 369	582	778	269	105
1 801	963	3 042	3 646	2 094	1 343	1 693	592
1 091	852	542	93	83	1 216	474	727
3 278	2 514	886	1 247	1 073	3 874	1 198	1 273
10 868	8 764	2 959	2 712	1 744	18 431	6 428	4 987
460	435	497	353	370	453	533	307
927	1 002	18	215	36	338	220	772
1 850	1 165	1 189	858	513	1 679	406	945
1 064	925	255	292	274	1 329	630	521
854	428	491	616	436	1 010	384	425
186	150	14	142	9	288	23	216
802	897	450	429	882	1 275	952	1 058
138	1 631	213	24		310	358	17

5—16 国有经济单位分行业职工人数

（年末数）

单位:万人

行业	1990年	1995年	1998年	1999年	2000年	2001年	2002年
总计	**669.7**	**678.5**	**604.0**	**565.1**	**537.1**	**498.8**	**413.9**
农、林、牧、渔业	40.9	37.0	34.3	31.6	31.1	32.5	30.7
采掘业	53.6	47.0	41.3	33.9	30.7	26.6	21.9
制造业	262.6	256.0	200.7	185.0	170.5	146.9	96.5
电力、煤气及水的生产和供应业	9.3	15.1	16.2	15.2	14.4	14.4	13.7
建筑业	37.5	36.9	33.5	32.1	31.0	26.2	20.9
地质勘查业、水利管理业	9.7	8.1	7.6	7.6	6.2	6.1	4.0
交通运输、仓储及邮电通信业	43.5	46.3	41.0	39.5	38.4	36.5	32.3
批发和零售贸易、餐饮业	61.1	62.3	54.1	46.2	41.7	38.0	22.4
金融、保险业	7.5	10.6	11.2	11.2	11.5	11.4	10.1
房地产业	5.3	6.4	6.8	6.7	6.3	6.1	5.9
社会服务业	19.2	25.2	23.9	24.1	24.2	23.0	22.3
卫生、体育和社会福利业	18.6	20.4	21.1	21.3	21.3	21.2	21.2
教育、文化艺术和广播电影电视业	50.9	55.6	57.2	57.4	56.7	57.3	57.6
科学研究和综合技术服务业	8.3	9.3	8.8	8.5	8.2	7.6	7.4
国家机关、政党机关和社会团体	41.7	41.2	40.0	40.0	40.3	40.8	40.2
其他行业	—	1.1	6.3	4.8	4.6	4.4	6.7

5—17 国有分行业职工人数

单位:万人

行　　业	2001年			2002年		
	全部职工	在岗职工	离岗职工	全部职工	在岗职工	离岗职工
总　　计	**498.8**	**372.8**	**126.0**	**413.9**	**329.1**	**84.8**
农、林、牧、渔业	32.5	27.5	5.0	30.7	26.0	4.7
采　掘　业	26.6	20.6	6.0	21.9	18.7	3.2
制　造　业	146.9	81.1	65.8	96.5	55.6	40.9
电力、煤气及水的生产和供应业	14.4	12.6	1.7	13.7	11.9	1.8
建　筑　业	26.2	18.3	7.9	20.9	14.7	6.2
地质勘查业、水利管理业	6.1	5.2	0.9	4.0	3.2	0.8
交通运输、仓储及邮电通信业	36.5	29.5	7.1	32.3	27.4	4.9
批发和零售贸易、餐饮业	38.0	15.4	22.6	22.4	10.7	11.8
金融、保险业	11.4	10.5	0.8	10.1	9.2	0.8
房　地　产　业	6.1	5.3	0.8	5.9	4.9	1.0
社会服务业	23.0	19.5	3.5	22.3	19.1	3.2
卫生、体育和社会福利业	21.2	20.3	0.8	21.2	20.0	1.2
教育、文化艺术和广播电影电视业	57.3	55.9	1.3	57.6	56.1	1.5
科学研究和综合技术服务业	7.6	7.1	0.5	7.4	6.9	0.5
国家机关、政党机关和社会团体	40.8	40.1	0.7	40.2	38.9	1.3
其　他　行　业	4.4	3.8	0.6	6.7	5.7	1.0

5—18 各地区集体经济单位

（2002

行业	沈阳	大连	鞍山	抚顺	本溪	丹东
总计	**122 024**	**48 676**	**86 593**	**52 006**	**30 132**	**20 098**
农、林、牧、渔业	99	664	327	165	57	36
采掘业	92	40	5 248	5 037	3 378	997
制造业	63 636	15 484	45 209	19 746	13 498	6 364
电力、煤气及水的生产和供应业	1 209	237	188	1 010	154	25
建筑业	21 504	9 077	20 912	18 013	6 471	4 767
地质勘查业、水利管理业	298	5	61	25	102	9
交通运输、仓储及邮电通信业	3 759	3 915	2 942	1 201	1 088	1 264
批发和零售贸易、餐饮业	12 867	7 525	3 352	3 083	1 343	2 018
金融、保险业	3 944		2 846	1 189	1 558	2 534
房地产业	584	425	159	92	303	44
社会服务业	7 458	7 583	2 760	1 447	1 275	747
卫生、体育和社会福利业	3 372	1 266	1 496	809	528	1 010
教育、文化艺术和广播电影电视业	616	714	398	36	42	12
科学研究和综合技术服务业	910	226	53	8	207	156
国家机关、政党机关和社会团体	—	—	—	—	—	—
其他行业	1 676	1 515	642	145	128	115

分行业在岗职工人数

年)

单位:人

锦州	营口	阜新	辽阳	盘锦	铁岭	朝阳	葫芦岛
38 188	**15 119**	**25 375**	**21 605**	**11 494**	**32 031**	**17 357**	**40 515**
190	35	97	—	31	124	179	1
56	60	3 396	313	—	23	62	278
17 292	6 600	7 366	11 090	4 696	14 243	4 455	25 723
516	99	1 014	113	323	902		224
9 881	1 690	3 902	3 920	3 366	6 966	4 447	7 434
—	—	15	—	—	20	3	—
1 534	210	900	1 208	561	1 824	828	919
2 706	1 174	2 646	2 107	1 494	2 620	2 452	1 784
2 537	1 212	730	1 620	446	3 140	3 255	2 199
110	20	36	73	177	—	1	—
1 810	1 516	721	219	171	315	448	592
1 212	1 414	592	664	35	1 340	971	994
38	18	183	34	7	178	42	194
78	83	51	76	124	14	—	—
—	828	30		—	—	—	—
228	160	3 696	168	63	322	214	169

5—19 各地区集体经济单位

(2002

行业	沈阳	大连	鞍山	抚顺	本溪	丹东
总计	**133 912**	**19 431**	**129 939**	**142 971**	**69 323**	**32 564**
农、林、牧、渔业	—	38	74	3	—	14
采掘业	567	187	6 110	27 631	7 953	167
制造业	94 240	7 841	79 970	59 389	46 663	23 441
电力、煤气及水的生产和供应业	218		87	734	26	2
建筑业	10 929	3 391	22 940	31 523	5 887	2 632
地质勘查业、水利管理业	44	—	5	78	—	—
交通运输、仓储及邮电通信业	2 131	353	3 944	6 058	1 980	1 259
批发和零售贸易、餐饮业	21 080	6 449	14 874	12 183	4 757	2 950
金融、保险业	51	—	161	130	33	228
房地产业	31	140	97	33	298	482
社会服务业	3 407	618	914	4 426	1 430	1 217
卫生、体育和社会福利业	406	46	250	407	55	4
教育、文化艺术和广播电影电视业	121	154	163	24	20	—
科学研究和综合技术服务业	139	8	—	18	139	2
国家机关、政党机关和社会团体	—	—	—	—	—	—
其他行业	548	206	350	334	82	166

分行业离岗职工人数

年)　　单位:人

锦 州	营 口	阜 新	辽 阳	盘 锦	铁 岭	朝 阳	葫芦岛
44 500	**20 789**	**39 782**	**24 609**	**3 592**	**51 474**	**22 887**	**22 208**
31	3	174	—	3	215	29	5
147	—	5 774	153	—	—	6	3 933
23 178	13 858	15 931	13 662	819	27 978	9 778	8 207
8	15	17	2	—	99		2
4 175	397	3 550	2 834	420	3 279	2 327	2 597
—	—	11	—	—	264	—	—
2 743	599	437	905	422	3 246	1 382	813
12 316	4 508	9 265	6 698	1 719	14 665	8 646	5 591
292	411	59	58	164	170	250	—
35	10	41	—	24	—	—	—
1 128	75	181	243	20	285	263	788
293	187	41	36	—	861	197	163
131	18	—	15	—	—	—	10
23	11	—	—	1	14	—	—
	21	3	—	—	—	—	—
	676	4 298	3		398	9	99

5—20　城镇集体单位分行业职工人数

（年末数）　　单位:万人

行　　业	1985 年	1990 年	1995 年	2000 年	2001 年	2002 年
总　　计	**308.1**	**322.9**	**292.4**	**181.8**	**161.5**	**131.9**
农、林、牧、渔业	1.3	1.7	1.6	0.6	0.4	0.3
采　掘　业	12.3	15.3	12.2	9.4	10.2	7.2
制　造　业	175.9	181.1	150.9	92.6	79.0	68.0
电力、煤气及水的生产和供应业	1.6	0.6	1.3	1.4	1.2	0.7
建　筑　业	37.6	40.1	47.1	27.7	26.6	21.9
地质勘查业、水利管理业	…	0.3	0.2	0.2	0.1	0.1
交通运输、仓储及邮电通信业	12.2	10.9	10.4	6.5	6.9	4.8
批发和零售贸易、餐饮业	48.6	54.9	50.6	27.6	23.2	17.3
金融、保险业	1.6	3.0	3.9	3.5	3.5	2.9
房地产业	—	0.9	0.6	0.4	0.4	0.3
社会服务业	10.6	7.5	8.7	7.9	6.1	4.2
卫生、体育和社会福利业	2.8	2.8	2.2	2.3	2.1	1.9
教育、文化艺术和广播电影电视业	1.3	1.3	0.7	0.4	0.4	0.3
科学研究和综合技术服务业	0.3	0.6	0.6	0.2	0.2	0.2
国家机关、政党机关和社会团体	2.0	1.9	—	—	—	0.1
其他行业	—	—	1.4	1.1	1.2	1.6

5—21 城镇集体单位分行业职工人数

单位:万人

行业	2001年			2002年		
	全部职工	在岗职工	离岗职工	全部职工	在岗职工	离岗职工
总计	**161.5**	**73.7**	**87.8**	**131.9**	**56.1**	**75.8**
农、林、牧、渔业	0.4	0.3	0.1	0.3	0.2	0.1
采掘业	10.2	3.0	7.2	7.2	1.9	5.3
制造业	79.0	31.9	47.1	68.0	25.5	42.5
电力、煤气及水的生产和供应业	1.2	1.1	0.1	0.7	0.6	0.1
建筑业	26.6	16.5	10.1	21.9	12.2	9.7
地质勘查业、水利管理业	0.1	0.1	—	0.1	0.1	—
交通运输、仓储及邮电通信业	6.9	3.2	3.7	4.8	2.2	2.6
批发和零售贸易、餐饮业	23.2	7.4	15.8	17.3	4.7	12.6
金融、保险业	3.5	3.3	0.2	2.9	2.7	0.2
房地产业	0.4	0.3	0.2	0.3	0.2	0.1
社会服务业	6.1	3.8	2.3	4.2	2.7	1.5
卫生、体育和社会福利业	2.1	1.7	0.4	1.9	1.6	0.3
教育、文化艺术和广播电影电视业	0.4	0.3	0.1	0.3	0.3	0.1
科学研究和综合技术服务业	0.2	0.2	—	0.2	0.2	—
国家机关、政党机关和社会团体	—	—	—	0.1	0.1	—
其他行业	1.2	0.8	0.4	1.6	0.9	0.7

5—22 其他经济单位分行业职工人数

（年末数）　　单位：万人

行　　业	1990年	1995年	1998年	1999年	2000年	2001年	2002年
总　　计	**19.6**	**50.1**	**90.7**	**100.6**	**107.6**	**121.0**	**139.6**
按经济类型分组							
联营经济	—	6.7	2.0	5.6	1.2	0.5	0.9
股份制经济	—	21.8	29.8	54.6	74.3	89.9	101.5
外商投资经济	—	14.9	20.1	18.0	20.8	21.2	24.0
港澳台投资经济	—	6.6	9.9	9.8	10.8	8.9	9.8
其他经济	—	0.1	28.9	12.6	0.5	0.5	3.4
按国民经济行业分组							
农、林、牧、渔业	0.2	0.3	0.3	0.4	0.4	0.2	0.2
采掘业	—	—	0.3	5.4	4.8	6.1	12.3
制造业	18.1	37.4	65.9	67.7	72.8	79.6	88.6
电力、煤气及水的生产和供应业	0.1	0.9	2.2	3.1	3.3	4.1	5.2
建筑业	0.1	2.7	3.1	3.7	4.3	7.2	8.9
地质勘查业、水利管理业	—	—	0.1	…	—	—	—
交通运输、仓储及邮电通信业	0.1	0.5	4.1	4.1	4.4	4.8	3.4
批发和零售贸易、餐饮业	0.4	5.6	9.1	10.0	10.3	10.7	10.6
金融、保险业	—	0.3	1.3	1.3	1.8	2.1	2.8
房地产业	…	0.6	1.1	1.0	1.5	1.6	2.1
社会服务业	0.6	1.7	2.6	3.4	3.5	3.8	4.2
卫生、体育和社会福利业	—	…	0.3	0.2	0.2	0.2	0.2
教育、文化艺术和广播电影电视业	…	…	0.2	0.1	0.1	0.1	0.2
科学研究和综合技术服务业	…	0.1	0.1	0.1	0.1	0.2	0.3
国家机关、政党机关和社会团体	—	—	—	—	0.1	0.1	—
其他行业	—	—	…	0.1	—	0.1	0.5

5—23 其他经济单位分行业职工人数

单位:万人

行　　业	2001年			2002年		
	全部职工	在岗职工	离岗职工	全部职工	在岗职工	离岗职工
总　　计	**121.0**	**98.9**	**22.1**	**139.6**	**116.8**	**22.8**
农、林、牧、渔业	0.2	0.2	—	0.2	0.2	—
采　掘　业	6.1	5.6	0.5	12.3	10.4	1.8
制　造　业	79.6	64.1	15.5	88.6	74.3	14.3
电力、煤气及水的生产和供应业	4.1	3.8	0.3	5.2	4.7	0.5
建　筑　业	7.2	4.9	2.3	8.9	6.4	2.5
地质勘查业、水利管理业	—	—	—	—	—	—
交通运输、仓储及邮电通信业	4.8	4.3	0.5	3.4	3.0	0.4
批发和零售贸易、餐饮业	10.7	8.3	2.4	10.6	8.5	2.1
金融、保险业	2.1	2.0	0.1	2.8	2.6	0.2
房地产业	1.6	1.5	0.1	2.1	2.0	0.1
社会服务业	3.8	3.6	0.3	4.2	3.7	0.5
卫生、体育和社会福利业	0.2	0.2	—	0.2	0.1	—
教育、文化艺术和广播电影电视业	0.1	0.1	—	0.2	0.1	—
科学研究和综合技术服务业	0.2	0.2	—	0.3	0.3	—
国家机关、政党机关和社会团体	0.1	0.1	—	—	—	—
其他行业	0.1	0.1	—	0.5	0.4	0.1

5—24 各 地 区

（2002

地　　区	全部职工			
	合　计	国有单位	城镇集体单　位	其他单位
全　　省	**685.4**	**413.9**	**131.9**	**139.6**
沈　　阳	135.9	76.3	25.6	34.0
大　　连	86.4	44.4	6.8	35.1
鞍　　山	70.1	43.6	21.7	4.9
抚　　顺	57.7	26.2	19.5	12.0
本　　溪	40.2	24.8	9.9	5.4
丹　　东	29.2	17.2	5.3	6.8
锦　　州	40.3	26.2	8.3	5.8
营　　口	25.4	16.1	3.6	5.7
阜　　新	25.1	16.1	6.5	2.5
辽　　阳	22.9	13.3	4.6	5.0
盘　　锦	39.9	35.5	1.5	2.9
铁　　岭	35.8	19.6	8.4	7.8
朝　　阳	26.8	16.7	4.0	6.1
葫 芦 岛	29.0	17.0	6.3	5.7

职　工　人　数

年)　　　　　　　　　　　　　　　　　　　　　　　　　　　单位:万人

在岗职工				离岗职工			
合计	国有单位	城镇集体单位	其他单位	合计	国有单位	城镇集体单位	其他单位
502.0	**329.1**	**56.1**	**116.8**	**183.3**	**84.8**	**75.8**	**22.8**
99.4	59.1	12.2	28.2	36.5	17.3	13.4	5.8
76.6	39.3	4.9	32.5	9.7	5.2	1.9	2.6
45.8	33.5	8.7	3.7	24.3	10.1	13.0	1.2
31.5	17.3	5.2	9.0	26.2	8.9	14.3	3.0
25.8	18.9	3.0	3.9	14.3	5.9	6.9	1.5
20.1	13.2	2.0	4.9	9.1	4.0	3.3	1.8
26.8	18.3	3.8	4.6	13.5	7.9	4.5	1.1
17.5	11.3	1.5	4.6	7.9	4.7	2.1	1.1
17.4	12.9	2.5	1.9	7.7	3.1	4.0	0.6
17.0	10.7	2.2	4.1	5.9	2.6	2.5	0.9
37.0	33.1	1.1	2.8	2.9	2.4	0.4	0.1
24.0	14.2	3.2	6.7	11.8	5.5	5.1	1.2
21.5	14.6	1.7	5.1	5.3	2.1	2.3	0.9
22.7	13.8	4.1	4.8	6.3	3.2	2.2	0.8

5—25 城镇登记失业人数及失业率

（年末数）

年份	城镇失业人数（万元）	#女性	女性占城镇失业人数（%）	失业率（%）
1980	44.7	—	—	—
1985	19.7	—	—	1.9
1 86	20.2	—	—	2.0
1987	25.4	—	—	2.4
1988	25.8	—	—	2.4
1989	28.3	—	—	3.3
1990	23.7	—	—	2.7
1991	24.9	—	—	2.2
1992	26.7	—	—	2.4
1993	28.5	—	—	2.6
1994	30.0	—	—	2.5
1995	30.4	—	—	2.6
1996	40.8	22.5	55.1	3.6
1997	43.5	23.4	53.8	3.7
1998	40.0	21.0	52.5	3.4
1999	39.8	21.5	54.0	3.5
2000	40.8	21.6	52.9	3.7
2001	55.5	29.2	52.6	4.8
2002	75.5	39.1	51.8	6.8

5—26 各地区城镇单位从业人员

（年末数）　　　　单位:万人

地区	2000年			2001年			2002年		
	单位全部从业人员	全部职工	其他从业人员	单位全部从业人员	全部职工	其他从业人员	单位全部从业人员	全部职工	其他从业人员
全省	**841.8**	**826.5**	**15.3**	**796.3**	**781.3**	**15.1**	**702.6**	**685.4**	**17.2**
沈阳	174.2	169.9	4.3	161.0	155.9	5.1	140.7	135.9	4.8
大连	101.1	97.0	4.1	97.8	93.7	4.1	91.6	86.4	5.2
鞍山	84.5	83.9	0.6	81.0	80.5	0.5	71.1	70.1	1.0
抚顺	70.9	70.2	0.7	67.1	66.4	0.7	58.3	57.7	0.6
本溪	44.2	44.0	0.2	45.4	45.3	0.1	40.2	40.2	0.1
丹东	39.3	39.0	0.3	33.5	33.3	0.3	29.7	29.2	0.5
锦州	45.9	45.3	0.6	44.0	43.4	0.6	40.8	40.3	0.6
营口	32.7	32.3	0.4	31.5	31.2	0.3	25.8	25.4	0.3
阜新	36.1	35.8	0.3	33.3	33.0	0.3	25.4	25.1	0.4
辽阳	29.9	29.7	0.2	28.0	27.8	0.2	23.3	22.9	0.4
盘锦	41.5	41.0	0.5	41.6	41.1	0.5	40.6	39.9	0.8
铁岭	43.0	42.6	0.4	41.3	41.1	0.2	36.1	35.8	0.3
朝阳	41.0	40.6	0.4	36.3	35.9	0.4	27.5	26.8	0.7
葫芦岛	34.4	34.0	0.4	33.1	32.7	0.4	29.4	29.0	0.4

5—27 各地区城镇登记失业人数及失业率

地　　区	年末登记失业人数(万人)			失 业 率 (%)		
	2000 年	2001 年	2002 年	2000 年	2001 年	2002 年
全　　省	**40.8**	**55.5**	**75.5**	**3.7**	**4.8**	**6.8**
沈　　阳	6.5	13.4	13.9	2.5	4.7	6.2
大　　连	6.3	8.2	8.8	3.9	5.0	4.9
鞍　　山	3.5	5.9	6.1	3.6	6.0	5.8
抚　　顺	2.3	3.3	3.9	2.7	4.0	4.7
本　　溪	2.3	2.2	4.4	3.9	3.6	8.0
丹　　东	3.8	3.1	9.7	4.0	4.4	16.3
锦　　州	2.2	2.1	4.6	4.0	4.3	6.5
营　　口	1.5	3.9	2.4	3.7	10.1	5.8
阜　　新	2.6	3.5	3.6	5.8	7.6	8.7
辽　　阳	1.6	1.7	2.6	3.4	3.6	6.5
盘　　锦	1.7	1.0	1.0	3.6	3.0	2.1
铁　　岭	3.4	1.9	4.7	6.7	3.4	8.8
朝　　阳	1.0	3.2	7.6	3.0	6.4	16.7
葫 芦 岛	2.1	2.1	2.2	4.8	4.6	5.9

5—28 职工工资总额及构成

年份、地区	绝对数（亿元）				构成（%）		
	全部工资总额	国有经济单位	城镇集体经济单位	其他经济单位	国有经济单位	城镇集体经济单位	其他经济单位
1978	39.9	32.1	7.8	—	80.5	19.5	—
1980	56.7	43.7	13.0	—	77.1	22.9	—
1981	61.2	45.9	15.3	—	75.0	25.0	—
1982	64.9	48.7	16.2	—	75.0	25.0	—
1983	67.5	49.4	18.1	—	73.2	26.8	—
1984	80.7	55.6	24.1	1.0	68.9	29.9	1.2
1985	99.7	68.6	29.9	1.2	68.8	30.0	1.2
1986	121.5	84.9	35.1	1.5	69.9	28.9	1.2
1987	139.2	97.6	39.6	2.0	70.1	28.5	1.4
1988	172.2	122.4	47.0	2.8	71.1	27.3	1.6
1989	193.9	139.2	51.1	3.6	71.8	26.3	1.9
1990	217.8	158.1	55.3	4.4	72.6	25.4	2.0
1991	242.1	174.8	61.6	5.7	72.2	25.4	2.4
1992	282.0	204.1	70.1	7.8	72.4	24.8	2.8
1993	342.5	248.5	79.1	14.9	72.5	23.1	4.4
1994	439.7	319.4	90.4	29.9	72.6	20.6	6.8
1995	496.9	368.1	97.2	31.6	74.1	19.6	6.3
1996	525.3	394.2	94.6	36.5	75.0	18.0	7.0
1997	544.5	408.1	92.4	44.0	74.9	17.0	8.1
1998	521.3	384.9	71.7	64.7	73.8	13.8	12.4
1999	529.6	388.9	62.1	78.6	73.4	11.7	14.9
2000	553.1	404.2	57.1	91.8	73.1	10.3	16.6
2001	595.9	425.3	51.9	118.7	71.4	8.7	19.9
2002	635.9	437.8	43.7	154.4	68.8	6.9	24.3
沈阳	143.0	93.5	9.9	39.7	65.3	6.9	27.7
大连	124.6	69.2	5.5	49.9	55.5	4.4	40.1
鞍山	55.6	46.2	6.0	3.4	83.2	10.8	6.1
抚顺	38.2	23.0	3.4	11.8	60.2	8.9	30.9
本溪	31.0	25.3	2.2	3.5	81.6	7.2	11.2
丹东	22.2	15.8	1.5	4.9	71.3	6.8	21.9
锦州	29.9	21.3	2.9	5.7	71.2	9.6	19.2
营口	18.7	13.5	1.1	4.2	72.1	5.7	22.3
阜新	17.0	13.3	2.1	1.6	78.2	12.5	9.2
辽阳	21.5	14.1	1.9	5.4	65.9	8.8	25.3
盘锦	35.4	31.1	1.1	3.2	88.0	3.0	9.0
铁岭	24.1	13.2	1.9	9.0	54.7	8.1	37.2
朝阳	20.4	13.7	1.3	5.4	67.3	6.3	26.4
葫芦岛	24.1	14.3	2.9	6.9	59.2	12.0	28.8

5—29 职工工资总额指数

年份	指数(1978=100)			指数(上年=100)			
	全部工资总额	国有经济单位	城镇集体经济单位	全部工资总额	国有经济单位	城镇集体经济单位	其他经济单位
1957	—	49.8	—	—	114.3	—	—
1965	—	60.1	—	—	100.5	—	—
1970	—	65.7	—	—	101.9	—	—
1975	—	80.4	85.9	—	104.0	—	—
1978	100	100	100	116.0	117.6	109.9	—
1979	116.0	114.6	121.8	116.0	114.6	121.8	—
1980	142.1	136.1	166.7	122.5	118.8	136.8	—
1981	153.4	143.0	196.2	107.9	105.0	117.7	—
1982	162.7	151.7	207.7	106.0	106.1	105.9	—
1983	169.2	153.9	232.1	104.0	101.4	111.7	—
1984	202.3	173.2	309.0	119.6	112.6	133.1	—
1985	249.9	213.7	383.3	123.5	123.4	124.1	120.0
1986	304.5	264.5	450.0	121.9	123.8	117.4	125.0
1987	348.9	304.0	507.7	114.6	115.0	112.8	133.3
1988	431.6	381.3	602.6	123.7	125.4	118.7	140.0
1989	486.0	433.6	655.1	112.6	113.7	108.7	128.6
1990	545.9	492.5	709.0	112.3	113.6	108.2	122.2
1991	606.8	544.5	789.7	111.2	110.6	111.4	129.5
1992	706.8	635.8	898.7	116.5	116.8	113.8	136.8
1993	858.4	774.1	1 014.1	121.5	121.8	112.8	191.0
1994	1 102.0	995.0	1 159.0	128.4	128.5	114.3	200.7
1995	1 245.3	1 146.7	1 246.2	113.0	115.2	107.5	105.7
1996	1 316.5	1 228.0	1 212.8	105.7	107.1	97.3	115.4
1997	1 364.7	1 271.3	1 184.6	103.6	103.5	97.6	120.6
1998	1 306.0	1 198.8	919.2	95.7	94.3	197.6	147.0
1999	1 327.3	1 211.5	796.2	101.6	101.0	86.6	121.5
2000	1 386.2	1 259.2	732.1	104.4	103.9	91.9	116.8
2001	1 493.5	1 324.9	665.4	107.7	105.2	90.9	129.3
2002	1 593.7	1 363.9	560.3	106.7	102.9	84.2	130.1

5—30 分行业职工工资总额

单位:万元

行　　业	1985年	1990年	1995年	2000年	2001年	2002年
总　　计	**997 787**	**2 178 229**	**4 969 111**	**5 530 984**	**5 959 222**	**6 358 783**
农、林、牧、渔业	31 909	56 036	117 272	135 274	137 276	134 616
采　掘　业	65 248	178 125	299 287	299 870	307 621	394 822
制　造　业	472 062	967 079	1 996 207	1 835 916	1 870 725	1 847 376
电力、煤气及水的生产和供应业	12 908	27 557	141 453	220 258	261 995	301 028
建　筑　业	88 426	191 806	477 698	370 332	379 874	353 075
地质勘查业、水利管理业	12 488	26 123	57 504	55 328	57 886	34 955
交通运输、仓储及邮电通信业	62 329	135 568	376 822	482 496	522 199	548 880
批发和零售贸易、餐饮业	99 943	211 258	416 369	294 565	286 951	260 745
金融、保险业	7 017	22 858	110 657	222 205	256 441	282 827
房地产业	5 122	13 117	42 581	73 193	81 791	93 348
社会服务业	26 994	55 376	181 738	247 359	269 451	297 702
卫生、体育和社会福利业	19 420	47 878	123 481	220 151	254 107	289 370
教育、文化艺术和广播电影电视业	49 603	122 032	316 709	526 086	614 540	736 876
科学研究和综合技术服务业	8 413	21 372	64 027	97 435	108 932	132 186
国家机关、政党机关和社会团体	35 905	102 044	235 037	408 762	501 100	566 825
其他行业	—	—	12 269	41 754	48 333	84 152

5—31 分行业职工平均工资

单位:元

行　　业	1985 年	1990 年	1995 年	1998 年	1999 年	2000 年	2001 年	2002 年
总　　计	**1 101**	**1 583**	**4 877**	**5 637**	**6 067**	**6 639**	**7 444**	**8 888**
农、林、牧、渔业	758	1 236	2 996	3 464	4 023	4 223	4 107	4 323
采　掘　业	1 154	2 238	5 073	6 148	5 933	6 575	6 914	9 340
制　造　业	1 104	1 371	4 505	4 732	4 957	5 415	5 921	6 843
电力、煤气及水的生产和供应业	1 172	2 731	8 400	10 110	10 564	11 401	13 467	15 556
建　筑　业	1 241	1 370	5 381	5 323	5 405	5 673	6 055	6 325
地质勘查业、水利管理业	1 477	2 621	6 960	8 967	9 634	8 739	9 283	8 378
交通运输、仓储及邮电通信业	1 280	2 177	6 646	8 183	8 703	9 660	10 629	12 906
批发和零售贸易、餐饮业	974	1 097	3 541	3 486	3 492	3 666	3 847	4 729
金融、保险业	1 149	1 701	7 623	10 239	11 861	13 211	15 101	17 489
房地产业	1 087	1 898	5 660	7 147	7 974	9 128	10 038	11 080
社会服务业	1 049	1 557	5 135	6 046	6 638	6 949	7 968	9 531
卫生、体育和社会福利业	1 064	2 030	5 479	7 638	8 581	9 252	10 852	12 493
教育、文化艺术和广播电影电视业	1 163	2 334	5 670	7 514	8 478	9 287	10 669	12 665
科学研究和综合技术服务业	1 149	2 293	6 310	8 657	9 861	11 436	13 452	16 269
国家机关、政党机关和社会团体	1 085	2 272	5 731	8 046	9 171	10 179	12 271	13 999
其他行业	—	—	4 848	5 873	6 819	7 387	8 496	9 105

5—32 分行业在岗职工工资总额及离岗生活费

（2002 年）　　　　单位:万元

项目	在岗职工工资总额				离岗职工生活费			
	合计	国有单位	集体单位	其他单位	合计	国有单位	集体单位	其他单位
总计	**6 038 701**	**4 151 966**	**409 843**	**1 476 892**	**320 082**	**225 713**	**26 773**	**67 596**
农、林、牧、渔业	131 623	126 865	1 630	3 128	2 994	2 888	21	85
采掘业	377 380	239 725	11 589	126 067	17 442	9 715	1 389	6 338
制造业	1 712 342	670 589	163 317	878 436	135 034	82 336	12 279	40 419
电力、煤气及水的生产和供应业	284 165	189 049	7 494	87 623	16 863	11 361	115	5 388
建筑业	329 387	169 105	94 959	65 323	23 688	15 756	4 959	2 974
地质勘查业、水利管理业	32 782	31 629	597	556	2 172	2 170	3	—
交通运输、仓储及邮电通信业	520 694	438 528	16 071	66 095	28 186	25 394	1 172	1 620
批发和零售贸易、餐饮业	237 535	112 017	28 273	97 245	23 210	14 014	3 392	5 805
金融、保险业	267 644	180 780	35 349	51 515	15 183	10 742	1 713	2 729
房地产业	89 642	60 643	1 985	27 015	3 706	2 909	57	740
社会服务业	283 576	208 111	22 043	53 421	14 127	12 184	1 172	770
卫生、体育和社会福利业	283 302	271 608	10 101	1 594	6 068	5 879	129	61
教育、文化艺术和广播电影电视业	726 430	722 031	2 009	2 389	10 446	10 332	58	56
科学研究和综合技术服务业	129 322	120 463	2 391	6 469	2 864	2 776	11	76
国家机关、政党机关和社会团体	553 238	552 557	681	—	13 587	13 571	16	—
其他行业	79 639	58 267	11 354	10 017	4 513	3 688	288	537

5—33 各地区在岗职工工资总额及离岗生活费

（2002年）

单位：万元

地区	在岗职工工资总额				离岗职工生活费			
	合计	国有单位	集体单位	其他单位	合计	国有单位	集体单位	其他单位
全省	**6 038 701**	**4 151 966**	**409 843**	**1 476 892**	**320 082**	**225 713**	**26 773**	**67 596**
沈阳	1 365 591	890 146	93 534	381 911	64 616	44 389	5 557	14 670
大连	1 198 900	660 573	51 359	486 968	47 584	31 480	3 743	12 361
鞍山	517 603	430 382	55 555	31 667	38 232	31 808	4 441	1 983
抚顺	353 959	213 806	31 579	108 574	27 827	16 026	2 393	9 409
本溪	288 849	235 550	20 041	33 258	20 963	17 183	2 371	1 408
丹东	209 996	151 300	13 748	44 949	11 990	6 985	1 241	3 765
锦州	283 815	202 219	26 803	54 793	15 248	10 821	1 836	2 590
营口	177 729	128 452	9 553	39 725	9 106	6 223	1 018	1 865
阜新	159 572	124 796	20 544	14 231	10 417	8 203	754	1 459
辽阳	199 026	129 691	17 923	51 412	15 485	11 644	882	2 959
盘锦	345 404	304 213	10 272	30 919	8 176	7 082	260	834
铁岭	226 404	122 978	18 872	84 554	14 287	8 691	527	5 069
朝阳	194 408	132 484	12 452	49 473	9 108	4 390	452	4 266
葫芦岛	226 124	134 056	27 608	64 460	15 113	8 857	1 297	4 959

5—34　分行业在岗职工平均工资及离岗职工平均生活费

（2002年）　　　　单位:元

行业	在岗职工人均工资				离岗职工人均生活费			
	全部	国有	集体	其他	全部	国有	集体	其他
总计	**11 659**	**12 239**	**7 094**	**12 214**	**1 621**	**2 377**	**346**	**2 681**
农、林、牧、渔业	4 976	4 888	8 214	10 365	639	628	329	3 621
采掘业	11 965	12 375	6 292	12 209	1 625	2 818	261	3 230
制造业	10 511	11 210	6 263	11 407	1 261	1 749	281	2 470
电力、煤气及水的生产和供应业	16 609	15 911	12 181	18 999	7 519	6 976	932	10 971
建筑业	9 058	10 602	7 307	8 805	1 217	2 181	512	1 163
地质勘查业、水利管理业	9 986	9 918	11 307	13 535	2 443	2 555	71	—
交通运输、仓储及邮电通信业	15 359	15 336	7 056	21 807	3 268	4 568	453	3 371
批发和零售贸易、餐饮业	9 052	8 954	5 740	11 043	803	1 018	264	2 521
金融、保险业	18 004	18 930	12 884	20 031	11 626	12 606	7 906	11 503
房地产业	12 505	12 239	9 253	13 513	2 949	2 885	487	5 639
社会服务业	10 952	10 742	8 045	14 138	2 645	3 629	785	1 569
卫生、体育和社会福利业	13 068	13 607	6 402	11 360	4 090	5 020	441	2 919
教育、文化艺术和广播电影电视业	12 832	12 844	7 951	16 626	6 663	6 942	878	4 277
科学研究和综合技术服务业	17 144	17 136	12 180	20 412	4 920	5 215	337	4 720
国家机关、政党机关和社会团体	14 126	14 139	8 226	—	10 250	10 256	6 708	—
其他行业	11 049	10 028	11 606	23 913	2 218	3 409	347	4 352

5—35 各地区分行业在

（2002

行　　业	沈 阳	大 连	鞍 山	抚 顺	本 溪	丹 东
总　　计	**13 166**	**15 440**	**10 933**	**10 781**	**10 845**	**9 920**
农、林、牧、渔业	6 394	12 673	5 621	5 516	8 986	6 172
采　掘　业	10 950	6 552	6 517	10 859	14 225	6 566
制　造　业	10 177	14 374	11 581	8 880	10 072	7 180
电力、煤气及水的生产和供应业	19 483	20 121	12 456	20 723	13 309	14 552
建　筑　业	9 885	13 463	8 152	8 839	8 677	8 806
地质勘查业、水利管理业	11 871	11 489	10 520	10 542	11 816	11 625
交通运输、仓储及邮电通信业	16 834	20 028	12 446	9 593	13 011	12 067
批发和零售贸易、餐饮业	9 898	13 684	6 858	8 372	6 144	6 960
金融、保险业	24 274	22 256	16 151	15 375	12 712	14 973
房 地 产 业	13 488	15 896	9 593	9 927	9 903	8 387
社会服务业	11 037	13 777	8 399	8 275	8 507	8 316
卫生、体育和社会福利业	17 448	15 695	11 113	11 568	9 948	11 682
教育、文化艺术和广播电影电视业	16 183	15 670	11 773	13 861	12 875	11 067
科学研究和综合技术服务业	18 896	20 766	16 493	14 706	12 798	13 125
国家机关、政党机关和社会团体	17 403	17 532	13 604	14 159	13 866	13 975
其他行业	17 854	13 668	9 891	13 108	12 830	10 899

岗 职 工 平 均 工 资

年)

单位:元

锦州	营口	阜新	辽阳	盘锦	铁岭	朝阳	葫芦岛
10 338	**9 784**	**8 521**	**11 075**	**9 301**	**9 177**	**8 672**	**9 809**
4 766	5 920	4 281	5 022	3 806	4 113	5 150	4 492
5 866	5 386	8 947	8 468	45 810	14 162	7 136	6 324
8 482	7 075	5 926	10 807	10 837	5 924	7 580	9 931
15 078	15 723	16 874	12 184	9 311	15 035	16 141	15 883
8 653	6 435	5 682	9 737	8 043	7 686	8 771	6 706
9 071	7 947	9 467	11 414	7 148	8 744	7 908	8 004
13 696	12 644	9 102	13 105	11 250	9 954	12 779	10 404
6 535	7 040	5 958	6 590	8 510	4 907	5 727	4 397
17 941	15 213	11 735	12 938	15 459	12 847	12 705	15 330
9 737	9 883	9 364	10 145	13 546	6 635	9 116	10 487
9 407	8 295	7 147	9 678	10 482	8 121	7 303	8 619
10 560	9 768	9 638	12 280	12 260	7 974	10 074	9 469
12 121	11 293	9 584	12 054	10 974	8 253	7 982	10 523
16 794	12 878	11 311	12 988	13 738	10 153	12 048	15 312
12 655	12 761	10 258	13 593	12 530	10 093	9 607	12 445
12 788	13 121	9 288	13 751	19 032	8 794	11 591	9 954

5—36 各地区在岗职工平均工资及离岗职工平均生活费

(2002 年)

单位:元

地区	在岗职工平均工资				离岗职工平均生活费			
	合计	国有单位	集体单位	其他单位	合计	国有单位	集体单位	其他单位
全省	**11 659**	**12 239**	**7 094**	**12 214**	**1 621**	**2 377**	**346**	**2 681**
沈阳	13 166	14 364	7 462	13 073	1 521	2 090	383	2 186
大连	15 440	16 473	10 450	14 921	4 854	5 958	1 929	4 792
鞍山	10 933	12 501	6 109	8 289	1 484	2 890	332	1 443
抚顺	10 781	12 050	5 705	11 365	1 016	1 670	166	2 809
本溪	10 845	11 911	7 066	8 270	1 413	2 730	340	905
丹东	9 920	11 032	6 671	8 335	1 093	1 152	412	1 983
锦州	10 338	10 803	6 926	11 266	1 121	1 378	401	2 219
营口	9 784	11 022	6 258	7 971	1 131	1 295	488	1 610
阜新	8 521	9 024	7 556	6 533	1 271	2 343	190	2 005
辽阳	11 075	11 575	7 582	11 680	2 374	3 801	346	3 250
盘锦	9 301	9 182	9 003	10 799	2 838	2 894	806	7 514
铁岭	9 177	8 244	5 766	13 050	1 183	1 483	106	4 076
朝阳	8 672	8 845	6 972	8 749	1 409	1 644	194	2 912
葫芦岛	9 809	9 520	6 707	13 278	2 242	2 507	577	5 161

5—37 国有单位分行业职工工资总额

单位:万元

行业	1980年	1985年	1990年	1995年	2000年	2001年	2002年
总计	**436 979**	**686 425**	**1 581 476**	**3 680 731**	**4 042 326**	**4 252 904**	**4 377 678**
农、林、牧、渔业	22 241	30 503	52 765	109 107	127 671	132 382	129 753
采掘业	49 669	53 460	150 819	264 369	234 036	223 212	249 440
制造业	171 039	291 535	625 958	1 323 333	1 029 986	943 352	752 925
电力、煤气及水的生产和供应业	3 943	11 405	26 100	121 807	156 534	180 785	200 409
建筑业	30 930	47 295	107 157	251 899	218 493	211 465	184 861
地质勘查业、水利管理业	7 434	12 471	25 747	57 004	54 801	57 428	33 799
交通运输、仓储及邮电通信业	24 723	49 042	116 743	340 097	402 240	424 787	463 922
批发和零售贸易、餐饮业	50 757	55 959	125 736	238 192	164 978	151 481	126 031
金融、保险业	2 181	5 438	17 160	78 691	156 104	177 392	191 521
房地产业	3 402	5 122	11 373	34 392	54 016	58 752	63 552
社会服务业	7 881	17 056	41 366	131 592	179 725	197 105	220 295
卫生、体育和社会福利业	9 405	16 846	42 585	114 643	206 381	241 261	277 486
教育、文化艺术和广播电影电视业	27 182	48 437	119 766	313 789	522 539	610 446	732 364
科学研究和综合技术服务业	4 494	8 110	20 260	60 341	94 056	104 998	123 239
国家机关、政党机关和社会团体	21 698	33 746	97 941	235 037	406 783	499 133	566 128
其他行业	—	—	—	6 438	33 984	38 925	61 956

5—38 城镇集体单位分行业职工工资总额

单位:万元

行　　业	1980年	1985年	1990年	1995年	2000年	2001年	2002年
总　　计	**129 766**	**299 049**	**553 127**	**972 359**	**570 964**	**519 095**	**436 616**
农、林、牧、渔业	583	1 406	2 889	6 292	2 568	1 944	1 650
采　掘　业	4 647	11 788	27 306	34 750	19 929	20 784	12 977
制　造　业	87 994	168 332	301 714	453 145	239 194	203 658	175 596
电力、煤气及水的生产和供应业	121	1 503	1 007	9 071	14 012	16 104	7 608
建　筑　业	11 433	41 129	84 300	208 996	124 290	117 147	99 918
地质勘查业、水利管理业	—	17	375	500	527	450	600
交通运输、仓储及邮电通信业	7 207	13 282	18 424	31 117	19 852	21 421	17 244
批发和零售贸易、餐饮业	11 754	43 903	84 556	141 563	56 191	46 951	31 665
金融、保险业	222	1 580	5 698	29 461	36 147	38 973	37 062
房地产业	—	—	1 704	2 751	2 441	2 158	2 042
社会服务业	2 153	9 910	12 462	35 060	32 839	27 757	23 215
卫生、体育和社会福利业	1 617	2 574	5 293	8 516	11 271	9 819	10 230
教育、文化艺术和广播电影电视业	581	1 164	2 260	2 659	2 483	2 381	2 067
科学研究和综合技术服务业	64	302	1 036	2 647	1 768	1 805	2 402
国家机关、政党机关和社会团体	1 390	2 159	4 103	—	112	—	697
其他行业	—	—	—	5 831	7 340	7 743	11 642

5—39 其他单位分行业职工工资总额

单位:万元

行　　业	1990 年	1995 年	1998 年	1999 年	2000 年	2001 年	2002 年
总　　计	**43 626**	**316 021**	**647 342**	**785 814**	**917 694**	**1 187 223**	**1 544 488**
农、林、牧、渔业	382	1 873	2 345	3 870	5 036	2 949	3 213
采　掘　业	—	168	839	44 678	45 905	63 625	132 405
制　造　业	39 407	219 729	444 051	486 468	566 737	723 716	918 855
电力、煤气及水的生产和供应业	450	10 575	23 682	42 399	49 712	65 106	93 010
建　筑　业	348	16 803	17 052	19 797	27 549	51 263	68 297
地质勘查业、水利管理业	—	—	32	41	—	9	556
交通运输、仓储及邮电通信业	402	5 608	46 893	52 121	60 404	75 990	67 715
批发和零售贸易、餐饮业	966	36 614	56 188	68 635	73 396	88 519	103 050
金 融、保 险 业	—	2 505	16 676	19 320	29 954	40 077	54 243
房 地 产 业	40	5 438	10 120	10 091	16 737	20 881	27 754
社 会 服 务 业	1 548	15 086	24 454	31 640	34 796	44 588	54 192
卫生、体育和社会福利业	—	322	2 804	2 523	2 498	3 027	1 655
教育、文化艺术和广播电影电视业	7	261	633	818	1 064	1 712	2 445
科学研究和综合技术服务业	76	1 039	1 067	1 254	1 610	2 128	6 545
国家机关、政党机关和社会团体	—	—	—	—	1 867	1 967	0
其 他 行 业	—	—	506	2 159	430	1 666	10 554

5—40 分行业离岗职工生活费

单位:万元

行　业	1997年	1998年	1999年	2000年	2001年	2002年
总　计	**103 773**	**168 141**	**219 729**	**279 853**	**321 679**	**320 082**
农、林、牧、渔业	482	1 352	1 824	2 331	3 835	2 994
采　掘　业	9 531	9 890	14 583	18 859	16 311	17 442
制　造　业	60 758	89 650	119 830	144 832	159 403	135 034
电力、煤气及水的生产和供应业	1 821	3 099	4 962	7 880	12 250	16 863
建　筑　业	7 062	11 172	14 869	20 541	22 412	23 688
地质勘查业、水利管理业	523	1 113	1 508	1 506	1 674	2 172
交通运输、仓储及邮电通信业	5 202	10 583	12 718	18 062	24 234	28 186
批发和零售贸易、餐饮业	13 891	25 653	27 274	33 250	32 520	23 210
金融、保险业	64	92	888	3 311	11 283	15 183
房地产业	503	1 395	1 619	2 261	3 186	3 706
社会服务业	2 781	6 259	7 439	10 581	12 974	14 127
卫生、体育和社会福利业	125	876	1 638	2 373	3 165	6 068
教育、文化艺术和广播电影电视业	390	2 102	3 632	5 609	8 163	10 446
科学研究和综合技术服务业	251	746	919	1 450	1 964	2 864
国家机关、政党机关和社会团体	318	2 620	3 447	4 219	5 495	13 587
其他行业	70	1 539	2 579	2 788	2 810	4 513

主要统计指标解释

劳动力资源总数 指在劳动年龄内,具有劳动能力,在正常情况下,可能或实际参加社会劳动的人口数。

从业人员 指从事一定社会劳动并取得劳动报酬或经营收入的全部劳动力。包括:

(1)全部职工

(2)城镇私营企业从业人员

(3)城镇个体劳动者

(4)农村社会劳动者

(5)其他社会劳动者

这一指标反映了一定时期内全部劳动力资源的实际利用情况,是研究国情国力的重要指标。

各单位的从业人员是指在各级国家机关、政党机关、社会团体及企业、事业单位中工作,并取得劳动报酬的全部人员。包括职工、再就业的离退休人员、民办教师以及在各单位中工作的外方人员和港、澳、台方人员。

各单位的从业人员反映了各单位实际参加生产或工作的全部劳动力。

在岗职工 是指在本单位工作并由单位支付劳动报酬的在岗职工。在岗职工可分为在岗长期职工和在岗临时职工。包括由单位派出学习、劳务及病伤产假并由单位支付劳动报酬的人员。

使用的农村劳动力 指国有经济、城镇集体经济、联营经济、股份制经济、外商和港、澳、台投资经济、其他经济单位的职工中,现仍保留农村户籍关系的人员。

在岗长期职工 指用工期限在一年以上(含一年)的职工。包括原固定职工、合同制职工、长期临时工以及国有单位使用的城镇集体所有制单位的人员和其他使用期限在一年以上的原计划外用工。

在岗临时职工 指用工期限不超过一年的职工。包括各单位根据国家有关规定招用的,签订一年以内的劳动合同或使用期不超过一年的临时性、季节性用工。

其他从业人员 指劳动统计制度规定不作职工统计,但实际参加社会劳动并取得劳动报酬的人员。

各单位的其他从业人员是指单位中除职工以外的全部参加本单位生产或工作并取得劳动报酬的人员。包括再就业的离退休人员、民办教师以及在各单位中工作的外方人员和港、澳、台方人员。

离岗职工(离开本单位仍保留劳动关系的职工) 指由于各种原因已离开本人的生产或工作岗位,并已不在本单位从事其他工作,但仍与用人单位保留劳动关系的职工。

城镇集体经济单位职工 指在城镇集体经济单位及其管理部门工作,并由其支付工资的各类人员。

其他经济单位职工 指在联营经济、股份制经济、外商投资经济、港、澳、台投资经济单位工作,并由其支付工资的各类人员。

城镇个体劳动者 指经工商行政管理部门核准登记,领取营业执照,参加生产经营活动,户口在城镇的全部人员。

农村社会劳动者 指农村人口中经常参加合作经济组织〔包括乡(镇)办企业事业单位〕和家庭副业生产劳动的劳动力。凡是由合作经济组织分配劳动任务或承包各种生产任务,并从中直接取得实物、现金收入和从承包的生产任务中获得实物、现金收入的劳动力,不管从事何种劳动,都要统计为农村社会劳动者。国家从乡(村)调用的建勤民工;由集体经费支付工资或补贴的乡(村)脱产管理干部;乡(村)劳动力到国有经济单位或城镇集体经济单位工作,其收入交给合作经济组织,并从中取得实物或现金收入的合同工、临时工、亦工亦农人员;自行外出,但户口没有转出的劳动力,都应包括在内。

城镇登记失业人员 指有非农业户口,在一定的劳动年龄内(16 岁以上及男 50 岁以下、女 45 岁以下),有劳动能力,无业而要求就业,并在当地就业服务机构进行求职登记的人员。

城镇登记失业率 是城镇登记失业人数与城镇从业人数与城镇失业人数之和的比。计算公式为:

$$城镇登记失业率=\frac{城镇登记失业人数}{城镇从业人数+城镇登记失业人数}\times 100\%$$

从业人员劳动报酬 指各单位在一定时期内直接支付给本单位全部从业人员的劳动报酬总额。包括职工工资总额和本单位其他从业人员劳动报酬两部分。

在岗职工工资总额 指各单位在一定时期内直接支付给本单位全部在岗职工的劳动报酬总额。

在岗工资总额的计算原则应以直接支付给在岗职工的全部劳动报酬为根据。各单位支付给在岗职工的劳动报酬以及其他根据有关规定支付的工资,不论是计入成本的还是不计入成本的,不论是按国家规定列入计征奖金税项目的,还是未列入计征奖金税项目的,不论是以货币形式支付的还是以实物形式支付的,均包括在在岗职工工资总额内。

计时工资 指按计时工资标准(包括地区生活费补贴)和工作时间支付给个人的劳动报酬,以及根据国家法律、法规和政策规定,因病、工伤、产假、计划生育假、婚丧假、事假、探亲假、定期休假、停工学习、执行国家或社会义务等原因按计时工资标准或计时工资标准的一定比例支付的工资。

计件标准工资　是指实行计件工资制的单位按照批准的计件单价和规定的劳动定额或工作量应支付给计件工人的劳动报酬。

计件超额工资　是计件工资的一部分，指计件工人超额完成定额任务后所得的工资。即计件工人实得的全部计件工资减去应得的计件标准工资后的数额。某些企业的工人由于从事生产的工作物等级高于本人工资等级，因而其计件标准工资高于本人标准工资，其计件超额工资也应是全部工资减去应得的计件标准工资后的数额。

奖金　指支付给职工的超额劳动报酬和增收节支的劳动报酬。

津贴和补贴　指为了补偿职工特殊或额外的劳动消耗和因其他特殊原因支付给职工的津贴，以及为了保证职工工资水平不受物价影响支付给职工的物价补贴。

离岗生活费(离开本单位仍保留劳动关系的职工生活费)　指离开本单位仍保留劳动关系的职工，在离开本单位仍保留劳动关系期间从单位领取的生活费。

其他从业人员劳动报酬　指各单位在一定时期内直接支付给本单位其他从业人员的全部劳动报酬。

在岗职工平均工资　指企业、事业、机关单位的在岗职工在一定时期内平均每人所得的货币工资额。它表明一定时期在岗职工工资收入的高低程度，是反映在岗职工工资水平的主要指标。计算公式为：

$$在岗职工平均工资=\frac{报告期实际支付的全部在岗职工工资总额}{报告期全部在岗职工平均人数}$$

在岗职工平均实际工资　指扣除物价变动因素后的在岗职工平均工资。计算公式为：

$$在岗职工平均实际工资=\frac{报告期在岗职工平均工资}{报告期在岗职工生活费价格指数}$$

第六篇

固定资产投资

6

GUDING
ZICHAN
TOUZI

6—1 全社会固定资产投资

指　　标	1980年	1990年	1995年	2000年	2001年	2002年
投资总额(万元)	**535 772**	**2 628 791**	**8 849 516**	**12 676 873**	**14 209 564**	**16 055 503**
1.按经济类型分						
国有经济	461 208	2 179 415	5 843 859	6 494 244	6 907 088	6 489 046
集体经济	74 564	221 289	954 601	1 541 381	1 584 881	1 735 389
#农村	51 040	146 177	594 067	1 185 344	1 342 251	1 487 886
私营个体经济	—	228 087	495 322	1 491 039	1 790 778	2 401 887
#农村	—	175 251	351 000	820 527	829 920	927 219
其他经济	—	—	1 555 734	3 150 209	3 926 817	5 429 181
2.按管理渠道分						
#基本建设	325 417	1 059 678	3 243 415	4 513 693	4 908 094	5 289 950
更新改造	135 791	683 774	2 169 509	2 834 431	3 298 753	3 654 095
房地产开发	—	195 768	1 631 678	2 649 062	3 230 692	3 883 147
国有其他投资	—	219 195	374 326	176 488	196 560	194 889
3.按资金来源分						
国家预算内资金	166 756	173 234	217 835	722 488	1 122 130	1 082 894
国内贷款	90 033	542 955	1 783 371	2 522 219	2 645 004	2 799 222
利用外资	31 154	216 079	1 124 282	732 319	534 396	721 620
自筹投资	224 467	1 294 335	4 475 304	6 874 569	7 855 119	9 276 301
其他投资	23 362	402 188	1 248 724	1 825 278	2 052 915	2 175 466
4.按构成分						
建筑安装工程	367 165	1 627 728	5 361 834	8 015 732	8 857 148	9 697 053
设备、工具、器具购置	130 274	732 060	2 233 112	3 010 775	3 259 029	3 480 845
其他费用	38 333	269 003	1 254 570	1 650 366	2 093 387	2 877 605
5.按建设性质分						
#新建	—	442 103	1 580 916	2 496 581	2 789 076	3 073 135
改建	—	1 019 385	2 907 898	2 290 587	3 176 224	3 071 548
扩建	—	492 118	1 314 585	2 601 813	2 282 515	2 931 167
6.按产业分						
第一产业	8 642	61 945	159 407	466 941	575 584	638 930
第二产业	264 520	1 665 381	4 595 893	4 927 385	5 533 154	6 233 863
第三产业	262 610	901 465	4 094 216	7 282 547	8 100 826	9 182 710
7.按城乡分						
城镇	484 732	2 307 363	7 904 449	10 671 002	12 037 393	13 640 398
农村	51 040	321 428	945 067	2 005 871	2 172 171	2 415 105
8.按主要行业分						
#农业	8 642	61 945	159 407	466 941	575 584	638 930
工业	256 102	1 638 994	4 474 815	4 631 998	5 174 305	5 657 277
#能源工业	86 045	607 916	1 552 590	1 924 360	1 915 319	1 889 294
运输邮电业	17 416	213 437	840 417	1 725 130	2 151 350	1 715 045
本年新增固定资产(万元)	**537 221**	**2 414 636**	**6 241 654**	**10 559 211**	**10 548 610**	**12 576 246**
房屋建筑面积(万平方米)						
施工面积	2 396.5	4 353.9	6 844.0	7 986.4	8 877.8	10 359.3
#住宅	1 106.2	1 545.8	4 002.8	5 449.2	5 871.3	6 552.0
竣工面积	1 386.1	3 049.0	3 648.6	5 202.0	5 519.0	6 309.8
#住宅	967.5	2 112.1	2 477.7	3 920.1	4 033.8	4 221.1

注:1.从1993年开始,由于投资制度变化,经济类型划分有调整。

2.2000年以后农村固定投资为农调队提供的抽样调查数。

6—2 全社会固定资产投资(按经济类型分)

指标	总计	国有经济	集体经济	个体经济	其他经济
投资额(万元)					
1980	535 772	461 208	74 564	—	—
1981	609 086	464 390	67 159	77 537	—
1982	707 626	556 126	93 420	58 080	—
1983	742 228	574 664	72 652	94 912	—
1984	966 777	732 628	106 059	128 090	—
1985	1 421 818	1 104 082	157 306	160 430	—
1986	1 781 560	1 386 588	169 847	225 125	—
1987	2 201 144	1 728 734	232 523	239 887	—
1988	2 697 653	2 122 491	251 307	323 855	—
1989	2 534 903	2 013 075	179 539	342 289	—
1990	2 628 791	2 179 415	221 289	228 087	—
1991	3 179 559	2 611 543	216 078	351 938	—
1992	4 368 483	3 628 819	431 861	307 803	—
1993	7 182 503	4 764 733	985 391	366 566	1 065 813
1994	8 879 843	5 929 732	986 235	411 123	1 552 753
1995	8 849 516	5 843 859	954 601	495 322	1 555 734
1996	8 760 749	5 485 387	1 028 267	598 260	1 648 835
1997	9 536 868	6 037 572	973 625	542 195	1 983 476
1998	10 525 704	6 512 120	1 192 619	951 962	1 869 003
1999	11 023 220	6 629 473	1 114 431	1 328 360	1 950 956
2000	12 676 873	6 494 244	1 541 381	1 491 039	3 150 209
2001	14 209 564	6 907 088	1 584 881	1 790 778	3 926 817
2002	16 055 503	6 489 046	1 735 389	2 401 887	5 429 181
比上年增长速度(%)					
1981	13.7	0.7	-9.9	—	—
1982	16.2	19.8	39.1	-25.1	—
1983	4.9	3.3	-22.2	63.4	—
1984	30.3	27.5	46.0	35.0	—
1985	47.1	50.7	48.3	25.2	—
1986	25.3	25.6	8.0	40.3	—
1987	23.6	24.7	36.9	6.6	—
1988	22.6	22.8	8.1	35.0	—
1989	-6.0	-5.2	-28.6	5.7	—
1990	3.7	8.3	23.3	-33.4	—
1991	21.0	19.8	-2.4	54.3	—
1992	37.4	39.0	99.9	-12.5	—
1993	64.4	31.3	128.2	19.1	—
1994	23.6	24.5	0.1	12.2	45.7
1995	-0.3	-1.4	-3.2	20.5	0.6
1996	-1.0	-6.1	7.7	20.8	6.0
1997	8.9	10.1	-5.3	-9.4	20.3
1998	10.4	7.9	21.3	75.6	-5.8
1999	4.7	1.8	-8.4	39.5	4.4
2000	15.0	-2.0	38.3	12.2	61.5
2001	12.1	6.4	2.8	20.1	24.7
2002	13.0	-6.1	9.5	34.1	38.3

6—3 全社会固定资产投资(按资金来源和构成分)

年份	按资金来源分				按构成分		
	国家投资	国内贷款	利用外资	自筹和其他资金	建筑安装工程	设备工具器具购置	其他费用
投资额(万元)							
1981	161 192	91 932	7 508	348 454	431 193	139 889	38 004
1982	149 410	107 394	4 993	445 829	514 101	149 301	44 224
1983	172 669	86 687	1 602	481 270	530 412	156 286	55 530
1984	218 209	135 025	2 645	610 898	669 521	232 013	65 243
1985	211 446	299 683	10 658	900 031	912 134	384 690	124 994
1986	267 556	413 309	41 493	1 059 202	1 116 069	522 722	142 769
1987	306 084	493 143	120 852	1 281 065	1 330 245	639 065	231 834
1988	251 129	608 964	159 267	1 678 293	1 674 868	740 898	281 887
1989	190 388	459 525	226 110	1 658 880	1 530 087	691 139	313 677
1990	173 234	542 955	216 079	1 696 523	1 627 728	732 060	269 003
1991	169 840	811 754	310 413	1 887 552	1 927 538	925 764	326 257
1992	171 973	1 132 079	250 495	2 813 936	2 757 801	1 084 198	526 484
1993	224 969	1 497 208	667 355	4 792 971	4 625 718	1 784 626	772 159
1994	164 064	1 862 768	1 198 113	5 654 898	5 469 799	2 347 681	1 062 363
1995	217 835	1 783 371	1 124 282	5 724 028	5 361 834	2 233 112	1 254 570
1996	196 686	1 512 638	925 841	6 125 584	5 312 930	2 129 907	1 317 912
1997	293 532	1 633 632	1 334 700	6 275 004	5 836 684	2 314 686	1 385 498
1998	366 325	1 900 260	946 149	7 312 970	6 419 992	2 737 208	1 368 504
1999	711 031	2 164 963	706 185	7 441 041	7 187 718	2 482 375	1 353 127
2000	722 488	2 522 219	732 319	8 699 847	8 015 732	3 010 775	1 650 366
2001	1 122 130	2 645 004	534 396	9 908 034	8 857 148	3 259 029	2 093 387
2002	1 082 894	2 799 222	721 620	11 451 767	9 697 053	3 480 845	2 877 605
构成(%)							
1981	26.5	15.1	1.2	57.2	70.8	23.0	6.2
1982	21.1	15.2	0.7	63.0	72.7	21.1	6.2
1983	23.3	11.7	0.2	64.8	71.5	21.1	7.4
1984	22.6	14.0	0.3	63.1	69.3	24.0	6.7
1985	14.9	21.1	0.7	63.3	64.1	27.1	8.8
1986	15.0	23.2	2.3	59.5	62.6	29.3	8.1
1987	13.9	22.4	5.5	58.2	60.4	29.0	10.6
1988	9.3	22.6	5.9	62.2	62.1	27.5	10.4
1989	7.5	18.1	8.9	65.5	60.4	27.3	12.3
1990	6.6	20.7	8.2	64.5	61.9	27.8	10.3
1991	5.3	25.5	9.8	59.4	60.6	29.1	10.3
1992	3.9	25.9	5.7	64.5	63.1	24.8	12.1
1993	3.1	20.8	9.3	66.8	64.4	24.8	10.8
1994	1.8	21.0	13.5	63.7	61.6	26.4	12.0
1995	2.5	20.2	12.7	64.6	60.6	25.2	14.2
1996	2.2	17.3	10.6	69.9	60.6	24.3	15.1
1997	3.1	17.1	14.0	65.8	61.2	24.3	14.5
1998	3.5	18.1	9.0	69.4	61.0	26.0	13.0
1999	6.5	19.6	6.4	67.5	65.2	22.5	12.3
2000	5.7	19.9	5.8	68.6	63.2	23.8	13.0
2001	7.9	18.6	3.8	69.7	62.3	22.9	14.8
2002	6.7	17.4	4.5	71.4	60.4	21.7	17.9

6—4 全社会固定资产投资及构成

(2002年)

指　标	总　计	基本建设	更新改造	房地产开发投资	其他投资	城镇工矿区私人建房投资	农村集体单位投资	农村私人投资
一、绝　对　数								
1.投资总额(万元)	16 055 503	5 289 950	3 654 095	3 883 147	746 009	67 197	1 487 886	927 219
#住　宅	3 763 066	372 964	11 024	2 758 906	34 317	60 370	74 847	450 638
(1)按资金来源分								
国家预算内投资	1 082 894	887 907	97 856	11 889	9 160	—	76 082	—
国内贷款	2 799 222	1 143 567	715 981	743 980	46 679	—	103 518	45 497
债　券	31 089	24 856	888	—	5 345	—	—	—
利用外资	721 620	418 965	166 984	58 812	13 235	—	63 624	—
自筹投资	9 276 301	2 476 126	2 552 643	1 540 688	625 354	67 197	1 155 243	859 050
其他投资	2 144 377	338 529	119 743	1 527 778	46 236	—	89 419	22 672
(2)按构成分								
建筑安装工程	9 697 053	3 498 381	1 648 870	2 724 912	455 139	67 197	700 112	602 442
设备工器具购置	3 480 845	841 539	1 680 962	79 696	158 204	—	568 728	151 716
其他费用	2 877 605	950 030	324 263	1 078 539	132 666	—	219 046	173 061
2.本年新增固定资产(万元)	12 576 246	4 310 489	2 514 421	2 792 170	560 669	67 197	1 413 400	917 900
3.房屋建筑面积(万平方米)								
施工面积	10 359.3	1 750.9	369.3	4 754.1	247.8	115.2	830.0	2 292.0
竣工面积	6 309.8	768.9	183.9	1 984.3	157.6	115.2	827.0	2 273.0
住　宅	4 221.1	321.6	10.9	1 647.7	31.4	104.4	92.0	2 013.0
二、构　成(%)								
(1)按资金来源分								
国家预算内投资	6.7	16.8	2.7	0.3	1.2	—	5.1	—
国内贷款	17.4	21.6	19.6	19.2	6.3	—	7.0	4.9
债　券	0.2	0.5	—	—	0.7	—	—	—
利用外资	4.5	7.9	4.6	1.5	1.8	—	4.3	—
自筹投资	57.8	46.8	69.9	39.7	83.8	100.0	77.6	92.6
其他投资	13.4	6.4	3.2	39.3	6.2	—	6.0	2.5
(2)按构成分								
建筑安装工程	60.4	66.1	45.1	70.2	61.0	100.0	47.1	65.0
设备工具器具购置	21.7	15.9	46.0	2.1	21.2	—	38.2	16.4
其他费用	17.9	18.0	8.9	27.7	17.8	—	14.7	18.6

6—5 各地区城镇固定资产投资情况

（2002年）

单位：万元

地　　区	基本建设	更新改造	房地产开发	其他投资
全　　省	**5 289 950**	**3 654 095**	**3 883 147**	**746 009**
沈　　阳	1 383 225	898 388	1 160 832	111 663
大　　连	1 181 652	518 161	1 252 030	90 056
鞍　　山	228 945	466 000	215 998	71 152
抚　　顺	172 273	286 454	98 364	32 886
本　　溪	104 766	242 867	115 765	26 046
丹　　东	144 123	64 847	123 583	45 024
锦　　州	224 125	110 906	147 409	38 792
营　　口	241 728	91 711	146 215	41 537
阜　　新	166 604	77 111	99 312	31 150
辽　　阳	99 921	93 769	66 721	57 966
盘　　锦	434 558	371 151	139 507	84 859
铁　　岭	94 921	83 025	93 654	77 999
朝　　阳	142 269	58 060	77 803	20 622
葫 芦 岛	192 703	131 194	145 954	16 257

注：1. 其他投资包括国有其他单位投资、城镇集体单位投资、私营个体投资和不列入基本建设和更新改造计划的投资。

2. 各市数据由省局根据年报基层数据库汇总整理，不含跨地区项目投资。

6—6 全社会竣工房屋面积

单位:万平方米

年份	总计	城镇			
		合计	基本建设	更新改造	房地产开发
1980	1 386.1	1 008.4	816.2	130.1	—
1981	2 961.5	1 144.7	765.6	228.7	—
1982	2 835.9	1 205.1	741.2	299.1	—
1983	3 732.9	1 148.6	626.8	344.0	—
1984	2 817.4	1 353.6	784.0	323.0	—
1985	2 758.0	1 408.1	856.1	303.0	—
1986	3 828.2	1 817.0	1 001.7	483.1	—
1987	3 826.7	1 622.5	708.6	559.6	—
1988	3 452.1	1 711.3	743.9	551.3	—
1989	3 038.8	1 419.9	673.9	360.3	—
1990	3 049.0	1 720.4	661.3	295.6	460.7
1991	3 640.4	1 765.4	730.2	284.7	447.4
1992	3 772.8	2 101.8	831.5	289.0	627.3
1993	3 972.3	2 586.9	915.3	295.9	936.9
1994	4 058.2	2 525.4	873.9	254.2	1 001.9
1995	3 648.6	2 564.0	826.1	261.1	1 118.4
1996	3 536.0	2 274.9	794.3	206.1	891.2
1997	3 254.1	2 140.3	735.9	178.1	924.8
1998	3 469.5	2 419.5	869.7	163.6	1 007.7
1999	4 002.4	2 622.8	828.9	86.8	1 277.9
2000	5 202.0	3 017.0	908.0	84.8	1 619.0
2001	5 519.0	2 991.0	755.6	141.5	1 842.7
2002	6 309.8	3 209.8	768.9	183.9	1 984.3

注:其他单位中包括国有其他、城镇集体及其他经济类型单位。

6—6 续表

单位:万平方米

年份	城镇		农村		
	其他单位	私人建房	合计	集体	个人
1980	62.1	—	—	—	—
1981	72.4	78.0	1 816.8	156.2	1 660.6
1982	93.5	71.3	1 630.8	212.3	1 418.5
1983	99.0	78.8	2 584.3	514.7	2 069.6
1984	164.3	82.3	1 463.8	182.1	1 281.7
1985	153.1	95.9	1 349.9	117.6	1 232.3
1986	155.3	176.9	2 011.2	192.2	1 819.0
1987	139.6	214.7	2 204.2	110.2	2 094.0
1988	143.4	272.7	1 740.8	286.0	1 454.8
1989	103.7	282.0	1 618.9	155.2	1 463.7
1990	97.4	205.4	1 328.7	247.7	1 080.9
1991	90.4	212.7	1 875.0	136.0	1 739.0
1992	107.8	246.2	1 671.0	316.0	1 355.0
1993	160.2	278.6	1 385.4	354.4	1 031.0
1994	130.0	265.4	1 532.8	562.2	970.6
1995	64.3	294.1	1 084.6	280.6	804.0
1996	79.0	304.2	1 261.2	308.2	953.0
1997	78.9	222.6	1 113.8	293.8	820.0
1998	121.6	256.9	1 050.0	344.9	705.1
1999	149.3	279.9	1 379.6	317.8	1 061.8
2000	139.4	265.8	2 185.0	435.0	1 750.0
2001	121.6	129.6	2 528.0	466.5	2 061.5
2002	157.6	115.2	3 100.0	827.0	2 273.0

注:其他单位中包括国有其他、城镇集体及其他经济类型单位。

6—7 全社会竣工住宅建筑面积

单位:万平方米

年份	总计	城镇			
		合计	基本建设	更新改造	房地产开发
1980	967.5	589.8	536.2	32.4	—
1981	2 328.5	733.3	541.8	92.8	—
1982	2 215.9	782.7	540.5	121.3	—
1983	2 446.1	719.0	432.7	152.1	—
1984	1 982.2	792.5	511.6	133.1	—
1985	1 970.5	835.6	565.3	120.7	—
1986	2 726.2	1 098.6	622.7	244.1	—
1987	2 823.5	883.8	348.3	268.7	—
1988	2 227.6	949.4	375.3	240.0	—
1989	2 087.0	778.6	316.0	138.9	—
1990	2 112.1	1 076.2	318.9	105.0	407.1
1991	2 678.8	1 074.8	370.8	92.2	393.6
1992	2 531.6	1 356.6	425.8	115.7	571.0
1993	2 633.3	1 692.3	475.9	108.4	805.3
1994	2 614.5	1 700.3	483.0	91.2	834.1
1995	2 477.7	1 820.1	465.7	120.6	934.5
1996	2 407.3	1 557.5	428.4	118.8	719.1
1997	2 314.4	1 486.8	429.2	81.5	768.9
1998	2 144.5	1 586.5	438.4	44.7	850.7
1999	2 686.2	1 836.3	460.4	21.2	1 057.6
2000	3 920.1	2 092.1	490.8	16.9	1 297.6
2001	4 033.8	2 116.3	413.1	42.7	1 501.2
2002	4 221.1	2 116.1	321.6	10.9	1 647.7

6-7续表

单位:万平方米

年份	城镇		农村		
	其他单位	私人建房	合计	集体	个人
1980	21.2	—	—	—	—
1981	22.7	76.0	1 595.2	41.1	1 554.1
1982	49.8	71.1	1 433.2	92.2	1 341.0
1983	55.5	78.7	1 727.1	39.9	1 687.2
1984	69.2	78.6	1 189.7	64.3	1 125.4
1985	54.1	95.5	1 134.9	23.0	1 111.9
1986	57.9	173.9	1 627.6	49.6	6 963.4
1987	55.4	211.4	1 939.7	22.1	1 578.0
1988	63.9	270.2	1 278.2	110.0	1 917.6
1989	45.3	278.4	1 308.4	22.2	1 168.2
1990	43.2	202.0	1 035.9	22.5	1 013.4
1991	16.1	202.1	1 604	46.0	1 558.0
1992	23.5	220.6	1 175	46.0	1 129.0
1993	44.5	258.8	940.4	66.4	874.0
1994	51.4	240.6	914.2	75.5	838.7
1995	21.6	277.7	657.6	39.6	618.0
1996	26.8	264.5	849.7	47.7	802.0
1997	18.7	188.5	827.6	43.6	784.0
1998	36.4	216.3	558.0	73.6	484.4
1999	68.8	228.3	849.9	50.6	799.3
2000	60.8	226.0	1 828.0	117.0	1 711.0
2001	37.7	121.6	1 917.5	76.4	1 841.1
2002	31.4	104.4	2 105.0	92.0	2 013.0

6—8 基本建设和更新改造投资

单位:万元

年份	基本建设投资	#国家预算内投资	更新改造投资	#国家预算内投资
1952	78 867	77 639	—	—
1957	141 048	127 083	—	—
1965	73 005	66 565	—	—
1970	123 140	102 381	—	—
1975	307 757	258 754	—	—
1978	253 241	218 716	—	—
1979	274 382	203 934	37 926	—
1980	325 417	154 925	135 791	—
1981	269 799	118 522	194 591	38 368
1982	303 286	136 470	252 840	33 948
1983	278 482	166 159	259 599	33 406
1984	388 027	217 433	275 927	41 971
1985	561 451	235 109	429 965	12 940
1986	676 243	293 292	632 160	15 742
1987	862 820	295 085	760 019	38 761
1988	1 033 583	252 370	942 193	24 215
1989	1 064 596	225 400	760 301	14 178
1990	1 059 678	237 977	683 774	7 434
1991	1 280 468	210 439	884 754	10 302
1992	1 709 203	204 597	1 152 826	15 389
1993	2 694 512	194 771	1 776 664	17 674
1994	3 317 160	135 553	2 363 710	8 390
1995	3 243 415	182 180	2 169 509	9 687
1996	3 358 814	170 833	2 008 714	10 696
1997	3 973 384	255 293	2 413 950	15 609
1998	4 380 704	335 067	2 598 035	5 127
1999	4 216 966	621 695	2 609 314	50 255
2000	4 513 693	598 120	2 834 431	50 274
2001	4 908 094	996 214	3 298 753	76 401
2002	5 289 950	887 907	3 654 095	97 856

6—9 按构成和建设性质分的基本建设投资

单位:万元

年份、地区	投资额	按构成分			按建设性质分	
		建筑安装工程	设备、工器具购置	其他费用	#新建	#改、扩建
1980	325 417	243 792	61 077	20 548	116 039	203 305
1981	269 799	207 972	36 924	24 903	100 717	168 535
1982	303 286	248 471	36 288	18 527	105 108	193 984
1983	278 482	222 501	37 081	18 900	90 510	183 445
1984	388 027	296 568	54 326	37 133	81 924	261 349
1985	561 451	414 943	81 596	64 912	109 716	359 449
1986	676 243	488 457	107 235	80 551	176 943	426 227
1987	862 820	576 069	164 937	121 814	248 824	540 699
1988	1 033 583	675 787	183 735	174 061	332 998	567 986
1989	1 064 596	643 667	213 158	207 771	373 408	558 867
1990	1 059 678	667 879	245 916	145 883	397 696	608 081
1991	1 280 468	811 449	301 077	167 942	536 936	663 578
1992	1 709 203	1 131 369	297 512	280 322	713 609	866 502
1993	2 694 512	1 792 404	497 370	404 738	1 333 857	1 155 101
1994	3 317 160	2 049 837	769 507	497 816	1 489 848	1 625 765
1995	3 243 415	1 931 769	688 539	623 107	1 295 163	1 694 956
1996	3 358 814	2 043 246	574 413	741 155	1 510 888	1 591 850
1997	3 973 384	2 539 547	744 548	689 289	2 245 391	1 469 516
1998	4 380 704	2 780 617	932 725	667 362	2 288 591	1 715 844
1999	4 216 966	3 076 875	554 366	585 725	2 357 687	1 545 707
2000	4 513 693	3 095 071	776 908	641 714	2 219 712	1 985 606
2001	4 908 094	3 504 946	827 478	575 670	2 578 810	1 997 575
2002	5 289 950	3 498 381	841 539	950 030	2 540 023	2 361 004
沈阳	1 383 225	679 243	274 428	429 554	515 613	744 424
大连	1 181 652	796 739	219 208	165 705	789 074	294 876
鞍山	228 945	201 861	10 483	16 601	83 591	136 190
抚顺	172 273	132 354	25 429	14 490	84 608	84 458
本溪	104 766	62 078	27 145	15 543	66 083	38 413
丹东	144 123	117 303	17 329	9 491	89 694	53 029
锦州	224 125	164 749	27 473	31 903	106 514	77 916
营口	241 728	162 838	37 731	41 159	93 868	141 759
阜新	166 604	122 958	12 755	30 891	119 920	28 091
辽阳	99 921	61 586	22 669	15 666	46 652	43 621
盘锦	434 558	340 028	73 917	20 613	87 128	327 308
铁岭	94 921	64 310	15 896	14 715	46 182	29 001
朝阳	142 269	74 127	49 849	18 293	35 168	87 335
葫芦岛	192 703	146 187	15 491	31 025	129 804	42 570

6—10 按资金来源和隶属关系分的基本建设投资

单位:万元

年份、地区	按资金来源分					按隶属关系分	
	国家预算内资金	国内贷款	利用外资	自筹资金	其他投资	中央项目	地方项目
1980	154 925	19 333	30 796	109 092	11 271	162 898	162 519
1981	118 522	35 649	7 391	108 237	—	140 384	129 415
1982	130 950	35 311	912	121 053	15 060	163 155	140 131
1983	154 718	16 888	873	92 176	13 827	174 476	104 006
1984	194 051	17 897	1 808	125 718	48 553	218 416	169 611
1985	195 636	39 206	9 466	241 105	76 038	279 702	281 749
1986	247 289	48 206	31 811	237 325	111 612	333 837	342 406
1987	258 847	122 520	95 773	285 593	100 087	466 777	396 043
1988	219 817	170 771	120 763	354 511	167 721	418 642	614 941
1989	169 984	170 589	165 824	424 412	133 787	461 031	603 565
1990	160 776	200 074	174 076	357 150	167 602	528 051	531 627
1991	152 432	239 910	255 231	455 663	177 232	553 632	726 836
1992	139 996	380 585	195 087	736 617	256 918	702 623	1 006 580
1993	194 771	458 272	367 632	1 270 117	403 720	941 504	1 753 008
1994	135 553	758 153	621 804	1 433 517	368 133	1 111 669	2 205 491
1995	182 180	735 191	600 865	1 251 839	473 340	1 333 285	1 910 130
1996	170 833	752 493	363 644	1 506 410	565 434	1 423 283	1 935 531
1997	255 293	783 889	903 870	1 575 171	455 161	1 573 836	2 089 691
1998	335 067	998 251	562 405	1 782 656	620 251	1 646 831	2 562 457
1999	621 695	1 082 880	330 321	1 750 208	356 429	1 634 543	2 338 512
2000	580 087	1 246 958	392 757	1 721 830	435 982	1 386 901	3 126 792
2001	996 214	1 275 453	276 919	1 964 035	395 473	1 443 933	3 464 161
2002	871 089	1 121 907	411 030	2 429 227	356 502	984 328	4 305 622
沈阳	350 392	173 409	142 347	713 583	57 197	285 042	1 098 183
大连	244 469	221 704	162 143	463 517	41 435	133 106	1 048 546
鞍山	24 049	34 003	12 870	128 844	17 002	45 512	183 433
抚顺	32 994	36 847	21 034	74 805	6 935	24 390	147 883
本溪	16 105	49 330	15 082	35 976	1 264	8 933	95 833
丹东	15 669	19 969	3 100	71 373	23 775	21 299	122 824
锦州	9 125	65 573	11 608	87 967	55 438	7 139	216 986
营口	23 463	23 309	24 543	147 410	8 687	72 040	169 688
阜新	46 686	29 098	1 344	65 259	13 520	4 409	162 195
辽阳	15 984	18 409	80	39 752	10 457	6 821	93 100
盘锦	15 694	20 851	16 438	350 076	31 499	299 922	134 636
铁岭	10 849	6 613	441	45 646	24 914	13 711	81 210
朝阳	32 403	35 643	—	26 806	15 645	11 498	130 771
葫芦岛	33 207	44 025	—	63 200	28 734	21 593	171 110

注:本表资金来源为本年到位资金。

6—11 基本建设投资

指　　标	1980年	1985年	1990年	1995年	2000年	2001年	2002年
一、投资总额(万元)	**325 417**	**561 451**	**1 059 678**	**3 243 415**	**4 513 693**	**4 908 094**	**5 289 950**
1.按资金来源分							
国家预算内投资	154 925	195 636	160 776	182 180	598 120	996 214	887 907
国内贷款	19 333	39 206	200 074	735 191	1 285 720	1 275 453	1 143 567
利用外资	30 796	9 466	174 076	600 865	404 966	276 919	418 965
债券	—	39 473	77 201	8 840	49 296	23 021	24 856
自筹投资	109 092	241 105	357 150	1 251 839	1 775 353	1 964 035	2 476 126
其他投资	11 271	36 565	90 401	464 500	400 238	372 452	338 529
2.按隶属关系分							
中央项目	162 898	279 702	528 051	1 333 285	1 386 901	1 443 933	984 328
地方项目	162 519	281 749	531 627	1 910 130	3 126 792	3 464 161	4 305 622
3.按构成分							
建筑安装工程	243 792	414 943	667 879	1 931 769	3 095 071	3 504 946	3 498 381
设备、工具、器具购置	61 077	81 596	245 916	688 539	776 908	827 478	841 539
其他费用	20 548	64 912	145 883	623 107	641 714	575 670	950 030
4.按建设性质分							
#新建	116 039	109 716	397 696	1 295 163	2 219 712	2 578 810	2 540 023
扩建	203 305※	312 072	543 401	1 574 468	1 203 483	1 228 665	1 530 607
改建	—	47 377	64 680	120 488	782 123	768 910	830 397
5.按用途分							
生产性建设	185 899	276 347	805 638	2 295 981	—	—	—
非生产性建设	139 518	285 104	254 040	947 434	—	—	—
#住宅	103 614	162 600	111 017	352 260	497 123	356 246	372 964
6.按大中小型分							
大中型项目	135 274	190 610	687 616	1 654 840	1 197 926	1 152 063	1 013 373
小型项目	190 143	370 841	372 062	1 588 575	3 277 992	3 683 561	4 196 361
7.按国民经济行业分							
#农业	16 380	10 941	32 747	19 201	72 033	70 083	76 926
工业	199 269	253 690	748 126	1 875 163	1 687 107	1 692 633	1 622 208
轻工业	31 025	29 077	145 590	125 060	128 231	197 623	165 429
重工业	168 244	224 613	602 536	1 750 103	1 558 876	1 495 010	1 456 779
能源工业	67 250	124 888	284 077	800 526	1 105 088	956 840	878 395
运输邮电业	15 674	81 504	86 864	356 891	819 883	1 332 327	965 656
二、新增固定资产(万元)	**379 451**	**348 399**	**934 799**	**2 120 894**	**3 656 980**	**3 158 602**	**4 310 489**
三、建设项目(个)							
施工项目	3 329	3 163	2 473	2 043	2 113	2 001	2 203
#大中型项目	59	44	66	65	42	42	36
全部建成投产项目	1 286	1 342	1 338	1 044	1 239	1 117	1 227
#大中型项目	4	3	6	13	7	8	5
四、房屋建筑面积(万平方米)							
施工面积	1 647.5	2 268.3	1 245.7	1 823.8	1 711.0	1 571.1	1 750.9
#住宅	1 053.6	1 441.0	532.8	787.2	734.7	617.3	554.7
竣工面积	816.2	856.1	661.3	826.1	908.0	755.6	768.9
#住宅	536.2	565.3	318.9	465.7	490.8	413.1	321.6

6—12 国民经济各行业按建设性质分的基本建设投资

(2002年)

单位:万元

行业	投资额	#新建	#扩建	#改建
全省合计	**5 289 950**	**2 540 023**	**1 530 607**	**830 397**
农、林、牧、渔业	**76 926**	**41 960**	**29 604**	**4 947**
农业	13 617	8 589	1 265	3 763
林业	23 133	8 030	14 969	134
畜牧业	6 316	4 584	1 732	—
渔业	7 988	1 898	6 090	—
农、林、牧、渔服务业	25 872	18 859	5 548	1 050
采掘业	**357 692**	**45 218**	**292 140**	**13 283**
煤炭采选业	52 306	34 792	—	13 283
石油和天然气开采业	302 226	10 086	292 140	—
黑色金属矿采选业	2 892	72	—	—
有色金属矿采选业	268	268	—	—
制造业	**680 328**	**402 228**	**119 467**	**39 532**
食品加工业	34 373	32 968	480	925
食品制造业	20 013	19 192	170	151
饮料制造业	10 642	10 642	—	—
纺织业	9 339	3 578	400	490
服装及其他纤维制品制造业	2 700	1 960	740	—
皮革、毛皮、羽绒及其制品业	916	916	—	—
木材加工及竹、藤、棕、草制品业	49 152	45 862	3 290	—
家具制造业	940	940	—	—
造纸及纸制品业	12 765	9 952	100	2 643
印刷业	7 788	700	—	—
文教体育用品制造业	1 000	—	1 000	—
石油加工及炼焦业	6 123	5 947	—	—
化学原料及化学制品制造业	68 445	29 862	22 807	500
医药制造业	17 330	15 456	794	—
化学纤维制造业	300	300	—	—
橡胶制品业	500	250	150	—
塑料制品业	11 801	6 775	2 490	—
非金属矿物制品业	22 316	19 912	1 300	—
黑色金属冶炼及压延加工业	81 376	43 250	12 637	23 244
有色金属冶炼及压延加工业	9 352	8 676	—	—
金属制品业	23 672	15 652	6 200	—

6－12 续表 1　　(2002 年)　　单位:万元

行业	投资额	#新建	#扩建	#改建
普通机械制造业	44 714	17 301	400	—
专用设备制造业	63 388	58 133	1 573	—
交通运输设备制造业	80 744	31 348	40 124	6 572
电气机械及器材制造业	29 339	2 799	3 758	100
电子及通信设备制造业	44 982	12 945	12 506	—
仪器仪表及文化、办公用机械	16 345	5 552	5 178	2 482
其他制造业	9 973	1 360	3 370	2 425
电力、煤气及水的生产和供应业	**584 188**	**163 168**	**160 631**	**256 053**
电力、蒸汽、热水的生产和供应业	504 688	119 695	130 061	250 596
煤气生产和供应业	13 052	8 543	4 509	—
自来水的生产和供应业	66 448	34 930	26 061	5 457
建筑业	**84 407**	**52 810**	**15 105**	**10 786**
土木工程建筑业	82 615	51 405	14 718	10 786
线路、管道和设备安装业	1 292	905	387	—
建筑物的装修装饰业	500	500	—	—
地质勘查业、水利管理业	**61 582**	**49 216**	**6 831**	**5 535**
地质勘查业	1 311	1 300	11	—
水利管理业	60 271	47 916	6 820	5 535
交通运输、仓储及邮电通信业	**1 030 049**	**418 609**	**525 723**	**83 084**
铁路运输业	37 973	—	37 713	—
公路运输业	480 129	258 973	204 656	16 500
水上运输业	57 284	1 300	40 724	15 260
航空运输业	128 713	—	128 713	—
交通运输辅助业	157 793	38 983	69 518	48 542
其他交通运输业	72 105	68 524	2 150	1 431
仓储业	64 393	35 634	27 158	1 301
邮电通信业	31 659	15 195	15 091	50
批发和零售贸易、餐饮业	**210 211**	**136 501**	**59 370**	**10 622**
食品、饮料、烟草和家庭用品	26 394	16 103	9 181	—
能源、材料和机械电子设备批发业	15 810	13 975	50	285
其他批发业	9 884	8 926	460	498
零售业	152 237	95 617	48 669	7 591
商业经纪与代理业	1 078	330	—	—
餐饮业	4 808	1 550	1 010	2 248

6－12续表2　　　　　　　　(2002年)　　　　　　　　单位:万元

行　业	投资额	#新建	#扩建	#改建
金融、保险业	**43 069**	**18 621**	**384**	**6 105**
金融业	34 468	13 820	384	2 305
保险业	8 601	4 801	—	3 800
房地产业	**274 659**	**230 892**	**1 405**	**9 097**
房地产开发与经营业	242 889	215 642	705	6 475
房地产管理业	31 770	15 250	700	2 622
社会服务业	**764 920**	**392 610**	**66 523**	**280 402**
公共设施服务业	685 324	327 755	58 532	274 637
居民服务业	8 940	6 786	1 169	—
旅馆业	20 513	12 546	5 952	2 015
租赁服务业	803	803	—	—
旅游业	3 279	2 779	—	500
娱乐服务业	16 918	16 318	600	—
信息、咨询服务业	443	443	—	—
计算机应用服务业	15 188	15 188	—	—
其他社会服务业	13 512	9 992	270	3 250
卫生、体育和社会福利业	**67 435**	**23 402**	**24 965**	**6 963**
卫生	42 862	11 242	17 716	2 043
体育	16 119	5 925	5 274	4 920
社会福利保障业	8 454	6 235	1 975	—
教育、文化艺术及广播电影电视业	**391 075**	**155 970**	**125 586**	**16 199**
教育	340 804	140 617	103 813	9 925
文化艺术业	32 397	11 167	12 297	2 433
广播电影电视业	17 874	4 186	9 476	3 841
科学研究和综合技术服务业	**55 052**	**32 864**	**10 802**	**4 760**
科学研究业	26 555	10 149	7 831	2 099
综合技术服务业	28 497	22 715	2 971	2 661
国家机关、政党机关和社会团体	**505 221**	**312 318**	**89 975**	**52 313**
国家机关	490 232	304 419	87 989	51 286
政党机关	11 861	6 530	1 734	—
社会团体	2 228	1 369	252	607
基层群众自治组织	900	—	—	420
其他行业	**103 136**	**63 636**	**2 096**	**30 716**
其他行业	103 136	63 636	2 096	30 716

6—13 按项目规模分的基本建设投资及项目个数

年份、地区	项目投资(万元) 大中型	小型	施工项目(个)	#大中型	全部建成投产项目(个)	#大中型
1985	190 610	370 841	3 163	44	1 342	3
1986	283 554	392 689	2 884	55	1 480	3
1987	454 097	408 723	2 691	59	1 361	5
1988	491 359	542 224	2 915	49	1 531	9
1989	539 123	525 473	2 470	54	1 334	4
1990	687 616	372 062	2 473	66	1 338	6
1991	715 053	563 980	2 723	64	1 389	11
1992	786 937	922 266	3 343	74	1 769	4
1993	1 308 568	1 385 944	2 727	75	1 489	10
1994	1 488 240	1 822 594	2 392	61	1 235	4
1995	1 654 840	1 588 376	2 043	65	1 044	13
1996	1 538 233	1 820 581	2 177	49	1 237	9
1997	1 700 483	2 272 901	1 981	50	1 117	9
1998	1 642 839	2 737 865	2 062	50	1 153	12
1999	1 410 409	2 710 229	2 061	45	1 179	3
2000	1 197 926	3 277 992	2 113	42	1 239	7
2001	1 152 063	3 683 561	2 001	42	1 117	8
2002	1 013 373	4 196 361	2 203	36	1 227	5
沈阳	42 317	1 340 908	539	6	284	1
大连	197 111	911 521	237	9	55	—
鞍山	—	228 945	139	—	55	—
抚顺	—	171 813	127	—	79	—
本溪	39 628	65 138	54	2	38	1
丹东	—	144 123	88	—	32	—
锦州	4 100	220 025	133	1	96	—
营口	51 176	186 002	154	2	99	—
阜新	1 158	165 446	191	1	116	1
辽阳	—	98 635	90	—	57	—
盘锦	292 140	142 018	126	2	100	—
铁岭	9 879	84 542	116	1	86	—
朝阳	15 844	126 425	117	3	68	—
葫芦岛	42 696	150 007	85	6	58	1

6—14 按国民经济行业

年份、地区	合计	农、林、牧、渔业	采掘业	制造业	电力、煤气及水的生产和供应业	建筑业	地质勘探业水利管理业	交通运输仓储和邮电通信业
1985	561 451	6 581	68 653	119 815	65 222	17 094	5 749	86 152
1986	676 243	6 529	93 890	119 766	89 954	17 004	6 731	102 757
1987	862 820	8 579	148 361	200 749	123 500	7 750	16 236	97 674
1988	1 033 583	9 108	133 650	248 586	179 535	12 899	20 536	108 514
1989	1 064 596	6 631	148 782	361 674	140 469	8 251	20 837	90 864
1990	1 059 678	7 253	145 192	433 247	169 687	10 049	26 580	88 664
1991	1 280 468	9 148	136 047	508 496	217 092	11 306	25 747	85 530
1992	1 709 203	13 018	124 707	497 685	356 659	24 567	37 227	125 287
1993	2 694 512	17 077	161 299	1 018 877	410 941	37 746	56 235	205 709
1994	3 317 160	14 645	266 812	1 099 148	445 568	82 904	65 941	364 504
1995	3 243 415	19 201	277 738	1 144 381	453 044	73 861	70 658	359 769
1996	3 358 814	26 948	317 788	951 209	592 283	70 443	26 653	460 839
1997	3 973 384	70 098	329 221	560 840	894 721	86 416	14 143	787 407
1998	4 380 704	40 317	239 741	573 746	755 627	80 362	66 562	1 253 911
1999	4 216 966	44 327	324 038	420 760	583 144	86 582	113 757	1 253 527
2000	4 513 693	72 033	358 975	490 920	837 212	86 930	123 116	943 068
2001	4 908 094	70 083	345 652	684 548	662 433	74 542	89 820	1 399 913
2002	5 289 950	76 926	357 692	680 328	584 188	84 407	61 582	1 030 049
沈阳	1 383 225	31 367	22 363	70 715	143 671	1 317	6 516	159 374
大连	1 181 652	6 489	—	331 431	64 559	37 712	9 139	184 408
鞍山	228 945	7 280	2 820	28 800	28 387	6 397	8 599	26 342
抚顺	172 273	600	1 889	20 250	19 838	4 063	7 805	8 961
本溪	104 766	2 688	—	54 708	17 031	232	—	150
丹东	144 123	—	—	11 198	16 295	18 409	3 771	25 497
锦州	224 125	492	—	34 071	81 503	709	2 519	13 534
营口	241 728	220	—	42 634	47 130	640	1 798	71 868
阜新	166 604	1 989	2 191	17 073	39 621	536	400	9 796
辽阳	99 921	1 836	—	5 788	24 819	5 262	1 227	2 901
盘锦	434 558	17 397	292 140	12 457	10 195	4 409	—	25 088
铁岭	94 921	5 533	9 879	18 363	14 108	935	670	583
朝阳	142 269	570	4 470	4 327	76 281	636	17 968	5 232
葫芦岛	192 703	465	21 940	28 513	750	3 150	1 170	18 178

分的基本建设投资

单位:万元

批发零售贸易和餐饮业	金融、保险业	房地产业	社会服务业	卫生体育和社会福利业	教育、文化艺术和广播电影电视业	科学研究和综合技术服务业	国家机关政党机关社会团体	其他行业
17 703	3 639	57 457	13 574	14 709	42 075	11 531	27 149	4 348
25 135	6 426	47 814	26 573	18 953	50 395	16 035	40 053	8 228
30 630	7 479	27 466	46 092	19 513	60 992	14 246	38 164	15 389
43 109	8 639	80 762	24 160	27 263	63 284	15 430	41 102	17 006
30 837	6 883	51 198	16 483	27 238	60 788	12 058	29 346	52 257
31 715	6 189	3 429	18 461	13 252	54 242	10 377	35 506	5 835
51 047	6 173	22 052	36 392	18 754	70 067	11 563	53 264	17 790
104 617	23 354	77 688	67 338	26 823	90 218	23 311	81 051	35 653
118 797	39 539	94 409	174 661	34 679	106 597	33 981	167 054	16 911
126 437	78 594	130 588	220 280	56 270	115 519	17 603	182 889	49 458
86 782	49 472	52 914	193 873	63 419	147 713	13 979	153 284	83 327
95 288	61 023	65 560	273 704	48 175	138 245	20 099	179 871	30 686
193 005	46 016	86 254	443 592	52 301	160 811	22 609	218 771	7 179
285 767	67 414	57 006	291 658	54 410	178 230	40 003	262 801	133 149
238 267	34 038	73 810	402 962	40 213	212 563	53 870	276 255	58 853
198 896	31 405	136 998	510 670	59 538	281 744	62 279	286 107	33 802
127 579	19 392	106 846	585 589	63 519	266 624	66 815	304 923	39 816
210 211	43 069	274 659	764 920	67 435	391 075	55 052	505 221	103 136
65 464	14 050	17 542	305 777	23 491	202 736	25 062	293 180	600
50 719	1 200	169 706	207 759	8 993	56 648	8 025	24 703	20 161
8 270	—	—	45 983	9 769	30 432	1 010	24 856	—
12 972	358	3 910	31 204	1 120	15 397	3 610	40 296	—
—	—	450	16 788	196	3 101	—	9 254	168
1 560	570	20 673	5 536	350	11 958	1 050	20 415	6 841
9 788	17 853	4 556	16 585	2 570	12 293	1 410	20 872	5 370
2 441	466	118	29 365	6 449	4 127	—	9 803	24 669
3 153	—	9 730	19 273	1 847	12 113	52	8 012	40 818
4 288	—	9 260	20 010	6 824	14 439	—	3 267	—
12 032	2 500	—	36 614	650	7 972	180	11 280	1 644
4 849	3 560	9 000	700	2 718	4 782	1 894	14 482	2 865
1 760	1 010	1 014	3 158	2 458	7 274	844	15 267	—
32 915	1 502	28 700	26 168	—	7 803	11 915	9 534	—

6—15 基本建设房屋建筑面积

单位:万平方米

年份、地区	施工面积	#住宅	竣工面积	#住宅
1985	2 268.3	1 404.9	856.1	565.3
1986	1 964.3	1 082.8	1 001.7	622.7
1987	1 567.5	692.1	708.6	348.3
1988	1 599.4	676.5	743.9	375.3
1989	1 358.6	571.6	673.9	316.0
1990	1 245.7	532.8	661.3	318.9
1991	1 483.9	684.0	730.2	370.8
1992	1 940.9	865.1	831.5	425.8
1993	2 242.8	938.4	915.3	475.9
1994	2 216.6	903.4	873.9	483.0
1995	1 823.8	787.2	826.1	465.7
1996	1 563.1	663.8	794.3	428.4
1997	1 582.9	675.7	735.9	429.2
1998	1 674.0	686.1	869.7	438.4
1999	1 562.1	699.7	828.9	460.3
2000	1 711.0	734.7	908.0	490.8
2001	1 571.1	617.3	755.6	413.1
2002	1 750.9	554.7	768.9	321.6
沈阳	526.4	132.4	237.3	105.2
大连	278.7	15.8	39.9	2.4
鞍山	142.3	47.4	46.2	15.5
抚顺	49.1	18.3	33.6	13.7
本溪	18.8	3.4	15.1	2.2
丹东	56.9	24.8	26.3	10.2
锦州	167.1	101.3	107.4	68.1
营口	83.4	1.0	42.5	1.0
阜新	127.8	63.3	48.7	18.7
辽阳	55.1	24.3	20.8	6.4
盘锦	52.0	33.0	33.6	18.1
铁岭	68.2	25.6	49.4	19.5
朝阳	59.8	33.6	37.1	24.1
葫芦岛	58.9	30.5	24.7	16.4

6—16 各地区基本建设施工、投产项目数和新增固定资产

年份、地区	施工项目（个）	全部建成投产项目（个）	项目建成投产率（%）	新增固定资产（万元）	固定资产交付使用率（%）
1985	3 163	1 342	42.4	348 399	62.1
1986	2 884	1 480	51.3	535 712	79.2
1987	2 691	1 361	50.6	575 599	66.7
1988	2 915	1 531	52.5	871 070	84.3
1989	2 470	1 334	54.0	804 866	75.6
1990	2 473	1 338	54.1	934 799	88.2
1991	2 723	1 389	51.0	896 369	70.0
1992	3 343	1 769	52.9	1 143 284	66.9
1993	2 727	1 489	54.6	1 624 111	60.3
1994	2 392	1 235	51.6	1 591 674	48.0
1995	2 043	1 044	51.1	2 120 894	65.4
1996	2 177	1 237	56.8	3 111 558	92.6
1997	1 981	1 117	56.4	2 567 280	64.6
1998	2 062	1 153	55.9	3 362 203	76.8
1999	2 061	1 179	57.2	2 468 921	58.5
2000	2 113	1 239	58.6	3 656 980	81.0
2001	2 001	1 117	55.8	3 158 602	64.4
2002	2 203	1 227	55.7	4 310 489	81.5
沈阳	539	284	52.7	1 057 800	76.5
大连	237	55	23.2	560 090	47.4
鞍山	139	55	39.6	187 173	81.8
抚顺	127	79	62.2	101 579	59.0
本溪	54	38	70.4	135 935	129.8
丹东	88	32	36.4	49 103	34.1
锦州	133	96	72.2	111 038	49.5
营口	154	99	64.3	107 468	44.5
阜新	191	116	60.7	75 259	45.2
辽阳	90	57	63.3	73 028	73.1
盘锦	126	100	79.4	341 550	78.6
铁岭	116	86	74.1	100 402	105.8
朝阳	117	68	58.1	65 283	45.9
葫芦岛	85	58	68.2	106 544	55.3

6—17 国民经济各行业基本建设投资和新增固定资产

（2002 年）

行　业	投资额（万元）	新增固定资产（万元）	固定资产交付使用率（%）
全省总计	**5 289 950**	**4 310 489**	**81.5**
农、林、牧、渔业	**76 926**	**69 975**	**91.0**
农业	13 617	8 478	62.3
林业	23 133	25 199	108.9
畜牧业	6 316	3 300	52.2
渔业	7 988	2 500	31.3
农、林、牧、渔服务业	25 872	30 498	117.9
采掘业	**357 692**	**241 844**	**67.6**
煤炭采选业	52 306	14 530	27.8
石油和天然气开采业	302 226	217 110	71.8
黑色金属矿采选业	2 892	9 936	343.6
有色金属矿采选业	268	268	100.0
制造业	**680 328**	**468 904**	**68.9**
食品加工业	34 373	8 316	24.2
食品制造业	20 013	14 060	70.3
饮料制造业	10 642	9 642	90.6
纺织业	9 339	8 719	93.4
服装及其他纤维制品制造业	2 700	2 320	85.9
皮革、毛皮、羽绒及其制品业	916	916	100.0
木材加工及竹、藤、棕、草制品业	49 152	48 722	99.1
家具制造业	940	700	74.5
造纸及纸制品业	12 765	13 133	102.9
印刷业	7 788	7 788	100.0
文教体育用品制造业	1 000	1 000	100.0
石油加工及炼焦业	6 123	5 147	84.1
化学原料及化学制品制造业	68 445	24 905	36.4
医药制造业	17 330	3 595	20.7
化学纤维制造业	300	300	100.0
橡胶制品业	500	400	80.0
塑料制品业	11 801	11 251	95.3
非金属矿物制品业	22 316	15 601	69.9
黑色金属冶炼及压延加工业	81 376	104 186	128.0
有色金属冶炼及压延加工业	9 352	20 408	218.2
金属制品业	23 672	13 197	55.7
普通机械制造业	44 714	33 655	75.3

6－17 续表 1 （2002 年）

行业	投资额（万元）	新增固定资产（万元）	固定资产交付使用率（%）
专用设备制造业	63 388	24 758	39.1
交通运输设备制造业	80 744	37 299	46.2
武器弹药制造业	4 430	—	0.0
电气机械及器材制造业	29 339	15 028	51.2
电子及通信设备制造业	44 982	30 443	67.7
仪器仪表及文化、办公用机械	16 345	8 652	52.9
其他制造业	5 543	4 763	85.9
电力、煤气及水的生产和供应业	**584 188**	**340 438**	**58.3**
电力、蒸汽、热水的生产和供应业	504 688	309 616	61.3
煤气生产和供应业	13 052	4 039	30.9
自来水的生产和供应业	66 448	26 783	40.3
建筑业	**84 407**	**51 438**	**60.9**
土木工程建筑业	82 615	50 133	60.7
线路、管道和设备安装业	1 292	805	62.3
建筑物的装修装饰业	500	500	100.0
地质勘查业、水利管理业	**61 582**	**46 803**	**76.0**
地质勘查业	1 311	1 530	116.7
水利管理业	60 271	45 273	75.1
交通运输、仓储及邮电通信业	**1 030 049**	**1 671 822**	**162.3**
铁路运输业	37 973	29 173	76.8
公路运输业	480 129	1 236 248	257.5
管道运输业	57 284	16 360	28.6
航空运输业	128 713	126 160	98.0
交通运输辅助业	157 793	151 337	95.9
其他交通运输业	72 105	9 381	13.0
仓储业	64 393	70 344	109.2
邮电通信业	31 659	32 819	103.7
批发和零售贸易、餐饮业	**210 211**	**115 554**	**55.0**
食品、饮料、烟草和家庭用品	26 394	16 803	63.7
能源、材料和机械电子设备批发业	15 810	8 277	52.4
其他批发业	9 884	11 296	114.3
零售业	152 237	76 028	49.9
商业经纪与代理业	1 078	330	30.6
餐饮业	4 808	2 820	58.7

6-17续表2　　　　(2002年)

行　　业	投资额（万元）	新增固定资产（万元）	固定资产交付使用率（%）
金融、保险业	**43 069**	**16 276**	**37.8**
金　融　业	34 468	8 775	25.5
保　险　业	8 601	7 501	87.2
房 地 产 业	**274 659**	**82 995**	**30.2**
房地产开发与经营业	242 889	61 575	25.4
房地产管理业	31 770	21 420	67.4
社会服务业	**764 920**	**442 280**	**57.8**
公共设施服务业	685 324	371 956	54.3
居民服务业	8 940	6 758	75.6
旅　馆　业	20 513	8 795	42.9
租赁服务业	803	138	17.2
旅　游　业	3 279	1 567	47.8
娱乐服务业	16 918	20 680	122.2
信息、咨询服务业	443	200	45.1
计算机应用服务业	15 188	8 826	58.1
其他社会服务业	13 512	23 360	172.9
卫生、体育和社会福利业	**67 435**	**28 362**	**42.1**
卫　　生	42 862	19 932	46.5
体　　育	16 119	6 092	37.8
社会福利保障业	8 454	2 338	27.7
教育、文化艺术及广播电影电视业	**391 075**	**318 165**	**81.4**
教　　育	340 804	284 355	83.4
文化艺术业	32 397	19 789	61.1
广播电影电视业	17 874	14 021	78.4
科学研究和综合技术服务业	**55 052**	**29 323**	**53.3**
科学研究业	26 555	19 852	74.8
综合技术服务业	28 497	9 471	33.2
国家机关、政党机关和社会团体	**505 221**	**343 022**	**67.9**
国家机关	490 232	337 702	68.9
政党机关	11 861	3 301	27.8
社会团体	2 228	1 119	50.2
基层群众自治组织	900	900	100.0
其他行业	**103 136**	**43 288**	**42.0**
其他行业	103 136	43 288	42.0

6—18 基本建设新增主要产品生产能力

能力名称	单位	1985年	1998年	1999年	2000年	2001年	2002年
原煤开采	万吨/年	—	245	—	150	—	—
天然原油开采	万吨/年	283	175	142	162	170.3	120.1
天然气开采	亿立方米/年	—	1	1	0.36	2.12	2
石油加工	万吨/年	170	570	—	40	60	—
炼铁	万吨/年	—	—	—	—	—	—
炼钢	万吨/年	1	—	—	0.30	—	—
发电机组容量	万千瓦	38	148	4	162.1	1	5
输电线路(11万伏及以上)	公里	54	115	102	—	83	302
变电设备能力(11万伏及以上)	万千伏安	30	60	12	12	51	73.8
水泥	万吨/年	—	—	—	—	—	—
平板玻璃	万产量箱/年	—	—	—	—	—	—
合成氨	吨/年	—	—	—	—	—	—
农用化肥	吨/年	—	1 500	—	—	—	—
乙烯	吨/年	—	50 000	—	—	—	—
原盐	万吨/年	—	—	—	—	—	—
塑料树脂及其聚物	吨/年	—	1 500	—	—	—	—
新建铁路主线正线交付运营里程	公里	19	—	—	—	—	—
新建公路	公里	154	331	13	223.7	166.2	86.7
改建公路	公里	139	272	134	161.4	142	279
新(扩)建港口码头年吞吐量	万吨	240	120	235	450	60	—
新建微波电路	公里	—	—	—	—	—	—
市内电话自动交换机	门	450	146 000	—	—	—	—
长途电缆	延长公里	100	—	—	—	—	—
造林面积	万亩	20	26	53	32.5	26	31
有效灌溉面积	万亩	—	9	24	9.19	—	—
除涝面积	万亩	5	6	7	—	—	—
商业冷藏库	万吨	—	—	—	—	—	—
粮食仓库	万公斤	300	1 730	16 340	10 000	22 015	77 971
	平方米	830	2 800	34 581	8 478	41 838	307 843
商业饮食服务网点	处	174	160	—	—	—	—
	万平方米	18.8	32.3	—	—	—	—
各类学校学生席位	个	82 671	86 276	66 571	103 034	71 431	96 429
医院病床床位	张	2 670	871	1 143	2 004	493	535
城市自来水供水能力	万吨/日	47	131	4	7.3	63	11
城市排水管道长度	公里	15	23	35	73.2	55	90
城市污水处理能力	万吨/日	4	—	10	40	20	—
城市永久性桥梁	座	10	14	7	4	14	4

6—19 更新改造投资主要指标

指　　标	1980年	1990年	1995年	2000年	2001年	2002年
一、投资总额(万元)	**135 791**	**683 774**	**2 169 509**	**2 834 431**	**3 298 753**	**3 654 095**
按资金来源分						
国家预算内资金	26 774	8 765	9 687	50 274	76 401	97 856
国内贷款	20 277	192 658	478 686	502 788	601 573	715 981
利用外资	14	35 874	188 278	200 552	179 785	166 984
自筹投资	81 854	417 763	1 420 674	1 931 546	2 332 707	2 552 643
其他投资	6 872	28 714	69 249	149 271	108 287	120 631
按构成分						
建筑安装工程	68 332	309 332	908 990	1 184 838	1 429 920	1 648 870
设备、工具、器具购置	62 930	312 909	1 072 375	1 500 796	1 560 191	1 680 962
其他费用	4 529	61 533	188 144	148 797	308 642	324 263
按建设性质分						
#新　建	—	39 395	89 671	118 012	56 458	268 205
扩　建	—	245 686	906 120	990 998	1 762 914	1 300 575
改　建	—	380 131	1 138 950	1 621 028	1 362 592	1 905 373
按用途分						
生产性建设	122 556	591 405	1 977 061	—	—	—
非生产性建设	13 235	92 369	192 448	—	—	—
#住　宅	4 225	37 672	116 843	22 710	22 597	11 024
增　产	51 431	267 216	831 591	1 256 889	1 702 972	1 923 771
节约能源	10 837	26 166	65 035	151 322	81 932	126 710
其他节约	3 061	3 147	2 020	17 828	13 298	8 860
增加品种	—	98 580	203 649	143 784	177 059	280 513
提高产品质量	7 390	33 998	170 885	343 656	337 516	323 927
三废治理	—	12 616	25 971	87 160	56 500	87 780
其　他	63 072	242 051	870 358	833 792	929 476	902 534
二、新增固定资产(万元)	**89 105**	**674 744**	**1 788 344**	**2 438 000**	**2 439 691**	**2 514 421**
三、房屋建设面积(万平方米)						
施工面积	252.3	550.7	575.3	215.1	276.3	369.3
#住　宅	50.5	192.6	217.6	19.8	55.3	17.5
竣工面积	130.1	295.6	261.1	84.8	141.5	183.9
#住　宅	32.4	105.0	120.6	16.9	42.7	10.9

6—20 按构成和建设性质分的更新改造投资

单位:万元

年份、地区	投资额	按构成分			按建设性质分		
		建筑安装工程	设备、工器具购置	其他费用	#新建	#扩建	#改建
1985	429 965	196 114	207 705	26 146	5 337	166 143	229 670
1986	632 160	278 149	315 604	38 407	7 931	256 041	335 344
1987	760 019	360 817	318 374	80 828	14 107	275 838	404 931
1988	942 193	481 905	385 489	74 799	22 888	359 811	527 089
1989	760 301	358 576	336 554	65 171	13 170	263 414	466 403
1990	683 774	309 332	312 909	61 533	39 395	245 686	380 131
1991	884 754	358 121	442 624	84 009	40 997	350 634	461 527
1992	1 152 826	514 582	512 245	125 999	70 439	429 007	621 622
1993	1 776 664	830 867	789 672	156 125	207 352	749 379	789 309
1994	2 363 710	994 824	1 167 152	201 734	106 040	1 086 671	1 116 594
1995	2 169 509	908 990	1 072 375	188 144	89 671	906 120	1 138 950
1996	2 008 714	869 171	947 934	191 609	127 396	1 007 539	835 369
1997	2 413 950	1 150 242	1 045 082	218 626	100 564	1 214 537	1 017 974
1998	2 598 035	1 175 448	1 211 504	211 083	89 285	1 407 435	995 273
1999	2 609 314	1 103 581	1 309 410	196 323	186 523	1 493 116	858 382
2000	2 834 431	1 184 838	1 500 796	148 797	118 012	990 998	1 621 028
2001	3 298 753	1 429 920	1 560 191	308 642	56 458	1 762 914	1 362 592
2002	3 654 095	1 648 870	1 680 962	324 263	268 205	1 300 575	1 905 373
沈阳	898 388	294 895	506 231	97 262	122 724	384 773	324 066
大连	518 161	283 660	180 063	54 438	16 411	261 331	173 153
鞍山	466 000	194 835	254 781	16 384	6 866	37 866	417 823
抚顺	286 454	118 041	135 886	32 527	20 000	78 707	184 399
本溪	242 867	105 025	121 839	16 003	150	118 929	121 728
丹东	64 847	20 231	33 653	10 963	17 248	36 753	7 592
锦州	110 906	51 540	44 512	14 854	4 131	70 646	27 239
营口	91 711	30 563	54 652	6 496	25 867	13 597	40 536
阜新	77 111	35 807	32 910	8 394	17 057	41 590	18 464
辽阳	93 769	37 597	51 297	4 875	4 783	65 010	15 788
盘锦	371 151	266 947	74 366	29 838	—	25 311	345 784
铁岭	83 025	27 798	51 168	4 059	3 800	23 627	52 838
朝阳	58 060	19 597	35 929	2 534	12 173	20 032	25 618
葫芦岛	131 194	63 153	44 684	23 357	16 995	63 587	48 710

6—21 按国民经济行业

年份、地区	合计	农、林、牧、渔业	采掘业	制造业	电力、煤气及水的生产和供应业	建筑业	地质勘察业水利管理业	交通运输仓储和邮电通信业
1985	429 965	—	—	—	—	—	—	—
1986	632 160	5 167	47 276	430 285	37 321	6 830	237	57 359
1987	760 019	5 114	51 568	513 553	29 508	8 204	180	50 803
1988	942 193	9 039	70 643	679 377	32 393	19 840	146	60 788
1989	760 301	9 034	92 279	524 435	24 405	11 577	255	50 281
1990	683 774	3 375	62 693	457 342	29 514	12 792	534	72 559
1991	884 754	6 603	93 651	580 823	25 904	5 630	175	107 466
1992	1 152 826	3 909	94 749	776 028	26 017	17 165	95	153 891
1993	1 776 664	3 914	197 079	1 080 611	44 311	9 594	19	285 804
1994	2 363 710	3 322	139 519	1 439 160	59 723	16 543	226	578 230
1995	2 169 509	2 089	148 906	1 354 984	100 531	14 679	2 031	435 885
1996	2 008 714	1 951	167 869	1 255 636	104 964	10 683	1 548	384 574
1997	2 413 950	4 515	414 306	1 232 966	77 753	15 117	20	546 423
1998	2 598 035	11 915	511 727	1 193 345	53 070	9 662	—	754 580
1999	2 609 314	2 768	397 093	1 182 460	112 959	8 938	65	862 922
2000	2 834 431	8 593	387 949	1 507 316	163 387	9 387	520	699 188
2001	3 298 753	10 330	390 455	1 882 913	189 981	4 664	—	695 283
2002	3 654 095	12 051	404 879	2 183 446	293 078	37 826	3 693	545 371
沈阳	898 388	—	850	632 685	42 929	13 129	534	89 994
大连	518 161	3 411	—	325 912	42 062	700	—	134 045
鞍山	466 000	3 250	33 295	369 615	13 948	—	3 159	36 679
抚顺	286 454	—	20 730	203 140	44 485	1 338	—	8 805
本溪	242 867	—	—	221 292	2 907	6 706	—	10 862
丹东	64 847	900	910	38 649	466	5 904	—	15 005
锦州	110 906	—	—	66 550	17 371	1 237	—	13 614
营口	91 711	140	—	64 042	7 482	—	—	19 587
阜新	77 111	—	10 135	26 806	28 770	3 500	—	7 900
辽阳	93 769	—	600	62 293	3 429	4 986	—	10 923
盘锦	371 151	1 500	316 763	26 000	18 892	326	—	7 670
铁岭	83 025	2 700	18 300	20 121	32 718	—	—	8 060
朝阳	58 060	150	2 350	42 567	2 441	—	—	10 480
葫芦岛	131 194	—	946	83 774	35 178	—	—	11 296

分的更新改造投资

单位:万元

批发零售贸易和餐饮业	金融、保险业	房地产业	社会服务业	卫生体育和社会福利业	教育、文化艺术和广播电影电视业	科学研究和综合艺术服务事业	国家机关政党机关社会团体	其他行业
—	—	—	—	—	—	—	—	—
13 255	1 463	8 106	14 101	2 917	1 860	2 324	2 914	725
23 189	1 566	33 519	19 726	2 268	1 845	4 163	6 657	8 156
30 973	1 849	6 945	13 393	2 847	1 836	1 787	7 251	3 086
14 921	2 463	2 395	12 583	3 468	2 240	869	4 550	4 546
19 851	1 315	2 390	9 526	2 696	1 826	1 295	4 911	1 155
30 503	937	3 878	20 582	1 978	856	1 379	3 040	1 350
47 724	717	754	18 816	416	1 255	2 258	890	8 142
70 914	3 045	1 650	71 718	625	1 791	2 151	2 841	597
59 640	5 714	2 395	51 070	298	1 269	734	1 634	4 233
53 826	1 550	239	51 563	8	604	936	1 672	6
34 058	636	30	39 240	—	550	1 584	4 991	400
30 488	2 162	450	84 223	—	636	1 184	3 707	—
11 416	2 500	1 020	38 787	—	1 300	1 072	7 411	230
11 072	3 954	1 387	15 472	96	620	4 856	3 288	1 364
8 553	2 198	308	38 831	250	2 848	2 506	2 597	—
28 261	400	12 712	67 355	2 531	6 458	2 081	4 649	680
58 655	550	4 960	64 110	9 451	13 189	4 390	17 246	1 200
53 285	550	1 760	38 268	8 464	11 108	2 200	2 632	—
500	—	—	4 585	650	—	—	6 296	—
4 270	—	—	1 270	64	—	450	—	—
—	—	—	2 199	—	—	—	5 757	—
—	—	—	1 100	—	—	—	—	—
—	—	—	—	73	—	1 740	—	1 200
600	—	—	9 275	200	809	—	1 250	—
—	—	—	460	—	—	—	—	—
—	—	—	—	—	—	—	—	—
—	—	3 200	5 827	—	1 272	—	1 239	—
—	—	—	—	—	—	—	—	—
—	—	—	1 126	—	—	—	—	—
—	—	—	—	—	—	—	72	—
—	—	—	—	—	—	—	—	—

6—22 按资金来源分的更新改造投资

单位:万元

年 份、地 区	按资金来源分				
	国家预算内资金	国内贷款	利用外资	自筹资金	其他投资
1985	12 940	174 704	1 134	161 696	12 153
1986	15 742	260 304	5 043	330 794	20 277
1987	38 761	246 246	10 640	406 610	57 762
1988	24 215	320 451	34 068	520 962	42 497
1989	14 178	209 571	54 498	437 392	44 662
1990	7 434	192 658	35 874	417 763	30 045
1991	10 302	409 796	49 750	390 583	24 323
1992	15 389	419 530	32 197	626 479	59 231
1993	17 674	573 666	61 689	1 020 613	77 356
1994	8 390	590 589	239 220	1 424 774	85 903
1995	9 687	478 686	188 278	1 420 674	69 249
1996	13 466	373 889	138 176	1 282 463	103 440
1997	15 068	360 482	77 409	1 875 086	66 571
1998	5 127	480 798	137 644	1 909 561	64 905
1999	50 255	581 974	237 916	1 676 200	62 969
2000	49 714	497 188	198 318	1 910 031	147 608
2001	76 401	601 573	179 785	2 332 707	108 287
2002	96 221	704 019	164 194	2 509 997	118 616
沈阳	28 798	63 823	105 971	676 517	22 664
大连	11 477	156 682	5 730	269 377	10 188
鞍山	16 420	195 359	3 060	280 432	2 567
抚顺	14 091	52 489	2 697	205 348	6 188
本溪	1 100	1 146	—	219 104	330
丹东	2 925	24 921	11 409	50 760	674
锦州	2 000	13 170	2 292	82 430	13 135
营口	—	13 318	10 837	67 545	2 621
阜新	4 089	16 895	3 357	36 476	2 902
辽阳	—	5 900	2 121	62 652	22 373
盘锦	855	13 994	15 340	340 752	210
铁岭	5 174	20 009	200	56 776	2 237
朝阳	—	9 215	680	46 700	—
葫芦岛	9 292	31 419	500	55 667	17 216

注:本表资金来源为本年到位资金。

6—23 国民经济各行业按建设性质分的更新改造投资

(2002年)　　单位:万元

行业	投资额	#新建	#扩建	#改建
全省总计	**3 654 095**	**268 205**	**1 300 575**	**1 905 373**
农、林、牧、渔业	**12 051**	**1 500**	**3 750**	**5 701**
农业	2 290	—	—	2 290
畜牧业	2 850	1 500	1 350	—
渔业	3 411	—	—	3 411
农、林、牧、渔服务业	3 500	—	2 400	—
采掘业	**404 879**	**1 900**	**34 629**	**368 350**
煤炭采选业	48 696	—	29 450	19 246
石油和天然气开采业	316 763	—	—	316 763
黑色金属矿采选业	32 241	—	750	31 491
有色金属矿采选业	3 519	—	3 519	—
非金属矿采选业	3 660	1 900	910	850
制造业	**2 183 446**	**216 276**	**795 738**	**1 056 563**
食品加工业	27 809	2 160	19 024	6 325
食品制造业	26 087	—	21 734	3 673
饮料制造业	21 382	—	12 176	8 155
烟草加工业	3 160	—	—	3 160
纺织业	26 899	2 705	4 022	10 233
服装及其他纤维制品制造业	10 396	3 635	3 751	595
皮革、毛皮、羽绒及其制品业	5 534	—	500	4 192
木材加工及竹、藤、棕、草制品业	24 819	14 517	5 242	4 910
家具制造业	23 011	—	19 171	3 640
造纸及纸制品业	24 171	1 740	8 198	14 033
印刷业	9 561	—	7 306	—
文教体育用品制造业	400	—	300	—
石油加工及炼焦业	268 809	16 800	106 635	143 774
化学原料及化学制品制造业	136 384	11 207	95 212	28 739
医药制造业	54 651	11 449	23 592	16 242
化学纤维制造业	1 251	—	338	913
橡胶制品业	34 069	450	31 553	2 066
塑料制品业	54 809	—	41 569	11 800
非金属矿物制品业	120 895	46 269	39 705	30 038
黑色金属冶炼及压延加工业	642 451	12 289	124 236	505 806

6－23续表1 (2002年)

行　　业	投资额	#新　建	#扩　建	#改　建
有色金属冶炼及压延加工业	71 178	15 558	41 411	12 421
金属制品业	37 386	7 512	12 166	11 796
普通机械制造业	96 358	8 909	46 259	23 076
专用设备制造业	69 851	8 225	5 002	14 855
交通运输设备制造业	246 017	38 547	35 924	165 080
电气机械及器材制造业	80 812	5 879	51 619	19 570
电子及通信设备制造业	53 036	6 649	36 749	4 866
仪器仪表及文化、办公用机械	2 934	868	436	670
其他制造业	9 326	908	1 908	5 935
电力、煤气及水的生产和供应业	**293 078**	**14 728**	**72 956**	**204 894**
电力、蒸汽、热水的生产和供应业	282 827	14 558	68 583	199 686
煤气生产和供应业	2 320	—	—	1 820
自来水的生产和供应业	7 931	170	4 373	3 388
建筑业	**37 826**	**1 800**	**4 358**	**21 896**
土木工程建筑业	21 568	800	3 871	8 200
线路、管道和设备安装业	8 079	1 000	487	5 592
建筑物的装修装饰业	8 179	—	—	8 104
地质勘查业、水利管理业	**3 693**	**—**	**238**	**3 455**
水利管理业	3 693	—	238	3 455
交通运输、仓储及邮电通信业	**545 371**	**15 506**	**329 928**	**183 257**
铁路运输业	74 772	—	—	74 772
公路运输业	4 428	—	—	—
管道运输业	118	—	—	118
水上运输业	235	—	235	—
航空运输业	2 071	—	—	2 071
交通运输辅助业	90 065	—	30 900	58 165
其他交通运输业	9 838	—	—	—
仓储业	50	—	—	—
邮电通信业	363 794	15 506	298 793	48 131
批发和零售贸易、餐饮业	**58 655**	**4 388**	**25 691**	**27 993**
食品、饮料、烟草和家庭用品	2 483	—	300	2 183
能源、材料和机械电子设备批发业	1 675	675	660	340
其他批发业	1 899	781	731	254

6－23续表2　　(2002年)　　单位:万元

行业	投资额	#新建	#扩建	#改建
零售业	30 455	120	10 365	19 970
餐饮业	22 143	2 812	13 635	5 246
金融、保险业	**550**	**—**	**400**	**150**
金融业	550	—	400	150
房地产业	**4 960**	**—**	**4 960**	**—**
房地产开发与经营业	500	—	500	—
房地产管理业	4 210	—	4 210	—
房地产代理与经纪业	250	—	250	—
社会服务业	**64 110**	**9 897**	**20 658**	**15 860**
公共设施服务业	38 151	—	12 435	8 235
居民服务业	1 700	—	1 700	—
旅馆业	6 933	—	1 408	5 525
娱乐服务业	2 215	—	115	2 100
信息、咨询服务业	214	—	—	—
计算机应用服务业	97	97	—	—
其他社会服务业	14 800	9 800	5 000	—
卫生、体育和社会福利业	**9 451**	**—**	**3 999**	**373**
卫生	5 852	—	400	373
体育	3 350	—	3 350	—
社会福利保障业	249	—	249	—
教育、文化艺术及广播电影电视业	**13 189**	**300**	**370**	**3 341**
教育	962	300	—	662
文化艺术业	1 699	—	370	—
广播电影电视业	10 528	—	—	2 679
科学研究和综合技术服务业	**4 390**	**450**	**2 280**	**1 060**
科学研究业	1 050	—	50	1 000
综合技术服务业	3 340	450	2 230	60
国家机关、政党机关和社会团体	**17 246**	**260**	**620**	**12 480**
国家机关	17 171	260	620	12 405
政党机关	75	—	—	75
其他行业	**1 200**	**1 200**	**—**	**—**
其他行业	1 200	1 200	—	—

6—24 国民经济各行业更新改造投资和新增固定资产

(2002 年)

行　　业	投资额 (万元)	新增固定资产 (万元)	固定资产交付使用率 (%)
全省总计	**3 654 095**	**2 514 421**	**68.8**
农、林、牧、渔业	**12 051**	**4 640**	**38.5**
农业	2 290	290	12.7
畜牧业	2 850	2 850	100.0
渔业	3 411	—	—
农、林、牧、渔服务业	3 500	1 500	42.9
采掘业	**404 879**	**304 614**	**75.2**
煤炭采选业	48 696	36 566	75.1
石油和天然气开采业	316 763	232 783	73.5
黑色金属矿采选业	32 241	32 311	100.2
有色金属矿采选业	3 519	2 104	59.8
非金属矿采选业	3 660	850	23.2
制造业	**2 183 446**	**1 301 189**	**59.6**
食品加工业	27 809	17 543	63.1
食品制造业	26 087	13 195	50.6
饮料制造业	21 382	7 657	35.8
烟草加工业	3 160	2 580	81.6
纺织业	26 899	21 168	78.7
服装及其他纤维制品制造业	10 396	7 899	76.0
皮革、毛皮、羽绒及其制品业	5 534	5 502	99.4
木材加工及竹、藤、棕、草制品业	24 819	22 205	89.5
家具制造业	23 011	6 276	27.3
造纸及纸制品业	24 171	24 343	100.7
印刷业	9 561	5 167	54.0
文教体育用品制造业	400	100	25.0
石油加工及炼焦业	268 809	129 776	48.3
化学原料及化学制品制造业	136 384	84 901	62.3
医药制造业	54 651	37 056	67.8
化学纤维制造业	1 251	498	39.8
橡胶制品业	34 069	7 023	20.6
塑料制品业	54 809	13 888	25.3
非金属矿物制品业	120 895	64 681	53.5
黑色金属冶炼及压延加工业	642 451	479 224	74.6

6－24 续表 1　　(2002 年)

行　　业	投资额（万元）	新增固定资产（万元）	固定资产交付使用率（%）
有色金属冶炼及压延加工业	71 178	34 841	48.9
金属制品业	37 386	28 117	75.2
普通机械制造业	96 358	71 150	73.8
专用设备制造业	69 851	21 294	30.5
交通运输设备制造业	246 017	64 661	26.3
武器弹药制造业	5 632	5 991	106.4
电气机械及器材制造业	80 812	75 356	93.2
电子及通信设备制造业	53 036	44 843	84.6
仪器仪表及文化、办公用机械	2 934	1 440	49.1
其他制造业	3 694	2 814	76.2
电力、煤气及水的生产和供应业	**293 078**	**336 437**	**114.8**
电力、蒸汽、热水的生产和供应业	282 827	327 609	115.8
煤气生产和供应业	2 320	1 520	65.5
自来水的生产和供应业	7 931	7 308	92.1
建筑业	**37 826**	**23 196**	**61.3**
土木工程建筑业	21 568	17 773	82.4
线路、管道和设备安装业	8 079	3 093	38.3
建筑物的装修装饰业	8 179	2 330	28.5
地质勘查业、水利管理业	**3 693**	**534**	**14.5**
水利管理业	3 693	534	14.5
交通运输、仓储及邮电通信业	**545 371**	**386 547**	**70.9**
铁路运输业	74 772	70 826	94.7
公路运输业	4 428	3 413	77.1
管道运输业	118	118	100.0
水上运输业	235	142	60.4
航空运输业	2 071	2 071	100.0
交通运输辅助业	90 065	48 124	53.4
其他交通运输业	9 838	9 838	100.0
仓储业	50	50	100.0
邮电通信业	363 794	251 965	69.3
批发和零售贸易、餐饮业	**58 655**	**54 391**	**92.7**
食品、饮料、烟草和家庭用品	2 483	2 483	100.0
能源、材料和机械电子设备批发业	1 675	740	44.2

6-24续表2　　　　　　　　　　　　　　(2002年)

行　　业	投资额(万元)	新增固定资产(万元)	固定资产交付使用率(%)
其他批发业	1 899	1 899	100.0
零售业	30 455	27 955	91.8
餐饮业	22 143	21 314	96.3
金融、保险业	**550**	**550**	**100.0**
金融业	550	550	100.0
房地产业	**4 960**	**4 960**	**100.0**
房地产开发与经营业	500	500	100.0
房地产管理业	4 210	4 210	100.0
房地产代理与经纪业	250	250	100.0
社会服务业	**64 110**	**52 829**	**82.4**
公共设施服务业	38 151	36 698	96.2
居民服务业	1 700	1 700	100.0
旅馆业	6 933	6 900	99.5
娱乐服务业	2 215	2 215	100.0
信息、咨询服务业	214	214	100.0
计算机应用服务业	97	97	100.0
其他社会服务业	14 800	5 005	33.8
卫生、体育和社会福利业	**9 451**	**6 101**	**64.6**
卫生	5 852	5 852	100.0
体育	3 350	—	—
社会福利保障业	249	249	100.0
教育、文化艺术及广播电影电视业	**13 189**	**11 051**	**83.8**
教育	962	962	100.0
文化艺术业	1 699	370	21.8
广播电影电视业	10 528	9 719	92.3
科学研究和综合技术服务业	**4 390**	**7 500**	**170.8**
科学研究业	1 050	6 500	619.0
综合技术服务业	3 340	1 000	29.9
国家机关、政党机关和社会团体	**17 246**	**18 682**	**108.3**
国家机关	17 171	18 682	108.8
政党机关	75	—	—
其他行业	**1 200**	**1 200**	**100.0**
其他行业	1 200	1 200	100.0

6—25 各地区更新改造施工、投产项目数和新增固定资产

年份、地区	施工项目（个）	全部建成投产项目（个）	项目建成投产率（%）	新增固定资产（万元）	固定资产交付使用率（%）
1985	5 875	3 398	57.8	284 316	66.1
1986	6 550	3 921	59.8	455 525	72.1
1987	5 998	3 683	61.4	596 001	78.4
1988	5 701	3 461	60.7	60 460	64.1
1989	3 803	2 319	61.7	597 293	78.6
1990	3 561	2 199	61.8	674 744	98.6
1991	4 350	2 783	64.0	761 000	86.0
1992	4 974	3 313	66.6	850 229	73.8
1993	3 846	2 534	65.9	1 274 192	71.7
1994	3 632	2 485	68.4	1 660 486	70.2
1995	3 030	2 159	71.3	1 788 344	82.4
1996	2 685	1 797	66.9	1 502 488	74.8
1997	2 467	1 677	68.0	2 149 561	89.0
1998	2 289	1 520	66.5	2 221 987	85.5
1999	2 460	1 822	74.1	1 512 220	58.0
2000	3 592	1 884	52.4	2 438 000	86.0
2001	2 463	1 828	74.2	2 439 691	74.0
2002	3 162	2 319	73.3	2 514 421	68.8
沈阳	596	402	67.4	644 251	71.7
大连	475	367	77.3	208 515	40.2
鞍山	409	311	76.0	239 803	51.5
抚顺	288	184	63.9	157 143	54.9
本溪	145	114	78.6	322 865	132.9
丹东	96	21	21.9	28 225	43.5
锦州	195	169	86.7	89 818	81.0
营口	118	100	84.7	72 017	78.5
阜新	77	50	64.9	120 681	156.5
辽阳	166	130	78.3	79 276	84.5
盘锦	20	11	55.0	259 551	69.9
铁岭	122	110	90.2	81 707	98.4
朝阳	154	122	79.2	43 882	75.6
葫芦岛	118	106	89.8	95 861	73.1

6—26 按用途分的更新改造投资和房屋建筑面积

年份、地区	更新改造投资额(亿元)						房屋建筑面积(万平方米)			
	增产	节约措施	增加品种	提高产品质量	三废治理	其他	施工面积	#住宅	竣工面积	#住宅
1985	14.13	1.90	5.43	2.67	1.79	17.08	647.7	241.2	303.0	120.7
1986	19.91	3.64	9.67	6.52	1.31	22.17	946.3	435.2	483.0	244.1
1987	23.85	4.00	9.86	5.12	1.02	31.42	1 075.9	502.4	559.6	268.7
1988	40.91	3.69	11.30	5.51	1.50	26.14	1 045.5	427.2	551.3	240.0
1989	34.28	2.53	9.97	3.25	1.37	23.64	709.1	261.5	360.3	138.9
1990	26.72	3.93	9.86	3.40	1.26	23.21	550.7	192.6	295.6	105.0
1991	29.45	2.54	13.19	6.39	2.13	34.78	576.6	194.4	284.7	92.2
1992	38.91	2.29	16.47	6.79	2.56	48.26	692.8	235.4	289.0	115.7
1993	65.80	3.91	21.35	11.23	2.31	72.56	679.8	204.5	295.9	108.6
1994	86.61	12.05	24.60	14.79	3.75	94.95	635.3	186.4	254.2	91.2
1995	83.10	6.60	24.00	17.00	2.60	87.7	575.3	217.6	161.1	120.6
1996	84.59	3.88	30.90	11.90	3.45	66.15	216.9	88.0	107.9	57.4
1997	91.25	6.60	21.88	16.12	4.44	101.09	213.0	83.5	99.3	52.9
1998	85.56	12.04	25.19	31.67	4.87	100.46	264.8	51.8	163.6	44.7
1999	86.63	8.83	29.08	26.44	6.39	103.57	162.6	22.8	86.8	21.2
2000	125.69	16.91	14.38	34.37	8.72	83.38	215.1	19.8	84.8	16.9
2001	170.30	9.52	17.71	33.75	5.65	92.95	276.3	55.3	141.5	42.7
2002	192.38	13.56	28.05	32.39	8.78	90.25	369.3	17.5	183.9	10.9
沈阳	54.32	1.16	5.86	7.77	0.79	19.94	157.7	3.3	81.8	1.6
大连	19.93	2.52	2.15	2.59	0.31	24.33	50.0	3.9	16.0	—
鞍山	11.08	1.24	9.58	17.59	0.48	6.63	3.3	—	2.3	—
抚顺	16.33	1.21	2.34	0.44	3.49	4.84	11.1	0.9	5.0	0.2
本溪	18.54	0.11	1.03	0.14	2.41	2.05	13.4	—	9.8	—
丹东	5.20	0.42	0.42	0.01	—	0.44	11.8	—	1.9	—
锦州	2.81	0.03	1.23	0.85	0.11	6.07	12.6	—	3.7	—
营口	4.69	0.44	1.27	0.51	—	2.26	17.5	—	14.1	—
阜新	5.65	1.07	0.24	0.28	0.24	0.23	15.3	—	8.8	—
辽阳	5.28	0.49	0.05	0.26	—	3.30	15.1	3.0	11.6	2.8
盘锦	32.81	0.56	2.06	—	0.04	1.65	—	—	—	—
铁岭	5.72	0.13	0.65	0.12	0.41	1.27	12.0	—	11.8	—
朝阳	2.85	0.20	0.80	1.72	0.06	0.18	4.1	0.2	3.0	0.2
葫芦岛	7.18	3.89	0.39	0.12	0.42	1.11	34.2	—	3.0	—

6—27 更新改造新增主要产品生产能力

能力名称	单位	1995年	1998年	1999年	2000年	2001年	2002年
原煤开采	万吨/年	—	—	9	—	2	—
原油开采	万吨/年	—	—	—	—	—	—
天然气开采	亿立方米/年	—	—	—	—	—	—
石油加工	万吨/年	85	—	50	—	250	670
炼铁	万吨/年	50	—	—	—	128	61
炼钢	万吨/年	84	—	6	0.3	29	—
钢材	万吨/年	57	20	302	—	—	64
发电机组容量	万千瓦/年	—	—	1	—	22	27
11万伏输电线路	公里	12	41	—	11	1.7	42
11万伏输变电设备	万千伏安/年	—	7	6	—	6.3	2
水泥	万吨/年	—	—	53	17	92.4	122
平板玻璃	万重量箱/年	30	—	—	136	177	—
合成氨	吨/年	643 854	15 000	—	—	—	20 500
化学农药	吨/年	60	500	—	7 000	6 000	—
乙烯	吨/年	—	60 000	—	—	32 000	—
塑料树脂及共聚物	吨/年	300	450	—	110 000	100	—
轮胎外胎	万条/年	3	—	90	11.5	—	59
轮胎内胎	万条/年	28	—	70	—	—	20
金属切削机床	台/年	1 266	—	—	—	—	—
汽车制造	辆/年	4 004	—	—	—	20 000	126 000
化学纤维	吨/年	2 000	8 750	—	52 000	—	20 010
棉纺锭	锭	20 000	—	22 000	17 000	—	15 000
原盐	万吨/年	24	—	—	—	—	—
啤酒	吨/年	100 000	40 500	20 000	87 300	196 000	60 000
机制纸及纸板	万吨/年	—	2	—	—	—	1
新建公路	公里	—	—	—	—	—	—
改建公路	公里	—	—	126	24	—	93
新(扩)建港口码头	年吞吐量万吨	—	20	—	—	—	—
市内电话自动交换机	门	1 135 968	527 845	650 000	—	856 400	660 000
长途自动电话交换设备	路端	48 114	6 600	—	—	—	—
商业饮食服务网点	处	26	4	—	—	—	—
	平方米	172 356	102 034	—	—	—	—
各类学校学生席位	个	2 830	—	—	250	—	—

6—28 国有单位其他固定资产投资

指　　标	1985年	1990年	1995年	2000年	2001年	2002年
一、投　资　额(万元)	**112 666**	**219 195**	**374 326**	**176 488**	**196 560**	**194 889**
1.按资金来源分						
国家预算内投资	—	29	1 057	1 452	2 176	7 785
国　内　贷　款	—	419	1 850	18 276	26 599	11 016
利　用　外　资	—	—	—	—	—	1 136
自　筹　投　资	—	217 487	365 801	147 693	159 884	159 389
其　他　投　资	—	1 260	5 618	9 067	7 901	15 563
2.按　构　成　分						
建筑安装工程	79 804	173 714	352 187	145 529	163 328	164 334
设备、工具、器具购置	29 534	32 881	21 405	29 036	32 001	12 418
其　他　费　用	3 328	12 600	734	1 923	1 231	18 137
3.按　用　途　分						
生产性建设	88 551	21 806	270 624	—	—	—
非生产性建设	24 115	1 129	103 702	—	—	—
#住　　宅	2 497	218	5	230	390	2 635
二、房屋建设面积(万平方米)						
施　工　面　积	52.99	139.91	1.6	4.6	5.5	6.4
竣　工　面　积	39.50	83.39	1.3	4.6	1.7	0.6
#住　　宅	9.70	41.89	0.5	3.3	0.5	—

6—29 按构成和用途分的各地区国有单位其他投资

(2002年)

地　　区	投资额(万元)	按构成分			按建设性质分		
		建安工程	设备工具购置	其他	新建	扩建	改建
全　　省	**194 889**	**164 334**	**12 418**	**18 137**	**22 370**	**47 757**	**113 890**
沈　　阳	20 018	13 272	5 826	920	400	12 733	1 705
大　　连	36 070	32 465	—	3 605	500	—	35 570
鞍　　山	—	—	—	—	—	—	—
抚　　顺	8 618	8 418	200	—	7 248	—	1 370
本　　溪	9 006	3 053	5 050	903	—	7 783	1 223
丹　　东	14 552	13 685	467	400	10 265	1 800	2 220
锦　　州	15 115	15 115	—	—	—	—	15 115
营　　口	2 758	2 758	—	—	—	—	2 758
阜　　新	16 874	12 465	126	4 283	617	—	16 257
辽　　阳	8 371	8 371	—	—	—	—	8 371
盘　　锦	158	27	131	—	—	—	158
铁　　岭	46 785	45 003	579	1 203	1 585	25 241	19 959
朝　　阳	10 438	8 851	39	1 548	1 534	200	8 554
葫　芦　岛	6 126	851	—	5 275	221	—	630

6—30 城镇集体固定资产投资主要指标

指　　标	1990年	1995年	1998年	1999年	2000年	2001年	2002年
一、投资总额(万元)	**75 112**	**121 110**	**157 621**	**137 201**	**137 256**	**109 743**	**148 403**
1.按资金来源分							
国家预算内投资	644	746	52	1 595	1 197	—	807
国内贷款	25 811	32 292	31 430	26 921	22 181	11 566	12 777
利用外资	4 940	1 818	754	819	579	111	2 382
自筹投资	38 270	72 408	97 622	71 932	77 055	83 877	119 289
其他投资	5 447	13 846	27 763	35 934	36 244	14 189	13 148
2.按构成分							
建筑安装工程	39 474	64 745	110 589	94 441	90 644	66 854	84 555
设备、工具、器具购置	32 210	43 128	34 003	32 753	35 265	34 637	42 415
其他费用	3 428	13 237	13 029	10 007	11 347	8 252	21 433
3.按用途分							
生产性建设	58 730	93 888	—	—	—	—	—
非生产性建设	16 382	27 222	—	—	—	—	—
#住宅	11 192	11 736	28 072	17 885	23 248	15 708	16 848
4.按建设性质分							
新建	4 524	25 173	50 779	58 184	57 367	30 591	68 470
扩建	28 295	55 268	59 976	38 264	35 947	44 371	46 866
改建	30 603	25 459	28 642	31 785	29 185	25 833	18 107
二、本年新增固定资产(万元)	**74 205**	**78 224**	**132 270**	**116 932**	**120 908**	**76 085**	**113 887**
三、建设项目(个)							
施工项目	904	553	330	265	277	185	288
建成投产项目	563	388	240	173	208	137	196
四、房屋建筑面积(万平方米)							
施工面积	139.9	89.8	154.4	103.4	100.2	63.8	90.3
竣工面积	83.4	42.1	104.2	63.4	66.7	46.8	64.0
#住宅	41.9	16.0	32.3	23.8	31.2	14.4	20.2

6—31 各地区城镇集体单位按国民经济行业分的固定资产投资

（2002 年） 单位:万元

地区	合计	农、林、牧、渔业	采掘业	制造业	建筑业	交通运输仓储和邮电通信业	批发零售贸易和餐饮业
全省	**148 403**	**1 776**	**7 722**	**80 201**	**8 612**	**4 630**	**17 470**
沈阳	24 041	61	—	11 389	1 700	—	1 606
大连	18 601	800	—	8 465	819	—	4 007
鞍山	19 634	—	360	17 114	—	—	1 980
抚顺	7 062	—	684	1 918	—	—	60
本溪	6 538	—	2 460	3 886	—	—	—
丹东	9 762	—	1 442	7 270	550	—	200
锦州	15 725	—	—	4 249	960	4 000	1 625
营口	13 330	420	—	6 840	200	350	5 380
阜新	3 087	400	—	1 525	205	—	657
辽阳	8 965	95	1 976	5 134	670	—	790
盘锦	4 208	—	—	3 256	408	—	350
铁岭	11 596	—	—	7 850	2 700	—	370
朝阳	4 723	—	800	1 305	400	—	—
葫芦岛	1 131			—	—	280	445

6－31 续表 （2002 年） 单位:万元

地区	金融、保险业	房地产业	社会服务业	卫生体育和社会福利业	教育、文化艺术和广播电影电视业	科学研究和综合技术服务业	国家机关政党机关社会团体	其他行业
全省	**3 668**	**3 790**	**2 272**	**1 676**	**200**	**3 300**	**9 265**	**3 821**
沈阳	—	—	550	—	200	3 300	3 735	1 500
大连	—	—	390	620	—	—	3 500	—
鞍山	—	—	—	180	—	—	—	—
抚顺	—	3 790	—	—	—	—	610	—
本溪	—	—	172	—	—	—	20	—
丹东	—	—	—	—	—	—	300	—
锦州	2 880	—	600	—	—	—	—	1 411
营口	—	—	140	—	—	—	—	—
阜新	—	—	300	—	—	—	—	—
辽阳	—	—	—	200	—	—	100	—
盘锦	—	—	120	—	—	—	—	74
铁岭	—	—	—	676	—	—	—	—
朝阳	788	—	—	—	—	—	1 000	430
葫芦岛	—	—	—	—	—	—	—	406

6—32 按用途、构成分的各地区城镇集体单位固定资产投资

单位:万元

地区	投资额合计	按建设性质分			按构成分			
		新建	扩建	改建	建筑工程	安装工程	设备工具器具购置	其他费用
全省	**148 403**	**68 470**	**46 866**	**18 107**	**72 433**	**12 122**	**42 415**	**21 433**
沈阳	24 041	8 559	8 735	1 425	15 456	1 642	4 737	2 206
大连	18 601	13 342	3 948	779	10 224	1 008	2 045	5 324
鞍山	19 634	9 593	7 091	2 710	6 114	1 464	11 799	257
抚顺	7 062	5 460	700	832	3 780	115	1 307	1 860
本溪	6 538	172	5 598	768	2 895	565	2 450	628
丹东	9 762	7 890	1 000	642	3 089	2 853	3 590	230
锦州	15 725	2 020	3 404	5 206	9 545	1 628	2 053	2 499
营口	13 330	6 558	4 802	1 640	7 597	606	3 289	1 838
阜新	3 087	1 559	610	120	1 705	115	828	439
辽阳	8 965	3 131	5 084	690	4 195	729	2 967	1 074
盘锦	4 208	1 250	721	1 674	1 231	679	2 158	140
铁岭	11 596	7 226	2 970	—	4 204	200	3 807	3 385
朝阳	4 723	1 430	1 758	1 535	1 711	513	954	1 545
葫芦岛	1 131	280	445	86	687	5	431	8

6—33 分地区的城镇集体单位施工面积和项目个数

(2002年)

单位:平方米、个

地区	施工面积	#住宅	竣工面积	#住宅	施工项目个数	投产项目个数
全省	**902 595**	**275 502**	**640 467**	**202 136**	**288**	**196**
沈阳	170 854	83 100	151 948	83 100	62	42
大连	97 881	2 000	69 131	2 000	20	6
鞍山	26 428	6 000	21 215	6 000	27	12
抚顺	43 100	10 500	43 100	10 500	12	12
本溪	33 961	—	30 961	—	11	7
丹东	41 934	20 260	25 360	14 210	11	3
锦州	106 600	69 629	69 200	34 629	28	26
营口	128 184	5 000	111 734	5 000	29	24
阜新	27 425	13 200	21 595	13 200	16	12
辽阳	40 868	12 217	29 467	9 217	27	22
盘锦	13 426	4 680	12 666	4 680	16	13
铁岭	85 334	28 516	26 390	2 200	12	7
朝阳	76 500	15 000	17 600	12 000	13	8
葫芦岛	10 100	5 400	10 100	5 400	4	2

6—34 城镇和工矿区私人建房情况

年　　份	竣工房屋面积（万平方米）	#住宅	竣工房屋价值（万元）	#住宅	城镇工矿区个数（个）	建房户数（户）
1981	78.0	76.0	5 431	5 355	—	—
1982	71.3	71.1	6 090	6 074	93	—
1983	78.8	78.7	6 932	6 896	124	15 121
1984	82.3	78.6	7 108	6 892	89	14 982
1985	95.9	95.5	10 807	10 767	106	18 770
1986	176.9	173.9	22 971	22 609	169	30 524
1987	214.7	211.4	34 657	33 753	271	34 138
1988	272.7	270.2	54 307	53 780	215	42 343
1989	282.0	278.4	65 370	64 269	207	40 993
1990	205.4	202.0	52 836	52 249	218	31 415
1991	212.7	202.1	60 227	56 911	223	31 896
1992	246.2	220.6	77 803	70 278	222	33 367
1993	278.6	258.8	141 727	129 396	224	41 061
1994	265.4	240.6	124 869	105 684	239	31 539
1995	294.1	277.7	138 205	127 142	254	37 191
1996	304.2	264.5	173 362	141 515	276	37 627
1997	222.6	188.5	152 892	108 616	292	25 753
1998	256.9	216.3	150 148	124 145	273	27 525
1999	279.9	228.3	156 838	120 412	277	27 539
2000	265.8	226.0	177 778	140 746	226	27 926
2001	129.6	121.6	75 671	69 320	142	14 551
2002	115.2	104.4	67 197	60 370	141	25 561

6—35 农村集体固定资产投资主要指标

指 标	1995 年	1998 年	1999 年	2000 年	2001 年	2002 年
一、投 资 总 额(万元)	**594 067**	**800 819**	**750 697**	**1 185 344**	**1 342 251**	**1 487 886**
1.按资金来源分						
国 家 资 金	8 292	12 620	27 211	66 204	45 242	76 082
国 内 贷 款	100 648	49 940	38 893	56 131	50 536	103 518
引 进 外 资	73 745	112 150	54 562	39 323	21 096	63 624
自 筹 资 金	353 521	538 776	553 626	966 790	1 178 616	1 155 243
群 众 集 资	23 184	30 213	29 345	56 896	—	—
其 他 资 金	34 677	57 120	47 060	—	46 761	89 419
2.按 构 成 分						
建筑安装工程	343 283	463 378	438 701	687 674	650 628	700 112
设备、工具、器具购置	219 342	269 375	243 590	411 142	528 358	568 728
其 他 费 用	31 442	68 066	68 406	86 528	163 265	219 046
3.按建设性质分						
#新 建	312 185	488 884	417 077	658 000		
扩 建	202 159	148 750	204 467	323 000		
改 建	55 192	124 732	83 391	132 000		
二、新增固定资产(万元)	**524 409**	**749 290**	**653 862**	**1 166 334**	**1 219 774**	**1 413 400**
三、项 目 个 数(个)						
本年施工项目	4 826	10 370	5 585	6 000		
#新 开 工	4 448	10 105	5 288	5 800		
本年投产项目个数	4 443	10 012	5 158	5 700		
四、房屋建设面积(万平方米)						
施 工 面 积	313	361	390	482	623	830
#住 宅	45	78	60	127	86	99
竣 工 面 积	281	345	318	435	467	827
#住 宅	40	74	51	117	76	92

注:2000 年数据为抽样调查数

6—36 农村个人固定资产投资和建房

年　　份	投资总额（万元）	非生产性投　资	#住　宅	生产性固定资产投　资	竣工房屋建筑面积（万平方米）	#住　宅
1981	72 106	72 106	67 481	—	1 660.6	1 554.1
1982	51 990	51 990	49 521	—	1 418.5	1 341.0
1983	87 980	84 980	71 704	3 000	2 069.6	1 687.2
1984	120 982	71 719	64 231	49 263	1 281.7	1 125.4
1985	149 623	85 955	79 438	63 668	1 232.3	1 111.9
1986	202 154	149 906	119 793	52 248	1 819.0	1 578.0
1987	205 230	149 574	120 083	55 656	2 094.0	1 917.6
1988	269 548	173 468	148 363	96 080	1 454.8	1 168.2
1989	276 919	200 609	186 550	76 310	1 463.7	1 286.2
1990	175 251	124 873	120 798	50 378	1 080.9	1 013.4
1991	291 711	230 519	223 903	61 192	1 739.0	1 558.0
1992	230 000	171 157	154 199	58 843	1 355.0	1 129.0
1993	224 839	115 837	111 490	109 002	1 031.0	874.0
1994	286 254	193 310	176 292	92 944	970.6	838.7
1995	351 000	235 960	193 767	115 040	804.0	618.0
1996	420 464	264 306	219 248	156 158	953.0	802.0
1997	357 515	224 736	192 938	132 779	820.0	784.0
1998	685 042	430 622	244 074	254 420	705.1	484.4
1999	917 198	426 786	393 099	490 412	1 061.8	799.3
2000	820 527	532 447	531 850	288 080	1 750.0	1 711.0
2001	829 920	—	435 463	—	2 061.5	1 841.1
2002	927 219	—	450 638	—	2 273.0	2 013.0

注：本表为抽样调查推算数。

6—37 按资金来源分房地产开发建设投资

指　　　标	1990年	1995年	1998年	1999年	2000年	2001年	2002年
一、当年投资来源总额(万元)	195 678	1 631 678	1 503 829	1 822 042	2 649 062	3 230 692	4 180 547
1.国家预算内资金	162	14 712	10 639	4 979	5 023	1 761	12 800
2.国　内　贷　款	50 780	391 849	296 714	366 667	602 740	630 643	800 959
3.利　用　外　资	784	92 275	90 596	65 197	51 511	49 710	63 316
#外商直接投资	—	—	48 263	34 841	45 198	35 821	35 020
4.自筹和其它投资	144 042	1 132 842	1 105 880	1 385 199	1 989 788	2 548 578	3 303 472
二、应付款合计	—	—	564 821	530 644	722 428	961 992	936 514
#工　程　款	—	—	304 976	320 768	440 773	625 702	603 127
设备器材款	—	—	43 170	40 715	36 274	32 569	34 175
三、投资来源构成(%)							
1.国家预算内投资	0.1	0.9	0.7	0.3	0.2	0.1	0.3
2.国　内　贷　款	26.0	24.0	19.7	20.1	22.8	19.5	19.2
3.利　用　外　资	0.3	5.7	6.0	3.6	1.9	1.5	1.5
#外商直接投资	—	—	3.2	1.9	1.7	1.1	0.8
4.自筹和其他投资	73.6	69.4	73.6	76.0	75.1	78.9	79.0

6—38 房地产开发建设房屋建筑面积及竣工率

单位:万平方米

指　　　标	1990年	1995年	1998年	1999年	2000年	2001年	2002年
施　工　面　积	864.4	2 876.5	2 371.7	2 614.5	3 301.8	3 971.2	4 754.1
#住　　宅	757.4	2 026.9	1 752.4	1 929.6	2 504.7	3 031.0	3 699.2
办　公　楼	—	—	199.0	181.4	185.1	193.3	194.8
商业营业用房	—	—	360.2	421.8	516.9	640.2	725.7
竣　工　面　积	460.7	1 118.4	1 007.7	1 277.8	1 619.0	1 842.7	1 984.3
#住　　宅	407.1	934.5	850.7	1 057.6	1 297.6	1 501.2	1 647.7
办　公　楼	—	—	37.6	46.9	58.8	56.6	63.5
商业营业用房	—	—	98.8	143.3	217.1	244.8	231.1
全部房屋竣工率(%)	53.3	38.9	42.5	48.9	49.0	46.4	41.7
#住　　宅	53.7	46.1	48.5	54.8	51.8	49.5	44.5
办　公　楼	—	—	18.9	25.9	31.8	29.3	32.6
商业营业用房	—	—	27.4	34.0	42.0	38.2	31.8

6—39 房地产开发建设基本情况

单位:万元

指　　标	1990 年	1995 年	1998 年	1999 年	2000 年	2001 年	2002 年
1.房地产开发投资额	195 768	1 631 678	1 503 829	1 822 042	2 649 062	3 230 692	3 883 147
商品房屋开发投资额	195 768	1 280 379	1 182 347	1 467 923	2 235 054	2 701 395	3 139 108
土地开发投资额	—	174 746	143 167	164 817	239 784	287 360	335 289
2.土地开发面积(万平方米)	131	1 234	364.4	463.1	770.0	924.0	1 043
3.房屋竣工价值	166 268	940 813	924 671	1 249 686	1 507 495	1 818 229	2 061 219
#住　　宅	155 355	694 327	731 691	952 592	1 145 795	1 391 328	1 568 876
4.商品房屋销售额	—	857 012	1 198 862	1 479 449	1 969 468	2 478 449	2 732 993
#住　　宅	—	595 574	971 718	1 178 600	1 514 151	1 988 320	2 231 000
5.商品房屋销售面积(万平方米)	194.5	491.9	664.7	770.9	948.7	1 165.7	1 277.5
#住　　宅	185.9	421.8	577.2	671.9	804.4	994.7	1 120.4
6.资本金合计	—	1 014 137	1 503 077	1 556 418	1 866 983	2 293 920	2 612 778
7.资产总计	—	5 591 101	7 207 508	7 828 546	10 049 579	11 155 830	13 633 394
8.负债总计	—	4 547 958	6 006 668	6 347 925	7 980 903	8 762 497	10 877 703
9.所有者权益	—	1 043 143	1 200 840	1 480 621	2 068 676	2 393 333	2 755 691
10.经营总收入	—	937 495	1 270 884	1 514 719	2 339 911	2 573 462	2 882 505
土地转让收入	—	18 912	16 176	21 246	33 981	15 737	27 624
商品房销售收入	—	857 012	1 177 986	1 419 063	2 156 412	2 408 399	2 763 036
其他收入	—	61 571	57 130	63 074	149 518	149 326	91 845
11.经营税金与利润	—	68 032	-30 087	7 792	132 642	131 002	150 486

6—40 按构成分房地产开发建设投资

年份	绝对数(万元)			比重(以投资总额为100)		
	建筑安装工程	设备、工具器具购置	其他费用	建筑安装工程	设备、工具器具购置	其他费用
1990	172 746	1 581	21 441	88.2	0.8	11.0
1991	192 213	1 193	29 927	86.1	0.5	13.4
1992	381 731	2 800	72 174	83.6	0.6	15.8
1993	968 190	13 229	149 767	85.6	1.2	13.2
1994	1 209 700	32 809	259 860	80.5	2.2	17.3
1995	1 242 186	37 311	352 181	76.1	2.3	21.6
1996	1 044 825	52 924	256 744	77.1	3.9	19.0
1997	1 053 230	50 076	295 816	75.3	3.6	21.1
1998	1 138 002	69 389	296 438	75.7	4.6	19.7
1999	1 375 213	51 477	395 352	75.5	2.8	21.7
2000	1 966 063	65 137	617 862	74.2	2.5	23.3
2001	2 351 326	52 831	826 535	72.8	1.6	25.6
2002	2 724 912	79 696	1 078 539	70.2	2.0	27.8

6—41 按用途分房地产开发建设投资

年份	绝对数(万元)			比重(以投资总额为100)		
	生产性建设	非生产性建设	#住宅	生产性建设	非生产性建设	#住宅
1990	19 070	176 698	141 742	9.7	90.3	72.4
1991	8 712	214 621	188 827	3.9	96.1	84.5
1992	20 853	435 852	382 054	4.6	93.4	83.7
1993	119 249	1 011 937	818 094	10.5	89.5	72.3
1994	223 639	1 278 730	896 233	14.9	85.1	59.7
1995	370 324	1 261 354	916 143	22.7	77.3	56.1
1996	233 911	1 120 582	753 373	17.3	82.7	55.6
1997	236 173	1 162 949	825 217	16.9	83.1	59.0
1998	266 815	1 237 014	988 421	17.7	82.3	65.7
1999	318 029	1 504 013	1 212 776	17.5	82.5	66.6
2000	445 326	2 203 736	1 812 920	16.8	83.2	68.4
2001	511 287	2 719 405	2 275 667	15.8	84.2	70.4
2002	632 742	3 250 405	2 758 906	16.3	83.7	71.0

6—42 各地区房地产开发企业基本情况

(2002年)

地区	开发公司个数(个)	#国有经济	#集体经济	#外商投资经济	#港澳台投资经济	年末从业人员人数(人)
全省	**1 635**	**158**	**81**	**94**	**70**	**47 084**
沈阳	402	42	12	41	33	9 647
大连	449	49	16	36	20	12 799
鞍山	114	7	6	6	2	2 731
抚顺	65	11	3	1	1	1 496
本溪	53	11	—	—	—	2 647
丹东	86	6	21	4	6	2 233
锦州	67	4	4	—	—	1 998
营口	96	5	2	1	1	2 516
阜新	35	1	—	2	3	1 755
辽阳	59	5	—	1	1	1 221
盘锦	35	—	2	—	—	2 269
铁岭	60	9	6	—	—	1 585
朝阳	56	3	3	1	3	1 646
葫芦岛	58	5	6	1	—	2 541

6—43 各地区房地产开发经营情况

(2002年)

单位:万元

地区	经营总收入	土地转让收入	商品房屋销售收入	房屋出租收入	其他收入	经营税金及附加	利润总额
全省	**2 882 505**	**27 624**	**2 763 036**	**13 909**	**77 936**	**173 135**	**-22 649**
沈阳	665 094	1 870	652 009	5 477	5 738	39 660	4 999
大连	1 162 181	20 605	1 099 017	6 524	36 035	70 536	-132
鞍山	192 341	58	190 740	103	1 440	11 809	2 453
抚顺	73 253	—	73 202	—	51	5 661	-1 267
本溪	83 719	—	76 269	332	7 118	6 060	-4 230
丹东	99 984	78	93 036	931	5 939	5 590	-2 021
锦州	78 140	—	77 050	202	888	3 948	-4 922
营口	112 288	—	111 692	—	596	6 980	-2 747
阜新	64 831	—	64 142	118	571	3 179	-2 719
辽阳	61 359	189	60 883	138	149	3 657	1 226
盘锦	66 949	3 495	62 864	—	590	3 334	-1 683
铁岭	72 686	—	64 409	—	8 277	4 213	-4 158
朝阳	51 939	—	51 930	1	8	2 999	-2 756
葫芦岛	97 741	1 329	85 793	83	10 536	5 509	-4 692

6—44 各地区商品房屋销售情况

（2002 年）

地区	实际销售商品房屋面积（平方米）	#住宅	个人购买商品住宅（平方米）	商品房屋销售额（万元）	#住宅
全省	**12 774 633**	**11 203 614**	**10 857 724**	**2 732 993**	**2 231 000**
沈阳	2 060 694	1 841 162	1 731 148	564 147	478 870
大连	4 198 563	3 750 441	3 625 351	1 193 509	1 000 771
鞍山	837 011	764 570	755 309	153 995	127 329
抚顺	490 013	461 819	460 827	77 670	71 655
本溪	441 791	370 274	330 332	81 753	60 309
丹东	631 824	528 193	502 565	92 152	70 652
锦州	443 475	361 708	361 708	80 569	60 054
营口	974 484	819 604	819 604	121 153	88 746
阜新	431 500	385 722	384 788	51 300	39 529
辽阳	413 091	344 652	344 652	64 633	48 736
盘锦	317 922	287 979	287 979	51 129	42 258
铁岭	548 407	456 558	422 529	65 762	46 741
朝阳	429 168	362 872	362 872	51 818	37 613
葫芦岛	556 690	468 060	468 060	83 403	57 737

6—45 各地区房地产开发建设总规模及完成情况

（2002 年）

单位：万元

地区	计划总投资	实际需要总投资	自开始建设至本年底累计完成投资	#本年完成
全省	**13 328 507**	**13 905 321**	**8 086 188**	**3 883 147**
沈阳	4 730 068	5 064 354	2 653 033	1 160 832
大连	5 447 100	5 580 531	3 199 490	1 252 030
鞍山	710 073	737 903	455 816	215 998
抚顺	242 834	263 581	179 520	98 364
本溪	302 854	310 413	214 411	115 765
丹东	210 196	219 017	166 520	123 583
锦州	243 836	241 387	188 044	147 409
营口	367 999	368 158	263 702	146 215
阜新	141 200	150 142	122 231	99 312
辽阳	143 369	147 023	84 652	66 721
盘锦	266 501	267 146	164 512	139 507
铁岭	127 880	142 428	103 569	93 654
朝阳	129 936	141 078	100 574	77 803
葫芦岛	264 661	272 160	190 114	145 954

6—46　各地区房地产开发建设房屋建筑面积和造价

（2002年）

地　　区	施工房屋面积（平方米）	竣工房屋面积（平方米）	房屋建筑面积竣工率（%）	竣工房屋价值（万元）	竣工房屋造价（元/平方米）
全　　省	**47 541 112**	**19 842 947**	**41.7**	**2 061 219**	**1 039**
沈　　阳	12 382 018	3 636 432	29.4	379 091	1 042
大　　连	13 668 177	5 462 347	40.0	693 416	1 269
鞍　　山	3 686 392	1 502 436	40.8	146 129	973
抚　　顺	1 547 627	721 225	46.6	77 961	1 081
本　　溪	1 852 620	839 839	45.3	93 960	1 119
丹　　东	1 457 076	865 631	59.4	89 484	1 034
锦　　州	1 567 407	750 479	47.9	81 128	1 081
营　　口	2 637 047	1 423 997	54.0	111 726	785
阜　　新	1 365 015	762 258	55.8	69 129	907
辽　　阳	967 269	584 576	60.4	40 610	695
盘　　锦	1 338 293	565 513	42.3	69 203	1 224
铁　　岭	1 359 318	756 794	55.7	64 605	854
朝　　阳	1 205 430	700 088	58.1	52 826	755
葫 芦 岛	2 507 423	1 271 332	50.7	91 951	723

主要统计指标解释

全社会固定资产投资　固定资产投资是社会固定资产再生产的主要手段。通过建造和购置固定资产的活动,国民经济不断采用先进技术装备,建立新兴部门,进一步调整经济结构和生产力的地区分布,增强经济实力,为改善人民物质文化生活创造物质条件。这对我国的社会主义现代化建设具有重要意义。

固定资产投资额是以货币表现的建造和购置固定资产活动的工作量,它是反映固定资产投资规模、速度、比例关系和使用方向的综合性指标。全社会固定资产投资包括国有经济单位投资、城乡集体经济单位投资、各种经济类型的单位投资和城乡居民个人投资。按照我国现行计划管理体制,国有经济单位固定资产投资总额分为基本建设、更新改造、商品房屋建设投资和其他固定资产投资四个部分;城乡集体经济单位投资包括城镇集体所有制单位投资和农村集体所有制单位投资;各种经济类型的单位投资包括联营经济、股份制经济、中外合资经营、中外合作经营、外资、与大陆合资经营、与大陆合作经营、港澳台独资及其他经济类型的单位投资。城镇居民个人投资包括城市、县城、镇、工矿区所辖范围内的个人建房和农村个人建房及购买生产性固定资产的投资。

基本建设投资　基本建设是国有企业、事业单位以扩大生产能力或工程效益为主要目的的新建、扩建工程及有关工作。包括工厂、矿山、铁路、桥梁、港口、农田水利、商店、住宅、学校、医院等工程的建造和机器设备、车辆、船舶、飞机等的购置。

基本建设投资额是以货币表现的基本建设完成的工作量,是反映一定时期内基本建设规模和建设进度的综合性指标。它是根据工程的实际进度按预算价格(预算价格是编制施工图预算时所用的价格)计算的工作量,没有形成工程实体的建筑材料和没有开始安装的设备,都不计算投资完成额。

更新改造投资　更新改造是指国有企业、事业单位对原有设施进行固定资产更新和技术改造,以及相应配套的工程和有关工作(不包括大修理和维护工程)。更新改造投资是以货币表现的更新改造完成的工作量。根据我国现行统计制度,基本建设和更新改造的划分是:(1)列入基本建设计划的项目作为基本建设投资,列入更新改造计划的项目作为更新改造投资;(2)更新改造计划与基本建设计划结合安排的项目及未列入计划的项目,根据工程性质分别作为基本建设投资或更新改造投资。属于对企业、事业单位原有设施进行技术改造或更新的项目和增建主要生产车间、分厂等,其新增生产能力或效益尚未达到大中型标准的项目,以及由于城市环境保护和安全生产的需要而进行的迁建工程,作为更新改造投资。

其他固定资产投资　是指按照国家规定不纳入基本建设和更新改造计划管理,其总投资在五万元以上的固定资产投资。具体包括:国有经济单位用油田维护费和石油开发基金进行的油田维护和开发工程;煤炭、铁矿、森林工业等采掘采伐业用维检费进行的开拓延伸工程;交通部门用公路养路费对原有公路、桥梁进行改建的工程;商业部门用简易建筑费建造的仓库工程。

固定资产投资的资金来源　根据固定资产投资的资金来源不同,分为上年末结余资金、本年资金来源小计和各项应付款。其中本年资金来源小计又分为国家预算内资金、国内贷款、股票、债券、利用外资、自筹资金和其他资金来源七种:

(1)国家预算内资金　指国家预算、地方财政、主管部门和国家专业投资公司拨给或委托银行贷给建设单位的基本建设拨款和中央基本建设基金,拨给企业单位的更新改造拨款,以及中央财政安排的专项拨款中用于基本建设的资金。

(2)国内贷款　指报告期企、事业单位向银行及非银行金融机构借入的用于固定资产投资的各种国内借款。国内贷款包括:银行利用自有资金及吸收的存款发放的贷款、上级主管部门拨入的国内贷款、国家专项贷款(包括煤代油贷款、劳改煤矿专项贷款等),地方财政专项资金安排的贷款、国内储备贷款、周转贷款等。

(3)股票　是股份制企业通过发行股票筹集到的,用于固定资产投资的资金。

(4)债券　是企业(公司)或金融机构通过发行各种债券筹集到的用于固定资产投资的资金,包括由银行代理国家专业投资公司发行的重点企业债券和重点建设债券。

(5)利用外资　指报告期收到的用于固定资产投资的国外资金,包括统借统还、自借自还的国外贷款,中外合资项目中的外资,以及无偿捐赠等。其中,国家统借统还的外资,是指由我国政府出面同外国政府、团体或金融组织签订贷款协议、并负责偿还本息的国外贷款。

(6)自筹资金　指建设单位报告期收到的,用于进行固定资产投资的上级主管部门、地方和本单位自筹资金。

(7)其他资金来源　指报告期收到的除以上各种拨款、借款、自筹资金之外,其他用于固定资产投资的资金。

固定资产投资按国民经济行业分　建设项目归哪个行业,按其建成投产后的主要产品或主要用途及社会经济活动性质来确定。基本建设按建设项目划分国民经济行业,更新改造、国有经济单位其他固定资产投资及城镇集体投资根据整个企业、事业单位所属的行业来划分。一般情况下,一个建设项目或一个企业、事业单位只能属于一种国民经济行业。为了更准确地反映国民经济各行业之间的比例关系,联合企业(总厂)所属分厂属于不同行业的,原则上按分厂划分行业。

固定资产投资按建设性质分　建设项目的性质一般分为新建、扩建、改建、迁建、恢复。基本建设按建设项目划分建设性质,更新改造、国有经济单位其他固定资产投资及城镇集体投资按整个企业、事业单位的建设情况确定建设性质。目前基本建设和更新改造是根据我国现行的计划管理体制区分的，所以基本建设和更新改造都可以分别按新建、扩建等划分。

(1)新建　一般是指从无到有、“平地起家”新开始建设单位。有的单位原有的基础很小，经过建设后其新增加的固定资产价值超过原有固定资产价值(原值)三倍以上的也算新建。

(2)扩建　一般是指为扩大原有产品的生产能力，在厂内或其他地点增建主要生产车间(或主要工程)、独立的生产线或总厂之下的分厂的企业；事业单位和行政单位在原单位增建业务用房(如学校增建教学用房、医院增建门诊部或病床用房、行政机关增建办公楼等)也作为扩建。

(3)改建　一般是指现有企业、事业单位为了技术进步，提高产品质量，增加花色品种，促进产品升级换代、降低消耗和成本，加强资源综合利用和三废治理、劳保安全等，采用新技术、新工艺、新设备、新材料等对现有设施、工艺条件进行技术改造或更新(包括相应配套的辅助性生产、生活福利设施)。有的企业为充分发挥现有生产能力，进行填平补齐而增建不增加本单位主要产品生产能力的车间等，也属于改建。

固定资产投资按用途分　固定资产投资按工程的经济用途分为用于第一产业、第二产业、第三产业和住宅四部分的建设，是研究不同用途的固定资产投资之间比例关系的重要指标。基本建设投资、国有经济单位其他固定资产投资及城镇集体投资的用途按单项工程确定，现有企业、事业单位更新改造投资的用途按更新改造项目确定。

固定资产投资按构成分　固定资产投资活动按其工作内容和实现方式分为建筑安装工程，设备、工具、器具购置，其他费用三个部分。

(1)建筑安装工程(建筑工作量)　指各种房屋、建筑物的建造工程和各种设备、装置的安装工程。包括各种房屋建造工程，各种用途设备基础和各种工业窑炉的砌筑工程；为施工而进行的各种准备工作和临时工程以及完工后的清理工作等；铁路、道路的铺设，矿井的开凿及石油管道的架设等；水利工程；防空地下建筑等特殊工程；以及各种机械设备的安装工程；为测定安装工程质量，对设备进行的试行工作。在安装工程中，不包括被安装设备本身的价值。

(2)设备、工具、器具购置　指购置或自制达到固定资产标准的设备、工具、器具的价值，固定资产的标准按财务部门规定。新建单位、扩建单位的新建车间按照设计和计划要求购置或自制的全部设备、工具、器具，不论是否达到固定资产标准均计入“设备、工具、器具购置中”。

(3)其他费用　指除建筑安装工程和设备、工具、器具购置以外的投资完成额。它包括两种性质的费用，一种是属于增加固定资产的费用，主要有：建设单位管理费，土地、青苗等补偿费和安置补助费、勘察设计费，研究实验费、农林单位牲畜购置费、各种经济林木的营造费、办公和生活家具、器具购置费、引进技术和进口设备项目的其他费用、联合试运转费等；一种是属于不增加固定资产的费用，主要有：施工机械转移费、生产职工培训费、农业开荒费用及报废工程损失费等。

基本建设项目按大中小型划分　基本建设划分大中小型项目原则上应按照上级批准的设计任务书或初步设计所确定的总规模或总投资划分，没有正式批准设计任务书或初步设计的，按国家或省、自治区、直辖市年度基本建设投资计划中所列的总规模或总投资划分。上述两条均不具备的，按本年计划施工工程的建设总规模或总投资划分。生产单一产品的工业项目，按产品的设计能力划分的；生产多种产品的工业项目，按其主要产品的设计能力划分。品种繁多，难以按生产能力划分的，按全部计划投资额划分。划分标准以国家颁发的《大中小型建设项目划分标准》依据。国家曾在1958年、1962年、1977年和1979年先后五次修订《大中小型建设项目划分标准》，因此各历史时期的大中型项目数不完全可比。

施工项目　指报告期内曾进行建筑或安装工程施工活动的建设项目。包括报告期内新开工项目、报告期以前开工跨入报告期继续施工的项目以及报告期施过工并在报告期内全部建设投产或停缓建的项目。

全部建成投产项目　工业项目是指设计文件规定形成生产能力的主体工程及其相应配套的辅助设施全部建成，经负荷试运转，证明具备生产设计规定合格产品的条件，并经过验收鉴定合格或达到竣工验收标准，与生产性工程配套的生产福利设施可以满足近期正常生产的需要，正式移交生产的建设项目。非工业项目是指设计文件规定的主体工程和相应的配套工程全部建成，能够发挥设计规定的全部效益，经验收鉴定合格或达到竣工验收标准，正式移交使用的建设项目。

新增生产能力　指通过固定资产投资活动而增加的设计能力或工程效益，它是用实物形态表示的固定资产投资的成果。新增生产能力的计算，是以能独立发挥生产能力或效益的单项工程(或项目)为对象，当单项工程(或项目)建成，经有关部门鉴定合格，正式移交投入生产，即可计算新增生产能力。

新增生产能力或工程效益有以下几种表现形式：

(1)以建设项目或单项工程建成后的年产能力表示。如煤炭开采、石油开采等。

(2)以建设项目或单项工程建成后处理原料的能力表示。如选矿工程的年处理矿石能力，洗煤厂年洗原煤能力等。

(3)以新增的主要设备数量或容量表示。如棉纺绽枚数、发电机组容量等。

(4)以建筑物容积、容量、面积或长度表示。如水库容量、铁路公路里程等。

新增生产能力的数量一般按设计能力计算。设计能力是指设计文件中规定的在正常情况下能够达到的生产能力，而不论投产后的实际产量如何。以设备数量、建筑物容积、面积、长度等表示的新增生产能力(或效益)，则按建成的实际数量计算。

施工和竣工房屋建筑面积　房屋建筑面积是从房屋外墙线算起的各层平面面积的总和，包括房屋结构(如柱、墙)占用的面积和地下室面积。多层建筑按各自然层面积总和计算，包括房屋内的楼隔层，突出墙面的眺望间、门斗、有柱雨罩的面积。不包括突出墙面结构的构件、艺术装饰等所占的面积,如台阶等。凹阳台、挑阳台按其水平投影面积一半计算建筑面积。

竣工面积　指在报告期内房屋建筑按照设计要求已全部完工,达到住人和使用条件,经验收鉴定合格,正式移交使用单位的建筑面积。

房屋建筑面积竣工率　指一定时间内房屋竣工面积占同期房屋施工面积的比率。它是从房屋建筑施工速度的角度反映投资效果和建筑业经济效益的指标。

新增固定资产　指通过投资活动所形成的新的固定资产价值。包括已经建成投入生产或交付使用的工程价值和达到固定资产标准的设备、工具、器具的价值及有关应摊入的费用。它是以价值形式表示的固定资产投资成果的综合性指标,可以综合反映不同时期、不同部门、不同地区的固定资产投资成果。

建设项目投资率　指一定时期内全部建成投入生产项目个数占同期正式施工项目个数的比率。它是从项目建设速度的角度反映投资效果的指标。

固定资产交付使用率　指一定时期新增固定资产与同期完成投资额的比率。它是反映各个时期固定资产动用速度,衡量建设过程中投资效果的一个综合性指标。

未完工程占用率　指年末未完工程累计完成投资额占全年实际完成投资额的比率。它反映未完工程的相对规模,并可从资金占用的角度反映固定资产投资效果。由于未完工程是指已经开工,但尚未建成交付使用的工程,有个跨年度问题,因此未完工程占用率会出现大于1的情况。

第七篇

能源和物资

7

NENGYUAN
HE
WUZI

7—1 能源生产总量及构成

年份	能源生产总量（万吨标准煤）	占能源生产总量的 %			
		原煤	原油	天然气	水电
1952	899.4	93.4	3.7	—	2.9
1957	1 803.2	90.5	4.4	—	5.1
1965	1 796.8	90.4	4.1	—	4.2
1970	2 988.4	94.6	1.9	0.9	2.6
1975	3 536.8	80.6	12.4	3.9	3.1
1978	3 890.7	78.9	14.0	5.6	1.5
1979	4 010.1	74.6	16.9	5.7	2.9
1980	3 765.8	70.8	20.2	6.3	2.7
1981	3 460.8	69.6	21.7	5.9	2.8
1982	3 636.4	70.9	21.8	4.6	2.7
1983	3 879.4	69.3	23.4	4.3	3.0
1984	4 492.9	68.3	24.9	4.1	2.7
1985	4 953.2	66.2	26.6	4.1	3.1
1986	5 011.4	63.4	29.1	4.0	3.5
1987	5 094.9	60.5	32.1	4.1	3.3
1988	5 410.9	60.6	33.5	4.0	2.0
1989	5 766.6	61.7	33.3	4.0	2.0
1990	5 958.9	61.1	32.8	3.9	2.2
1991	6 082.4	61.4	32.3	3.9	2.4
1992	6 233.4	61.8	31.8	4.5	1.9
1993	6 327.2	62.8	32.1	4.6	0.5
1994	6 384.8	61.6	33.6	4.4	0.4
1995	6 239.3	59.5	35.6	4.1	0.8
1996	6 610.8	63.0	32.5	3.6	0.9
1997	6 638.7	63.3	32.4	3.8	0.5
1998	6 422.5	64.3	32.3	2.9	0.5
1999	5 649.5	60.4	36.2	3.0	0.4
2000	5 380.5	59.1	37.2	3.3	0.3
2001	5 376.8	59.4	36.8	3.3	0.5
2002	5 809.8	63.6	33.2	2.8	0.4

7—2 分行业能源消费总量

(2002

行业	能源消费总量（万吨标准煤）	煤炭消费量（万吨）	焦炭消费量（万吨）	原油消费量（万吨）
消费总量	**10 333.45**	**10 864.22**	**1 046.88**	**4 190.82**
农、林、牧、渔业	146.70	32.22	—	—
工业	8 424.21	10 011.99	1 045.19	4 179.62
采掘业	1 039.92	2 299.09	2.71	108.44
煤炭采选业	622.85	2 226.71	0.15	—
石油和天然气开采业	346.23	53.72	—	108.44
黑色金属矿采选业	29.45	1.26	0.05	—
有色金属矿采选业	20.14	8.56	1.26	—
非金属矿采选业	20.46	8.84	1.25	—
其他矿采选业	0.68	—	—	—
木材及竹材采运业	0.14	—	—	—
制造业	5 450.05	3 753.66	1 037.23	4 071.18
食品加工业	36.45	40.79	0.19	—
食品制造业	22.23	19.23	—	—
饮料制造业	31.41	31.22	—	—
烟草加工业	2.31	2.23	—	—
纺织业	60.61	50.50	0.02	—
服装及其他纤维制品制造	5.78	4.90	—	—
皮革、毛皮羽绒及其制品业	2.32	1.76	—	—
木材加工及竹藤棕草制品业	8.08	8.03	—	—
家俱制造业	1.18	0.43	—	—
造纸及纸制品业	98.89	129.33	—	—
印刷业记录媒介的复制	3.50	1.67	—	—
文教体育用品制造业	1.12	1.13	—	—
石油加工及炼焦业	884.38	165.58	—	3 704.15
化学原料及制品制造业	660.99	389.36	8.30	366.61

和主要能源品种消费量

年)

汽油消费量（万吨）	煤油消费量（万吨）	柴油消费量（万吨）	燃料油消费量（万吨）	天然气消费量（亿立方米）	电力消费量（亿千瓦小时）
235.67	**19.97**	**273.81**	**245.03**	**18.81**	**809.65**
25.16	—	45.16	—	—	16.98
15.00	2.79	41.15	226.89	18.81	607.26
3.46	0.15	12.83	0.36	6.42	88.60
0.66	0.10	2.05	—	—	24.07
2.38	—	9.49	—	6.42	23.61
0.16	—	0.59	—	—	22.21
0.12	0.05	0.29	—	—	9.89
0.14	—	0.41	0.36	—	8.16
—	—	—	—	—	0.55
—	—	—	—	—	0.11
10.20	2.63	26.37	219.01	12.10	380.33
0.38	—	0.52	0.18	—	4.45
0.23	—	0.21	—	—	4.25
0.26	0.02	0.33	0.22	—	3.64
—	—	0.28	—	—	0.25
0.28	0.02	0.16	—	0.03	10.06
0.24	0.01	0.29	—	—	0.86
0.06	—	0.06	—	—	0.68
0.12	—	0.09	—	—	1.48
0.05	—	0.18	—	—	0.46
0.16	—	0.24	0.04	—	7.76
0.08	—	0.12	0.77	—	0.68
0.03	—	0.01	—	—	0.16
0.65	—	1.63	101.48	0.01	29.58
0.97	0.37	1.64	48.32	11.97	38.44

7-2续表 (2002

行业	能源消费总量（万吨标准煤）	煤炭消费量（万吨）	焦炭消费量（万吨）	原油消费量（万吨）
医药制造业	53.19	57.76	—	—
化学纤维制造业	57.30	56.31	—	—
橡胶制造业	22.54	25.41	0.02	—
塑料制造业	10.31	5.38	—	—
非金属矿物制品业	439.19	444.36	45.05	0.36
黑色金属冶炼及压延加工业	2 635.86	2 016.86	962.07	—
有色金属冶炼及压延加工业	151.17	112.68	6.46	—
金属制品业	28.78	9.08	2.96	0.06
普通机械制造业	59.77	40.91	8.71	—
专用设备制造业	30.57	26.95	1.38	—
交通运输设备制造业	75.63	70.70	1.49	—
武器弹药制造业	8.37	9.47	—	—
电气机械及器材制造业	24.99	20.87	0.38	—
电子及通信设备制造业	10.27	6.60	0.19	—
仪器仪表文化办公用机械	2.83	2.72	0.01	—
其他制造业	19.87	1.44	—	—
电力煤气及水生产供应业	1 934.24	3 959.24	5.25	—
电力、蒸气热水生产供应业	1 883.28	3 883.48	0.01	—
煤气的生产和供应业	34.80	70.84	5.24	—
自来水的生产和供应业	16.14	4.92	—	—
建筑业	71.87	66.96	—	—
交通运输、仓储及邮电通信业	640.11	104.81	0.04	—
批发和零售贸易餐饮业	69.53	29.00	—	—
其他行业	253.79	84.11	1.65	11.20
生活消费	727.23	535.13	—	—

注：能源消费总量中电、热按当量值计算。

年）

汽油消费量（万吨）	煤油消费量（万吨）	柴油消费量（万吨）	燃料油消费量（万吨）	天然气消费量（亿立方米）	电力消费量（亿千瓦小时）
0.13	—	0.09	0.85	—	4.03
0.01	—	0.04	0.57	—	16.01
0.23	—	0.03	—	—	2.52
0.22	—	0.13	0.06	—	4.75
1.14	0.51	3.09	23.38	0.03	27.84
1.72	0.05	9.47	34.47	—	113.50
0.27	0.01	0.84	2.04	—	45.77
0.26	0.09	0.89	1.86	—	11.13
0.77	0.07	1.45	0.89	0.04	11.23
0.34	0.01	0.42	0.41	—	8.04
0.79	1.45	3.11	2.81	—	8.73
0.08	—	0.04	0.20	—	0.93
0.45	0.01	0.34	0.37	0.02	4.22
0.18	—	0.29	—	—	3.20
0.07	—	0.02	—	—	0.54
0.03	—	0.06	0.09	—	15.14
1.34	0.01	1.95	7.52	0.29	138.33
0.99	—	1.76	7.52	—	127.87
0.12	—	0.07	—	0.29	0.71
0.23	0.01	0.12	—	—	9.75
4.08	—	5.68	—	—	4.93
164.01	17.18	177.74	14.15	—	15.27
0.11	—	3.99	—	—	24.95
27.31	—	0.09	3.99	—	41.08
	—	—	—	—	99.18

7—3 能源消费总量及构成

年份	能源消费总量（万吨标准煤）	占能源消费总量的 %			
		原煤	原油	天然气	水电
1952	876.1	96.9	0.0	…	2.9
1957	1 927.8	95.0	0.2	…	4.8
1965	2 711.7	87.9	8.5	0.8	2.8
1970	…	…	…	…	…
1975	4 806.6	65.4	29.4	2.9	2.3
1978	5 261.5	64.6	30.2	4.2	1.0
1979	5 304.6	66.2	27.3	4.3	2.2
1980	5 272.1	67.8	25.8	4.5	1.9
1981	5 033.2	75.0	23.9	3.1	2.0
1982	4 111.3	73.0	21.7	3.3	2.0
1983	5 348.2	74.2	20.6	3.2	2.0
1984	5 454.4	75.9	18.8	3.3	2.0
1985	6 325.1	78.7	15.2	3.7	2.4
1986	6 360.3	79.4	14.6	3.2	2.8
1987	6 475.8	81.5	12.7	3.2	2.6
1988	6 824.6	83.0	12.3	3.1	1.6
1989	7 000.1	83.1	12.8	3.3	0.8
1990	7 170.8	82.2	12.8	3.3	1.7
1991	7 218.0	83.7	12.7	3.3	2.0
1992	7 191.6	83.7	10.7	3.9	1.7
1993	8 695.5	72.4	21.8	3.3	0.3
1994	9 204.6	76.0	21.0	2.8	0.2
1995	9 381.7	76.7	22.7	0.2	0.4
1996	9 417.6	75.3	24.1	0.2	0.4
1997	9 191.6	73.6	23.3	2.7	0.4
1998	8 873.7	72.9	24.2	2.6	0.3
1999	8 869.9	51.7	45.9	2.2	0.2
2000	9 877.2	51.5	46.3	2.1	0.02
2001	10 356.9	50.5	47.3	2.2	0.02
2002	10 333.5	50.0	48.0	1.8	0.2

7—4 能源生产弹性系数

年份	能源生产比上年增长 %	电力生产比上年增长 %	国内生产总值比上年增长 %	能源生产弹性系数	电力生产弹性系数
1985	10.3	8.8	13.3	0.84	0.72
1990	3.3	3.6	1.1	3.30	3.60
1991	2.1	3.0	6.1	0.50	0.70
1992	0.5	9.5	12.1	0.40	0.80
1993	11.0	5.2	14.9	0.75	0.35
1994	0.9	−2.2	11.2	0.08	—
1995	−2.1	1.3	7.1	—	0.18
1996	6.0	8.4	8.6	0.70	0.98
1997	0.4	8.9	8.9	0.45	1.00
1998	−3.3	−8.5	8.3	—	—
1999	−12.03	−3.51	8.2	—	—
2000	−4.77	5.3	8.9	—	0.59
2001	−0.08	2.5	9.0	—	0.27
2002	8.1	14.5	10.2	0.79	1.42

7—5 能源消费弹性系数

年份	能源消费比上年增长 %	电力消费比上年增长 %	国内生产总值比上年增长 %	能源消费弹性系数	电力消费弹性系数
1985	6.8	7.6	13.3	0.55	0.62
1990	1.4	2.6	1.1	1.40	2.60
1991	0.6	6.0	6.1	0.10	1.30
1992	1.0	10.0	12.1	0.10	0.90
1993	11.0	10.6	14.9	0.75	0.72
1994	8.2	−1.8	11.2	0.73	—
1995	2.5	4.8	7.1	0.35	0.68
1996	0.38	8.4	8.6	0.04	0.98
1997	−2.5	7.6	8.9	—	0.85
1998	−3.46	−5.2	8.3	—	—
1999	0.12	12.09	8.2	0.14	1.47
2000	14.11	4.78	8.9	1.58	0.54
2001	1.26	2.01	9.0	0.14	0.22
2002	−0.23	6.00	10.2	—	0.59

7—6 能源加工转换效率

单位:%

年份	总效率	发电及电站供热	炼焦	炼油
1985	79.1	37.2	94.5	98.6
1990	82.7	48.1	97.1	98.0
1991	82.2	49.1	98.5	98.9
1992	81.0	48.3	97.5	86.3
1993	80.6	48.1	83.0	99.0
1994	75.2	46.0	72.6	97.0
1995	80.2	50.3	98.6	97.4
1996	77.6	46.0	90.6	98.0
1997	75.9	43.8	91.7	97.8
1998	76.9	44.9	96.0	99.6
1999	76.0	44.8	97.14	95.6
2000	75.3	41.9	93.16	96.7
2001	73.5	43.8	92.80	89.88
2002	76.8	42.8	98.1	98.0

7—7 平均每天各种能源消费量

能源品种	单位	1985年	1990年	1995年	1998年	2000年	2001年	2002年
煤炭	万吨	10.53	6.21	22.61	27.70	28.99	28.94	29.66
焦炭	万吨	1.95	2.04	2.43	2.44	2.41	2.46	2.87
原油	万吨	6.34	0.08	6.44	8.09	10.71	11.01	11.48
燃料油	万吨	2.35	1.12	1.76	0.99	0.82	0.82	0.67
汽油	万吨	0.09	0.11	0.28	0.20	0.41	0.64	0.65
煤油	万吨	0.006	0.01	0.02	0.05	0.05	0.05	0.05
柴油	万吨	0.09	0.10	0.38	0.39	0.53	0.76	0.75
天然气	亿立方米	0.04	0.03	0.06	0.05	0.06	0.05	0.05
电力	亿千瓦小时	0.81	0.763	1.27	1.73	2.05	2.09	2.22

注:能源消费量包括加工转换量。

7—8 综合能源平衡表

单位:万吨标准煤

指标	1995年	1998年	1999年	2000年	2001年	2002年
一、可供本地区消费的能源量	9 379.31	8 909.19	8 869.87	10 140.42	10 356.95	10 333.5
1.年初库存量	973.78	1 390.42	1 240.52	1 326.97	1 309.81	1 093.1
2.一次能源生产量	6 239.33	6 422.47	5 649.68	5 380.56	5 376.77	5 809.9
3.回收能	605.14	798.43	137.72	60.02	509.42	779.3
4.外省(区、市)调入量	4 872.69	4 351.19	6 120.75	7 953.11	7 405.32	7 591.7
5.进口量	190.23	405.19	605.65	1 153.56	1 085.02	1 208.0
6.我轮、机在外国加油量	2.32	10.39	10.54	10.15	10.18	10.5
7.本省(区、市)调出量(—)	−2 105.55	−3 165.53	−3 341.64	−3 466.58	−3 068.71	−4 058.6
8.出口量(−)	−226.29	−81.45	−212.30	−952.35	−1 165.44	−1 103.7
9.外轮、机在我国加油量(−)	−7.69	−14.49	−14.07	−14.12	−12.35	−12.4
10.年末库存量(−)	−1 164.66	−1 207.44	−1 326.97	−1 310.89	−1 093.07	−984.2
二、加工转换投入(−)产出(+)量	−1 482.55	−2 208.01	−2 422.31	−2 774.25	−2 973.77	−2 817.7
1.火力发电	−1 148.88	−1 502.93	−1 511.79	−1 688.71	−1 518.67	−1 702.8
2.供热	−93.29	−183.87	−202.42	−326.65	−329.25	−397.6
3.洗选煤	−127.53	−471.66	−456.14	−482.18	−491.64	−537.8
4.炼焦	−14.54	−35.71	−27.00	−69.03	−72.63	−9.4
5.炼油	−91.38	−1.75	−214.47	−182.20	−559.40	−111.2
6.制气	0.25	−12.09	−10.49	−25.48	−2.18	−58.9
三、损失量	92.64	101.70	99.96	105.50	102.50	103.5
#运输和输配损失	89.47	96.87	95.15	100.95	98.10	101.5
四、终端消费量	7 804.11	6 549.46	6 347.63	7 260.68	7 280.69	7 412.3
(一)第一产业	123.65	145.74	149.31	144.19	149.02	146.7
(二)第二产业	6 279.03	5 196.88	4 966.30	5 685.53	5 468.32	5 574.9
工业	6 231.99	5 129.16	4 899.05	5 616.97	5 397.30	5 503.1
建筑业	47.04	67.72	67.23	68.58	71.00	71.9
(三)第三产业	562.52	553.71	565.82	744.23	964.03	963.5
交通运输、仓储及邮电通讯业	249.47	298.17	296.89	437.37	652.96	640.1
批发和零售贸易业、餐饮业	66.26	53.33	57.47	62.31	65.64	69.5
其他	246.80	202.20	211.43	244.55	245.43	253.8
(四)生活消费	838.87	653.14	666.23	686.72	699.33	727.2
城镇	665.16	527.69	523.54	531.39	554.41	583.8
乡村	173.71	125.44	142.59	155.33	144.93	143.5
五、平衡差额	—	—	—	—	—	—

注:电、热按当量值计算。

主要统计指标解释

能源生产总量 指一定时期内全省一次能源生产量的总和,是观察全省能源生产水平、规模、构成和发展速度的总量指标。一次能源生产量包括原煤、原油、天然气、水电及其他动力能(如风能、地热能等)发电量。不包括低热值燃料生产量、生物质能、太阳能等的利用和由一次能源加工转换而成的二次能源产量。

能源消费总量 指一定时期内全省物质生产部门、非物质生产部门和生活消费的各种能源的总和,是观察能源消费水平、构成和增长速度的总量指标,能源消费总量包括原煤和原油及其制品、天然气、电力。不包括低热值燃料、生物质能和太阳能等的利用。能源消费总量分为三部分,即终端能源消费量、能源加工转换损失量和损失量。

(1)终端能源消费量 指一定时期内全省物质生产部门、非物质生产部门和生活消费的各种能源在扣除了用于加工转换二次能源消费量和损失量以后的数量。

(2)能源加工转换损失量 指一定时期内全省投入加工转换的各种能源数量之和与产出各种能源产品之和的差额。它是观察能源在加工转换过程中损失量变化的指标。

(3)能源损失量 指一定时期内能源在输送、分配、储存过程中发生的损失和由客观原因造成的各种损失量。不包括各种气体能源放空、放散量。

能源生产弹性系数 是研究能源生产量的增长与国民经济增长之间关系的指标。计算公式:

$$能源生产弹性系数=\frac{能源生产总量年平均增长速度}{国民经济年平均增长速度}$$

国民经济年平均增长速度,可根据不同的目的或需要,用国内生产总值等指标来计算,本资料是采用国内生产总值指标计算的。

电力生产弹性系数 是研究电力生产量的增长与国民经济增长之间关系的指标。一般来说,电力的发展应当快于国民经济的发展,也就是说电力应超前发展。计算公式:

$$电力生产弹性系数=\frac{电力生产量年平均增长速度}{国民经济年平均增长速度}$$

能源消费弹性系数 是反映能源消费增长速度与国民经济增长速度之间的比例关系的指标。计算公式:

$$能源消费弹性系数=\frac{能源消费量年平均增长速度}{国民经济年平均增长速度}$$

电力消费弹性系数 是反映电力消费增长速度与国民经济增长速度之间比例关系的指标。计算公式:

$$电力消费弹性系数=\frac{电力消费量年平均增长速度}{国民经济年平均增长速度}$$

能源加工转换效率 指一定时期内能源经过加工转换后,产出的各种能源产品的数量与同期内投入加工转换的各种能源数量的比率。它是观察能源加工转换装置和生产工艺先进与落后、管理水平高低等的重要指标。计算公式:

$$能源加工转换效率=\frac{加工转换产出量}{加工转换投入量}\times 100\%$$

第八篇

财政

8

CAIZHENG

8—1 地区财政收入

单位:亿元

年份	地区财政收入合计	预算内收入	中央	地方	预算外收入	中央	地方
1981	149.4	100.1	20.6	79.5	49.3	9.6	39.7
1982	158.0	99.8	19.9	79.9	58.2	15.7	42.5
1983	187.8	117.1	49.2	67.9	70.7	20.7	50.0
1984	217.7	130.1	53.0	77.1	87.6	27.0	60.6
1985	292.2	166.0	80.8	85.2	126.2	37.3	88.9
1986	312.8	176.5	77.6	98.9	136.3	34.6	101.7
1987	341.9	189.1	81.1	108.0	152.8	45.8	107.0
1988	371.7	198.5	82.6	115.9	173.2	53.3	119.9
1989	416.3	228.0	94.1	133.9	188.3	62.2	126.1
1990	409.7	207.3	78.0	129.3	202.4	65.1	137.3
1991	508.6	273.9	112.4	161.5	234.7	90.2	144.5
1992	542.6	252.4	100.8	151.6	290.2	136.8	153.4
1993	411.0	316.5	102.8	213.7	94.5	6.8	87.7
1994	507.0	400.0	246.3	153.7	107.0	8.3	98.7
1995	585.1	453.6	269.2	184.4	131.5	11.5	120.0
1996	668.9	520.8	309.1	211.7	148.1	7.6	140.5
1997	706.0	580.8	352.6	228.2	125.2	8.6	116.6
1998	779.0	647.4	382.8	264.6	131.6	13.1	118.5
1999	825.2	677.1	397.5	279.6	148.1	18.5	129.6
2000	930.1	758.8	463.2	295.6	171.3	15.6	155.7
2001	1 058.0	864.3	493.9	370.4	193.7	22.6	171.1
2002	1 101.2	896.5	496.8	399.7	204.7	20.5	184.2

注:中央预算内收入为中央金库收入,1994年以前不含地方财政上缴收入,1994年开始为分税制收入口径。

8—2 地方财政收入情况

单位:亿元

年份	地方财政收入合计	各项税收	国有资产经营收益	国有企业计划亏补	其他各项收入
1980	86.9	41.6	43.3	—	2.0
1981	79.5	42.4	37.0	—	0.1
1982	79.9	46.2	31.2	—	2.5
1983	67.9	64.7	1.7	—	1.5
1984	77.1	75.0	0.7	—	1.4
1985	85.2	102.3	1.4	−20.2	1.7
1986	98.9	107.1	1.4	−13.3	3.7
1987	108.0	115.5	1.4	−14.8	5.9
1988	115.9	128.4	1.7	−24.9	10.7
1989	133.9	145.6	1.6	−29.7	16.4
1990	129.3	140.3	2.0	−31.0	18.0
1991	161.5	155.7	1.6	−30.2	34.4
1992	151.6	158.6	1.5	−24.5	16.0
1993	213.7	220.0	1.9	−24.8	16.6
1994	153.7	147.5	0.8	−17.3	22.7
1995	184.4	174.0	0.6	−18.0	27.8
1996	211.7	195.8	0.7	−17.1	32.3
1997	228.2	215.1	1.0	−16.6	28.7
1998	264.6	233.5	2.6	−13.1	41.6
1999	279.6	247.5	2.5	−11.2	40.8
2000	295.6	266.4	3.7	−9.7	35.2
2001	370.4	320.0	3.5	−4.7	51.6
2002	399.7	333.0	6.7	−3.5	63.5

注:1.本表财政收入为当年财政决算数据。

2.各项税收1983年利改税以后含企业所得税,1994年以后为新税制收入。

3.国有资产经营收益1998年以前指国企上缴利润,1983年前含企业上缴的基本折旧。

4.其他各项收入指行政性收费、罚没收入、海域场地矿区使用费收入、专项收入和其他各项收入。

8—3 地区各项税收及附加收入

单位:亿元

税种分类	1994年	1995年	1996年	1997年	1998年	1999年	2000年	2001年	2002年
收入合计	**314.00**	**351.75**	**386.17**	**445.07**	**476.12**	**511.96**	**594.19**	**710.86**	**751.32**
一、税收合计	**305.74**	**345.02**	**379.03**	**438.40**	**469.69**	**503.24**	**583.64**	**698.77**	**737.20**
1.增值税	159.70	165.81	174.53	203.30	210.08	219.55	257.06	291.03	310.69
#国内增值税	163.86	171.67	187.29	195.18	203.36	209.09	232.95	270.01	299.92
2.消费税	21.16	19.47	24.59	30.01	37.10	36.98	35.72	45.67	43.36
#国内消费税	21.88	21.23	25.65	29.43	36.36	37.47	36.17	43.98	41.35
3.营业税	41.55	47.94	56.16	68.57	78.74	81.19	89.77	94.41	109.67
4.个人所得税	3.90	8.28	12.30	14.94	17.55	20.34	31.23	46.11	56.71
5.外商外国企业所得税	1.48	2.26	2.82	4.42	5.29	7.53	12.17	15.40	20.15
6.企业所得税	29.28	34.03	33.92	35.78	33.87	40.04	51.24	82.00	64.58
7.资源税	7.03	8.47	8.46	8.12	8.21	8.27	8.12	8.70	6.59
8.投资方向调节税	4.01	5.30	7.76	8.39	9.93	10.71	2.81	0.92	0.29
9.城市维护建设税	12.38	14.58	15.33	16.63	17.68	16.45	17.62	19.26	22.24
10.房产税	4.24	6.09	7.51	9.39	11.57	12.94	14.28	15.79	19.03
11.印花税	1.43	1.50	1.70	1.98	2.25	2.48	2.72	3.45	3.78
12.城镇土地使用税	3.41	3.71	3.50	3.71	4.06	4.44	6.07	6.55	7.05
13.土地增值税	—	0.04	0.14	0.20	0.27	0.34	0.55	0.58	1.68
14.车船使用税	0.68	0.82	0.87	0.96	1.01	0.97	0.97	1.07	1.14
15.屠宰税	0.07	0.09	0.22	0.31	0.38	0.59	0.58	0.54	0.46
16.筵席税	—	0.01	0.01	0.01	0.01	0.02	0.01	—	—
17.农业税	—	3.12	5.38	5.10	5.52	4.41	3.68	3.68	4.63
18.农业特产税	—	2.12	2.59	3.17	3.05	3.13	3.34	2.91	3.29
19.耕地占用税	—	1.50	0.90	0.85	1.12	1.07	1.01	0.81	0.96
20.契税	—	0.94	1.06	1.45	3.90	4.89	6.89	8.31	11.48
21.车辆购置税	—	—	—	—	—	—	—	10.18	13.02
22.关税	13.40	15.10	15.40	18.10	18.10	26.90	37.80	41.40	36.40
23.专项调节税	0.02	—	—	—	—	—	—	—	—
24.税款滞纳金、罚款收入	2.00	3.84	3.88	3.01	—	—	—	—	—
二、其他收入	**8.26**	**6.73**	**7.14**	**6.67**	**6.43**	**8.72**	**10.55**	**12.09**	**14.12**
1.教育费附加	4.66	5.64	6.72	6.61	5.98	7.30	7.87	8.70	10.01
2.文化事业建设费	—	—	—	0.05	0.35	0.46	0.54	0.58	0.70
3.地方教育费收入	—	—	—	—	—	0.87	1.72	1.95	2.58
4.矿区使用费	—	—	—	—	—	0.09	0.33	0.35	0.26
5.罚没收入	—	—	—	—	—	—	0.04	0.08	0.10
6.其他收入	3.60	1.09	0.42	0.01	0.10	…	0.05	0.43	0.47

注:(1)本表按1994年新税制改革以来的地区实际税收收入整理。

(2)增值税和消费税含海关代征,不含出口退税绝对值;国内增值税和国内消费税不含海关代征,含出口退税绝对值。

8—4 地方财政支出情况

单位:亿元

年份	支出合计	#基本建设	#企业挖潜改造	#科技三项费用	#支援农业	#科技文卫事业费	#工交商事业费	#流动资金	#城市维护费	#抚恤和社会救济	#行政管理费
1952	3.6	1.7			0.2	1.0				0.1	0.6
1957	4.1	0.9			0.4	1.6				0.1	1.0
1965	9.7	2.8			1.4	2.5			0.9	0.3	1.2
1970	13.8	5.7		0.7	0.6	2.6	0.1	0.9	0.5	0.3	1.2
1975	26.7	8.9		0.7	2.0	4.3	0.5	2.4	1.0	1.9	2.0
1978	31.3	8.4	2.3	0.7	3.0	5.3	0.4	3.2	0.8	1.3	2.4
1979	34.6	7.2	4.7	0.6	3.3	5.6	0.5	2.9	2.9	0.8	2.6
1980	34.1	5.9	6.6	0.4	3.2	6.6	0.5	2.0	2.8	0.7	2.9
1981	26.7	3.4	3.2	0.3	2.8	6.9	0.5	1.0	2.7	0.9	2.8
1982	30.7	4.2	2.0	0.4	3.5	8.5	0.6	1.0	3.6	1.1	3.1
1983	34.2	4.8	2.0	0.7	1.8	9.6	0.7	0.5	4.4	1.2	3.9
1984	39.3	7.0	2.4	0.8	3.6	10.8	0.8		4.9	1.2	4.7
1985	56.9	12.4	1.3	0.7	4.9	14.0	1.3	0.5	4.7	1.9	5.0
1986	75.5	14.1	0.9	0.8	5.9	16.6	1.5	0.5	5.7	2.2	6.0
1987	80.4	10.7	0.9	0.7	5.6	16.9	1.1	0.4	7.0	1.9	6.3
1988	95.2	9.4	1.5	0.8	6.3	20.8	1.3	0.4	8.9	2.0	6.3
1989	114.3	9.0	2.0	1.0	8.2	24.8	1.6	0.5	10.4	2.4	7.8
1990	122.2	8.5	2.6	1.3	8.4	27.1	1.7	0.3	10.3	2.7	9.4
1991	151.5	10.6	5.1	1.5	9.8	30.4	1.9	0.1	9.4	2.8	10.6
1992	148.5	11.1	14.8	2.0	11.6	34.2	2.3	0.2	10.7	3.1	12.5
1993	181.1	11.8	26.9	2.0	13.8	38.7	2.5	0.4	16.7	3.5	14.1
1994	223.6	17.1	30.0	2.8	15.6	50.8	3.4	0.1	21.2	4.8	17.3
1995	273.8	24.5	36.7	3.5	17.1	58.4	3.8	0.2	20.2	7.1	19.6
1996	314.8	29.7	36.0	4.6	19.2	62.8	4.8	0	22.6	6.6	27.1
1997	340.6	39.0	40.6	5.1	21.0	69.8	5.8	0	25.9	7.9	22.9
1998	390.3	46.9	36.1	6.3	21.9	77.3	4.1	0	26.5	7.6	24.5
1999	457.9	46.4	35.6	7.6	22.2	84.0	4.8	0	28.7	10.9	27.1
2000	518.1	52.9	26.4	9.7	24.0	96.4	5.0	0	31.0	14.5	31.0
2001	635.4	65.6	26.4	11.8	26.8	107.3	5.8	0	39.0	18.3	45.9
2002	690.9	63.8	14.2	14.7	32.5	122.9	8.1	0	41.3	23.0	53.3

注:本表为当年财政口径,支援农业含农林水气部门事业费。

8—5 各地区地方财政一般预算收入

(2002 年)

单位:万元

地区	收入合计	增值税	营业税	个人所得税	城市维护建设税	农业五税	企业收入	其他各项收入
沈阳	889 867	138 751	267 568	71 808	42 157	48 269	124 720	196 594
大连	987 573	190 082	333 077	85 774	44 570	48 792	107 464	177 814
鞍山	293 310	28 117	62 987	13 943	24 018	14 683	65 153	84 409
抚顺	146 073	24 434	29 962	7 122	17 155	8 745	13 365	45 290
本溪	131 794	26 222	22 065	5 697	12 690	4 842	14 170	46 108
丹东	116 740	19 802	29 758	5 279	6 130	13 014	10 025	32 732
锦州	140 117	15 520	45 354	5 308	10 835	15 901	13 396	33 803
营口	111 883	21 870	29 423	6 267	8 017	7 244	16 130	22 932
阜新	52 198	9 165	15 281	2 409	4 088	4 490	3 682	13 083
辽阳	111 808	14 190	20 982	5 620	8 842	8 526	12 257	41 391
盘锦	138 891	13 623	34 279	7 352	18 414	5 631	19 289	40 303
铁岭	88 054	16 295	22 034	4 114	5 134	10 850	7 757	21 870
朝阳	61 575	14 237	14 818	3 154	4 499	4 369	3 407	17 091
葫芦岛	113 208	11 120	32 046	4 327	11 640	8 430	11 765	33 880

8—6 各地区地方财政一般预算支出

（2002 年）　　单位:万元

地区	支出合计	基本建设支出	支援农村生产支出	农林水气事业费	教育事业费	社会保障补助支出	行政管理费	公检法司支出	其他各项支出
沈阳	1 156 136	32 725	24 113	19 029	160 676	237 516	65 118	111 112	505 847
大连	1 311 290	261 997	31 622	10 379	118 870	143 473	78 141	62 389	604 419
鞍山	465 189	17 059	15 614	8 382	58 605	87 055	42 159	34 078	202 237
抚顺	307 497	15 007	6 644	5 117	40 770	76 861	23 161	19 229	120 708
本溪	244 489	19 681	4 436	5 094	39 037	49 673	25 121	21 453	79 994
丹东	265 981	14 570	3 781	8 097	46 127	78 573	21 765	18 073	74 995
锦州	271 673	13 646	6 577	7 684	35 981	51 297	27 495	19 399	109 594
营口	224 456	13 149	2 377	4 793	28 699	50 592	23 040	15 162	86 644
阜新	204 747	39 749	7 134	3 644	24 556	29 191	18 289	11 119	71 065
辽阳	205 103	12 317	3 937	4 837	28 467	31 544	22 437	13 532	85 032
盘锦	187 380	12 761	4 473	9 766	14 899	16 939	14 004	12 215	102 323
铁岭	210 236	6 935	6 001	6 607	30 030	39 971	27 891	16 283	76 518
朝阳	255 169	19 100	6 322	8 441	38 695	50 845	26 611	12 580	92 575
葫芦岛	226 406	10 112	7 001	5 908	31 140	35 268	25 077	17 098	94 802

8—7 全省财政用于教育的支出

单位:万元

年份	合计	教育事业费	教育基建投资	各部门事业费中用于教育的支出	教育费附加支出	农林水气等部门用于教育支出
1980	45 837	40 235	2 932	1 947		723
1981	48 662	42 226	2 720	2 617		1 099
1982	57 236	49 757	3 311	2 904		1 264
1983	64 966	55 770	4 360	3 370		1 466
1984	73 961	61 431	6 658	4 206		1 666
1985	102 450	79 152	12 449	9 010		1 839
1986	123 383	92 596	13 703	11 500	3 392	2 192
1987	124 532	94 131	9 387	10 610	8 251	2 153
1988	155 617	119 062	8 801	13 089	11 887	2 778
1989	194 395	143 139	9 710	15 600	22 923	3 023
1990	201 077	158 297	7 996	17 127	14 408	3 249
1991	229 033	174 005	8 010	19 670	23 560	3 788
1992	254 712	197 994	4 538	22 280	25 500	4 400
1993	305 120	231 281	14 933	23 789	30 162	4 955
1994	398 399	311 079	11 147	22 777	46 576	6 820
1995	439 517	336 291	13 207	25 015	53 855	8 494
1996	496 190	385 138	15 288	32 755	53 840	9 169
1997	546 883	423 700	11 777	35 891	65 114	10 401
1998	562 771	489 366	9 627	4 148	56 172	3 458
1999	642 559	555 847	22 798	4 947	56 027	2 940
2000	760 719	659 091	35 715	2 564	59 544	2 805
2001	855 043	749 956	31 355	3 319	66 636	3 777
2002	991 450	874 294	30 224	5 414	77 870	3 648

8—8 全省财政用于农业的支出

单位:万元

年份	农业支出	支援农业生产支出和各项农业事业费	基本建设支出	流动资金	科技三项费用	其他	农业支出占财政支出%
1980	49 273	32 435	12 920	3 330	434	154	14.4
1981	36 485	27 695	7 218	1 037	368	167	13.5
1982	43 777	35 041	7 206	965	455	110	14.3
1983	46 815	36 064	9 111	846	653	141	13.7
1984	45 749	36 186	8 662		563	338	11.7
1985	59 623	48 648	10 192		560	223	10.5
1986	73 276	59 059	13 325		673	219	9.7
1987	67 542	56 330	10 479		635	98	8.5
1988	76 238	62 696	12 804		514	224	8.0
1989	100 914	82 601	17 100		840	373	8.8
1990	100 709	83 618	15 576		1 243	272	8.3
1991	116 623	98 038	17 056		1 174	355	7.7
1992	120 690	106 965	10 872		1 966	887	8.1
1993	152 377	138 435	10 584		2 090	1 268	8.4
1994	180 595	155 684	14 442		3 571	6 898	8.1
1995	243 233	189 745	45 569		3 255	4 664	8.9
1996	289 945	218 325	48 701		4 171	18 748	9.2
1997	302 667	238 112	55 604		4 397	4 554	8.9
1998	317 620	254 106	56 168		4 678	2 668	8.1
1999	345 500	262 569	75 388		5 740	1 803	7.6
2000	398 058	283 058	106 793		6 975	1 232	7.7
2001	468 602	329 725	128 993		9 365	519	7.4
2002	500 215	388 203	99 710		11 996	306	7.2

8—9 全省财政用于抚恤和社会福利支出

单位:万元

年份	合计	#抚恤支出	#社会福利救济费	#农村社会救济费	#自然灾害救济费
1980	7 332	3 469	2 719	1 153	1 144
1981	7 384	1 551	2 783	1 122	3 050
1982	9 279	1 887	3 508	1 408	3 884
1983	9 480	2 298	4 490	1 625	2 692
1984	9 248	2 525	5 368	1 535	1 355
1985	14 338	2 967	5 287	1 550	6 084
1986	16 701	3 318	5 566	1 462	7 817
1987	12 795	3 573	5 689	1 181	3 533
1988	12 624	4 247	6 343	1 261	2 034
1989	14 747	5 276	6 496	1 188	2 975
1990	17 750	6 646	7 115	1 122	3 989
1991	17 202	6 615	7 678	1 180	2 909
1992	17 999	6 856	8 284	1 309	2 859
1993	19 780	7 478	9 458	1 380	2 844
1994	26 606	9 131	11 898	1 713	5 577
1995	48 079	10 743	15 636	1 766	21 700
1996	46 281	13 346	21 850	2 005	11 085
1997	79 478	14 153	32 842	2 410	9 546
1998	76 079	15 073	22 850	2 314	9 082
1999	109 080	18 075	49 323	2 712	7 247
2000	145 394	21 849	67 188	4 612	12 725
2001	183 113	30 241	90 011	6 800	14 915
2002	230 259	34 212	125 676	4 783	7 905

8—10 财政价格补贴

单位:万元

年份	合计	粮棉油价格补贴	调整肉价增加补贴	其他价格补贴
1985	48 312	22 752	25 560	0
1986	149 657	79 328	35 880	34 449
1987	185 677	106 027	42 467	37 183
1988	210 306	117 516	52 076	40 714
1989	254 734	141 381	49 973	63 380
1990	250 324	144 607	50 298	55 419
1991	252 141	151 158	51 726	49 257
1992	163 471	103 145	32 806	27 520
1993	65 144	11 921	30 857	22 366
1994	97 064	56 270	23 779	17 015
1995	89 193	52 709	18 857	17 627
1996	170 862	133 048	17 924	19 890
1997	148 847	129 660	16 200	2 987
1998	149 701	104 490	12 335	32 876
1999	240 957	159 646	11 840	69 471
2000	247 882	129 369	12 275	106 238
2001	274 884	163 884	5 747	105 253
2002	238 637	144 038	5 413	89 186

主要统计指标解释

财政总收入 是国家通过财政各个环节筹集的财政资金的总称，它是保证国家行使其职能不可缺少的财力。主要包括：各项税收、企业收入、债务收入及其他收入。

(1)**各项税收** 是国家按法律规定对经济单位和个人无偿征收的实物和货币，是财政收入的主要来源。我国现行的税收主要有工商税收，包括产品税、增值税、营业税、所得税、城市维护建设税、房产税、车船使用税、资源税、印花税、建筑税、盐税、烧油特别税等；关税，包括关税和进口调节税；农牧业税和耕地占用税；国有企业所得税；国有企业调节税。

(2)**企业收入** 包括各部门所属国有企业及事业单位上交国家的利润和事业收入。1985年实行国有企业第二步利改税办法，企业利润主要以税收形式上交后，只有尚未实行利改税办法的企业和少数实行利润包干企业上交的收入。

(3)**债务收入** 包括国外借款，国内公债收入、国库券收入以及专业银行购买财政专项债券等。

(4)**其他收入** 包括专款收入、基本建设贷款归还收入、国家能源交通重点建设基金收入等。

财政总支出 是国家政权为行使其职能，对筹集的财政资金进行有计划的分配使用的总称。财政支出，体现政府的活动范围和方向，反映财政资金的分配关系。财政支出主要包括基本建设支出、增拨企业流动资金、企业挖潜改造资金、新产品试制费、地质勘探费、工交商部门事业费、支援农村生产支出和各项农业事业费、文教科学卫生事业费、抚恤和社会救济费、国防费、行政管理费及债务支出。

(1)**基本建设支出** 是指国家预算内的基本建设拨款，不包括国家预算外自筹的各种基本建设资金。为加强基本建设投资规模的控制，提高这部分财政资金的使用效益，从1985年起，对预算内基本建设拨款实行拨款改贷款的新管理办法，即由原来直接无偿的拨给建设单位，改为拨给建设银行视同信贷基金管理，建设银行根据国家预算安排的基建项目，给予有偿贷款，用投产后新增利润还本付息。从1988年起，为了进一步提高投资效益，使投资活动的管理符合发展市场经济的要求，并保证重点建设有稳定的资金来源，国家建立了中央基本建设基金制，实行专款专用，每年在国家预算内列收列支。基本建设基金分为经营性的和非经营性的两部分。各专业投资公司对经营性建设项目执行基本建设基金贷款，各主管部门对非经营性建设项目执行基本建设基金拨款。

(2)**增拨企业流动资金** 是指国家预算增拨各部门所属国有企业的流动资金和增拨银行的信贷资金。

(3)**企业挖潜改造资金** 是指国家预算安排用于企业挖潜、革新、改造方面的资金。企业用挖潜、革新、改造方面的资金，主要来自企业的更新改造资金、大修理基金等自有资金及银行贷款，国家预算安排的挖潜、革新、改造资金主要用于支持重点行业的技术改造。

(4)**文教、科学、卫生事业费** 是指国家预算用于科学、文化、教育、卫生、公费医疗、体育、通讯和广播、地震、海洋、文物、计划生育等方面的事业费。

中央财政和地方财政 财政是国家为了实现其职能，凭借政治权力，对一部分社会产品进行分配和再分配的经济活动。中央财政和地方财政，是指财政体制上划分中央政府和地方政府以及地方各级政府之间财政管理权限的一项根本制度，它是经济管理体制的重要组成部分，它在财政管理体制中居于主导地位。它具体规定了各级政府筹集资金、支配使用资金的权力、范围和责任，使各级政府在财政管理上有责有权。这对于正确处理中央和地方之间，以及地方各级之间的分配关系，充分发挥各级政府的积极性，更好地完成国家财政收支任务，促进社会主义建设的发展有着极其重要的意义。中央财政收入和地方财政收入，是指中央和地方各级负责组织征收的收入，不是按财政体制计算的收入分成数。其收入中还包括了国外借款。

预算外资金 是指不纳入国家财政预算，由各地方、各部门、各企业、事业、行政单位，按国家规定范围自行筹集和使用的资金。它是国家财政预算内资金的补充财力。其收入来源，主要包括地方财政机关掌握使用的自筹资金，如工商税附加、农业税附加、城市公用事业附加等；事业行政单位自收自支和以收抵支未纳入预算管理的各项资金，如养路费、学杂费等。这些资金一般都有特定用途，主要是：基本建设或更新改造固定资产，增加流动资金，简易建设、大修理、科技三项费用，支付养路费、城市维护费，职工福利和奖励支出，补充事业、行政经费，上交财政能源交通重点建设基金、预算调节基金等。预算外资金的使用，也要纳入计划管理的轨道，不得擅自扩大使用范围。

国家财政用于农业的支出 指国家财政预算内资金安排用于农业和各项投资支出。包括：(1)对农垦、农业、畜牧、林业、农机管理、水利、水产、气象等部门和各项事业经费和基本建设、流动资金、科技三项费用等专项拨款；(2)支援农村集体(户)的各项生产支出，如小型农田水利和水土保持补助费、扶持农业经济困难的乡镇企业、农业生产队(组、户)改善生产基本条件的资金和农村开荒补助费、农村草场和畜禽保护补助费、农村造林和林木保护补助费、农村水产补助费、农业发展和发展粮食生产专项资金支出等；(3)农村社会救济费。

第九篇

物价

9

WUJIA

9—1 各种物价总指数

（上年＝100）　　单位：%

年份	商品零售价格总指数	居民消费价格总指数	城市居民消费价格总指数	农村居民消费价格总指数	农副产品收购价格总指数	农村工业品零售价格总指数	工农业商品综合比价指数（以农副产品收购价格总指数为100）
1980	105.9		104.4		108.6	101.2	93.2
1981	101.6		102.0		107.1	101.1	94.4
1982	101.2		101.4		98.7	101.0	102.3
1983	101.5		101.7		112.8	101.0	89.5
1984	103.9		103.6	102.1	97.4	104.0	106.8
1985	110.0	110.7	111.4	106.7	111.9	103.5	92.5
1986	106.0	106.7	107.0	105.0	107.7	103.2	95.8
1987	109.0	108.6	109.8	105.6	112.3	106.8	95.1
1988	119.3	119.3	119.6	115.9	114.9	115.6	100.6
1989	118.4	118.2	117.2	120.1	116.5	120.4	100.3
1990	102.7	103.3	103.1	104.1	99.8	106.6	106.8
1991	104.1	105.6	106.0	104.2	101.9	104.3	102.4
1992	106.0	106.7	108.1	102.3	101.7	103.0	101.3
1993	113.5	115.2	116.7	110.9	113.0	110.6	97.9
1994	120.6	124.3	126.1	120.9	138.1	115.5	83.6
1995	114.0	116.1	116.1	116.0	132.1	112.1	84.5
1996	105.4	107.9	108.2	106.8	103.7	106.3	102.5
1997	101.0	103.1	103.8	102.1	92.7	100.5	108.4
1998	97.6	99.3	99.8	98.7	96.7	97.1	100.4
1999	96.1	98.6	98.7	98.3	90.3	96.5	106.9
2000	98.4	99.9	100.0	99.7	95.4	98.5	103.2
2001	99.4	100.0	99.9	100.2	102.0		
2002	97.4	98.9	98.9	98.7			

9—2 各种物价总指数

（1978年＝100）　　单位：%

年份	商品零售价格总指数	城市居民消费价格总指数	农副产品收购价格总指数	农村工业品零售价格总指数	工农业商品综合比价指数（以农副产品收购价格总指数为100）
1979	101.4	101.7	117.6	100.2	85.2
1980	105.4	106.2	129.0	101.4	78.6
1981	108.8	112.3	138.4	102.5	74.2
1982	110.1	113.9	136.4	103.5	75.9
1983	111.8	115.8	153.8	104.5	67.9
1984	116.2	120.0	149.8	108.7	72.6
1985	127.8	133.7	167.6	112.5	67.1
1986	135.5	143.1	180.5	116.1	64.1
1987	147.7	157.1	202.7	124.0	61.0
1988	176.2	187.9	232.9	143.3	61.4
1989	208.6	220.2	271.3	172.5	63.4
1990	214.3	227.0	270.8	183.9	67.8
1991	223.0	240.6	275.9	191.4	69.4
1992	236.4	260.1	280.6	197.1	70.2
1993	268.3	303.6	317.1	217.8	68.7
1994	323.6	382.8	437.9	251.6	57.5
1995	368.9	444.4	578.5	282.0	48.7
1996	388.8	480.8	599.9	299.8	49.8
1997	392.7	499.1	556.1	301.3	53.9
1998	383.3	498.1	537.7	292.6	54.1
1999	368.4	491.6	487.8	282.4	58.0
2000	362.5	491.6	465.4	278.2	59.9
2001	360.3	491.1	474.7		
2002	350.9	485.7			

9—3 居民消费价格指数

(2002年,上年=100) 单位:%

项目	全省	城市	农村	项目	全省	城市	农村
总指数	**98.9**	**98.9**	**98.7**	2.衣着材料	98.6	99.2	97.4
一、食品	**97.9**	**97.9**	**97.6**	3.鞋袜帽	100.2	100.8	98.3
1.粮食	96.8	96.8	96.7	4.衣着加工服务费	103.0	104.3	99.9
2.淀粉及薯类	97.9	98.8	91.4	**四、家庭设备及用品及维修费**	**97.4**	**96.9**	**99.4**
3.干豆类及豆制品	97.7	97.6	98.3	1.耐用消费品	95.1	94.8	97.6
4.油脂类	105.1	105.7	103.7	2.室内装饰品	96.7	93.6	100.5
5.肉禽及其制品	98.4	98.2	99.2	3.床上用品	100.9	101.0	100.2
6.蛋类	101.4	101.1	102.8	4.家庭日用杂品	99.5	99.5	99.7
7.水产品类	96.0	95.8	97.6	5.家庭服务及维修费	96.3	95.6	102.5
8.菜类	88.8	88.7	89.9	**五、医疗保健和个人用品**	**96.6**	**96.3**	**97.6**
#鲜菜	87.7	87.9	84.6	1.医疗保健	95.2	94.7	97.0
干菜	98.5	99.3	97.8	2.个人用品及服务费	99.8	100.3	98.7
9.调味品	101.7	102.1	101.1	**六、交通和通讯**	**98.8**	**98.5**	**99.8**
10.糖类	99.0	100.1	93.1	1.交通	101.1	101.3	100.8
11.茶及饮料	99.1	99.2	98.1	2.通信	97.4	97.1	99.1
12.干鲜瓜果类	104.1	105.4	94.4				
13.糕点饼干类	99.1	99.4	96.1	**七、娱乐教育文化用品及服务**	**102.6**	**103.3**	**100.4**
14.奶及奶制品	98.7	98.6	99.7	1.文娱用耐用消费品及服务	89.6	89.0	91.0
15.在外用膳食品	100.5	101.0	98.2	2.教育	106.8	108.4	102.4
16.其他食品及加工服务费	99.3	99.9	98.6	3.文化娱乐用品	101.9	102.1	100.7
二、烟酒及用品	**100.5**	**100.9**	**99.5**	4.旅游	97.0	96.9	100.5
1.烟草	100.3	100.5	99.4	**八、居住**	**99.5**	**99.5**	**99.7**
2.酒	100.8	101.3	99.8	1.建房及装修材料	98.8	99.1	98.4
3.吸烟、饮酒用品	99.1	100.7	96.8	2.租房	103.5	102.7	119.2
三、衣着类	**98.1**	**98.3**	**97.5**	3.自有住房	94.2	93.6	97.5
1.服装	97.0	97.1	97.1	4.水、电、燃料	101.8	101.7	102.2

9—4 居民消费价格指数

（2002年,2000年平均价格＝100）　　单位:%

项目	全省	城市	农村	项目	全省	城市	农村
总指数	**100.2**	**100.2**	**100.1**	2.衣着材料	98.4	97.7	101.9
一、食品	**104.2**	**104.8**	**101.3**	3.鞋袜帽	98.7	99.1	97.5
1.粮食	96.4	97.0	95.2	4.衣着加工服务费	103.3	106.0	97.9
2.淀粉及薯类	94.1	96.8	76.2	**四、家庭设备及用品及维修费**	**92.8**	**91.4**	**99.5**
3.干豆类及豆制品	101.3	101.5	100.7	1.耐用消费品	88.1	87.1	96.6
4.油脂类	111.8	110.0	115.9	2.室内装饰品	94.3	89.2	100.3
5.肉禽及其制品	109.3	109.5	108.1	3.床上用品	99.6	99.4	100.9
6.蛋类	104.2	104.5	103.0	4.家庭日用杂品	96.3	95.2	100.0
7.水产品类	95.3	94.8	99.4	5.家庭服务及维修费	95.2	94.1	104.6
8.菜类	116.7	118.8	100.4	**五、医疗保健和个人用品**	**88.4**	**86.9**	**93.0**
♯鲜菜	118.2	119.7	101.1	1.医疗保健	84.7	83.0	90.6
干菜	103.8	107.9	99.1	2.个人用品及服务费	97.7	98.0	97.1
9.调味品	109.1	109.9	107.2	**六、交通和通讯**	**97.8**	**96.5**	**102.5**
10.糖类	106.0	108.1	94.8	1.交通	104.1	104.2	103.8
11.茶及饮料	96.1	96.2	95.3	2.通信	93.7	92.3	102.1
12.干鲜瓜果类	100.2	99.5	105.6				
13.糕点饼干类	97.9	98.3	93.8	**七、娱乐教育文化用品及服务**	**103.3**	**104.4**	**99.9**
14.奶及奶制品	97.5	97.5	97.4	1.文娱用耐用消费品及服务	75.8	74.0	81.3
15.在外用膳食品	100.1	100.8	96.6	2.教育	112.9	116.2	104.3
16.其他食品及加工服务费	97.2	98.8	95.0	3.文化娱乐用品	103.8	104.5	99.8
二、烟酒及用品	**98.4**	**98.4**	**98.5**	4.旅游	91.2	90.9	97.9
1.烟草	95.3	95.2	95.5	**八、居住**	**103.0**	**103.1**	**102.6**
2.酒	102.4	102.6	102.1	1.建房及装修材料	96.4	94.9	98.2
3.吸烟、饮酒用品	97.4	100.8	92.3	2.租房	116.2	115.6	124.7
三、衣着类	**96.3**	**95.6**	**100.3**	3.自有住房	93.0	92.1	97.2
1.服装	95.0	93.9	102.1	4.水、电、燃料	109.0	108.3	111.6

9—5 各市居民消费价格分类指数

(2002年,上年=100) 单位:%

市名称	居民消费价格指数	食品	#粮食	#油脂	#肉禽及其制品	#蛋类	#水产品	#菜类	#茶和饮料
全省	**98.9**	**97.9**	**96.8**	**105.1**	**98.4**	**101.4**	**96.0**	**88.8**	**99.1**
沈阳	100.4	97.3	95.6	103.3	97.9	99.1	96.4	82.7	98.4
大连	98.0	98.8	99.3	102.4	97.6	101.7	96.0	90.5	99.3
鞍山	99.2	97.1	95.9	109.5	99.0	102.9	98.2	88.8	102.8
抚顺	96.2	96.7	94.3	106.2	99.3	103.3	92.8	84.8	98.3
本溪	99.2	99.1	96.8	109.0	97.9	103.4	103.4	95.3	97.3
丹东	98.5	98.8	97.9	101.2	98.3	96.5	111.5	93.3	98.3
锦州	97.0	99.1	98.4	103.5	102.5	100.4	92.2	97.2	98.5
营口	100.0	100.0	101.5	108.6	99.5	102.6	100.5	94.3	102.1
阜新	97.7	98.6	97.6	108.4	98.8	102.3	95.0	92.2	101.6
辽阳	100.1	99.1	98.1	112.3	97.4	101.6	94.2	93.3	104.3
盘锦	98.8	97.9	94.1	105.9	97.8	101.5	88.1	87.8	99.5
铁岭	99.9	100.8	94.5	103.7	101.2	99.9	99.0	99.6	99.4
朝阳	99.4	100.3	99.6	104.5	100.8	108.9	95.7	98.5	96.5
葫芦岛	96.3	95.2	98.4	106.4	92.3	104.7	85.9	89.8	92.6

9-5续表 (2002年,上年=100) 单位:%

市名称	食品		烟酒及用品	衣着	家庭设备及服务	医疗保健个人用品	交通和通讯	娱乐教育文化用品	居住
	#干鲜瓜果	#奶及奶制品							
全省	**104.1**	**98.7**	**100.5**	**98.1**	**97.4**	**96.6**	**98.8**	**102.6**	**99.5**
沈阳	106.5	98.1	102.8	101.7	97.1	97.3	98.0	109.3	99.3
大连	111.8	98.0	100.5	93.7	95.7	98.6	99.9	95.5	99.4
鞍山	96.7	96.9	100.1	103.7	99.4	95.3	98.0	103.5	99.2
抚顺	100.1	98.6	99.9	96.9	93.8	86.5	97.5	98.9	98.9
本溪	107.7	103.8	95.5	95.6	100.0	102.8	99.1	99.5	101.5
丹东	95.4	97.3	98.8	92.0	97.7	100.9	99.3	102.6	98.1
锦州	101.3	99.2	98.4	86.8	91.7	95.6	98.0	100.2	100.9
营口	99.2	101.9	104.3	94.4	97.9	101.0	99.8	100.5	103.4
阜新	105.6	99.6	100.9	91.0	96.2	96.1	98.7	99.1	99.8
辽阳	109.8	100.1	100.2	101.9	100.0	97.1	99.3	100.7	102.8
盘锦	114.6	103.3	98.8	98.7	94.4	95.8	97.6	105.4	99.8
铁岭	107.7	100.1	100.8	95.9	97.2	98.0	98.5	102.3	101.3
朝阳	108.2	100.4	98.6	95.6	96.7	94.0	99.4	100.0	105.3
葫芦岛	104.1	97.4	100.4	96.6	98.5	89.7	97.3	100.4	97.6

9—6 各市居民消费价格分类指数

(2002 年,2000 年平均价格=100)　　单位:%

市名称	居民消费价格指数	食品	#粮食	#油脂	#肉禽及其制品	#蛋类	#水产品	#菜类	#茶和饮料
全省	**100.2**	**104.2**	**96.4**	**111.8**	**109.3**	**104.2**	**95.3**	**116.7**	**96.1**
沈阳	103.8	109.7	96.1	109.1	116.2	101.0	97.3	130.2	97.4
大连	96.4	99.6	97.5	96.6	102.7	106.8	93.1	119.8	95.3
鞍山	102.2	106.3	101.1	116.3	109.5	105.4	102.1	117.0	105.5
抚顺	96.2	100.0	90.9	110.5	108.3	110.3	88.5	107.4	88.8
本溪	100.6	107.5	102.2	118.1	101.1	106.3	114.9	126.4	96.4
丹东	98.1	101.5	102.1	102.5	108.6	94.5	113.6	101.4	96.0
锦州	94.1	101.7	93.1	105.9	110.5	102.2	88.5	111.6	98.0
营口	101.5	106.2	102.1	116.7	109.6	106.3	103.6	117.0	98.1
阜新	99.3	103.6	94.9	109.7	109.6	108.9	93.3	109.7	95.9
辽阳	102.8	106.9	98.7	143.3	107.5	108.4	92.0	118.8	107.8
盘锦	98.1	101.6	91.2	108.7	111.9	98.9	85.3	104.6	88.3
铁岭	102.7	107.9	98.2	109.0	112.9	109.4	101.5	121.3	99.8
朝阳	100.2	103.7	104.5	110.3	107.6	113.8	94.5	110.5	94.3
葫芦岛	95.3	100.3	102.4	110.4	100.5	105.2	81.3	111.1	83.0

9-6续表　　(2002 年,2000 年平均价格=100)　　单位:%

市名称	#干鲜瓜果	#奶及奶制品	烟酒及用品	衣着	家庭设备及用品	医疗保健个人用品	交通和通讯	娱乐教育文化用品	居住
全省	**100.2**	**97.5**	**98.4**	**96.3**	**92.8**	**88.4**	**97.8**	**103.3**	**103.0**
沈阳	111.8	98.0	99.5	104.0	91.2	84.8	93.9	111.8	105.2
大连	85.9	94.8	99.4	87.0	85.9	98.3	98.7	92.4	99.1
鞍山	108.6	97.1	100.2	103.1	97.3	85.4	95.1	106.1	104.2
抚顺	88.9	99.4	100.0	94.1	87.8	80.5	92.6	100.0	102.5
本溪	114.2	107.7	91.6	91.2	96.2	95.1	96.4	96.7	107.5
丹东	78.3	96.0	95.8	86.0	93.0	79.8	101.4	106.3	105.0
锦州	95.7	99.4	95.6	75.6	84.0	76.5	99.8	99.9	102.6
营口	87.9	98.9	104.4	87.5	96.6	96.2	101.2	98.4	111.0
阜新	106.6	93.9	99.9	87.9	95.0	88.4	99.5	99.8	107.2
辽阳	107.5	99.2	98.5	99.7	101.1	92.2	96.2	105.0	106.5
盘锦	93.4	103.1	97.0	90.9	89.4	91.6	94.7	106.1	102.0
铁岭	102.0	100.8	97.7	92.9	92.8	91.0	95.6	111.4	106.5
朝阳	97.6	100.9	100.0	94.5	92.7	84.1	97.7	103.3	109.6
葫芦岛	100.3	89.3	95.7	86.8	96.1	74.2	95.8	100.3	103.4

9—7 农业生产资料价格指数

(上年=100)　　单位:%

项　　目	1995年	1997年	1998年	1999年	2000年	2001年	2002年
农业生产资料价格指数	**128.8**	**99.2**	**95.6**	**94.4**	**97.5**	**100.5**	**101.7**
1.小农具	111.7	103.6	98.4	99.5	102.1	99.1	98.3
2.饲料	164.3	93.6	104.6	99.8	97.4	100.2	101.2
3.幼禽家畜	129.8	116.6	93.1	62.4	120.7	130.0	104.2
4.大牲畜	148.7	87.8	99.7	98.3	103.6	104.4	112.5
5.半机械化农具	110.9	101.2	101.4	99.5	103.9	103.4	99.2
6.机械化农具	114.8	102.6	102.5	95.4	98.4	97.0	99.0
7.化学肥料	134.8	90.8	91.9	94.5	91.5	97.6	102.8
8.农药及农药械	109.4	100.9	98.0	96.0	96.8	99.8	97.5
#化学农药	110.0	101.2	97.9	95.8	96.8	100.1	97.2
9.农机用油	100.6	106.3	99.3	99.9	117.8	108.1	98.6
10.其他	138.4	94.4	97.1	95.8	99.1	98.0	104.2

9—8 各地区农村消费价格分类指数

(2002年,上年=100)　　单位:%

项　　目	昌图	绥中	瓦房店	凤城	新宾	辽中	建平	海城	北票
总指数	**97.4**	**97.8**	**98.4**	**97.7**	**99.0**	**99.2**	**96.5**	**98.7**	**98.0**
一、食品	94.8	99.3	98.9	96.1	96.8	94.8	95.3	95.8	96.0
二、烟酒及用品	99.2	99.2	101.6	97.4	101.6	99.0	99.2	98.8	95.7
三、衣着类	100.5	90.8	95.9	96.8	97.4	101.9	91.5	97.7	100.4
四、家庭设备及服务	99.6	94.4	97.5	96.7	98.5	101.9	96.0	99.6	98.7
五、医疗保健及个人用品	94.2	98.6	97.4	93.6	98.5	102.6	94.9	99.0	95.2
六、交通和通讯	93.7	96.1	100.2	100.8	99.4	99.0	97.6	99.7	101.0
七、娱乐教育文化	99.2	98.0	97.6	99.2	99.9	99.4	99.6	102.6	102.5
八、居住	101.6	101.1	98.8	102.6	104.3	104.1	99.7	101.1	97.0

9—9 工业品出厂价格分类指数

（上年＝100） 单位:%

类　　别	1995年	1997年	1998年	1999年	2000年	2001年	2002年
全部工业产品出厂价格总指数	109.9	100.1	95.8	102.0	108.8	98.6	97.8
一、按轻重工业分							
1.轻　工　业	120.5	97.8	97.9	98.3	97.3	98.5	98.2
以农产品为原料	122.0	97.5	98.1	99.4	97.5	99.2	98.8
以非农产品为原料	114.8	98.6	97.1	95.3	96.7	95.7	95.9
2.重　工　业	104.8	100.9	95.2	103.2	111.4	99.1	97.8
采掘工业	108.4	103.6	98.5	135.5	135.2	96.5	96.9
原料工业	103.2	100.8	94.2	98.1	110.8	100.2	98.0
加工工业	110.7	100.7	98.1	98.5	99.6	99.9	98.3
二、按两大部类分							
1.生产资料	106.2	100.6	95.1	102.7	111.2	99.0	97.7
采掘工业	108.4	103.6	98.5	135.5	134.0	97.1	97.1
原料工业	104.7	100.4	94.1	97.9	110.7	100.1	97.9
加工工业	112.4	100.8	97.9	98.1	100.0	99.6	97.8
2.生活资料	118.7	98.3	98.7	99.2	96.0	99.1	99.3
食　　品	119.6	97.5	99.0	101.2	94.5	99.4	100.0
服　　装	116.4	101.4	99.3	97.7	99.8	100.4	99.8
一般日用品	123.8	99.3	97.3	97.0	96.3	96.0	98.3
耐用消费品	108.0	96.1	97.4	97.3	95.1	101.6	98.6
三、按工业部门分							
1.冶金工业	96.2	97.0	94.3	95.0	103.3	99.2	98.8
2.电力工业	100.6	120.0	104.9	99.5	102.6	101.9	100.3
3.煤炭及炼焦工业	103.6	108.6	101.3	98.0	98.8	102.2	104.8
4.石油工业	117.1	104.9	91.5	120.5	137.5	96.6	95.3
5.化学工业	124.7	95.7	94.8	97.4	104.4	96.3	95.9
6.机械工业	105.9	101.0	98.9	98.1	98.7	99.9	98
7.建筑材料工业	101.5	100.4	97.5	100.3	105.3	99.0	96.9
8.森林工业	111.0	90.0	96.5	96.7	98.7	99.4	98.3
9.食品工业	118.1	97.0	98.1	100.6	94.4	99.3	100.0
10.纺织工业	122.1	94.4	93.4	96.0	106.1	97.8	93.3
11.缝纫工业	103.4	111.4	102.2	97.8	100.0	100.7	100.0
12.皮革工业	111.5	103.9	104.8	96.1	95.2	106.5	102.4
13.造纸工业	133.1	92.4	94.4	97.7	99.2	104.1	99.4
14.文教艺术用品工业	98.3	97.9	95.5	89.5	93.7	98.5	99.9
15.其他工业	125.2	109.8	109.5	108.3	103.1	106.9	105.4

9－9续表　　(上年＝100)　　单位:%

类　　　别	1995年	1997年	1998年	1999年	2000年	2001年	2002年
四、按工业行业分							
1.煤炭采选业	104.7	107.3	101.2	97.9	98.6	102.0	105.2
2.有色金属矿采选业	145.7	92.8	91.3	96.4	100.7	98.8	102.9
3.建筑材料及其他非金属矿采选业	99.1	100.9	101.1	99.5	97.7	100.3	100.7
4.采　盐　业	95.7	98.5	93.4	102.7	98.0	0	96.7
5.自来水生产与供应业	109.4	120.6	113.1	113.3	103.2	107.0	106.6
6.食品制造业	121.7	96.6	97.8	99.7	93.1	99.6	98.5
7.饮料制造业	131.8	97.3	99.8	99.7	98.7	98.1	97.9
8.烟草加工业	98.5	102.4	100.4	126.9	99.4	101.7	101.9
9.饲料工业	146.9	105.2	100.2	84.3	98.2	101.5	99.4
10.纺　织　业	124.2	94.7	95.7	97.8	105.9	97.8	94.1
11.缝　纫　业	104.9	111.4	102.2	97.8	100.0	100.7	98.4
12.皮革毛皮及其制品业	109.5	103.9	104.8	96.1	95.2	102.3	100.3
13.木材加工及竹藤棕草制品业	104.1	89.5	96.5	97.0	98.5	99.1	97.8
14.家具制造业	99.8	103.7	98.6	92.9	96.3	98.9	98.2
15.造纸及纸制品业	134.7	92.4	94.4	98.6	98.8	104.2	99.1
16.文教体育用品制造业	108.4	102.6	97.7	97.2	100.2	102.4	97.7
17.电力、蒸气、热水生产和供应业	102.0	120.0	104.9	99.5	103.0	102.2	100.2
18.石油加工业	114.4	104.9	90.5	104.1	129.5	103.5	96.4
19.炼焦、煤气及煤制品业	100.0	114.6	104.0	103.5	101.2	102.7	103.0
20.化学工业	127.9	94.5	93.0	97.2	106.1	97.6	96.4
21.医药工业	112.3	96.4	95.3	99.8	92.4	88.4	94.7
22.橡胶制品工业	127.9	105.0	102.4	96.7	101.5	101.0	98.8
23.塑料制品业	139.7	92.1	94.6	102.9	105.4	97.0	95.1
24.建筑材料及其它非金属矿制品业	102.3	100.5	97.1	100.1	106.0	98.6	96.6
25.黑色金属冶炼及压延加工业	93.1	97.4	94.5	94.4	104.3	99.6	99.3
26.有色金属冶炼及压延加工业	122.4	94.8	93.7	98.3	104.6	96.4	96.3
27.金属制品业	102.2	100.1	99.5	96.9	100.1	100.4	98.1
28.机械工业	101.4	100.7	100.4	98.4	98.5	99.6	99.3
29.交通运输设备制造业	105.9	105.7	99.9	99.1	99.9	100.9	98.8
30.电气机械及器材制造业	109.4	99.4	96.0	98.5	98.4	98.0	97.4
31.电子及通讯设备制造业	106.3	96.8	89.0	97.8	94.2	98.8	95.0
32.仪器仪表及其它计量器具制造业	108.5	113.1	98.7	98.4	97.9	99.5	98.2
33.工艺美术品制造业	102.0	105.7	95.3	88.7	92.7	94.3	100.9

9—10 原材料、燃料、动力购进价格分类指数

（上年＝100）　　单位：%

类　别	1995年	1997年	1998年	1999年	2000年	2001年	2002年
全部原材料、燃料、动力购进总指数	114.2	103.1	99.3	99.0	103.9	100.0	98.3
1.燃料、动力类	112.4	108.4	103.6	100.9	111.6	99.8	99.3
2.黑色金属材料类	96.1	98.8	99.1	96.4	101.6	101.2	98.1
3.有色金属材料和电线类	129.6	94.8	96.6	98.0	104.9	97.5	97.2
4.化工原料类	127.7	96.9	93.4	100.0	103.4	100.0	97.3
5.木材及纸浆类	101.4	99.4	99.9	101.6	100.5	100.9	99.9
6.建筑材料类	96.6	99.4	100.0	99.0	99.2	100.7	98.7
7.非金属矿类	97.6	97.3	94.0	97.5	99.9	100.7	98.8
8.农副产品类	144.2	91.1	91.5	95.2	95.6	101.0	98.5
9.纺织原料类	126.5	95.4	88.9	99.2	101.7	99.8	96.8

主要统计指标解释

商品零售价格指数:商品零售价格,是指工业、商业、餐饮业和其他零售企业向城乡居民、机关团体出售生活消费品和办公用品的价格。商品零售价格指数,是反映一定时期内商品零售价格变动趋势和变动程度的相对数,利用商品零售价格指数,可以全面掌握市场商品零售价格的变动状况,为国家制定经济政策提供参考依据,同时还可在此基础上编制出其他各种派生价格指数,为研究市场流通、进行国民经济核算提供科学依据。

商品零售价格指数的汇总计算公式为加权算术平均公式,权数资料来源于社会消费品销售额统计和重点调查资料。所选商品为十四个大类,必报商品为304种。

居民消费价格指数:居民消费价格,是指城乡居民支付生活消费品和服务项目消费的价格,是社会产品和服务项目的最终价格。居民消费价格指数,是反映一定时期内居民消费价格变动趋势和变动程度的相对数,利用居民消费价格指数,可以全面观察居民消费价格变动对居民生活的影响,为党政领导和决策部门掌握消费价格状况,研究和制定居民消费政策、价格政策、工资政策、货币政策以及进行国民经济核算提供科学依据。居民消费价格指数还是反映通货膨胀程度的重要指标。

农产品收购价格指数:农产品收购价格,是指各种经济类型的工商企业和其他单位以及个人直接从农民个人和国有农业生产单位收购农产品的价格。农产品收购价格指数,是反映一定时期内农产品收购价格变动趋势和变动程度的相对数,利用这一指数,可以反映农产品收购价格的变动情况及其对农产品生产者、收购者货币收支的影响,为国家制定、检查农产品收购政策,研究收购价格水平,差价政策和比价政策提供科学依据。

农产品收购价格指数的计算公式为加权倒数平均公式,权数资料来源于农村住户主要农村产品出售量、农村住户出售畜禽及渔业产品情况、国家和社会其他农产品收购部门的收购金额或收购量资料、历年农产品收购金额资料等。所选商品为十一个大类,250种商品。

农业生产资料价格指数:农业生产资料价格,是指工商企业、供销合作社和其他单位及个人向农民出售农业生产资料的价格,也是农业生产资料在流通领域中最后一个环节的价格。农业生产资料价格指数,是反映一定时期内农业生产资料价格变动趋势和变动程度的相对数。利用这一指数可以掌握农业生产资料价格的变动情况,为国家制定有关政策,保障农民利益,促进农业发展提供决策参考依据;同时,也为研究市场流通和新国民经济核算体系提供科学依据。1994年以前,农业生产资料价格指数仅仅是商品零售价格指数的一个类别,此后,从商品零售价格指数中单列出来,独立编制。

农业生产资料价格指数的计算公式为加权算术平均公式。权数资料来源于供销合作社等部门的销售统计资料和农村住户调查资料中的农业生产资料购买数量和金额资料。所选商品为十个大类,49种主要商品。

工业品出厂价格指数:是反映工业产品出厂价格水平变动趋势及变动程度的相对数,一般用百分数(%)表示。

原材料、燃料和动力购进价格指数:是反映工业企业作为生产投入,而从物资交易市场和能源、原材料生产企业购买原材料、燃料和动力产品时,所支付的价格水平变动趋势和程度的统计指标,是扣除工业企业物质消耗成本中的价格变动影响的重要依据。

第十篇

人民生活

10

RENMIN SHENGHUO

10—1　人民物质文化生活提高情况

项　　　目	单　位	1980 年	1985 年	1990 年	1995 年	2000 年	2001 年	2002 年
就　　业								
每一农村劳动力负担人数	人	2.56	1.77	1.65	1.46	1.36	1.37	1.36
每一城镇就业者负担人数	人	1.75	1.69	1.66	1.66	1.85	1.83	1.86
收　　入								
农民家庭人均纯收入	元	273.0	485.7	776.4	1 756.5	2 355.6	2 557.9	2 751.3
城镇居民家庭人均可支配收入	元	493.9	704.3	1 551.0	3 691.4	5 357.8	5 797.0	6 524.6
在岗职工平均工资	元	779	1 064	2 180	4 877	8 811	10 145	11 659
消 费 水 平								
全省居民消费水平	元	343	581	1 072	2 900	4 490	4 789	5 095
农　　民	元	232	405	610	1 566	2 403	2 540	2 643
非 农 业 居 民	元	545	833	1 700	4 540	6 903	7 366	7 874
储　　蓄								
城乡居民年底储蓄存款余额	亿元	24.6	101.0	463.2	1 659.8	3 779.6	4 131.0	4 665.0
平均每人储蓄存款余额	元	70.9	275.1	1 213.1	4 359.4	9 140.0	9 961.4	11 226.4
住　　房								
农村平均每人住房面积	平方米	9.7	15.6	16.5	19.1	22.0	22.6	23.0
城市平均每人居住面积	平方米	3.8	4.3	5.8	7.3	8.9	9.2	9.4
交 通、邮 电								
城市每万人拥有公共汽车	辆	3.5	3.4	5.0	7.1	8.5	8.9	9.5
每人每年函件交寄	件	4.3	5.7	5.6	6.0	4.0	3.5	3.1
城市公用事业								
自来水普及率	%	80.1	81.3	87.8	98.2	98.2	107.3	106.7
三 气 普 及 率	%	36.4	44.0	66.3	81.0	89.3	91.9	100.6
文　　化								
每百户拥有彩色电视机								
城　　镇	台	—	10.5	63.8	90.5	114.3	117.3	118.4
农　　村	台	—	1.9	10.1	31.6	72.7	75.9	81.2
每百人每天有报纸	份	3.7	8.8	5.8	6.1	6.3	8.2	
教　　育								
学龄儿童入学率	%	95.0	98.5	99.4	99.4	99.3	99.7	99.4
每万人口有大学生	人	18.0	25.9	31.6	44.6	72.3	89.9	108.5
卫　　生								
每万人拥有医院病床	张	31.5	37.2	44.8	44.7	41.6	40.9	41.8
每万人拥有医生	人	18.1	18.0	22.1	23.6	24.4	24.5	19.6

10—2 城乡居民家庭人均收入及指数

年份	城镇居民家庭人均可支配收入（元）	指数(1978=100)	农村居民家庭人均纯收入（元）	指数(1978=100)
1978	363.3	100.00	185.2	100.00
1979	—	—	235.0	126.89
1980	493.9	135.95	273.0	147.41
1981	508.1	139.86	306.6	165.55
1982	529.4	145.72	334.3	180.51
1983	548.7	151.03	452.5	244.33
1984	636.1	175.09	477.4	257.78
1985	704.3	193.86	485.7	262.26
1986	881.9	242.75	533.2	287.90
1987	992.4	273.16	599.3	323.60
1988	1 204.0	331.41	699.6	377.75
1989	1 417.3	390.12	740.2	399.68
1990	1 551.0	426.92	776.4	419.22
1991	1 705.6	469.47	896.7	484.18
1992	1 936.0	532.89	995.1	537.31
1993	2 299.5	632.95	1 161.0	626.89
1994	3 047.0	838.70	1 423.4	768.57
1995	3 691.4	1 016.07	1 756.5	948.43
1996	4 207.2	1 158.05	2 150.0	1 160.91
1997	4 518.1	1 243.62	2 301.5	1 242.71
1998	4 617.2	1 270.91	2 579.8	1 392.98
1999	4 898.6	1 348.36	2 501.0	1 350.43
2000	5 357.8	1 474.76	2 355.6	1 271.92
2001	5 797.0	1 595.65	2 557.9	1 381.15
2002	6 524.6	1 795.93	2 751.3	1 485.58

注:1.1978 年可支配收入为推算数。2.1978－1984 年为全省城市数。

10—3　城镇居民家庭基本情况

指　　　标	单　位	2001 年	2002 年	2002 年比上年增长 %
一、调　查　户　数	户	3 250.00	3 250.00	0.00
二、平均每户家庭人口	人	3.07	3.02	-1.63
三、平均每户就业人口	人	1.68	1.62	-3.57
四、平均每户就业面	%	54.72	53.64	-1.97
五、负　担　系　数	人	1.83	1.86	1.64
六、家 庭 总 收 入	元	—	6 941.42	—
#可 支 配 收 入	元	5 797.01	6 524.58	12.55
(一)工　薪　收　入	元	4 071.90	4 692.61	15.24
1.工资及补贴收入	元	3 634.45	4 621.04	27.15
2.其他劳动收入	元	—	71.57	—
(二)经 营 净 收 入	元	138.45	289.96	109.43
(三)财 产 性 收 入	元	45.68	58.10	27.19
1.利　息　收　入	元	13.89	9.57	-31.10
2.股息与红利收入	元	—	12.76	—
3.保　险　收　益	元	—	1.30	—
4.其 它 投 资 收入	元	—	2.49	—
5.出租房屋收入	元	—	26.65	—
6.知识产权收入	元	—	0.00	—
7.其他财产性收入	元	—	5.34	—
(四)转 移 性 收 入	元	1 572.80	1 900.75	20.85
1.养老金或离退休金	元	1 281.53	1 560.03	21.73
2.社会救济收入	元	—	19.30	—
3.辞　　退　　金	元	—	46.06	—
4.赔　偿　收　入	元	—	0.62	—
5.保　险　收　入	元	—	18.69	—
#失 业 保 险 金	元	—	18.26	—
6.赡　养　收　入	元	30.75	39.11	27.19
7.捐　赠　收　入	元	—	168.41	—
8.亲 友 搭 伙 费	元	8.95	8.82	-1.50
9.提取住房公积金	元	—	7.19	—
10.记　帐　补　贴	元	23.73	23.60	-0.50
11.其他转移性收入	元	—	8.92	—
七、出售财物收入	元	11.82	18.02	52.45
1.出售住房收入	元	—	15.32	—
2.出售其他物品收入	元	—	2.70	—
八、消　费　支　出	元	4 654.42	5 342.69	14.79
1.食　品　支　出	元	1 846.11	2 074.69	12.38
2.衣　着　支　出	元	592.01	645.62	9.06
3.家庭设备用品及服务	元	272.75	274.10	0.49
4.医疗保健支出	元	378.31	462.85	22.35
5.交通和通讯支出	元	347.47	482.13	38.75
6.教育和文化娱乐服务支出	元	575.06	697.06	21.22
7.居　住　支　出	元	412.09	515.71	25.14
8.杂项商品和服务支出	元	230.62	190.55	-17.37

10—4　城镇居民家庭平均每人总收入

（2002年，按相对收入不等距九组分）　　　　单位：元

指　　标	合　计	最低10%	＃更低5%	低10%	较低20%	中间20%	较高20%	高10%	最高10%	＃更高5%
家庭总收入	**6 941.4**	**2 034.1**	**1 608.6**	**3 243.7**	**4 511.2**	**6 172.4**	**8 257.9**	**10 852.9**	**17 375.7**	**21 460.1**
＃可支配收入	6 524.6	1 853.2	1 382.0	3 086.8	4 250.5	5 760.1	7 738.4	10 126.1	16 570.2	20 620.0
(一)工薪收入	4 692.6	1 363.6	1 089.9	2 157.6	3 153.5	4 434.1	5 821.8	7 584.5	10 042.7	11 626.1
1.工资及补贴收入	4 621.0	1 343.3	1 072.6	2 135.2	3 122.2	4 386.7	5 757.7	7 478.8	9 713.7	11 148.4
2.其他劳动收入	71.6	20.3	17.3	22.4	31.4	47.4	64.1	105.8	329.1	477.6
(二)经营净收入	290.0	141.2	109.7	223.8	233.0	258.5	296.0	265.3	771.3	1 129.2
(三)财产性收入	58.1	5.8	7.7	9.8	12.0	24.8	41.9	63.2	406.5	709.4
1.利息收入	9.6	0.9	0.8	1.3	3.8	3.3	8.1	16.5	54.9	85.6
2.股息与红利收入	12.8	2.4	4.8	0.0	0.7	1.3	5.0	3.1	128.3	250.1
3.保险收益	1.3	0.0	0.0	0.3	0.0	0.1	1.2	2.1	9.4	18.5
4.其它投资收入	2.5	0.0	0.0	0.0	0.0	0.9	0.6	1.0	24.6	35.5
5.出租房屋收入	26.7	2.5	2.2	8.2	6.0	14.6	19.3	33.4	167.6	275.5
6.知识产权收入	0.0	0.0	0.0	0.0	0.0	0.0	0.0	0.0	0.0	0.0
7.其他财产性收入	5.3	0.0	0.0	0.1	1.5	4.5	7.7	7.0	21.8	44.2
(四)转移性收入	1 900.8	523.5	401.3	852.6	1 112.6	1 454.9	2 098.2	2 939.9	6 155.2	7 995.4
1.养老金或离退休金	1 560.0	304.8	181.0	707.4	996.4	1 320.3	1 914.3	2 650.1	3 932.2	4 070.0
2.社会救济收入	19.3	109.0	111.9	40.5	9.9	6.6	4.1	0.1	5.7	7.9
3.辞退金	46.1	3.7	5.3	1.8	6.3	3.2	9.3	28.5	461.8	914.4
4.赔偿收入	0.6	0.8	1.5	0.0	0.2	0.1	0.5	1.7	2.7	5.6
5.保险收入	18.7	20.2	14.2	23.2	24.0	17.5	13.5	9.8	23.8	42.8
＃失业保险金	18.3	19.8	13.9	23.0	24.0	17.5	13.3	8.1	21.9	40.6
6.赡养收入	39.1	8.9	4.8	10.3	14.0	15.8	31.0	57.7	227.6	313.6
7.捐赠收入	168.4	41.7	42.2	39.4	34.5	53.1	85.8	137.0	1 322.5	2 370.9
8.亲友搭伙费	8.8	9.6	16.4	4.6	2.8	7.8	7.3	14.5	27.9	36.9
9.提取住房公积金	7.2	0.0	0.0	0.2	0.1	0.1	1.4	1.9	79.1	140.9
10.记帐补贴	23.6	20.7	21.1	18.7	20.8	25.1	24.0	29.6	28.4	28.9
11.其他转移性收入	8.9	4.2	2.9	6.7	3.6	5.4	7.0	9.0	43.4	63.6
出售财物收入	**18.0**	**3.4**	**4.6**	**2.3**	**1.1**	**2.0**	**1.2**	**7.5**	**187.9**	**300.2**
1.出售住房收入	15.3	0.3	0.0	0.0	0.0	0.0	0.0	0.0	181.3	297.0
2.出售其他物品收入	2.7	3.1	4.6	2.3	1.1	2.0	1.2	7.5	6.6	3.2

10—5 各地区城市居民

(2002

地　　区	全 省	沈 阳	大 连	鞍 山	抚 顺	本 溪
家庭总收入	**6 941.42**	**7 639.09**	**8 759.83**	**7 532.59**	**6 296.02**	**6 283.56**
其中:可支配收入	6 524.58	7 050.29	8 199.54	6 851.02	5 898.45	5 828.65
(一)工薪收入	4 692.61	5 679.03	5 752.55	5 265.46	4 271.76	4 295.01
1.工资及补贴收入	4 621.04	5 578.32	5 591.80	5 237.16	4 263.43	4 241.91
2.其他劳动收入	71.57	100.72	160.75	28.29	8.32	53.10
(二)经营净收入	289.96	319.80	155.72	287.42	96.30	180.70
(三)财产性收入	58.10	66.23	76.54	131.11	27.31	18.29
1.利息收入	9.57	9.49	9.35	14.02	12.57	13.50
2.股息与红利收入	12.76	4.83	12.74	69.26	3.93	0.24
3.保险收益	1.30	2.67	0.34	0.00	0.94	0.00
4.其它投资收入	2.49	0.00	3.96	10.31	0.00	0.15
5.出租房屋收入	26.65	48.55	41.35	37.52	9.78	3.84
6.知识产权收入	0.00	0.00	0.00	0.00	0.00	0.00
7.其他财产性收入	5.34	0.69	8.81	0.00	0.08	0.56
(四)转移性收入	1 900.75	1 574.03	2 775.01	1 848.61	1 900.65	1 789.56
1.养老金或离退休金	1 560.03	1 321.96	2 358.42	1 348.31	1 420.04	1 440.01
2.社会救济收入	19.30	10.22	15.33	1.60	52.73	45.51
3.辞退金	46.06	28.47	43.51	132.65	17.48	16.40
4.赔偿收入	0.62	0.03	0.85	0.48	0.00	0.00
5.保险收入	18.69	13.73	24.83	22.40	37.42	15.27
#失业保险金	18.26	13.07	24.46	22.40	37.14	15.27
6.赡养收入	39.11	28.65	73.34	2.08	81.93	20.61
7.捐赠收入	168.41	118.46	183.33	272.06	267.36	214.34
8.亲友搭伙费	8.82	7.90	31.17	0.00	0.00	5.36
9.提取住房公积金	7.19	8.69	9.26	23.52	0.00	0.38
10.记帐补贴	23.60	19.75	22.93	38.07	19.96	19.87
11.其他转移性收入	8.92	16.17	12.04	7.44	3.74	11.81
出售财物收入	**18.02**	**2.51**	**2.85**	**70.66**	**0.93**	**1.12**
1.出售住房收入	15.32	0.00	0.00	67.29	0.00	0.00
2.出售其他物品收入	2.70	2.51	2.84	3.37	0.93	1.12

平均每人全年家庭总收入

年)

单位:元

丹东	锦州	营口	阜新	辽阳	盘锦	铁岭	朝阳	葫芦岛
5 192.48	**7 054.41**	**6 634.79**	**4 895.88**	**6 156.70**	**7 944.18**	**4 869.94**	**4 803.11**	**7 032.19**
4 919.04	6 546.77	6 454.24	4 673.42	5 922.26	7 816.26	4 801.41	4 624.53	6 734.62
3 207.62	5 285.84	4 827.36	2 568.15	3 976.11	5 037.76	2 962.93	2 902.21	4 317.32
3 166.06	5 184.11	4 809.27	2 543.14	3 946.72	4 916.92	2 839.29	2 885.58	4 269.76
41.57	101.73	18.09	25.00	29.39	120.84	123.63	16.63	47.56
385.81	384.94	254.47	217.54	452.04	159.64	172.60	409.54	179.88
34.44	29.74	13.99	16.14	13.58	28.43	102.56	14.34	129.88
4.08	4.06	0.51	8.67	2.44	17.11	0.06	6.35	17.71
8.15	6.12	0.99	0.00	0.00	0.00	86.53	1.60	25.68
2.46	0.27	0.00	0.00	1.92	3.95	0.00	0.00	4.32
0.00	1.52	0.00	0.00	9.22	2.16	0.00	0.00	0.17
1.28	17.76	9.87	7.47	0.00	5.20	15.97	6.39	12.91
0.00	0.00	0.00	0.00	0.00	0.00	0.00	0.00	0.00
18.46	0.00	2.63	0.00	0.00	0.00	0.00	0.00	69.09
1 564.60	1 353.89	1 538.97	2 094.04	1 714.98	2 718.35	1 631.85	1 477.02	2 405.11
1 303.89	1 042.70	1 340.19	1 846.36	1 484.39	2 094.53	1 417.42	1 334.85	1 885.17
13.36	5.68	8.04	52.41	7.33	16.55	24.67	36.91	24.94
27.30	32.21	62.60	58.08	3.07	197.62	40.75	3.03	70.86
0.00	0.00	0.00	0.00	0.00	9.36	0.00	0.00	1.79
13.92	18.30	26.82	8.29	17.03	2.55	13.79	0.01	15.27
13.92	18.30	26.82	8.29	14.32	1.73	13.79	0.01	13.76
50.02	49.91	11.68	15.70	12.94	43.78	18.32	30.87	84.05
124.49	168.66	55.16	59.60	162.52	248.61	105.14	70.49	278.33
5.86	0.00	12.83	2.99	0.06	1.18	0.00	0.00	8.50
2.75	10.21	0.00	12.88	8.73	1.28	0.00	0.00	12.23
19.54	20.75	19.69	37.74	18.44	64.26	11.76	0.00	20.19
3.48	5.48	1.96	0.00	0.45	38.64	0.00	0.85	3.77
74.91	**5.28**	**0.06**	**180.76**	**14.78**	**1.21**	**0.07**	**0.46**	**3.62**
74.89	0.00	0.00	177.09	0.00	1.21	0.00	0.00	0.00
0.02	5.28	0.06	3.67	14.78	0.00	0.07	0.46	3.62

10—6 城镇居民家庭

(2002年,按相对

指　　标	合计	最低10%	#更低5%	低10%
家庭总支出	6 995.0	2 805.4	2 665.9	3 851.4
(一)消费支出	5 342.7	2 411.2	2 214.9	3 100.2
#服务性消费支出	1 390.2	571.9	490.5	773.2
1.食品	2 074.7	1 081.6	1 001.4	1 362.1
2.衣着	645.6	201.3	198.0	331.2
3.家庭设备用品及服务	274.1	77.0	71.1	89.1
4.医疗保健	462.9	192.9	151.8	225.6
5.交通和通信	482.1	159.6	166.1	242.3
6.教育文化娱乐服务	697.1	319.1	282.4	394.4
7.居住	515.7	313.0	286.9	369.2
8.杂项商品和服务	190.6	66.6	57.4	86.4
(二)购房与建房支出	360.3	15.5	30.6	228.4
1.购房	360.3	15.5	30.6	228.4
2.建房	0.1	0.0	0.0	0.0
(三)转移性支出	917.4	220.2	216.7	386.6
1.交纳的个人收入税	19.9	1.8	1.9	2.3
2.捐赠支出	534.9	132.7	125.3	269.5
3.购买彩票	7.8	1.1	1.1	2.3
4.赡养支出	318.8	79.9	82.1	70.4
#在外就学子女费用	201.9	52.5	58.7	34.2
5.各种非储蓄性保险支出	16.5	2.7	3.5	5.3
#车辆保险支出	1.4	0.0	0.0	0.3
6.其他转移性支出	19.4	2.1	2.9	36.9
(四)财产性支出	1.3	0.1	0.1	0.1
1.非生产性利息支出	1.0	0.0	0.0	0.1
2.其他	0.4	0.1	0.1	0.0
(五)社会保障支出	373.3	158.5	203.6	136.1
1.个人交纳的养老基金	177.5	121.4	172.0	81.8
2.个人交纳的住房公积金	144.6	20.0	18.6	35.9
3.个人交纳的医疗基金	36.9	13.8	11.2	13.0
4.个人交纳的失业基金	13.1	2.7	1.8	5.1
5.其他社会保障支出	1.2	0.6	0.0	0.2

平均每人总支出

收入不等距九组分)

单位:元

较低20%	中间20%	较高20%	高10%	最高10%	#更高5%
4 900.3	**6 248.1**	**7 867.4**	**9 941.9**	**17 209.1**	**21 422.7**
4 079.3	5 098.6	6 149.8	7 637.6	10 614.3	12 443.1
1 034.7	1 346.6	1 581.6	1 959.5	2 959.1	3 725.3
1 729.0	2 065.4	2 394.8	2 799.6	3 362.9	3 577.1
442.2	626.1	799.6	1 010.4	1 304.1	1 502.2
166.7	246.5	314.2	456.3	757.2	862.7
312.3	424.1	504.7	696.3	1 164.9	1 440.8
316.0	450.3	613.3	756.3	1 007.0	1 160.1
560.7	676.0	765.4	955.5	1 430.5	2 032.5
426.8	427.4	522.5	671.7	1 171.4	1 373.0
125.6	183.0	235.4	291.6	416.4	494.8
83.8	39.5	229.7	222.5	2 860.7	4 193.6
83.7	39.5	229.6	222.4	2 860.7	4 193.6
0.1	0.1	0.2	0.1	0.0	0.0
502.6	731.8	1 014.5	1 430.6	3 032.4	4 064.8
5.6	9.5	23.9	49.4	80.5	95.2
337.2	480.5	614.9	821.5	1 423.6	1 698.6
4.8	7.6	8.1	11.5	24.9	22.1
133.3	214.3	336.5	489.3	1 379.0	2 066.2
77.6	137.5	201.2	284.6	954.4	1 465.7
13.4	8.5	14.5	26.3	67.5	106.0
3.9	0.4	0.7	3.9	0.0	0.0
8.2	11.3	16.6	32.6	56.9	76.8
0.4	0.5	1.9	3.5	5.2	5.3
0.1	0.3	1.5	2.8	3.6	3.7
0.3	0.2	0.3	0.7	1.7	1.6
234.3	377.7	471.6	647.8	696.6	716.0
127.5	180.7	206.9	278.1	290.9	297.9
75.0	143.8	199.5	282.2	306.5	315.7
22.7	37.7	47.0	63.3	71.2	71.1
8.3	14.4	17.0	21.4	24.9	27.0
0.8	1.2	1.1	2.8	3.0	4.3

10—7 各地区城市居民平均

(2002

地　　区	全　省	沈　阳	大　连	鞍　山	抚　顺	本　溪
家庭总支出	**6 995.03**	**7 962.02**	**8 824.84**	**7 461.16**	**6 457.14**	**6 894.75**
(一)消费支出	5 342.69	6 074.38	7 117.77	5 821.00	4 792.50	4 783.19
＃服务性消费支出	1 390.21	1 749.91	1 868.30	1 652.65	1 226.86	1 284.51
1.食品	2 074.69	2 265.78	2 926.47	2 174.11	1 816.26	1 934.16
2.衣着	645.62	698.88	687.05	709.32	673.48	616.70
3.家庭设备用品及服务	274.10	346.72	375.17	327.18	247.57	240.49
4.医疗保健	462.85	476.08	689.75	390.20	342.13	436.72
5.交通和通信	482.13	600.99	614.96	477.75	444.65	399.35
6.教育文化娱乐服务	697.06	944.03	855.96	889.13	657.22	602.70
7.居住	515.71	506.60	644.37	672.72	448.24	413.72
8.杂项商品和服务	190.55	235.29	324.05	180.59	162.96	139.35
(二)购房与建房支出	360.31	725.07	272.97	196.87	186.33	375.76
1.购房	360.25	725.07	272.97	196.87	186.16	375.76
2.建房	0.06	0.00	0.00	0.00	0.17	0.00
(三)转移性支出	917.35	632.14	913.55	813.93	1 133.10	1 305.54
1.交纳的个人收入税	19.91	40.46	20.49	14.15	32.41	4.97
2.捐赠支出	534.90	302.01	340.13	572.75	735.97	802.30
3.购买彩票	7.77	7.63	13.93	7.42	6.44	8.60
4.赡养支出	318.83	230.73	494.80	194.18	327.18	460.41
＃在外就学子女费用	201.94	112.05	311.87	132.19	265.21	389.27
5.各种非储蓄性保险支出	16.53	24.67	24.09	11.17	3.39	1.08
＃车辆保险支出	1.44	5.44	0.00	0.04	0.00	0.00
6.其他转移性支出	19.41	26.66	20.11	14.26	27.71	28.17
(四)财产性支出	1.34	1.83	3.68	0.01	0.00	0.19
1.非生产性利息支出	0.95	1.83	2.47	0.00	0.00	0.00
2.其他	0.39	0.00	1.22	0.01	0.00	0.19
(五)社会保障支出	373.34	528.59	516.87	629.35	345.20	430.07
1.个人交纳的养老基金	177.50	246.76	224.70	275.43	181.05	206.10
2.个人交纳的住房公积金	144.64	212.42	189.94	250.46	136.13	147.23
3.个人交纳的医疗基金	36.87	50.74	73.42	78.68	20.55	48.56
4.个人交纳的失业基金	13.11	18.46	24.38	24.59	5.74	25.96
5.其他社会保障支出	1.22	0.21	4.42	0.19	1.73	2.22

每人全年家庭总支出

年)　　　　　　　　　　　　　　　　　　　　　　　　单位:元

丹　东	锦　州	营　口	阜　新	辽　阳	盘　锦	铁　岭	朝　阳	葫芦岛
5 003.09	**6 455.18**	**6 765.18**	**5 025.45**	**5 918.01**	**7 891.04**	**5 910.22**	**4 250.31**	**7 022.23**
4 055.88	4 852.39	4 897.82	3 749.87	4 663.72	6 003.11	3 942.83	3 596.43	4 522.26
997.28	1 131.84	1 107.46	927.90	1 159.69	1 651.81	971.78	756.58	1 027.00
1 751.66	2 038.05	1 906.85	1 420.74	1 846.47	1 958.76	1 431.96	1 416.30	1 869.53
348.36	627.78	658.50	455.95	738.29	964.41	416.84	495.13	598.17
155.71	233.99	229.23	161.55	144.12	382.42	155.94	167.42	211.25
371.44	293.91	533.19	358.12	431.58	665.09	533.07	337.69	355.08
242.50	404.98	419.49	321.72	465.42	593.38	294.72	307.77	448.05
516.37	652.20	428.09	504.81	473.70	860.51	456.98	348.39	414.31
578.74	421.69	562.12	425.28	444.19	400.60	559.07	426.50	471.40
91.10	179.78	160.34	101.70	119.96	177.94	94.25	97.22	154.46
108.89	115.67	457.24	328.42	136.78	59.72	984.62	0.00	625.32
108.08	115.41	457.24	328.42	136.78	59.54	984.62	0.00	625.32
0.81	0.26	0.00	0.00	0.00	0.18	0.00	0.00	0.00
585.17	1 011.86	1 261.10	767.93	932.79	1 765.28	923.22	486.84	1 605.07
0.76	12.19	11.91	5.49	31.35	3.30	0.00	11.53	11.07
307.94	575.98	851.59	590.12	690.42	1 246.02	513.14	316.15	1 053.48
6.32	16.69	2.13	0.38	1.56	10.82	2.61	1.03	11.61
260.40	376.41	388.45	147.49	163.79	429.82	300.43	142.83	514.55
113.07	239.34	296.45	75.05	98.64	214.79	246.03	40.37	354.83
2.65	18.69	2.30	3.68	11.02	50.54	106.32	5.15	3.15
0.00	0.00	0.00	0.00	0.00	0.00	0.00	0.00	2.04
7.11	11.90	4.72	20.76	34.65	24.77	0.73	10.14	11.21
0.00	0.56	0.07	0.00	0.07	2.58	2.78	0.00	3.27
0.00	0.00	0.07	0.00	0.00	0.45	0.00	0.00	2.85
0.00	0.56	0.00	0.00	0.07	2.13	2.78	0.00	0.41
253.15	474.70	148.96	179.23	184.64	60.36	56.78	167.04	266.31
164.86	254.16	46.98	92.86	83.49	32.50	46.87	71.32	132.12
69.83	207.45	76.35	70.49	91.23	12.51	8.86	81.32	111.50
15.87	3.94	20.44	11.04	8.42	5.48	0.98	9.12	13.54
1.77	9.15	4.90	4.71	0.97	3.77	0.08	4.21	8.86
0.81	0.00	0.29	0.13	0.53	6.10	0.00	1.07	0.30

10—8 城镇居民家庭平均每人消费支出

(2002年,按相对收入不等距九组分) 单位:元

指标	合计	最低10%	#更低5%	低10%	较低20%	中间20%	较高20%	高10%	最高10%	#更高5%
消费支出	**5 342.7**	**2 411.2**	**2 214.9**	**3 100.2**	**4 079.3**	**5 098.6**	**6 149.8**	**7 637.6**	**10 614.3**	**12 443.1**
#服务性消费支出	1 390.2	571.9	490.5	773.2	1 034.7	1 346.6	1 581.6	1 959.5	2 959.1	3 725.3
一、食　品	**2 074.7**	**1 081.6**	**1 001.4**	**1 362.1**	**1 729.0**	**2 065.4**	**2 394.8**	**2 799.6**	**3 362.9**	**3 577.1**
(一)粮油类	326.5	277.4	272.1	287.7	318.0	323.9	339.6	370.1	376.4	369.5
#粮　食	208.9	183.5	183.0	185.6	203.7	206.6	215.9	235.1	238.0	235.2
油脂类	59.5	47.2	45.1	51.8	59.2	60.1	62.4	67.7	65.4	64.7
(二)肉禽蛋水产品类	633.2	314.2	278.4	412.7	536.4	643.4	740.3	853.2	972.6	987.8
1.肉　类	325.5	168.3	150.0	225.8	287.1	337.9	378.6	414.7	461.3	456.5
2.禽　类	60.6	30.7	27.4	40.6	53.6	62.3	70.0	78.9	88.3	87.1
3.蛋　类	73.7	53.0	47.3	58.1	68.4	74.2	81.0	91.6	90.6	86.8
4.水产品类	173.4	62.2	53.8	88.2	127.3	169.1	210.6	268.0	332.4	357.5
(三)蔬菜类	212.9	141.6	133.7	162.7	188.7	212.3	236.7	271.4	292.8	281.9
#鲜菜	188.0	129.5	123.3	146.8	168.8	187.8	207.7	235.9	251.2	238.9
(四)调味品	41.2	27.3	23.9	30.6	36.1	40.7	46.9	51.4	58.1	59.1
(五)糖烟酒饮料类	264.4	99.5	93.0	142.9	203.7	261.8	330.6	379.3	468.0	506.7
#烟草类	115.9	45.4	43.5	65.0	90.9	114.4	146.3	162.8	198.0	209.6
酒　类	70.9	30.1	27.0	41.6	60.6	72.0	82.5	99.3	116.1	124.1
饮　料	51.4	14.3	13.5	23.1	33.3	50.4	68.2	78.9	103.7	114.6
(六)干鲜瓜果类	205.3	90.3	84.3	130.8	167.5	210.0	240.6	282.2	336.8	336.2
(七)糕点、奶及奶制品	141.2	55.8	49.3	80.9	110.9	140.6	170.0	209.0	242.8	252.8
#奶及奶制品	101.2	38.7	35.1	55.8	77.5	100.3	123.3	154.0	176.5	188.0
#鲜乳品	66.6	23.8	20.9	34.2	49.8	65.7	83.4	103.0	117.4	121.3
奶　粉	9.8	5.2	4.8	6.4	7.5	9.6	11.3	15.0	16.1	17.3
酸　奶	10.3	2.8	2.6	5.3	7.7	10.0	11.7	16.7	20.9	25.0
(八)其他食品	38.8	15.7	13.0	23.0	31.5	38.7	44.2	55.8	69.8	69.7
(九)饮食服务	211.3	59.9	53.6	90.9	136.1	194.0	246.0	327.2	545.7	713.5
#在外饮食	210.3	59.4	53.4	90.4	135.1	193.1	245.0	325.2	543.9	711.2
二、衣　着	**645.6**	**201.3**	**198.0**	**331.2**	**442.2**	**626.1**	**799.6**	**1 010.4**	**1 304.1**	**1 502.2**
#服　装	438.2	125.5	121.2	213.8	285.8	419.2	547.1	707.6	925.0	1 078.1
三、家庭设备用品及服务	**274.1**	**77.0**	**71.1**	**89.1**	**166.7**	**246.5**	**314.2**	**456.3**	**757.2**	**862.7**
#耐用消费品	114.3	15.0	14.0	14.0	52.6	94.6	115.0	222.4	428.7	538.3
室内装饰品	20.1	3.4	2.3	3.2	9.7	18.3	24.1	31.2	67.8	60.9
四、医疗保健	**462.9**	**192.9**	**151.8**	**225.6**	**312.3**	**424.1**	**504.7**	**696.3**	**1 164.9**	**1 440.8**
#药品费	249.0	132.4	116.5	143.8	185.7	224.7	266.0	350.7	571.9	677.2
医疗费	160.0	54.7	30.8	70.6	102.0	152.4	174.7	238.6	427.2	557.4
五、交通和通讯	**482.1**	**159.6**	**166.1**	**242.3**	**316.0**	**450.3**	**613.3**	**756.3**	**1 007.0**	**1 160.1**
交　通	158.7	44.2	44.6	70.0	93.3	141.4	199.8	257.6	391.0	483.0
通　信	323.5	115.4	121.5	172.2	222.7	308.8	413.4	498.8	616.0	677.1
六、教育文化娱乐服务	**697.1**	**319.1**	**282.4**	**394.4**	**560.7**	**676.0**	**765.4**	**955.5**	**1 430.5**	**2 032.5**
#文化娱乐用品	182.4	33.4	31.1	47.6	107.7	141.1	205.1	350.4	559.3	864.1
教　育	433.6	259.2	232.7	315.3	401.7	461.5	456.1	459.0	703.2	973.8
七、居　住	**515.7**	**313.0**	**286.9**	**369.2**	**426.8**	**427.4**	**522.5**	**671.7**	**1 171.4**	**1 373.0**
#住　房	159.1	56.3	45.9	91.9	106.5	94.2	135.0	213.8	645.0	827.7
水电燃料及其他	339.4	251.2	235.2	268.7	307.3	318.4	366.5	430.4	489.7	505.6
八、杂项商品和服务	**190.6**	**66.6**	**57.4**	**86.4**	**125.6**	**183.0**	**235.4**	**291.6**	**416.4**	**494.8**
#服　务	94.0	36.5	29.5	43.5	65.7	92.2	111.3	141.4	200.3	248.0

10—9 城镇居民家庭平均每人消费支出构成

（2002 年，按相对收入不等距九组分）

单位%

指　　标	合　计	最低 10 %	＃更低 5 %	低 10 %	较低 20 %	中间 20 %	较高 20 %	高 10 %	最高 10 %	＃更高 5 %
消费支出	**100.0**	**100.0**	**100.0**	**100.0**	**100.0**	**100.0**	**100.0**	**100.0**	**100.0**	**100.0**
一、食　　品	38.8	44.9	45.2	43.9	42.4	40.5	38.9	36.7	31.7	28.8
（一）粮油类	15.7	25.6	27.2	21.1	18.4	15.7	14.2	13.2	11.2	10.3
（二）肉禽蛋水产品类	30.5	29.1	27.8	30.3	31.0	31.2	30.9	30.5	28.9	27.6
（三）蔬菜类	10.3	13.1	13.4	12.0	10.9	10.3	9.9	9.7	8.7	7.9
（四）调味品	2.0	2.5	2.4	2.2	2.1	2.0	2.0	1.8	1.7	1.7
（五）糖烟酒饮料类	12.8	9.2	9.3	10.5	11.8	12.7	13.8	13.6	13.9	14.2
（六）干鲜瓜果类	9.9	8.4	8.4	9.6	9.7	10.2	10.1	10.1	10.0	9.4
（七）糕点、奶及奶制品	6.8	5.2	4.9	5.9	6.4	6.8	7.1	7.5	7.2	7.1
（八）其他食品	1.9	1.5	1.3	1.7	1.8	1.9	1.9	2.0	2.1	2.0
（九）饮食服务	10.2	5.5	5.4	6.7	7.9	9.4	10.3	11.7	16.2	19.9
二、衣　　着	12.1	8.4	8.9	10.7	10.8	12.3	13.0	13.2	12.3	12.1
＃服　　装	67.9	62.4	61.2	64.6	64.6	67.0	68.4	70.0	70.9	71.8
三、家庭设备用品及服务	5.1	3.2	3.2	2.9	4.1	4.8	5.1	6.0	7.1	6.9
＃耐用消费品	41.7	19.5	19.7	15.7	31.6	38.4	36.6	48.7	56.6	62.4
室内装饰品	7.3	4.5	3.3	3.6	5.8	7.4	7.7	6.8	9.0	7.1
四、医疗保健	8.7	8.0	6.9	7.3	7.7	8.3	8.2	9.1	11.0	11.6
＃药品费	53.8	68.6	76.7	63.7	59.5	53.0	52.7	50.4	49.1	47.0
医疗费	34.6	28.3	20.3	31.3	32.7	35.9	34.6	34.3	36.7	38.7
五、交通和通讯	9.0	6.6	7.5	7.8	7.8	8.8	10.0	9.9	9.5	9.3
交　通	32.9	27.7	26.8	28.9	29.5	31.4	32.6	34.1	38.8	41.6
通　信	67.1	72.3	73.2	71.1	70.5	68.6	67.4	65.9	61.2	58.4
六、教育文化娱乐服务	13.1	13.2	12.8	12.7	13.7	13.3	12.5	12.5	13.5	16.3
＃文化娱乐用品	26.2	10.5	11.0	12.1	19.2	20.9	26.8	36.7	39.1	42.5
教　　育	62.2	81.2	82.4	79.9	71.7	68.3	59.6	48.0	49.2	47.9
七、居　　住	9.7	13.0	13.0	11.9	10.5	8.4	8.5	8.8	11.0	11.0
＃住　房	30.9	18.0	16.0	24.9	24.9	22.0	25.8	31.8	55.1	60.3
水电燃料及其他	65.8	80.3	82.0	72.8	72.0	74.5	70.2	64.1	41.8	36.8
八、杂项商品和服务	3.6	2.8	2.6	2.8	3.1	3.6	3.8	3.8	3.9	4.0
＃服　务	49.3	54.8	51.4	50.4	52.3	50.4	47.3	48.5	48.1	50.1

10—10　城镇居民家庭平均每人购买的主要商品数量

品　名	单　位	合　计	最低10%	#更低5%	低10%	较低20%	中间20%	较高20%	高10%	最高10%	#更高5%
粮　食	千克	89.43	88.51	89.90	86.37	90.08	88.12	88.90	95.02	90.89	87.01
油脂类	千克	9.86	8.48	8.15	9.10	10.09	10.04	10.03	10.67	10.02	9.87
猪　肉	千克	17.25	11.36	10.62	13.72	15.88	17.75	19.12	20.43	22.31	21.40
牛　肉	千克	2.95	1.38	1.14	2.00	2.83	3.18	3.46	3.65	3.61	3.48
羊　肉	千克	2.00	0.74	0.61	1.17	1.60	2.14	2.53	2.81	2.86	2.81
鸡	千克	4.75	3.11	2.80	3.77	4.64	4.96	5.21	5.37	5.73	5.46
鲜　蛋	千克	14.79	11.59	10.39	12.32	14.19	14.84	15.91	17.65	16.87	16.01
鱼	千克	9.92	6.41	5.62	7.71	9.08	10.18	11.04	12.14	12.81	12.43
虾	千克	1.73	0.48	0.40	0.73	1.24	1.70	2.19	2.85	3.28	3.43
鲜　菜	千克	131.85	109.01	102.77	116.40	123.76	129.46	138.95	157.95	155.97	140.53
白　酒	千克	3.32	2.46	2.15	2.79	3.65	3.52	3.38	3.29	3.53	3.77
果　酒	千克	0.62	0.15	0.18	0.25	0.45	0.60	0.76	1.04	1.29	1.49
啤　酒	千克	13.39	5.77	5.29	8.74	11.65	14.04	15.96	18.71	18.20	18.70
碳酸饮料	千克	3.06	1.42	1.25	2.05	2.33	3.01	3.68	4.05	5.48	5.67
果蔬饮料	千克	0.94	0.25	0.25	0.60	0.75	0.88	1.06	1.27	2.13	2.52
瓶装饮用水	千克	7.98	1.56	2.00	2.23	3.70	7.11	12.21	13.77	18.44	17.13
茶叶量	千克	0.11	0.04	0.05	0.06	0.08	0.11	0.14	0.15	0.17	0.19
咖啡可可粉	千克	0.03	0.01	0.00	0.01	0.03	0.02	0.03	0.04	0.04	0.05
鲜　果	千克	49.97	28.17	25.98	37.54	44.46	51.93	55.98	62.67	69.91	65.60
鲜　瓜	千克	16.76	9.63	9.43	12.62	15.05	17.32	19.14	21.73	21.43	18.99
坚果及果仁	千克	3.97	2.42	2.31	3.28	3.75	3.90	4.08	4.86	5.97	6.22
糕　点	千克	4.23	2.17	1.84	3.03	3.81	4.36	4.68	5.49	6.16	5.93
鲜乳品	千克	19.72	7.61	6.77	10.92	15.27	19.46	24.59	29.43	33.21	34.29
奶　粉	千克	0.39	0.24	0.21	0.29	0.32	0.40	0.44	0.58	0.56	0.55
酸　奶	千克	1.77	0.51	0.48	0.99	1.37	1.78	2.02	2.86	3.31	3.69
服　装	件	5.95	3.10	3.09	4.17	5.01	5.96	6.86	7.81	9.44	10.19
鞋　类	双	2.31	1.49	1.48	1.89	2.09	2.36	2.50	2.79	3.11	3.23

10—11 城镇居民家庭平均每百户年末耐用品拥有量

品名	单位	合计	最低10%	#更低5%	低10%	较低20%	中间20%	较高20%	高10%	最高10%	#更高5%
成套家具	套	38.9	34.9	36.9	34.2	38.0	37.4	39.3	41.5	48.5	46.4
摩托车	辆	6.2	5.0	6.0	5.0	4.8	6.7	7.2	6.6	7.6	7.6
自行车	辆	132.1	129.0	128.9	137.8	140.8	142.3	130.5	120.0	106.6	100.1
助力车	辆	1.5	2.5	2.3	0.9	1.0	0.7	2.6	2.0	0.5	0.6
家用汽车	辆	0.4	0.1	0.1	0.0	0.3	0.3	0.4	1.1	0.9	1.0
洗衣机	台	88.0	79.0	79.5	83.4	87.0	88.1	89.6	92.5	94.7	95.9
电风扇	台	75.4	57.3	58.8	66.7	73.1	76.8	80.2	83.1	82.8	84.9
电冰箱	台	85.6	64.8	61.9	74.8	80.9	87.5	92.4	94.9	95.7	95.4
冰柜	台	8.9	5.3	4.2	4.9	7.6	8.5	7.5	14.5	16.3	18.0
彩色电视机	台	118.4	104.7	104.2	110.4	113.6	117.5	123.9	126.5	129.6	131.3
影碟机	台	38.9	21.4	22.1	28.5	33.3	41.2	47.6	45.9	44.9	47.0
录音机	台	50.8	36.9	38.0	42.5	46.7	51.5	54.6	60.4	59.4	61.6
录放像机	台	21.1	6.3	5.5	10.3	16.6	20.6	26.6	31.2	32.4	33.9
家用电脑	台	16.8	3.1	3.7	7.4	10.3	15.7	21.3	30.2	30.1	33.3
组合音响	套	21.4	8.6	7.0	11.7	18.9	22.6	26.4	27.4	27.2	27.0
摄像机	架	2.2	0.5	0.8	0.9	1.1	1.6	2.2	4.5	5.8	6.7
照相机	架	43.8	14.9	14.2	25.9	36.5	45.1	53.9	59.9	60.5	64.6
钢琴	架	2.2	0.6	0.4	1.0	1.7	2.5	2.6	4.4	2.3	2.0
其他中高档乐器	件	5.8	1.6	2.7	2.9	4.8	6.2	7.3	8.6	7.3	7.4
微波炉	台	24.3	3.6	3.2	9.5	13.7	22.6	32.8	41.8	45.5	47.1
空调器	台	9.7	1.3	1.5	3.2	3.1	7.3	13.8	17.6	24.1	25.8
取暖器	台	14.3	6.4	5.2	9.8	10.8	14.1	17.0	21.4	20.4	20.5
电炊具	台	77.5	76.5	85.9	73.0	69.9	71.5	81.4	81.1	98.0	102.1
淋浴热水器	台	56.0	24.4	25.2	32.9	46.5	57.5	69.2	74.3	75.4	74.0
排油烟机	台	73.0	51.9	52.1	58.6	67.1	73.8	81.0	85.0	85.8	86.5
消毒碗柜	台	2.5	0.7	0.9	0.8	1.2	1.1	2.7	5.9	7.5	6.6
洗碗机	台	0.3	0.0	0.0	0.4	0.3	0.1	0.1	0.5	0.9	0.9
饮水机	台	15.9	4.4	4.8	7.0	9.8	14.5	20.8	25.2	29.8	33.2
吸尘器	台	25.1	5.6	6.0	11.9	16.3	24.7	31.1	42.7	42.8	45.1
健身器材	套	2.6	0.6	0.7	0.6	1.1	2.0	2.8	4.8	7.3	9.3
普通电话	部	92.2	70.6	68.5	85.2	90.2	94.9	97.3	99.3	97.8	97.0
移动电话	部	57.7	17.2	17.1	30.2	43.5	58.9	74.8	82.2	84.4	89.8
传真机	部	0.4	0.2	0.0	0.0	0.4	0.6	0.1	1.0	0.7	0.7

10—12 各地区城市居民家庭

（2002

地　区	单　位	全　省	沈　阳	大　连	鞍　山	抚　顺	本　溪
成套家具	套	38.91	47.80	22.77	54.50	29.50	33.50
摩托车	辆	6.18	6.92	1.20	8.17	1.50	2.67
自行车	辆	132.05	188.68	34.47	154.92	76.08	38.67
助力车	辆	1.46	1.90	1.37	5.00	0.00	0.00
家用汽车	辆	0.43	0.98	0.00	0.50	0.00	0.00
洗衣机	台	88.04	91.72	82.30	91.33	82.96	87.22
电风扇	台	75.35	75.45	80.65	86.75	74.21	43.67
电冰箱	台	85.58	88.13	92.40	96.29	83.13	84.56
冰柜	台	8.91	6.82	11.17	10.96	6.63	9.56
彩色电视机	台	118.39	124.08	122.92	125.46	117.08	117.17
影碟机	台	38.85	43.97	37.73	40.29	41.21	42.50
录音机	台	50.75	58.85	59.12	56.17	63.00	40.50
录放像机	台	21.10	27.87	35.50	17.00	19.50	10.67
家用电脑	台	16.83	28.42	23.58	15.04	10.58	9.56
组合音响	套	21.35	27.55	26.18	25.58	19.00	17.44
摄像机	架	2.19	3.03	3.95	1.00	4.00	1.22
照相机	架	43.81	57.05	60.75	48.50	41.00	41.11
钢琴	架	2.24	4.20	1.20	2.50	2.50	4.00
其他中高档乐器	件	5.80	7.00	4.65	11.29	9.96	5.22
微波炉	台	24.32	47.00	33.05	15.58	18.75	22.78
空调器	台	9.65	17.43	12.18	7.50	5.50	1.44
取暖器	台	14.33	22.07	14.02	11.88	16.00	18.22
电炊具	台	77.47	55.85	66.90	41.67	68.29	93.78
淋浴热水器	台	56.03	73.77	65.08	58.67	51.08	27.72
排油烟机	台	72.95	86.15	74.93	53.83	80.79	22.67
消毒碗柜	台	2.53	5.65	3.20	0.50	1.21	0.72
洗碗机	台	0.29	0.63	0.23	0.00	0.00	0.00
饮水机	台	15.93	21.25	16.02	4.21	13.83	10.00
吸尘器	台	25.13	40.72	26.65	32.83	19.46	8.00
健身器材	套	2.56	2.90	5.62	4.00	1.50	1.00
普通电话	部	92.15	92.12	94.80	96.21	93.54	95.50
移动电话	部	57.71	70.43	57.77	62.63	58.83	57.50
传真机	部	0.41	0.60	0.57	0.00	1.00	0.67

平均每百户耐用品拥有量

年末)

丹东	锦州	营口	阜新	辽阳	盘锦	铁岭	朝阳	葫芦岛
35.50	38.46	31.50	29.00	30.00	62.54	6.42	26.00	93.75
3.00	15.79	8.75	5.00	5.00	11.25	0.00	7.58	9.00
163.21	183.88	188.58	184.50	177.50	110.79	115.08	184.75	109.00
4.50	0.00	0.00	0.00	2.00	0.00	0.00	0.00	2.00
0.00	0.21	0.17	0.00	0.00	1.00	0.00	0.00	1.00
87.96	92.29	91.08	88.33	89.00	91.17	81.25	87.08	91.58
66.46	82.42	65.92	89.83	78.00	79.75	22.25	88.83	88.33
78.83	83.54	89.75	77.58	89.42	90.54	64.67	82.67	84.83
10.50	3.42	10.50	6.00	12.92	11.25	3.00	8.33	8.00
117.04	110.79	119.08	114.08	120.67	113.25	109.67	116.83	112.92
35.92	37.71	33.33	26.08	48.75	40.08	12.50	32.67	36.17
49.00	51.38	34.00	49.00	49.67	43.17	12.83	30.33	33.83
16.00	13.08	17.50	9.00	21.00	18.00	7.33	8.00	12.92
8.54	11.58	14.17	7.50	18.58	14.17	7.00	9.17	15.50
20.00	20.42	26.92	10.42	19.00	24.00	14.25	12.00	9.92
1.50	0.00	2.00	0.00	4.00	1.50	0.00	1.50	1.00
31.00	37.79	29.42	28.00	49.00	37.83	17.67	25.00	29.00
0.00	0.50	2.00	3.00	4.00	1.50	0.00	0.00	1.00
4.50	4.08	2.42	1.00	6.00	6.50	0.00	4.00	3.00
8.25	12.71	19.08	4.17	15.25	16.63	9.92	9.58	7.92
1.50	9.00	11.25	3.00	7.00	12.75	4.00	13.17	6.42
11.00	2.08	10.17	6.00	14.00	13.00	0.75	5.00	21.25
29.21	82.58	72.42	142.67	109.33	106.67	63.17	105.00	110.83
43.00	62.92	57.25	45.58	57.67	57.96	38.50	41.00	50.00
37.83	81.75	91.17	56.67	90.00	87.25	62.75	88.42	82.00
0.04	0.50	3.25	0.00	5.00	2.00	0.92	1.00	1.00
1.00	0.00	0.00	0.00	0.00	0.50	0.00	0.00	0.00
1.13	9.13	22.50	8.75	18.00	47.00	1.58	8.33	20.50
9.63	12.33	34.08	14.00	22.00	27.50	0.75	9.83	15.00
2.00	2.00	2.00	0.00	1.00	6.42	2.00	0.00	1.00
79.63	90.21	97.25	88.33	94.92	95.00	87.58	94.83	89.25
29.21	58.33	50.92	38.83	69.67	66.83	35.67	63.42	58.83
0.50	0.00	1.00	0.00	0.00	0.50	0.00	0.00	0.00

10—13 城市居民家庭住房情况

指　　标	单 位	2002年	指　　标	单 位	2002年
1.房屋产权(合计)	%	100.00	井、河水	%	0.03
租赁公房	%	21.30	其　他	%	0.00
租赁私房	%	2.55	11.用水情况(合计)	%	100.00
原有私房	%	2.59	独用自来水	%	98.80
房改私房	%	60.24	公用自来水	%	1.18
商品房	%	12.57	井、河水	%	0.02
其　他	%	0.74	其　他	%	0.00
2.住宅建筑式样(合计)	%	100.00	12.卫生设备(合计)	%	100.00
单栋住宅	%	0.00	无卫生设备	%	3.41
四居室	%	0.41	有厕所浴室	%	56.22
三居室	%	13.85	有厕所无浴室	%	36.58
二居室	%	58.21	公　用	%	3.79
一居室	%	16.33	13.取暖设备(合计)	%	100.00
普通楼房	%	4.40	无取暖设备	%	0.10
平房及其他	%	6.80	空调设备	%	0.23
3.建筑年份	年	13.34	暖　气	%	94.00
4.装修状况(合计)	%	100.00	其　他	%	5.67
有装修	%	52.27	14.炊用燃料使用情况(合计)	%	100.00
未装修	%	47.73	管道煤气	%	66.08
5.现有住房按市场价估计值	元	68 495.78	液化石油气	%	29.07
6.租赁房房租	元	19.32	煤	%	4.10
7.自有房房租折算	元	61.37	其　他	%	0.75
8.购房年份	年	3.48	15.通信设备使用情况		
9.购房总金额	元	24 392.39	(1)无电话(合计)	%	100.00
购房实际支出金额	元	23 586.54	是	%	6.61
10.饮水情况(合计)	%	100.00	否	%	93.39
自来水	%	87.44	(2)固定电话	户/百户	92.14
矿泉水	%	7.24	(3)移动电话	户/百户	57.71
纯净水	%	5.29	(4)使用互联网	户/百户	1.96

10—14 农民家庭基本情况

指标	单位	1980年	1990年	1995年	2000年	2001年	2002年
调查户数	**户**	**490**	**1 890**	**1 890**	**1 890**	**1 890**	**1 890**
调查户人口							
1.常住人口	人	2 575	8 055	7 331	6 810	6 711	6 627
2.平均每户常住人口	人	5.26	4.26	3.88	3.60	3.55	3.51
3.平均每户整、半劳动力	人	2.05	2.59	2.65	2.65	2.58	2.57
4.平均每个劳动力负担人口(含本人)	人	2.56	1.65	1.46	1.36	1.37	1.36
平均每人全年收入							
1.总收入	元	299.4	1 155.8	2 953.5	3 588.6	3 912.9	4 210.6
2.纯收入	元	273.0	776.4	1 756.5	2 355.6	2 557.9	2 751.3
3.现金收入	元	163.9	874.8	1 923.2	3 050.8	3 041.8	3 484.4
按人均纯收入分组的户数占调查户数比重							
200元以下	%	28.80	2.60	0.50	2.50	1.43	1.53
200— 500	%	64.90	23.20	3.00	4.30	3.23	2.17
500— 800	%	6.30	34.20	6.30	6.70	4.97	3.81
800— 1000	%	—	16.00	7.80	4.40	4.29	3.65
1000 — 1200	%	—	7.20	9.50	5.70	4.97	4.76
1200 — 1500	%	—	9.60	15.90	5.00	8.36	8.94
1500 — 1700	%	—	2.30	11.00	6.60	6.46	5.13
1700 — 2000	%	—	2.20	12.60	8.60	8.52	8.52
2000 — 2500	%	—	2.00	14.90	14.10	14.55	13.76
2500 — 3000	%	—	0.70	8.60	11.10	10.95	10.48
3000 — 3500	%	—	—	4.80	8.40	8.25	9.42
3500 — 4000	%	—	—	2.10	5.00	6.83	6.77
4000 — 4500	%	—	—	1.00	4.00	4.44	5.29
4500 — 5000	%	—	—	1.00	2.10	3.17	3.23
5000元以上	%	—	—	1.00	11.50	9.58	12.54
平均每人全年支出	**元**	**276.3**	**1 031.1**	**2 804.6**	**3 467.5**	**3 440.8**	**3 525.2**
家庭经营费用支出	元	26.3	275.6	982.8	1 006.0	1 019.0	1 137.9
购置生产性固定资产支出	元	—	—	—	107.7	73.6	100.3
生产性固定资产折旧	元	—	—	—	82.1	91.2	94.9
税费支出	元	—	—	—	136.5	118.0	115.1
生活消费支出	元	228.1	639.6	1 471.9	1 753.5	1 786.3	1 781.3
财产性支出	元	—	—	—	58.3	11.0	10.6
转移性支出	元	—	—	—	323.5	341.8	380.1

10—15　农民家庭人均总收入与人均纯收入

单位:元

指　　标	2001 年	2002 年	构　　成(%)	
			2001 年	2002 年
一、总　收　入	**3 912.87**	**4 210.58**	**100.00**	**100.00**
(一)工 资 性 收 入	914.60	1 020.62	23.37	24.24
在非企业组织中得到收入	286.97	321.32	7.33	7.63
在本地企业中得到收入	222.71	226.54	5.69	5.38
常住人口外出从业得到收入	167.63	200.27	4.28	4.76
其 他 收 入	237.30	272.49	6.06	6.47
(二)家庭经营收入	2 779.34	2 966.58	71.03	70.46
(三)财 产 性 收 入	35.65	42.64	0.91	1.01
(四)转 移 性 收 入	183.28	180.74	4.68	4.29
二、人 均 纯 收 入	**2 557.93**	**2 751.34**	**100.00**	**100.00**
(一)工 资 性 收 入	914.60	1 020.62	35.76	37.10
在非企业组织中得到收入	286.97	321.32	11.22	11.68
在本地企业中得到收入	222.71	226.54	8.71	8.23
常住人口外出从业得到收入	167.63	200.27	6.55	7.28
其 他 收 入	237.30	272.49	9.28	9.90
(二)家庭经营净收入	1 551.19	1 618.68	60.64	58.83
1.农　业	1 053.05	1 099.55	41.17	39.96
#种　植　业	989.65	1 036.44	38.69	37.67
2.林　业	5.38	9.28	0.21	0.34
3.牧　业	205.71	214.77	8.04	7.81
4.渔　业	25.61	23.06	1.00	0.84
5.工　业	47.89	66.59	1.87	2.42
6.建　筑　业	24.32	17.76	0.95	0.65
7.交通运输、邮电业	51.97	56.53	2.03	2.05
8.批零贸易、餐饮业	74.20	76.06	2.90	2.76
9.社 会 服 务 业	19.52	22.89	0.76	0.83
10.文 教 卫 生 业	10.27	9.56	0.40	0.35
11.其他家庭经营	33.26	22.63	1.30	0.82
(三)财产性净收入	35.65	32.01	1.39	1.16
(四)转 移 性 净 收入	56.49	80.03	2.21	2.91

10—16 各地区农民家庭人均纯收入

单位:元

地区	1985年	1990年	1995年	1998年	1999年	2000年	2001年	2002年
全省	**468**	**776**	**1 757**	**2 580**	**2 501**	**2 356**	**2 558**	**2 751**
沈阳	549	935	1 813	2 892	3 100	3 115	3 230	3 500
大连	576	1 004	2 438	3 431	3 681	3 740	3 900	4 140
鞍山	503	1 075	2 104	3 457	3 557	3 596	3 606	3 782
抚顺	479	643	1 451	2 702	2 756	2 763	2 953	3 113
本溪	505	796	1 560	2 600	2 736	2 752	2 970	3 150
丹东	480	794	1 951	2 819	2 920	2 974	3 098	3 263
锦州	457	741	1 850	2 582	2 394	2 295	2 553	2 822
营口	620	899	1 949	2 774	2 874	2 899	3 101	3 302
阜新	391	628	1 582	2 290	1 769	1 058	1 123	1 592
辽阳	491	833	1 454	2 783	2 884	2 902	3 054	3 200
盘锦	599	1 018	2 680	3 470	3 495	3 500	3 506	3 779
铁岭	341	656	1 510	2 600	2 700	2 503	2 663	2 929
朝阳	326	506	1 553	1 796	1 407	1 008	1 401	1 644
葫芦岛	—	590	1 629	2 311	1 837	1 850	2 277	2 416

注:1985年葫芦岛市未成立,该年数字包括在锦州及朝阳市内。

10—17 各地区农民家庭纯收入来源

(2002年)

单位:元

地区	人均纯收入	工资性收入	家庭经营净收入	财产性收入	转移性收入
全省	**2 751.34**	**1 020.62**	**1 618.69**	**32.01**	**80.02**
沈阳	3 500.45	1 019.62	2 335.26	97.55	48.02
大连	4 140.47	2 050.12	1 760.19	83.62	246.54
鞍山	3 782.27	1 411.92	2 214.15	66.09	90.11
抚顺	3 113.18	1 021.66	2 025.01	−1.19	67.70
本溪	3 150.00	1 362.50	1 648.41	81.54	57.55
丹东	3 262.89	1 164.32	1 954.43	9.45	134.69
锦州	2 822.40	766.75	1 985.21	22.40	48.04
营口	3 314.17	1 374.87	1 843.29	4.51	91.50
阜新	1 592.29	407.14	1 117.65	20.22	47.28
辽阳	3 311.84	1 337.00	1 793.35	64.76	116.73
盘锦	3 778.79	1 079.47	2 521.25	139.46	38.61
铁岭	2 929.33	967.08	2 063.83	25.33	−126.91
朝阳	1 644.40	690.59	885.43	10.23	58.15
葫芦岛	2 415.58	1 053.01	1 278.77	7.92	75.88

10—18 农民家庭人均总支出

单位:元

指标	2001年	2002年	构成(%)	
			2001年	2002年
总支出	**3 440.81**	**3 525.22**	**100.00**	**100.00**
(一)家庭经营费用支出	1 018.98	1 137.90	29.61	32.28
(二)购置生产性固定资产支出	73.59	100.26	2.14	2.84
(三)税费支出	117.95	115.12	3.43	3.27
(四)生活消费支出	1 786.29	1 781.26	51.91	50.53
1.食品	814.28	801.51	23.67	22.74
主食	262.44	240.26	7.63	6.82
副食	368.97	371.59	10.72	10.54
其他食品	134.18	137.85	3.90	3.91
在外饮食	42.41	45.72	1.23	1.30
2.衣着	142.06	145.85	4.13	4.14
3.居住	296.88	247.20	8.63	7.01
#住房装饰、装修	10.59	9.90	0.31	0.28
4.家庭设备、用品及服务	66.53	69.44	1.93	1.97
5.医疗保健	100.55	115.80	2.92	3.28
6.交通和通讯	123.80	144.35	3.60	4.09
7.文教娱乐用品及服务	189.26	208.36	5.50	5.91
8.其他商品和服务	52.93	48.75	1.54	1.38
(五)财产性支出	11.02	10.63	0.32	0.30
(六)转移性支出	341.77	380.05	9.93	10.78

10—19 各地区农民家庭人均生活消费支出

（2002 年） 单位：元

地区	生活消费支出合计	1. 食品	2. 衣着	3. 居住	4.家庭设备用品及服务	5. 医疗保健	6. 交通和通讯	7.文教娱乐用品及服务	8. 其他商品和服务
全省	**1 781.26**	**801.51**	**145.85**	**247.2**	**69.44**	**115.8**	**144.35**	**208.36**	**48.75**
沈阳	1 978.22	895.2	175.84	276.27	79.71	90.9	153.39	247.44	59.47
大连	2 746.52	1 278.68	203.58	339.76	103.35	172.48	182.92	363	102.75
鞍山	2 183.96	899.73	221.31	344.22	110.34	119.73	184.29	221.06	83.28
抚顺	2 067.45	865.14	152.27	393.62	51.23	122.4	140.63	253.16	89
本溪	2 305.69	1 113.53	166.32	280.81	74.67	208.88	136.75	262.06	62.67
丹东	2 489.52	1 250.49	145.75	384.55	86.22	157.35	191.21	211.64	62.31
锦州	1 488.19	705.33	146.04	202.27	52.51	71.09	120.99	169.15	20.82
营口	1 785.14	792.16	190.4	191.61	65.88	102.64	146.26	225.07	71.11
阜新	1 721.99	821.79	108.76	263.14	61.14	94.43	126.52	212.58	33.63
辽阳	1 747.68	760.48	162.63	216.21	61.33	117.49	145.95	172.54	111.05
盘锦	2 513.1	1 071.82	199.48	505.95	83.99	117.05	215.15	248.08	71.58
铁岭	1 613.98	807.11	125.95	207.72	61.6	94.62	102.25	184.63	30.09
朝阳	1 425.57	641.84	93.27	185.61	53.78	120.31	100.92	197.77	32.07
葫芦岛	1 610.48	672.64	144.15	221.72	78.35	105.48	128.4	212.09	47.65

10—20 农村居民人均食品消费情况

单位:公斤

指　　标	2001年	2002年	指　　标	2001年	2002年
一、谷物和薯类	227.35	211.19	#猪　　肉	13.85	14.61
#小　　麦	28.49	29.06	牛　　肉	0.35	0.27
稻　　谷	96.46	102.60	羊　　肉	0.22	0.21
玉　　米	66.98	42.63	家　　禽	1.74	1.67
薯　　类	7.81	9.53	肉禽制品	0.65	0.72
二、豆类及豆制品	11.53	9.45	七、蛋类及蛋制品	8.59	8.84
大　　豆	7.66	5.53	八、奶及奶制品	0.51	0.66
杂　　豆	0.68	0.48	九、水　产　品	4.38	4.64
三、蔬菜及菜制品	193.29	199.40	鱼　　类	3.43	3.56
#根茎块花类	37.70	38.82	虾、贝、蟹类	0.55	0.60
菜瓜类	9.83	9.91	藻　　类	0.12	0.09
茄果类	27.53	27.63	其　　他	0.28	0.39
白菜类	107.71	110.99	十、食　　糖	0.98	0.83
绿叶菜类	8.47	9.84	十一、酒和饮料	17.96	19.95
其他鲜菜	1.77	1.87	#白　　酒	4.12	4.30
干菜类	0.12	0.12	啤　　酒	6.29	6.58
菜品类	0.16	0.20	果　　酒	0.06	0.03
四、调　味　品	2.33	3.10	不含酒精饮料	6.90	8.88
五、油　脂　类	7.42	7.80	十二、糖　　果	0.21	0.21
植物油	5.67	6.04	十三、糕　　点	1.56	1.67
动物油	1.74	1.76	十四、水果及水果制品	22.20	27.00
六、肉禽及其制品	16.98	17.60	十五、坚果及果仁制品	0.33	0.25

10—21　农民家庭平均每百户年末耐用消费品拥有量

品　　名	单位	1985 年	1990 年	1995 年	2000 年	2001 年	2002 年
大型家具	台	—	—	—	123.49	134.97	140.63
洗衣机	台	11.95	29.26	44.97	54.97	55.98	56.08
电风扇	台	2.45	8.31	25.40	48.84	49.79	51.32
电冰箱	台	0.09	1.38	6.83	14.97	15.87	16.67
空调机	台	—	—	—	0.21	0.37	0.32
抽油烟机	台	—	—	—	2.59	3.02	2.28
吸尘器	台	—	—	—	0.63	0.69	0.58
微波炉	台	—	—	—	0.11	0.21	0.11
热水器	台	—	—	—	1.59	1.43	1.75
自行车	辆	139.38	156.61	164.97	127.99	128.62	127.99
摩托车	辆	0.86	1.69	5.08	23.81	25.77	29.68
汽车(生活用)	台	—	—	—	—	0.05	0.16
电话机	部	—	—	—	39.37	48.84	57.99
移动电话	部	—	—	—	4.5	8.36	12.28
寻呼机	台	—	—	—	10.37	11.27	9.52
彩色电视机	台	1.90	10.05	31.64	72.65	75.93	81.22
黑白电视机	台	40.00	66.67	69.21	37.99	34.97	31.64
录放像机	台	—	—	—	4.55	5.19	5.29
摄像机	台	—	—	—	0.16	0.11	0.32
影碟机	台	—	—	—	14.02	17.14	20.11
组合音响	台	—	—	—	12.01	12.65	13.33
收录机	台	8.82	21.85	35.03	20.26	21.06	19.95
照相机	架	0.40	1.53	2.65	4.92	4.71	4.97
家用计算机	台	—	—	—	0.21	0.32	0.42
中高档乐器	件	—	—	—	0.26	0.21	0.16

10—22 各地区农村居民人均主要食品消费量

(2002 年)　　单位:公斤

地区	谷物及薯类	豆类	蔬菜	油脂	肉禽及制品	蛋类及其制品	奶及奶制品
全省	**211.20**	**9.45**	**199.40**	**7.80**	**17.60**	**8.84**	**0.66**
沈阳	264.01	8.53	204.29	8.51	12.23	9.38	0.94
大连	150.49	17.09	503.01	8.23	34.38	14.51	5.56
鞍山	227.55	6.89	189.31	9.50	16.39	8.64	0.98
抚顺	226.60	13.75	221.03	5.41	15.19	7.66	0.59
本溪	204.09	6.02	215.11	10.28	29.96	7.88	0.62
丹东	245.54	10.00	326.22	8.61	31.54	14.88	0.56
锦州	201.13	12.34	129.49	9.07	14.24	5.73	0.92
营口	211.32	5.37	173.30	5.29	12.27	6.25	0.74
阜新	190.57	16.71	202.94	8.82	23.52	6.52	0.46
辽阳	205.34	10.15	256.52	8.30	9.38	6.39	0.79
盘锦	248.52	12.79	265.10	9.11	17.18	17.65	1.96
铁岭	233.96	7.28	217.62	8.59	12.66	6.97	0.28
朝阳	210.54	12.16	157.63	4.83	16.72	5.97	0.98
葫芦岛	147.48	8.29	110.69	5.60	12.07	5.40	0.38

10－23续表　　(2002 年)　　单位:公斤

地区	水产品	食糖	酒和饮料	糖果	糕点	水果	坚果
全省	**4.64**	**0.83**	**19.95**	**0.21**	**1.67**	**27.00**	**0.25**
沈阳	3.21	1.75	20.04	0.31	0.92	21.44	1.08
大连	10.01	2.97	20.26	0.31	3.18	16.84	0.62
鞍山	4.27	0.75	15.78	0.32	1.03	20.67	0.29
抚顺	3.27	0.87	18.39	0.48	1.14	20.84	0.33
本溪	4.01	1.41	16.17	0.53	1.23	19.86	0.79
丹东	7.68	1.05	24.74	0.22	1.88	34.98	1.18
锦州	3.98	0.88	13.12	0.53	1.25	14.19	0.14
营口	4.92	0.73	17.16	0.18	1.07	26.78	0.41
阜新	2.64	0.76	23.68	0.26	1.62	17.35	0.19
辽阳	3.11	1.26	17.25	0.27	0.77	25.33	0.81
盘锦	10.26	1.76	19.42	0.26	1.44	27.17	0.21
铁岭	2.07	0.53	20.99	0.15	0.73	14.70	0.90
朝阳	2.15	0.89	16.71	0.27	1.36	27.76	0.83
葫芦岛	3.92	0.65	23.62	0.16	0.99	17.46	0.22

10—23 各地区农村居民人均主要衣着消费量

（2002 年）

地　　区	棉　布（米）	棉布服装（件）	化纤布（米）	化纤布服装（件）	毛　料（米）	毛料服装（件）
全　省	**0.26**	**0.14**	**0.19**	**1.41**	**0.01**	**0.05**
沈　阳	0.28	0.35	0.14	1.36	0.04	0.12
大　连	0.39	0.29	0.14	1.08	0.04	0.11
鞍　山	0.24	0.26	0.11	1.65	0.01	0.08
抚　顺	0.18	0.06	0.21	1.38	0.01	0.04
本　溪	0.42	0.23	0.26	2.24	—	—
丹　东	0.19	0.19	0.15	1.57	—	0.02
锦　州	—	—	—	—	—	—
营　口	0.25	0.18	0.19	1.41	0.02	0.04
阜　新	0.27	0.16	0.24	0.94	0.02	0.04
辽　阳	0.15	0.24	0.27	0.26	0.02	0.05
盘　锦	0.38	0.45	0.17	1.21	0.06	0.04
铁　岭	0.14	0.17	0.16	1.07	0.01	0.03
朝　阳	0.43	0.14	0.22	1.04	0.02	0.01
葫芦岛	0.49	0.37	0.23	1.35	0.04	0.04

10—24 各地区农村居民平均每百户主要耐用消费品拥有量

(2002年末)

地区	大型家具(件)	洗衣机(台)	电风扇(台)	电冰箱(台)	抽油烟机(台)	吸尘器(台)	热水器(台)	自行车(辆)	摩托车(辆)	电话机(部)
全　省	**140.6**	**56.1**	**51.3**	**16.7**	**2.3**	**0.6**	**1.8**	**128.0**	**29.7**	**58.0**
沈　阳	83.6	76.6	62.7	24.4	13.9	3.5	10.5	142.8	34.8	73.1
大　连	113.6	54.8	77.4	47.2	14.4	3.2	10.4	119.0	28.4	71.6
鞍　山	190.9	64.2	66.5	26.7	2.1	0.7	1.6	143.5	27.2	64.7
抚　顺	239.0	47.3	19.0	10.7	1.7	0.3	0.7	115.7	20.3	55.7
本　溪	120.0	45.7	40.5	26.2	5.2	0.5	1.4	94.8	17.6	72.9
丹　东	240.3	57.4	56.0	17.7	3.4	0.3	1.4	158.6	26.9	74.0
锦　州	89.2	83.6	59.4	15.9	2.4	0.6	1.5	120.5	31.1	57.5
营　口	110.0	69.5	61.1	26.3	2.1	3.2	1.1	140.0	34.2	66.3
阜　新	164.5	69.0	36.0	8.8	2.0	1.5	1.8	108.5	45.5	54.8
辽　阳	133.0	325.0	315.0	139.0	47.0	10.0	15.0	657.0	111.0	334.0
盘　锦	130.0	82.0	83.8	33.3	9.5	1.8	5.3	158.8	33.3	86.0
铁　岭	114.3	56.0	37.9	11.2	2.9	0.5	2.9	122.9	24.3	49.8
朝　阳	139.4	46.4	49.3	10.3	1.4	0.1	0.7	127.4	28.2	43.1
葫芦岛	114.3	67.8	54.5	13.0	4.0	0.0	0.5	111.8	30.5	37.0

10－24续表

(2002年末)

地区	移动电话(部)	寻呼机(台)	彩色电视机(台)	黑白电视机(台)	录放像机(台)	影碟机(台)	组合音响(台)	收录机(台)	照相机(架)
全　省	**12.3**	**9.5**	**81.2**	**31.6**	**5.3**	**20.1**	**13.3**	**20.0**	**5.0**
沈　阳	20.9	17.4	94.0	20.9	7.0	24.4	17.4	24.4	10.5
大　连	25.6	9.4	88.8	20.8	12.4	14.4	11.4	19.0	10.8
鞍　山	16.7	11.4	90.7	20.5	5.4	20.9	14.2	24.9	4.7
抚　顺	6.0	6.0	84.7	22.7	4.7	21.0	18.7	24.7	7.0
本　溪	18.1	16.7	92.9	11.9	6.7	31.4	17.6	24.8	4.8
丹　东	17.1	22.3	96.3	32.3	3.1	29.1	26.0	21.1	4.9
锦　州	12.3	2.6	81.3	27.3	3.9	26.4	11.1	20.2	3.4
营　口	16.3	16.8	99.0	9.0	10.5	17.4	15.3	23.2	6.3
阜　新	9.8	8.3	74.3	36.5	2.5	12.8	9.0	10.5	3.5
辽　阳	97.0	33.0	503.0	46.0	33.0	120.0	95.0	91.0	27.0
盘　锦	35.3	8.0	101.0	13.5	11.8	22.3	19.0	29.0	12.3
铁　岭	13.6	7.1	86.0	26.2	3.1	26.9	12.9	8.8	3.6
朝　阳	8.3	5.6	65.9	44.8	2.0	13.7	8.5	16.5	2.6
葫芦岛	13.5	1.5	68.8	40.8	4.0	14.0	10.3	14.5	2.8

10—25 农民家庭住房情况

指　　标	单　位	2001年	2002年
期末住房情况			
(一)住　房　面　积	平方米/人	22.61	23.02
＃租用住房面积	平方米/人	0.07	0.04
(二)住　房　价　值	元/人	6 051.32	6 290.01
(三)住　房　类　型			
1.楼　　　　房	平方米/人	0.32	0.38
2.砖　瓦　平　房	平方米/人	21.55	21.79
3.其　　　　他	平方米/人	0.7	0.73
(四)住　房　结　构			
1.钢筋混凝土结构	平方米/人	1.79	2.03
2.砖　木　结　构	平方米/人	20.34	20.64
3.其　　　　他	平方米/人	0.35	0.38
期内新建(购)住房情况			
(一)新建(购)住房面积	平方米/人	0.41	0.51
(二)新建(购)住房价值	元/人	152.33	172.17
(三)新建(购)住房类型			
1.楼　　　　房	平方米/人	0.04	—
2.砖　瓦　平　房	平方米/人	0.33	0.53
3.其　　　　他	平方米/人	0.02	—
(四)新建住(购)房结构	—	—	—
1.钢筋混凝土结构	平方米/人	0.18	0.17
2.砖　木　结　构	平方米/人	0.21	0.36
3.其　　　　他	平方米/人	—	—
期内新建(购)住房资金来源			
1.自　　　　筹	元/人	131.77	130.68
2.银行、信用社贷款	元/人	3.13	15.54
3.其　　　　他	元/人	10.73	31.24
居　住　条　件	**(百户均)**		
住房有卫生设备的户数	户	99.42	99.05
生活用电数量	度	22 039.84	22 183.97
使用安全饮用水的户数	户	94.76	90.63
有取暖设备的户数	户	100.00	100.00
＃1.空　　　　调	户	0.05	0.05
2.暖　　　　气	户	9.95	10.69
3.火　　　　炕	户	90.00	89.26
燃料使用情况	**(百户均)**		
＃1.液　　化　　气	户	1.85	2.17
2.煤　　　　炭	户	8.78	9.68
3.柴　　　　草	户	89.37	88.10

主要统计指标解释

城镇居民家庭就业人口 指城镇居民从事社会劳动并取得劳动报酬或经营收入的人口。就业人口包括通过国家统筹规划和指导由劳动部门介绍就业，自愿组织起来就业和自谋职业等方式，在国有制、集体所有制、中外合资、中外合作、外资在华独资的企事业单位和私营企业单位工作或从事个体劳动的有固定性职业或临时性职业的人口。被聘用和留用的离退休人员也计入就业人口。本指标可以反映城镇居民的就业情况，是计算就业面、负担系数的重要资料。

城镇居民家庭全部收入 指被调查城镇居民家庭全部的实际现金收入，包括经常或固定得到的收入和一次性收入。不包括周转性收入，如提取银行存款、向亲友借入款、收回借出款以及其他各种暂收款。

城镇居民家庭可支配收入 指被调查城镇居民家庭在支付个人所得税之后，所余下的实际收入。

城镇居民家庭生活费收入 指被调查的城镇居民家庭全部收入中能用于安排家庭日常生活的实际收入。即城镇居民家庭的全部实际收入除"赡养支出"、"赠送支出"和缴纳的各种税款以及被调查户非本家庭人口的经济用饭人口所交的"搭伙费"。

城镇居民家庭消费支出 指被调查的城镇居民家庭用于日常生活的全部支出，包括购买商品支出和文化生活、服务等非商品性支出。不包括罚没、丢失款和缴纳的各种税款(如个人所得税、牌照税、房产税等)，也不包括个体劳动者生产经营过程中发生的各项费用。

城镇居民家庭购买商品支出 指被调查的城镇居民家庭购买商品的全部支出，包括从商店、工厂、饮食业、工作单位食堂、集市以及直接从农民购买各种商品的开支。共分九类：食品、衣着、日用品、文化娱乐用品、书报杂志、药及医疗用品、房屋及建筑材料、燃料、其他商品。不论自用的或赠送亲友的都包括在内。

农村居民家庭纯收入 指农村常住居民家庭总收入中，扣除从事生产和非生产经营费用支出、缴纳税款和上交承包集体任务金额以后剩余的，可直接用于进行生产性、非生产性建设投资、生活消费和积蓄的那一部分收入。它是反映农民家庭实际收入水平的综合性的主要指标。农民家庭纯收入，既包括从事生产性和非生产性的经营收入，又包括取自在外人口寄回带回和国家财政救济、各种补贴等非经营性收入，既包括货币收入，又包括自产自用的实物收入。但不包括向银行、信用社和向亲友借款等属于借贷性的收入。

农村居民家庭整半劳动力 指农村常住居民家庭成员中有劳动能力并经常参加实际劳动的人员。是生产的基本要素指标之一，是发展生产增加农民家庭收入的重要源泉。按规定，农村男 18 周岁至 50 周岁、女 18 周岁至 45 周岁为整劳动力；男 16 周岁至 17 周岁、51 周岁至 60 周岁、女 16 周岁至 17 周岁、46 周岁至 55 周岁为半劳动力。农民家庭整半劳动力，既包括在上述规定劳动年龄内和在劳动年龄以外有劳动能力并经常参加实际劳动的男女整半劳动力；也包括农民家庭常住人员中属于职工的劳动力。但不包括在劳动年龄内已丧失劳动能力的人员。

农村居民家庭生活消费支出 指农村常住居民家庭年内用于日常生产的全部开支。它是用来反映和研究农民家庭实际生活消费水平高低的重要指标。农民家庭生活消费支出，包括用于吃、穿、住、烧、用等生活消费品开支和文化、生活服务费用开支两大部分。

农村居民家庭商品性生活消费支出 指农村常住居民家庭用其货币收入，在市场上购买食品、衣着、家庭用家具器皿、日用杂品、燃料、耐用消费品，以及文教卫生用品等生活消费总量。包括向国有商店、集体商店和集市贸易市场以及其他流通渠道购买的全部生活消费品。农民家庭商品性生活消费支出，是农民家庭生活消费支出的一个重要组成部分，是用来反映和分析农民家庭生活消费水平的商品化程度，及其由自给性经济向商品经济发展趋势的重要指标，也是研究和预测农民家庭对市场消费品需求，制定商品供应计划的重要依据。

城乡储蓄存款余额 城乡储蓄存款，包括城镇居民储蓄存款和农民个人储蓄存款两部分。不包括居民的手存现金和工矿企业、部队、机关团体等集团存款。储蓄存款余额，是指城乡居民存入银行及农村信用社储蓄的时点数(存入数扣除取出数的余额)，如月末、季末或年末数额。

第十一篇

城市建设

11

CHENGSHI
JIANSHE

11—1 城市公用事业基本情况

指　　标	单　位	1980年	1985年	1990年	1995年	2000年	2001年	2002年
自来水全年供水总量	亿　吨	9.9	11.7	29.5	32.0	30.9	29.7	28.0
#生活用水量	亿　吨	3.2	4.3	7.0	9.5	10.4	10.1	9.6
人均日生活用水量	升	122.0	130.8	152.1	160.2	162.4	160.2	143.8
用水普及率	%	80.1	81.3	87.8	98.2	98.2	107.3	106.7
公共车辆(汽、电车)数	辆	3 009	3 791	5 051	9 032	13 136	14 363	15 601
平均每万人拥有	标　台	3.5	3.4	5.0	7.1	8.5	8.9	9.5
道路长度	公　里	3 827	3 855	5 914	8 465	9 249	9 462	9 875
平均每万人拥有	公　里	4.5	3.4	4.4	5.7	5.9	5.9	6.0
道路面积	万平米	3 519	3 850	5 554	8 670	10 152	13 793	14 270
平均每万人拥有	万平米	4.1	3.4	4.2	5.9	6.5	8.5	8.7
排水管道长度	公　里	2 998	3 384	5 280	7 357	8 354	8 394	8 880
平均每万人拥有	公　里	3.5	3.0	3.9	5.0	5.3	5.2	5.4
公用煤气、液化气								
人工煤气全年供气总量	亿立米	3.9	4.6	6.6	8.5	8.2	5.9	6.1
#家庭用量	亿立米	2.3	3.2	3.9	4.3	3.8	3.8	4.0
煤气管道长度	公　里	2 079	2 926	3 293	3 765	4 470	4 595	4 718
天然气全年供气总量	亿立米	0.6	3.5	9.4	5.0	2.5	3.1	3.1
液化气家庭用量	亿立米	3.5	6.9	17.0	23.3	28.2	28.7	26.4
燃气普及率	%	36.4	44.0	66.3	81.0	89.3	91.9	100.6
城市绿化								
园林绿地面积	公　顷	13 768	17 514	37 740	51 268	61 432	65 394	61 519
每万人拥有园林绿地面积	公　顷	16.0	15.6	28.3	34.8	39.2	40.5	37.4
公园个数	个	57	80	134	200	197	206	212
公园面积	公　顷	1 553	1 847	2 742	4 265	4 751	5 852	6 083
清洁卫生								
生活垃圾清运量	万　吨	514	503	731.5	920	838	768	774
粪便清运量	万　吨	95	169	189.2	254	160	148	152
每万人拥有公共厕所	座	1.1	1.7	4.7	6.8	6.7	5.7	6.3

11—2 各市区城市设施水平

(2002年)

市　名　称	城市人口用水普及率(%)	城市"三气"普及率(%)	每万人拥有公共交通车辆(标台)	人均拥有道路面积(平方米)	人均公共绿地面积(平方米)	水冲公厕比率(%)
全　省	**106.74**	**100.58**	**9.51**	**8.68**	**6.97**	**10.43**
沈　阳	90.48	105.08	11.14	10.03	6.86	29.84
大　连	125.24	125.24	19.07	9.83	9.50	73.31
鞍　山	97.37	99.98	9.95	9.12	7.63	45.10
抚　顺	101.76	92.06	11.61	6.41	5.79	3.51
本　溪	94.49	68.26	7.19	5.11	7.31	3.89
丹　东	99.34	98.89	6.41	9.06	5.71	2.96
锦　州	119.50	102.43	5.72	9.01	6.69	11.39
营　口	128.80	115.52	4.25	6.41	5.52	2.29
阜　新	102.06	63.88	4.36	4.37	5.08	10.43
辽　阳	121.64	92.52	4.75	9.88	6.84	7.81
盘　锦	111.39	111.39	8.06	11.69	6.41	39.69
铁　岭	109.61	97.06	5.95	6.14	5.92	6.15
朝　阳	116.23	104.80	2.22	7.54	5.07	2.98
葫芦岛	104.40	97.11	4.66	7.78	12.16	2.49

11—3 城市房屋建筑及住房情况

指　　标	单　位	1980 年	1985 年	1990 年	1995 年	2000 年	2001 年	2002 年
建成区面积	平方公里	—	874.3	1 025.6	1 419.0	1 558.6	1 612.4	1 660.4
本年征用土地面积	平方公里	—	—	—	26.2	22.6	11.24	21.24
市区人口密度	人/平方公里	—	—	617	1 215	1 174	1 002	990
年末实有房屋建筑面积	万平方米	11 997	19 187	30 378	47 973	52 481	57 657	—
年末实有住宅建筑面积	万平方米	5 780	9 520	15 377	26 439	30 841	33 982	—
年末实有住宅居住面积	万平方米	2 920	4 870	7 830	13 635	15 606	—	—
解决缺房户	万　户	—	—	8.0	14.9	8.3	—	—

11—4 城市自来水情况

指　　标	单　位	1980 年	1985 年	1990 年	1995 年	2000 年	2001 年	2002 年
年末水厂个数	个	47	55	71	117	120	—	—
年末供水综合生产能力	万立方米/日	291	341.2	961.2	1 286.8	1 393.2	1 351.1	1 338.3
年末供水管道长度	公　里	8 653	10 593	12 972	15 557	20 627	21 708	21 602
全年供水总量	亿立方米	9.9	11.7	29.5	32.0	30.9	29.7	28.0
#生活用水	亿立方米	3.2	4.3	7.0	9.5	10.4	10.1	9.6
人均日生活用水量	升	122.0	130.8	152.1	160.2	162.4	160.2	143.8
用水人口	万　人	707	892	1 191	1 621	1 751	1 734	1 755

11—5 城市煤气、液化气、天然气及集中供热情况

指　　标	单　位	1980年	1985年	1990年	1995年	2000年	2001年	2002年
一、人 工 煤 气								
生 产 能 力	万立米/日	95	112.7	173.1	197.4	163.1	201.5	218.7
储 气 能 力	万立方米	54	75.4	107.1	133.3	146.7	141.9	164.1
供气管道长度	公 里	2 079	2 926	3 293	3 765	4 470	4 595	4 718
供 气 总 量	亿立方米	3.9	4.6	6.6	8.5	8.2	5.9	6.1
#家 庭 用 量	亿立方米	2.3	3.2	3.9	4.2	3.8	3.8	4.0
二、液 化 石 油 气								
储 气 能 力	万立方米	0.4	0.6	1.4	1.6	1.6	4.4	3.9
供 气 总 量	亿立方米	3.5	7.1	17.8	28.6	37.9	38.8	37.8
#家 庭 用 量	亿立方米	3.5	6.9	17.0	23.3	28.2	28.7	26.4
三、天 然 气								
储 气 能 力	万立方米	9	13.1	52.6	50.7	71.2	99.6	120.6
供气管道长度	公 里	383	849	1 984	2 272	2 951	3 169	3 355
供 气 总 量	亿立方米	0.6	3.5	9.4	5.0	2.5	3.1	3.1
#家 庭 用 量	亿立方米	0.5	3.3	4.0	2.5	1.6	1.9	1.9
四、集 中 供 热								
蒸气供热总量	万吉焦/年		58	1 237	1 962	2 201	2 747	3 437
热水供热总量	万吉焦/年				5 831	11 388	12 888	19 616
热水管道长度	公 里		575	1 068	2 242	7 200	8 617	9 679
供 热 面 积	万平方米		1 049	5 561	5 705	20 030	22 048	24 963

11—6 城市公共交通情况

指标	单位	1980年	1985年	1990年	1995年	2000年	2001年	2002年
年末公共交通运营车辆	辆	3 009	3 791	5 051	9 032	13 136	14 363	15 601
每万人拥有公共交通车辆	标台	3.5	3.4	5.0	7.1	8.5	9.1	9.5
公共汽车运营车数	辆	2 165	2 833	3 988	5 296	12 919	14 300	15 538
无轨电车运营车数	辆	844	958	1 063	1 048	217	63	63
附:出租汽车	辆	166	544	7 812	45 903	75 389	75 415	79 086
年末运营线路网长度	公里	2 415	3 372	4 826	9 505	6 071	4 907	4 714
客运总数	亿人次	20.3	25.2	29.3	25.4	29.7	32.1	32.1
平均日客运量	万人次	555.3	690.9	802.6	695.9	814.5	880.4	879.7

11—7 城市市政建设情况

指标	单位	1980年	1985年	1990年	1995年	2000年	2001年	2002年
实有道路长度	公里	3 827	3 855	5 914	8 465	9 249	9 462	9 875
#高级次高级道路	公里	2 596	3 158	4 905	7 564	—	—	—
实有道路面积	万平方米	3 519	3 850	5 554	8 670	10 152	13 793	14 270
#高级次高级道路	万平方米	2 273	3 035	4 777	7 892	—	—	—
永久性桥梁数	座	413	523	694	1 071	1 253	1 260	1 247
防洪堤长度	公里	268	354	480	752	917	932	909
城市排水管道长度	公里	2 998	3 384	5 280	7 357	8 354	8 394	8 880
城市路灯盏数	千盏	66.4	86.6	118.8	232.8	297.7	371.9	481.7

11—8 城市园林绿化情况

指标	单位	1980年	1985年	1990年	1995年	2000年	2001年	2002年
城市园林绿地面积	公顷	13 768	17 514	37 740	51 268	61 432	65 394	61 519
#公共绿地	公顷		2 655	6 709	7 226	8 977	10 002	11 451
每万人拥有园林绿地面积	公顷	16.0	15.6	28.3	34.8	39.2	40.5	37.4
建成区绿化覆盖率	%	12.7	15.3	22.8	28.1	30.5	31.4	32.4
人均公共绿地面积	平方米	3	2.4	5.0	4.9	5.7	6.2	7.0
公园个数	个	57	80	134	200	197	206	212
公园面积	公顷	1 553	1 847	2 742	4 265	4 751	5 852	6 083
年游人量	万人次		7 148	7 520	5 784	5 800	5 643	7 110
全年植树量	万株	130	274.2	521.2	381	754	—	—
苗圃面积	公顷	861.5	1 150	1 385	1 545	1 723	—	—

11—9 城市维护和建设资金情况

单位:万元

指标	1980年	1985年	1990年	1995年	2000年	2001年	2002年
一、城市维护建设资金							
全年收入总额	16 554	118 764	173 223.4	426 688.5	997 521	1 255 337	1 455 436
全年支出总额	16 468	109 795	77 782.8	406 344.7	1 040 887	1 352 001	1 555 723
# 用于维护支出	15 075	53 202	44 773.2	165 575.9	240 278	192 194	220 737
用于固定资产投资	1 393	55 149	18 320	240 769	741 895	1 017 639	1 262 546
二、城市建设投资							
全年完成固定资产投资	12 378	50 916	77 678	239 888	765 793	1 017 573	1 262 502
基本建设投资	12 378	17 846	37 580	174 559	592 712		
措施投资	—	33 070	40 098	65 329	173 081		

11—10 城市环境卫生情况

指标	单位	1980年	1985年	1990年	1995年	2000年	2001年	2002年
年末从业人数	人	20 050	26 807	30 235	40 412	44 693	48 727	50 533
市容环卫专用车辆总数	台	642	1 008	2 150	2 817	3 009	2 997	3 017
环卫设施								
公厕数	座	929	1 939	6 244	9 952	10 523	9 211	10 352
每万人拥有公厕数	座	1.1	1.7	4.7	6.8	6.7	5.7	6.3
工作量								
道路清扫保洁面积	万平方米	3 571	5 655	9 804	14 515	16 588	16 574	17 772
生活垃圾清运量	万吨	514	502.8	731.5	920	838	768	774
粪便清运量	万吨	95	169	189	254	160	148	152

主要统计指标解释

年底自来水生产能力　指年底城建部门管理的自来水厂和自备水源的社会单位取水、净化、送水、出厂输水干管等环节的实际生产能力。

年底供水管道长度　指从送水泵到用户水表之间所有管道的长度。

全年供水总量　指公用自来水厂和自备水源的社会单位全年的供水总量,包括有效供水量及损失水量。

生活用水量　指居民日常生活与公共福利设施的用水量。包括居民、饮食店、旅馆、医院、理发店、浴池、洗衣店、游泳池、商店、学校、机关、部队等单位的用水量。

城市人口用水普及率　指城市用水的非农业人口数(不包括临时人口和流动人口)与城市非农业人口总数之比。计算公式:

$$用水普及率=\frac{城市用水的非农业人口数}{城市非农业人口数}\times 100\%$$

人工煤气生产能力　指城市煤气厂制气、净化、输送等环节的综合实际生产能力。

全年供气总量　指全年售给各类用户的全部煤气量。包括工业用量、家庭用量和其他用量。

城市用气普及率　指使用煤气(包括人工煤气、液化石油气、天然气)的城市非农业人口数(不包括临时人口和流动人口)与城市非农业人口总数之比。计算公式:

$$城市煤气普及率=\frac{城市用气的非农业人口数}{城市非农业人口总数}\times 100\%$$

城市供热能力　指热电厂、热力公司和达到标准的集中采暖锅炉房向城市输送的供热源的设计能力。每小时向城市输送的蒸汽、热水能力。

城市供热总量　指热电厂、热力公司和达到标准的集中采暖锅炉房全年向城市输送的全部蒸汽、热水量。

城市供热管道长度　指热电厂、热力公司 和达到标准的集中采暖锅炉房管理的集中供热热源到用户之间的全部供气、供热水的管道长度。

年底实有铺装道路长度　指除土路外,路面经过铺装宽度在3.5米以上的道路,包括高级、次高级道路和普通道路。

城市桥梁　指城市范围内,修建在河道上的桥梁和道路与道路立交、道路跨越铁路的立交桥,以及人行天桥,包括永久性桥和半永久性桥,不包括临时性桥、铁路桥、涵洞。

城市下水道总长度　指所有排水总管、干管、支管及暗渠、检查井、连接井进出口等长度之和。

城市污水日处理能力　指污水处理厂每昼夜处理污水量的设计能力。

年末实有公共汽(电)车　指年底可参加营运的全部车辆数,包括年底营运车辆数和库存查封未参加营运的车辆,不包括非营运车辆,如架线车、油罐车、工程车、货车及其他专用车辆和借人的客运车辆。

营运线路长度　指设置的固定营运线路长度,包括郊区营运线路长度。不包括临时行驶的线路长度。

城市园林绿地面积　指城市公共绿地、专用绿地、生产绿地、防护绿地、郊区风景名胜区的全部面积。

公共绿地　指供游览休息的各种公园、动物园、植物园、陵园以及花园、游园和供游览休息用的林荫道绿地、广场绿地。不包括一般载植的行道树及林荫道的面积。

第十二篇

农业

12

NONGYE

12—1 农村基层组织和农业基本情况

指　　标	单 位	1995 年	1998 年	1999 年	2000 年	2001 年	2002 年
乡镇数	个	1 235	1 217	1 156	1 134	1 143	1 033
#镇数	个	538	634	652	639	658	622
村民委员会	个	16 483	16 310	16 287	16 192	16 033	15 950
乡村户数	万户	655.5	663.8	674.6	680.1	685.3	685.9
乡村从业人员	万人	903.1	933.2	938.8	966.0	977.5	993.5
按行业分乡村从业人员							
农林牧渔业	万人	617.5	633.3	643.2	651.2	649.0	659.2
工业	万人	89.1	78.1	76.8	77.6	77.2	80.5
建筑业	万人	48.9	49.2	51.3	56.2	57.9	60.2
交通运输业、仓储及邮电通信业	万人	31.7	33.4	35.7	37.5	37.5	38.2
批发零售贸易业餐饮业	万人	39.7	43.8	47.3	49.8	50.7	51.5
其他非农行业	万人	76.2	95.4	84.5	93.7	105.3	103.9
年末实有耕地面积	千公顷	3 389.7	4 162.6	4 163.6	4 164.2	4 155.2	—
水田	千公顷	468.6	682.6	684.5	685.9	681.4	—
旱田	千公顷	2 921.1	3 480.0	3 479.1	3 478.3	3 473.9	
年内减少耕地面积	千公顷	26.9	9.1	13.5	10.0	8.8	—
#国家基建占地	千公顷	2.7	2.4	3.9	2.0	1.7	—
乡村集体占地	千公顷	1.3	0.2	0.3	—	0.2	—
农民个人建房占地	千公顷	0.7	0.6	2.3	0.8	0.6	—
农业机械总动力	万千瓦	1 016.9	1 138.1	1 236.5	1 339.8	1 401.3	1 484.7
农用大中型拖拉机	台	31 436	29 736	31 499	35 101	33 949	35 191
农用大中型拖拉机	万千瓦	129.2	254.4	130.2	138.3	134.6	136.1
小型拖拉机	台	130 240	136 836	150 692	158 238	159 707	165 244
小型拖拉机	万千瓦	—	—	145.94	154.18	158.1	164.43
大中型拖拉机配套农具	部	47 087	46 057	47 901	47 676	46 753	46 386
小型拖拉机配套农具	部	105 731	137 444	163 306	180 065	185 064	193 783
柴油机	台	48 906	64 002	—	—	—	—
柴油机	万千瓦	48.6	696.9	708.4	808.2	864.4	954.4
农用载重汽车	辆	32 254	33 200	37 062	32 705	30 282	30 938
农用载重汽车	万千瓦	256.5	242.9	249.6	232.5	228.4	220.1
渔用机动船	艘	32 437	32 766	33 431	37 572	35 887	35 918
渔用机动船	万吨	31.0	36.3	—	—	—	—
渔用机动船	万千瓦	64.1	75.7	90.3	—	101.2	105.3
灌溉面积	千公顷	1 204.0	133.5	1 388.7	1 440.7	1 482.8	1 499.6
化肥施用量(折纯)	万吨	103.1	114.1	116.3	109.4	109.8	111.4
乡村办水电站个数	个	120	—	87	119	133	134
装机容量	千瓦	1 347	2 180	2 200	106 000	208 800	218 800
农村用电量	亿千瓦小时	81.6	89.1	95.2	103.5	105.4	119.2
农作物总播种面积	千公顷	3 623.7	3 630.2	3 640.1	3 622.0	3 559.9	3 577.0
粮食	千公顷	3 030.9	3 039.2	3 055.3	2 858.6	2 758.1	2 658.6
谷物	千公顷	2 627.9	2 658.2	2 667.8	2 365.3	2 287.9	2 216.6
#稻谷	千公顷	472.6	496.0	501.5	489.7	449.5	457.1
小麦	千公顷	171.3	150.2	153.0	117.5	86.1	47.2
玉米	千公顷	1 517.5	1 638.0	1 677.8	1 422.5	1 366.3	1 395.1
豆类	千公顷	273.0	273.8	257.1	326.2	319.1	296.8
薯类	千公顷	102.5	109.2	130.5	167.1	151.1	145.1
油料	千公顷	131.8	122.4	122.1	199.5	235.4	286.1
棉花	千公顷	31.0	20.5	6.9	7.4	7.3	2.9
麻类	千公顷	0.8	0.2	0.4	0.7	0.2	0.1
糖料	千公顷	30.2	17.1	13.8	16.5	18.0	13.1
烟叶	千公顷	16.6	15.2	17.0	18.4	11.5	13.0
蔬菜	千公顷	330.6	353.2	387.0	451.6	452.5	467.3
果园面积	千公顷	449.7	391.7	391.6	392.8	361.9	331.2

12—2 主要农牧渔业生产情况

指标	单位	1995年	1998年	1999年	2000年	2001年	2002年
农产品产量							
粮食	万吨	1 423.5	1 828.9	1 648.8	1 140.0	1 394.4	1 510.4
谷物	万吨	1 311.5	1 856.0	1 560.9	1 026.2	1 306.5	1 376.8
#稻谷	万吨	255.3	407.4	415.8	375.5	341.2	359.2
小麦	万吨	63.3	61.4	59.2	35.4	15.7	11.5
玉米	万吨	804.5	1 205.3	988.3	547.9	833.7	889.4
豆类	万吨	40.3	52.8	41.6	50.1	58.4	56.3
薯类	万吨	35.9	47.8	51.0	61.5	54.7	60.3
油料	吨	197 717	233 611	197 797	295 527	462 553	564 529
#花生	吨	162 764	198 000	166 326	256 249	420 504	507 904
油菜籽	吨	—	—	1 505	2 230	1 996	2 239
芝麻	吨	10 040	5 798	4 320	8 298	10 367	14 139
棉花	吨	23 666	17 876	4 574	5 604	7 508	2 983
麻类	吨	1 039	278	355	883	245	155
甜菜	吨	504 147	413 781	263 581	286 894	355 910	397 571
烟叶	吨	31 959	31 319	32 487	31 507	23 548	28 679
#烤烟	吨	21 913	26 182	29 938	28 589	19 787	25 987
柞蚕茧	吨	32 805	44 563	28 720	38 959	43 790	41 652
水果	万吨	220.0	298.6	256.7	250.0	241.7	234.4
农产品单位面积产量							
谷物	公斤/公顷	4 990.0	6 987.4	5 850.9	4 338.6	5 710.2	6 211.4
棉花	公斤/公顷	764.0	874.0	659.1	762.8	1 029.9	1 044.1
花生	公斤/公顷	1 723.0	2 176.6	1 869.2	1 794.0	2 283.8	2 228.7
油菜籽	公斤/公顷	—	0.0	2 004.0	1 662.9	1 804.7	1 692.4
芝麻	公斤/公顷	710.0	640.9	641.8	596.4	789.3	870.0
甜菜	公斤/公顷	16 720.0	24 128.6	19 175.1	17 375.0	19 787.1	30 232.6
烤烟	公斤/公顷	1 639.0	2 016.5	1 951.9	1 716.1	1 951.0	2 207.3
大牲畜年末头数	万头	476.4	382.1	399.8	420.7	411.7	421.5
#牛	万头	301.6	209.3	228.1	254.0	251.1	264.8
马	万头	42.2	40.6	39.9	37.0	35.7	34.4
驴	万头	92.6	95.2	95.8	95.3	93.5	92.9
骡	万头	40.0	37.0	35.9	34.4	31.5	29.4
肉猪出栏头数	万头	1 461.6	1 223.9	1 320.3	1 413.8	1 682.0	1 648.7
猪年底头数	万头	1 468.4	1 039.9	1 123.4	1 270.7	1 291.8	1 304.0
羊年底只数	万只	373.2	318.1	347.9	386.1	449.4	548.4
山羊	万只	146.5	146.4	159.3	187.3	212.6	251.9
绵羊	万只	226.7	171.7	188.5	198.8	236.8	296.5
肉类产量	万吨	222.4	213.9	224.7	236.1	249.0	270.2
#猪牛羊肉	万吨	173.9	138.9	148.4	156.5	169.0	182.8
猪肉	万吨	141.6	112.8	121.8	127.3	137.6	148.7
牛肉	万吨	29.7	23.4	23.8	25.8	27.7	29.7
羊肉	万吨	2.6	2.7	2.8	3.4	3.7	4.4
奶类	万吨	18.3	19.9	20.3	22.0	26.6	30.8
#牛奶	万吨	17.1	18.5	18.2	18.9	24.2	28.1
绵羊毛	吨	9 602.7	7 450	7 909	7 567	8 339	9 158
山羊毛	吨	740.3	858	908	748	767	1 119
羊绒	吨	294	309	322	356	282	372
禽蛋	万吨	102.8	131.6	134.4	140.3	148.4	159.8
水产品总产量	万吨	197.9	312.7	333.8	338.5	350.8	374.8
海水产品	万吨	178.4	281.4	296.8	302.3	310.5	327.0
淡水产品	万吨	19.5	31.3	37.0	36.2	40.3	47.8

注:1999—2002年粮食产量为抽样调查定产数、分品种产量为全面调查报表数。

12—3 农村基层组织情况

年份、地区	乡镇数（个）	#镇数	村民委员会（个）	乡村户数（万户）	乡村人口数（万人）	乡村从业人员（万人）
1978	1 141	—	15 248	505.5	2 274.1	663.4
1980	1 145	—	16 584	538.1	2 295.8	712.3
1985	1 212	369	16 427	564.2	2 290.2	858.4
1987	1 220	416	15 672	558.9	2 204.2	867.4
1988	1 223	427	15 709	572.9	2 217.7	865.2
1989	1 222	436	16 472	611.3	2 321.6	866.5
1990	1 216	436	16 498	631.4	2 337.5	869.4
1991	1 208	453	16 512	641.4	2 345.5	888.1
1992	1 221	466	16 535	645.0	2 342.9	891.3
1993	1 265	483	16 529	646.9	2 320.0	892.9
1994	1 225	505	16 509	651.6	2 311.7	894.2
1995	1 235	538	16 483	655.5	2 311.1	903.0
1996	1 217	580	16 444	656.1	2 302.9	907.5
1997	1 198	592	16 372	660.4	2 298.8	921.4
1998	1 217	634	16 310	663.8	2 289.9	933.2
1999	1 156	652	16 287	674.6	2 315.5	938.8
2000	1 134	639	16 192	680.1	2 311.5	966.0
2001	1 143	658	16 033	685.3	2 318.6	977.5
2002	1 033	622	15 950	685.9	2 314.5	993.5
沈阳	147	68	2 023	78.2	270.7	107.8
大连	93	71	1 325	92.2	289.7	121.6
鞍山	71	64	1 155	51.3	177.8	69.2
抚顺	48	24	962	24.9	83.5	43.8
本溪	40	27	391	15.7	55.4	26.4
丹东	63	59	844	41.7	143.2	64.6
锦州	79	46	1 693	60.0	200.4	84.5
营口	41	38	907	40.7	137.7	60.8
阜新	64	33	836	33.2	116.1	54.8
辽阳	37	29	731	37.1	116.4	43.9
盘锦	27	17	398	21.4	68.5	29.2
铁岭	89	51	1 519	60.3	209.3	71.1
朝阳	138	61	1 690	73.0	251.9	131.4
葫芦岛	96	34	1 476	56.1	193.8	84.4

12—4 乡村从业人员

（年末数）

单位:万人

年份、地区	农林牧渔业	工　业	建筑业	交通运输业、仓储及邮电通信业	批发零售贸易业、餐饮业	其他非农行业
1978	581.1	61.0	—	—	—	21.3
1980	582.6	89.5	—	—	—	40.2
1985	614.0	104.7	34.8	59.9	—	45.0
1987	609.5	109.8	39.7	20.7	22.5	65.2
1988	603.8	109.3	41.0	21.2	24.2	59.7
1989	618.9	103.2	37.8	20.4	23.2	63.0
1990	631.2	99.1	34.6	20.0	23.1	61.4
1991	650.6	97.0	33.5	20.2	24.8	62.1
1992	637.0	100.0	36.0	22.3	29.2	67.1
1993	621.2	94.4	43.6	25.6	31.5	76.4
1994	611.3	91.8	47.6	30.3	37.6	75.5
1995	617.5	89.1	48.9	31.7	39.7	76.1
1996	629.4	89.7	51.9	32.3	40.7	63.5
1997	624.3	83.9	49.5	33.1	42.7	87.9
1998	633.3	78.1	49.2	33.4	43.8	95.3
1999	643.2	76.8	51.3	35.7	47.3	84.5
2000	651.2	77.6	56.3	37.5	49.8	93.7
2001	649.0	77.2	57.9	37.5	50.7	105.3
2002	659.2	80.5	60.2	38.2	51.5	103.9
沈　阳	69.6	8.9	4.7	4.7	5.6	14.4
大　连	73.8	14.7	9.0	4.5	6.1	13.5
鞍　山	40.6	9.6	4.5	3.8	5.2	5.5
抚　顺	30.4	2.9	1.9	1.8	2.2	4.5
本　溪	15.6	2.8	1.8	1.5	1.7	3.1
丹　东	43.1	6.7	3.6	2.5	3.8	5.1
锦　州	62.0	4.3	5.0	3.5	4.0	5.5
营　口	35.2	7.4	4.2	2.8	4.8	6.5
阜　新	43.0	2.2	2.1	1.0	1.6	4.9
辽　阳	26.1	5.4	3.0	2.4	3.0	4.0
盘　锦	19.0	1.8	1.4	1.5	2.3	3.0
铁　岭	50.0	2.7	4.4	2.2	3.0	8.7
朝　阳	91.7	6.2	9.0	3.1	4.5	16.8
葫芦岛	59.0	5.0	5.5	2.8	3.8	8.3

注:1.本表分行业劳动力是按从事的主行业划分的,如以农业为主、兼营商业的,仍作为农林牧渔业劳动力。

2.工业劳动力中包括村及村以下办的工业劳动力。

12—5 耕 地 面 积

(2002年)

单位:公顷

指标	全省	沈阳	大连	鞍山	抚顺	本溪
年初耕地总资源	**4 037 389**	**680 695**	**264 780**	**244 692**	**127 413**	**78 984**
年内增加	6 372	497	1 886	276	278	191
#新开荒耕地	3 696	478	191	229	198	148
园地改为耕地	1 764	—	1 591	—	80	—
年内减少	67 318	5 549	16 229	1 969	909	1 153
#国家基建占地	7 150	4 606	961	456	68	38
其他基建占地	3 415	171	1 115	60	62	39
退耕还林还草占地	41 624	122	10 176	1 075	657	1 057
耕地改为园地	13 559	650	3 850	288	41	5
年末耕地总资源	**3 976 443**	**675 643**	**250 437**	**242 999**	**126 782**	**78 022**
常用耕地面积	3 526 851	674 306	243 791	207 661	126 782	69 642
#水田	601 928	133 503	20 817	43 173	28 357	7 120
水浇地	252 082	13 666	31 576	5 080	2 402	3 593
临时性耕地	449 592	1 337	6 646	35 338	—	8 380
#25度以上陡坡耕地	164 692	1 337	6 385	9 624	—	8 380

注:年内减少数包括因各种原因占用的耕地和因灾废弃而实际减少了的耕地。

12－5续表1

(2002年)

单位:公顷

指标	丹东	锦州	营口	阜新	辽阳	盘锦	铁岭	朝阳	葫芦岛
年初耕地总资源	**208 492**	**404 774**	**120 040**	**356 173**	**180 073**	**133 129**	**540 729**	**471 267**	**226 148**
年内增加	182	1 717	91	136	54	86	93	396	489
#新开荒耕地	181	1 374	91	107	54	81	93	166	305
园地改为耕地	—	5	—	29	—	—	—	40	19
年内减少	667	11 657	215	15 942	1 747	989	4 843	5 086	363
#国家基建占地	124	308	83	282	40	59	16	109	—
其他基建占地	51	537	30	437	134	—	31	460	288
退耕还林还草占地	14	4 499	3	14 830	474	102	4 640	3 915	60
耕地改为园地	122	6 313	99	393	1 099	5	77	602	15
年末耕地总资源	**208 007**	**394 834**	**119 916**	**340 367**	**178 380**	**132 226**	**535 979**	**466 577**	**226 274**
常用耕地面积	177 175	336 658	119 916	291 011	173 453	132 226	411 807	344 425	217 998
#水田	50 325	16 245	52 808	4 557	58 450	114 078	66 039	705	5 751
水浇地	12 434	64 668	156	21 271	4 539	—	1 500	62 449	28 748
临时性耕地	30 832	58 176	—	49 356	4 927	—	124 172	122 152	8 276
#25度以上陡坡耕地	6 264	11 169	—	11 895	4 927	—	2 319	91 101	11 291

注:年内减少数包括因各种原因占用的耕地和因灾废弃而实际减少了的耕地。

12—6 农林牧渔业总产值

单位:亿元

年　　份	农林牧渔业总产值	种植业	其他农业	林　业	牧　业	渔　业
1952	16.6	11.4	2.8	0.1	1.8	0.5
1957	21.2	15.5	1.5	0.7	2.8	0.7
1965	26.5	19.5	2.4	0.7	3.3	0.6
1970	37.7	28.2	3.0	0.6	4.6	1.3
1975	48.3	35.2	2.4	1.3	7.5	1.9
1978	49.2	36.5	2.4	1.1	7.1	2.1
1979	59.9	43.3	2.5	1.4	10.6	2.1
1980	73.5	50.1	5.5	2.5	13.2	2.2
1981	78.6	54.1	2.7	3.2	16.1	2.5
1982	85.4	56.4	3.6	3.4	18.9	3.1
1983	106.5	74.1	6.0	3.5	19.5	3.4
1984	117.6	78.0	7.8	4.1	22.8	4.9
1985	118.1	65.7	8.9	4.2	31.3	8.0
1986	142.0	84.5	10.5	4.2	32.3	10.5
1987	169.2	96.1	12.2	4.9	39.6	16.4
1988	227.4	117.5	14.3	5.0	67.7	22.9
1989	222.8	109.9	15.5	4.8	69.8	22.8
1990	273.8	146.2	17.3	6.6	75.5	28.2
1991	295.9	158.3	17.0	6.9	80.6	33.1
1992	330.1	176.1	17.7	7.5	88.6	40.2
1993	425.7	228.0	17.6	9.4	117.4	53.3
1994	546.8	275.3	18.9	11.0	171.9	69.7
1995	691.8	361.5	21.2	12.9	206.0	90.2
1996	804.7	418.4	31.1	13.9	224.7	116.6
1997	834.7	393.7	40.1	15.2	247.1	138.6
1998	969.8	487.1	47.6	17.4	269.6	148.1
1999	977.1	454.1	56.8	18.5	282.4	165.3
2000	967.4	409.8	53.7	19.7	304.2	180.0
2001	1 045.7	442.6	60.5	21.8	332.3	188.5
2002	1 132.5	476.9	63.2	27.9	361.3	203.2

注:本表按当年价格计算。1991—2002 年农林牧渔业总产值为与农业普查衔接后国家核定数据。

12—7 农林牧渔业总产值指数

(以1952年为100)　　　　单位:%

年份	农林牧渔业总产值	种植业	其他农业	林业	牧业	渔业
1952	100.0	100.0	100.0	100.0	100.0	100.0
1957	112.0	110.8	97.8	519.0	113.4	109.6
1965	131.4	130.1	150.2	438.4	128.2	96.2
1970	158.8	160.3	161.6	305.9	149.5	168.7
1975	194.5	190.1	178.0	590.7	198.0	268.2
1978	200.0	200.0	181.0	489.6	189.8	298.3
1979	206.7	207.1	181.7	536.2	199.4	283.2
1980	222.2	208.7	202.4	564.9	209.1	279.9
1981	227.2	214.0	179.6	692.4	285.8	309.8
1982	235.6	210.0	226.8	717.6	340.1	333.5
1983	285.1	266.1	396.8	730.4	343.5	344.9
1984	297.4	267.4	495.6	796.9	372.8	392.6
1985	270.0	204.3	570.6	734.9	465.7	463.2
1986	288.6	227.6	657.6	659.1	444.4	524.0
1987	303.6	235.3	759.6	700.2	441.4	664.2
1988	337.0	244.8	809.8	627.6	591.3	748.9
1989	322.6	198.6	880.5	578.0	571.5	789.6
1990	371.6	274.4	924.0	738.1	603.6	885.5
1991	388.2	285.7	898.1	737.9	637.1	947.0
1992	419.4	304.5	942.7	795.4	699.3	1 044.3
1993	474.1	350.6	936.2	866.5	827.5	1 091.3
1994	473.5	300.1	921.2	939.9	1 008.7	1 126.1
1995	530.3	328.7	1 175.5	1 001.4	1 112.2	1 327.5
1996	611.9	392.1	1 639.6	1 065.5	1 166.7	1 595.9
1997	629.3	358.2	1 828.5	1 137.2	1 282.9	1 802.0
1998	730.5	447.8	2 178.5	1 263.7	1 407.9	1 979.1
1999	754.9	420.9	2 460.1	1 319.6	1 514.8	2 212.7
2000	748.8	383.9	2 310.9	1 349.5	1 604.3	2 302.3
2001	798.5	413.3	2 590.8	1 474.9	1 711.1	2 373.3
2002	864.6	448.0	2 652.4	1 856.3	1 862.4	2 546.9

注:本表按可比价格计算,1991—2002年农林牧渔业产值指数为调整后的口径。

12—8　农林牧渔业总产值指数

（以上年为100）　　　　单位：%

年　份	农林牧渔业总产值	种植业	其他农业	林　业	牧　业	渔　业
1957	93.9	86.3	104.6	106.5	157.5	84.2
1965	112.3	115.0	115.0	112.0	99.8	93.8
1970	124.2	126.5	109.0	77.3	143.9	140.8
1975	108.4	107.8	100.5	94.4	114.7	108.6
1978	106.4	110.7	100.2	84.3	94.0	103.5
1979	103.4	103.5	100.4	109.5	105.1	94.9
1980	107.5	100.8	111.4	105.4	104.9	98.8
1981	102.2	102.5	88.7	122.6	136.7	110.7
1982	103.7	98.1	126.3	103.6	119.0	107.7
1983	121.0	126.7	175.0	101.8	101.0	103.4
1984	104.3	100.5	124.9	109.1	108.5	113.8
1985	90.8	76.4	193.0	92.2	124.9	118.0
1986	106.9	111.4	115.2	89.7	95.4	113.1
1987	105.2	103.4	115.5	106.2	99.3	126.8
1988	111.0	104.0	106.6	89.6	134.0	112.8
1989	95.7	81.1	108.7	92.1	96.7	105.4
1990	115.2	138.2	104.9	127.7	105.6	112.1
1991	104.5	104.1	97.2	100.0	105.6	106.9
1992	108.0	106.5	105.0	107.8	109.8	110.3
1993	113.0	115.2	99.3	108.9	118.3	104.5
1994	99.9	85.6	98.4	108.5	121.9	103.2
1995	112.0	109.5	127.6	106.5	110.3	117.9
1996	115.4	119.3	139.5	106.4	104.9	120.2
1997	102.8	91.4	111.5	106.7	110.0	112.9
1998	116.1	125.0	119.1	111.1	109.7	109.8
1999	103.3	94.0	112.9	104.4	107.6	111.8
2000	99.2	91.2	93.9	102.3	105.9	104.1
2001	106.6	107.7	112.1	109.3	106.7	103.1
2002	108.3	108.4	102.4	125.9	108.8	107.3

12—9 各地区农林牧渔业总产值及指数

（2002 年）

地　区	农林牧渔业总产值	种植业	其他农业	林业	牧业	渔业
一、绝对数(万元)						
全　省	**11 325 463**	**4 769 407**	**631 533**	**279 401**	**3 613 253**	**2 031 869**
沈　阳	1 534 156	663 149	122 667	44 153	610 351	93 836
大　连	2 167 993	507 807	67 304	18 192	474 626	1 100 064
鞍　山	1 060 086	436 671	119 754	24 598	456 390	22 673
抚　顺	467 550	155 686	56 962	32 522	189 061	33 319
本　溪	283 507	101 866	41 447	37 436	77 731	25 027
丹　东	632 910	269 780	24 776	31 913	132 695	173 746
锦　州	1 313 808	659 113	20 379	18 136	512 046	104 134
营　口	514 985	168 570	12 186	7 972	136 995	189 262
阜　新	306 057	156 877	1 304	14 726	131 806	1 344
辽　阳	469 198	235 538	32 413	11 061	130 872	59 314
盘　锦	633 768	301 710	9 986	4 575	72 888	244 609
铁　岭	1 050 660	552 361	64 570	32 473	392 795	8 461
朝　阳	565 172	332 486	43 283	26 389	162 104	910
葫芦岛	585 613	227 793	34 502	10 255	202 893	110 170
二、指数(以上年为100)						
全　省	**108.3**	**108.4**	**102.4**	**125.9**	**108.8**	**107.3**
沈　阳	107.9	100.7	152.0	288.8	105.0	93.0
大　连	106.8	94.9	110.0	137.0	110.0	108.8
鞍　山	112.8	107.8	131.2	131.1	109.3	126.0
抚　顺	110.2	123.1	90.4	160.0	100.9	112.4
本　溪	110.4	127.8	92.3	106.2	108.4	106.0
丹　东	106.7	106.8	99.8	123.5	102.5	108.0
锦　州	111.0	119.5	47.8	98.2	109.5	118.1
营　口	108.6	108.5	45.1	152.6	115.4	110.3
阜　新	133.3	149.9	74.7	136.9	120.0	179.1
辽　阳	106.1	103.9	95.1	124.3	111.7	108.2
盘　锦	108.5	93.8	72.8	111.3	111.8	126.1
铁　岭	114.8	120.8	87.7	219.4	111.2	116.6
朝　阳	117.7	119.0	94.0	118.0	124.4	105.7
葫芦岛	101.3	80.6	48.8	126.1	102.8	147.2

注：绝对数按当年价格计算，指数按可比价格计算。

12—10 农林牧渔业增加值

（2002年） 单位:亿元

指标	农林牧渔业合计	农业	#种植业	林业	牧业	渔业
一、当年现价产值	**1 132.55**	**540.09**	**476.94**	**27.94**	**361.33**	**203.19**
90年不变价产值	677.56	276.68	227.52	19.30	233.21	148.36
二、农林牧渔业中间消耗	**542.35**	**227.52**	**199.25**	**11.06**	**220.92**	**82.85**
1.物质消耗	449.00	166.41	144.77	8.79	209.32	64.50
(1)用种量	27.69	17.14	17.14	5.02	5.53	—
(2)饲料、饲草	234.17	15.87	15.87	—	194.04	24.26
(3)肥料	53.43	52.46	52.46	0.98	—	—
(4)燃料	32.60	17.00	15.13	0.99	1.26	13.34
(5)农药或兽药	11.85	7.21	7.21	0.38	4.26	—
(6)用电量	15.30	12.76	11.09	0.25	1.52	0.77
(7)农用塑料薄膜	10.71	10.71	10.71	—	—	—
(8)其它物质消耗	63.26	33.26	15.18	1.17	2.71	26.12
2.劳动服务支出	93.34	61.11	54.48	2.27	11.61	18.35
三、农林牧渔业增加值	**590.20**	**312.57**	**277.69**	**16.88**	**140.40**	**120.34**
中间消耗占总产值(%)	47.9	42.1	41.8	39.6	61.1	40.8
增加值占总产值(%)	52.1	57.9	58.2	60.4	38.9	59.2

12—11 农业机械和农产品加工机械拥有量

机械名称	单位	1999年	2000年	2001年	2002年
农业机械总动力	万千瓦	1 236.49	1 339.82	1 401.3	1 484.7
农用大中型拖拉机	台/万千瓦	31 499/130.21	35 101/138.31	33 900/134.59	35 191/136.07
小型拖拉机	万台/万千瓦	15.07/145.94	15.82/154.18	159 700/158.1	165 244/164.4
大中型拖拉机配套农具	万部	4.79	4.77	4.68	5.65
#机引犁	万部	1.38	3.87	3.92	3.79
机引耙	万部	0.97	2.26	2.30	1.91
机引播种机	万部	0.22	6.73	7.03	6.09
小型拖拉机机引农具	万部	16.33	18.00	18.51	16.0
机动水稻插秧机	部/万千瓦	2 419/0.68	2 317/	2 000	1 831
农用排灌动力机械	万台/万千瓦	63.86/231.05	72.88/249.29	77.84/275.97	85.44/288.21
#柴油机	万台/万千瓦	7.73/69.52	8.69/78.32	11.37/98.89	11.56/105.27
电动机	万台/万千瓦	55.80/159.20	63.76/168.11	66.08/174.83	73.37/179.9
农用水泵	万台	88.25	97.47	102.99	112.8
喷灌机械	套	6 619	10 300	13 200	14 343
联合收割机	台	724	800	900	911
机动收割机	台	984	2 700	—	2 672
机动脱粒机	万台	12.13	11.66	11.54	11.56
种子精选机	台	512	—	—	12
谷物烘干机	台	50	100	—	48
磨面机、碾米机	万部	10.40	10.40	—	7.9
轧花机	万部	0.04	0.04	—	0.03
榨油机	万部	0.33	0.15	—	0.33
农用载重汽车	辆/万千瓦	37 062/249.56	32 705/232.5	30 282/228.39	30 938/220.1
机动喷雾(粉)机	万部/万千瓦	1.59/5.69	2.11/7.38	2.13/7.55	2.95/9.9
饲料粉碎机	万部	2.74	2.74	2.97	3.53
渔用机动船	艘/万吨	33 431/42.26	46 000/42.26	35 887/53.5	35 918/56.28
	万千瓦	89.28	89.33	101.2	105.26
推土机	台	659	897	1 070	1 485
贮油设备总容量	万吨	19.01	19.01	—	17.43

12—12 机耕、灌溉面积、化肥施用量、农村小水电站和农村用电量

年 份	机耕面积（万公顷）	有效灌溉面积（万公顷）	#机电提灌	机电提灌面积占有效灌溉面积比重（%）	化肥施用量（万吨）		农村小型水电站		农村用电量（亿千瓦小时）
					实物量	折纯量	个数（个）	装机容量（千瓦）	
1978	204.5	85.3	68.5	80.2	205.8	—	111	33 837	17.8
1980	208.4	76.0	59.6	78.4	298.4	—	57	10 469	23.8
1981	191.0	71.8	56.7	79.0	302.4	63.0	72	13 519	25.3
1982	186.4	72.3	59.1	81.7	302.3	63.5	73	14 819	26.7
1983	177.2	67.6	54.5	80.6	307.4	67.5	70	15 075	31.3
1984	185.4	69.6	56.4	81.0	320.0	76.2	74	16 784	31.7
1985	187.7	72.4	59.7	82.5	273.4	70.9	75	—	29.3
1986	194.5	73.1	60.1	82.2	264.0	70.1	73	—	33.8
1987	207.8	76.9	62.8	81.7	265.2	67.3	66	—	38.7
1988	219.8	76.3	63.4	83.1	273.6	70.1	111	74 617	50.6
1989	219.2	76.0	62.8	82.6	281.8	74.6	113	92 522	46.0
1990	236.3	105.9	51.6	48.7	301.1	81.4	116	94 123	51.3
1991	251.8	108.9	87.7	80.5	313.4	85.1	114	95 638	54.8
1992	258.1	114.0	91.3	80.1	320.6	90.5	115	98 363	63.5
1993	256.7	117.0	92.7	79.2	320.7	95.1	115	99 218	73.7
1994	250.4	118.4	92.3	78.0	325.7	100.2	116	105 440	72.7
1995	246.3	120.4	94.0	78.1	334.9	103.1	120	134 721	81.6
1996	249.8	123.4	96.6	78.3	346.5	110.7	124	181 531	91.3
1997	260.9	127.7	99.0	77.5	344.2	113.0	121	183 000	96.0
1998	265.0	133.5	100.8	75.5	349.1	114.1	—	—	89.1
1999	278.8	138.9	105.0	75.6	353.8	116.7	97	100 360	93.7
2000	290.9	144.1	106.9	74.0	334.6	109.4	119	148 000	103.5
2001	277.2	148.2	106.3	71.7	329.2	109.8	133	208 800	105.4
2002	275.4	150.0	109.9	73.3	330.8	111.4	134	218 800	119.2

12—13 各地区化肥施用量

(2002年) 单位:万吨

地区	合计		氮肥	
	实物量	折纯量	实物量	折纯量
全省	**330.80**	**111.41**	**188.75**	**63.48**
沈阳	54.00	16.14	29.82	9.16
大连	43.82	13.00	25.63	5.99
鞍山	20.02	7.09	14.28	4.75
抚顺	7.76	2.33	4.56	1.45
本溪	3.59	1.15	2.16	0.87
丹东	18.65	5.58	13.98	3.77
锦州	28.93	12.12	14.98	6.45
营口	15.32	5.28	8.39	3.10
阜新	19.63	8.03	10.13	4.22
辽阳	13.97	4.39	8.49	2.92
盘锦	10.89	3.89	6.29	2.59
铁岭	52.11	17.40	26.47	9.28
朝阳	24.34	8.81	14.24	5.42
葫芦岛	17.77	6.20	9.33	3.49

12-13续表1 (2002年) 单位:万吨

地区	磷肥		钾肥		复合肥	
	实物量	折纯量	实物量	折纯量	实物量	折纯量
全省	**48.20**	**10.70**	**19.21**	**8.29**	**74.64**	**28.93**
沈阳	9.73	1.98	3.81	1.65	10.64	3.35
大连	4.69	0.92	2.24	1.11	11.26	4.98
鞍山	1.80	0.54	0.73	0.35	3.22	1.45
抚顺	1.11	0.30	0.57	0.22	1.51	0.36
本溪	0.50	0.11	0.17	0.03	0.75	0.14
丹东	1.66	0.28	0.85	0.41	2.16	1.11
锦州	3.07	0.78	1.74	0.82	9.15	4.06
营口	2.36	0.57	1.34	0.46	3.23	1.15
阜新	2.09	0.37	1.16	0.52	6.25	2.91
辽阳	2.70	0.65	0.87	0.30	1.91	0.52
盘锦	3.05	0.82	0.61	0.20	0.95	0.28
铁岭	9.02	1.86	2.05	1.13	14.56	5.13
朝阳	3.80	0.90	1.03	0.37	5.28	2.11
葫芦岛	2.62	0.61	2.04	0.72	3.78	1.37

12—14 灌溉、水库和除涝、治水、治碱情况

指　　标	单　位	1980 年	1990 年	1995 年	2000 年	2001 年	2002 年
年底灌区数	处	—	151	94	85	84	81
#50 万亩以上	处	—	1	1	4	5	4
30－50万亩	处	2	1	6	5	5	5
灌区有效灌溉面积	万公顷	—	48.7	47.1	33.9	50.5	50.6
#50 万亩以上	万公顷	—	5.4	5.4	11.1	20.1	16.8
30－50万亩	万公顷	5.8	3.1	16.0	8.5	10.8	12.6
水库座数	座	1 030	908	928	921	916	917
大型水库	座	22	25	26	28	28	28
中型水库	座	58	61	64	65	67	68
小型水库	座	950	822	838	828	821	821
水库总容量	亿立方米	289.5	302.2	305.1	329.0	329.6	329.7
大型水库	亿立方米	261.0	274.2	275.4	298.8	299.1	298.8
中型水库	亿立方米	17.8	17.8	19.2	19.5	19.8	20.2
小型水库	亿立方米	10.7	10.2	10.5	10.6	10.7	10.7
水库灌溉面积	千公顷	428	490.9	494.2	535.3	505.3	506.2
大型水库	千公顷	31.1	388.3	389.2	338.9	—	—
中型水库	千公顷	54.0	48.2	50.2	111.2	—	—
小型水库	千公顷	342.9	54.4	54.8	85.2	—	—
易涝面积	千公顷	1 000.7	1 000.7	1 000.9	1 016.0	—	—
除涝面积	千公顷	942.0	969.3	971.6	999.6	989.0	991.8
占易涝面积比重	%	94.1	96.9	97.1	98.4	—	—
水土流失面积	万平方公里	5.5	5.5	5.5	6.4	—	—
治理水土流失面积	万平方公里	2.6	3.7	4.2	4.5	—	—
占流失面积比重	%	47.4	67.2	77.2	70.6	—	—
盐碱耕地面积	千公顷	384.7	384.7	384.7	395.5	293.0	304.2
治碱面积	千公顷	264.7	300.7	315.2	324.0	248.0	249.8
占盐碱耕地面积比重	%	68.8	78.2	81.9	81.9	84.6	82.1
堤防长度	万公里	1.0	1.8	1.6	1.9	—	2.0
堤防保护面积	千公顷	1 113.3	1 458.7	1 436.0	1 701.6	—	1 766.2

注：大型水库为库容 1 亿立方米以上；中型水库为库容 1 千万至 1 亿立方米；小型水库库容 10 万至 1 千万立方米。

12—15　各地区农田水利情况

(2002年)

地　　区	农田水利情况			
	有效灌溉面积（千公顷）	#机电提灌溉	机电提灌溉面积占灌溉面积(%)	机电井数（眼）
全　　省	**1 499.6**	**1 099.0**	**73.3**	**144 791**
沈　　阳	247.3	179.6	72.6	46 254
大　　连	94.9	54.2	57.1	5 799
鞍　　山	94.7	78.3	82.7	5 385
抚　　顺	45.4	12.3	27.1	1 717
本　　溪	24.8	4.9	19.8	602
丹　　东	67.1	17.9	26.7	882
锦　　州	162.6	157.8	97.0	14 442
营　　口	89.9	76.8	85.4	2 786
阜　　新	64.0	48.1	75.2	8 287
辽　　阳	91.0	55.3	60.8	3 323
盘　　锦	102.6	102.6	100.0	8 344
铁　　岭	157.8	113.4	71.9	16 900
朝　　阳	168.7	142.6	84.5	20 733
葫 芦 岛	88.9	55.4	62.3	9 337

12—16　各地区水利设施和除涝治碱面积

(2002年)

地　　区	水库数（座）	水库总库容量（亿立方米）	除涝面积（千公顷）
全　　省	**917**	**329.7**	**991.8**
省　　直	12	264.2	
沈　　阳	50	5.7	312.0
大　　连	257	22.1	53.6
鞍　　山	30	1.0	120.6
抚　　顺	99	2.5	3.6
本　　溪	30	1.3	2.8
丹　　东	56	6.9	36.2
锦　　州	30	2.2	109.9
营　　口	39	1.8	46.8
阜　　新	67	3.1	39.8
辽　　阳	7	0.1	74.0
盘　　锦	5	1.3	96.3
铁　　岭	80	5.9	87.9
朝　　阳	83	2.7	0.4
葫 芦 岛	72	8.9	8.0

12—17 农民家庭平均每户生产性固定资产原值

（年末数） 单位：元

指　　标	2001年	2002年	2002年比上年末增减	
			绝对数	%
生产性固定资产原值	**4 858.23**	**4 989.95**	**131.72**	**2.71**
1.农　　业	3 690.36	3 871.68	181.32	4.91
#房屋及建筑物	1 385.30	1 423.68	38.38	2.77
役畜、产品畜	855.58	1 052.72	197.14	23.04
大中型铁木农具	203.69	234.82	31.13	15.28
农林牧渔业机械	1 143.89	1 078.36	-65.53	-5.73
2.工　　业	248.86	296.43	47.57	19.12
#房屋及建筑物	89.89	127.88	37.99	42.26
生产设备	155.66	165.75	10.09	6.48
3.建筑业	5.29	4.97	-0.32	-6.05
4.交通运输业	584.54	492.25	-92.29	-15.79
5.批发和零售贸易、餐饮业	177.09	190.48	13.39	7.56
6.其　　他	152.10	134.14	-17.96	-11.81

12—18 农民家庭平均每百户拥有生产性固定资产数量

（年末数）

名　　称	单　位	2001年	2002年	2002年比上年末增减	
				绝对数	%
房屋及建筑物	平方米	2 436.77	3 058.84	622.07	25.53
汽　　车	辆	1.69	1.48	-0.21	-12.34
大中型拖拉机	台	1.69	1.06	-0.63	-37.38
小型及手扶拖拉机	台	10.71	11.27	0.56	5.23
机动脱粒机	台	3.49	3.70	0.21	6.12
收割机	台	0.16	0.16	—	-0.79
农用动力机械	台	8.52	9.31	0.79	9.30
胶轮大车	辆	31.32	31.85	0.53	1.70
水　　泵	台	34.23	39.79	5.56	16.24
役　　畜	头	51.01	49.05	-1.96	-3.85
产品畜	头	31.48	46.98	15.50	49.25

12—19 各地区农民家庭平均每户生产性固定资产原值

(2002年末) 单位:元

地区	合计	1.农业	房屋及建筑物	役畜及产品畜	大中型铁木农具	农林牧渔业机械
全省	**4 989.95**	**3 871.68**	**1 423.68**	**1 052.72**	**234.82**	**1 078.36**
沈阳	7 726.11	5 548.65	2 398.25	1 051.76	312.70	1 398.12
大连	5 664.91	2 454.81	887.6	596.2	183.77	768.38
鞍山	5 521.77	3 160.56	1 554.88	839.35	251.60	818.19
抚顺	4 499.47	3 603.03	952.33	1 167.5	267.17	1 186.03
本溪	3 781.32	1 753.49	403.49	949.83	166.6	191.12
丹东	6 915.14	5 034.65	3 316.66	952.11	172.43	472.62
锦州	4 333.73	3 061.40	1 103.50	756.23	222.77	825.05
营口	4 996.34	1 098.97	168.42	237.63	63.16	606.87
阜新	7 752.10	6 955.60	3 395.75	1 473.88	753.50	1 221.35
辽阳	6 340.00	5 609.61	4 303.33	753.33	70.39	429.61
盘锦	4 720.69	2 993.34	1 280.00	274.15	438.38	937.19
铁岭	6 276.86	5 525.43	2 188.38	1 974.76	216.00	1 086.17
朝阳	4 718.01	3 954.46	2 170.38	915.66	280.17	459.91
葫芦岛	4 401.50	2 622.80	646.50	921.00	66.34	955.23

12-19续表 (2002年末) 单位:元

地区	2.工业	房屋及建筑物	生产设备	3.建筑业	4.交通运输业	5.批发和零售贸易、餐饮业	6.其他
全省	**296.43**	**127.88**	**165.75**	**4.97**	**492.25**	**190.48**	**134.14**
沈阳	160.50	85.50	75.00	40.00	1 757.75	141.00	78.22
大连	1 431.6	1 006	325.6	—	1 265.4	406	107.1
鞍山	568.02	302.79	228.95	4.65	748.65	311.86	728.02
抚顺	352	140	212	—	427.1	87.33	30
本溪	415.38	13.24	191.22	5.15	1 210.03	315.63	81.64
丹东	627.06	191.43	431.77	5.71	1 018.29	177.43	52.00
锦州	347.38	231.48	107.19	8.41	512.57	200.80	203.19
营口	318.42	218.42	100.00	—	1 831.58	736.84	1 010.53
阜新	180.00	93.75	81.25	25.00	182.50	120.00	289
辽阳	182.35	54.90	107.84	—	275.49	15.69	256.86
盘锦	726.85	426.85	300.00	2.50	921.50	50.00	26.50
铁岭	42.86	40.48	2.38	5.95	631.19	71.43	0
朝阳	150.12	66.30	48.64	16.05	434.32	56.79	106.27
葫芦岛	432.50	125.00	250.00	2.50	745.63	536.25	61.83

12—20 各地区农民家庭平均每百户拥有生产性固定资产数量

(2002 年末)

地　区	房屋及建筑物(平方米)	汽　车(辆)	大中型拖拉机(台)	小型和手扶拖拉机(台)	机动脱粒机(台)	收割机(台)	农用动力机械(台)	胶轮大车(辆)	水　泵(台)	役　畜(头)	产品畜(头)
全　省	**3 058.84**	**1.48**	**1.06**	**11.27**	**3.70**	**0.16**	**9.31**	**31.85**	**39.79**	**49.05**	**46.98**
沈　阳	3 449.60	2.40	2.60	12.90	6.40	0.20	16.20	26.10	37.30	40.60	29.70
大　连	843.80	2.00	1.20	10.20	1.00	0.40	10.60	13.40	19.20	24.60	21.60
鞍　山	2 058.84	1.16	1.40	6.51	3.02	0.23	4.42	24.65	43.02	40.00	25.58
抚　顺	1 378.67	1.00	3.00	16.00	4.33	0.33	12.67	32.33	20.00	40.67	88.67
本　溪	383.33	2.86	0.95	20.95	3.81	0.48	6.19	17.14	14.29	28.57	34.29
丹　东	805.00	6.00	2.00	44.00	8.00	1.00	13.00	36.00	30.00	60.00	72.00
锦　州	1 523.18	1.36	1.36	11.02	2.27	—	6.82	42.95	59.77	50.91	29.43
营　口	226.32	3.68	—	11.58	9.47	1.05	7.37	4.74	32.63	7.89	7.89
阜　新	3 897.75	0.50	2.75	18.00	3.75	0.25	14.50	59.50	63.50	96.00	98.50
辽　阳	632.35	0.78	1.57	2.94	5.10	—	2.16	8.63	9.22	27.65	25.29
盘　锦	1 157.50	1.00	3.25	19.00	18.50	1.25	6.50	6.50	55.25	4.25	7.25
铁　岭	1 640.24	1.19	1.90	16.19	2.62	—	7.14	20.00	27.02	46.43	54.76
朝　阳	2 192.35	1.85	0.49	6.91	1.11	0.12	6.42	40.99	35.56	67.65	60.25
葫芦岛	874.25	0.50	1.50	12.00	1.75	—	6.00	29.25	32.50	38.50	101.50

12—21 农作物播种面积

单位:千公顷

年份	农作物总播种面积	粮食作物	经济作物	其他作物	占总播种面积比重(%) 粮食作物	经济作物	其他作物
1978	4 041.7	3 327.3	381.7	332.8	82.3	9.4	8.3
1980	3 914.8	3 221.1	392.1	301.5	82.3	10.0	7.7
1981	3 846.8	3 139.3	410.4	297.1	81.6	10.7	7.7
1982	3 786.3	3 145.9	344.2	296.2	83.1	9.1	7.8
1983	3 738.6	3 172.1	290.7	275.7	84.8	7.8	7.4
1984	3 737.6	3 099.0	355.4	283.1	82.9	9.5	7.6
1985	3 705.8	2 889.5	532.3	283.9	78.0	14.4	7.6
1986	3 663.7	3 036.9	338.3	288.4	82.9	9.2	7.9
1987	3 620.6	3 130.8	199.3	290.5	86.5	5.5	8.0
1988	3 603.2	3 101.3	203.7	298.1	86.1	5.6	8.3
1989	3 594.5	3 083.5	211.8	299.2	85.8	5.9	8.3
1990	3 618.9	3 121.6	204.9	292.4	86.3	5.7	8.1
1991	3 638.1	3 089.9	257.5	290.7	84.9	7.1	8.0
1992	3 633.1	3 051.5	281.7	299.9	84.0	7.7	8.3
1993	3 630.0	3 049.2	224.6	356.2	84.0	6.1	9.9
1994	3 623.5	3 026.4	226.8	370.3	83.5	6.3	10.2
1995	3 623.7	3 030.9	210.4	382.4	83.6	5.8	10.6
1996	3 627.8	3 073.1	165.8	388.9	84.7	4.6	10.7
1997	3 627.0	3 037.1	181.1	408.8	83.7	5.0	11.3
1998	3 630.2	3 039.2	178.4	412.6	83.7	4.9	11.4
1999	3 643.1	3 055.3	163.3	424.5	83.9	4.5	11.7
2000	3 622.0	2 858.6	248.0	515.4	78.9	6.8	14.2
2001	3 559.9	2 758.1	279.9	522.0	77.5	7.9	14.7
2002	3 577.0	2 658.6	327.8	590.6	74.3	9.2	16.5

注:其他杂粮是年报中其他谷物加杂豆。

12-21续表1

单位:千公顷

年份	粮食作物	水稻	小麦	玉米	高粱	谷子	薯类
1978	3 327.3	376.4	67.7	1 340.7	630.7	211.5	76.7
1980	3 221.1	385.7	40.9	1 416.2	558.3	190.1	42.5
1981	3 139.3	397.3	34.6	1 267.8	594.9	211.3	39.6
1982	3 145.9	405.6	29.5	1 155.5	645.5	272.4	41.1
1983	3 172.1	403.2	21.3	1 219.9	656.3	273.7	54.0
1984	3 099.0	432.2	15.2	1 230.8	593.9	254.6	65.7
1985	2 889.5	480.2	11.8	1 198.0	416.7	210.1	72.3
1986	3 036.9	510.1	20.5	1 258.5	441.3	205.9	65.7
1987	3 130.8	548.4	27.2	1 341.1	448.4	188.7	64.0
1988	3 101.3	553.7	34.4	1 318.0	450.5	179.4	70.6
1989	3 083.5	553.4	55.0	1 313.2	420.3	177.3	73.6
1990	3 121.6	543.3	112.8	1 365.7	395.0	169.3	73.7
1991	3 089.9	542.2	147.2	1 372.4	367.5	147.2	78.8
1992	3 051.5	556.6	165.7	1 384.0	342.0	120.4	88.0
1993	3 049.2	484.1	183.1	1 416.2	326.0	120.1	99.9
1994	3 026.4	458.7	162.4	1 464.6	321.7	109.0	95.9
1995	3 030.9	472.6	171.3	1 517.5	308.3	102.8	102.5
1996	3 073.1	478.1	177.9	1 576.7	300.2	104.9	110.0
1997	3 037.1	491.7	167.9	1 573.4	257.6	106.1	105.6
1998	3 039.2	496.0	150.2	1 638.0	222.8	100.8	109.6
1999	3 055.3	501.5	152.9	1 677.8	202.5	89.6	130.5
2000	2 858.6	489.7	117.5	1 422.5	188.6	86.9	167.1
2001	2 758.1	449.5	86.1	1 366.3	163	130.5	151.1
2002	2 658.6	457.1	47.2	1 395.1	168.8	101.6	145.1

注:其他杂粮是年报中其他谷物加杂豆。

12－21 续表 2

单位:千公顷

年份	粮食作物		经济作物					
	大豆	其他杂粮		棉花	油料	#花生	芝麻	向日葵
1978	515.9	107.2	381.7	101.5	212.2	43.7	4.8	74.4
1980	472.9	114.7	392.1	38.5	303.2	97.5	12.3	169.6
1981	461.4	132.3	410.4	39.1	320.4	106.7	12.9	184.9
1982	458.4	137.8	344.2	46.5	242.5	121.9	34.3	77.5
1983	408.5	135.1	290.7	54.7	196.1	105.7	38.3	47.0
1984	372.5	134.1	355.4	72.9	252.3	144.4	52.9	49.5
1985	393.0	107.5	532.3	39.1	447.5	251.7	92.7	77.7
1986	410.3	124.6	338.3	17.9	280.6	161.6	22.9	81.5
1987	395.2	117.8	199.3	4.6	151.3	86.6	7.1	50.1
1988	381.5	113.3	203.7	10.3	135.4	83.8	3.3	42.9
1989	370.3	120.5	211.8	16.2	132.0	83.2	5.1	37.4
1990	349.0	112.8	204.9	19.1	125.1	78.0	4.7	37.7
1991	326.2	81.6	257.5	55.4	142.6	92.6	15.0	31.8
1992	302.3	74.8	281.7	74.9	142.7	90.4	24.5	25.5
1993	325.1	94.5	224.6	24.6	141.3	91.6	24.4	21.5
1994	318.6	95.4	226.8	25.7	144.4	102.9	18.1	22.2
1995	273.0	82.9	210.4	31.0	131.8	94.1	14.1	22.0
1996	239.2	86.1	162.4	12.4	95.1	67.1	6.5	20.4
1997	249.2	85.5	181.1	19.5	98.2	69.1	6.1	22.5
1998	249.6	72.2	178.4	20.5	122.4	91.0	9.0	21.9
1999	235.1	65.2	163.4	6.9	122.1	89.0	6.7	25.0
2000	301.9	84.5	248.0	7.3	199.5	142.8	1.4	28.2
2001	290.4	121.2	279.9	7.3	235.4	184.1	13.1	32.1
2002	266.6	77.1	327.8	2.9	286.1	227.9	16.2	37.5

注:其他杂粮是年报中其他谷物加杂豆。

12－21 续表 3

单位:千公顷

年份	经济作物				其他作物		
	麻类	甜菜	烟叶	#烤烟		#蔬菜	绿肥
1978	35.1	9.9	14.2	12.3	332.8	222.3	67.1
1980	25.5	11.1	9.6	8.7	301.5	202.1	67.6
1981	19.9	13.6	12.1	10.5	297.1	212.7	49.1
1982	13.9	19.3	14.2	11.5	296.3	227.2	37.9
1983	3.5	13.7	11.1	8.7	275.7	220.9	27.5
1984	2.2	9.1	11.1	8.7	283.1	218.7	31.1
1985	2.7	13.7	18.6	10.1	283.9	217.3	23.0
1986	2.7	12.9	15.7	7.2	288.4	230.6	19.9
1987	2.5	16.1	14.3	8.4	290.5	234.2	17.6
1988	2.5	25.9	18.6	12.4	298.1	241.5	13.3
1989	1.7	17.0	31.7	24.1	299.2	248.3	11.6
1990	1.8	22.5	26.0	20.3	292.4	253.3	11.9
1991	1.6	25.1	23.0	18.0	290.7	255.0	6.6
1992	1.5	20.8	24.3	19.6	299.9	267.8	6.7
1993	0.9	23.2	24.1	17.5	356.2	294.6	43.4
1994	0.7	28.8	18.7	13.5	370.3	318.3	0
1995	0.8	30.2	16.6	13.4	382.4	330.6	33.4
1996	0.4	27.2	27.3	24.8	388.9	342.2	—
1997	0.3	23.8	33.2	29.0	408.8	354.2	—
1998	0.2	17.1	15.2	13.0	412.6	353.2	—
1999	0.4	13.7	17.0	15.3	424.5	369.9	—
2000	0.7	16.5	18.4	16.7	515.4	413.2	—
2001	0.2	18.0	11.5	10.1	522.0	412.9	—
2002	0.1	13.1	13.0	11.8	590.6	467.3	—

注:其他杂粮是年报中其他谷物加杂豆。

12—22 各地区农作物播种面积

(2002年)

单位:千公顷

地区	农作物总播种面积	粮食作物	水稻	小麦	玉米	高粱	谷子	薯类
全省	**3 577.0**	**2 658.6**	**457.1**	**47.2**	**1 395.1**	**168.8**	**101.6**	**145.1**
沈阳	577.4	426.6	104.6	14.5	228.1	11.8	3.7	16.7
大连	302.1	245.4	19.5	1.0	145.0	1.7	2.8	36.0
鞍山	229.9	171.5	33.5	0.7	109.3	4.6	1.1	3.8
抚顺	90.0	72.1	15.9	—	38.3	0.4	0.2	3.3
本溪	58.8	43.1	9.8	0.1	23.8	0.3	0.3	2.0
丹东	194.6	148.0	51.1	0.6	70.6	1.3	0.6	6.9
锦州	384.1	255.7	16.2	7.6	143.7	41.6	3.5	9.1
营口	98.5	81.8	36.5	—	28.7	5.9	1.9	1.9
阜新	329.7	222.8	5.0	3.8	114.2	32.9	18.6	5.2
辽阳	147.9	116.0	38.9	—	55.2	2.0	0.3	3.0
盘锦	106.4	93.6	79.3	0.2	8.6	0.5	—	—
铁岭	441.5	311.6	40.5	8.1	196.7	6.8	1.0	26.4
朝阳	389.3	309.6	0.7	9.5	150.5	40.6	56.2	12.4
葫芦岛	226.8	160.8	5.7	1.0	82.4	18.4	11.3	18.5

12－22 续表 1　　(2002 年)　　单位:千公顷

地区	粮食作物		经济作物				
	大豆	其他杂粮	棉花	油料	花生	芝麻	向日葵
全省	266.6	77.1	2.9	286.1	227.9	16.2	37.5
沈阳	39.9	7.3	0.4	39.4	34.4	1.9	1.1
大连	32.6	6.8	—	7.8	7.8	—	—
鞍山	17.4	1.1	—	7.1	6.9	0.1	—
抚顺	13.6	0.4	—	2.3	2.2	—	0.1
本溪	6.1	0.7	—	1.2	1.1	0.1	—
丹东	14.7	2.2	—	5.1	5.1	—	—
锦州	30.4	3.6	0.7	57.1	55.9	0.7	—
营口	5.9	1.0	—	1.2	1.2	—	—
阜新	24.0	19.1	—	73.5	54.5	6.4	11.5
辽阳	15.8	0.8	—	2.5	2.4	—	—
盘锦	4.9	0.1	—	0.1	0.1	—	—
铁岭	29.3	2.8	—	28.1	27.8	0.2	0.1
朝阳	15.0	24.7	1.2	30.9	30.9	5.5	24.1
葫芦岛	17.1	6.4	0.5	29.8	29.8	1.2	0.1

12－22 续表 2　　(2002 年)　　单位:千公顷

地区	经济作物				其他作物
	麻类	甜菜	烟叶	#烤烟	蔬菜
全省	0.1	13.1	13.0	11.8	467.3
沈阳	—	6.8	—	—	69.9
大连	—	—	—	—	41.3
鞍山	—	0.5	0.1	0.1	45.3
抚顺	—	—	0.7	0.4	10.4
本溪	—	—	—	—	8.7
丹东	—	—	3.1	2.9	26.8
锦州	—	1.7	—	—	60.4
营口	—	0.6	—	—	11.7
阜新	—	—	1.7	1.6	22.0
辽阳	—	0.6	—	—	22.4
盘锦	—	—	—	—	12.1
铁岭	—	0.6	4.2	4.0	73.6
朝阳	—	2.7	3.1	2.7	30.0
葫芦岛	—	—	—	—	32.7

12—23　主要农产品产量

年份	粮食（万吨）	水稻	小麦	玉米	高粱	谷子	薯类	大豆	其他杂粮	棉花（吨）
1952	544.0	29.9	11.4	125.9	193.3	75.9	20.9	55.4	31.3	91 750
1957	587.0	59.6	2.7	149.5	166.1	64.9	33.8	76.7	33.7	40 350
1965	670.7	88.7	6.5	248.3	163.4	61.1	34.2	44.5	24.0	43 600
1970	870.3	148.9	5.6	270.0	197.1	62.8	40.7	58.0	87.2	38 500
1975	1 119.4	194.5	15.2	436.0	291.2	30.9	8.1	45.2	98.3	36 200
1978	1 117.2	206.8	9.4	560.0	225.2	30.0	18.5	53.5	13.8	23 372
1980	1 221.6	235.3	5.5	653.6	226.8	23.3	10.5	53.6	13.0	21 348
1981	1 160.6	248.8	5.7	581.8	217.4	22.4	9.4	62.4	12.7	22 009
1982	1 151.8	253.8	4.9	558.2	225.9	29.3	9.4	57.8	12.5	23 278
1983	1 485.2	290.3	4.4	736.9	305.7	45.0	15.0	69.3	18.6	52 002
1984	1 425.8	331.0	2.5	715.5	248.6	33.1	17.7	63.4	14.0	66 092
1985	976.0	263.0	2.8	448.1	150.7	29.9	15.8	54.6	11.2	24 166
1986	1 222.2	323.8	4.0	607.3	168.4	27.9	15.3	63.5	12.0	11 647
1987	1 276.2	340.7	5.6	671.5	159.0	25.7	13.5	49.2	11.1	3 337
1988	1 307.2	340.2	8.2	680.6	161.6	20.0	18.8	44.4	13.6	6 381
1989	1 018.2	283.8	15.3	496.7	106.9	16.2	12.1	24.1	13.1	7 808
1990	(1 521.1) 1 494.7	375.7	44.3	812.3	180.8	30.5	19.4	43.5	14.5	13 595
1991	(1 581.4) 1 532.4	403.4	49.8	848.6	181.2	23.3	24.6	37.5	13.1	41 987
1992	(1 588.6) 1 568.4	417.7	65.5	864.5	152.7	18.5	26.2	32.4	11.1	27 949
1993	(1 748.5) 1 696.0	389.6	66.5	989.1	178.1	24.4	34.5	52.2	14.0	19 439
1994	(1 259.1) 1 337.1	297.7	49.5	613.9	181.5	25.5	28.3	48.3	14.4	16 727
1995	(1 390.5) 1 423.5	255.3	63.3	804.5	156.6	22.2	35.9	40.3	12.4	23 666
1996	(1 786.8) 1 660.1	366.1	59.4	1 047.3	183.0	29.1	42.5	43.6	15.8	10 813
1997	(1 325.4) 1 313.5	389.4	56.5	674.7	100.3	18.7	39.5	35.1	11.3	15 067
1998	(1 960.0) 1 828.9	407.5	61.4	1 205.3	141.6	28.6	47.8	52.8	15.0	17 876
1999	1 648.8 (1 653.5)	415.8	59.2	988.3	77.1	13.2	51.0	39.3	9.5	4 574
2000	1 140.0 (1 137.8)	375.5	35.4	547.9	51.6	9.3	61.5	47.9	8.7	5 604
2001	1 394.4 (1 419.9)	341.2	15.7	833.7	74.5	25.7	54.7	55.2	19.2	7 508
2002	1 510.4 (1 493.4)	359.2	11.51	889.42	83.11	23.31	60.27	52.6	30.98	2 983

注：1990～2002年粮食产量系抽样调查定产数，括号内为全面统计报表数，分品种产量数系全面统计报表数。

12－23 续表

年份	油料（吨）	#花生	#芝麻	#向日葵	麻类（吨）	甜菜（吨）	烟叶（吨）	#烤烟	蔬菜（万吨）
1952	107 050	100 017	3 117	196	27 800	—	25 450	22 580	135.2
1957	159 800	155 571	1 826	214	13 550	—	19 600	18 702	351.1
1965	99 900	93 750	1 600	—	16 150	17 600	23 700	22 850	442.3
1970	103 700	98 550	1 250	—	10 800	23 900	20 450	20 450	389.7
1975	105 100	75 950	1 000	—	97 500	44 250	28 450	27 750	397.7
1978	105 271	44 811	1 471	41 080	14 994	63 376	31 280	29 483	652.0
1980	282 529	137 440	4 059	13 142	9 487	127 239	23 617	22 361	548.7
1981	306 076	170 109	6 808	121 539	7 351	225 611	28 141	24 925	628.9
1982	247 432	174 552	19 101	50 389	5 394	338 453	33 696	28 745	672.6
1983	309 398	227 227	30 155	48 458	1 823	278 045	22 132	17 906	734.6
1984	420 467	326 794	33 203	56 181	1 355	200 774	27 587	22 081	784.6
1985	540 147	402 737	43 717	76 731	2 446	226 775	34 143	18 424	589.5
1986	316 211	221 858	8 899	76 336	2 054	218 267	27 137	10 370	700.9
1987	192 045	130 062	3 070	54 351	1 660	283 685	28 869	15 692	756.1
1988	167 916	133 437	1 362	29 448	2 875	481 603	36 383	22 094	784.8
1989	70 809	46 084	1 365	20 354	2 334	233 945	45 378	31 376	790.0
1990	174 537	133 427	2 879	33 939	2 586	497 538	44 005	31 575	861.3
1991	202 878	153 230	8 895	38 066	2 011	585 929	39 022	28 525	893.5
1992	176 256	129 402	15 415	29 663	2 494	523 226	44 297	32 283	1 003.2
1993	218 478	168 448	18 427	27 973	1 234	538 234	49 878	31 591	1 162.7
1994	244 305	200 079	14 022	29 192	1 050	392 366	35 721	23 534	1 130.6
1995	197 717	162 764	10 040	22 518	1 039	504 147	31 959	21 913	1 268.1
1996	170 003	134 450	5 618	28 367	396	585 516	56 091	50 344	1 438.6
1997	160 745	134 136	3 901	21 826	294	400 727	60 890	51 527	1 492.2
1998	233 611	198 115	5 798	28 422	210	416 120	31 319	26 182	1 588.1
1999	197 797	166 326	4 320	24 736	355	263 581	32 487	29 938	1 650.8
2000	295 527	256 249	8 298	12 685	883	286 894	31 507	28 589	1 757.0
2001	462 553	420 504	10 367	22 994	245	355 910	23 548	19 787	1 826.6
2002	564 529	507 904	14 139	34 245	155	397 226	28 679	25 987	2 098.6

注：1990～2002 年粮食产量系抽样调查定产数，括号内为全面统计报表数，分品种产量数系全面统计报表数。

12—24 各地区主要农产品产量

(2002年)

地区	粮食(万吨)	水稻	小麦	玉米	高粱	谷子	薯类	大豆	其他杂粮	棉花(吨)
全省	**1 510.4** **(1 493.4)**	**359.2**	**11.5**	**889.4**	**83.1**	**23.3**	**60.3**	**52.6**	**31.0**	**2 983**
沈阳	278.2	86.0	1.5	164.4	6.4	1.3	7.7	9.5	1.4	952
大连	87.5	11.3	0.4	61.1	0.3	0.4	9.5	3.3	1.2	14
鞍山	106.6	26.6	0.2	72.2	2.0	0.2	1.8	3.4	0.2	—
抚顺	41.8	10.1	—	27.0	0.2	—	1.7	2.7	0.1	—
本溪	21.9	4.6	—	14.5	0.2	0.1	1.0	1.4	0.1	—
丹东	80.5	33.5	0.2	41.2	0.4	0.1	2.3	2.3	0.5	—
锦州	159.9	12.8	2.8	102.9	26.1	0.8	5.6	7.6	1.3	452
营口	51.4	31.8	—	15.0	2.5	0.4	0.6	0.9	0.2	60
阜新	93.1	2.8	0.8	59.6	17.2	3.9	2.2	4.3	2.3	34
辽阳	70.1	28.3	—	35.4	1.0	0.1	1.5	3.7	0.1	3
盘锦	79.9	72.9	—	5.4	0.2	—	0.0	1.3	0.2	—
铁岭	239.5	34.2	1.1	178.8	3.9	0.3	12.3	7.3	1.6	—
朝阳	104.7	0.4	3.9	63.7	13.7	12.8	4.5	1.8	3.9	995
葫芦岛	78.2	4.0	0.5	48.2	9.0	2.8	9.6	3.1	1.0	473

注:全省粮食以抽样调查的1510.4万吨为定产数,1493.4万吨系全面统计汇总数。

12-24续表

(2002年)

地区	油料(万吨)	#花生	#芝麻	#向日葵	麻类(吨)	甜菜(吨)	烟叶(吨)	#烤烟	蔬菜(万吨)
全省	56.5	50.8	1.4	3.4	155	397 226	28 679	25 987	2 098.6
沈阳	8.6	7.9	0.2	0.2	2	202 698	4	—	284.1
大连	1.2	1.2	—	—	—	—	—	—	211.8
鞍山	1.8	1.8	—	—	—	17 372	249	180	226.4
抚顺	0.6	0.6	—	—	1	1 403	1 902	1 113	39.5
本溪	0.4	0.3	—	—	6	246	6	—	36.3
丹东	1.4	1.4	—	—	45	783	7 489	7 160	110.3
锦州	13.9	13.8	0.1	0.1	—	62 261	—	—	361.0
营口	0.2	0.2	—	—	72	—	—	—	51.2
阜新	10.5	8.9	0.5	1.0	—	56	2 825	2 712	61.4
辽阳	1.3	1.3	—	—	—	30 167	9	—	89.6
盘锦	—	—	—	—	—	1 484	—	—	86.2
铁岭	8.4	8.3	—	—	3	13 938	9 199	8 504	273.1
朝阳	2.8	0.2	0.4	2.1	26	66 330	6 966	6 318	106.2
葫芦岛	5.3	4.9	0.2	—	—	488	30	—	161.5

注:全省粮食以抽样调查的1510.4万吨为定产数,1493.4万吨系全面统计汇总数。

12—25 主要农产品单位面积产量

（按播种面积计算） 单位：公斤/亩

年份	粮食	水稻	小麦	玉米	高粱	谷子	薯类	大豆	其他杂粮	棉花
1978	224	367	93	279	238	95	161	69	86	16
1980	253	407	89	308	271	82	165	76	76	37
1981	247	418	109	306	244	71	158	90	64	38
1982	244	417	111	322	234	72	153	84	60	34
1983	312	480	139	403	311	110	185	113	92	64
1984	307	511	112	388	279	87	180	114	70	61
1985	225	365	158	249	241	95	146	93	69	41
1986	268	427	129	322	254	90	155	103	64	43
1987	272	421	136	334	236	91	141	83	63	48
1988	281	419	159	344	239	74	178	78	80	41
1989	220	348	185	252	170	61	110	44	59	32
1990	319(325)	461	262	397	305	120	176	83	86	48
1991	331(341)	491	226	412	329	105	208	77	85	51
1992	343(347)	500	264	416	298	103	199	71	80	25
1993	371(382)	536	242	466	364	135	231	107	99	53
1994	295(277)	433	204	279	376	156	197	101	100	43
1995	313(306)	360	246	353	339	144	233	98	100	51
1996	360(388)	511	222	443	406	185	257	122	122	58
1997	288(291)	528	224	286	259	118	249	94	88	52
1998	401(430)	548	273	491	424	189	291	141	139	58
1999	360(361)	553	258	393	254	98	261	111	97	44
2000	266(265)	511	201	257	182	71	245	106	69	51
2001	337(343)	506	122	407	305	131	241	127	106	69
2002	379(375)	524	163	425	328	153	277	132	268	69

注：1990～2002年粮食单产系抽样调查数，括号内为全面统计报表数。

12-25续表 （按播种面积计算） 单位：公斤/亩

年份	油料	#花生	#芝麻	#向日葵	麻类	甜菜	烟叶	#烤烟	蔬菜
1978	33	69	20	37	28	428	147	160	1 956
1980	62	94	22	52	25	767	164	171	1 811
1981	64	107	35	44	25	1 104	155	158	1 971
1982	68	96	37	43	26	1 169	158	166	1 974
1983	105	144	52	69	35	1 359	133	138	2 218
1984	111	156	42	76	41	1 474	166	120	2 391
1985	81	107	31	61	59	1 101	122	122	1 808
1986	75	92	26	62	51	1 131	122	96	2 026
1987	85	100	28	72	44	1 178	135	125	2 152
1988	83	106	28	46	76	1 240	130	119	2 167
1989	36	37	18	36	88	917	96	87	2 121
1990	93	114	40	60	97	1 473	113	104	2 267
1991	95	110	39	80	83	1 554	113	106	2 336
1992	82	95	42	78	113	1 674	122	109	2 498
1993	103	123	50	87	93	1 547	138	120	2 631
1994	113	130	52	88	80	908	128	116	2 368
1995	100	115	47	68	91	1 115	128	109	2 557
1996	119	134	58	92	71	1 437	137	135	2 803
1997	109	129	43	65	77	1 121	122	119	2 809
1998	127	145	43	87	88	1 618	137	134	2 998
1999	108	125	43	66	60	1 278	127	130	2 975
2000	99	120	40	30	88	1 157	114	114	2 835
2001	131	152	53	48	74	1 319	137	130	2 949
2002	132	149	58	61	110	2 015	147	147	2 994

注：1990～2002年粮食单产系抽样调查数，括号内为全面统计报表数。

12—26　各地区主要农产品单位面积产量

（按播种面积计算，2002年）　　　　单位：公斤/公顷

地　区	粮　食	水　稻	小　麦	玉　米	高　粱	谷　子	薯　类	大豆	其他杂粮	棉　花
全　省	**5 681** **(5 617)**	**7 858**	**2 444**	**6 375**	**4 924**	**2 295**	**4 153**	**1 973**	**4 020**	**1 044**
沈　阳	6 522	8 228	1 041	7 207	5 450	3 486	4 628	2 388	1 918	2 333
大　连	3 565	5 806	3 803	4 215	1 940	1 496	2 636	1 027	1 765	424
鞍　山	6 217	7 926	2 240	6 604	4 433	1 980	4 821	1 947	1 818	—
抚　顺	5 795	6 351	—	7 053	4 609	2 397	5 115	1 982	2 500	—
本　溪	5 095	4 714	3 048	6 094	4 713	3 012	5 146	2 234	1 429	—
丹　东	5 440	6 557	3 470	5 830	3 189	1 328	3 288	1 585	2 273	—
锦　州	6 254	7 896	3 718	7 163	6 263	2 388	6 128	2 492	3 611	658
营　口	6 278	8 703	3 000	5 211	4 308	1 964	3 347	1 598	2 000	1 667
阜　新	4 179	5 488	2 090	5 216	5 215	2 110	4 243	1 774	1 204	944
辽　阳	6 041	7 269	3 000	6 422	4 996	1 928	4 878	2 332	1 250	1 500
盘　锦	8 545	9 195	575	6 313	4 390	3 800	5 053	2 740	2 000	—
铁　岭	7 686	8 446	1 397	9 088	5 680	3 281	4 650	2 501	5 714	—
朝　阳	3 383	5 620	4 105	4 235	3 376	2 277	3 664	1 167	1 579	850
葫芦岛	4 861	7 033	5 166	5 851	4 911	2 500	5 168	1 800	1 563	977

12-26续表　　（按播种面积计算，2002年）　　单位：公斤/公顷

地　区	油　料	#花　生	#芝　麻	#向日葵	麻　类	甜　菜	烟　叶	#烤　烟	蔬　菜
全　省	**1 973**	**2 229**	**870**	**914**	**1 649**	**30 252**	**2 204**	**2 207**	**41 221**
沈　阳	2 182	2 287	1 085	1 550	2 000	29 608	2 000	—	40 648
大　连	1 579	1 580	1 000	500	—	—	—	—	51 263
鞍　山	2 528	2 560	986	1 500	—	36 419	1 729	1 622	49 973
抚　顺	2 533	2 549	2 000	2 153	1 000	32 628	2 690	2 811	37 955
本　溪	2 917	2 993	1 333	3 167	1 500	41 000	1 500	—	41 654
丹　东	2 732	2 734	2 000	1 273	1 406	37 286	2 417	2 447	41 221
锦　州	2 442	2 463	1 260	2 048	—	35 721	—	—	59 743
营　口	1 650	1 648	2 200	—	2 250	—	—	—	43 655
阜　新	1 425	1 628	761	903	—	14 000	1 615	1 648	27 892
辽　阳	5 353	5 487	1 488	1 310	—	47 210	3 000	—	40 074
盘　锦	4 040	4 040	—	—	—	53 000	—	—	71 150
铁　岭	2 993	2 979	1 489	1 845	1 000	22 481	2 196	2 149	37 115
朝　阳	900	1 913	743	857	1 238	24 558	2 247	2 309	35 396
葫芦岛	1 790	1 810	1 279	2 601	—	44 364	2 143	—	49 397

12—27　水果、蚕茧、园参、芦苇生产情况

指　　标	单　位	1980年	1990年	1995年	2000年	2001年	2002年
一、水　　果							
果园面积	千公顷	244.8	389.8	449.7	392.8	361.9	331.2
#苹果园	千公顷	153.4	215.6	257.8	195.1	161.9	131.9
梨　园	千公顷	61.3	62.2	83.6	85.7	87.6	85.5
葡萄园	千公顷	2.5	8.1	12.9	27.8	29.7	35.6
山楂园	千公顷	—	73.9	53.8	26.8	23.1	17.6
果树株数	万　株	9 035.8	21 554.2	27 355	32 541.8	31 833	29 655
#苹　　果	万　株	5 207.9	7 552.1	12 172	8 388.4	6 903.7	5 768
梨	万　株	2 076.2	1 992.1	3 607	4 366.9	4 446.1	4 503
葡　　萄	万　株	236.1	2 099.7	2 774	10 293.0	10 850	11 840
山　　楂	万　株	—	7 776.3	5 253	2 263.4	1 949	1 683
结果株数	万　株	3 998.6	7 481.6	12 011	18 850.1	18 923	17 848
#苹　　果	万　株	2 180.8	2 633.8	3 620	4 012.0	3 526.4	3 242
梨	万　株	1 154.6	1 158.1	1 536	2 116.8	2 283	2 296
葡　　萄	万　株	80.4	1 174.6	1 683	6 012.9	6 573.9	8 054
山　　楂	万　株	—	1 673.6	3 195	1 776.5	1 472.3	1 334
水果产量	吨	782 677	1 112 886	2 199 889	2 499 660	2 416 697	2 344 015
#苹　　果	吨	610 133	759 244	1 277 295	1 231 479	1 134 657	1 005 142
梨	吨	109 907	166 806	402 963	455 404	509 942	412 724
葡　　萄	吨	6 244	73 567	153 317	430 282	396 991	522 061
山　　楂	吨	—	36 562	98 566	67 148	61 151	59 314
二、蚕　　业							
柞蚕茧产量	吨	56 634	40 641	32 805	38 959	43 790	41 652
桑蚕茧产量	吨	123	131	183	92	80	34
三、园　　参							
园参产量	吨	775.4	2 765.9	1 431	1 218	1 492.2	2 132.1
四、芦　　苇							
芦苇产量	万吨	—	42.2	44.5	54.2	52.8	48.8

12—28　水果、蚕茧、园参产量

单位：吨

年　份	水　果 总产量	#苹　果	#梨	#葡　萄	#山　楂	蚕　茧 总产量	柞蚕茧	桑蚕茧	园　参 总产量
1952	126 475	84 245	40 805	1 425	—	47 356	47 317	39	—
1957	285 025	166 720	116 365	1 940	—	29 699	29 510	189	—
1965	323 765	190 185	127 675	5 900	—	28 089	27 918	171	—
1970	539 430	394 490	101 915	7 445	—	28 299	28 157	142	—
1975	659 045	484 175	111 940	10 280	—	27 713	27 611	102	—
1978	937 915	656 750	227 700	7 130	—	40 587	40 521	66	—
1979	1 023 981	753 902	213 118	8 013	1 738	42 895	42 767	128	—
1980	782 677	610 133	109 907	6 244	—	56 757	56 634	123	775
1981	923 836	700 655	161 982	10 197	—	45 370	45 264	106	790
1982	761 164	572 714	128 719	9 765	7 796	30 267	30 159	108	761
1983	1 040 485	758 850	200 714	12 587	10 673	55 708	55 601	107	1 070
1984	955 126	683 926	187 981	19 882	12 108	38 052	38 968	84	902
1985	806 799	547 791	173 077	20 902	14 342	26 996	26 945	51	985
1986	803 832	546 862	171 840	23 521	14 717	24 790	24 760	30	1 302
1987	933 062	637 092	177 808	35 017	21 571	39 137	39 086	51	1 813
1988	958 557	621 544	195 066	53 092	24 643	34 825	34 768	57	2 639
1989	1 003 137	655 737	174 370	72 170	33 395	39 415	39 348	67	2 437
1990	1 112 886	759 244	166 806	73 567	36 562	40 772	40 641	131	2 766
1991	1 011 230	570 542	204 839	89 895	50 659	23 982	23 812	170	2 704
1992	1 527 272	979 434	222 916	121 829	73 918	26 124	25 926	198	2 719
1993	1 888 380	1 196 127	300 099	146 162	97 312	36 486	36 349	137	3 720
1994	1 845 580	1 069 137	323 985	158 210	99 411	27 808	27 720	178	2 073
1995	2 199 889	1 277 295	402 963	153 317	98 566	32 988	32 805	183	1 431
1996	2 480 339	1 505 993	477 330	185 421	80 719	29 411	29 158	253	1 226
1997	2 641 058	1 611 487	471 870	193 380	79 456	39 685	39 532	153	2 141
1998	2 985 505	1 674 628	610 898	275 557	85 093	44 563	44 455	108	1 304
1999	2 566 685	1 469 839	424 605	307 453	71 638	28 760	28 720	40	1 297
2000	2 499 660	1 231 479	455 404	430 282	67 148	39 051	38 959	92	1 218
2001	2 416 697	1 134 657	509 942	396 991	61 151	43 870	43 790	80	1 492.2
2002	2 344 015	1 005 142	412 724	522 061	59 314	41 998	41 652	34	2 132.1

12—29 林业生产情况

指标	单位	1980年	1990年	1995年	2000年	2001年	2002年
造林面积	千公顷	310.9	192.9	201.1	143.95	141.08	237.63
#用材林	千公顷	202.8	86.3	45.7	28.37	38.21	58.25
经济林	千公顷	22.5	18.0	67.7	32.61	22.33	28.91
防护林	千公顷	52.2	45.3	70.3	71.18	72.66	140.89
薪炭林	千公顷	…	42.5	1.7	11.68	7.46	9.37
零星植树	万株	18 730.0	6 109.5	6 033.2	5 344	7 691	7 678
年末实有育苗面积	千公顷	25.7	11.9	11.4	12.16	19.7	26.54
#当年新育	千公顷	…	7.6	—	8.27	12.9	17.08
幼林抚育实际面积	千公顷	…	211.4	221.0	291.50	196.9	277.3
成林抚育面积	千公顷	…	34.6	37.6	67.99	41.5	32.3
干果产量	吨	…	17 042	42 690	—	—	—
林木种子采集量	吨	1 976	1 021	1 381	—	—	—
农村集体和个人林木采伐	万立方米	50.9	77.4	86.4	123.41	60.19	87.1

12—30 主要林产品产量

单位:吨

年份	农村采伐木材(立方米)	板栗	核桃	山杏核	其它
1978	—	1 829.8	530.3	—	—
1979	—	1 477.7	1 255.0	—	—
1980	509 000	2 860.7	780.8	1 641.2	120.8
1981	—	4 309.8	681.8	2 720.0	1 234.7
1982	130 112	5 180.5	81.0	898.0	459.5
1983	331 551	6 482.3	351.5	225.1	3 780.6
1984	273 999	4 817.1	598.4	887.2	—
1985	332 232	6 982.0	58.1	1 932.0	—
1986	363 569	4 669	2 358	1 709	—
1987	389 046	8 732	1 293	6 085	—
1988	318 111	6 980	1 259	7 915	—
1989	327 521	7 799	2 120	6 785	5 033
1990	774 242	9 013	925	5 210	1 022
1991	698 308	10 406	465	4 917	563
1992	747 812	8 928	738	4 972	2 703
1993	816 673	10 065	1 398	12 993	3 696
1994	798 217	8 868	1 993	10 035	5 744
1995	864 150	13 140	3 505	14 940	5 985
1996	1 025 000	13 525	2 315	18 440	8 970
1997	1 133 000	16 887	2 277	22 682	12 054
1998	1 180 000	17 644	2 536	—	10 703
1999	1 272 700	23 474	11 276	—	24 016
2000	1 234 100	24 676	5 603	—	—
2001	601 900	28 765	7 739	—	—
2002	870 900	32 652	8 566	—	—

12—31 各地区造林面积

单位:千公顷

地区	造林面积											
	合计			#用材林			#经济林			#防护林		
	2000年	2001年	2002年	2000年	2001年	2002年	2000年	2001年	2002年	2000年	2001年	2002年
全省	**143.9**	**147.3**	**237.6**	**28.4**	**38.2**	**58.3**	**32.6**	**23.2**	**28.9**	**71.1**	**78.0**	**140.9**
沈阳	7.7	14.6	36.9	0.8	2.4	9.5	3.6	2.0	2.0	3.2	10.2	25.3
大连	7.0	5.5	18.9	0.5	0.4	3.4	3.7	0.8	3.3	2.8	4.1	11.6
鞍山	6.0	6.4	12.4	1.9	3.3	3.8	2.0	1.2	1.6	2.1	1.7	7.0
抚顺	2.9	3.8	8.6	2.2	2.3	3.9	0.2	0.7	0.8	0.4	0.7	2.9
本溪	2.2	6.7	9.5	0.7	2.3	2.6	0.8	1.3	1.2	0.3	1.3	5.8
丹东	2.1	3.5	10.5	0.5	0.7	4.3	1.1	1.7	3.5	—	0.2	2.0
锦州	31.2	22.3	22.7	6.0	6.5	4.1	3.3	3.6	1.3	20.5	10.8	17.2
营口	6.7	2.9	9.0	3.8	0.6	3.1	1.6	1.5	1.5	0.8	0.7	3.7
阜新	11.9	15.6	27.7	3.1	7.2	4.1	2.4	1.3	2.1	6.4	7.0	21.4
辽阳	5.4	5.3	8.4	1.6	1.9	3.0	2.1	1.7	1.4	1.4	1.5	3.9
盘锦	0.8	0.7	1.0	0.1	0.2	5.0	—	—	—	0.7	0.4	10.9
铁岭	4.8	7.3	22.2	2.2	3.6	8.5	1.1	0.9	2.6	1.3	2.6	10.9
朝阳	21.7	7.9	18.1	3.5	1.3	1.1	4.9	2.5	1.7	8.5	1.7	14.2
葫芦岛	33.6	38.0	31.7	1.5	5.0	6.3	5.6	4.0	5.9	22.7	26.6	14.4

12—32 大 牲 畜 头 数

单位:万头

年 份	大牲畜年末头数	#役 畜	牛	马	驴	骡
1952	281.1	195.3	131.2	17.2	115.6	17.1
1957	240.3	156.8	97.6	29.7	95.7	15.3
1965	246.4	157.2	120.7	40.6	71.6	13.5
1970	297.1	200.2	146.2	54.0	74.2	22.7
1975	293.7	197.4	143.4	56.7	61.2	32.4
1978	287.3	193.7	136.0	61.4	52.7	37.2
1979	283.9	188.3	134.3	61.3	49.9	38.4
1980	279.1	177.3	130.6	61.9	46.9	39.7
1981	265.6	177.3	117.6	59.8	47.9	40.3
1982	255.6	183.5	107.9	57.7	49.5	40.5
1983	261.3	197.4	109.0	55.5	57.7	39.1
1984	284.7	209.9	123.2	56.9	64.6	40.0
1985	303.3	216.4	134.9	56.9	70.3	41.2
1986	313.9	219.5	140.2	56.1	75.3	42.3
1987	315.2	254.6	140.7	53.7	77.9	42.9
1988	319.1	217.4	142.8	51.9	80.8	43.6
1989	323.8	217.3	147.7	49.4	83.1	43.6
1990	326.1	217.2	150.9	47.0	84.4	43.8
1991	326.0	220.1	149.4	46.1	86.6	43.9
1992	331.6	214.2	155.4	45.1	87.5	43.6
1993	368.3	219.3	192.0	44.7	89.0	42.6
1994	438.9	228.6	261.2	44.3	91.2	42.2
1995	476.4	232.3	301.6	42.2	92.6	40.0
1996	505.4	244.4	330.9	42.2	93.5	38.9
1997	366.7	182.2	193.5	39.5	96.2	37.5
1998	382.1	187.9	209.3	40.6	95.2	37.0
1999	399.8	198.9	228.1	39.9	95.8	35.9
2000	420.7	212.8	254.0	37.0	95.3	34.4
2001	411.7	208.0	251.1	35.7	93.5	31.5
2002	421.5	198.7	264.8	34.4	92.9	29.4

12—33 肉类产量和猪羊头数

年份	猪牛羊肉产量（万吨）	肉猪出栏头数（万头）	猪年末存栏头数（万头）	羊年末只数（万只）	山羊	绵羊
1952	—	198.6	409.0	104.2	45.3	58.9
1957	—	240.6	407.2	157.2	58.7	98.5
1965	—	344.9	492.1	156.8	38.0	118.8
1970	—	99.6※	533.0	174.0	37.8	136.2
1975	—	453.5	1 031.8	175.8	39.9	135.9
1978	—	554.3	1 184.6	138.2	28.1	110.1
1979	—	592.9	1 188.9	167.1	31.4	135.7
1980	42.9	656.3	1 057.5	194.7	36.6	158.1
1981	49.1	664.3	1 046.2	210.4	36.2	174.2
1982	56.0	711.3	1 069.9	207.8	33.6	174.2
1983	54.9	710.0	993.2	207.7	35.9	171.8
1984	54.9	685.2	892.9	193.9	36.0	157.9
1985	57.0	647.4	1 035.6	193.6	35.5	158.1
1986	58.1	650.9	1 031.7	215.5	39.5	176.0
1987	57.3	626.4	930.4	233.7	47.0	186.7
1988	68.9	691.4	1 065.4	274.2	60.9	213.3
1989	71.9	733.4	1 089.6	294.9	74.3	220.6
1990	78.8	797.2	1 093.5	267.2	73.4	193.8
1991	88.8	865.0	1 137.7	239.5	75.7	163.8
1992	99.7	945.4	1 222.0	247.9	73.7	174.2
1993	115.4	1 020.9	1 228.6	264.4	88.8	175.6
1994	144.5	1 254.4	1 340.1	302.0	115.8	186.2
1995	173.9	1 461.6	1 468.4	373.2	146.5	226.7
1996	190.4	1 640.6	1 426.5	403.1	164.1	238.9
1997	126.9	1 131.0	953.3	292.6	133.7	158.9
1998	138.8	1 223.9	1 039.9	318.1	146.3	171.7
1999	148.4	1 320.3	1 123.4	347.8	159.3	188.5
2000	156.5	1 413.8	1 270.7	386.1	187.3	198.8
2001	169.0	1 525.2	1 291.8	449.4	212.6	236.8
2002	182.8	1 648.7	1 304.3	548.4	251.9	296.5

12—34 畜牧业生产情况

指　　标	单　位	1980 年	1990 年	1995 年	2000 年	2001 年	2002 年
一、畜产品产量							
1.猪牛羊出栏头数							
肉猪出栏头数	万头	656.3	797.2	1 461.6	1 413.8	1 525.2	1 648.7
出售和自宰的牛	万头	5.3	22.1	179.3	171.7	181.9	198.6
出售和自宰的羊	万只	21.0	109.4	185.1	239.2	252.3	320.7
2.肉类总产量	万吨	45.3	90.4	222.4	236.1	249.0	270.2
#猪　　肉	万吨	42.3	74.1	141.6	127.3	137.6	148.7
牛　　肉	万吨	0.5	3.4	29.7	25.8	27.7	29.7
羊　　肉	万吨	0.2	1.3	2.6	3.4	3.7	4.4
禽　　肉	万吨	—	11.2	46.3	76.4	76.6	83.9
兔　　肉	万吨	—	0.1	0.4	0.3	0.3	0.3
3.其他畜产品产量							
奶　　类	万吨	6.5	15.3	18.3	21.9	26.6	30.8
#牛　奶	万吨	5.5	14.4	17.1	18.9	24.2	28.1
山羊毛	吨	122.8	291.2	740.3	748.0	767.0	1 119.0
绵羊毛	吨	3 249.8	7 803.2	9 602.7	7 567.0	8 339.0	9 158.0
羊　　绒	吨	36.1	134.5	293.5	356.0	282.0	372.0
蜂　　蜜	吨	1 601.4	2 806.8	3 703.4	5 819.0	7 973.0	8 148.0
禽　　蛋	万吨	11.4	45.2	102.8	140.3	148.4	159.8
鹿　　茸	吨	7.3	10.0	9.9	—	—	—
二、牲畜年末头数							
1.大牲畜	万头	279.1	326.1	476.4	420.7	411.7	421.5
#役　畜	万头	177.3	217.2	232.3	212.8	208.0	198.7
牛	万头	130.6	150.9	301.6	254.0	251.1	264.8
马	万头	61.9	47.0	42.2	37.0	35.7	34.4
驴	万头	46.9	84.4	92.1	95.3	93.5	92.9
骡	万头	39.7	43.8	40.0	34.4	31.5	29.4
2.猪	万头	1 057.5	1 093.5	1 468.4	1 270.7	1 291.8	1 304.0
3.羊	万只	194.7	267.2	373.2	386.1	449.4	548.4
山　　羊	万只	36.6	73.4	146.5	187.3	212.6	251.9
绵　　羊	万只	158.1	193.8	226.7	198.8	236.8	296.5

12—35 各地区牲畜饲养情况

(2002年)

地　　区	大牲畜年末头数(万头)	#役　畜	#牛	#乳　牛	马	驴	骡
全　　省	**421.5**	**198.8**	**264.8**	**12.8**	**34.4**	**92.9**	**29.4**
沈　　阳	42.0	18.3	21.3	3.3	6.6	9.6	4.6
大　　连	32.9	18.0	25.3	1.7	1.6	2.5	3.5
鞍　　山	33.5	12.0	26.9	0.8	2.2	2.9	1.5
抚　　顺	20.8	10.2	18.3	0.5	0.8	0.4	1.4
本　　溪	19.5	10.1	18.2	0.3	0.5	0.3	0.4
丹　　东	29.3	18.3	23.5	0.4	2.0	2.1	1.7
锦　　州	48.6	19.3	27.6	0.7	4.6	13.4	3.0
营　　口	6.5	2.1	4.8	0.3	0.4	0.7	0.5
阜　　新	35.2	21.0	10.2	0.6	6.2	16.5	2.4
辽　　阳	12.9	4.7	10.0	0.7	1.1	0.9	0.9
盘　　锦	2.3	0.9	1.5	0.2	0.5	0.3	0.1
铁　　岭	72.9	21.4	60.6	1.5	4.5	5.0	2.8
朝　　阳	52.9	31.4	17.2	0.6	1.8	30.1	3.7
葫　芦　岛	25.7	11.0	12.8	1.2	1.6	8.3	3.0

12－35续表

(2002年)

地　　区	肉猪出栏头数(万头)	猪年末头数(万头)	羊年末只数(万只)	山　羊	绵　羊
全　　省	**1 648.7**	**1 304.3**	**548.4**	**251.9**	**296.5**
沈　　阳	239.3	187.5	28.3	7.3	21.0
大　　连	224.3	189.7	45.9	43.5	2.4
鞍　　山	159.8	113.6	24.9	18.9	6.0
抚　　顺	72.1	36.8	32.4	28.8	3.7
本　　溪	40.3	31.3	29.6	28.5	1.1
丹　　东	76.1	76.1	23.8	23.7	0.1
锦　　州	326.0	193.5	94.1	2.9	91.3
营　　口	54.3	38.9	29.7	27.6	2.1
阜　　新	118.0	102.9	58.8	2.0	56.8
辽　　阳	59.7	45.6	15.6	12.7	2.9
盘　　锦	37.3	31.5	1.5	0.7	0.8
铁　　岭	200.7	127.8	29.9	16.5	13.4
朝　　阳	64.0	73.4	86.7	16.9	69.8
葫　芦　岛	129.8	76.3	64.2	21.1	43.1

12—36 各地区畜产品产量

（2002年）

地区	肉类总产量（万吨）	猪肉	牛肉	羊肉	奶类（万吨）	#牛奶
全省	**270.2**	**148.7**	**29.7**	**4.44**	**30.82**	**28.12**
沈阳	41.5	20.4	2.6	0.28	8.45	8.08
大连	31.9	18.4	1.4	0.23	7.77	6.08
鞍山	31.0	13.5	4.2	0.28	1.01	0.93
抚顺	12.6	6.5	2.9	0.28	2.20	2.07
本溪	5.9	3.4	1.3	0.26	0.77	0.77
丹东	10.9	6.6	1.8	0.19	1.26	1.22
锦州	43.8	27.7	4.5	1.22	2.64	2.39
营口	10.0	4.4	0.6	0.20	0.94	0.91
阜新	15.5	11.1	1.4	0.51	1.47	1.47
辽阳	9.9	5.1	1.2	0.18	0.91	0.90
盘锦	5.4	3.3	0.1	0.01	0.66	0.66
铁岭	40.2	17.8	10.2	0.49	3.35	3.18
朝阳	10.5	5.4	1.4	0.93	1.01	0.87
葫芦岛	20.0	11.9	2.3	0.72	0.70	0.67

12－36续表

（2002年）

地区	绵羊毛（吨）	山羊毛（吨）	羊绒（吨）	禽蛋（万吨）	蜂蜜（吨）
全省	**9 158**	**1 119**	**372**	**159.8**	**8 148**
沈阳	933	27	1	29.24	4 886
大连	56	172	133	15.77	210
鞍山	38	106	72	26.09	10
抚顺	147	26	14	7.55	103
本溪	25	147	68	2.94	66
丹东	—	153	75	5.27	64
锦州	2 377	10	—	26.72	288
营口	21	111	100	6.82	16
阜新	1 839	7	—	5.08	69
辽阳	22	50	30	4.71	75
盘锦	2	—	—	1.90	—
铁岭	259	86	12	8.41	80
朝阳	2 466	114	20	5.37	1 828
葫芦岛	1 007	110	27	13.95	453

12—37 水产品生产情况

指　　标	1997年	1998年	1999年	2000年	2001年	2002年
海水养殖面积(千公顷)	191.9	201.1	229.5	236.5	246.2	278.6
浅海养殖	30.7	43.4	107.5	111.9	117.9	144.6
滩涂养殖	89.5	90.6	82.8	84.2	87.0	90.2
港湾养殖	38.1	37.3	39.2	40.4	41.3	43.8
淡水养殖面积(千公顷)	116.8	121.4	125.4	130.4	137.5	158.5
#池　　塘	31.2	33.9	31.8	33.9	35.1	40.4
水　　库	74.1	75.8	79.3	80.7	84.5	83.6
水产品产量(万吨)	285.1	312.7	333.8	338.5	350.8	374.8
海水产品产量	258.0	281.4	296.8	302.3	310.5	327.0
#海洋捕捞	145.7	160.6	157.7	150.2	149.6	148.8
人工养殖	112.3	120.8	139.2	152.1	160.9	178.2
#鱼　　类	72.3	85.5	84.6	76.7	81.3	87.6
虾蟹类	28.1	31.3	32.3	37.9	37.2	36.6
贝　　类	121.8	113.7	130.3	138.3	142.7	152.9
藻　　类	24.6	26.4	29.1	35.0	32.5	34.9
其　　他	11.1	24.5	20.5	14.3	16.9	15.1
淡水产品产量	27.1	31.3	37.0	36.1	40.3	47.8
#天然生产	2.5	2.8	5.7	7.0	3.4	3.2
人工养殖	24.6	28.5	31.3	29.1	36.8	44.6
#鱼　　类	23.1	29.6	34.2	33.2	36.7	43.3
虾蟹类	1.1	1.8	1.9	2.2	2.5	3.7

12—38 水产品产量

单位:万吨

年份	水产品合计	海水产品	#人工养殖	淡水产品	#人工养殖	比重(%) 海水	淡水
1978	46.9	46.2	10.7	0.7	0.7	98.5	1.5
1980	42.1	41.2	11.3	0.9	0.7	97.9	2.1
1981	44.6	43.5	14.1	1.1	1.0	97.5	2.5
1982	51.3	50.1	15.2	1.2	1.1	97.7	2.3
1983	51.2	49.5	15.9	1.7	1.5	96.7	3.3
1984	55.2	52.7	17.6	2.5	2.2	95.5	4.5
1985	58.3	55.2	16.7	3.1	2.5	94.7	5.3
1986	67.0	63.2	24.5	3.8	3.4	94.3	5.7
1987	80.6	75.9	32.1	4.7	4.5	94.2	5.8
1988	94.7	88.8	43.2	5.9	5.7	93.8	6.2
1989	101.2	94.8	48.1	6.4	6.0	93.7	6.3
1990	107.3	100.7	51.4	6.6	6.0	93.8	6.2
1991	114.1	106.4	54.9	7.7	6.9	93.3	6.7
1992	132.2	122.6	65.5	9.6	8.8	92.7	7.3
1993	151.7	139.7	73.8	12.0	11.3	92.1	7.9
1994	167.8	151.3	76.5	16.5	15.8	90.2	9.8
1995	197.9	178.4	87.3	19.5	15.8	90.1	9.9
1996	258.0	235.3	111.2	22.7	21.6	91.2	8.8
1997	285.1	258.0	112.3	27.1	24.6	90.5	9.5
1998	312.7	281.4	120.8	31.3	28.5	90.0	10.0
1999	333.8	296.8	139.2	37.0	31.3	88.9	11.1
2000	338.5	302.3	152.1	36.1	29.1	89.3	10.7
2001	350.8	310.5	160.9	40.3	36.8	88.5	11.5
2002	374.8	327	178.2	47.8	44.6	87.2	12.8

12—39　农民家庭平均每户饲养、出售的畜禽、其他小动物和渔业生产情况

指　　标	单　位	2001年	2002年	2002年比上年增减 绝对数	%
一、生　产　量					
猪肉产量	公斤	194.63	203.98	9.35	4.80
牛肉产量	公斤	18.42	18.3	-0.12	-0.65
羊肉产量	公斤	4.38	5.06	0.68	15.53
禽肉产量	公斤	40.55	66.03	25.48	62.84
蛋类产量	公斤	25.49	93.29	17.80	23.58
二、出　售　量					
肉猪出售量	头	1.66	2.45	0.79	47.59
肉牛出售量	头	0.08	0.08	—	—
菜羊出售量	只	0.18	0.29	0.11	61.11
家禽出售量	只	17.21	25.73	8.52	49.51
猪肉出售量	公斤	1.95	3.23	1.28	65.64
牛肉出售量	公斤	0.07	0.13	0.06	85.71
羊肉出售量	公斤	0.01	0.02	0.01	100.00
蛋类出售量	公斤	54.11	70.92	16.81	31.07
羊毛出售量	公斤	0.16	0.46	0.30	187.50
牛羊奶出售量	公斤	0.09	0.14	0.05	55.56
蚕茧出售量	公斤	9.01	8.15	-0.86	-9.54
蜂蜜出售量	公斤	0.77	0.23	-0.54	-70.13

注：本表为农村住户抽样调查资料。

12—40 按人口平均的主要农产品产量

单位:公斤/人

产品名称	1978年	1980年	1985年	1990年	1995年	2000年	2001年	2002年
粮食	329.2	350.3	264.8	381.6	344.7	275.7	336.2	363.5
棉花	0.7	0.6	0.7	0.3	0.6	0.1	0.1	0.1
油料	3.1	8.1	14.7	4.5	4.9	7.1	11.2	13.6
猪牛羊肉	—	12.3	15.5	20.1	43.2	57.1	60.0	44.0
#猪肉	—	12.1	15.1	18.9	35.1	30.8	33.2	35.8
水产品	13.8	12.1	15.8	27.4	49.1	81.9	84.6	90.2

12—41 农业事业机构和人员数

单位:个、人

年份	农业技术推广站		家畜繁育改良站		乡镇畜牧兽医站		种畜禽场总数		种子站、种子公司	
	机构	人数	机构	人数	机构	人数	机构	人数	机构	人数
1979	1 289	8 514	—	—	—	—	70	2 629	—	—
1980	—	—	—	—	1 210	9 204	69	2 946	48	3 751
1981	—	—	—	—	1 206	9 725	69	3 273	47	4 126
1982	—	—	—	—	1 191	8 502	69	3 191	47	3 772
1983	—	—	—	—	1 209	8 556	70	3 256	47	3 590
1984	—	—	156	850	1 222	8 756	71	3 787	46	3 450
1985	1 268	8 390	309	764	1 224	8 479	70	3 959	46	3 346
1986	—	—	89	290	1 321	8 738	71	4 025	46	3 300
1987	1 268	8 514	72	226	1 280	8 709	74	4 660	46	3 258
1988	1 276	8 602	63	218	1 323	8 902	76	4 567	46	3 150
1989	1 329	8 552	72	212	1 232	8 327	77	5 072	46	3 070
1990	1 332	8 323	122	418	1 246	8 480	77	4 734	49	3 041
1991	1 337	8 323	122	381	1 234	8 988	78	5 160	49	2 976
1992	1 337	8 268	99	377	1 240	9 975	78	5 370	49	2 898
1993	1 105	6 074	64	207	1 230	10 244	49	2 917	77	4 848
1994	1 122	6 779	58	419	1 233	10 374	49	2 876	82	5 499
1995	1 209	13 065	7	25	1 254	10 597	49	2 897	82	5 499
1996	1 292	7 738	3	18	1 234	10 422	49	2 342	83	5 560
1997	1 337	8 018	3	18	1 240	10 674	49	2 658	88	5 930
1998	1 337	8 018	93	1 301	1 242	9 838	—	—	—	—
1999	1 337	8 400	55	1 196	1 217	9 800	—	—	—	—
2000	—	—	—	—	1 190	9 681	49	—	—	—
2001	—	—	—	—	1 200	9 551	49	—	—	—
2002	—	—	70	1 325	1 038	9 399	336	—	—	—

注:2002年种畜场总数为全社会口径。

12—42 农作物受灾及成灾面积

单位：千公顷

年份	受灾面积	水灾	旱灾	风雹灾	虫灾	粮豆成灾面积	减产三至五成的	减产五至八成的	减产八成以上的
1952	810.0	583.3	—	—	—	688.0	—	—	—
1957	1 087.3	243.3	333.3	—	—	898.0	—	—	—
1978	1 314.7	10.0	982.0	—	—	339.3	—	—	—
1979	1 180.7	182.0	430.1	—	—	619.8	—	—	—
1980	1 968.3	14.3	1 022.9	—	—	1 032.1	—	—	—
1981	1 418.7	40.1	876.7	171.2	298.6	893.9	348.6	276.7	268.6
1982	2 773.3	55.3	1 761.3	293.7	609.5	1 599.7	781.8	544.9	272.9
1983	1 188.7	38.8	622.8	261.1	248.4	672.3	432.0	177.2	63.1
1984	2 476.3	193.3	952.7	926.6	336.6	1 343.3	776.7	391.1	175.5
1985	2 683.3	1 257.0	37.5	1 161.3	88.9	1 983.9	918.8	675.8	389.2
1986	1 668.7	758.0	280.3	359.6	141.4	1 068.1	502.9	293.1	272.2
1987	2 254.0	109.9	1 045.5	851.7	183.7	1 353.1	867.4	371.3	114.4
1988	2 706.7	86.7	1 493.8	676.1	390.3	1 676.1	952.6	538.8	184.8
1989	3 419.2	132.1	2 712.3	265.8	234.7	2 448.1	1 050.0	868.4	529.7
1990	1 944.7	73.8	635.1	691.8	390.5	1 156.3	776.3	279.5	100.5
1991	1 963.8	386.9	954.5	377.5	156.3	1 207.2	773.7	272.8	160.8
1992	1 978.4	923.7	1 341.4	207.0	231.9	1 431.8	609.0	399.9	203.0
1993	1 440.0	34.9	801.7	317.2	258.3	914.9	632.8	161.8	64.0
1994	—	—	—	—	—	1 995.8	907.6	605.4	442.7
1995	—	—	—	—	—	1 500.9	799.5	363.5	337.9
1996	—	—	—	—	—	996.1	702.8	191.0	102.3
1997	—	—	—	—	—	2 249.9	1 148.0	844.5	257.4
1998	—	—	—	—	—	590.4	345.3	141.5	102.9
1999	—	—	—	—	—	1 321	598.4	399.0	323.2
2000	—	—	—	—	—	2 101	690	678	731
2001	—	—	—	—	—	1 454.6	654.1	480.7	315.7
2002	—	—	—	—	—	1 437.4	874.5	423.8	139.1

12—43 国营农场基本情况

指　　标	单　位	1998年	1999年	2000年	2001年	2002年
一、农　场　数	个	118	118	118	120	120
职 工 人 数	万 人	35.8	26.3	25.5	26.0	26.3
二、耕 地 面 积	万公顷	11.6	11.7	11.8	12.2	11.8
三、农业机械总动力	万千瓦	47.6	48.5	49.09	51.5	54.5
四、农业机械拥有量						
大中型农用拖拉机	台	990	992	993	1 165	1 271
小型及手扶拖拉机	台	8 654	8 770	8 834	8 537	8 002
农用排灌动力机械	台	14 430	15 896	17 881	8 397	11 208
联 合 收 割 机	台	8	10	10	10	10
农用载重汽车	辆	612	483	480	640	648
五、农用化肥施用量(折纯)	万 吨	5.76	59 516	62 341	62 484	66 418
六、农 业 总 产 值	亿 元	42.3	42.6	43.9	48.5	49.9
七、盈　亏　总　额	亿 元	－0.27	＋0.44	＋0.95	＋10.9	＋0.62
八、农作物总播种面积	万公顷	11.95	12.4	12.0	12.2	12.58
#粮 食 作 物	万公顷	10.45	10.86	10.34	10.3	10.63
棉　　花	公 顷	139	30	40	79	23
油　　料	公 顷	2 201	2 260	2 400	3 198	3 427
糖　　料	公 顷	634	280	210	786	455
麻　　类	公 顷	—	—	140	60	47
年末实有果园面积	公 顷	13 667	12 086	11 737	13 891	14 368
九、主要农产品产量						
#粮 食 作 物	万 吨	85.1	85.0	68.1	70.0	75.7
棉　　花	吨	203	36	27.0	60	14
油　　料	吨	3 521	3 235	4 532	5 830	6 418
糖　　料	万 吨	1.6	0.5	0.3	0.6	1.1
水　　果	万 吨	8.6	7.0	5.6	5.7	5.7
十、畜牧业、渔业生产						
1.大牲畜年末头数	万 头	7.8	7.5	7.5	8.1	8.3
2.猪 年 末 头 数	万 头	35.0	32.4	31.1	30.9	36.4
3.羊 年 末 只 数	万 只	4.4	5.0	6.2	7.7	11.0
#绵　　羊	万 只	2.4	2.6	4.5	5.7	6.6
4.畜 产 品 产 量						
猪牛羊肉产量	万 吨	3.9	3.9	3.6	3.8	6.6
#猪 肉 产 量	万 吨	3.4	3.1	3.1	3.3	3.6
牛 奶 产 量	万 吨	5.1	5.5	5.8	6.2	6.8
禽 蛋 产 量	万 吨	3.2	2.5	2.5	2.7	2.4
羊 毛 产 量	吨	115.0	130.0	156.0	135.0	122.0
5.水产品总产量	万 吨	6.4	6.8	7.3	8.2	11.4

注：农业总产值按当年价格计算，速度按可比价格计算。

主要统计指标解释

农业总产值 是以货币表现的农、林、牧、渔业全部产品的总量,它反映一定时期内农业生产的总规模和总成果。

农、林、牧、渔业的统计范围是:

(1)农业 包括农作物种植业和其他农业。

农作物种植业 包括谷物、豆类、薯类、棉、油料、糖料、麻类、烟叶、蔬菜、药材、瓜类和其他农作物的种植,以及茶园、桑园、果园的生产经营。

其他农业 包括采集野生植物的果实、纤维、树胶、树脂、油料以及柴草、野生药材、菌类等及农民家庭兼营的商品性工业。

(2)林业 包括林木的栽培(不包括茶园、桑园和果园的栽培、管理和收获等活动)、林产品的采集和村及村以下合作经济组织和农户的竹木采伐。

(3)牧业 包括除渔业养殖以外的一切动物饲养和放牧以及野生动物的捕猎和饲养。

(4)渔业 包括水生动物和海藻类植物的养殖和捕捞。

从所有制看,包括国有经济的各种专业农(农、林、牧、渔)场以及国家各级机关团体学校、科研机构、部队经营的农业;集体所有制的乡镇村各级办农场;农村各种经济组织经营的农、林、牧、渔业以及工矿企业家属集体经营的农业;农民家庭自营的农林牧渔业及兼营商品性工业等。

农业总产值的计算方法通常是按农林牧渔业产品及其副产品的产量分别乘以各自单位产品价格求得,少数生产周期较长,当年没有产品或产品产量不易统计的,则采用间接方法匡算其产值,然后将四业产品产值相加即为农业总产值。

1957年以前的农业总产值中包括了厩肥和农民自给性手工业(如农民自制衣服、鞋、袜,自己从事粮食初步加工等)。1958年及以后的农业总产值,林业中增加了村及村以下竹木采伐产值;牧业中取消费厩肥产值;副业中取消了农民自给性手工业产值,增加了村及村以下办的工业产值;渔业中增加了海洋捕捞水产品产值。1980年及以后的农业总产值,在副业中增加了农民家庭兼营业商品部分的产值。从1984年起村及村以下办工业产值划归工业。从1993年起,取消副业。将野生动物的捕猎划入牧业,野生植物采集和农民家庭兼营商品性工业划归农业。

粮食产量 指全社会的产量。包括国有经济经营的、集体统一经营的和农民家庭经营的粮食产量,还包括工矿企业家属办的农场和其他生产单位的产量。粮食除包括稻谷、小麦、玉米、高粱、谷子及其他杂粮外,还包括薯类和大豆。其产量计算方法,豆类按去豆荚后的干豆计算;薯类(包括甘薯和马铃薯,不包括芋头和木薯)1963年以前按每4公斤鲜薯折1公斤粮食计算,从1964年开始及以后改为按5公斤鲜薯折1公斤粮食计算。城市郊区作为蔬菜的薯类(如:马铃薯等)按鲜品计算,并且不做为粮食统计。其他粮食一律按脱粒后的原粮计算。

油料产量 指全部油料作物的生产量。包括花生、油菜籽、芝麻、向日葵籽、胡麻籽(亚麻籽)和其他油料。不包括大豆,也不包括木本油料和野生油料。花生以带壳干花生计算。

水产品产量 指人工养殖的水产品和天然生长的水产品的捕捞量。包括海水的鱼类、虾蟹类、贝类和藻类以及内陆水域的鱼类、虾蟹类和贝类,不包括淡水生植物。

猪、牛、羊肉产量 指当年出栏并已屠宰后除去头蹄下水后带骨肉(即胴体重)的重量。

耕地面积 指年初可以用来种植农作物、经常进行耕锄的田地,除包括熟地、当年新开荒地、连续撂荒未满三年的耕地和当年的休闲地(轮歇地)外,还包括以种植农作物为主并附带种植桑树、茶树、果树和其他林木的土地,以及沿海、沿湖地区已围垦利用的"海涂"、"湖田"等面积。但不包括属于专业性的桑园、茶园、果园、果木苗圃、林地、芦苇地、天然或人工草地面积。

农作物播种面积 指实际播种或移植有农作物的面积。凡是实际种植有农作物的面积,不论种植在耕地上还是种植在非耕地上,均包括在农作物播种面积中,同时还包括因遭灾而重新改种和补种的农作物面积,种一公顷算一公顷。

有效灌溉面积 指具有一定水源,地块比较平整,灌溉工程或设备已经配套,在一般年景下当年能够进行正常灌溉的耕地面积。

农用化肥施用量 指本年内实际用于农业生产的化肥数量。包括氮肥、磷肥、钾肥和复合肥。化肥施用量要求按折纯量计算数量。折纯法化肥施用量是把氮肥、磷肥和钾肥分别按含氮、含五氧化二磷、含氧化钾含量的百分比折算。复合肥按其所含主要成分折算。

农业机械总动力 指主要用于农、林、牧、渔业的各种动力机械的动力总和。包括耕作机械、排灌机械、收获机械、农产品加工机械、运输机械、植物保护机械、牧业机械、林业机械、渔业机械和其他农业机械〔内燃机按引擎马力折成瓦(特)计算,电动机按功率折成瓦(特)计算〕。不包括专门用于乡、镇、村、组办工业、基本建设、非农业运输、科学试验和教学等非农业生产方面用的动力机械与作业机械。

农林牧渔业劳动力 指直接参加农林牧渔业生产劳动的劳动力。

谷物 指籽实主要供作粮食的作物。这类作物包括稻谷、小麦、玉米、谷子、高粱和其他谷物，不包括豆类和薯类作物。

第十三篇

工业

13

GONGYE

13—1 工业企业单位数

单位:个

分类	1990年	1995年	1998年	1999年	2000年	2001年	2002年
总计	**21 211**	**29 497**	**6 249**	**5 816**	**6 017**	**5 847**	**6 017**
在总计中:							
国有经济	3 424	4 292	2 835	2 235	2 045	1 699	1 285
中央企业	213	318	300	246	243	200	187
地方企业	3 211	3 974	2 535	1 989	1 802	1 499	1 098
集体企业	17 526	23 107	1 587	1 324	1 275	1 100	987
股份合作企业	—	—	208	220	240	213	262
联营经济	166	142	42	50	40	29	28
有限责任公司	—	—	120	248	380	531	675
股份有限公司	—	192	124	141	190	199	240
私营企业	—	69	482	690	785	1 000	1 301
港澳台投资企业	1	645	248	273	294	316	352
合资经营企业(港或澳台)	—	565	198	212	224	240	265
合作经营企业(港或澳台)	—	32	10	12	11	14	16
港澳台商独资经营企业	1	48	35	45	53	58	65
港澳台商投资股份有限公司	—	—	5	4	6	4	6
外商投资经济	76	1 042	597	632	766	754	876
中外合资经营企业	70	769	353	372	451	438	498
中外合作经营企业	—	71	33	42	44	42	53
外资企业	6	202	204	215	265	270	318
外商投资股份有限公司	—	—	7	3	6	4	7
其他工业	18	8	6	3	2	6	11
在总计中:							
国有及国有控股企业	3 424	4 542	3 117	2 608	2 454	2 188	1 723
在总计中:							
轻工业	8 948	11 223	2 450	2 248	2 286	2 153	2 233
以农产品为原料	5 985	7 195	1 783	1 607	1 634	1 535	1 595
以非农产品为原料	2 963	4 028	667	641	652	618	638
重工业	12 263	18 274	3 799	3 568	3 731	3 694	3 784
采掘工业	1 215	1 588	273	257	249	241	253
原料工业	1 814	3 519	1 155	1 084	1 128	1 197	1 203
加工工业	9 234	13 167	2 371	2 227	2 354	2 256	2 328
在总计中:大型企业	330	516	506	393	403	422	429
中型企业	643	1 071	825	454	454	447	454
小型企业	20 238	27 910	4 918	4 969	5 160	4 978	5 134

注:1998年以后统计范围:全部国有及年产品销售收入500万元及以上非国有工业企业。

13—2 工业分行业职工人数

单位:万人

行　　业	1990年	1995年	1998年	1999年	2000年	2001年	2002年
全省总计	**563.61**	**591.42**	**355.22**	**312.33**	**295.18**	**260.68**	**250.49**
按登记注册类型分							
国有工业	326.75	326.27	217.43	168.18	133.43	96.49	77.14
集体工业	219.11	216.98	52.98	44.33	39.86	28.58	27.72
其他经济类型工业	17.75	48.17	84.81	99.82	121.89	135.62	145.63
按隶属关系分							
中央工业	84.03	109.37	74.27	66.64	51.94	52.10	49.66
地方工业	479.58	482.05	280.95	245.69	243.24	208.59	200.84
按轻重工业分							
轻工业	172.53	173.43	88.57	74.06	68.98	62.46	61.62
重工业	391.08	417.99	266.65	238.28	226.20	198.23	188.87
按行业分							
采掘业							
煤炭采选业	42.31	42.03	20.85	23.05	22.32	18.32	17.49
石油天然气开采业	6.29	12.57	8.64	8.62	4.03	7.47	7.18
黑色金属矿采选业	2.40	3.67	8.39	3.12	3.12	3.42	2.85
有色金属矿采选业	6.62	6.44	4.42	3.25	2.25	2.04	2.02
非金属矿采选业	6.19	9.36	3.12	3.56	2.88	2.44	2.86
其他矿采选业	0.03	0.05	0.05	0.03	—	—	—
木材及竹材采选业	0.06	0.02	0.01	0.05	0.16	—	—
制造业							
食品加工业	7.59	11.58	8.79	7.47	7.09	6.17	6.47
食品制造业	8.64	7.19	4.02	3.12	2.89	2.43	2.30
饮料制造业	6.62	7.14	3.85	3.62	3.32	2.81	2.85
烟草加工业	0.61	0.63	0.29	0.39	0.38	0.30	0.29
纺织业	43.58	38.55	20.56	15.33	13.39	13.62	10.90
服装及其他纤维制品制造业	14.90	16.66	8.21	6.40	7.15	6.27	7.51
皮革、毛皮羽绒及其制品业	4.58	5.03	4.04	3.32	3.08	2.61	2.47
木材加工及竹、藤、棕、草制品业	2.48	4.48	1.77	1.85	2.18	1.76	2.11
家具制造业	2.74	2.16	0.53	0.57	0.64	0.66	0.91
造纸及纸制品业	12.16	12.14	5.59	4.36	3.95	3.80	3.20
印刷业、记录媒介的复制	6.43	6.71	2.78	2.20	1.79	1.62	1.34
文教体育用品制造业	1.52	1.65	0.52	0.53	0.43	0.53	0.40
石油加工及炼焦业	8.61	10.35	9.24	7.02	6.10	6.07	6.23
化学原料及化学制品制造业	33.46	37.24	23.64	21.78	23.28	16.54	15.07
医药制造业	5.95	8.07	5.59	4.74	3.98	3.85	3.21
化学纤维制造业	2.62	3.68	2.31	2.10	1.93	1.81	1.21
橡胶制品业	8.14	8.67	4.64	4.15	5.18	3.78	3.73
塑料制品业	9.31	9.90	3.42	3.46	3.43	3.20	3.80
非金属矿物制品业	47.56	47.09	20.91	18.46	17.44	16.09	15.63
黑色金属冶炼及压延加工业	53.52	55.21	45.32	40.66	36.46	33.51	31.79
有色金属冶炼及压延加工业	7.54	8.77	7.02	7.46	6.41	6.15	5.66
金属制品业	22.43	23.23	8.27	7.01	6.23	5.90	6.11
普通机械制造业	49.34	55.48	29.87	23.99	21.07	19.27	18.01
专用设备制造业	46.25	32.23	16.77	12.05	15.00	9.68	8.86
交通运输设备制造业	28.97	34.04	25.28	23.82	21.15	18.68	17.51
电气机械及器材制造业	25.75	27.31	13.81	12.16	11.50	10.06	10.54
电子及通信设备制造业	10.54	10.59	8.17	7.36	7.59	6.25	6.33
仪器仪表及文化办公用机械	6.41	7.85	3.60	2.50	2.26	2.01	2.13
其他制造业	3.18	4.47	1.37	1.48	1.07	1.04	1.23
电力煤气及水生产供应业							
电力蒸汽热水生产供应业	7.30	9.91	10.88	12.86	12.66	12.96	12.91
煤气的生产和供应业	1.60	2.69	2.60	2.28	1.97	1.86	1.75
自来水的生产和供应业	2.67	3.61	3.69	3.72	3.99	3.76	3.81

注:1998年以后统计范围:全部国有及年产品销售收入500万元及以上非国有工业企业。

13—3 工业总产值

（按轻重工业分）　　单位：亿元、%

年份	乡及乡以上工业总产值			比重	
	合计	轻工业	重工业	轻工业	重工业
1952年不变价					
1952	45.3	19.1	26.2	42.2	57.8
1957	117.1	31.1	86.0	26.6	73.4
1957年不变价					
1957	101.9	29.5	72.4	29.0	71.0
1965	172.0	45.1	126.9	26.2	73.8
1970	266.5	64.9	201.6	24.4	75.6
1971	299.2	69.3	229.9	23.1	76.9
1970年不变价					
1971	253.8	60.9	192.9	24.0	76.0
1972	268.5	66.6	201.9	24.8	75.2
1973	294.9	73.9	221.0	25.1	74.9
1974	315.3	82.8	232.5	26.3	73.7
1975	336.8	90.0	246.8	26.7	73.3
1976	356.9	97.2	259.7	27.2	72.8
1977	352.1	99.4	252.7	28.3	71.7
1978	392.5	104.7	287.8	26.7	73.3
1979	416.4	115.3	301.1	27.7	72.3
1980	456.0	147.6	308.4	32.4	67.6
1981	455.9	171.4	284.5	37.6	62.4
1980年不变价					
1981	451.4	162.7	288.7	36.0	64.0
1982	476.3	168.8	307.5	35.4	64.6
1983	516.7	182.2	334.5	35.3	64.7
1984	577.7	203.4	374.3	35.2	64.8
1985	662.6	209.6	453.0	31.6	68.4
1986	705.2	227.1	478.1	32.2	67.8
1987	777.4	250.1	527.3	32.2	67.8
1988	869.7	285.1	584.6	32.8	67.2
1989	904.9	292.9	612.0	32.4	67.6
1990	911.7	293.2	618.5	32.2	67.8
1990年不变价					
1990	1 408.1	416.8	991.3	29.6	70.4
1991	1 507.1	433.7	1 073.4	28.8	71.2
1992	1 715.4	468.4	1 247.0	27.3	72.7
1993	1 930.5	493.2	1 437.3	25.5	74.5
1994	2 166.0	606.5	1 559.5	28.0	72.0
1995(原规定)	2 340.3	648.6	1 691.7	27.7	72.3
1995(新规定)	2 275.7	624.0	1 651.7	27.4	72.6
1996	2 516.6	678.3	1 838.3	27.0	73.0
1997	2 769.2	711.8	2 057.4	25.7	74.3
1998	2 705.6	647.9	2 057.6	23.9	76.1
1998(新口径)	2 534.0	599.1	1 934.9	23.6	76.4
1999	2 811.3	671.0	2 140.3	23.9	76.1
2000	3 291.0	771.1	2 519.9	23.4	76.6
2001	3 588.3	831.9	2 756.4	23.2	76.8
2002	4 053.3	1 072.4	2 980.9	26.5	73.5

注：1998年以后乡及乡以上改为全部国有和年产品销售收入500万元及以上非国有工业企业。

13—4 工业总产值

(按经济类型分)

单位:亿元

年份	工业总产值	#国有企业	#集体企业	#其他经济类型工业	总计中:国有及国有控股工业
1952	44.20	36.64	0.24	7.32	36.64
1957	94.40	83.57	5.93	4.90	83.57
1965	170.50	150.98	11.44	8.08	150.98
1970	226.40	207.25	19.15	—	207.25
1975	324.00	275.11	50.39	—	275.11
1978	370.40	313.80	63.00	—	313.80
1980	443.99	362.00	74.80	7.19	362.00
1981	449.05	362.80	78.75	7.50	362.80
1982	468.25	372.76	85.99	9.50	372.76
1983	527.02	412.39	103.87	10.76	412.39
1984	612.07	464.47	130.85	16.75	464.47
1985	715.07	530.95	163.00	21.12	530.95
1986	786.79	578.69	183.15	24.95	578.69
1987	913.72	668.19	213.22	32.25	668.19
1988	1 112.44	798.37	267.13	46.94	798.37
1989	1 316.09	951.87	305.04	59.18	951.87
1990	1 348.17	983.92	305.42	58.83	983.92
1991	1 544.39	1 121.03	341.09	82.26	1 121.03
1992	1 876.95	1 326.63	426.56	123.76	1 326.63
1993	2 609.99	1 813.61	551.94	244.44	1 813.61
1994	3 117.82	1 966.44	692.66	458.72	1 966.44
1995	3 055.54	1 876.53	716.28	462.73	1 876.53
1996	3 354.61	1 947.05	804.87	602.69	2 106.14
1997	3 644.88	2 040.10	783.34	821.45	2 292.03
1998	3 147.86	1 687.23	364.46	1 096.17	2 109.37
1999	3 390.27	1 600.68	337.14	1 452.45	2 208.77
2000	4 249.46	1 326.14	315.12	2 608.20	2 827.94
2001	4 480.32	999.33	265.07	3 215.92	2 928.95
2002	4 888.02	971.82	258.34	3 657.86	3 051.61

注:本表1997年以前为乡及乡以上工业,1998年以后为全部国有及规模以上非国有工业产值。

13—5 工业总产值指数

（按轻重工业分）

单位：%

年份	以上年为100			以1952年为100		
	工业总产值	轻工业	重工业	工业总产值	轻工业	重工业
1952	144.3	123.8	164.1	100	100	100
1957	115.6	111.3	117.3	258.9	162.8	328.3
1965	125.1	129.7	123.5	436.6	247.5	575.8
1970	125.1	103.2	134.3	675.4	357.6	913.6
1971	112.3	106.6	114.1	759.3	380.7	1 042.8
1972	105.8	109.4	104.7	802.2	416.9	1 090.9
1973	109.8	110.9	109.5	881.1	461.9	1 194.7
1974	106.9	112.1	105.2	942.0	517.6	1 256.8
1975	106.8	108.7	106.1	1 006.2	562.6	1 334.1
1976	106.0	108.1	105.2	1 066.3	607.6	1 403.9
1977	98.7	102.3	97.3	1 051.9	621.9	1 365.5
1978	111.5	105.3	113.9	1 172.6	654.4	1 555.8
1979	106.1	110.1	104.7	1 244.1	720.7	1 627.7
1980	109.5	128.1	102.4	1 362.4	922.6	1 667.7
1981	99.9	116.1	92.2	1 362.1	1 071.4	1 537.9
1982	105.5	103.8	106.5	1 437.2	1 111.5	1 638.1
1983	109.8	107.9	110.8	1 559.1	1 199.8	1 781.9
1984	111.8	111.6	111.9	1 743.2	1 339.4	1 993.9
1985	114.7	103.0	121.1	1 999.3	1 380.2	2 413.2
1986	106.4	108.3	105.5	2 127.9	1 495.4	2 546.9
1987	110.2	110.1	110.3	2 345.7	1 646.9	2 809.0
1988	111.9	114.0	110.9	2 624.3	1 872.3	3 114.2
1989	104.0	102.7	104.7	2 730.4	1 928.5	3 260.2
1990	100.7	100.1	101.0	2 750.7	1 930.5	3 294.3
1991	107.0	104.1	108.3	2 943.2	2 009.7	3 567.7
1992	113.8	108.0	116.2	3 349.4	2 170.4	4 145.7
1993	112.5	105.3	115.3	3 768.1	2 285.5	4 779.9
1994	112.2	122.9	108.5	4 227.8	2 808.8	5 186.3
1995	108.0	106.9	108.5	4 566.0	3 002.6	5 627.1
1996	110.6	108.7	111.3	5 050.0	3 263.8	6 263.0
1997	110.0	104.9	111.9	5 555.0	3 422.9	7 008.3
1998	97.7	91.0	100.0	5 427.2	3 114.8	7 178.0
1999	110.9	112.0	110.6	6 018.8	3 488.6	7 938.9
2000	117.1	114.9	117.7	7 048.0	4 008.4	9 344.1
2001	109.0	107.9	109.4	7 682.3	4 325.1	10 222.5
2002	113.0	128.9	108.1	8 677.8	5 575.5	11 055.1

注：1. 本表统计范围1998年以前为乡及乡以上工业企业；1999年为全部国有及年产品销售收入500万元及以上非国有工业企业。

2. 本表按可比价计算。

13—6 工业总产值指数

（上年＝100）　　单位：%

年份	工业总产值	#国有企业	#集体企业	#其他经济类型工业	总计中：国有及国有控股企业
1978	111.5	113.8	100.9	—	113.8
1979	106.1	106.1	105.9	—	106.1
1980	109.5	105.2	119.3	—	105.2
1981	99.9	98.7	105.0	104.3	98.7
1982	105.5	104.8	102.9	120.5	104.8
1983	109.8	106.5	115.4	114.2	106.5
1984	111.8	109.1	121.3	147.7	109.1
1985	114.7	110.5	126.5	128.4	110.5
1986	106.4	104.9	109.4	115.9	104.9
1987	110.2	108.5	113.1	128.9	108.5
1988	111.9	108.7	118.2	128.7	108.7
1989	104.0	102.7	105.7	116.2	102.7
1990	100.7	100.4	101.0	104.0	100.4
1991	107.0	104.5	139.4	131.1	104.5
1992	113.8	109.5	122.2	136.1	109.5
1993	112.5	103.0	119.9	187.4	103.0
1994	112.2	96.2	122.3	183.0	96.2
1995	108.0	105.8	118.4	110.1	105.8
1996	110.6	103.9	112.9	127.0	114.5
1997	110.0	106.1	96.3	139.5	111.4
1998	97.7	88.9	46.5	141.0	99.7
1999	110.9	97.4	95.4	132.0	107.2
2000	117.1	79.4	90.9	156.0	114.5
2001	109.0	88.0	84.4	121.7	109.1
2002	113.0	95.3	99.9	119.9	109.5

13—7 各地区工业企业单位数和工业总产值

单位:个、亿元

地区	企业单位数		全部国有及规模以上非国有工业总产值		
	2001年	2002年	2001年	2002年	2002年比上年增长%
全省	**5 847**	**6 017**	**4 480.32**	**4 888.02**	**12.96**
沈阳	1 157	1 116	757.19	828.33	10.15
大连	931	1 124	1 103.93	1 250.49	15.95
鞍山	643	630	504.38	525.95	2.45
抚顺	350	335	357.64	363.07	10.55
本溪	226	210	218.21	241.53	14.94
丹东	344	366	108.98	121.18	14.57
锦州	280	322	187.64	211.44	16.63
营口	532	586	186.28	223.42	18.85
阜新	200	207	54.21	68.97	17.54
辽阳	317	343	209.36	242.13	21.77
盘锦	267	187	381.36	384.05	17.30
铁岭	225	226	91.10	102.26	16.37
朝阳	216	200	75.31	90.83	20.63
葫芦岛	158	164	244.74	234.38	6.92

注:工业总产值绝对值按现价计算,速度按可比价计算。

13—8 全部国有及规模以上非国有工业企业单位数和工业总产值

(2002年)

单位:个、亿元

地区	国有及国有控股工业			集体工业			股份合作工业		
	企业单位数	总产值		企业单位数	总产值		企业单位数	总产值	
		1990年不变价	当年价格		1990年不变价	当年价格		1990年不变价	当年价格
全省	**1 723**	**2 270.26**	**3 051.61**	**987**	**241.16**	**258.34**	**262**	**75.89**	**82.95**
沈阳	500	547.26	499.68	104	17.93	19.12	43	12.85	14.12
大连	178	594.28	711.88	104	28.61	27.49	41	11.37	13.27
鞍山	124	195.59	286.07	185	77.58	86.45	38	21.15	24.69
抚顺	152	175.95	292.24	64	13.11	15.39	9	1.37	1.44
本溪	87	144.52	216.74	46	6.04	6.87	3	0.37	0.61
丹东	58	53.01	48.52	72	13.78	12.48	21	4.40	4.37
锦州	98	65.61	132.53	59	8.15	9.73	21	3.33	3.65
营口	44	29.80	41.54	139	26.71	28.75	14	1.52	1.55
阜新	130	31.66	53.28	29	3.40	4.13	4	1.92	2.28
辽阳	78	94.56	108.15	61	23.87	24.08	24	6.82	5.55
盘锦	58	138.26	338.10	22	4.14	4.06	26	6.63	7.26
铁岭	91	24.10	53.53	27	2.73	2.97	6	0.50	0.57
朝阳	74	52.67	67.63	28	2.89	3.04	6	1.58	1.34
葫芦岛	50	123.00	201.72	47	12.21	13.79	6	2.06	2.26

13－8续表1 (2002年) 单位:个、亿元

地区	外商投资经济工业			港澳台投资经济工业			轻工业			重工业		
	企业单位数	总产值		企业单位数	总产值		企业单位数	总产值		企业单位数	总产值	
		1990年不变价	当年价格		1990年不变价	当年价格		1990年不变价	当年价格		1990年不变价	当年价格
全省	**876**	**698.32**	**775.07**	**352**	**239.74**	**252.00**	**2 233**	**1 072.43**	**971.85**	**3 784**	**2 980.87**	**3 916.17**
沈阳	159	196.98	174.26	86	89.71	76.94	399	238.46	186.78	717	675.04	641.55
大连	431	383.41	484.79	116	39.43	45.66	510	433.48	373.56	614	671.30	876.92
鞍山	25	9.00	10.20	26	8.03	9.54	200	67.09	73.90	430	346.55	452.05
抚顺	31	11.43	12.66	16	8.96	11.54	119	52.09	39.39	216	183.71	323.68
本溪	10	1.84	1.48	5	1.36	1.18	73	17.23	17.25	137	152.06	224.28
丹东	42	11.47	10.70	15	5.12	3.49	152	41.58	39.42	214	83.82	81.76
锦州	26	10.77	9.37	11	7.52	17.46	119	28.72	30.80	203	105.72	180.64
营口	92	57.23	54.29	39	15.57	14.06	245	97.66	106.43	341	116.72	116.99
阜新	8	2.74	3.01	3	0.21	0.26	87	13.32	14.94	120	31.80	54.03
辽阳	24	6.02	5.93	13	46.82	47.16	107	27.10	32.26	236	201.13	209.87
盘锦	6	1.10	1.09	6	2.97	2.48	51	12.38	14.66	136	164.67	369.39
铁岭	7	1.27	1.21	5	9.66	16.92	84	22.36	24.54	142	41.07	77.72
朝阳	6	1.15	1.37	4	1.38	1.18	54	14.22	12.14	146	60.11	78.69
葫芦岛	9	3.90	4.73	7	2.99	4.13	33	6.76	5.79	131	147.19	228.59

13－8续表2 (2002年) 单位:个、亿元

地区	大型工业			中型工业			小型工业		
	企业单位数	总产值		企业单位数	总产值		企业单位数	总产值	
		1990年不变价	当年价格		1990年不变价	当年价格		1990年不变价	当年价格
全省	**429**	**2 455.21**	**3 141.31**	**454**	**295.43**	**318.17**	**5 134**	**1 302.66**	**1 428.53**
沈阳	90	501.80	385.80	67	60.96	63.79	959	350.74	378.73
大连	154	863.62	976.08	173	88.18	100.53	797	152.98	173.88
鞍山	29	211.65	292.92	24	21.34	37.61	577	180.65	195.43
抚顺	20	126.49	251.18	10	22.98	12.71	305	86.32	99.19
本溪	11	130.79	202.50	17	9.80	8.20	182	28.71	30.83
丹东	16	48.03	45.44	30	20.18	18.94	320	57.19	56.80
锦州	22	66.87	141.50	9	3.12	3.09	291	64.45	66.85
营口	21	58.03	66.92	30	22.57	25.86	535	133.78	130.64
阜新	11	17.73	26.99	16	5.63	5.35	180	21.75	36.62
辽阳	13	124.87	135.34	31	18.21	18.62	299	85.15	88.17
盘锦	10	125.18	319.95	9	5.36	6.09	168	46.51	58.01
铁岭	10	25.92	59.09	13	4.50	5.36	203	33.00	37.80
朝阳	8	38.94	46.60	14	6.94	6.65	178	28.44	37.58
葫芦岛	13	115.30	191.00	11	5.67	5.36	140	32.97	38.02

13—9 各地区全部国有及规模以上非国有工业企业主要指标

(2002 年) 单位:亿元

地区	企业单位数(个)	工业总产值(当年价)	工业增加值	实收资本	流动资产合计	流动资产年平均余额
全省	**6 017**	**4 888.02**	**1 377.73**	**2 419.70**	**3 540.88**	**3 427.01**
沈阳	1 116	828.33	220.70	538.38	816.42	805.00
大连	1 124	1 250.49	318.97	436.11	793.39	752.72
鞍山	630	525.95	161.56	211.37	363.98	358.49
抚顺	335	363.07	92.39	207.51	220.89	212.36
本溪	210	241.53	68.40	103.75	157.03	161.74
丹东	366	121.18	28.95	82.75	83.82	83.03
锦州	322	211.44	46.55	50.01	119.67	106.14
营口	586	223.42	56.13	84.18	125.85	123.03
阜新	207	68.97	25.79	41.98	55.68	57.85
辽阳	343	242.13	53.99	77.54	120.82	116.68
盘锦	187	384.05	183.67	292.78	131.92	131.20
铁岭	226	102.26	37.58	72.80	71.37	65.79
朝阳	200	90.83	25.07	34.21	71.85	68.72
葫芦岛	164	234.38	48.35	86.39	220.54	196.62

13－9续表1 (2002 年) 单位:亿元

地区	固定资产小计	固定资产原价合计	固定资产净值年平均余额	流动负债合计	长期负债合计	所有者权益合计
全省	**4 514.29**	**6 543.85**	**4 073.58**	**3 695.87**	**1 508.87**	**3 598.88**
沈阳	758.55	1 016.47	663.24	878.48	275.16	633.32
大连	759.83	1 092.07	700.49	769.49	183.21	738.80
鞍山	543.40	765.26	494.98	382.04	113.06	506.24
抚顺	307.06	458.72	277.73	235.39	82.77	250.43
本溪	314.60	429.09	257.25	189.68	121.15	192.66
丹东	109.68	155.48	99.56	113.67	27.71	86.57
锦州	101.89	175.63	92.46	130.11	35.78	72.46
营口	132.70	182.50	120.46	129.22	27.14	124.01
阜新	106.94	138.85	88.47	83.94	41.69	41.98
辽阳	206.70	308.63	202.99	153.19	43.35	146.48
盘锦	415.27	777.28	391.66	126.79	146.53	300.16
铁岭	138.34	219.27	111.47	74.05	53.47	86.26
朝阳	76.61	106.98	73.01	77.82	37.06	46.02
葫芦岛	264.71	358.44	250.29	249.83	117.18	140.79

13－9续表2　(2002年)　单位:亿元

地　　区	产品销售收　入	产品销售成　本	产品销售税　金及附加	产品销售利　润	利　润总　额	本年应交增值税	利　税总　额
全　　省	**5 013.91**	**4 221.40**	**71.17**	**585.35**	**156.16**	**210.46**	**437.79**
沈　　阳	830.20	676.69	10.54	105.75	17.61	33.51	61.67
大　　连	1 236.73	1 054.64	11.18	132.88	44.39	37.01	92.58
鞍　　山	501.86	397.93	6.14	83.10	19.61	28.34	54.10
抚　　顺	366.18	321.78	9.40	29.27	0.80	12.27	22.47
本　　溪	279.14	243.18	2.31	28.45	6.24	14.75	23.30
丹　　东	118.96	102.39	1.03	11.78	1.12	5.34	7.50
锦　　州	197.53	169.46	5.89	17.11	－1.50	6.01	10.39
营　　口	203.62	165.72	5.60	22.99	6.49	6.92	19.01
阜　　新	45.51	36.71	0.63	6.76	0.06	3.43	4.11
辽　　阳	237.32	210.93	2.85	19.37	2.07	7.18	12.10
盘　　锦	373.61	284.13	7.42	78.34	51.25	26.37	85.03
铁　　岭	88.93	73.33	0.81	12.74	2.78	6.83	10.42
朝　　阳	90.05	74.56	0.86	12.00	0.27	5.38	6.51
葫　芦　岛	210.34	185.18	5.58	16.77	－0.57	7.51	12.52

13—10 全部国有及规模以上非国有工业企业主要指标

(2002年)

单位:亿元

项　　目	企业单位数(个)	工业总产值(现价)	工业增加值	实收资本	资产合计
总　　计	**6 017**	**4 888.02**	**1 377.73**	**2 419.70**	**8 818.23**
国有经济	1 285	971.82	313.79	699.31	2 550.77
中央企业	187	555.37	211.55	339.53	1 216.05
地方企业	1 098	416.45	102.24	359.77	1 334.72
集体企业	987	258.34	65.48	63.88	259.56
股份合作企业	262	82.95	19.79	22.26	93.72
联营企业	28	7.29	0.90	3.47	9.79
国有联营企业	5	0.77	-0.42	1.54	2.92
集体联营企业	4	0.41	0.22	0.05	0.19
国有与集体联营企业	7	1.00	0.23	0.35	0.74
其他联营企业	12	5.11	0.87	1.53	5.94
有限责任公司	675	1 101.93	299.34	699.43	3 004.87
国有独资	67	527.75	140.54	324.94	1 703.21
其他有限责任公司	608	574.18	158.80	374.48	1 301.66
股份有限公司	240	1 067.16	309.51	352.97	1 304.79
私营企业	1 301	369.57	87.84	106.45	380.13
私营独资企业	647	150.89	36.43	44.63	134.93
私营合伙企业	45	13.92	3.36	2.64	9.34
私营有限责任公司	522	173.46	41.40	49.54	199.25
私营股份责任	87	31.29	6.65	9.64	36.60
其他企业	11	1.88	0.54	0.79	2.32
港、澳、台投资企业	352	252.00	86.40	160.36	375.05
合资经营企业(港或澳、台资)	265	188.31	66.54	128.67	303.47
合作经营企业(港或澳、台资)	16	9.82	3.85	9.41	17.14
港澳台商独资经营企业	65	51.06	15.01	20.46	50.65
港澳台投资股份有限企业	6	2.82	1.00	1.82	3.79
外商投资企业	876	775.07	194.13	310.79	837.23
中外合资经营企业	498	389.25	94.83	144.62	448.81
中外合作经营企业	53	19.47	4.95	16.43	30.92
外资企业	318	331.77	79.53	145.75	294.16
外商投资股份有限公司	7	34.58	14.82	4.00	63.34
在总计中:轻工业	2 233	971.85	261.28	398.24	1 324.68
以农产品为原料	1 595	606.19	161.47	211.02	743.53
以非农产品为原料	638	365.65	99.81	187.22	581.15
重工业	3 784	3 916.17	1 116.45	2 021.46	7 493.55
采掘工业	253	371.28	197.06	386.88	710.09
原料工业	1 203	2 094.24	561.15	954.55	4 230.09
加工工业	2 328	1 450.65	358.24	680.03	2 553.37
在总计中:特大型企业	36	1 760.86	545.15	823.29	3 569.64
大一型企业	165	1 045.81	253.47	574.86	2 005.78
大二型企业	228	334.64	88.90	168.23	635.49
中一型企业	162	175.85	53.80	70.25	253.49
中二型企业	292	142.32	42.95	66.46	253.60
小型企业	5 134	1 428.53	393.47	716.61	2 100.24

13－10续1　　(2002年)　　单位:亿元

项　　目	流动资产合计	流动资产年平均余额	固定资产合计	固定资产原价	固定资产净值年平均余额
总　计	**3 540.88**	**3 427.01**	**4 514.29**	**6 543.85**	**4 073.58**
国有经济	937.22	926.85	1 384.44	1 925.79	1 229.25
中央企业	424.79	420.09	716.08	1 051.90	642.79
地方企业	512.43	506.76	668.35	873.89	586.46
集体企业	156.08	152.00	83.57	115.41	74.65
股份合作企业	48.84	45.92	30.51	41.29	28.39
联营企业	5.04	4.80	4.27	5.30	3.95
国有联营企业	0.81	0.55	2.05	2.44	2.04
集体联营企业	0.11	0.10	0.08	0.12	0.08
国有与集体联营企业	0.50	0.45	0.24	0.33	0.17
其他联营企业	3.61	3.70	1.91	2.41	1.66
有限责任公司	1 242.87	1 210.20	1 463.21	1 980.17	1 269.34
国有独资	717.24	711.30	815.65	1 107.41	707.91
其他有限责任公司	525.63	498.90	647.56	872.76	561.43
股份有限公司	436.52	409.08	802.97	1 383.06	757.26
私营企业	177.22	168.09	154.26	190.68	140.10
私营独资企业	59.35	59.51	62.35	78.49	58.33
私营合伙企业	3.09	3.48	3.25	3.84	3.11
私营有限责任公司	95.49	88.56	76.70	93.97	68.39
私营股份责任	19.29	16.54	11.96	14.37	10.27
其他企业	1.00	1.34	1.05	1.19	1.09
港、澳、台投资企业	149.62	147.48	207.57	312.99	194.98
合资经营企业(港或澳、台资)	117.97	116.02	171.90	263.49	160.54
合作经营企业(港或澳、台资)	5.08	5.12	11.69	17.35	12.03
港澳台商独资经营企业	25.18	25.06	22.04	30.05	20.54
港澳台投资股份有限企业	1.40	1.28	1.95	2.10	1.88
外商投资企业	386.48	361.25	382.43	587.97	374.56
中外合资经营企业	209.62	194.24	205.57	301.75	200.74
中外合作经营企业	14.36	15.16	14.37	19.11	13.96
外资企业	148.81	138.80	120.23	201.74	116.17
外商投资股份有限公司	13.70	13.05	42.26	65.37	43.70
在总计中:轻工业	614.04	592.80	568.97	763.48	518.05
以农产品为原料	347.17	330.14	324.40	430.59	300.02
以非农产品为原料	266.87	262.65	244.58	332.89	218.03
重工业	2 926.84	2 834.22	3 945.32	5 780.37	3 555.53
采掘工业	182.77	182.44	508.75	904.27	461.14
原料工业	1 358.27	1 325.40	2 526.08	3 598.65	2 286.88
加工工业	1 385.80	1 326.38	910.48	1 277.46	807.51
在总计中:特大型企业	1 152.00	1 117.66	2 175.98	3 343.86	1 983.68
大一型企业	916.01	869.29	915.75	1 266.26	817.19
大二型企业	289.13	289.00	276.57	376.70	250.88
中一型企业	125.73	126.19	96.60	134.18	89.70
中二型企业	122.24	120.39	108.63	148.18	100.58
小型企业	935.76	904.48	940.76	1 274.67	831.55

13-10续2　　　　　　　　　　(2002年)　　　　　　　　　　单位:亿元

项　　目	负债合计	流动负债合计	长期负债合计	所有者权益	产品销售收入	产品销售成本
总　　计	**5 218.41**	**3 695.87**	**1 508.87**	**3 598.88**	**5 013.91**	**4 221.40**
国有经济	1 514.75	1 075.97	434.30	1 035.16	971.67	797.66
中央企业	592.54	404.83	187.70	622.74	518.22	409.30
地方企业	922.21	671.14	246.59	412.43	453.44	388.36
集体企业	174.04	154.34	18.29	85.52	240.92	203.98
股份合作企业	58.40	50.85	7.35	35.32	76.89	65.72
联营企业	6.24	5.64	0.50	3.55	6.43	5.63
国有联营企业	1.39	0.91	0.39	1.53	0.66	0.52
集体联营企业	0.13	0.09	0.04	0.05	0.27	0.25
国有与集体联营企业	0.41	0.41	—	0.34	1.00	0.92
其他联营企业	4.30	4.23	0.07	1.64	4.49	3.94
有限责任公司	1 910.66	1 248.11	661.58	1 094.13	1 323.62	1 142.01
国有独资	1 078.65	658.69	419.95	624.56	788.31	704.64
其他有限责任公司	832.01	589.41	241.63	469.56	535.31	437.37
股份有限公司	734.46	506.73	225.69	570.32	1 053.89	877.47
私营企业	235.62	202.44	30.72	144.51	334.73	289.55
私营独资企业	83.34	73.29	8.85	51.59	135.71	117.29
私营合伙企业	4.12	3.51	0.34	5.22	12.90	11.56
私营有限责任公司	126.20	105.83	19.75	73.05	157.36	136.92
私营股份责任	21.96	19.82	1.78	14.64	28.76	23.77
其他企业	1.33	1.22	0.11	0.99	0.87	0.70
港、澳、台投资企业	173.33	128.17	44.12	201.72	239.17	192.02
合资经营企业(港或澳、台资)	142.05	103.48	37.60	161.42	179.44	144.97
合作经营企业(港或澳、台资)	7.59	4.39	3.19	9.56	9.82	8.48
港澳台商独资经营企业	22.27	18.87	3.32	28.38	48.09	37.18
港澳台投资股份有限企业	1.43	1.43	—	2.36	1.81	1.39
外商投资企业	409.57	322.41	86.21	427.66	765.72	646.66
中外合资经营企业	253.74	193.05	60.63	195.06	380.18	315.17
中外合作经营企业	12.48	11.40	1.07	18.44	18.86	16.66
外资企业	131.32	106.69	23.74	162.84	330.93	285.97
外商投资股份有限公司	12.03	11.27	0.76	51.31	35.75	28.88
在总计中:轻工业	798.12	644.11	150.95	526.56	912.68	751.92
以农产品为原料	474.23	388.40	83.24	269.30	564.24	469.64
以非农产品为原料	323.89	255.71	67.71	257.26	348.44	282.28
重工业	4 420.28	3 051.75	1 357.92	3 072.33	4 101.23	3 469.48
采掘工业	335.10	205.12	127.97	374.90	354.06	249.75
原料工业	2 359.13	1 418.91	936.15	1 870.95	2 363.06	2 082.97
加工工业	1 726.04	1 427.73	293.80	826.47	1 384.11	1 136.75
在总计中:特大型企业	1 907.87	1 120.30	786.75	1 661.68	2 023.63	1 714.21
大一型企业	1 219.39	994.92	223.12	785.54	1 025.88	857.32
大二型企业	425.78	331.47	94.32	209.71	313.22	257.68
中一型企业	154.35	128.57	25.72	99.14	169.53	132.04
中二型企业	172.54	131.41	38.53	81.06	139.06	111.19
小型企业	1 338.48	989.19	340.44	761.76	1 342.60	1 148.96

13－10续表3　　(2002年)　　单位:亿元

项　目	产品销售税金及附加	产品销售利润	利润总额	本年应交增值税	利税总额
总　计	**71.17**	**585.35**	**156.16**	**210.46**	**437.79**
国有经济	15.48	132.16	3.17	53.70	72.36
中央企业	12.30	88.51	15.23	35.17	62.70
地方企业	3.19	43.65	－12.06	18.53	9.66
集体企业	2.32	25.56	7.91	9.22	19.45
股份合作企业	0.85	8.35	3.53	2.87	7.25
联营企业	0.03	0.58	－0.08	0.28	0.23
国有联营企业	0.01	0.13	－0.06	0.05	—
集体联营企业	—	0.03	0.01	0.01	0.02
国有与集体联营企业	—	0.07	0.03	0.04	0.07
其他联营企业	0.02	0.36	－0.06	0.18	0.14
有限责任公司	8.05	142.07	23.36	58.89	90.30
国有独资	3.85	66.60	11.82	34.41	50.08
其他有限责任公司	4.20	75.47	11.54	24.48	40.22
股份有限公司	37.60	122.86	48.59	43.27	129.46
私营企业	2.79	30.67	11.18	10.56	24.54
私营独资企业	1.11	12.56	5.31	4.37	10.79
私营合伙企业	0.16	1.00	0.43	0.29	0.88
私营有限责任公司	1.30	13.65	3.64	5.02	9.96
私营股份责任	0.23	3.47	1.80	0.89	2.92
其他企业	0.01	0.11	0.02	0.04	0.07
港、澳、台投资企业	2.03	33.54	17.41	9.86	29.30
合资经营企业(港或澳、台资)	1.54	25.95	12.51	7.34	21.40
合作经营企业(港或澳、台资)	—	1.00	0.33	0.74	1.07
港澳台商独资经营企业	0.48	6.28	4.43	1.68	6.59
港澳台投资股份有限企业	—	0.32	0.13	0.10	0.23
外商投资企业	2.00	89.46	41.06	21.76	64.83
中外合资经营企业	1.83	46.94	20.84	15.28	37.95
中外合作经营企业	—	1.30	0.53	0.50	1.02
外资企业	0.07	35.23	16.43	3.53	20.03
外商投资股份有限公司	0.11	5.99	3.26	2.45	5.82
在总计中:轻工业	14.67	102.47	28.44	28.62	71.72
以农产品为原料	13.20	56.28	15.86	17.22	46.27
以非农产品为原料	1.47	46.19	12.58	11.40	25.45
重工业	56.50	482.88	127.72	181.85	366.07
采掘工业	6.00	93.57	54.36	29.49	89.85
原料工业	42.11	209.74	37.29	107.85	187.25
加工工业	8.39	179.57	36.08	44.50	88.97
在总计中:特大型企业	41.09	244.27	81.97	100.84	223.90
大一型企业	7.81	121.93	24.20	33.99	66.00
大二型企业	1.68	40.74	5.19	11.88	18.75
中一型企业	9.32	21.87	5.60	7.33	22.24
中二型企业	1.58	19.66	4.09	6.19	11.87
小型企业	9.69	136.88	35.10	50.24	95.03

13—11　按行业分的全部国有及规模以上非国有工业企业主要指标

（2002 年）　　　　单位:亿元

行　　业	企业单位数（个）	工业总产值（现价）	工业增加值	实收资本	资产总计
煤炭采选业	53	84.08	29.95	128.54	254.14
石油和天然气开采业	2	238.28	153.10	242.08	398.13
黑色金属矿采选业	76	15.95	4.23	4.98	18.19
有色金属矿采选业	60	19.46	5.81	4.69	19.27
非金属矿采选业	70	16.70	5.04	9.69	33.03
其他矿采选业	—	—	—	—	—
木材及竹材采运业	—	—	—	—	—
食品加工业	406	198.26	39.91	41.64	138.69
食品制造业	125	50.60	15.16	19.86	69.84
饮料制造业	101	54.39	23.64	27.94	87.67
烟草加工业	3	18.82	8.86	3.49	22.61
纺织业	259	88.79	19.85	35.90	129.76
服装及其他纤维制品制造业	238	60.96	16.85	17.32	48.43
皮革、毛皮、羽绒及其制品业	62	23.04	5.16	6.02	16.81
木材加工及竹、藤、棕、草制品业	130	42.09	10.12	17.73	43.64
家具制造业	46	14.96	4.70	9.48	24.12
造纸及纸制品业	117	31.65	7.74	18.90	88.21
印刷业、记录媒介的复制	102	12.71	4.68	7.58	38.42
文教体育用品制造业	14	4.68	1.35	1.45	8.41
石油加工及炼焦业	91	759.56	131.40	138.66	553.51
化学原料及化学制品制造业	430	298.85	61.74	133.08	594.85
医药制造业	121	62.69	20.98	37.78	129.01
化学纤维制造业	26	15.68	1.77	12.36	56.11
橡胶制品业	72	44.58	14.37	31.74	91.66
塑料制品业	205	74.58	21.57	34.62	104.96
非金属矿物制品业	595	196.21	52.73	109.27	346.50
黑色金属冶炼及压延加工业	221	624.48	184.53	282.14	1 458.32
有色金属冶炼及压延加工业	153	139.02	21.41	70.69	283.33
金属制品业	284	106.85	26.10	43.93	132.72
普通机械制造业	546	266.80	75.80	104.27	485.45
专用设备制造业	249	108.58	29.99	71.60	280.64
交通运输设备制造业	261	376.25	85.59	186.29	705.39
武器弹药制造业	4	11.47	1.57	9.49	32.66
电气机械及器材制造业	315	152.75	37.51	75.69	248.25
电子及通讯设备制造业	124	307.41	68.48	83.76	292.36
仪器仪表及文化、办公用机械制造业	101	22.12	7.74	12.61	40.80
其他制造业	63	13.87	5.00	10.43	17.25
电力、蒸汽、热水的生产和供应业	198	295.10	160.09	317.15	1 375.58
煤气生产和供应业	22	10.35	2.56	17.88	39.29
自来水的生产和供应业	72	25.37	10.65	38.97	110.21

13－11续表1　　(2002年)　　单位:亿元

行　　业	流动资产合计	流动资产年平均余额	固定资产合计	固定资产原价	固定资产净值年平均余额
煤炭采选业	76.25	77.98	173.28	240.94	140.46
石油和天然气开采业	79.49	79.04	311.49	628.27	298.26
黑色金属矿采选业	8.96	8.15	5.73	7.84	5.13
有色金属矿采选业	10.46	9.88	7.49	13.11	6.66
非金属矿采选业	13.10	12.72	17.57	24.26	18.12
其他矿采选业	—	—	—	—	—
木材及竹材采运业	—	—	—	—	—
食品加工业	68.39	63.51	56.65	74.50	53.95
食品制造业	31.54	29.04	32.92	42.64	31.10
饮料制造业	34.43	34.71	45.38	58.60	40.49
烟草加工业	13.83	13.79	8.37	10.22	6.87
纺织业	57.69	55.60	59.33	81.62	56.28
服装及其他纤维制品制造业	26.76	25.34	17.84	26.43	16.76
皮革、毛皮、羽绒及其制品业	9.34	8.58	6.11	8.65	5.98
木材加工及竹、藤、棕、草制品业	21.27	18.41	19.39	24.72	16.75
家具制造业	10.23	9.69	11.26	14.91	10.38
造纸及纸制品业	42.46	39.74	39.15	49.67	35.30
印刷业、记录媒介的复制	13.57	14.03	18.23	24.97	17.13
文教体育用品制造业	3.91	4.33	3.47	4.31	3.20
石油加工及炼焦业	191.08	171.98	344.64	554.70	326.50
化学原料及化学制品制造业	189.83	181.15	347.57	505.22	320.50
医药制造业	60.59	66.09	42.02	54.02	35.72
化学纤维制造业	20.41	19.67	27.40	34.21	25.32
橡胶制品业	39.87	41.40	36.48	45.62	30.67
塑料制品业	51.83	47.82	42.59	55.15	39.12
非金属矿物制品业	156.39	152.97	150.56	209.38	138.70
黑色金属冶炼及压延加工业	492.84	488.72	834.27	1 159.37	725.45
有色金属冶炼及压延加工业	128.21	118.29	133.99	160.07	120.90
金属制品业	74.65	70.32	48.07	68.38	42.46
普通机械制造业	275.36	267.14	169.30	237.32	146.81
专用设备制造业	147.80	148.89	90.07	130.08	77.70
交通运输设备制造业	431.22	396.34	229.88	301.79	202.12
武器弹药制造业	10.41	12.66	19.92	23.18	15.26
电气机械及器材制造业	142.64	136.21	83.37	130.72	77.97
电子及通讯设备制造业	168.05	154.14	77.80	129.58	72.46
仪器仪表及文化、办公用机械制造业	23.77	23.14	12.07	18.47	10.67
其他制造业	9.18	8.78	6.78	9.88	6.77
电力、蒸汽、热水的生产和供应业	361.56	370.69	888.12	1 246.47	806.28
煤气生产和供应业	11.90	12.60	24.57	34.62	21.92
自来水的生产和供应业	31.62	33.52	71.15	99.98	67.45

13－11续表2　　(2002年)　　单位:亿元

行　　业	负债合计	流动负债合　计	长期负债合　计	所有者权益	产品销售收　入	产品销售成　本
煤炭采选业	131.88	107.64	23.77	122.18	74.82	55.74
石油和天然气开采业	163.46	68.20	94.43	234.68	234.76	158.79
黑色金属矿采选业	12.64	11.09	1.55	5.55	14.84	11.63
有色金属矿采选业	12.58	9.18	3.39	6.69	18.25	14.93
非金属矿采选业	25.91	19.97	5.22	7.12	14.29	10.70
其他矿采选业	—	—	—	—	—	—
木材及竹材采运业	—	—	—	—	—	—
食品加工业	91.13	78.74	11.26	47.57	191.38	176.46
食品制造业	40.63	30.05	10.54	29.21	46.28	36.23
饮料制造业	45.64	35.65	9.87	42.03	49.45	28.56
烟草加工业	17.59	16.50	1.08	5.02	18.97	7.89
纺织业	97.62	78.93	18.54	32.13	79.35	71.54
服装及其他纤维制品制造业	25.87	23.86	1.23	22.56	53.16	46.00
皮革、毛皮、羽绒及其制品业	12.34	10.76	1.56	4.48	21.49	19.52
木材加工及竹、藤、棕、草制品业	22.80	14.82	7.96	20.84	39.87	35.52
家具制造业	8.36	6.97	1.39	15.76	14.35	10.75
造纸及纸制品业	58.52	51.02	7.32	29.69	29.31	24.20
印刷业、记录媒介的复制	24.30	17.09	7.20	14.13	13.41	10.48
文教体育用品制造业	6.99	3.95	3.04	1.42	4.46	3.30
石油加工及炼焦业	287.06	201.54	83.48	266.44	774.63	702.41
化学原料及化学制品制造业	361.20	234.22	126.20	233.65	292.20	253.94
医药制造业	81.15	65.13	16.01	47.86	56.75	36.32
化学纤维制造业	41.76	29.03	12.73	14.35	15.58	14.25
橡胶制品业	59.13	38.51	20.00	32.54	46.51	34.06
塑料制品业	65.38	51.44	13.51	39.58	72.28	62.06
非金属矿物制品业	228.45	186.90	40.86	118.05	178.81	141.26
黑色金属冶炼及压延加工业	748.66	536.10	211.97	709.66	676.03	562.77
有色金属冶炼及压延加工业	179.47	134.44	44.74	103.86	134.26	122.11
金属制品业	79.97	69.29	10.28	52.75	98.07	83.10
普通机械制造业	314.48	255.48	58.81	170.97	268.89	211.85
专用设备制造业	196.34	168.60	27.73	84.30	102.32	83.28
交通运输设备制造业	520.14	461.91	56.97	184.48	337.57	285.61
武器弹药制造业	19.60	13.86	5.74	13.06	11.31	8.81
电气机械及器材制造业	160.67	140.80	19.38	87.49	151.07	120.84
电子及通讯设备制造业	166.60	144.61	21.23	125.76	304.42	263.10
仪器仪表及文化、办公用机械制造业	28.67	24.25	4.39	12.13	21.60	16.00
其他制造业	6.25	5.59	0.51	10.99	11.30	9.25
电力、蒸汽、热水的生产和供应业	816.61	308.53	507.62	558.98	504.34	455.94
煤气生产和供应业	16.90	13.37	3.53	22.39	12.94	11.58
自来水的生产和供应业	41.67	27.84	13.83	68.54	24.58	20.59

13－11 续表 3　　(2002 年)　　单位:亿元

行　　业	产品销售税金及附加	产品销售利润	利润总额	本年应交增值税	利税总额
煤炭采选业	0.82	16.33	0.24	6.15	7.20
石油和天然气开采业	4.45	71.21	52.34	21.48	78.27
黑色金属矿采选业	0.43	1.96	0.61	0.79	1.82
有色金属矿采选业	0.10	2.47	0.65	0.57	1.32
非金属矿采选业	0.46	1.68	－0.28	0.82	1.01
其他矿采选业	—	—	—	—	—
木材及竹材采运业	—	—	—	—	—
食品加工业	0.56	9.03	2.53	1.72	4.81
食品制造业	0.11	6.08	2.66	1.97	4.74
饮料制造业	4.30	10.24	4.90	3.98	13.17
烟草加工业	7.46	3.11	0.38	1.72	9.56
纺　织　业	0.25	6.12	0.29	2.05	2.59
服装及其他纤维制品制造业	0.14	5.48	1.97	1.28	3.39
皮革、毛皮、羽绒及其制品业	0.01	1.63	0.12	0.12	0.25
木材加工及竹、藤、棕、草制品业	0.15	3.11	0.49	0.62	1.25
家具制造业	0.02	3.00	1.22	0.32	1.56
造纸及纸制品业	0.14	3.72	0.68	1.65	2.47
印刷业、记录媒介的复制	0.06	2.37	0.22	0.80	1.08
文教体育用品制造业	—	1.00	0.16	0.02	0.18
石油加工及炼焦业	30.39	35.12	－1.33	20.27	49.33
化学原料及化学制品制造业	3.59	26.76	－1.12	10.97	13.43
医药制造业	0.28	11.48	2.70	3.31	6.29
化学纤维制造业	0.06	0.97	－1.08	0.51	－0.52
橡胶制品业	0.25	9.04	3.76	2.85	6.86
塑料制品业	0.18	7.42	2.14	1.90	4.23
非金属矿物制品业	1.52	20.58	4.31	7.69	13.52
黑色金属冶炼及压延加工业	5.36	98.70	20.34	40.05	65.76
有色金属冶炼及压延加工业	0.27	10.25	3.41	2.71	6.39
金属制品业	0.32	11.54	3.73	2.95	6.99
普通机械制造业	1.24	42.19	10.49	12.45	24.18
专用设备制造业	0.50	14.41	－0.83	3.79	3.46
交通运输设备制造业	3.84	39.26	3.81	9.36	17.02
武器弹药制造业	0.02	2.38	0.22	0.08	0.31
电气机械及器材制造业	0.54	23.18	6.71	4.46	11.71
电子及通讯设备制造业	0.37	30.82	11.42	4.96	16.75
仪器仪表及文化、办公用机械制造业	0.10	4.52	1.35	0.97	2.43
其他制造业	0.02	1.49	0.54	0.22	0.77
电力、蒸汽、热水的生产和供应业	2.60	44.04	17.13	32.97	52.71
煤气生产和供应业	0.08	0.12	－0.29	0.59	0.38
自来水的生产和供应业	0.19	2.54	－0.42	1.33	1.10

13—12　按行业分的全部国有及规模以上非国有工业企业主要经济效益指标

(2002年)

行　　业	工业增加值率(%)	总资产贡献率(%)	资产负债率(%)	流动资产周转次数(次/年)	工业成本费用利润率(%)	全员劳动生产率(元/人)	产品销售率(%)
全省总计	**28.19**	**6.25**	**59.18**	**1.46**	**3.24**	**55 001**	**98.24**
煤炭采选业	35.62	3.40	51.89	0.96	0.31	17 124	97.86
石油和天然气开采业	64.25	20.73	41.06	2.97	29.43	213 166	99.33
黑色金属矿采选业	26.49	11.06	69.48	1.82	4.40	14 810	93.40
有色金属矿采选业	29.86	8.74	65.26	1.85	3.60	28 703	92.90
非金属矿采选业	30.15	4.54	78.44	1.12	-1.91	17 617	93.41
其他矿采选业	—	—	—	—	—	—	—
木材及竹材采运业	—	—	—	—	—	—	—
食品加工业	20.13	5.03	65.70	3.01	1.33	61 703	97.66
食品制造业	29.96	8.71	58.18	1.59	6.01	65 974	92.95
饮料制造业	43.46	15.87	52.06	1.42	12.20	83 070	95.16
烟草加工业	47.09	44.48	77.79	1.38	3.33	303 519	101.21
纺织业	22.36	3.01	75.24	1.43	0.36	18 211	95.29
服装及其他纤维制品制造业	27.64	7.67	53.42	2.10	3.83	22 441	94.88
皮革、毛皮、羽绒及其制品业	22.40	2.43	73.37	2.51	0.55	20 875	97.89
木材加工及竹、藤、棕、草制品业	24.03	3.64	52.24	2.17	1.23	47 903	95.85
家具制造业	31.43	7.35	34.68	1.48	9.41	51 622	95.24
造纸及纸制品业	24.45	4.01	66.34	0.74	2.34	24 203	97.32
印刷业、记录媒介的复制	36.84	3.96	63.23	0.96	1.60	34 915	99.17
文教体育用品制造业	28.80	6.24	83.12	1.03	3.61	34 008	96.78
石油加工及炼焦业	17.30	10.07	51.86	4.50	-0.18	210 892	99.20
化学原料及化学制品制造业	20.66	3.82	60.72	1.61	-0.39	40 969	98.29
医药制造业	33.47	6.54	62.90	0.86	4.97	65 343	94.13
化学纤维制造业	11.26	0.74	74.43	0.79	-6.49	14 608	99.18
橡胶制品业	32.22	8.95	64.50	1.12	8.67	38 559	103.87
塑料制品业	28.92	5.24	62.29	1.51	3.06	56 734	106.38
非金属矿物制品业	26.88	5.18	65.93	1.17	2.47	33 740	97.54
黑色金属冶炼及压延加工业	29.55	5.63	51.34	1.38	3.12	58 051	99.21
有色金属冶炼及压延加工业	15.40	4.01	63.34	1.14	2.54	37 851	97.95
金属制品业	24.43	6.62	60.26	1.39	3.93	42 717	95.03
普通机械制造业	28.41	6.10	64.78	1.01	4.06	42 083	99.00
专用设备制造业	27.62	2.80	69.96	0.69	-0.79	33 869	94.30
交通运输设备制造业	22.75	3.53	73.74	0.85	1.14	48 892	98.31
武器弹药制造业	13.68	2.40	60.01	0.89	1.86	8 568	100.15
电气机械及器材制造业	24.56	6.31	64.72	1.11	4.61	35 594	96.02
电子及通讯设备制造业	22.28	6.51	56.98	1.97	3.87	108 158	98.81
仪器仪表及文化、办公用机械制造业	34.96	6.64	70.26	0.93	6.61	36 282	94.59
其他制造业	36.06	4.99	36.26	1.29	4.98	40 723	85.69
电力、蒸汽、热水的生产和供应业	54.25	5.49	59.36	1.36	3.49	123 961	99.47
煤气生产和供应业	24.73	1.46	43.02	1.03	-1.88	14 619	99.01
自来水的生产和供应业	41.98	1.70	37.81	0.73	-1.56	27 987	96.67

13—13 国有及国有控股工业企业主要指标

(2002年)

单位:亿元

行业	企业单位数(个)	工业总产值(现价)	工业增加值	实收资本	资产总计
总计	**1 723**	**3 051.61**	**888.11**	**1 677.39**	**6 650.98**
其中:亏损企业	737	895.81	145.91	492.96	1 854.55
总计中:中央企业	240	1 678.96	545.14	803.13	3 153.97
地方企业	1 483	1 372.64	342.97	874.26	3 497.02
总计中:轻工业	585	320.38	84.97	154.91	649.42
以农产品为原料	385	125.79	35.42	58.28	296.13
以非农产品为原料	200	194.59	49.55	96.62	353.29
重工业	1 138	2 731.22	803.14	1 522.49	6 001.57
采掘工业	53	325.21	183.81	373.29	664.06
原料工业	388	1 670.06	450.62	751.20	3 594.87
加工工业	697	735.95	168.71	397.99	1 742.64
总计中:特大型企业	28	1 685.52	515.83	789.45	3 431.33
大一型企业	87	701.37	155.71	380.84	1 545.61
大二型企业	147	178.50	45.04	97.45	433.19
中一型企业	61	79.75	27.24	32.77	127.35
中二型企业	90	35.30	12.24	19.36	97.83
小型企业	1 310	371.17	132.06	357.52	1 015.67
煤炭采选业	28	78.32	27.74	125.26	246.10
石油和天然气开采业	2	238.28	153.10	242.08	398.13
黑色金属矿采选业	1	0.12	0.05	0.02	0.03
有色金属矿采选业	4	5.19	1.86	1.48	6.61
非金属矿采选业	24	6.30	2.02	7.48	25.57
其他矿采选业	—	—	—	—	—
木材及竹材采运业	—	—	—	—	—
食品加工业	99	20.44	3.80	6.60	25.39
食品制造业	41	11.19	2.88	3.66	22.67
饮料制造业	34	12.02	4.54	5.92	23.02
烟草加工业	2	18.31	8.78	3.46	22.24
纺织业	56	25.94	5.34	13.70	65.57
服装及其他纤维制品制造业	17	2.81	0.90	0.92	3.32
皮革、毛皮、羽绒及其制品业	9	0.26	0.06	0.47	3.15
木材加工及竹、藤、棕、草制品业	20	2.58	0.53	2.66	6.73
家具制造业	6	0.52	0.09	0.32	0.93
造纸及纸制品业	25	14.74	3.39	11.24	65.40
印刷业、记录媒介的复制	78	10.12	3.89	5.69	33.07
文教体育用品制造业	6	3.01	0.97	0.82	6.00
石油加工及炼焦业	29	720.35	122.41	129.17	525.84
化学原料及化学制品制造业	112	204.63	37.91	100.62	475.89
医药制造业	33	23.95	6.74	16.21	69.49
化学纤维制造业	3	12.87	1.11	8.80	42.88
橡胶制品业	21	10.07	2.07	8.37	47.92
塑料制品业	35	4.47	0.65	5.42	17.06
非金属矿物制品业	127	31.70	7.47	34.98	124.99
黑色金属冶炼及压延加工业	35	529.38	165.14	259.05	1 365.88
有色金属冶炼及压延加工业	33	47.20	6.37	21.40	162.43
金属制品业	50	15.66	3.97	12.55	34.99
普通机械制造业	157	179.88	52.29	66.45	369.11
专用设备制造业	100	57.81	14.74	40.53	194.01
交通运输设备制造业	120	286.89	63.80	161.30	617.52
武器弹药制造业	4	11.47	1.57	9.49	32.66
电气机械及器材制造业	78	36.30	5.52	25.97	114.99
电子及通讯设备制造业	49	184.04	39.71	41.08	189.76
仪器仪表及文化、办公用机械制造业	37	4.59	1.64	5.21	20.79
其他制造业	3	0.45	0.08	0.21	0.31
电力、蒸汽、热水的生产和供应业	157	205.42	122.36	246.16	1 148.87
煤气生产和供应业	20	9.89	2.35	17.74	38.40
自来水的生产和供应业	68	24.42	10.26	34.91	103.26

13-13续表1 (2002年) 单位:亿元

行业	流动资产合计	流动资产年平均余额	固定资产合计	固定资产原价	固定资产净值年平均余额
总计	**2 509.43**	**2 443.70**	**3 588.03**	**5 220.86**	**3 209.31**
其中:亏损企业	775.81	760.81	902.99	1 369.14	830.61
总计中:中央企业	1 085.01	1 030.40	1 875.56	2 892.76	1 732.75
地方企业	1 424.42	1 413.29	1 712.47	2 328.10	1 476.56
总计中:轻工业	286.77	280.29	286.68	390.49	259.88
以农产品为原料	133.99	128.09	131.46	174.89	120.42
以非农产品为原料	152.78	152.20	155.22	215.60	139.46
重工业	2 222.66	2 163.41	3 301.35	4 830.37	2 949.43
采掘工业	157.68	159.14	492.96	880.35	446.53
原料工业	1 129.35	1 109.75	2 159.67	3 066.07	1 935.06
加工工业	935.63	894.52	648.71	883.95	567.84
总计中:特大型企业	1 116.71	1 083.26	2 079.59	3 153.94	1 886.78
大一型企业	723.67	688.52	679.42	922.25	593.35
大二型企业	198.63	202.39	188.11	255.05	166.97
中一型企业	60.26	61.88	51.64	68.88	46.40
中二型企业	41.67	41.76	46.77	59.40	42.32
小型企业	368.50	365.87	542.50	761.34	473.48
煤炭采选业	71.39	73.54	170.44	236.15	137.81
石油和天然气开采业	79.49	79.04	311.49	628.27	298.26
黑色金属矿采选业	0.03	0.03	0.01	0.01	0.01
有色金属矿采选业	2.65	2.46	3.37	6.01	3.13
非金属矿采选业	9.42	9.20	14.39	19.97	14.75
其他矿采选业	—	—	—	—	—
木材及竹材采运业	—	—	—	—	—
食品加工业	12.24	11.09	11.19	15.20	10.63
食品制造业	10.15	7.68	10.99	13.75	9.64
饮料制造业	9.66	10.18	11.14	13.99	9.94
烟草加工业	13.61	13.54	8.26	10.07	6.79
纺织业	28.36	28.21	30.48	43.13	28.70
服装及其他纤维制品制造业	1.65	1.61	1.33	2.02	1.21
皮革、毛皮、羽绒及其制品业	1.12	1.07	1.13	1.43	1.05
木材加工及竹、藤、棕、草制品业	4.03	4.01	2.03	3.85	2.05
家具制造业	0.46	0.44	0.42	0.58	0.36
造纸及纸制品业	32.51	30.63	28.09	35.79	25.28
印刷业、记录媒介的复制	11.53	12.03	15.87	21.09	14.87
文教体育用品制造业	2.83	2.85	2.80	3.49	2.66
石油加工及炼焦业	179.18	160.50	330.91	536.60	313.37
化学原料及化学制品制造业	125.72	120.78	304.07	447.82	282.59
医药制造业	28.67	33.59	22.10	28.02	18.02
化学纤维制造业	14.52	13.65	21.78	27.15	19.87
橡胶制品业	23.40	24.72	15.41	16.82	11.18
塑料制品业	8.91	6.96	6.79	7.57	5.23
非金属矿物制品业	48.34	47.03	60.46	81.87	56.93
黑色金属冶炼及压延加工业	439.46	439.61	804.51	1 121.58	697.45
有色金属冶炼及压延加工业	77.36	71.45	68.66	88.73	61.82
金属制品业	19.56	19.16	11.26	19.90	10.54
普通机械制造业	208.55	203.13	130.84	180.57	111.02
专用设备制造业	104.85	106.24	71.21	104.40	61.65
交通运输设备制造业	377.78	345.20	208.85	271.23	184.28
武器弹药制造业	10.41	12.66	19.92	23.18	15.26
电气机械及器材制造业	63.80	62.36	40.50	58.48	36.79
电子及通讯设备制造业	109.71	100.35	44.32	69.26	40.60
仪器仪表及文化、办公用机械制造业	12.42	12.09	5.58	8.80	5.13
其他制造业	0.13	0.16	0.14	0.22	0.12
电力、蒸汽、热水的生产和供应业	323.15	332.42	706.72	945.33	625.55
煤气生产和供应业	11.58	12.24	24.01	33.98	21.36
自来水的生产和供应业	30.80	31.78	66.57	94.55	63.41

13－13续表2　　(2002年)　　单位:亿元

行　　业	负债合计	流动负债合计	长期负债合计	所有者权益	产品销售收入	产品销售成本
总　计	**4 056.87**	**2 725.84**	**1 323.94**	**2 593.17**	**3 282.38**	**2 770.84**
其中:亏损企业	1 325.27	1 026.41	296.77	529.20	890.65	799.35
总计中:中央企业	1 725.96	1 021.09	703.95	1 427.24	1 836.18	1 551.22
地方企业	2 330.91	1 704.74	619.99	1 165.93	1 446.20	1 219.61
总计中:轻工业	429.06	338.68	89.97	220.36	312.41	249.30
以农产品为原料	222.98	181.26	41.33	73.15	120.11	91.26
以非农产品为原料	206.07	157.42	48.64	147.21	192.29	158.04
重工业	3 627.82	2 387.15	1 233.97	2 372.81	2 969.98	2 521.54
采掘工业	304.36	178.85	123.61	359.62	311.24	215.64
原料工业	2 045.16	1 175.72	866.86	1 549.71	1 962.22	1 733.93
加工工业	1 278.30	1 032.58	243.49	463.48	696.52	571.96
总计中:特大型企业	1 854.27	1 087.28	766.17	1 576.97	1 942.74	1 644.63
大一型企业	1 027.56	831.60	194.74	517.20	689.14	583.53
大二型企业	310.68	239.77	70.91	122.51	167.35	136.43
中一型企业	83.54	70.20	13.28	43.81	78.59	56.95
中二型企业	75.97	51.32	22.12	21.87	34.60	26.44
小型企业	704.86	445.67	256.72	310.82	369.96	322.85
煤炭采选业	126.40	102.81	23.12	119.61	68.66	50.80
石油和天然气开采业	163.46	68.20	94.43	234.68	234.76	158.79
黑色金属矿采选业	0.03	0.03	—	—	0.12	0.08
有色金属矿采选业	4.32	2.27	2.05	2.29	4.81	3.78
非金属矿采选业	21.26	16.28	4.39	4.31	5.59	4.07
其他矿采选业	—	—	—	—	—	—
木材及竹材采运业	—	—	—	—	—	—
食品加工业	20.29	17.40	2.61	5.10	19.30	16.54
食品制造业	14.02	10.13	3.89	8.65	11.46	8.70
饮料制造业	15.25	11.80	3.34	7.76	11.96	7.20
烟草加工业	17.35	16.27	1.08	4.89	18.52	7.52
纺织业	57.72	46.24	11.47	7.86	22.47	20.81
服装及其他纤维制品制造业	2.79	2.51	0.28	0.53	2.08	1.78
皮革、毛皮、羽绒及其制品业	2.99	1.75	1.24	0.17	0.27	0.23
木材加工及竹、藤、棕、草制品业	4.33	2.52	1.81	2.40	2.60	2.27
家具制造业	0.62	0.35	0.27	0.30	0.51	0.41
造纸及纸制品业	45.28	40.04	5.25	20.12	13.14	10.50
印刷业、记录媒介的复制	21.07	14.97	6.10	12.00	10.89	8.56
文教体育用品制造业	6.00	3.27	2.73	—	2.84	1.87
石油加工及炼焦业	269.33	186.10	81.34	256.51	736.77	668.33
化学原料及化学制品制造业	292.66	177.47	114.60	183.24	201.77	180.96
医药制造业	49.59	40.08	9.51	19.90	23.35	16.14
化学纤维制造业	31.81	20.21	11.59	11.07	13.34	12.19
橡胶制品业	39.87	22.53	17.34	8.05	10.05	8.49
塑料制品业	12.41	10.89	1.52	4.65	4.48	4.05
非金属矿物制品业	90.22	67.69	22.45	34.77	30.45	25.29
黑色金属冶炼及压延加工业	690.86	482.42	208.20	675.02	582.32	477.32
有色金属冶炼及压延加工业	119.59	87.32	32.27	42.84	47.65	44.03
金属制品业	23.84	19.97	3.86	11.16	13.84	11.27
普通机械制造业	240.66	190.81	49.81	128.45	187.98	146.64
专用设备制造业	156.24	131.22	25.02	37.77	56.57	46.70
交通运输设备制造业	475.75	422.87	51.77	141.00	248.42	211.25
武器弹药制造业	19.60	13.86	5.74	13.06	11.31	8.81
电气机械及器材制造业	90.98	77.84	13.04	23.92	36.38	28.45
电子及通讯设备制造业	118.23	99.23	18.37	71.52	182.60	153.11
仪器仪表及文化、办公用机械制造业	19.09	15.70	3.39	1.70	4.18	2.81
其他制造业	0.17	0.17	—	0.14	0.30	0.24
电力、蒸汽、热水的生产和供应业	737.32	263.24	473.99	411.55	424.77	389.69
煤气生产和供应业	16.42	12.89	3.53	21.98	12.26	11.13
自来水的生产和供应业	39.06	26.50	12.55	64.20	23.59	20.00

13－13续表3　　(2002年)　　单位:亿元

行　业	产品销售税金及附加	产品销售利润	利润总额	本年应交增值税	利税总额
总　计	**60.50**	**383.59**	**68.57**	**154.29**	**283.36**
其中:亏损企业	26.85	43.75	-56.20	26.76	-2.59
总计中:中央企业	47.66	220.68	69.59	88.32	205.57
地方企业	12.84	162.91	-1.03	65.97	77.79
总计中:轻工业	9.62	38.65	2.78	12.42	24.82
以农产品为原料	8.89	13.69	-0.67	6.49	14.71
以非农产品为原料	0.74	24.96	3.45	5.93	10.11
重工业	50.88	344.94	65.79	141.87	258.54
采掘工业	5.23	88.15	52.64	27.47	85.34
原料工业	40.00	168.03	21.56	90.26	151.82
加工工业	5.65	88.76	-8.40	24.14	21.38
总计中:特大型企业	41.09	233.82	77.55	97.06	215.70
大一型企业	5.81	76.60	0.17	24.46	30.44
大二型企业	1.08	22.52	-1.65	6.37	5.80
中一型企业	8.59	10.48	1.06	4.38	14.03
中二型企业	0.68	5.97	-0.27	1.99	2.40
小型企业	3.26	34.19	-8.28	20.02	14.99
煤炭采选业	0.73	15.51	0.23	5.67	6.64
石油和天然气开采业	4.45	71.21	52.34	21.48	78.27
黑色金属矿采选业	—	0.02	—	0.01	0.01
有色金属矿采选业	0.02	0.94	0.09	0.14	0.25
非金属矿采选业	0.29	0.52	-0.83	0.46	-0.07
其他矿采选业	—	—	—	—	—
木材及竹材采运业	—	—	—	—	—
食品加工业	0.09	1.00	-0.33	0.22	-0.02
食品制造业	0.05	1.78	0.54	0.45	1.05
饮料制造业	0.98	2.29	0.63	0.99	2.61
烟草加工业	7.46	3.03	0.37	1.71	9.54
纺织业	0.10	1.06	-1.28	1.00	-0.18
服装及其他纤维制品制造业	0.01	0.22	-0.08	0.07	—
皮革、毛皮、羽绒及其制品业	—	0.02	-0.11	0.01	-0.10
木材加工及竹、藤、棕、草制品业	0.04	0.19	—	0.13	0.16
家具制造业	—	0.07	0.01	0.01	0.03
造纸及纸制品业	0.09	2.05	-0.07	0.87	0.90
印刷业、记录媒介的复制	0.04	1.89	0.14	0.65	0.84
文教体育用品制造业	—	0.84	0.10	0.01	0.11
石油加工及炼焦业	29.93	32.52	-2.01	18.40	46.32
化学原料及化学制品制造业	2.70	14.87	-5.19	7.52	5.03
医药制造业	0.11	4.90	0.05	0.84	1.01
化学纤维制造业	0.05	0.85	-0.67	0.43	-0.19
橡胶制品业	0.12	1.02	-1.13	0.45	-0.56
塑料制品业	0.01	0.26	-1.10	0.09	-0.99
非金属矿物制品业	0.25	3.13	-2.14	1.84	-0.05
黑色金属冶炼及压延加工业	5.03	91.76	17.53	37.76	60.33
有色金属冶炼及压延加工业	0.10	3.05	-0.86	1.30	0.55
金属制品业	0.07	2.04	-0.31	0.51	0.27
普通机械制造业	0.81	29.94	6.47	8.96	16.25
专用设备制造业	0.30	7.46	-3.92	2.28	-1.34
交通运输设备制造业	3.64	26.01	-5.25	6.36	4.75
武器弹药制造业	0.02	2.38	0.22	0.08	0.31
电气机械及器材制造业	0.17	5.32	-2.56	1.54	-0.86
电子及通讯设备制造业	0.24	20.88	7.08	4.14	11.46
仪器仪表及文化、办公用机械制造业	0.03	1.04	-0.19	0.27	0.10
其他制造业	—	0.05	0.02	0.02	0.04
电力、蒸汽、热水的生产和供应业	2.30	31.39	11.86	25.71	39.87
煤气生产和供应业	0.07	-0.09	-0.43	0.58	0.21
自来水的生产和供应业	0.19	2.14	-0.67	1.30	0.82

13—14 各地区全部国有及规模以上非国有工业企业主要经济效益指标

(2002年)

单位:亿元

地区	工业增加值率(%)	总资产贡献率(%)	资产负债率(%)	流动资产周转次数(次/年)	工业成本费用利润率(%)	全员劳动生产率(元/人.年)	产品销售率(%)
全省	**28.19**	**6.25**	**59.18**	**1.46**	**3.24**	**55001**	**98.24**
沈阳	26.64	4.60	64.60	1.03	2.17	49473	98.13
大连	25.51	6.67	56.33	1.64	3.72	74002	98.28
鞍山	30.72	6.61	49.54	1.40	4.10	52561	98.80
抚顺	25.45	4.84	55.95	1.72	0.22	51626	98.72
本溪	28.32	5.85	61.73	1.73	2.30	42624	98.29
丹东	23.89	4.85	62.25	1.43	0.95	26863	99.09
锦州	22.02	6.13	69.65	1.86	-0.79	46287	96.74
营口	25.12	8.28	55.84	1.66	3.37	43934	96.87
阜新	37.39	3.35	75.01	0.79	0.13	29162	95.38
辽阳	22.30	5.35	57.30	2.03	0.89	51973	97.12
盘锦	47.82	15.92	47.75	2.85	16.27	157705	99.30
铁岭	36.75	5.61	60.28	1.35	3.23	38253	97.17
朝阳	27.61	6.04	71.40	1.31	0.30	22548	98.95
葫芦岛	20.63	4.44	72.32	1.07	-0.27	38184	99.03

13—15 各地区国有及国有控股工业企业主要经济效益指标

(2002年)

地区	工业增加值率(%)	总资产贡献率(%)	资产负债率(%)	流动资产周转次数(次/年)	工业成本费用利润率(%)	全员劳动生产率(元/人.年)	产品销售率(%)
全省	**29.10**	**5.57**	**61.00**	**1.34**	**2.16**	**60328**	**98.93**
沈阳	25.78	3.23	68.06	0.87	-0.71	40210	98.03
大连	22.99	5.69	60.80	1.57	1.82	90317	98.49
鞍山	36.48	5.39	47.25	1.11	2.82	55814	99.95
抚顺	24.92	4.45	56.33	1.73	-0.37	59519	99.51
本溪	27.80	5.96	60.44	1.83	2.36	50975	99.03
丹东	20.85	2.62	76.55	1.29	-1.73	23401	101.88
锦州	17.73	3.71	74.26	1.77	-4.60	42176	97.01
营口	29.74	11.36	62.83	1.15	2.64	47162	98.04
阜新	41.06	2.76	74.85	0.68	-0.57	30877	97.88
辽阳	23.95	3.78	64.30	1.85	-3.53	59895	98.13
盘锦	50.39	16.45	45.72	3.01	18.35	173893	100.13
铁岭	43.04	4.74	66.45	1.00	2.11	36374	98.33
朝阳	28.99	6.23	71.41	1.28	0.55	35195	99.75
葫芦岛	20.74	4.31	72.84	1.01	-0.56	48204	99.63

13—16 各地区国有及国有

(2002

指　　标	沈阳	大连	鞍山	抚顺	本溪
企业单位数(个)	500	178	124	152	87
工业总产值(现价)	499.68	711.88	286.07	292.24	216.74
实收资本	387.69	214.02	147.74	172.33	90.95
资产总计	1 385.88	1 036.12	797.94	477.04	452.55
流动资产合计	604.20	478.59	260.43	179.67	132.60
流动资产年平均余额	597.90	452.02	257.84	171.96	139.91
固定资产合计	623.17	478.51	468.46	262.70	293.88
固定资产原价合计	832.70	651.57	671.86	398.89	402.01
固定资产净值年平均余额	540.18	429.20	428.16	237.28	238.19
流动负债合计	694.81	493.57	276.46	201.57	159.54
长期负债合计	246.86	136.41	100.49	67.15	113.99
产品销售收入	518.30	709.57	286.87	296.79	256.58
产品销售成本	422.50	616.82	217.05	262.55	225.71
产品销售税金及附加	8.66	9.52	3.71	8.82	2.05
产品销售利润	66.39	63.14	60.88	22.20	25.09
利润总额	−3.69	12.62	7.81	−1.08	5.88
本年应交增值税	22.14	23.41	21.87	9.52	13.43
利税总额	27.11	45.56	33.38	17.26	21.36

控股工业企业主要指标

年)　　　　　　　　　　　　　　　　　　　　　　　　　　　　　　　　　　单位:亿元

丹东	锦州	营口	阜新	辽阳	盘锦	铁岭	朝阳	葫芦岛
58	98	44	130	78	58	91	74	50
48.52	132.53	41.54	53.28	108.15	338.10	53.53	67.63	201.72
30.43	23.25	17.24	37.69	16.82	280.79	56.68	26.85	74.98
109.65	149.47	83.50	148.51	185.91	531.51	160.05	127.36	467.00
36.18	79.05	35.50	45.31	57.73	108.88	50.47	53.69	199.49
37.98	70.09	36.57	48.28	58.22	110.86	45.94	52.47	176.03
49.43	59.50	40.76	99.54	120.50	398.42	104.12	63.38	247.65
71.89	103.01	51.73	128.95	212.21	755.14	154.46	90.48	336.78
40.24	53.41	35.07	81.81	123.78	376.02	80.81	61.45	234.20
62.84	92.16	40.19	71.62	91.49	102.40	52.58	57.88	226.54
20.49	18.83	12.28	39.17	28.04	139.73	50.55	33.07	113.28
48.82	124.07	41.94	32.65	107.86	333.61	45.97	67.15	178.26
43.15	108.45	29.37	26.43	97.16	249.44	36.04	54.69	156.73
0.58	5.34	5.09	0.29	2.39	6.74	0.45	0.63	5.30
3.86	7.65	6.19	5.19	6.98	75.09	8.67	10.07	14.16
−0.86	−5.55	0.96	−0.20	−3.81	50.63	0.95	0.36	−0.99
1.79	3.23	2.26	2.83	4.46	24.25	4.89	4.26	6.33
1.51	3.03	8.31	2.92	3.04	81.62	6.29	5.26	10.64

13—17 “三资”工业企业主要指标

(2002 年)　　单位:亿元

项　　目	企业单位数(个)	工业总产值(现价)	工业增加值(现价)	资产总计
总　　计	**1 228**	**1 027.07**	**280.53**	**1 212.28**
总计中:轻　工　业	687	356.05	102.36	384.72
以农产品为原料	525	252.81	71.37	253.88
以非农产品为原料	162	103.24	31.00	130.85
重　工　业	541	671.02	178.17	827.56
采 掘 工 业	11	5.29	1.73	6.36
原 料 工 业	135	276.29	72.48	403.27
加 工 工 业	395	389.44	103.96	417.92
总计中:特 大 型 企 业	9	204.35	50.35	218.93
大 一 型 企 业	65	277.45	78.84	360.12
大 二 型 企 业	43	78.95	20.14	84.21
中 一 型 企 业	47	55.37	19.04	68.74
中 二 型 企 业	78	50.17	16.14	58.94
小　型　企　业	986	360.78	96.02	421.33
煤 炭 采 选 业	—	—	—	—
石油和天然气开采业	—	—	—	—
黑色金属矿采选业	1	0.21	0.07	0.07
有色金属矿采选业	4	4.12	1.19	3.16
非金属矿采选业	6	0.96	0.47	3.13
其他矿采选业	—	—	—	—
木材及竹材采运业	—	—	—	—
食 品 加 工 业	128	85.83	18.77	53.40
食 品 制 造 业	39	30.19	9.33	38.90
饮 料 制 造 业	24	30.27	14.91	42.09
烟 草 加 工 业	—	—	—	—
纺　　织　　业	49	19.19	4.29	24.47
服装及其他纤维制品制造业	132	30.45	8.42	23.52
皮革、毛皮、羽绒及其制品业	40	20.34	4.59	12.04
木材加工及竹、藤、棕、草制品业	72	16.30	3.32	27.47
家 具 制 造 业	28	10.49	3.37	17.78
造纸及纸制品业	13	6.62	1.74	9.39
印刷业、记录媒介的复制	7	1.54	0.45	2.97
文教体育用品制造业	8	1.74	0.43	2.46
石油加工及炼焦业	11	132.43	21.50	84.18
化学原料及化学制品制造业	67	19.69	6.79	27.08
医 药 制 造 业	22	19.63	7.16	28.38
化学纤维制造业	5	0.53	0.17	0.66
橡 胶 制 品 业	19	25.42	9.69	37.77
塑 料 制 品 业	58	40.90	13.81	57.93
非金属矿物制品业	91	31.70	8.95	56.34
黑色金属冶炼及压延加工业	20	10.59	1.92	30.54
有色金属冶炼及压延加工业	23	46.34	9.58	90.07
金 属 制 品 业	63	52.99	12.48	61.05
普通机械制造业	69	38.35	11.87	53.42
专用设备制造业	27	19.42	4.98	16.75
交通运输设备制造业	35	58.98	11.86	44.73
武器弹药制造业	—	—	—	—
电气机械及器材制造业	47	70.63	20.68	81.52
电子及通讯设备制造业	49	116.63	28.24	99.82
仪器仪表及文化、办公用机械制造业	24	10.77	3.85	11.47
其 他 制 造 业	35	11.29	4.40	14.07
电力、蒸汽、热水的生产和供应业	8	61.84	30.99	150.21
煤气生产和供应业	1	0.18	0.12	0.84
自来水的生产和供应业	3	0.53	0.17	4.58

13－17续表　　(2002年)　　单位:亿元

项　　目	负债合计	所有者权益	产品销售收入	利税总额	本年应交增值税
总　　计	**582.90**	**629.37**	**1 004.89**	**94.12**	**31.62**
总计中:轻　工　业	191.85	192.87	335.56	26.13	8.96
以农产品为原料	136.98	116.90	240.36	17.50	6.30
以非农产品为原料	54.88	75.97	95.20	8.63	2.66
重　工　业	391.05	436.51	669.33	67.99	22.66
采 掘 工 业	5.01	1.36	5.34	0.33	0.11
原 料 工 业	181.27	222.00	272.14	29.32	13.71
加 工 工 业	204.77	213.15	391.84	38.35	8.84
总计中:特 大 型 企 业	115.60	103.33	205.35	19.40	10.02
大 一 型 企 业	143.70	216.42	271.68	29.38	6.23
大 二 型 企 业	40.88	43.34	78.69	5.48	2.55
中 一 型 企 业	30.95	37.78	54.44	5.61	1.80
中 二 型 企 业	26.08	32.86	49.53	4.79	1.55
小　型　企　业	225.69	195.64	345.21	29.47	9.46
煤 炭 采 选 业	—	—	—	—	—
石油和天然气开采业	—	—	—	—	—
黑色金属矿采选业	0.04	0.03	0.15	0.01	0.01
有色金属矿采选业	2.88	0.28	3.98	0.16	0.02
非金属矿采选业	2.09	1.04	1.20	0.16	0.08
其他矿采选业	—	—	—	—	—
木材及竹材采运业	—	—	—	—	—
食 品 加 工 业	33.83	19.57	85.28	1.31	0.73
食 品 制 造 业	22.30	16.60	26.29	2.59	1.16
饮 料 制 造 业	15.67	26.42	28.13	8.35	2.51
烟 草 加 工 业	—	—	—	—	—
纺　　织　　业	14.45	10.02	17.78	0.88	0.18
服装及其他纤维制品制造业	12.22	11.31	29.22	1.68	0.45
皮革、毛皮、羽绒及其制品业	8.43	3.61	19.08	0.22	0.06
木材加工及竹、藤、棕、草制品业	15.95	11.52	16.28	－0.62	0.22
家 具 制 造 业	6.48	11.29	10.09	1.15	0.20
造纸及纸制品业	4.53	4.86	6.98	1.07	0.33
印刷业、记录媒介的复制	1.36	1.60	1.50	0.15	0.06
文教体育用品制造业	0.96	1.50	1.68	0.12	0.01
石油加工及炼焦业	63.23	20.94	128.41	11.72	6.42
化学原料及化学制品制造业	12.87	14.21	18.33	1.50	0.78
医 药 制 造 业	11.58	16.81	17.31	2.07	1.32
化学纤维制造业	0.32	0.34	0.49	0.02	0.02
橡 胶 制 品 业	15.06	22.71	27.10	6.75	2.08
塑 料 制 品 业	33.22	24.70	40.53	2.90	0.96
非金属矿物制品业	31.02	25.32	31.07	2.52	0.89
黑色金属冶炼及压延加工业	14.60	15.94	13.32	0.06	0.31
有色金属冶炼及压延加工业	40.11	49.95	45.27	3.33	0.23
金 属 制 品 业	30.23	30.82	49.35	4.30	1.04
普通机械制造业	29.22	24.20	38.71	4.53	1.38
专用设备制造业	7.33	9.42	18.08	1.68	0.30
交通运输设备制造业	20.37	24.36	58.50	5.56	1.11
武器弹药制造业	—	—	—	—	—
电气机械及器材制造业	36.76	44.76	70.86	9.28	1.47
电子及通讯设备制造业	43.27	56.55	118.42	6.04	1.06
仪器仪表及文化、办公用机械制造业	4.76	6.71	10.91	1.64	0.29
其 他 制 造 业	3.83	10.24	9.18	0.73	0.14
电力、蒸汽、热水的生产和供应业	41.84	108.36	60.48	11.98	5.79
煤气生产和供应业	0.47	0.37	0.40	0.16	0.01
自来水的生产和供应业	1.59	2.99	0.53	0.12	0.03

13—18　大中型工业企业主要财务指标

(2002 年)

指　　　标	单　位	合　计	大　型 工业企业	中　型 工业企业	占全省独立核算工业企业(%)
企业单位数	个	883	429	454	14.7
#亏损企业	个	344	164	180	18.8
全年工业总产值(当年价格)	亿元	3 459.5	3 141.3	318.2	70.8
全年工业总产值(1990 年不变价)	亿元	2 750.6	2 455.2	295.4	67.9
固定资产					
原　　值	亿元	5 269.2	4 986.8	282.4	80.5
净　　值	亿元	3 303.4	3 112.7	190.7	79.1
流动资产合计	亿元	2 605.1	2 357.2	248.0	73.6
流动资产年平均余额	亿元	2 522.5	2 276.0	246.6	73.6
资产总计	亿元	6 718.0	6 210.9	507.1	76.2
全年产品销售收入	亿元	3 671.3	3 362.7	308.6	87.0
产品销售税金及附加	亿元	61.5	50.6	10.9	86.4
利润总额	亿元	121.1	111.4	9.7	77.5
亏损企业亏损总额	亿元	45.3	37.8	7.5	57.3
利税总额	亿元	342.8	308.6	34.1	78.3
全部职工全年应付工资总额	亿元	210.3	188.3	22.0	71.0
全部职工年平均人数	万人	146.9	123.5	23.3	58.6
每百元固定资产原价实现的					
工业总产值(当年价格)	元	65.7	63.0	112.7	—
工业总产值(1990 年不变价格)	元	52.2	49.2	104.6	—
利　　润	元	2.3	2.2	3.4	—
利润、税金	元	6.5	6.2	12.1	—
利税率					
按现价总产值计算	%	9.9	9.8	10.7	—
按不变　价总产值计算	%	12.5	12.6	11.5	—
按销售收入计算	%	9.3	9.2	11.1	—
固定资产折旧率	%	4.98	5.0	4.5	—
每百元工业总产值占用流动资金					
按现价计算	元	75.3	75.0	77.9	—
按不变价计算	元	94.7	96.0	83.9	—
平均每一职工					
实现的利润、税金	元	23 341	24 989	14 614	—
占用固定资产原值	元	358 814	403 758	120 976	—
占用固定资产净值	元	224 948	212 019	81 692	—
实现工业总产值(当年价格)	元	235 580	254 336	136 324	—

13—19 历年主要工业产品产量

年份	化学纤维（万吨）	纱（万吨）	布（亿米）	毛线（吨）	呢绒（万米）	麻袋（万条）	丝（吨）	机制纸及纸板（万吨）	缝纫机（万架）	自行车（万辆）
1952	—	25.9	2.6	—	39.7	1 006	489	5.9	—	2.4
1957	…	26.2	2.7	354	148.0	1 908	2 151	14.8	—	16.4
1965	0.8	32.1	2.7	929	364.6	1 566	1 736	23.1	4.6	15.9
1970	1.3	52.5	3.9	1 518	580.0	1 694	1 850	29.6	11.1	17.6
1975	2.2	54.4	4.0	1 860	765.5	1 571	1 938	37.1	29.4	48.8
1978	2.5	63.3	4.6	1 839	843.0	2 196	2 051	41.3	36.0	62.3
1979	3.0	70.5	5.1	2 010	657.0	2 749	2 787	44.5	45.7	80.7
1980	6.0	81.4	6.1	2 608	707.9	3 396	3 297	47.9	63.5	103.3
1981	8.4	91.0	6.3	3 472	765.0	2 649	3 535	49.6	78.3	146.6
1982	7.5	97.0	7.2	4 559	833.0	2 951	2 575	53.7	86.3	181.1
1983	7.9	98.3	7.1	4 529	918.2	3 088	1 434	58.4	45.6	199.6
1984	11.7	98.5	6.6	4 526	1 114.1	2 553	1 222	64.0	12.5	145.9
1985	14.1	99.9	6.2	5 267	1 344.1	2 688	2 270	70.4	4.7	167.3
1986	14.1	116.0	6.6	5 051	1 479.9	3 199	2 189	75.5	1.6	198.2
1987	14.5	130.1	6.9	5 853	1 672.7	3 049	2 196	81.3	1.9	215.5
1988	13.5	131.7	7.1	6 888	1 693.5	2 715	2 264	85.1	0.9	171.5
1989	14.9	120.7	6.9	6 755	1 704.0	2 056	2 485	82.1	0.8	129.1
1990	15.6	109.8	6.5	5 087	1 840.0	2 068	2 905	77.5	0.5	97.2
1991	15.8	110.1	6.4	4 099	1 781.1	2 411	2 667	75.1	0.4	85.5
1992	17.1	112.0	6.0	4 981	1 672.7	2 196	1 917	79.1	0.3	125.9
1993	15.7	99.3	5.6	3 524	1 431.4	2 111	2 280	75.4	0.4	195.4
1994	17.9	18.2	5.4	2 785	1 548.6	1 866	3 292	82.3	0.3	190.7
1995	19.8	18.0	5.8	2 725	1 185.0	1 013	3 484	97.5	0.2	112.1
1996	20.7	16.9	4.7	4 449	745.4	231	4 550	95.7	0.2	87.9
1997	28.1	17.2	5.4	1 902	648.5	1 150	3 588	84.2	0.2	55.1
1998	30.5	14.3	4.7	1 970	373.2	1 509	1 996	72.0	0.1	53.1
1999	29.2	15.2	5.3	1 655	606.1	439.9	1 328	58.8	0.1	16.3
2000	34.2	18.3	5.0	1 633	479.0	310.6	2 414	55.2	0.2	46.2
2001	36.0	16.0	4.3	1 179	230.3	278.6	1 675	62.9	0.3	15.2
2002	33.5	16.4	5.0	1 491	168.1	65.7	2 110	52.0	0.3	2.2

注:1993 年以前纱产量的计量单位为万件。

13－19续表 1 (2002年)

年　　份	手　表 （万只）	日用精铝制品 （万吨）	灯　泡 （亿只）	合　成洗涤剂 （万吨）	原　盐 （万吨）	糖 （万吨）	卷　烟 （万箱）	罐　头 （万吨）	啤　酒 （万吨）
1952	—	—	0.1	—	96.0	—	13.8	0.2	0.9
1957	—	—	0.2	—	173.2	—	19.7	0.9	2.1
1965	—	—	0.3	0.1	225.7	—	29.1	1.1	2.2
1970	15.3	—	0.4	0.7	198.7	0.1	31.5	1.9	3.1
1975	72.1	—	0.4	2.2	227.0	0.8	38.1	3.0	5.0
1978	100.7	0.3	0.4	2.2	230.5	0.5	34.3	3.9	5.8
1979	122.6	0.4	0.5	2.8	153.5	0.6	37.0	3.7	7.8
1980	190.8	0.5	0.6	2.4	229.5	1.0	49.7	3.7	11.0
1981	280.5	0.4	0.6	3.0	243.6	2.1	55.0	4.5	13.9
1982	356.3	0.5	0.7	3.3	231.3	2.4	52.3	5.3	17.8
1983	362.2	0.4	0.8	4.0	217.3	3.7	42.6	6.0	22.2
1984	422.4	0.5	0.9	4.5	205.7	2.0	40.3	6.6	28.3
1985	548.7	0.5	0.8	5.1	114.3	2.2	43.6	7.3	34.4
1986	674.0	0.5	0.9	4.8	165.4	2.4	46.0	7.9	39.6
1987	439.3	0.6	1.0	4.7	136.8	2.8	49.1	7.6	44.3
1988	487.8	0.6	1.1	5.1	205.5	2.8	52.8	10.6	50.4
1989	426.1	0.5	1.1	5.6	337.5	3.2	57.0	10.7	52.3
1990	430.4	0.5	1.2	5.3	129.9	3.2	50.6	5.8	55.0
1991	467.7	0.5	1.5	4.2	240.4	3.6	42.8	7.6	64.3
1992	359.9	0.5	1.5	4.3	293.2	5.4	45.3	8.8	78.5
1993	554.5	0.6	1.1	2.9	282.9	5.2	40.3	4.0	62.8
1994	397.7	0.4	3.3	3.5	275.9	3.8	40.3	7.6	108.0
1995	409.9	0.6	3.7	2.9	230.9	3.8	43.2	8.2	113.4
1996	316.4	0.6	4.3	6.9	232.5	4.0	40.3	8.1	118.8
1997	212.4	0.3	1.4	5.7	286.1	5.3	40.5	6.0	128.7
1998	98.0	0.2	1.3	6.8	190.9	5.1	41.8	4.1	129.1
1999	97.0	0.2	1.1	6.3	282.2	4.5	33.2	2.7	144.3
2000	69.0	0.2	0.5	7.0	275.9	2.1	23.0	2.9	149.7
2001	69.2	0.1	1.3	9.1	284.6	4.0	31.0	2.8	144.2
2002	86.0	0.1	1.5	10.4	280.6	4.2	38.0	3.4	137.1

13－19续表2　　　　　　　　　　　　　　　　(2002年)

年　　份	家用电冰箱（万台）	家用洗衣机（万台）	电风扇（万台）	录音机（万台）	收音机（万台）	电视机（万台）	照相机（万台）	原煤（万吨）	原油（万吨）	天然气（亿立方米）
1952	—	—	—	—	—	—	—	1 176.6	23.4	—
1957	—	—	—	—	0.2	—	—	2 284.4	56.0	—
1965	—	—	—	—	5.9	—	—	2 274.5	52.0	1.7
1970	—	—	—	—	8.1	—	—	3 959.6	38.6	2.1
1975	—	—	—	—	43.2	0.9	—	3 992.8	306.6	10.3
1978	—	—	—	—	33.3	2.9	—	4 298.4	381.3	16.5
1979	0.6	0.2	—	—	42.4	11.5	—	4 182.9	474.8	17.1
1980	0.4	5.5	3.9	6.0	190.8	15.9	3.6	3 732.6	533.1	17.9
1981	0.2	31.2	14.7	13.0	185.3	36.2	7.9	3 370.7	525.1	15.4
1982	…	53.7	21.4	27.6	28.6	38.0	7.0	3 608.5	555.0	12.6
1983	0.1	62.7	16.6	33.0	44.6	42.6	7.5	3 766.2	635.2	12.6
1984	0.6	85.0	19.3	—	57.6	56.7	7.0	4 300.4	783.0	13.7
1985	1.2	117.9	25.8	38.9	67.7	80.8	1.6	4 595.0	922.2	17.7
1986	4.0	127.9	36.3	36.8	75.2	47.0	0.9	4 446.9	1 021.0	17.7
1987	13.9	127.8	44.2	44.5	79.3	83.4	…	4 351.6	1 146.1	18.1
1988	37.9	87.3	32.8	60.6	62.8	126.3	0.8	4 589.0	1 267.2	18.9
1989	32.9	62.9	30.4	69.1	70.4	147.6	…	4 981.0	1 345.0	20.0
1990	16.4	33.4	47.1	88.8	119.2	115.1	0.2	5 101.0	1 368.7	20.4
1991	11.8	29.3	45.0	56.2	88.82	59.62	—	5 234.7	1 374.2	20.6
1992	10.3	20.5	25.0	43.5	68.6	73.2	—	5 394.6	1 387.8	21.1
1993	12.0	20.7	13.9	15.8	44.4	49.9	—	5 566.8	1 420.1	23.8
1994	12.2	25.0	17.7	4.6	13.3	54.3	—	5 509.3	1 502.5	21.2
1995	14.2	19.9	18.8	—	37.8	47.7	—	5 626.4	1 552.7	21.1
1996	9.4	16.2	10.1	—	1.7	56.7	—	6 040.6	1 504.3	19.6
1997	6.9	25.8	7.8	—	—	73.2	—	5 883.8	1 504.1	19.1
1998	8.5	25.3	9.2	—	—	173.2	—	5 785.7	1 452.1	15.6
1999	13.2	17.1	0.8	1.9	—	229.3	—	4 779.3	1 430.3	14.3
2000	23.1	13.7	…	82.0	—	374.7	—	4 454.9	1 401.1	14.7
2001	14.7	11.7	—	1.3	—	378.0	—	4 468.2	1 385.0	14.7
2002	51.6	10.5	—	1.5	50.0	404.9	—	5 180.8	1 351.2	13.3

13－19续表3　(2002年)

年份	发电量(亿千瓦小时)	#水电	生铁(万吨)	钢(万吨)	成品钢材(万吨)	铁合金(万吨)	水泥(万吨)	平板玻璃(万重量箱)	木材(万立方米)	硫酸(万吨)
1952	17.3	5.35	112.4	94.1	58.9	0.67	112.8	117.0	0.1	13.3
1957	52.0	19.1	419.0	338.2	238.5	2.3	249.7	210.6	13.6	32.1
1965	112.3	18.0	533.2	511.3	324.6	2.3	285.4	278.9	20.8	39.1
1970	164.2	18.6	683.1	613.2	371.3	6.1	357.9	318.0	6.4	49.3
1975	237.0	26.7	785.5	692.2	406.7	7.1	481.3	366.3	22.6	67.8
1978	278.0	14.2	972.9	848.7	496.0	8.8	551.9	416.9	39.0	75.5
1979	296.2	30.0	1 012.4	886.6	550.0	9.8	652.6	485.3	49.6	80.2
1980	299.0	25.9	1 039.9	904.6	562.8	8.8	726.7	496.4	45.0	82.3
1981	280.0	25.3	931.0	872.9	562.4	7.1	729.0	605.9	44.3	74.0
1982	297.1	25.9	963.1	885.6	600.2	—	812.6	670.3	42.2	76.1
1983	311.2	28.8	980.9	927.2	619.3	7.2	872.1	780.0	45.6	73.6
1984	323.9	30.2	1 003.5	968.6	666.3	9.2	939.1	792.0	68.9	70.1
1985	353.0	40.2	1 026.0	1 026.2	706.6	12.0	1 030.0	734.2	78.5	53.2
1986	347.7	46.9	1 100.1	1 084.0	757.0	12.4	1 150.5	672.9	85.4	60.5
1987	384.4	44.7	1 147.3	1 130.4	802.0	13.0	1 204.2	732.2	84.2	75.3
1988	413.6	28.7	1 191.7	1 207.6	904.0	12.8	1 320.6	774.4	68.5	81.5
1989	448.7	16.6	1 136.7	1 206.8	936.1	15.7	1 239.5	991.6	79.9	79.5
1990	435.8	35.5	1 145.5	1 216.3	939.9	16.0	1 092.0	995.3	85.6	74.1
1991	448.3	40.3	1 227.8	1 262.5	978.8	15.9	1 312.2	1 022.4	91.1	81.2
1992	489.1	32.4	1 262.7	1 349.9	1 082.9	20.3	1 644.4	1 188.5	96.7	86.2
1993	505.3	27.4	1 314.0	1 413.3	1 270.3	21.4	1 947.9	1 350.2	107.6	78.6
1994	504.0	18.5	1 274.1	1 340.6	1 186.9	24.1	1 891.2	1 299.0	121.8	95.8
1995	540.1	41.7	1 337.1	1 335.9	1 074.2	30.4	1 911.0	1 233.3	150.5	106.9
1996	583.9	45.2	1 358.5	1 369.3	1 210.3	30.2	1 743.1	1 591.6	69.6	108.7
1997	615.2	28.8	1 358.1	1 354.9	1 223.5	23.9	1 829.0	1 494.2	163.2	108.7
1998	608.1	21.6	1 419.0	1 406.5	1 149.2	19.5	1 663.7	1 546.9	132.0	100.0
1999	610.5	25.5	1 448.9	1 492.2	1 235.6	14.3	1 711.1	1 536.8	171.7	105.5
2000	645.6	14.9	1 555.4	1 553.8	1 443.2	13.3	1 954.9	1 475.3	145.9	119.9
2001	662.1	22.7	1 593.7	1 660.7	1 655.2	13.6	2 090.5	1 537.7	66.8	118.8
2002	725.3	14.5	1 886.4	1 942.5	2 086.7	12.9	2 145.8	1 470.9	69.8	113.1

13－19续表4 （2002年）

年份	纯碱（万吨）	烧碱（万吨）	农用氮、磷、钾化肥（万吨）	＃氮肥	＃磷肥	化学农药（万吨）	乙烯（万吨）	电石（万吨）
1952	9.8	2.2	11.9	11.9	—	—	—	—
1957	30.7	9.8	35.6	33.7	1.9	2.4	—	0.9
1965	47.7	14.4	59.9	54.1	5.9	4.2	—	2.4
1970	54.5	17.2	72.9	63.7	9.2	5.2	—	4.4
1975	68.5	19.6	188.3	140.5	47.9	5.9	—	6.6
1978	69.7	21.3	288.2	250.7	37.4	5.8	0.2	8.0
1979	70.8	22.7	311.4	274.7	36.7	5.9	—	8.8
1980	71.8	22.8	72.5	60.4	12.1	5.9	3.4	9.0
1981	69.6	22.6	69.3	57.2	12.1	6.0	—	8.5
1982	70.1	22.4	62.7	52.5	10.1	4.6	6.6	9.1
1983	69.3	21.4	71.7	59.3	12.4	1.8	6.6	10.6
1984	70.4	20.9	70.5	60.9	9.5	1.2	7.1	9.3
1985	70.6	21.5	52.5	51.1	1.4	0.8	7.2	9.6
1986	71.1	22.7	55.1	50.6	4.5	0.8	7.4	10.5
1987	71.2	25.2	67.1	58.0	9.1	1.3	7.5	10.6
1988	74.3	26.5	64.4	55.0	9.4	1.7	7.1	9.7
1989	76.6	26.1	63.6	55.2	8.4	1.7	6.6	9.0
1990	76.2	28.3	63.4	55.0	8.3	1.5	8.4	6.4
1991	71.2	29.4	60.3	51.4	8.9	1.5	14.9	6.8
1992	72.4	29.7	62.8	50.9	11.9	1.5	20.4	5.2
1993	74.8	27.8	54.8	49.6	5.2	1.2	25.1	6.1
1994	73.9	30.5	79.1	67.0	10.3	1.2	28.8	6.8
1995	69.1	26.3	78.2	70.1	7.8	2.3	32.1	8.9
1996	71.9	37.5	82.0	73.9	6.9	1.7	35.3	—
1997	71.2	33.4	84.7	74.3	8.9	2.1	35.7	3.2
1998	69.2	32.5	76.8	70.7	4.2	1.9	38.7	2.6
1999	72.1	30.9	87.2	78.5	5.2	2.3	39.7	1.4
2000	74.1	33.4	97.6	82.4	8.4	2.2	41.7	2.6
2001	76.5	37.2	97.9	86.6	8.7	2.2	40.2	2.2
2002	82.5	45.0	88.8	80.9	6.1	2.6	44.2	4.3

13-19续表5 (2002年)

年份	塑料(万吨)	轮胎外胎(万条)	矿山设备(万吨)	金属切削机床(万台)	汽车(万辆)	大中型拖拉机(万台)	小型拖拉机(万台)	铁路机车(台)
1952	—	0.9	—	0.4	—	—	—	—
1957	—	15.7	3.9	0.8	—	—	—	97
1965	1.2	18.3	1.0	0.8	—	—	—	25
1970	1.2	30.4	2.9	2.2	0.1	0.1	0.6	115
1975	2.2	62.6	4.8	2.2	0.3	0.8	1.3	80
1978	2.5	70.2	4.5	1.6	0.5	0.8	1.6	100
1979	3.0	89.1	4.7	1.7	0.6	1.0	1.7	42
1980	7.2	90.3	3.4	1.8	1.0	0.8	1.0	40
1981	8.2	53.1	2.0	1.5	—	0.4	1.0	57
1982	9.4	61.1	3.2	1.6	—	0.7	0.8	90
1983	9.7	100.9	4.1	1.8	—	1.0	2.1	102
1984	9.8	120.0	4.4	1.9	—	1.9	3.1	120
1985	14.7	127.2	4.1	2.1	3.3	0.3	3.2	145
1986	11.3	137.3	4.0	2.1	3.0	—	2.3	167
1987	16.6	163.2	3.6	2.0	3.8	—	2.9	186
1988	12.5	179.7	4.5	2.1	5.7	—	3.1	200
1989	12.9	200.6	3.9	2.1	4.9	—	2.3	—
1990	14.0	191.8	3.6	1.6	2.4	—	2.3	—
1991	24.3	223.5	3.7	1.8	4.2	—	2.2	—
1992	30.0	311.1	4.7	2.1	6.1	0.1	2.5	—
1993	39.1	426.7	5.9	2.4	5.1	0.1	3.1	—
1994	42.0	292.4	5.5	1.7	3.0	0.1	0.8	238
1995	51.3	303.7	7.6	1.4	2.5	0.6	0.1	257
1996	58.5	309.5	2.8	1.3	2.8	2.5	2.5	300
1997	65.7	361.2	2.9	1.1	3.9	0.04	3.7	274
1998	71.5	472.9	2.2	0.9	4.3	0.02	0.8	—
1999	80.9	499.6	1.7	0.9	5.8	0.03	1.1	—
2000	94.1	576.0	1.9	1.6	8.2	0.3	0.2	63.1
2001	99.7	621.2	2.0	2.1	7.9	—	1.0	58.0
2002	104.6	643.5	2.9	3.1	9.0	0.9	0.9	70.9

13—20 工业产品产量

产品名称	单位	1998年	1999年	2000年	2001年	2002年
化学纤维	万吨	30.5	29.2	34.2	36.0	33.5
#合成纤维	万吨	27.2	25.8	30.5	31.8	29.0
纱	万吨	14.3	15.2	18.3	16.0	16.4
布	亿米	4.7	5.3	5.0	4.3	5.0
#纯棉布	亿米	1.7	2.0	1.7	1.6	1.9
混纺交织布	亿米	1.8	1.9	2.1	1.9	2.03
毛线	吨	1 970.0	1 655	1 633	1 179	1 491
呢绒	万米	373.2	606.1	479.0	230.3	168.1
亚麻布	万米	95.0	108.7	333.2	460.4	450.6
麻袋(混合数)	万条	1 509.0	439.9	310.6	278.6	65.7
丝	吨	1 996	1 328	2 414	1 675	2 110
丝织品	万米	2 968.4	2 777	2 450.0	2 316.3	1 490.2
机制纸及纸板	万吨	72.0	58.8	55.2	62.9	52.0
缝纫机	万架	0.1	0.1	0.2	0.3	0.3
自行车	万辆	53.1	16.3	46.2	15.2	2.2
表	万只	98.0	97.0	69.0	69.2	86.0
钟	万只	24.2	11.3	14.2	16.1	6.4
日用陶瓷器	万件	528.9	512.3	198.3	179.8	2 849.1
日用精铝制品	吨	2 357	2 082	1 709	564	1 433
日用玻璃制品	万吨	13.0	17.9	15.1	16.5	11.6
自来水笔	万支	225.2	81.4	2.6	—	—
灯泡	万只	12 522	10 500.5	5 055.4	12 878.5	14 693.1
合成洗涤剂	吨	67 819	63 109.2	70 447.2	90 801.1	104 451.7
肥皂	吨	13 702	19 959.0	13 617.0	11 793.0	11 673
牙膏	万支	1 514.1	2 259.0	2 282.5	2 100.9	2 227.6
原盐	万吨	190.9	282.2	275.9	284.6	280.6
糖	万吨	5.1	4.5	2.1	4.0	4.2
卷烟	万箱	41.8	33.2	23.0	31.0	38.0
罐头	吨	41 373	26 935	29 097	28 411	34 494

13－20 续表 1 （2002 年）

产品名称	单位	1998 年	1999 年	2000 年	2001 年	2002 年
白酒	万吨	32.6	33.0	18.2	18.2	17.2
啤酒	万吨	129.1	144.3	149.7	144.2	137.1
味精	万吨	2.7	3.1	3.7	3.3	3.7
食用植物油	万吨	31.9	39.0	47.6	53.7	66.2
化学原料药	万吨	1.8	2.3	2.5	2.7	2.4
中成药	吨	3 625.8	2 896.1	3 303.0	3 033.2	3 240.5
塑料制品	万吨	28.2	30.8	43.9	52.8	64.4
家用电冰箱	万台	8.5	13.2	23.1	14.7	51.6
家用洗衣机	万台	25.3	17.1	13.7	11.7	10.5
电风扇	万台	9.2	0.8	…	…	…
电视机	万部	173.2	229.3	374.7	378.0	404.9
#彩电	万部	170.6	229.3	374.4	377.8	404.8
农用化肥	万吨	76.8	87.2	97.6	97.9	88.8
#氮肥	万吨	70.7	78.5	82.4	86.6	80.9
磷肥	万吨	4.2	5.2	8.4	8.7	6.1
化学农药	万吨	1.9	2.3	2.2	2.2	2.6
乙烯	万吨	38.7	39.7	41.7	40.2	44.2
合成橡胶	吨	11 770	20 203	25 969.1	17 301.0	22 071
轮胎外胎	万条	472.9	499.6	576.0	621.2	643.5
矿山设备	吨	22 476	17 015.6	19 422.4	19 744.3	29 185.5
石油设备	吨	14 836	9 655.1	20 887.3	12 573.0	15 300.1
化工设备	吨	35 542	31 109.0	34 007.0	43 527.0	43 757.8
交流电动机	万千瓦	354.3	436.7	290.6	525.0	495.0
金属切削机床	台	8 984	9 319	15 627.0	21 325.0	31 294
大型机床	台	358	294	486	543	615
高精度机床	台	6	4	47	10	55
数控机床	台	728	715	1 622	1 862	2 669
汽车	辆	42 839	57 923	82 243	78 989	90 106
#载货汽车	辆	10 195	10 617	14 756	11 023	7 897

13-20续表2 (2002年)

产品名称	单位	1998年	1999年	2000年	2001年	2002年
摩托车	辆	8 809	12 482	5 426	—	—
轴承	万套	8 906	7 893	10 694	9 279.2	8 262.7
拖拉机	台	8 125	10 779	2 549	9 972	8 663
#小型拖拉机	台	7 938	10 508	2 210	9 720	8 510
内燃机	万千瓦	1 398.7	1 670.3	1 966.1	2 094.8	2 736.9
电话机(单机)	部	24 890	16 835	13 108	22 108	59 393
原煤	万吨	5 785.7	4 779.3	4 454.9	4 468.2	5 180.8
原油	万吨	1 452.1	1 430.3	1 401.1	1 385.0	1 351.2
汽油	万吨	517.1	595.5	683.9	747.1	766.9
柴油	万吨	888.4	1 128.9	1 202.1	1 304.0	1 350.8
天然气	亿立方米	15.6	14.3	14.7	14.7	13.3
发电量	亿千瓦小时	608.1	610.5	645.6	662.1	725.3
#水电	亿千瓦小时	21.6	25.5	14.9	22.7	14.5
生铁	万吨	1 419	1 448.9	1 555.4	1 593.7	1 886.4
钢	万吨	1 406.5	1 492.2	1 553.8	1 660.7	1 942.5
成品钢材	万吨	1 149.2	1 235.6	1 443.2	1 655.2	2 086.7
#铁道用钢材	万吨	36.6	38.4	40.3	39.6	46.7
优质钢材	万吨	91.6	88.3	86.3	102.5	115.1
线材	万吨	134.9	149.2	127.5	136.3	202.2
铁合金	万吨	19.5	14.3	13.3	13.6	12.9
焦炭	万吨	801.9	746.9	788.9	801.4	871.5
水泥	万吨	1 663.7	1 711.1	1 954.9	2 090.5	2 145.8
平板玻璃	万重量箱	1 546.9	1 536.8	1 475.3	1 537.7	1 470.9
木材	万立方米	132.0	171.7	145.9	66.8	69.8
硫酸	万吨	100.0	105.5	119.9	118.8	113.1
纯碱	万吨	69.2	72.1	74.1	76.5	82.5
烧碱	万吨	32.5	30.9	33.4	37.2	45.0
合成氨	万吨	106.1	111.2	109.3	103.5	103.1

主要统计指标解释

工业 指从事自然资源的开采,对采掘品和农产品进行加工和再加工的物质生产部门。具体包括:(1)对自然资源的开采,如采矿、晒盐、森林采伐等(但不包括禽兽捕猎和水产捕捞);(2)对农副产品的加工、再加工,如粮油加工、食品加工、轧花、缫丝、纺织、制革等;(3)对采掘品的加工、再加工,如炼铁、炼钢、化工生产、石油加工、机器制造、木材加工等,以及电力、自来水、煤气的生产和供应等;(4)对工业品的修理、翻新,如机器设备的修理、交通运输工具(包括小卧车)的修理等。

1984年以前农村的村及村以下办工业归属农业,1984年以后的划归工业。

工业统计调查单位 工业统计调查单位分为两类:独立核算法人工业企业和工业活动单位。

(1)独立核算法人工业企业 是指从事工业生产经营活动的单位。独立核算法人工业企业应同时具备以下条件:①依法成立,有自己的名称、组织机构和场所,能够承担民事责任;②独立拥有和使用资产,承担负债,有权与其他单位签订合同;③独立核算盈亏,并能够编制资产负债表。

(2)工业活动单位 是指在一个场所从事一种或主要从事一种工业生产活动的经济单位。它包括独立核算工业企业按主营业务活动(即工业生产活动)划分的主营业务活动单位和非工业企业所属的工业生产活动单位(即原非独立核算工业生产单位)。工业活动单位,一般应同时具备以下三个条件:①具有一个场所,从事一种或主要从事一种工业活动;②单独组织工业生产、经营或业务活动;③单独核算收入和支出。

国有经济工业(即过去的全民所有制工业或国营工业) 指生产资料归国家所有的一种经济类型。包括中央和地方各级国家机关、部队、科研机构、学校、人民团体和国有经济企事业单位等举办的国有经济工业。1957年以前的公私合营和私营工业,后均改造为国营工业,1992年改为国有工业,这部分工业的资料不单独分列时,均包括在国有工业内。

集体经济工业 指生产资料归公民集体所有的一种经济类型,是社会主义公有制经济的组成部分。包括城乡所有使用集体投资举办的企业,以及部分个人通过集资自愿放弃所有权并依法经工商行政管理机关认定为集体所有制的企业。

其他经济类型工业 指除国有经济工业、集体经济工业以外的其他经济类型工业企业(单位)。包括私营经济、个体经济、联营经济、股份制经济(股份有限公司,有限责任公司);外商投资经济(中外合资经营、中外合作经营、外资企业);港、澳、台投资经济(与大陆合资经营、与大陆合作经营、港、澳、台独资企业)及其他经济类型的工业。

轻工业 指主要提供生活消费品和制作手工工具的工业。按其所使用的原料不同,可分为两大类:(1)以农产品为原料的轻工业,是指直接或间接以农产品为基本原料的轻工业。主要包括食品制造、饮料制造、烟草加工、纺织、缝纫、皮革和毛皮制作、造纸以及印刷等工业;(2)以非农产品为原料的轻工业,是指以工业品为原料的轻工业。主要包括文教体育用品、化学药品制造、合成纤维制造、日用化学制品、日用玻璃制品、日用金属制品、手工工具制造、医疗器械制造、文化和办公用机械制造等工业。

重工业 是指为国民经济各部门提供物质技术基础的主要生产资料的工业。按其生产性质和产品用途,可以分为下列三类:(1)采掘(伐)工业,是指对自然资源的开采,包括石油开采、煤炭开采、金属矿开采、非金属矿开采和木材采伐等工业;(2)原材料工业,指向国民经济各部门提供基本材料、动力和燃料的工业。包括金属冶炼及加工、炼焦及焦炭化学、化工原料、水泥、人造板以及电力、石油和煤炭加工等工业;(3)加工工业,是指对工业原材料进行再加工制造的工业。包括装备国民经济各部门的机械设备制造工业、金属结构、水泥制品等工业,以及为农业提供的生产资料如化肥、农药等工业。

根据上述划分原则,修理业中以重工业产品为修理作业对象的划为重工业,反之划为轻工业。

工业总产值 是以货币表现的工业企业在一定时期内生产的已出售或可供出售工业产品总量,它反映一定时间内工业生产的总规模和总水平。它包括:在本企业内不再进行加工,经检验、包装入库(规定了需包装的产品除外)的成品价值,工业性作业价值,自制半成品、在产品期末初差额价值(生产周期较长的企业计算)。工业总产值采用"工厂法"计算,即以工业企业作为一个整体,按企业工业生产活动的最终成果来计算,企业内部不允许重复计算,不能把企业内部各个车间(分厂)生产的成果相加。但在企业之间、行业之间、地区之间存在着重复计算。

轻重工业总产值的划分也是按"工厂法"计算的,即一个工业企业在正常情况下生产的主要产品的性质属于轻工业,则该企业的全部总产值作为轻工业总产值;一个工业企业生产的主要产品的性质属于重工业,则该企业的全部总产值作为重工业总产值。

工业销售产值 是以货币表现的工业企业在一定时期内销售的本企业生产的工业产品产量。包括已销售的成品、半成品价值,对外提供的工业性作业价值和对本单位基本建设部门、生活福利部门等提供的产品和工业性作业及自制设备的价值。已销售的成品、半成品不论是本期生产的、还是上期生产的,只要是本期销售出去的均包括在内。对外提供的工业性作业是指企业按合同对外提供的工业性劳务。企业为本单位基本建设部门、生活福利部门等提供的产品和工业性作业及自制设备也应视同销售,这部分也作为销售统计。

工业销售产值的计算范围、计算价格和计算方法与工业总产值一致,但两者计算的基础不同:工业销售产值计算的基础是产品销售总量,工业总产值计算的基础是工业产品生产总量。

工业增加值 是指工业企业在报告期内以货币表现的工业生产活动的最终成果。是企业生产产品或提供劳务过程中新增加的价值,是总产出与中间投入之间的差额。

固定资产原值 指企业在建造、购置、安装、改建、扩建、技术改造某项固定资产时所支出的全部货币总额。它一般包括买价、包装费、运杂费和安装费等。

固定资产净值 是指固定资产原价减去历年已提折旧额后的净额。

流动资产 流动资产是指可以在一年或者超过一年的一个营业周期内变现或者耗用的资产,包括现金及各种存款、短期投资、应收及预付货款、存货等。

总资产贡献率 反映企业全部资产的获利能力,是企业经营业绩和管理水平的集中体现,是评价和考核企业盈利能力的核心指标。计算公式为:

$$\text{总资产贡献率}(\%)=\frac{(\text{利润总额}+\text{税金总额}+\text{利息支出})}{\text{平均资产总额}}\times 100\%$$

资产负债率 该指标既反映企业经营风险的大小,也反映企业利用债权人提供的资金从事经营活动的能力。计算公式为:

$$\text{资产负债率}(\%)=\frac{\text{负债总额}}{\text{资产总额}}\times 100\%$$

利税总额 指企业产品销售税金及附加加本年应交增值税加利润总额之和。

资金利税率 指在一定时期内已实现的利润、税金总额与同期的资产(固定资产净值和流动资产)之比。计算公式:

$$\text{资金利税率}(\%)=\frac{\text{报告期累计实现利税总额}}{\text{固定资产净值平均余额}+\text{流动资产平均余额}}\times 100\%$$

资金利税率反映每单位(通常是每万元)资金所提供的利税金额。它是考察和评价部门或企业资金运用的经济效益,分析资金投入效果的主要分析指标。

工业成本利润率 指在一定时期的利润与成本费用之比,是反映工业生产成本及费用投入的经济效益指标,同时也是反映降低成本的经济效益的指标。计算公式:

$$\text{工业成本费用利润率}(\%)=\frac{\text{利润总额}}{\text{成本费用总额}}\times 100\%$$

工业增加值率 指在一定时期内工业增加值占同期工业总产值的比重,反映降低中间消耗的经济效益。计算公式:

$$\text{工业增加值率}(\%)=\frac{\text{工业增加值(现价)}}{\text{工业总产值(现价)}+\text{本年应交销项税额}}\times 100\%$$

流动资产周转次数 指在一定时期内流动资产完成的周转次数,反映流动资产的周转速度。计算公式:

$$\text{流动资金周转次数}=\frac{\text{产品销售收入}}{\text{全部流动资产平均余额}}$$

产品销售率 指一定时期内销售产值与同期全部工业总产值之比,反映工业产品生产已实现销售的程度。计算公式:

$$\text{工业产品销售率}(\%)=\frac{\text{报告期现价工业销售产值}}{\text{报告期现价工业总产值}}\times 100\%$$

产品销售收入 指企业销售产品的销售收入和提供劳务等主要经营业务取得的业务收入总额。

产品销售工厂成本 指企业销售产品和提供劳务等主要经营业务的实际成本。

产品销售税金及附加 指企业销售产品和提供工业性劳务等主要经营业务应负担的城市维护建设税、消费税、资源税和教育费附加。

产品销售利润 指企业销售产品和提供工业性劳务等主要经营业务收入扣除其成本、费用、税金后的利润。

利润总额 指企业实现的利润。

应交增值税 指企业在报告期内应交纳的增值税额。

全员劳动生产率 指根据产品的价值量指标计算的平均每一个职工在单位时间内的产品生产量。是考核企业经济活动的重要指标,是企业生产技术水平、经营管理水平、职工技术熟练程度和劳动积极性的综合表现。目前我国的全员劳动生产率是将工业企业的工业增加值除以同一时期全部职工的平均人数来计算的。计算公式:

$$\text{全员劳动生产率}=\frac{\text{工业增加值}}{\text{全部职工平均人数}}$$

为了使各年度的全员劳动生产率数字可以比较,各年的全员劳动生产率均按指数换算成1990年不变价格。

实物劳动生产率 指根据某种产品实物量计算的平均每个职工(或工人)在单位时间内生产的产品数量。这是通过产品实物来反映劳动者在生产中的劳动效率指标。我国目前有全员实物劳动生产率(通常简称全员效率)和工人实物劳动生产率两个指标。计算公式:

$$\text{全员实物劳动生产率(全员效率)}=\frac{\text{产品产量}}{\text{全部职工平均人数}}$$

$$工人实物劳动生产率=\frac{产品产量}{生产工人(包括学徒)平均人数}$$

计算实物劳动生产率的产品产量，是指报告期生产的，并经检验符合质量标准或合同规定的技术要求的合格产品产量。不包括不合格品和废品的数量。

资本金 指企业在工商行政管理部门登记的注册资金合计。企业资本金按投资主体可分为国家资本金、法人资本金、个人资本金和外商资本金等。资本金合计包括企业各种投资主体注册的全部资本金。

总资产 指企业拥有或控制的全部资产。包括流动资产、长期投资、固定资产、无形及递延资产、其他长期资产等，即为企业资产负债表的资产总计项。

(1)流动资产 指企业可以在一年内或者超过一年的一个生产周期内变现或耗用的资产合计。包括现金及各种存款、短期投资、应收及预付款项、存货等。

(2)固定资产 指企业固定资产净值、固定资产清理、在建工程、待处理固定资产损失所占用的资金合计。

(3)无形资产 指企业长期使用而没有实物形态的资产。包括专利权、非专利技术、商标权、著作权、土地使用权、商誉等。

总负债 指企业承担并需要偿还的全部债务。包括流动负债和长期负债等，即为企业资产负债表的负债合计项。

(1)流动负债 指企业在一年内或者超过一年的一个营业周期内需要偿还的债务合计，其中包括短期借款、应付及预收款项、应付工资、应交税金和应交利润等。

(2)长期负债 指企业在一年以上或者超过一年的一个生活周期内需要偿还的债务合计，其中包括长期借款、应付债务、长期应付款项等。

所有者权益 指企业投资人对企业净资产的所有权。企业净资产等于企业全部资产减去全部负债后的余额，其中包括投资者对企业的最初投入，以及资本公积金、盈余公积金和未分配利润，对股份制企业即为股东权益。

第十四篇

建筑业

14

JIANZHUYE

14—1 建筑业企业概况

年份	施工企业	#国有	#城镇集体	附营施工单位	农村建筑队
企业单位数(个)					
1978	331	119	212	—	—
1980	558	149	409	—	—
1985	892	192	700	—	—
1990	1 537	294	1 243	—	1 817
1991	1 509	302	1 207	—	1 623
1992	1 652	340	1 312	—	1 805
1993	2 425	464	1 908	213	2 252
1994	2 757	554	2 130	156	2 581
1995	2 648	568	1 999	41	2 392
1996	2 410	562	1 747	35	1 339
1997	2 387	554	1 712	—	1 162
1998	2 366	557	1 447	—	1 034
1999	2 626	580	1 465	—	1 011
2000	2 738	556	1 463	—	1 131
2001	2 662	555	1 027	—	1 153
2002	2 505	448	657	—	380
从业人员(万人)					
1978	31.87	24.72	7.15	—	—
1980	39.99	30.47	9.52	—	—
1985	69.26	36.63	32.63	—	34.93
1990	97.07	44.81	52.26	—	25.54
1991	97.34	45.27	52.07	—	27.16
1992	108.55	47.86	60.69	—	30.93
1993	159.70	46.80	63.90	5.72	40.30
1994	135.2	40.08	45.07	1.81	44.91
1995	89.66	37.48	49.49	0.61	39.35
1996	102.69	48.63	52.43	0.20	6.86
1997	107.35	50.39	54.87	—	6.58
1998	98.51	43.88	44.89	—	5.8
1999	103.22	43.08	43.78	—	5.93
2000	95.99	35.96	40.55	—	4.63
2001	98.62	31.26	31.48	—	4.00
2002	95.14	25.97	23.72	—	2.5
总产值(亿元)					
1978	13.9	11.5	2.4	—	—
1980	18.4	14.5	3.9	—	—
1985	49.6	30.4	19.2	—	20.9
1990	126.6	74.5	52.1	—	27.7
1991	144.1	82.6	61.5	—	33.1
1992	217.3	120.5	96.8	—	46.6
1993	318.7	162.5	144.7	25.5	172.2
1994	385.2	209.0	168.5	8.2	260.0
1995	407.3	222.3	176.8	1.4	268.8
1996	400.5	174.3	130.9	0.5	19.3
1997	429.1	245.7	169.5	—	21.5
1998	419.0	216.9	143.8	—	13.7
1999	489.3	224.9	160.0	—	22.5
2000	598.1	252.1	176.3	—	13.57
2001	761.2	262.8	162.9	—	20.8
2002	839.3	265.3	140.7	—	14.6

注:①施工企业总产值即是施工产值,

②1996 年建筑业统计范围为资质等级四级以上,

③从 1996 年以后,农村建筑队改为建筑业企业资质等级四级以下即非等级企业

14—2 建　　　筑　　　施

（2002

地　　　区	企业个数	按登记注册类型					
		国有企业	集体企业	股份合作企业	联营企业	有限责任公司	股份有限公司
全　　　省	**2 505**	**448**	**657**	**111**	**10**	**584**	**157**
沈　　　阳	595	96	118	24	1	142	40
大　　　连	597	92	175	32	1	117	44
鞍　　　山	264	66	96	7	4	25	9
抚　　　顺	138	25	45	2	—	41	10
本　　　溪	118	16	26	5	—	44	6
丹　　　东	113	22	33	10	—	13	8
锦　　　州	110	20	24	2	1	57	1
营　　　口	92	24	13	4	1	21	11
阜　　　新	85	16	14	—	—	39	—
辽　　　阳	96	10	26	10	2	13	6
盘　　　锦	88	16	25	10	—	20	8
铁　　　岭	50	13	17	3	—	11	2
朝　　　阳	69	12	19	—	—	22	8
葫　芦　岛	90	20	26	2	—	19	4

工　　企　　业　　个　　数

年）　　　　　　　　　　　　　　　　　　　　　　　　　　　　单位：个

分　组				按经济组织类型分组			
私营企业	其他企业	港澳台商投资企业	外商投资企　　业	独资企业	合作伙伴企　　业	股份有限公　　司	有限责任公　　司
458	**1**	**42**	**37**	**1 138**	**129**	**216**	**1 022**
144	—	17	13	221	27	48	299
106	1	17	12	270	38	59	230
54	—	1	2	167	12	32	53
14	—	1	—	72	2	13	51
18	—	—	3	47	5	7	59
23	—	3	1	59	10	10	34
2	—	1	2	45	3	1	61
15	—	1	2	38	5	13	36
14	—	—	2	30	—	—	55
29	—	—	—	39	12	9	36
9	—	—	—	43	10	9	26
4	—	—	—	30	3	2	15
7	—	1	—	31	—	8	30
19	—	—	—	46	2	5	37

14—3 建筑施工企

(2002

指标	单位	合计	按登记注册				
			国有企业	集体企业	股份合作企业	联营企业	有限责任公司
施工企业单位个数	个	2 505	448	657	111	10	584
年平均人数	万人	117.46	30.50	25.64	3.67	0.13	35.63
自有固定资产原价	亿元	334.4	143.1	50.5	9.0	0.4	81.8
自有固定资产净价	亿元	228.0	91.0	35.6	6.7	0.3	56.6
自有机械设备台数	万台	27.9	7.3	6.9	1.0	0.1	7.5
自有机械设备净价	亿元	106.3	38.6	18.9	3.4	0.1	28.7
自有机械设备总功率	万千瓦	621.8	219.8	121.8	15.4	1.2	184.0
总产值	亿元	839.3	265.3	140.7	16.9	0.6	266.1
增加值	亿元	218.8	69.8	40.8	4.6	0.2	65.6
#固定资产本年折旧	亿元	15.1	6.7	1.9	0.4	—	4.0
#主营业务应付工资	亿元	92.9	26.3	19.2	1.9	—	29.4
#主营业务应付福利费	亿元	10.3	3.3	2.1	0.2	—	3.0
#工程结算税金及附加	亿元	26.9	8.1	5.3	0.7	—	8.1
#管理费用中的税金	亿元	1.1	0.4	0.2	—	—	0.3
#工程结算利润	亿元	65.9	21.1	11.6	1.4	—	19.1
施工面积	万平方米	7 235	1 256	1 487	187	5	2 719
竣工面积	万平方米	4 037	612	974	117	3	1 493
利润总额	亿元	12.7	2.0	1.8	0.4	—	4.8
利税总额	亿元	40.6	10.5	7.2	1.2	—	13.2
全员劳动生产率							
按总产值计算	元/人	71 455	86 986	54 870	46 037	47 152	74 700
按增加值计算	元/人	18 629	22 884	15 918	12 647	13 649	18 413
技术装备率	元/人	11 178	14 856	7 972	13 943	11 376	9 953
动力装备率	千瓦/人	6.54	8.46	5.13	6.38	9.85	6.39
房屋建筑面积竣工率	%	55.8	48.7	65.54	62.79	55.79	54.9
产值利润率	%	1.51	0.75	1.25	2.51	0.24	1.82
产值利税率	%	4.84	3.95	5.13	6.95	2.99	4.98

业主要经济指标

年）

类型分组					按经济组织类型分组			
股份有限公司	私营企业	其他企业	港澳台商投资企业	外商投资企业	独资企业	合作伙伴企业	股份有限公司	有限责任公司
157	458	1	42	37	1 138	129	216	1 022
9.00	11.14	—	0.81	0.94	56.91	3.89	10.82	45.84
21.2	21.0	—	2.8	4.5	195.0	9.9	24.0	105.5
15.4	17.1	—	1.9	3.4	127.6	7.3	17.9	75.2
1.9	2.9	—	0.2	0.1	14.4	1.1	2.3	10.1
6.3	8.4	—	1.0	1.1	58.0	3.7	7.8	36.9
37.1	36.5	—	3.1	2.9	343.8	17.0	45.9	215.0
65.5	64.6	0.2	10.1	9.3	410.1	18.2	74.9	336.2
14.8	16.8	—	3.7	2.4	111.6	5.0	17.3	84.9
0.7	0.9	—	0.2	0.2	8.7	0.5	0.8	5.1
7.4	7.6	—	0.7	0.5	45.9	2.0	8.7	36.4
0.7	0.8	—	0.1	0.1	5.5	0.2	0.8	3.8
1.7	2.0	—	0.3	0.6	13.5	0.8	2.1	10.6
	0.1	—	—	—	0.6	—	0.1	0.4
3.8	5.3	—	2.4	1.1	33.0	1.5	4.5	26.9
867	678	—	23	14	2 781	193	979	3 282
408	403	—	21	6	1 611	121	461	1 844
0.9	1.5	—	0.9	0.4	3.8	0.4	1.1	7.4
2.7	3.6	—	1.2	1.0	17.8	1.2	3.2	18.4
72 825	58 017	126 917	125 347	98 721	72 053	46 736	69 249	73 333
16 435	15 087	31 833	46 167	25 867	19 615	12 808	15 953	18 530
12 550	10 402	—	16 857	22 047	11 540	14 149	12 661	10 209
7.42	4.53		5.29	6.05	6.85	6.55	7.45	5.95
47.01	59.51	—	92.75	43.96	57.93	62.59	47.08	56.2
1.38	2.31	0.26	8.38	4.7	0.92	2.25	1.46	2.21
4.13	5.54	3.41	11.5	11.05	4.36	6.62	4.29	5.46

14—4 建 筑

（2002

地区	建筑业总产值	按登记注册类型分 国有企业	集体企业	股份合作企业	联营企业	有限责任公司	股份有限公司
全省	**8 393 428**	**2 652 935**	**1 406 765**	**169 172**	**6 125**	**2 661 275**	**654 807**
沈阳	2 040 213	604 408	222 032	37 733	1 626	578 181	329 406
大连	2 063 407	633 135	498 059	34 295	103	531 252	145 014
鞍山	626 879	325 188	144 944	18 816	447	29 105	11 247
抚顺	342 641	125 582	47 248	1 656	—	126 064	23 551
本溪	308 034	63 036	22 815	3 647	—	181 105	11 793
丹东	311 155	109 046	73 767	17 190	—	78 274	8 485
锦州	415 662	147 077	67 970	3 320	33	191 420	2 064
营口	255 817	71 881	19 559	18 187	654	46 138	39 925
阜新	204 892	57 203	17 811	—	—	120 429	—
辽阳	620 578	67 204	60 784	9 215	3 262	440 186	16 233
盘锦	483 804	275 375	59 488	15 205	—	100 130	13 339
铁岭	218 941	81 847	37 387	5 583	—	68 276	9 133
朝阳	219 176	27 412	44 140	—	—	116 044	14 172
葫芦岛	282 229	64 541	90 761	4 325	—	54 671	30 445

14—5 建 筑 业

（2002

地区	资产合计	按登记注册类型分 国有企业	集体企业	股份合作企业	联营企业	有限责任公司	股份有限公司
全省	**9 301 550**	**3 173 492**	**1 442 726**	**280 320**	**12 024**	**2 578 016**	**841 757**
沈阳	2 159 987	600 944	164 688	97 034	725	645 920	320 740
大连	2 247 366	632 486	469 017	38 412	375	514 257	334 574
鞍山	882 230	483 649	217 285	34 138	2 626	22 926	15 821
抚顺	402 325	146 900	62 416	4 990	—	147 009	27 113
本溪	394 176	56 886	33 498	9 496	—	247 963	12 191
丹东	403 842	206 701	77 675	15 396	—	50 888	10 559
锦州	447 925	151 796	65 269	1 934	292	217 494	2 079
营口	292 114	82 934	23 459	30 354	1 688	55 178	30 911
阜新	244 274	91 891	9 262	—	—	130 914	—
辽阳	545 215	146 283	69 167	10 620	6 318	273 349	14 309
盘锦	534 251	343 564	55 131	22 904	—	84 639	14 284
铁岭	233 211	112 069	29 983	12 427	—	60 672	4 537
朝阳	187 605	27 300	50 575	—	—	93 281	8 853
葫芦岛	327 029	90 089	115 301	2 615	—	33 526	45 786

业　　总　　产　　值

年)

单位:万元

组				按经济组织类型分组			
私营企业	其他企业	港澳台商投资企业	外商投资企业	独资企业	合作伙伴企业	股份有限公司	有限责任公司
646 463	**1 523**	**101 368**	**92 995**	**4 100 691**	**181 954**	**749 077**	**3 361 706**
160 407	—	75 485	30 935	831 650	40 999	334 412	833 152
177 361	1 523	20 377	22 288	1 134 260	38 135	161 071	729 941
91 773	—	140	5 219	482 435	20 543	70 454	53 447
18 423	—	117	—	175 194	1 656	28 150	137 641
23 157	—	—	2 481	90 914	3 647	13 746	199 727
19 674	—	4 617	102	188 573	17 190	9 010	96 382
1 780	—	155	1 843	215 201	3 353	2 064	195 044
30 417	—	169	28 887	91 950	18 841	42 805	102 221
8 209	—	—	1 240	75 014	—	—	129 878
23 694	—	—	—	128 836	12 477	18 422	460 843
20 267	—	—	—	340 576	15 205	14 995	113 028
16 715	—	—	—	119 234	5 583	9 133	84 991
17 100	—	308	—	71 552	—	14 172	133 452
37 486	—	—	—	155 302	4 325	30 643	91 959

企　　业　　资　　产

年)

单位:万元

组				按经济组织类型分组			
私营企业	其他企业	港澳台商投资企业	外商投资企业	独资企业	合作伙伴企业	股份有限公司	有限责任公司
686 304	**817**	**139 383**	**146 711**	**4 661 586**	**308 158**	**931 439**	**3 400 367**
173 886	—	106 076	49 974	775 145	107 346	326 244	951 252
202 641	817	21 376	33 411	1 109 496	42 624	346 426	748 820
98 823	—	399	6 563	707 545	39 154	78 065	57 466
13 605	—	292	—	211 394	4 990	27 698	158 243
27 339	—	—	6 803	97 926	9 496	13 150	273 604
36 905	—	5 177	541	290 127	15 396	11 490	86 829
3 391	—	575	5 095	217 192	2 226	2 079	226 428
21 890	—	5 146	40 554	107 713	32 042	35 659	116 700
8 437	—	—	3 770	101 153	—	—	143 121
25 169	—	—	—	216 155	16 938	15 651	296 471
13 729	—	—	—	402 423	22 904	15 716	93 208
13 523	—	—	—	142 052	12 427	4 537	74 195
7 254	—	342	—	77 875	—	8 853	100 877
39 712	—	—	—	205 390	2 615	45 871	73 153

14—6 建 筑 业

(2002

地 区	负债合计	按登记注册类型分					
		国有企业	集体企业	股份合作企业	联营企业	有限责任公司	股份有限公司
全 省	**5 672 368**	**2 044 927**	**864 307**	**164 541**	**7 754**	**1 635 339**	**494 777**
沈 阳	1 382 507	413 514	84 262	59 288	136	465 686	216 188
大 连	1 278 045	428 945	267 140	15 487	252	270 935	168 966
鞍 山	534 441	310 044	133 266	18 426	1 711	7 236	6 410
抚 顺	248 823	94 732	42 044	3 574	—	86 941	15 321
本 溪	225 507	31 676	20 074	6 743	—	145 018	6 473
丹 东	211 065	110 564	41 591	8 206	—	21 681	9 364
锦 州	292 743	94 381	38 059	742	38	155 129	1 003
营 口	170 096	50 690	14 522	23 777	1 182	31 814	17 526
阜 新	159 287	62 245	3 007	—	—	87 496	—
辽 阳	374 412	103 847	42 895	5 659	4 435	199 362	9 302
盘 锦	338 794	210 506	38 479	11 324	—	59 999	10 072
铁 岭	150 834	74 266	17 154	10 471	—	40 149	2 250
朝 阳	110 879	12 497	37 471	—	—	52 628	4 563
葫 芦 岛	194 935	47 020	84 343	844	—	11 265	27 339

14—7 建 筑 业 企

(2002

地 区	实收资本合计	按登记注册类型分					
		国有企业	集体企业	股份合作企业	联营企业	有限责任公司	股份有限公司
全 省	**2 851 724**	**836 959**	**484 742**	**93 220**	**3 612**	**810 328**	**216 367**
沈 阳	642 975	149 039	60 148	30 067	565	191 143	65 396
大 连	682 248	139 612	167 075	16 752	100	179 049	79 475
鞍 山	291 152	138 266	74 535	10 812	915	14 691	8 714
抚 顺	117 172	30 447	17 369	1 416	—	50 477	9 980
本 溪	133 774	20 542	10 872	2 641	—	79 071	4 794
丹 东	143 783	60 831	29 228	5 925	—	24 637	7 184
锦 州	132 513	47 474	21 788	1 042	100	55 800	1 076
营 口	98 329	26 945	8 713	5 610	414	21 025	12 299
阜 新	71 191	22 190	5 202	—	—	39 256	—
辽 阳	146 807	37 676	22 186	4 381	1 518	61 771	4 129
盘 锦	145 255	92 608	10 511	11 009	—	22 569	4 087
铁 岭	67 928	27 998	11 815	1 798	—	18 881	1 789
朝 阳	68 473	11 809	17 875	—	—	31 045	3 892
葫 芦 岛	110 124	31 522	27 425	1 767	—	20 913	13 552

企　业　负　债

年)

单位:万元

组				按经济组织类型分组			
私营企业	其他企业	港澳台商投资企业	外商投资企业	独资企业	合作伙伴企业	股份有限公司	有限责任公司
327 080	**521**	**60 076**	**73 046**	**2 932 249**	**181 755**	**536 157**	**2 022 207**
71 257	—	45 496	26 680	503 576	65 528	218 077	595 326
99 265	521	7 656	18 878	700 438	17 805	173 684	386 118
52 295	—	236	4 817	447 411	21 427	36 123	29 480
6 077	—	134	—	137 768	3 574	15 406	92 075
11 743	—	—	3 780	54 268	6 743	6 819	157 677
18 587	—	981	91	154 248	8 206	9 603	39 008
2 406	—	75	910	132 446	780	1 003	158 514
10 380	—	5 041	15 164	65 482	24 959	21 230	58 425
3 813	—	—	2 726	65 252	—	—	94 035
8 912	—	—	—	147 275	10 094	9 677	207 366
8 414	—	—	—	251 334	11 324	10 359	65 777
6 544	—	—	—	91 420	10 471	2 250	46 693
3 263	—	457	—	49 968	—	4 563	56 348
24 124	—	—	—	131 363	844	27 363	35 365

业　实　收　资　本

年)

单位:万元

组				按经济组织类型分组			
私营企业	其他企业	港澳台商投资企业	外商投资企业	独资企业	合作伙伴企业	股份有限公司	有限责任公司
301 229	**295**	**49 546**	**55 426**	**1 341 784**	**101 318**	**257 023**	**1 151 599**
93 761	—	33 839	19 017	212 610	32 274	68 960	329 131
73 757	295	12 447	13 686	310 322	18 596	84 619	268 711
41 364	—	163	1 692	215 121	12 827	36 590	26 614
7 325	—	158	—	48 902	1 416	10 480	56 374
12 851	—	—	3 003	35 912	2 641	5 294	89 927
13 264	—	2 264	450	92 593	5 925	7 772	37 493
721	—	500	4 012	69 383	1 142	1 076	60 912
9 952	—	105	13 266	36 658	6 024	13 156	42 491
4 243	—	—	300	27 392	—	—	43 799
15 146	—	—	—	60 023	5 899	5 095	75 790
4 471	—	—	—	104 424	11 009	4 687	25 135
5 647	—	—	—	39 813	1 798	1 789	24 528
3 782	—	70	—	29 684	—	3 892	34 897
14 945	—	—	—	58 947	1 767	13 613	35 797

14—8 建筑业企业工程结

(2002

地区	合计	按登记注册类型分					
		国有企业	集体企业	股份合作企业	联营企业	有限责任公司	股份有限公司
全省	**279 296**	**85 007**	**54 508**	**7 514**	**168**	**84 085**	**18 012**
沈阳	57 076	16 978	6 481	2 155	21	16 433	7 668
大连	80 075	23 246	24 894	1 215	7	17 848	4 931
鞍山	23 047	11 445	6 079	1 400	15	465	459
抚顺	10 629	3 954	1 406	65	—	3 931	592
本溪	9 981	1 990	820	138	—	6 042	195
丹东	10 399	5 617	2 112	555	—	711	324
锦州	13 482	4 519	2 255	81	1	6 368	70
营口	10 811	2 201	578	632	18	1 396	966
阜新	6 447	1 744	605	—	—	3 788	—
辽阳	20 795	2 666	1 913	300	106	14 513	522
盘锦	13 412	5 377	1 826	757	—	4 209	521
铁岭	7 352	2 565	1 211	121	—	2 586	299
朝阳	7 200	864	1 515	—	—	3 926	457
葫芦岛	8 590	1 841	2 813	95	—	1 869	1 008

14—9 建筑业企

(2002

地区	利润总额	按登记注册类型分					
		国有企业	集体企业	股份合作企业	联营企业	有限责任公司	股份有限公司
全省	**127 030**	**19 846**	**17 620**	**4 251**	**15**	**48 450**	**9 062**
沈阳	18 934	-3 248	6 074	1 688	2	2 599	2 314
大连	73 176	13 826	10 853	1 357	—	31 880	5 787
鞍山	6 524	3 907	900	704	-27	-402	179
抚顺	282	1 175	-1 176	-30	—	140	-10
本溪	2 907	-134	-57	-209	—	3 682	-67
丹东	3 626	719	-9	224	—	1 121	34
锦州	4 139	2 985	149	3	2	707	-5
营口	5 815	-882	253	168	25	559	125
阜新	1 071	517	116	—	—	630	—
辽阳	2 278	-2 871	207	34	13	4 753	79
盘锦	4 939	3 546	83	217	—	624	425
铁岭	1 684	469	-43	11	—	850	213
朝阳	678	415	-370	—	—	331	191
葫芦岛	977	-578	640	84	—	976	-203

算税金及附加与管理费用中的税金

年)

单位:万元

组				按经济组织类型分组			
私营企业	其他企业	港澳台商投资企业	外商投资企业	独资企业	合作伙伴企业	股份有限公司	有限责任公司
20 887	**48**	**3 163**	**5 904**	**140 795**	**7 944**	**21 239**	**109 318**
3 998	—	2 545	797	23 604	2 214	7 762	23 496
6 645	48	525	716	48 326	1 366	5 516	24 867
3 026	—	1	157	17 696	1 495	2 527	1 329
673	—	8	—	5 511	65	744	4 309
757	—	—	39	2 985	138	249	6 609
1 007	—	68	5	7 870	555	350	1 624
53	—	5	130	6 778	82	70	6 552
974	—	5	4 041	2 797	650	1 063	6 301
291	—	—	19	2 349	—	—	4 098
775	—	—	—	4 618	406	598	15 173
722	—	—	—	7 452	757	595	4 608
570	—	—	—	3 776	121	299	3 156
432	—	6	—	2 379	—	457	4 364
964	—	—	—	4 654	95	1 009	2 832

业　　利　　润　　总　　额

年)

单位:万元

组				按经济组织类型分组			
私营企业	其他企业	港澳台商投资企业	外商投资企业	独资企业	合作伙伴企业	股份有限公司	有限责任公司
14 919	**4**	**8 494**	**4 369**	**37 803**	**4 102**	**10 928**	**74 197**
2 130	—	6 864	511	2 704	1 657	2 287	12 286
8 679	4	839	-49	25 159	1 231	6 274	40 512
1 156	—	40	67	4 747	672	1 335	-230
185	—	-2	—	48	-30	-8	272
253	—	—	-561	-168	-209	19	3 265
733	—	824	-20	808	224	74	2 520
140	—	10	148	3 129	5	-5	1 010
1 242	—	-81	4 406	-554	193	204	5 972
-59	—	—	-133	633	—	—	438
63	—	—	—	-2 660	47	63	4 828
44	—	—	—	3 424	217	484	814
184	—	—	—	426	11	213	1 034
111	—	—	—	45	—	191	442
58	—	—	—	62	84	-203	1 034

14—10 建 筑

(2002

地　　区	增加值	按登记注册类型分					
		国有企业	集体企业	股份合作企业	联营企业	有限责任公司	股份有限公司
全　　省	**2 188 234**	**697 921**	**408 110**	**46 473**	**1 773**	**655 986**	**147 779**
沈　　阳	447 145	121 407	55 929	10 707	168	124 215	66 316
大　　连	596 195	157 345	152 316	10 375	82	169 632	40 149
鞍　　山	179 821	100 582	46 952	4 309	61	2 827	3 072
抚　　顺	101 985	45 062	15 710	550	—	31 679	4 490
本　　溪	96 230	19 886	8 023	1 653	—	56 891	2 912
丹　　东	83 578	41 497	15 347	4 438	—	10 421	2 305
锦　　州	118 634	41 241	19 866	629	36	54 839	581
营　　口	61 581	15 156	5 358	4 108	382	10 187	5 894
阜　　新	50 484	13 069	4 778	—	—	29 758	—
辽　　阳	135 455	24 763	16 466	2 757	1 044	80 460	3 792
盘　　锦	115 068	63 079	17 767	4 842	—	21 841	2 635
铁　　岭	66 436	29 333	11 065	1 394	—	16 761	3 560
朝　　阳	60 751	8 192	11 488	—	—	33 146	3 415
葫 芦 岛	74 871	17 309	27 045	711	—	13 329	8 658

14—11 建 筑 业

(2002

地　　区	利税总额	按登记注册类型分					
		国有企业	集体企业	股份合作企业	联营企业	有限责任公司	股份有限公司
全　　省	**406 326**	**104 853**	**72 128**	**11 765**	**183**	**132 535**	**27 074**
沈　　阳	76 010	13 730	12 555	3 843	23	19 032	9 982
大　　连	153 251	37 072	35 747	2 572	7	49 728	10 718
鞍　　山	29 571	15 352	6 979	2 104	-12	63	638
抚　　顺	10 911	5 129	230	35	—	4 071	582
本　　溪	12 888	1 856	763	-71	—	9 724	128
丹　　东	14 025	6 336	2 103	779	—	1 832	358
锦　　州	17 621	7 504	2 404	84	3	7 075	65
营　　口	16 626	1 319	831	800	43	1 955	1 091
阜　　新	7 518	2 261	721	—	—	4 418	—
辽　　阳	23 073	-205	2 120	334	119	19 266	601
盘　　锦	18 351	8 923	1 909	974	—	4 833	946
铁　　岭	9 036	3 034	1 168	132	—	3 436	512
朝　　阳	7 878	1 279	1 145	—	—	4 257	648
葫 芦 岛	9 567	1 263	3 453	179	—	2 845	805

业 增 加 值

年）

单位：万元

组				按经济组织类型分组			
私营企业	其他企业	港澳台商投资企业	外商投资企业	独资企业	合作伙伴企业	股份有限公司	有限责任公司
168 108	**382**	**37 335**	**24 367**	**1 116 354**	**49 865**	**172 569**	**849 446**
34 826	—	27 674	5 903	178 856	11 061	67 090	190 138
53 603	382	7 480	4 831	311 124	11 474	44 729	228 868
21 294	—	90	634	148 715	4 786	19 297	7 023
4 430	—	64	—	61 442	550	4 757	35 236
6 456	—	—	409	29 582	1 653	3 643	61 352
7 636	—	1 836	98	58 442	4 438	2 447	18 251
627	—	109	706	61 143	665	581	56 245
8 999	—	-17	11 514	20 853	4 490	6 901	29 337
2 607	—	—	272	17 847	—	—	32 637
6 173	—	—	—	41 503	3 801	4 444	85 707
4 904	—	—	—	82 415	4 842	3 027	24 784
4 323	—	—	—	40 398	1 394	3 560	21 084
4 411	—	99	—	19 680	—	3 415	37 656
7 819	—	—	—	44 354	711	8 678	21 128

企 业 利 税 总 额

年）

单位：万元

组				按经济组织类型分组			
私营企业	其他企业	港澳台商投资企业	外商投资企业	独资企业	合作伙伴企业	股份有限公司	有限责任公司
35 806	**52**	**11 657**	**10 273**	**178 598**	**12 046**	**32 167**	**183 515**
6 128	—	9 409	1 308	26 308	3 871	10 049	35 782
15 324	52	1 364	667	73 485	2 597	11 790	65 379
4 182	—	41	224	22 443	2 167	3 862	1 099
858	—	6	—	5 559	35	736	4 581
1 010	—	—	-522	2 817	-71	268	9 874
1 740	—	892	-15	8 678	779	424	4 144
193	—	15	278	9 907	87	65	7 562
2 216	—	-76	8 447	2 243	843	1 267	12 273
232	—	—	-114	2 982	—	—	4 536
838	—	—	—	1 958	453	661	20 001
766	—	—	—	10 876	974	1 079	5 422
754	—	—	—	4 202	132	512	4 190
543	—	6	—	2 424	—	648	4 806
1 022	—	—	—	4 716	179	806	3 866

14—12 各地区国有建筑企业施工及峻工产值

(2002 年)

单位:万元

地区	总产值	建筑工程	安装工程	其他产值	竣工产值
全省	**2 652 935**	**1 991 589**	**600 420**	**60 926**	**1 795 371**
沈阳	604 408	537 439	62 008	4 961	412 779
大连	633 135	505 068	110 821	17 246	487 000
鞍山	325 188	253 339	52 244	19 605	188 476
抚顺	125 582	85 736	34 097	5 749	111 741
本溪	63 036	54 978	8 058	—	34 388
丹东	109 046	96 565	9 362	3 119	85 545
锦州	147 077	96 559	46 480	4 038	88 135
营口	71 881	69 736	1 476	669	53 633
阜新	57 203	46 681	9 857	665	49 537
辽阳	67 204	53 788	13 161	255	42 633
盘锦	275 375	79 153	192 508	3 714	125 454
铁岭	81 847	54 224	27 623	—	39 263
朝阳	27 412	20 638	6 349	425	22 727
葫芦岛	64 541	37 685	26 376	480	54 060

14—13 各地区集体建筑企业施工及峻工产值

(2002 年)

单位:万元

地区	总产值	建筑工程	安装工程	其他产值	竣工产值
全省	**1 406 765**	**1 070 090**	**287 439**	**49 236**	**1 149 278**
沈阳	222 032	126 897	87 156	7 979	172 311
大连	498 059	465 810	22 256	9 993	412 031
鞍山	144 944	112 944	23 765	8 235	114 862
抚顺	47 248	22 859	19 863	4 526	31 973
本溪	22 815	17 974	4 235	606	18 585
丹东	73 767	59 228	8 389	6 150	56 378
锦州	67 970	37 504	30 010	456	57 395
营口	19 559	12 517	6 822	220	18 277
阜新	17 811	10 401	6 911	499	14 810
辽阳	60 784	36 680	20 591	3 513	49 494
盘锦	59 488	25 837	31 065	2 586	58 638
铁岭	37 387	29 847	5 793	1 747	31 043
朝阳	44 140	34 328	9 657	155	37 765
葫芦岛	90 761	77 264	10 926	2 571	75 716

14—14　各地区国有施工企业个数、设备及人数

(2002年)

地　　区	施工企业个数 (个)	年末自有机械设备总功率 (万千瓦)	年末自有机械设备净值 (万元)	计算建筑业全员劳动生产率的平均人数 (万人)	劳动生产率 (元/人)
全　　省	**448**	**2 197 716**	**385 772**	**304 985**	**86 986**
沈　　阳	96	436 428	77 533	64 693	93 427
大　　连	92	310 888	57 674	55 900	113 262
鞍　　山	66	337 160	50 295	38 414	84 654
抚　　顺	25	129 673	26 247	15 325	81 946
本　　溪	16	70 264	10 801	10 069	62 604
丹　　东	22	92 249	18 112	12 139	89 831
锦　　州	20	116 378	20 130	18 697	78 663
营　　口	24	66 772	12 568	14 995	47 937
阜　　新	16	69 508	13 005	9 735	58 760
辽　　阳	10	144 101	25 896	8 815	76 238
盘　　锦	16	209 014	32 923	23 195	118 722
铁　　岭	13	86 898	15 040	12 137	67 436
朝　　阳	12	36 309	7 088	6 749	40 616
葫 芦 岛	20	92 074	18 460	14 122	45 702

14—15　各地区城镇集体施工企业个数、设备及人数

(2002年)

地　　区	施工企业个数 (个)	年末自有机械设备总功率 (万千瓦)	年末自有机械设备净值 (万元)	计算建筑业全员劳动生产率的平均人数 (万人)	劳动生产率 (元/人)
全　　省	**657**	**1 217 574**	**189 068**	**256 382**	**54 870**
沈　　阳	118	103 502	18 778	29 375	75 585
大　　连	175	420 334	72 393	81 650	60 999
鞍　　山	96	196 586	30 613	37 639	38 509
抚　　顺	45	100 780	7 090	11 837	39 916
本　　溪	26	38 260	4 551	5 629	40 531
丹　　东	33	54 218	11 164	15 225	48 451
锦　　州	24	51 730	7 487	13 093	51 913
营　　口	13	16 932	4 575	3 434	56 957
阜　　新	14	14 628	1 660	3 725	47 815
辽　　阳	26	44 035	7 400	9 687	62 748
盘　　锦	25	30 573	3 489	5 819	102 231
铁　　岭	17	39 175	5 555	12 297	30 403
朝　　阳	19	28 402	3 519	8 211	53 757
葫 芦 岛	26	78 419	10 794	18 761	48 377

14—16　各地区建筑施工企业房屋建筑面积

(2002 年)

单位:万平方米

地　　区	国有企业			城镇集体企业		
	施工面积	竣工面积	优良工程竣工面积	施工面积	竣工面积	优良工程竣工面积
全　　省	**12 560 825**	**6 117 562**	**5 094 704**	**14 866 340**	**9 743 800**	**8 449 283**
沈　　阳	3 055 205	1 394 649	1 272 043	1 463 146	789 868	629 879
大　　连	3 868 672	1 564 548	1 325 856	6 545 334	4 209 587	3 727 320
鞍　　山	1 373 625	490 618	322 042	1 401 483	852 651	583 916
抚　　顺	153 048	69 697	69 697	118 139	104 332	102 125
本　　溪	360 339	259 147	259 147	220 299	119 979	109 979
丹　　东	443 123	312 141	175 041	1 003 621	627 810	525 268
锦　　州	835 368	425 913	416 249	715 793	486 152	485 652
营　　口	526 386	394 968	176 591	185 979	128 392	98 829
阜　　新	408 810	275 784	275 784	184 216	144 364	144 364
辽　　阳	309 806	184 513	184 513	372 955	243 658	193 391
盘　　锦	212 908	188 351	75 508	256 500	217 500	104 000
铁　　岭	394 863	267 639	267 639	489 427	391 193	366 562
朝　　阳	127 141	77 041	77 041	815 172	590 536	578 536
葫 芦 岛	491 531	212 553	197 553	1 094 276	837 778	799 462

14—17 各地区建筑施工企业单位工程个数

（2002年） 单位:个

地区	国有企业			城镇集体企业		
	单位工程施工个数	单位工程竣工个数	单位工程优良工程	单位工程施工个数	单位工程竣工个数	单位工程优良工程
全省	**12 786**	**9 330**	**7 077**	**11 615**	**9 524**	**7 010**
沈阳	2 140	1 663	1 164	2 551	1 624	1 225
大连	2 385	1 862	1 251	1 888	1 389	1 126
鞍山	3 315	1 813	1 621	2 516	2 250	1 297
抚顺	635	583	583	454	418	418
本溪	434	268	90	230	218	166
丹东	477	388	243	242	189	187
锦州	744	646	595	243	181	177
营口	584	529	385	316	302	255
阜新	313	271	150	89	77	57
辽阳	206	152	129	926	858	816
盘锦	461	368	225	1 050	1 045	336
铁岭	488	259	248	611	584	580
朝阳	247	227	187	223	177	176
葫芦岛	357	301	206	276	212	194

14—18 各地区国有施工企业年末资产负债

（2002年）　　单位:万元

地　　区	流动资产合计	固定资产合计	固定资产原价	固定资产累计折旧	负债合计
全　　省	**2 117 264**	**909 765**	**1 431 392**	**533 918**	**2 044 927**
沈　　阳	440 955	139 133	222 443	83 865	413 514
大　　连	453 300	142 579	235 522	94 639	428 945
鞍　　山	309 953	141 554	225 045	87 724	310 044
抚　　顺	104 113	37 373	68 723	31 367	94 732
本　　溪	38 031	16 775	23 318	9 172	31 676
丹　　东	120 465	63 573	92 759	31 058	110 564
锦　　州	106 074	42 109	64 565	22 640	94 381
营　　口	56 576	25 222	34 246	9 120	50 690
阜　　新	64 176	23 285	32 111	8 856	62 245
辽　　阳	91 296	48 357	81 199	32 848	103 847
盘　　锦	191 824	148 764	232 825	84 842	210 506
铁　　岭	78 247	30 955	49 346	18 391	74 266
朝　　阳	14 655	11 565	15 930	4 531	12 497
葫 芦 岛	47 599	38 521	53 360	14 865	47 020

14－18续表　　（2002年）　　单位:万元

地　　区	无形及递延资产合计	资产总计	流动负债合计	长期负债合计	所有者权益合计
全　　省	**58 179**	**3 173 492**	**1 953 368**	**91 559**	**1 128 565**
沈　　阳	9 628	600 944	390 588	22 926	187 430
大　　连	23 231	632 486	419 443	9 502	203 541
鞍　　山	6 591	483 649	288 671	21 373	173 605
抚　　顺	1 145	146 900	91 718	3 014	52 168
本　　溪	1 531	56 886	28 093	3 583	25 210
丹　　东	3 735	206 701	108 155	2 409	96 137
锦　　州	479	151 796	92 281	2 100	57 415
营　　口	412	82 934	50 032	658	32 244
阜　　新	2 398	91 891	52 655	9 590	29 646
辽　　阳	4 834	146 283	100 038	3 809	42 436
盘　　锦	765	343 564	203 236	7 270	133 058
铁　　岭	434	112 069	73 009	1 257	37 803
朝　　阳	74	27 300	12 266	231	14 803
葫 芦 岛	2 922	90 089	43 183	3 837	43 069

14—19　各地区城镇集体施工企业年末资产负债

(2002 年)　　单位:万元

地　区	流动资产合计	固定资产合计	固定资产原价	固定资产累计折旧	负债合计
全　省	**994 004**	**356 031**	**504 887**	**164 099**	**864 307**
沈　阳	108 440	45 758	62 140	16 997	84 262
大　连	324 792	117 994	177 645	60 368	267 140
鞍　山	150 783	49 650	65 356	22 652	133 266
抚　顺	45 750	14 810	26 390	11 633	42 044
本　溪	23 474	8 822	11 017	2 872	20 074
丹　东	43 566	25 066	31 003	7 942	41 591
锦　州	44 768	16 315	23 332	7 024	38 059
营　口	16 377	6 764	8 573	1 909	14 522
阜　新	5 945	3 317	4 794	1 477	3 007
辽　阳	44 591	18 836	26 126	7 290	42 895
盘　锦	44 240	9 754	13 741	5 415	38 479
铁　岭	19 175	8 902	13 512	4 610	17 154
朝　阳	33 880	9 990	14 247	5 683	37 471
葫芦岛	88 223	20 053	27 011	8 227	84 343

14－19 续表　　(2002 年)　　单位:万元

地　区	无形及递延资产合计	资产总计	流动负债合计	长期负债合计	所有者权益合计
全　省	**38 736**	**1 442 726**	**844 546**	**19 761**	**578 419**
沈　阳	3 961	164 688	79 784	4 478	80 426
大　连	6 000	469 017	265 554	1 586	201 877
鞍　山	4 695	217 285	127 743	5 523	84 019
抚　顺	286	62 416	41 517	527	20 372
本　溪	189	33 498	20 060	14	13 424
丹　东	7 745	77 675	37 759	3 832	36 084
锦　州	3 567	65 269	37 949	110	27 210
营　口	30	23 459	14 522	—	8 937
阜　新	—	9 262	3 004	3	6 255
辽　阳	2 491	69 167	42 889	6	26 272
盘　锦	823	55 131	35 554	2 925	16 652
铁　岭	975	29 983	16 697	457	12 829
朝　阳	4 727	50 575	36 730	741	13 104
葫芦岛	3 247	115 301	84 784	－441	30 958

14—20 各地区国有施工企业损益及分配

(2002 年) 单位:万元

地区	工程结算收入	工程结算成本	工程结算税金及附加	工程结算利润	其他业务利润
全省	**2 511 954**	**2 219 808**	**80 764**	**211 382**	**16 925**
沈阳	510 977	460 151	16 461	34 365	1 186
大连	608 543	533 608	22 283	52 652	642
鞍山	310 017	271 859	10 981	27 177	8 628
抚顺	122 138	105 949	3 806	12 383	234
本溪	60 930	54 747	1 863	4 320	71
丹东	172 996	151 264	5 337	16 395	414
锦州	133 100	117 482	3 962	11 656	527
营口	71 735	66 674	2 051	3 010	−65
阜新	57 490	52 361	1 665	3 464	1 063
辽阳	71 228	61 811	2 424	6 993	894
盘锦	226 441	199 308	5 007	22 126	−819
铁岭	78 388	65 465	2 355	10 568	3 707
朝阳	25 648	22 331	787	2 530	3
葫芦岛	62 323	56 798	1 782	3 743	440

14－20 续表

(2002 年) 单位:万元

地区	管理费用	亏损企业(个数)	营业利润	利润总额	期末拖欠工程款
全省	**200 204**	**138**	**13 863**	**19 846**	**443 642**
沈阳	34 676	39	−1 121	−3 248	99 344
大连	38 250	20	12 247	13 826	107 468
鞍山	34 260	29	−2 645	3 907	52 228
抚顺	11 064	8	1 227	1 175	16 823
本溪	3 731	5	571	−134	5 563
丹东	15 593	8	414	719	23 881
锦州	8 807	4	3 106	2 985	23 724
营口	2 851	4	−176	−882	22 162
阜新	3 532	4	500	517	12 992
辽阳	10 469	5	−3 103	−2 871	26 836
盘锦	17 884	3	1 969	3 546	33 309
铁岭	13 223	2	635	469	6 017
朝阳	1 974	1	448	415	2 304
葫芦岛	3 890	6	−209	−578	10 991

14—21　各地区城镇集体施工企业损益及分配

(2002年)　　单位:万元

地　区	工程结算收入	工程结算成本	工程结算税金及附加	工程结算利润	其他业务利润
全　省	**1 345 765**	**1 177 142**	**52 855**	**115 768**	**4 145**
沈　阳	180 713	152 087	6 183	22 443	348
大　连	488 173	428 920	24 398	34 855	607
鞍　山	166 975	143 765	5 896	17 314	2 821
抚　顺	43 667	37 847	1 302	4 518	31
本　溪	22 348	19 693	789	1 866	26
丹　东	57 235	51 124	2 081	4 030	35
锦　州	72 551	65 053	2 193	5 305	-23
营　口	18 109	15 844	567	1 698	108
阜　新	17 847	16 328	590	929	—
辽　阳	55 173	48 635	1 815	4 723	68
盘　锦	58 398	47 493	1 678	9 227	50
铁　岭	35 609	32 344	1 167	2 098	6
朝　阳	44 801	40 871	1 420	2 510	170
葫芦岛	84 166	77 138	2 776	4 252	-102

14-21续表　　(2002年)　　单位:万元

地　区	管理费用	亏损企业(个数)	营业利润	利润总额	期末拖欠工程款
全　省	**88 587**	**142**	**28 192**	**17 620**	**209 423**
沈　阳	16 143	23	6 305	6 074	13 965
大　连	21 486	17	12 810	10 853	107 360
鞍　山	18 897	35	972	900	15 470
抚　顺	4 701	16	-261	-1 176	6 348
本　溪	1 811	4	36	-57	8 597
丹　东	3 353	9	485	-9	5 077
锦　州	5 172	3	-8	149	6 256
营　口	1 506	3	244	253	1 704
阜　新	787	—	119	116	2 288
辽　阳	4 494	9	154	207	8 292
盘　锦	2 468	7	6 753	83	1
铁　岭	2 107	5	-79	-43	4 946
朝　阳	2 285	7	33	-370	15 245
葫芦岛	3 377	4	629	640	13 874

主要统计指标解释

建筑业统计单位 指从事房屋、构筑物建造和设备安装活动的生产单位，根据不同的组织方式，建筑业统计的调查单位分为法人建筑业企业和附营建筑施工单位。法人建筑业企业是指专门组织的独立核算的法人建筑业企业，它应同时具备的条件是：①依法成立，有自己的名称、组织机构和场所，能够承担民事责任；②独立拥有和使用资产，承担负债，有权与其他单位签订合同；③独立核算盈亏，能够编制资产负债表。另一种调查单位是其他行业的企业、事业单位为完成本单位固定资产建造任务而自行组织的附营建筑施工单位，它应同时具备的条件是：①具有一个场所，从事或主要从事建筑安装活动；②单独组织生产经营活动；③在企业内部单独核算收支。

建筑业总产值（即自行完成施工产值） 指建筑业企业或附属施工单位自行完成的按工程进度计算的建筑安装生产总值。施工产值包括：

①建筑工程产值：指列入建筑工程预算内的各种工程价值。

②设备安装工程产值：指设备安装工程价值。

③房屋、构筑物修理产值：指房屋、构筑物修理所完成的价值，但不包括被修理房屋、构筑物本身的价值和生产设备的修理价值。

④非标准设备制造产值：指加工制造没有定型的、非标准的生产设备的加工费和原材料价值，不论是现场还是附属加工厂为本单位承建工程制造的非标准设备的价值，都应计算产值。

竣工产值 指在报告期内，按照设计所规定的工程内容全部完成，达到了设计规定的交工条件，经有关部门检查验收鉴定合格的单位工程价值之和。

房屋建筑施工面积 指在报告期内施工的全部房屋建筑面积。包括本期内新开工的、上期施工跨入本期继续施工、上期停建本期复工的房屋建筑面积；不包括上期开工后又停工，本期未施工的房屋建筑面积。

房屋建筑竣工面积 指在报告期内，按照设计所规定的工程内容全部完成，达到了设计规定的交工条件，经有关部门检查验收鉴定合格的房屋建筑面积。

住宅竣工面积 指房屋建筑竣工面积中供居住用的房屋建筑竣工面积。

自有机械设备年末总台数 指归本企业（或单位）所有，属于本企业固定资产的生产性机械设备年末总台数。包括施工机械、生产设备、运输设备以及其他设备。

自有机械设备年末总功率 指本企业（或单位）自有施工机械、生产设备、运输设备以及其他设备等列为在册固定资产的生产性机械设备年末总功率，按设定能力或查定能力计算。包括机械本身的动力和为该机械服务的单独动力设备，如电动机等。计量单位用千瓦，动力换算可按1马力＝0.735千瓦折合成千瓦数。电焊机、变压器、锅炉不计算动力。

工程结算收入 指企业（或单位）按工程的分部分项自行完成的建筑产品价值并已与甲方在报告期内办理结算手续的工程价款收入，以及向甲方收取的除工程价款以外的按规定列作营业收入的各种款项，如临时设施费、劳动保险费、施工机械调迁费等以及向甲方收取的各种索赔款。

工程结算利润 指已结算工程实现的利润。如为亏损以“－”号表示。其计算公式为：

工程结算利润＝工程结算收入－工程结算成本－工程结算税金及附加

企业总收入 指与企业生产经营直接有关的各项收入，包括工程结算收入和其他业务收入，即：

企业总收入＝工程结算收入＋其他业务收入

第十五篇

运输和邮电

15

YUNSHU
HE
YOUDIAN

15—1 交通运输业基本情况

指　　标	1990年	1995年	1999年	2000年	2001年	2002年
运输线路长度(公里)						
铁路营业里程	8 798	8 811	8 798	8 800	8 792	8 809
公　　路	40 109	43 434	45 020	45 547	46 603	48 051
内　　河	508	508	813	813	813	813
民　　航	99 545	277 945	192 148	219 198	192 148	239 243
国际航线	—	—	13 598	14 143	13 598	22 733
管　　道	1 419	1 419	1 214	—	1 195	1 195
客运量总计(万人)	44 547	52 228	49 239	51 555	52 258.8	54 339.1
铁　　路	15 823	13 928	9 973	10 174	10 038	9 701
公　　路	28 367	37 591	38 382	40 385	41 207	43 554
水　　运	302	533	595	616	602	626
民用航空	55	176	325	380	411.8	458.1
货运量总计(万吨)	76 326	88 464	84 625	83 595	82 295.3	83 633.1
铁　　路	14 306	13 073	12 162	12 523	12 990	13 186
公　　路	56 105	68 524	66 253	64 515	63 281	64 104
水　　运	1 521	2 649	2 542	3 091	2 726	3 071
民用航空	1.3	3.2	7.4	8.9	6.8	8.1
管　　道	4 393	4 215	3 660	3 466	3 292	3 264
民用汽车拥有量(万辆)	37.0	63.9	87.7	78.6	85.6	88.7
载客汽车辆数(万辆)	10.5	25.9	47.9	43.8	49.8	52.4
客　　位(万客位)	165.0	455.5	666.2	654.4	868	562.3
载货汽车辆数(万辆)	23.5	34.5	38.0	34.8	35.8	35.1
吨　　位(万吨)	105.9	154.2	182.3	247.6	193.2	173.5
其他机动车(万辆)	0.9	2.9	6.4	8.7	9.5	—
公路部门营运车辆(万辆)	—	1.2	0.7	0.7	—	—
私人汽车拥有量(万辆)	5.9	13.4	24.3	23.6	28.3	30.8
民用运输船舶拥有量(艘)						
#机动船	646	793	738	776	723	658
驳　船	77	138	65	58	72	40
私人运输船舶拥有量(艘)						
#机动船	161	149	276	330	324	320
驳　船	6	—	—	—	3	3
沿海主要港口货物吞吐量(万吨)	5 360	7 572	12 268	13 665	14 841	16 565

15—2 运输线路长度

单位：公里

年份	铁路营业里程	#辽宁省	公路通车里程	#高级次高级	内河航道里程	民航通航里程	#国内航线	输油里程	#辽宁省
1957	6 158	2 858	19 338	—	992	—	—	—	—
1965	6 419	3 003	26 035	355	803	—	—	—	—
1970	6 997	3 170	25 129	1 021	887	10 918	—	—	—
1975	7 342	4 346	29 096	3 143	748	7 385	—	1 261	1 342
1978	7 736	3 593	30 347	4 601	739	17 625	17 625	2 053	1 215
1979	7 735	3 469	30 578	4 806	567	25 929	24 921	2 053	1 215
1980	7 756	3 487	29 726	4 949	508	24 357	23 349	2 053	1 228
1981	8 302	3 480	29 726	5 153	508	18 769	17 759	2 183	1 432
1982	8 298	3 476	29 725	5 307	508	25 201	24 193	2 183	1 432
1983	8 302	3 533	29 878	5 457	508	28 488	27 480	2 183	1 433
1984	8 357	3 536	31 068	5 986	508	31 379	30 371	2 183	1 347
1985	8 359	3 538	33 006	6 568	508	37 951	36 943	2 252	1 432
1986	8 361	3 539	35 362	6 960	508	41 021	40 013	2 252	1 432
1987	8 773	3 539	37 134	7 563	508	45 042	44 034	2 252	1 432
1988	8 798	3 558	38 049	8 370	508	57 899	51 686	2 252	1 433
1989	8 798	3 558	38 648	9 071	508	72 409	62 063	2 238	1 419
1990	8 798	3 702	40 109	10 172	508	99 545	89 199	2 238	1 419
1991	8 993	3 758	40 195	11 471	508	136 027	129 195	2 238	1 419
1992	8 993	3 758	41 548	13 644	508	204 870	200 822	2 238	1 419
1993	8 993	3 758	41 638	15 382	508	271 841	258 947	2 238	1 419
1994	8 807	3 758	42 763	17 155	508	305 884	242 445	2 238	1 419
1995	8 811	3 568	43 434	18 590	508	277 945	259 264	2 238	1 419
1996	8 811	3 568	43 753	19 365	508	321 207	246 776	2 235	1 415
1997	8 813	3 569	44 041	20 171	508	179 369	166 238	2 235	1 415
1998	8 796	3 558	44 483	21 419	508	124 089	110 587	2 235	1 415
1999	8 798	3 558	45 020	23 023	813	192 148	170 339	2 237	1 195
2000	8 800	3 556	45 547	24 264	813	219 198	201 702	2 237	1 195
2001	8 792	3 548	46 603	25 664	813	192 148	170 339	2 237	1 195
2002	8 809	3 565	48 051	27 557	813	239 243	211 331	2 237	1 195

15—3 旅 客 运 输 量

单位:万人

年 份	总 计	铁 路	公 路	水 运	民 航
1962	14 213	11 902	2 272	39	0.04
1965	11 817	9 342	2 462	13	0.16
1970	15 144	10 843	4 291	10	0.27
1975	22 027	15 283	6 731	10	3.96
1978	26 358	17 545	8 795	12	6.03
1979	27 398	17 759	9 618	14	7.57
1980	29 196	17 982	11 190	18	6.85
1981	30 275	18 129	12 118	20	8.58
1982	32 649	19 313	13 298	26	12.36
1983	34 483	19 936	14 514	25	8.40
1984	37 024	19 890	17 103	19	12.05
1985	39 567	18 728	20 546	273	20.92
1986	40 970	17 569	23 046	325	30.76
1987	42 585	17 939	24 242	361	43.82
1988	48 357	19 572	28 366	369	50.51
1989	48 727	18 078	30 267	335	47.00
1990	44 547	15 823	28 367	302	55.40
1991	46 643	14 733	31 480	355	75
1992	50 908	15 083	35 263	465	97
1993	49 756	15 072	34 050	521	113
1994	50 223	15 366	34 223	502	132
1995	52 228	13 928	37 591	533	176
1996	55 828	11 884	43 193	553	198
1997	53 430	10 403	42 276	540	211
1998	51 140	9 960	40 468	474	238
1999	49 239	9 937	38 382	595	325
2000	51 555	10 174	40 385	616	380
2001	52 259	10 038	41 207	602	412
2002	54 339	9 701	43 554	626	458

注:(1)铁路1977年以前为沈阳、大连、丹东、锦州分局合计数。1978年以后为辽宁省境内数,1988年还包括地方铁路,均为发送量。

(2)公路1983年以前为交通部门数,1984年以后包括个体运输数。1986年以后还包括非交通部门独立核算单位完成的运输量。

(3)水运1984年以前为交通部门数,1985年以后包括交通部直属大连轮船公司,但不包括交通部门组织其他部门完成的运输量。1986年以后,还包括个体运输。

15—4 旅 客 周 转 量

单位:亿人公里

年 份	总 计	铁 路	公 路	水 运	民 航
1962	149.10	143.9	5.03	0.17	—
1965	85.21	78.8	6.34	0.07	—
1970	119.02	108.1	10.86	0.06	—
1975	165.63	147.7	17.88	0.05	—
1978	193.80	169.7	23.97	0.08	0.05
1979	171.99	145.4	25.60	0.10	0.89
1980	188.01	157.1	28.80	0.12	1.99
1981	200.06	166.0	31.40	0.13	2.53
1982	206.60	168.0	35.30	0.15	3.09
1983	227.23	185.3	39.30	0.16	2.47
1984	276.40	223.5	48.90	0.14	3.90
1985	321.86	251.1	62.20	5.65	2.91
1986	350.49	264.4	73.90	6.85	5.34
1987	381.30	286.6	80.10	7.10	7.50
1988	441.59	327.7	96.50	7.45	9.94
1989	417.50	300.5	100.84	6.60	9.51
1990	369.30	254.9	97.44	5.93	11.13
1991	392.80	259.1	111.50	6.90	15.30
1992	503.70	285.2	125.90	8.70	19.60
1993	465.90	306.0	121.30	8.70	29.9
1994	471.40	312.8	120.40	7.70	30.5
1995	451.54	292.5	109.90	8.61	40.5
1996	456.97	261.2	149.45	9.42	36.9
1997	460.91	271.5	145.53	9.18	34.7
1998	476.3	276.7	159.1	7.3	33.2
1999	496.4	291.9	149.6	11.9	43.0
2000	534.4	314.1	159.9	10.7	49.7
2001	562.4	326.5	167.1	8.4	60.4
2002	585.5	340.1	173.8	8.6	63.0

注:1.铁路1978以前为沈阳、锦州两路局合计数,1979年以后扣除长春分局数,1983年以后为辽宁境内数,1988年以后还包括地方铁路

2.公路、水运口径同客运量。

15—5 货物运输量

单位:万吨

年份	总计	铁路	公路	水运	民航	管道
1962	—	—	3 046	111	0.06	—
1965	10 513.1	6 694	3 732	87	0.08	—
1970	18 171.2	9 126	8 972	73	0.23	—
1975	37 134.6	11 942	22 273	108	0.27	2 811
1978	45 274.2	13 414	27 874	121	0.30	3 865
1979	47 763.6	13 259	30 464	117	0.38	3 923
1980	50 756.5	12 757	33 863	110	0.50	4 026
1981	50 634.5	12 071	34 377	102	0.50	4 084
1982	54 022.4	12 884	36 927	104	0.40	4 107
1983	57 911.4	13 392	40 235	126	0.40	4 158
1984	63 285.4	13 526	45 292	150	0.43	4 317
1985	68 533.5	13 885	49 160	982	0.53	4 506
1986	73 350.8	13 758	53 833	1 291	0.83	4 468
1987	75 471.1	14 056	55 594	1 354	1.10	4 466
1988	83 037.3	14 959	61 982	1 599	1.33	4 496
1989	78 001.4	14 812	57 211	1 565	1.39	4 412
1990	76 326.3	14 306	56 105	1 521	1.30	4 393
1991	79 057.3	14 624	58 197	1 861	2.30	4 373
1992	81 084.0	14 852	59 739	2 145	2.00	4 346
1993	91 578.0	14 953	69 964	2 325	2.00	4 334
1994	89 876.0	14 096	68 953	2 396	3.00	4 428
1995	88 464.9	13 073	68 524	2 649	3.2	4 216
1996	84 823.0	13 053	65 174	2 472	4.0	4 120
1997	99 588.0	12 972	80 471	2 145	5.0	3 995
1998	83 478.0	12 100	65 481	1 977	5.4	3 915
1999	84 625.0	12 162	66 253	2 542	7.4	3 660
2000	83 603.9	12 523	64 515	3 091	8.9	3 466
2001	82 295.0	12 990	63 281	2 726	6.8	3 292
2002	83 633.1	13 186	64 101	3 071	8.1	3 264

注:(1)铁路口径同客运量;

(2)公路1969年以前为交通部门数,1970年以后为全社会数。

(3)水运口径同客运量;

(4)管道输油量1980年以后为辽宁省境内数。

15—6 货 物 周 转 量

单位:亿吨公里

年份	总计	铁路	公路	水运	民航	管道
1962	340.0	336.0	2.7	1.3	—	—
1965	503.3	498.8	3.2	1.3	—	—
1970	615.8	604.9	9.4	1.5	—	—
1975	948.8	697.0	26.6	3.4	—	221.9
1978	1 093.2	729.9	37.3	3.7	0.02	322.3
1979	1 139.3	769.5	38.3	2.7	0.04	328.7
1980	1 178.4	785.4	51.2	2.6	0.07	339.2
1981	1 190.5	785.9	53.2	3.8	0.08	347.5
1982	1 273.0	859.7	55.9	6.5	0.08	350.7
1983	962.3	705.8	60.5	10.3	0.08	185.6
1984	1 058.4	758.5	93.3	13.6	0.10	193.0
1985	1 407.7	825.7	109.2	266.8	0.12	205.9
1986	1 463.3	859.4	106.2	291.8	0.14	205.8
1987	1 515.2	883.3	129.9	290.5	0.16	211.3
1988	1 602.8	903.8	178.2	299.7	0.21	220.9
1989	1 667.1	946.8	186.4	317.0	0.21	217.3
1990	1 062.5	943.3	150.8	289.3	0.21	218.9
1991	1 791.1	980.1	174.2	419.6	0.29	216.9
1992	1 947.6	1 023.2	207.6	501.3	0.37	215.1
1993	2 078.8	1 044.1	227.8	593.7	0.55	212.7
1994	2 085.8	1 038.2	221.3	605.8	0.64	219.9
1995	2 090.2	1 011.4	198.5	671.1	0.69	208.5
1996	1 929.0	1 003.6	245.1	479.4	0.94	200.0
1997	1 846.7	1 047.8	297.6	316.1	0.66	191.5
1998	1 568.3	900.7	206.5	314.7	0.9	145.5
1999	1 794.3	926.2	207.7	531.2	1.2	127.9
2000	1 809.2	962.4	209.4	572.4	1.1	63.9
2001	1 861.8	976.7	215.8	607.9	1.1	60.3
2002	1 914.3	970.6	221.8	661.0	1.4	59.6

注:(1)铁路1982年以前为沈阳、锦州两路局合计数,1983年以后为辽宁省境内数,1988年以后还包括地方铁路。

(2)公路1969年以前为交通部门数,1970年以后为全社会数。

(3)水运口径同客运量;

(4)管道1982年以前为全局数,1983年以后为辽宁省境内数。

15—7 铁路机车车辆年末实有数

指　　标	单　位	1980 年	1985 年	1990 年	1995 年	2000 年	2001 年	2002 年
中央铁路								
机车台数总计	台	1 175	1 888	2 058	2 172	1 693	1 811	1 710
蒸汽机车	台	945	1 523	1 340	1 118	243	182	3
内燃机车	台	230	365	718	1 054	1 450	1 525	1 545
客车辆数总计	辆	1 715	3 169	3 650	4 263	4 146	4 181	4 218
软座车	辆	6	19	20	20	42	44	60
硬座车	辆	1 158	2 265	2 648	2 691	2 368	2 214	2 171
软卧车	辆	44	59	98	138	176	214	223
硬卧车	辆	168	207	385	817	1 026	1 146	1 188
软硬座车	辆	30	62	35	16	15	8	0
代用客车	辆	28	—	—	—	—	—	0
行李车	辆	106	186	209	255	250	262	268
餐车	辆	88	143	176	196	168	181	187
其他	辆	87	128	79	130	101	112	4
辽宁省境内各分局								
机车台数总计	台	967	996	1 030	1 039	771	896	846
蒸汽机车	台	756	816	574	469	71	71	3
内燃机车	台	211	180	456	570	700	721	681
客车辆数总计	辆	1 338	1 507	1 758	1 932	1 910	1 922	2 044
软座车	辆	6	12	17	20	25	25	60
硬座车	辆	918	1 127	1 288	1 193	1 089	1 044	1 051
软卧车	辆	36	33	42	58	72	88	102
硬卧车	辆	113	101	183	386	462	499	566
软硬座车	辆	22	23	11	12	4	—	—
代用客车	辆	28	—	—	—	—	—	—
行李车	辆	87	97	107	124	116	117	125
餐车	辆	62	64	70	88	75	78	83
其他	辆	87	50	40	51	67	71	1

15—8 辽宁省辖区铁路主要站旅客发送量

单位:万人

车站名称	1980年	1990年	1995年	2000年	2001年	2002年
总计	**17 982**	**15 823**	**13 928.1**	**10 173.7**	**10 039.1**	**96 921**
开原	152.6	153.2	131.2	100.9	90.8	91.5
铁岭	251.5	277.7	241.1	193.7	183.1	179.7
沈阳	1 868	2 298.5	1 503.2	1 167.6	1 158.1	1 235.3
沈阳南	485.2	427.7	302.7	200.5	190	170.7
辽阳	462.9	320.1	293.6	219.1	218.2	216
黑山	133.7	46.0	—	8.9	5.1	4.4
鞍山	618.3	412.3	366.2	294.5	296.2	305.8
海城	309.2	249.8	221.2	167.7	153.9	161.6
大石桥	145.7	122.3	114.5	101.0	105.3	113.1
瓦房店	167.3	191.5	177.8	160.0	181.7	170.9
金州	222.5	221.0	201.2	194.7	196	164.6
南关岭	85.5	33.2	21.4	6.3	4.9	4.3
周水子	123.1	127.6	117.4	48.7	41.5	34.5
大连	759	654.2	682.1	705.8	773.9	786.3
大连西	—	—	—	—	—	—
皇姑屯	36.5	74.2	41.3	19.5	14.9	10.2
大成	27.7	37.0	26.6	10.2	9.5	7.2
抚顺	223.9	106.9	87.2	127.2	146.5	140.4
大官屯	60.8	20.3	—	6.9	6.7	6.6
沈阳东	31.9	77.7	—	1.8	2.2	2.5
沈阳北	199.4	1.8	872.8	1 043.9	1 102.3	1 118.1
营口	101.5	72.8	45.5	44.2	44.4	44.4
甘井子	152.7	31.3	—	—	—	—
旅顺	28.3	15.0	13.9	5.1	4.9	3.9
丹东	173.9	214.7	255.5	184.1	175.5	176.6
凤凰城	118.3	131.5	145.2	75.1	82.4	80.9
本溪	805.0	983.7	977.5	574.2	664.9	616.5
本溪湖	73.1	36.1	51.7	59.7	71.6	52.5
安平	30	20.6	23.2	13.4	12.3	11.8
沈阳西	—	9.4	6.2	6.1	3.9	3.1
锦州	455.4	540.1	517.8	420.8	405.1	423.6
锦西	201.6	158.4	133.5	135.7	115.4	119.6
大虎山	54.4	76.2	61.1	47.8	46.5	50.5
渤海	15.8	17.5	17.8	8.7	5.4	4.7
盘锦	58.4	49.2	53.3	53.9	48.9	51.9
朝阳	87.2	81.4	95.8	90.8	87.2	84.3
阜新	171.3	169.9	130.0	90.4	98.5	108.8

15—9 辽宁省辖区铁路主要站货物发送量

单位:万吨

车站名称	1980 年	1990 年	1995 年	2000 年	2001 年	2002 年
总　　计	**12 757**	**14 100**	**13 073.2**	**12 523.1**	**12 989.7**	**13 125.5**
开　　原	45.1	60.7	76.9	47.9	33	23.9
铁　　岭	35.8	66.2	57.2	47.6	44.9	47.4
沈　　阳	236.5	194	143.3	70.1	58.7	67.4
沈 阳 南	35.6	32.8	34.6	43.5	35.1	63.5
辽　　阳	51.3	53.4	49.1	42.4	38.5	35.6
黑　　山	12.36	12.88	—	10.5	22.6	13.2
鞍　　山	20.9	35.5	30.4	22.1	20.2	15.7
海　　城	62.7	92.0	137.8	81.6	87.3	67.4
大 石 桥	189.1	224.6	160.6	112.9	102.2	89.9
瓦 房 店	35.0	31.1	26.5	18.8	18.4	14.5
金　　州	23.9	13.9	28.4	140.9	168.2	116.2
南 关 岭	67.7	64.8	49.4	38.1	23.5	26.3
周 水 子	96.5	70.6	29.1	20.9	28	31.9
大　　连	—	—	—	—	—	—
大 连 西	22.6	45.2	27.2	15.1	14	15.2
皇 姑 屯	27.2	25.0	15.9	13.0	12.9	5.4
大　　成	83.2	87.2	105.5	84.8	77.4	83.5
抚　　顺	7.7	16.8	20.9	18.2	17.9	10.4
大 官 屯	1 277.1	1 082.7	861.1	657.1	682.5	670.3
沈 阳 东	48.7	73.9	57.0	54.9	43.7	51.0
沈 阳 北	22.0	—	—	—	—	—
营　　口	90.6	122.6	121.1	84.0	72.4	64.4
甘 井 子	632.8	574.1	438.2	464.3	388.9	269.5
旅　　顺	18.8	17.1	13.6	8.3	6.6	7.9
丹　　东	51.8	84.3	92.7	80.0	177	170.5
凤 凰 城	16.6	19.4	25.7	10.1	13	10.8
本　　溪	505.2	479.8	418.6	404.8	390.6	518.1
本 溪 湖	223.6	253.4	233.8	164.4	189.6	202.3
安　　平	274.5	319.7	278.1	451.3	455.6	435.9
沈 阳 西	—	5.8	16.1	21.7	11.4	16.1
锦　　州	260.3	267.5	247.9	288.2	326.8	310.9
锦　　西	447.0	422.9	355.0	340.3	355.1	326.1
大 虎 山	15.7	16.4	13.1	38.3	39.9	48.3
渤　　海	49.4	165.1	232.6	105.4	131.8	120.8
盘　　锦	56.9	57.2	66.7	84.4	71.5	64.3
朝　　阳	31.5	57.9	54.8	39.2	33.5	37.9
阜　　新	439.6	630.3	557.2	530.6	570.6	572.6

15—10 全省民用车辆拥有量

类型	1995年		2000年		2001年		2002年	
	辆数	吨(客)位	辆数	吨(客)位	辆数	吨(客)位	辆数	吨(客)位
一、民用汽车	639 049	—	786 077	—	855 678	—	886 785	
1.载客汽车	259 262	4 555 382	437 943	6 454 321	497 838	8 680 221	524 227	5 623 425
大型	25 753	1 339 066	32 586	1 911 291	31 991	1 901 229	32 412	1 436 162
小型	—	—	—	—	—	—	421 574	3 456 346
2.普通载货汽车	345 492	1 542 543	317 407	2 342 505	327 239	1 777 817	351 300	1 734 721
大型	176 288	1 042 831	139 414	1 112 292	147 916	1 261 618	112 729	1 069 802
小型	—	—	—	—	—	—	8 175	45 411
3.专用载货汽车	15 877	85 049	14 858	134 313	15 718	153 549	—	—
4.其它专用汽车	7 983	—	5 346	—	5 961	—	—	—
5.特种汽车	10 435	—	10 523	—	8 922	—	—	—
二、轮胎式拖拉机	168 841	—	132 513	—	124 278	—	118 042	—
#手扶拖拉机	35 507	—	18 087	—	15 634	—	—	—
三、摩托车	561 076	—	871 823	—	929 638	—	892 517	—
#两轮摩托车	406 679	—	700 482	—	771 204	—	—	—
#轻便摩托车	—	—	—	—	—	—	128 240	—
四、其它机动车	28 629	—	86 525	—	95 353	—	—	—
五、载货挂车	29 772	—	17 092	—	19 115	—	31 245	—

15—11 私人民用车辆拥有量

类型	1995年		2000年		2001年		2002年	
	辆数	吨(客)位	辆数	吨(客)位	辆数	吨(客)位	辆数	吨(客)位
一、民用汽车	134 248	—	235 503	—	283 124	—	307 730	—
1.载客汽车	77 028	946 831	163 424	1 912 410	198 741	2 688 238	218 602	1 917 005
大型	2 918	150 962	2 734	128 672	3 496	190 855	3 231	140 775
小型	—	—	—	—	—	—	192 287	1 552 268
2.普通载货汽车	56 618	223 661	70 911	339 158	81 406	380 272	88 604	407 243
大型	32 027	175 099	25 595	184 961	29 839	222 568	23 635	237 954
小型	—	—	—	—	—	—	2 169	14 067
3.专用载货汽车	564	4 612	856	7 692	2 445	54 045	—	—
4.其它专用汽车	—	—	138	—	328	—	—	—
5.特种汽车	15	—	174	—	204	—	—	—
二、轮胎式拖拉机	142 322	—	121 980	—	114 226	—	91 975	—
#手扶拖拉机	30 330	—	17 655	—	7 107	—	—	—
三、摩托车	505 398	—	767 319	—	875 570	—	818 549	—
#两轮摩托车	373 315	—	619 532	—	714 675	—	—	—
#轻便摩托车	—	—	—	—	—	—	122 760	—
四、其它机动车	12 076	—	75 437	—	90 834	—	—	—
五、载货挂车	8 638	—	2 853	—	3 265	—	2 441	—

15—12 民用车辆拥有量

(2002年末)

单位:辆

指标	总计	总计中:			总计中:		
		营运	非营运	特种	进口	个人	新注册
合计	**2 145 446**	**405 440**	**1 736 874**	**3 132**	**72 270**	**1 387 846**	**141 210**
一、汽车	886 785	221 709	662 395	2 681	61 051	307 730	88 901
1.载客汽车	524 227	108 534	414 927	766	48 191	218 602	65 677
#大型	32 412	13 182	19 141	89	1 024	3 231	3 468
中型	28 429	4 211	24 173	45	780	6 115	5 287
小型	421 574	80 303	340 652	619	43 752	192 287	46 960
微型	41 812	10 838	30 961	13	2 635	16 969	9 962
#轿车	333 630	78 794	254 791	45	34 108	147 809	26 627
2.载货汽车	351 300	111 024	239 599	677	12 534	88 604	20 748
#重型	112 729	29 851	82 875	3	4 947	23 635	4 134
中型	36 618	21 057	15 421	140	615	7 520	2 912
轻型	193 778	56 675	136 569	534	6 930	55 280	11 954
微型	8 175	3 441	4 734	—	42	3 169	1 748
#普通载货	269 564	101 801	167 763	—	9 360	56 638	8 774
3.其它汽车	11 258	2 151	7 869	1 238	326	524	2 476
二、电车	162	70	92	—	—	—	—
无轨	129	37	92	—	—	—	—
有轨	33	33	—	—	—	—	—
三、摩托车	892 517	23 940	868 525	52	11 219	818 549	40 494
普通	764 277	22 821	741 404	52	9 733	695 789	38 323
轻便	128 240	1 119	127 121	—	1 486	122 760	2 171
四、农用运输车	204 874	79 749	125 091	34	—	164 630	9 694
三轮	150 280	55 662	94 584	34	—	121 073	8 849
四轮	54 594	24 087	30 507	—	—	43 557	845
五、拖拉机	118 042	52 198	65 493	351	—	91 975	516
大型	39 771	26 600	12 820	351	—	31 600	123
小型	78 271	25 598	52 673	—	—	60 375	393
六、挂车	31 245	20 206	11 039	—	—	2 441	1 454
七、其它类型车	11 821	7 568	4 239	14	—	2 521	151

15—13 公路线路年底到达数

(2002年)

单位:公里

指标	公里里程总计	等级公路合计	专用公路高速	专用公路一级	一般公路二级	一般公路三级	一般公路四级
本年年底到达数	**48 051**	**47 769**	**1 637**	**987**	**10 770**	**21 265**	**13 110**
1.干线公路							
国道	4 678	4 678	1 192	400	2 678	366	42
省道	7 648	7 635	445	377	4 289	2 399	125
2.县道	10 893	10 890	—	188	3 432	6 407	863
3.乡道	23 650	23 395	—	10	260	11 771	11 354
4.专用公路	1 182	1 171	—	12	111	322	726

15—14 公路运输主要经济技术指标

(地方交通部门)

指标	单位	1985年	1990年	1995年	2000年	2001年	2002年
载客汽车完好率	%	92.2	89.5	93.8	—	—	—
载客汽车工作率	%	83.4	78.2	76.7	89	91.2	92.5
载客汽车实载率	%	83.6	70.7	46.7	52	59.4	62.8
百车公里耗汽油	升	30.0	30.7	25.6	25.9	26.4	25
百吨公里耗汽油	升	7.8	8.4	12.3	11.5	10	11
百车公里耗柴油	升	27.7	28.4	26.7	23.5	24.5	23.4
百吨公里耗柴油	升	5.5	6.2	9.4	11.5	10.6	10.9
载货汽车完好率	%	93.6	91.1	90.1	—	—	—
载货汽车工作率	%	71.3	61.4	46.3	53	56	65.6
栽货汽车实载率	%	57.1	55.5	55.5	55.5	55.1	56.2
百车公里耗汽油	升	36.1	36.6	36.4	36.2	32.2	33
百吨公里耗汽油	升	7.5	7.2	6.5	7.6	7.7	7.1
百车公里耗柴油	升	32.4	37.6	40.3	34.7	33.5	32.5
百吨公里耗柴油	升	5.0	4.7	4.6	6	6.1	5.8

15—15 船舶拥有量

指标	单位	1985年	1990年	1995年	2000年	2001年	2002年
民用船舶拥有量							
水运船舶	艘	820	646	793	776	723	658
净载重吨	吨	140 970	351 445	1 231 755	1 463 476	1 372 439	1 713 746
#拖轮	艘	36	29	45	32	42	27
驳船	艘	83	77	138	58	72	40
净载重吨	吨	12 044	14 184	24 555	19 841	20 120	16 333
交通部门船舶拥有量							
运输船舶	艘	80	114	158	72	43	37
#客轮	艘	7	4	9	6	1	1
客轮载客量	客位	1 523	800	2 028	1 208	200	200
货轮	艘	48	69	113	40	28	25
货轮净载重	吨	79 112	187 367	894 107	136 301	104 209	70 179
拖轮	艘	6	9	10	11	5	—
驳船	艘	9	24	18	—	11	2
帆船	艘	10	8	—	—	—	—

15—16 全社会水运客货运输量

年份	货运量(万吨)	#交通部门	货运周转量(万吨公里)	#交通部门	客运量(万人)	#交通部门	旅客周转量(万人公里)	#交通部门
1980	113	110	26 148	25 820	18	18	1 202	1 202
1981	106	102	38 698	38 109	20	20	1 315	1 315
1982	109	104	66 197	65 419	26	26	1 527	1 527
1983	133	126	103 828	103 228	25	25	1 561	1 561
1984	150	150	135 815	135 815	19	19	1 418	1 418
1985	982	982	2 667 844	2 667 844	273	273	56 470	56 470
1986	1 291	1 166	2 918 000	2 911 171	325	308	68 523	68 025
1987	1 354	1 212	2 905 438	2 893 028	361	338	71 048	70 732
1988	1 599	1 384	2 996 910	2 988 725	369	362	74 627	74 505
1989	1 565	1 423	3 169 927	3 163 402	335	328	65 953	65 795
1990	1 521	1 433	2 892 885	2 891 254	302	290	59 396	58 990
1991	1 861	1 787	4 196 000	4 194 000	355	342	59 296	58 990
1992	2 145	1 894	5 013 673	4 829 714	465	418	86 880	83 157
1993	2 325	1 843	5 936 798	5 072 678	521	396	86 605	78 167
1994	2 426	1 969	6 152 164	5 314 440	501	379	78 201	70 172
1995	2 649	2 262	6 711 204	5 823 222	533	400	86 146	75 792
1996	2 472	2 136	4 794 110	3 721 911	553	415	94 208	80 454
1997	2 145	1 916	3 161 179	2 360 667	540	404	91 795	76 555
1998	1 977	1 679	3 147 000	2 231 000	474	340	73 000	59 000
1999	2 542	2 270	4 528 000	3 465 000	595	425	119 000	98 000
2000	3 091	2 733	5 724 000	4 723 000	616	421	107 000	87 469
2001	2 726	2 019	6 079 116	4 576 611	602	381	84 299	59 082
2002	3 071	2 567	6 609 993	4 908 246	626	356	86 095	59 785

15—17 沿海港口码头长度和泊位数

港名	1980年	1985年	1990年	1995年	2000年	2001年	2002年
港口码头长度(米)	**13 082**	**16 242**	**24 110**	**25 445**	**34 823**	**35 522**	**35 884**
#大连港	11 637	14 831	11 328	18 153	21 044	21 368	22 781
营口港	593	582	2 578	2 831	2 953	4 924	5 124
丹东港	244	221	631	1 149	1 738	1 793	1 793
锦州港	—	—	651	648	1 927	2 083	2 083
港口码头泊位(个)	**134**	**148**	**109**	**128**	**204**	**247**	**253**
#大连港	101	115	60	65	105	131	136
营口港	10	9	17	18	48	49	49
丹东港	7	8	5	8	11	14	14
锦州港	—	—	3	3	8	9	9

注:(1)码头泊位包括浮筒泊位。

(2)地方港均为生产用码头。

15—18 沿海港口吞吐量

指标	1980年	1985年	1990年	1995年	2000年	2001年	2002年
货物吞吐量(万吨)	**3 346**	**4 558**	**5 360**	**7 572**	**13 665**	**14 841**	**16 565**
#大连港	3 264	4 381	4 952	6 417	9 084	10 047	10 851
营口港	25	98	237	1 156	2 217	2 520	3 006
进口	787	1 016	1 277	2 268	5 027	5 844	6 266
#外贸	587	808	804	1 325	1 998	2 180	2 381
内贸	200	207	475	943	3 030	3 665	3 885
出口	2 560	3 543	4 080	5 304	8 638	8 997	10 299
#外贸	1 356	2 621	2 887	2 643	3 045	2 555	3 310
内贸	1 204	922	1 193	2 661	5 593	6 442	6 989
旅客进出港量(万人)	**220**	**357**	**327**	**510**	**743**	**790**	**838**
进港	107	174	161	249	363	384	409
出港	113	183	166	261	380	406	429

15—19 民用航空运输量

指标	单位	1985年	1990年	1995年	2000年	2001年	2002年
(一)客运量	**万人**	**37.1**	**132.7**	**448.5**	**380.5**	**410.9**	**458.1**
国际航线	万人	0.5	1.7	14.8	36.9	43.3	51.0
地区航线	万人	0.02	2.3	5.2	5.4	4.5	5.2
国内航线	万人	36.6	128.7	428.5	338.2	363.1	407.2
(二)旅客周转量	**万人公里**	**43 006**	**190 606**	**46 944**	**496 902**	**552 788**	**630 244**
国际航线	万人公里	694	1 554	989	44 365	54 948	70 043
地区航线	万人公里	48	6 227	1 104	14 622	11 955	14 092
国内航线	万人公里	42 264	182 825	44 851	437 915	497 840	560 201
(三)货(邮)运量	**吨**	**8 949**	**25 192**	**67 168**	**88 862**	**68 026**	**81 050**
国际航线	吨	154	484	3 670	14 792	9 041	13 246
地区航线	吨	4	522	1 025	1 330	546	465
国内航线	吨	8 791	24 186	62 474	72 739	58 438	67 804
(四)货邮周转量	**万吨公里**	**999.6**	**3 869.4**	**11 632.8**	**10 901.4**	**11 176.4**	**13 905.8**
国际航线	万吨公里	17.43	44.8	321.0	967.9	882.2	1 404.1
地区航线	万吨公里	1.06	142	284.2	189.8	141.5	122.9
国内航线	万吨公里	981.1	3 682.6	11 027.6	9 743.6	10 152.7	12 501.7
(五)总周转量	**万吨公里**	**4 095.7**	**17 613**	**58 576.7**	**50 761.8**	**61 034**	**70 242.1**
国际航线	万吨公里	67.9	158.6	1 309.7	4 888.9	5 727.8	7 661.5
地区航线	万吨公里	4.5	608.9	1 388.4	1 439.2	1 211.3	1 382.4
国内航线	万吨公里	4 023.3	16 846	55 878.6	44 433.7	54 094.9	62 581.0

注:此表数为北方航空公司提供。

15—20 邮电业务基本情况

指　　标	单　位	1990年	1995年	1999年	2000年	2001年	2002年
邮电业务总量	亿　元	8.4	50.1	157.9	242.6	213	249.3
电信业务总量	亿　元						232.1
邮政业务总量	亿　元						17.2
函　　件	亿　件	2.2	2.7	1.8	1.7	1.5	1.3
包　　件	万　件	389.6	483.9	303.2	298.7	315.4	342.5
邮政快件	万　件	983.8	1 360.9	—	—	—	—
特快专递	万　件	14.5	214.9	315.8	389.7	466.6	509.1
报刊期发数	万　份	1 176	698	594.1	415.3	440.3	378.9
电　　报	万　份	958	384	102.3	100.0	80.7	63.2
传　　真	万　份	5.3	35.2	30.9	29.9	10.3	29.0
长途电话	万　张	7 537	42 241	72 727	76 443	76 819	80 822
年末市内电话	万　户	35.2	194.8	439.3	519.7	621.5	712.4
#住宅电话	万　户	8.5	141.5	358.7	421.6	488.9	561.4
年末无线寻呼用户	万　户	2.0	159.1	302.7	281.0	202.9	146.2
年末移动电话用户	万　户	0.1	19.8	207.7	429.3	703.8	846.6
年末国际互联网用户	万　户						335.9
年末农村电话	万　户	7.9	34.3	139.9	179.8	239.2	304.1
邮电局、所	处	1 608	2 064	3 033	3 241	2 803	3 144
邮路及农村投递路线总长度	万公里	16.6	23.5	25.3	22.0	22.9	22.8
汽车邮路	公　里	11 362	19 301	24 870	23 540	31 675	32 446
铁路邮路	公　里	11 580	8 489	5 492	4 222	4 282	4 282
长话电路	路	7 669	90 553	139 290	168 294	1 050 129	1 166 811
电报电路	路	357	385	211	164	239	
邮电通信工具拥有量							
市话交换机容量	万　门	50.0	322.0	574.4	682.0	832.4	896.6
农话交换机	万　门	16.0	68.1	197.1	250.6	319.1	366.8
电话机							
城市电话	部	647 178	2 437 724	5 120 679	5 914 234	6 692 026	7 423 490
农村电话	部	111 029	375 209	1 430 966	1 851 313	2 528 356	3 021 056

注:2001年邮电业务总量是按规2000年不变价计算的。

15—21 邮电业务量

年份	邮电业务总量（万元）	函件（万件）	报刊期发数（万份）	电报（万份）	长途电话（万张）	市内电话（部）	农村电话（部）
1952	2 270.9	4 734	82	78	231	37 039	1 888
1957	3 636.0	13 200	86	95	148	57 757	5 960
1965	5 002.9	11 554	321	242	461	115 316	44 545
1970	5 467.8	13 387	190	287	450	121 535	56 043
1975	8 662.5	15 140	514	543	1 116	162 313	46 742
1978	9 580.1	14 725	720	576	1 268	190 755	59 573
1979	9 939.1	15 157	799	595	1 381	204 104	59 236
1980	10 576.4	14 908	953	644	1 399	220 654	56 443
1981	11 208.9	14 631	1 235	673	1 472	236 270	66 650
1982	11 775.6	14 743	1 214	672	1 584	254 923	67 983
1983	12 872.0	15 359	1 380	736	1 812	283 457	73 054
1984	14 710.6	17 421	1 773	714	2 152	308 946	83 638
1985	17 302.7	21 002	1 791	874	2 666	353 802	77 470
1986	18 961.6	22 048	1 610	868	2 810	391 320	85 088
1987	21 732.6	24 175	1 752	994	3 353	448 071	92 353
1988	26 878.3	24 464	1 325	1 225	4 640	510 886	97 707
1989	34 519.4	23 146	705	1 123	5 755	571 328	106 648
1990	83 985.9	21 964	1 176	958	7 537	647 178	111 029
1991	108 122.3	19 454	1 123	960	10 217	756 958	121 950
1992	154 880.9	21 281	903	965	16 472	931 168	135 506
1993	242 108.4	23 791	1 163	814	27 064	1 268 064	168 891
1994	322 405.5	25 001	816	555	30 447	1 358 720	196 675
1995	500 819.1	24 288	698	384	42 241	2 437 724	375 209
1996	625 297.2	22 317	630	269	51 556	3 129 927	601 700
1997	883 518.2	21 642	701	176	68 576	3 873 765	875 702
1998	1 322 580.0	23 450	745	142	88 136	4 454 852	1 138 260
1999	1 578 634.5	18 140	594	102	72 727	5 120 679	1 430 966
2000	2 426 098.7	17 309	415	100	76 443	5 914 234	1 851 313
2001	2 130 798.6	14 867	440	81	76 819	6 692 026	2 528 356
2002	2 492 991.7	13 094	379	63	80 822	7 423 490	3 021 056

注：农村电话1984年以前为国营、社营合计数，邮电业务总量按各个时期的不变价格计算。

15—22 邮电通信水平

指标	单位	1985年	1990年	1995年	2000年	2001年	2002年
全省邮电通信水平							
平均每百人每年发函件数	件	570	550	606	401	354	313
平均每百人每年订报刊数	份	48.56	29.64	17.4	9.8	10.5	9.1
平均每百人拥有电话机数	部	1.17	1.92	7.5	18.3	21.9	25.1
县以上城市装有自动电话交换机比重	%	87.9	100	100	100	100	100
农村邮电通信水平							
设有邮电局所乡(镇)比重	%	93.2	90.6	92.6	88.5	91.2	95.6
每天投递一次的乡(镇)比重	%	99.3	94.0	96.2	100	100	100
每天投递一次的行政村比重	%	93.8	59.0	—	—	100	100
当天能看到省报的市(县)比重	%	57.8	35.0	92.9	—	100	100
开通自动长途电话的县(市)比重	%	95.5	95.0	100	100	100	100
已通电话的乡(镇)比重	%	100	100	100	100	100	100
已通电话的行政村比重	%	92.9	88.1	—	100	100	100

主要统计指标解释

铁路营业里程 又称营业长度，指办理客货运输业务的铁路正线总长度。凡是全线或部分建成双线及以上的线路，以第一线的实际长度计算；复线、站线、段管线、岔线和特殊用途线以及不计算运费的联络线都不计算营业里程。铁路营业里程是反映铁路运输业基础设施发展水平的重要指标，也是计算客货周转量、运输密度和机车车辆运用效率等指标的基础资料。

铁路正线延展里程 是正线第一线、第二线、第三线和其他正线建筑里程之和，不包括站线、段管线、岔线及特殊用途线的延展里程。它是作为计算铁路线上钢轨、枕木及路基砂石需要量的主要依据。

铁路电气化里程 指在全部铁路营业里程中已安装了供电线路及设备，可以供电力机车牵引列车运行的区段的总里程。电气化里程占铁路营业里程的比重。

铁路自动闭塞里程 为保证列车安全运行，在一个区间，同一时间内，一般只允许一列列车运行，这种保证列车在这个区间安全间隔运行的技术方法称为"闭塞"，自动闭塞里程是指装有列车自动完成闭塞作用设备的铁路里程。自动闭塞里程占铁路营业里程的比重也是反映铁路现代化的重要标志之一。

公路里程 指在一定时期内实际达到《公路工程技术标准 JTJ01－88》规定的等级公路，并经公路主管部门正式验收交付使用的公路里程数。其计算单位为：Km。它包括大中城市的郊区公路以及通过小城镇街道部分的公路里程，也包括桥梁、渡口的长度，但不包括大中城市的街道、厂矿、林区生产用道和农业生产用道的里程。两条或多条公路共同经由同一路段，只计算一次，不得重复计算里程长度。公路里程是反映公路建设发展规模的重要指标，也是计算运输网密度等指标的基础资料。

内河航道里程 也称"内河通航里程"，是反映内河水运网规模、水平和发展情况的主要指标；是指在一定时期内，能通航运输船舶及排筏的天然河流、湖泊水库、运河及通航渠道的长度。包括全年季节性通航累计三个月以上的航道，但不包括仅供零散流放竹、木排的河道。

民用航空航线里程 指民航运输定期班机飞行的航线长度的总和。航线长度按机场之间的距离计算，通常有两种计算方法：将每条航线长度相加称为重复计算航线里程；如将两线或两条以上航线经过同一区段里程，只计算一次航线长度称为不重复计算航线里程。一般常用的是后者，它能确切反映民航运输网的规模，表明民航事业为国民经济服务和方便人民生活程度的主要指标。

输油(气)管道长度 也称"输油(气)里程"，是反映管道运输发展规模和水平的主要指标；是指油品(或天然气)的实际输送距离，一般按输油(气)管道的单线长度计算。若包括复线和备用线长度则称为输油(气)管道延展长度，是指管道辅设的实际长度。我们通常使用的是不包括复线的"输油(气)管道里程"。

货(客)运量 指在一定时期内，各运输部门实际运送的货物(旅客)数量。是反映运输业为国民经济和人民生活服务的数量指标，也是制定和检查运输生产计划，研究运输发展规模和速度的重要指标。货运按吨计算，客运按人计算。货物不论运输距离长短，货物类别，均按实际重要统计；旅客不论行程远近或票价多少，均按一人一次作为客运量统计。半价票、小孩票也按一人统计。

货(客)运密度 指在一定时期内某种运输方式运输线路的某一区段平均每公司线路通过的货物(旅客)运输周转量。计算单位是吨(人)公里/公里。计算公式为：

$$货(客)运密度=\frac{货物(旅客)周转量}{营业线路长度}$$

货(客)运密度是反映交通运输线路上货物(旅客)运输量运输繁忙程度的主要指标。是平衡运输线路运输能力和通过能力，规划线路建设及改造、配备技术设备，研究运输网布局的重要依据。

货物(旅客)周转量 指在一定时期内，由各种运输工具运送的货物(旅客)数量与其相应运输距离的乘积之总和，是反映运输生产总成果的重要指标，也是编制和检查运输生产计划，计算运输效率、劳动生产率以及核算运输单位成本的主要基础资料。通常以吨公里和人公里为计算单位。计算货物周转量通常按发出站与到达站之间的最短距离，也就是计费距离计算。

铁路货车平均静载重 指铁路货车在始发站静止状态下平均每车装载的货物重量，用以分析货车完成装车时车辆载重力的利用情况。计算单位为"吨"，计算公式为：

$$货车平均静载重(吨)=\frac{货物发送吨数}{装车数}$$

静载重的多少取决于运送货物的性质、种类、车辆的类型和装载技术的高低。根据货车的平均标记载重与静载重进行对比，可以反映货车载重能力的利用程度。计算公式为：

$$货车载重力利用率(\%)=\frac{货车平均静载重}{货车平均标记载重}\times100\%$$

铁路货运机车日产量 指平均每台货运机车在一昼夜内所完成的总重吨公里数。它既包括载运货物的重量，也包括车辆本

身的自重,它从时间和牵引能力两方面反映了机车运用效率。计算单位为"吨公里",计算公式为:

$$货运机车平均日产量(吨公里)=\frac{货运总重吨公里数}{货运机车台日数}$$

沿海主要港口货物吞吐量 指由水运进出沿海主要港区范围,并经过装卸的货物数量,包括邮件及办理托运手续的行李、包裹以及补给运输船舶的燃、物料和淡水。其计量单位为吨。货物吞吐量的货种分类及其主要流向流量,反映了港口在国内外物资交流和对外贸易运输中的地位和作用。吞吐量可以分为进口、出口,又可以分为国内贸易和对外贸易。

邮电业务总量 指以货币表现的邮电部门用于传递信息和提供其他邮电服务的总数量。它综合反映了一定时期邮电工作的总成果,是研究邮电业务量构成和发展趋势的重要指标。根据邮电管理体制不同,分为中央国营业务总量和地方国营业务总量。它用各种邮电分类业务量,如函件件数、电报份数、长话张数、市内电话和农村电话的年均户数、订销报刊累计份数等,分别乘以相应的平均单价(不变价),加总后再加上出租电路和设备的收入、代用户维护电话交换机和线路等设备的收入、其他业务收入求得。

市内电话 指接入县城(包括个别城镇)及县以上城市的市内电话网上,并按市内电话进行经营管理的电话。按计费办法分为包月制和计次制两种。

(1)住宅电话 指话机装在居民住宅里的电话。它包括私人付费、公费和免费三个部分。

(2)私人付费电话 指住宅居民自费安装并自己缴纳通话费的电话。

第十六篇

商业

16

SHANGYE

16—1 限额以上批发零售贸易、餐饮业基本情况

行业、经济类型	2001年			2002年		
	法人企业（个）	产业活动单位（个）	从业人数（人）	法人企业（个）	产业活动单位（个）	从业人数（人）
一、批发零售贸易业总计	**1 047**	**1 067**	**183 735**	**1 113**	**1 140**	**185 371**
1.批发企业	**667**	**678**	**83 813**	**655**	**667**	**77 542**
内资企业	648	657	82 440	634	641	75 966
国有企业	403	408	59 742	349	352	50 235
集体企业	55	55	4 169	43	43	3 723
股份合作企业	9	9	242	14	14	445
联营企业	4	4	96	4	4	92
有限责任公司	91	91	9 204	113	114	11 269
股份有限公司	48	52	7 716	45	48	8 190
私营企业	38	38	1 271	66	66	2 012
其他企业	—	—	—	—	—	—
港、澳、台商投资企业	4	6	352	10	14	656
外商投资企业	15	15	1 021	11	12	920
2.零售企业	**380**	**389**	**99 922**	**458**	**473**	**107 829**
内资企业	360	367	94 586	436	448	101 215
国有企业	136	139	31 721	130	133	31 864
集体企业	59	60	9 882	42	43	7 260
股份合作企业	14	14	1 771	20	20	2 679
联营企业	3	3	911	2	2	40
有限责任公司	59	59	13 760	93	95	20 823
股份有限公司	26	28	22 000	29	33	21 095
私营企业	63	64	14 541	120	122	17 454
其他企业	—	—	—	—	—	—
港、澳、台商投资企业	12	13	2 260	12	13	3 231
外商投资企业	8	9	3 076	10	12	3 383
二、餐饮业总计	**271**	**307**	**38 858**	**295**	**325**	**39 882**
内资企业	205	227	24 091	229	246	25 589
国有企业	29	39	4 924	32	42	5 474
集体企业	30	33	2 201	28	28	2 012
股份合作企业	15	15	1 239	15	15	1 125
联营企业	—	—	—	—	—	—
有限责任公司	24	29	4 012	28	32	4 223
股份有限公司	13	16	2 637	10	13	2 168
私营企业	94	95	9 078	116	116	10 587
其他企业	—	—	—	—	—	—
港、澳、台商投资企业	34	43	7 017	34	41	6 872
外商投资企业	32	37	7 750	32	38	7 421

16—2 社会消费品零售总额(一)

(按城乡分)

单位:亿元

年份、地区	社会消费品零售总额	按地区分			按城乡分	
		市	县	县以下	城镇	乡村
1952	18.2	12.6	5.6	—	13.4	4.8
1957	29.6	20.3	9.3	—	23.0	6.6
1965	35.7	23.4	12.3	—	27.5	8.2
1970	39.5	23.4	16.1	—	30.2	9.3
1975	59.8	36.2	23.6	—	45.2	14.6
1978	71.2	42.6	19.1	9.5	52.8	18.4
1979	83.1	50.6	18.9	13.6	59.9	23.2
1980	101.8	64.4	20.2	17.2	72.6	29.2
1981	115.5	68.1	20.9	26.5	80.1	35.4
1982	121.5	71.2	21.6	28.7	84.6	36.9
1983	134.3	78.6	24.2	31.5	92.3	42.0
1984	158.1	96.0	27.6	34.5	109.0	49.1
1985	195.5	119.8	34.4	41.3	137.5	58.0
1986	244.3	154.0	41.3	49.0	175.0	69.3
1987	285.9	185.8	46.3	53.8	205.7	80.2
1988	368.0	243.4	60.5	64.1	269.6	98.4
1989	411.7	282.4	60.0	69.3	307.7	104.0
1990	421.1	297.6	56.8	66.7	322.3	98.8
1991	467.3	332.5	66.5	68.3	363.6	103.7
1992	540.6	415.6	52.1	72.9	415.6	125.0
1993	682.1	534.8	54.5	92.8	589.3	92.8
1994	870.5	699.8	57.0	113.7	756.8	113.7
1995	1 122.0	911.5	72.9	137.6	984.4	137.6
1996	1 289.4	1 051.0	79.3	159.1	1 130.3	159.1
1997	1 450.6	1 184.2	86.0	180.4	1 270.2	180.4
1998	1 568.7	1 286.0	87.0	195.7	1 373.0	195.7
1999	1 696.1	1 401.5	92.3	202.3	1 493.8	202.3
2000	1 847.6	1 529.9	102.3	215.4	1 632.2	215.4
2001	2 034.9	1 683.6	114.2	237.1	1 797.8	237.1
2002	2 258.4	1 889.4	115.6	253.4	2 005.0	253.4
沈阳	695.2	659.1	18.0	18.1	677.1	18.1
大连	591.9	551.7	1.6	38.7	553.3	38.7
鞍山	156.0	115.0	11.8	29.3	126.8	29.3
抚顺	136.0	116.1	9.4	10.5	125.5	10.5
本溪	63.2	48.1	9.4	5.7	57.5	5.7
丹东	85.4	47.3	14.1	24.0	61.4	24.0
锦州	108.7	72.0	12.4	24.3	84.4	24.3
营口	71.1	50.1	—	21.0	50.1	21.0
阜新	47.6	39.3	2.8	5.5	42.1	5.5
辽阳	62.7	37.5	4.8	20.3	42.3	20.3
盘锦	56.7	40.0	4.6	12.1	44.6	12.1
铁岭	68.0	40.4	11.7	15.8	52.1	15.8
朝阳	44.4	21.6	7.2	15.6	28.8	15.6
葫芦岛	71.5	51.2	7.8	12.5	59.0	12.5

注:1993年以后是将市和县为视为城镇,县以下为乡村。

16—3 社会消费品零售总额(二)

(按经济类型分)

单位:亿元

年份、地区	国有经济	集体经济	私营	个体	其他
1952	7.2	6.6	—	4.9	0.4
1957	17.5	11.7	—	0.6	1.5
1965	25.3	11.3	—	0.4	1.7
1970	27.1	16.9	—	—	1.6
1975	43.6	24.7	—	—	4.0
1978	53.0	31.5	—	—	0.8
1979	61.5	34.9	—	0.1	1.8
1980	69.9	45.3	—	1.3	3.6
1981	71.5	57.5	—	2.5	5.5
1982	74.5	60.2	—	4.3	6.4
1983	79.4	64.9	—	9.1	7.5
1984	90.2	73.3	—	16.1	9.4
1985	103.6	63.3	—	28.5	14.2
1986	118.9	91.9	—	38.2	34.4
1987	135.5	103.3	—	52.0	44.0
1988	175.3	127.8	—	70.7	57.2
1989	192.6	131.4	—	89.5	74.2
1990	198.4	87.1	—	95.8	78.4
1991	225.8	129.4	—	108.8	92.9
1992	259.1	135.8	—	131.7	124.5
1993	232.0	132.4	3.0	185.4	129.3
1994	229.1	143.1	35.4	296.2	166.7
1995	262.5	163.3	67.2	407.1	221.9
1996	255.8	170.5	95.5	523.1	243.5
1997	246.6	175.2	114.6	631.0	283.2
1998	226.9	157.1	150.6	739.5	294.6
1999	222.7	145.2	181.1	828.6	318.5
2000	238.4	126.9	207.2	958.0	317.1
2001	233.4	130.9	238.0	1 096.2	336.4
2002	224.6	135.7	273.3	1 212.6	412.2
沈阳	104.6	55.2	68.9	343.2	123.3
大连	36.1	19.8	100.3	279.0	156.7
鞍山	12.8	7.6	25.2	90.6	19.8
抚顺	13.1	5.1	20.2	74.9	22.7
本溪	5.9	1.3	5.2	42.9	7.9
丹东	5.8	6.2	10.6	54.5	8.3
锦州	11.4	10.3	8.5	60.4	18.1
营口	6.4	4.1	3.3	46.6	10.7
阜新	7.3	3.2	5.0	25.2	6.9
辽阳	1.9	2.5	8.8	48.2	1.3
盘锦	7.7	8.4	1.2	29.0	10.4
铁岭	2.8	3.5	4.9	46.0	10.8
朝阳	5.2	6.5	5.1	21.4	6.2
葫芦岛	3.6	2.0	6.2	50.7	9.0

注:1992年以前为社会商品零售总额。

16—4 社会消费品零售总额(三)

(按行业分)

单位:亿元

年 份	批发零售贸易业	餐饮业	制造业	其他行业
1978	75.2	3.4	4.6	2.1
1979	83.8	4.1	5.8	4.6
1980	98.2	5.4	9.2	7.3
1981	109.3	6.4	11.6	9.7
1982	115.0	7.2	12.2	11.0
1983	127.3	7.8	13.0	12.8
1984	149.6	8.9	15.4	15.1
1985	159.1	10.9	18.5	7.0
1986	206.3	14.2	20.6	25.2
1987	242.6	15.3	24.2	30.9
1988	313.2	20.4	29.7	39.3
1989	349.9	21.2	29.4	50.5
1990	318.9	20.6	29.7	51.9
1991	393.3	21.9	34.9	61.0
1992	446.8	25.6	36.4	80.8
1993	503.0	37.6	39.7	101.8
1994	607.5	60.1	45.5	157.4
1995	782.6	92.3	49.0	198.1
1996	906.2	117.4	52.5	213.3
1997	1 028.6	134.5	57.7	229.8
1998	1 123.9	159.5	52.7	232.6
1999	1 222.3	188.2	51.4	234.2
2000	1 355.1	219.7	52.4	220.4
2001	1 500.3	259.3	57.5	217.8
2002	1 667.1	305.2	61.1	225.0

16—5 各 地 区 社 会

(2002

项目	沈阳市	大连市	鞍山市	抚顺市	本溪市
社会消费品零售总额	**6 952 392**	**5 919 423**	**1 560 379**	**1 360 306**	**632 129**
按销售地区分					
市的零售额	6 590 985	5 517 386	1 149 435	1 160 900	481 151
县的零售额	180 144	15 490	117 739	94 363	93 957
县以下零售额	181 263	386 547	293 205	105 044	57 021
按登记注册类型分					
国有企业	1 041 923	360 627	128 328	130 852	58 592
集体企业	501 085	189 865	72 299	45 699	13 338
股份合作企业	50 616	7 950	3 909	4 525	—
联营经济	7 079	46	—	561	760
国有联营企业	3 024	—	—	—	—
集体联营企业	606	—	—	561	—
有限责任公司	126 130	122 375	17 306	44 895	45 302
国有独资公司	738	—	—	—	—
股份有限公司	336 032	437 675	45 601	69 462	12 190
私营企业	688 889	1 002 735	252 487	202 024	51 586
港澳台投资企业	104 200	83 575	4 962	270	1 475
外商投资企业	162 000	265 970	4 643	1 134	815
其他企业	502 838	658 430	124 690	111 548	19 169
个体户	3 431 600	2 790 174	906 154	749 337	428 903
按行业分					
批发零售贸易业	5 157 166	4 304 520	1 055 133	980 742	529 207
餐饮业	859 617	836 175	271 747	154 879	55 205
制造业零售	319 683	44 737	89 667	48 530	3 313
其他	615 925	733 991	143 832	176 155	44 404
#农业生产者直接零售	472 300	664 235	124 685	108 324	30 427

消费品零售总额

年）

单位：万元

丹东市	锦州市	营口市	阜新市	辽阳市	盘锦市	铁岭市	朝阳市	葫芦岛市
853 650	**1 087 107**	**710 448**	**475 743**	**626 809**	**567 162**	**679 493**	**443 926**	**714 560**
472 850	719 328	500 468	392 503	375 036	400 414	404 339	216 394	512 082
141 039	124 304	—	28 310	48 345	46 063	117 018	71 593	77 994
239 761	243 475	209 980	54 930	203 428	120 685	158 136	155 939	124 484
57 955	114 445	63 608	73 297	19 030	77 335	27 613	52 048	36 230
36 752	98 592	35 343	31 744	23 325	72 579	34 489	62 066	11 782
25 076	1 904	5 779	—	1 130	11 509	—	3 118	8 331
—	2 774	—	—	—	2 705	285	—	—
—	96	—	—	—	—	10	—	—
—	2 679	—	—	—	—	275	—	—
5 315	40 273	26 227	37 163	4 000	9 166	19 550	24 420	14 197
—	—	—	—	—	—	—	—	—
12 208	23 403	12 127	5 886	—	69 051	6 875	11 904	20 020
105 618	84 759	33 378	49 500	88 258	12 428	48 834	50 856	62 140
630	2 000	2 628	—	—	1 587	—	—	698
5 532	843	—	804	—	1 042	—	—	780
59 851	114 282	65 830	24 864	8 716	19 951	82 401	25 099	53 189
544 713	603 832	465 529	252 486	482 350	289 808	459 446	214 415	507 194
661 083	782 054	513 754	400 805	509 765	388 107	466 494	329 738	591 997
128 381	143 260	128 224	44 476	106 265	84 770	110 102	61 737	67 379
3 935	38 524	1 807	4 482	61	14 712	16 671	21 058	3 735
60 251	123 270	66 663	25 981	10 718	79 573	86 226	31 393	51 449
59 255	111 778	65 810	24 864	8 716	69 144	82 238	20 973	45 002

16—6 消费品市场基本情况

项　　目	1985年	1990年	1995年	1999年	2000年	2001年	2002年
集市数(个)	**2 158**	**2 457**	**2 849**	**2 926**	**2 920**	**2 850**	**2 908**
城　　市	682	1 051	1 462	2 508	1 563	1 519	1 587
乡　　村	1 476	1 406	1 387	1 418	1 357	1 331	1 321
集市贸易成交额(亿元)	**25.7**	**108.0**	**790.9**	**1 277.7**	**1 316.0**	**1 353.0**	**1 335.0**
城　　市	10.2	64.6	512.6	849.9	889.0	920.0	906.0
乡　　村	15.5	43.4	278.3	427.8	427.0	433.0	429.0
粮　油　类	2.0	5.4	36.3	56.6	60.0	40.0	45.0
肉禽蛋类	4.6	19.6	96.6	149.6	148.0	152.0	158.0
水产品类	1.3	7.6	49.7	92.8	94.0	104.0	95.0
蔬　菜　类	4.5	20.0	89.2	129.5	137.0	139.0	143.0
干鲜果类	1.4	10.3	48.9	57.2	71.0	76.0	72.0
大牲畜类	1.0	0.8	2.7	0.8	2.1	2.4	1.6
其　它　类	10.9	44.3	467.5	791.2	803.9	839.6	820.4

16—7 限额以上连锁店(公司)商品销售情况

(2002年)

单位:万元

	连锁总店数(个)	连锁门店数(个)	直营店	加盟店	营业面积(平方米)	从业人数(人)	销售总额	#零售额
总计	**28**	**960**	**604**	**353**	**267 788**	**12 594**	**368 713**	**281 283**
一、零售业	24	806	556	250	149 456	6 494	283 319	195 889
#国有及国有控股	10	521	331	190	86 895	3 093	177 639	114 326
#外商及港澳台投资	1	18	18	—	5 000	102	2 727	2 727
按零售业态分								
百货商店	3	37	12	25	24 300	615	18 105	17 983
超级市场	5	56	56	—	18 514	433	21 181	15 488
专业店	14	556	345	211	90 263	4 868	218 256	148 743
专卖店	—	—	—	—	—	—	—	—
其他	2	157	143	14	16 379	578	25 777	13 674
二、餐饮业	4	154	48	103	118 332	6 100	85 394	85 394
#外商及港澳台投资	1	7	7	—	1 132	150	1 647	1 647
按行业分								
正餐	2	144	41	103	117 200	5 950	81 526	81 526
快餐	2	10	7	—	1 132	150	3 868	3 868
其他	—	—	—	—	—	—	—	—

注:本表统计范围是限额以上连锁零售总店(总公司)和连锁餐饮总店(总公司)及全部连锁门店。

16—8 限额以上批发零售贸易业商品购进、销售、库存总额

(2002 年)

单位:万元

经济类型、行业	购进总额	销售总额			年末库存
			#批　发	#零　售	总　额
总　　计	**18 215 777**	**19 804 983**	**16 140 657**	**3 664 326**	**1 455 109**
一、批　发　业	15 370 198	16 462 501	15 757 788	704 714	1 080 845
其中:国有及国有控股	12 878 399	13 825 324	13 400 071	425 253	855 223
1.按登记注册类型分组					
内资企业	14 662 600	15 700 557	15 053 960	646 597	1 049 214
国有企业	4 996 986	5 527 972	5 254 554	273 418	666 992
集体企业	325 291	345 095	341 555	3 540	58 453
股份合作企业	81 283	86 881	41 503	45 378	6 635
联营企业	17 296	22 471	20 243	2 229	1 393
国有联营企业	13 342	13 756	12 906	850	770
集体联营企业	—	—	—	—	—
国有与集体联营企业	179	4 900	4 900	—	542
其他联营企业	3 775	3 815	2 436	1 379	81
有限责任公司	1 344 485	1 491 189	1 403 407	87 782	110 792
国有独资企业	302 789	311 451	285 336	26 115	31 780
其他有限责任公司	1 041 697	1 179 738	1 118 071	61 667	79 012
股份有限公司	7 368 746	7 685 904	7 521 669	164 234	154 287
私营企业	528 514	541 045	471 030	70 015	50 663
私营独资企业	32 078	34 025	34 025	—	1 787
私营合伙企业	—	—	—	—	—
私营有限责任公司	423 013	430 976	362 087	68 889	43 023
私营股份有限公司	73 424	76 044	74 918	1 126	5 853
其他企业	—	—	—	—	—
港、澳、台商投资企业	389 693	440 170	392 166	48 004	19 543
合资经营企业(港或澳、台资)	283 206	325 585	282 598	42 987	15 039
合作经营企业(港或澳、合资)	—	—	—	—	—
港、澳、台商独资经营企业	92 959	101 037	96 020	5 018	2 419
港、澳、台商投资股份有限公司	13 528	13 548	13 548	—	2 084

16-8续表1　　　　(2002年)　　　　单位:万元

经济类型、行业	购进总额	销售总额	#批　发	#零　售	年末库存总　额
外商投资企业	317 905	321 775	311 662	10 113	12 088
中外合资经营企业	174 145	182 485	174 491	7 995	3 584
中外合作经营企业	—	—	—	—	—
外资企业	143 760	139 290	137 172	2 118	8 504
外商投资股份有限公司	—	—	—	—	—
2.按国民经济行业分组					
食品饮料烟草和家庭用品批发业	3 089 924	3 607 450	3 418 666	188 785	590 942
食品、饮料、烟草批发业	1 735 391	2 136 855	2 115 268	21 587	446 701
粮食、食用油批发业	629 489	841 990	836 994	4 996	341 699
烟草及其制品批发业	797 156	966 735	957 281	9 454	79 217
棉、麻、土畜产品批发业	39 533	43 251	43 251	—	5 905
纺织品、服装和鞋帽批发业	512 190	556 516	556 486	30	35 354
日用百货批发业	226 747	240 549	234 642	5 907	12 314
日用杂品批发业	172	1 541	1 361	179	583
五金、交电、化工批发业	208 636	234 780	217 881	16 899	24 349
药品及医疗器械批发业	367 255	393 959	249 777	144 182	65 736
能源材料和机械电子设备批发业	11 954 450	12 519 496	12 004 403	515 094	448 017
能源批发业	7 276 568	7 580 321	7 346 883	233 438	140 456
石油及制品批发业	7 180 917	7 468 059	7 238 281	229 778	122 585
煤炭及制品批发业	95 650	112 262	108 602	3 660	17 872
化工材料批发业	301 497	308 646	308 646	—	27 987
木材批发业	3 415	3 901	3 901	—	2 827
建筑材料批发业	79 454	78 829	78 729	100	8 027
矿产品批发业	132 335	138 511	138 511	—	5 396
金属材料批发业	2 287 537	2 373 994	2 373 978	15	143 402
机械、电子设备批发业	825 719	913 012	877 793	35 219	58 075
汽车摩托车及零配件批发业	1 029 880	1 102 989	856 667	246 321	60 994
汽车批发业	758 580	813 996	629 334	184 662	47 756

16－8续表2　　(2002年)　　单位:万元

经济类型、行业	购进总额	销售总额	#批　发	#零　售	年末库存总　额
再生物资回收批发业	18 046	19 295	19 295	—	852
其他批发业	325 824	335 555	334 720	835	41 886
工艺美术批发业	4 180	8 524	8 524	—	237
图书报刊批发业	25 737	25 048	24 626	422	4 449
农业生产资料批发业	256 274	260 642	260 616	26	31 607
其他类未包括的批发业	39 633	41 341	40 954	387	5 593
二、零　售　业	2 845 579	3 342 482	382 870	2 959 612	374 264
其中:国有及国有控股	1 330 408	1 541 440	203 100	1 338 340	171 987
1.按登记注册类型分组					
内资企业	2 556 458	2 941 283	379 241	2 562 042	343 959
国有企业	528 792	613 300	77 695	535 605	88 759
集体企业	83 907	93 995	27 208	66 787	15 049
股份合作企业	56 914	63 667	16 587	47 081	14 825
联营企业	538	631	—	631	140
国有联营企业	509	514	—	514	105
集体联营企业	—	—	—	—	—
国有与集体联营企业	29	117	—	117	35
其他联营企业	—	—	—	—	—
有限责任公司	650 534	714 891	121 526	593 365	100 679
国有独资企业	35 822	44 044	—	44 044	2 023
其他有限责任公司	614 712	670 846	121 526	549 321	98 656
股份有限公司	720 890	842 544	70 027	772 517	57 055
私营企业	514 882	612 256	66 199	546 057	67 452
私营独资企业	22 251	26 116	1 786	24 330	4 297
私营合伙企业	1 504	1 814	—	1 814	846
私营有限责任公司	441 200	492 040	63 540	428 499	51 945
私营股份有限公司	49 928	92 286	873	91 414	10 364

16－8续表3　　(2002年)　　单位:万元

经济类型、行业	购进总额	销售总额			年末库存
			#批　发	#零　售	总　额
其他企业	—	—	—	—	—
港、澳、台商投资企业	91 968	132 364	—	132 364	12 671
合资经营企业(港或澳、台资)	72 995	109 762	—	109 762	12 150
合作经营企业(港或澳、台资)	14 615	17 637	—	17 637	309
港、澳、台商独资经营企业	4 358	4 965	—	4 965	212
港、澳、台商投资股份有限公司	—	—	—	—	—
外商投资企业	197 153	268 835	3 629	265 206	17 635
中外合资经营企业	132 721	158 899	—	158 899	9 590
中外合作经营企业	52 006	99 386	—	99 386	5 205
外资企业	12 426	10 551	3 629	6 922	2 839
外商投资股份有限公司	—	—	—	—	—
2.按国民经济行业分组					
食品、饮料和烟草零售业	86 551	112 237	16 686	95 551	13 054
#粮油食品零售业	8 260	10 557	1 836	8 721	2 658
副食品零售业	43 109	51 731	1 199	50 532	5 594
日用百货零售业	1 622 692	2 055 015	59 359	1 995 655	211 943
#百货零售业	1 574 164	1 994 255	48 131	1 946 124	204 738
文化体育用品零售业	13 011	13 858	5 875	7 983	5 234
纺织品、服装和鞋帽零售业	26 457	29 256	1 121	28 135	8 741
日用杂品零售业	1 600	1 906	—	1 906	213
五金、交电、化工零售业	113 036	107 920	2 325	105 595	15 895
药品及医疗器械零售业	280 161	285 405	116 187	169 218	38 559
图书报刊零售业	94 992	95 995	5 266	90 728	36 726
其他零售业	620 090	654 749	181 925	472 824	49 134
#家具零售业	2 538	3 563	—	3 563	1 850
汽车、摩托车及其零配件零售业	367 328	385 181	71 325	313 856	23 163
计算机及软件、办公设备零售业	103 278	110 014	40 531	69 483	7 783

16—9 各地区限额以上批发

(2002

经济类型、行业	沈　阳	大　连	鞍　山	抚　顺	本　溪
总　　计	**10 787 294**	**3 746 645**	**1 545 394**	**399 010**	**188 452**
一、批　发　业	9 556 322	2 867 139	1 468 778	255 723	132 777
其中:国有及国有控股	8 017 702	2 234 232	1 334 459	165 178	128 484
1.按登记注册类型分组					
内资企业	9 030 007	2 693 105	1 466 796	255 723	132 777
国有企业	1 780 066	1 029 962	1 264 878	77 045	90 200
集体企业	184 328	81 686	7 563	10 879	4 199
股份合作企业	64 466	6 901	—	3 391	—
联营企业	17 117	179	—	—	—
国有联营企业	13 342	—	—	—	—
集体联营企业	—	—	—	—	—
国有与集体联营企业	—	179	—	—	—
其他联营企业	3 775	—	—	—	—
有限责任公司	494 473	683 816	48 726	80 818	—
国有独资企业	76 899	209 805	—	16 086	—
其他有限责任公司	417 574	474 011	48 726	64 732	—
股份有限公司	6 193 448	741 165	69 581	83 590	38 378
私营企业	296 111	149 396	76 048	—	—
私营独资企业	1 483	7 759	22 835	—	—
私营合伙企业	—	—	—	—	—
私营有限责任公司	275 668	135 279	5 106	—	—
私营股份有限公司	18 960	6 358	48 107	—	—
其他企业	—	—	—	—	—
港、澳、台商投资企业	246 788	135 657	1 982	—	—
合资经营企业	160 310	117 629	—	—	—
合作经营企业	—	—	—	—	—
独资经营企业	72 950	18 028	1 982	—	—
投资股份有限公司	13 528	—	—	—	—
外商投资企业	279 527	38 377	—	—	—
中外合资经营企业	154 740	19 404	—	—	—
中外合作经营企业	—	—	—	—	—
外资企业	124 787	18 973	—	—	—
外商投资股份有限公司	—	—	—	—	—
2.按国民经济行业分组					
食品饮料烟草和家庭用品批发业	955 470	1 321 252	176 794	37 408	28 412
食品、饮料、烟草批发业	440 082	539 492	165 332	34 294	26 060
粮食、食用油批发业	121 323	163 815	101 475	—	—

零售贸易业商品购进总额

年)　　　　　　　　　　　　　　　　　　　　　　　　　　　　　　　　单位:万元

丹　东	锦　州	营　口	阜　新	辽　阳	盘　锦	铁　岭	朝　阳	葫芦岛
123 520	**369 094**	**194 037**	**92 398**	**92 165**	**186 442**	**161 125**	**111 106**	**219 096**
74 555	258 441	98 253	66 609	78 340	104 845	142 327	82 691	183 398
70 987	208 665	85 388	66 609	76 457	102 777	130 178	73 884	183 398
74 555	253 174	98 253	66 609	78 340	104 845	142 327	82 691	183 398
70 987	193 872	49 097	43 401	76 457	68 399	77 094	39 914	135 614
2 254	24 936	2 668	—	1 883	—	3 042	1 853	—
—	—	6 525	—	—	—	—	—	—
—	—	—	—	—	—	—	—	—
—	—	—	—	—	—	—	—	—
—	—	—	—	—	—	—	—	—
—	—	—	—	—	—	—	—	—
—	—	—	—	—	—	—	—	—
1 314	19 573	1 245	925	—	2 069	9 106	2 422	—
—	—	—	—	—	—	—	—	—
1 314	19 573	1 245	925	—	2 069	9 106	2 422	—
—	14 793	36 291	22 283	—	34 378	53 084	33 971	47 784
—	—	2 428	—	—	—	—	4 532	—
—	—	—	—	—	—	—	—	—
—	—	—	—	—	—	—	—	—
—	—	2 428	—	—	—	—	4 532	—
—	—	—	—	—	—	—	—	—
—	—	—	—	—	—	—	—	—
—	5 267	—	—	—	—	—	—	—
—	5 267	—	—	—	—	—	—	—
—	—	—	—	—	—	—	—	—
—	—	—	—	—	—	—	—	—
—	—	—	—	—	—	—	—	—
—	—	—	—	—	—	—	—	—
—	—	—	—	—	—	—	—	—
—	—	—	—	—	—	—	—	—
—	—	—	—	—	—	—	—	—
—	—	—	—	—	—	—	—	—
61 770	200 655	46 097	44 326	38 031	25 821	70 502	37 191	46 195
61 770	170 811	43 847	43 401	38 031	25 821	70 502	37 191	38 758
27 230	154 295	3 100	25 800	11 465	5 097	15 756	135	

16－9续表1 (2002

经济类型、行业	沈　阳	大　连	鞍　山	抚　顺	本　溪
烟草及其制品批发业	214 949	193 190	63 857	32 145	26 060
棉、麻、土畜产品批发业	5 924	30 302	—	—	—
纺织品、服装和鞋帽批发业	6 106	502 933	3 152	—	—
日用百货批发业	127 576	99 171	—	—	—
日用杂品批发业	—	172	—	—	—
五金、交电、化工批发业	166 233	14 582	1 604	2 101	—
药品及医疗器械批发业	209 547	134 601	6 707	1 013	2 352
能源材料和机械电子设备批发	8 395 748	1 450 321	1 285 925	216 768	100 166
能源批发业	6 160 250	439 731	78 768	159 680	38 471
石油及制品批发业	6 123 037	430 455	75 920	133 064	38 471
煤炭及制品批发业	37 212	9 276	2 848	26 615	—
化工材料批发业	73 807	193 528	—	29 087	—
木材批发业	—	3 415	—	—	—
建筑材料批发业	68 137	11 317	—	—	—
矿产品批发业	10 494	120 787	1 054	—	—
金属材料批发业	852 469	68 925	1 190 406	20 649	61 695
机械、电子设备批发业	625 641	186 458	6 233	—	—
汽车摩托车及零配件批发业	599 307	417 640	5 581	7 352	—
汽车批发业	342 009	403 638	5 581	7 352	—
再生物资回收批发业	5 645	8 520	3 882	—	—
其他批发业	205 104	95 566	6 059	1 548	4 199
工艺美术批发业	3 741	439	—	—	—
图书报刊批发业	25 737	—	—	—	
农业生产资料批发业	162 226	68 894	6 059	1 548	4 199
其他类未包括的批发业	13 400	26 233	—	—	—
二、零　售　业	1 230 972	879 505	76 616	143 286	55 675
其中:国有及国有控股	428 553	479 980	40 142	94 651	31 089
1.按登记注册类型分组					
内资企业	1 142 009	681 294	75 163	143 286	55 675
国有企业	202 582	85 113	30 604	35 453	31 089
集体企业	13 011	55 841	1 142	5 116	147
股份合作企业	38 917	5 182	5 829	1 955	—
联营企业	29	509	—	—	—
国有联营企业	—	509	—	—	—
集体联营企业	—	—	—	—	—
国有与集体联营企业	29	—	—	—	—
其他联营企业	—	—	—	—	—

年)

单位:万元

丹东	锦州	营口	阜新	辽阳	盘锦	铁岭	朝阳	葫芦岛
34 541	1 533	38 319	17 601	26 566	20 724	51 857	37 056	38 758
—	3 307	—	—	—	—	—	—	—
—	—	—	—	—	—	—	—	—
—	—	—	—	—	—	—	—	—
—	—	—	—	—	—	—	—	—
—	23 528	589	—	—	—	—	—	—
—	3 010	1 662	925	—	—	—	—	7 438
12 785	57 785	50 077	22 283	38 426	76 956	68 783	41 225	137 203
12 785	50 886	50 077	22 283	37 101	71 881	68 370	38 502	47 784
12 785	33 945	49 215	22 283	35 205	71 881	68 370	38 502	47 784
—	16 940	862	—	1 896	—	—	—	—
—	—	—	—	—	5 074	—	—	—
—	—	—	—	—	—	—	—	—
—	—	—	—	—	—	—	—	—
—	—	—	—	—	—	—	—	—
—	3 561	—	—	—	—	413	—	89 419
—	3 339	—	—	1 326	—	—	2 723	—
—	—	—	—	—	—	—	—	—
—	—	—	—	—	—	—	—	—
—	—	—	—	—	—	—	—	—
—	—	2 079	—	1 883	2 069	3 042	4 275	—
—	—	—	—	—	—	—	—	—
—	—	—	—	—	—	—	—	—
—	—	2 079	—	1 883	2 069	3 042	4 275	—
—	—	—	—	—	—	—	—	—
48 965	110 654	95 784	25 789	13 825	81 597	18 799	28 415	35 698
40 058	76 524	61 086	23 260	7 807	13 115	9 106	23 721	1 315
48 965	110 654	95 291	25 789	13 825	81 597	18 799	28 415	35 698
7 920	40 234	59 837	14 700	7 807	5 385	4 298	2 455	1 315
—	458	3 283	2 529	—	1 269	1 111	—	—
—	—	232	—	286	2 655	—	—	1 859
—	—	—	—	—	—	—	—	—
—	—	—	—	—	—	—	—	—
—	—	—	—	—	—	—	—	—
—	—	—	—	—	—	—	—	—
—	—	—	—	—	—	—	—	—

经济类型、行业	沈　阳	大　连	鞍　山	抚　顺	本　溪
有限责任公司	398 525	125 643	7 947	3 170	599
国有独资企业	—	9 073	—	3 170	—
其他有限责任公司	398 525	116 570	7 947	—	599
股份有限公司	296 167	303 269	15 502	59 510	—
私营企业	192 778	105 738	14 139	38 083	23 839
私营独资企业	2 852	615	580	—	8 760
私营合伙企业	—	943	561	—	—
私营有限责任公司	177 719	102 229	11 982	33 600	15 080
私营股份有限公司	12 208	1 951	1 016	4 483	—
其他企业	—	—	—	—	—
港、澳、台商投资企业	40 085	49 937	1 453	—	—
合资经营企业(港或澳、台资)	35 370	36 228	904	—	—
合作经营企业(港或澳、台资)	906	13 709	—	—	—
港、澳、台商独资经营企业	3 809	—	549	—	—
港、澳、台商投资股份有限公司	—	—	—	—	—
外商投资企业	48 878	148 275	—	—	—
中外合资经营企业	4 034	128 687	—	—	—
中外合作经营企业	40 834	11 173	—	—	—
外资企业	4 011	8 415	—	—	—
外商投资股份有限公司	—	—	—	—	—
2.按国民经济行业分组					
食品、饮料和烟草零售业	27 209	46 271	1 326	—	8 633
＃粮油食品零售业	—	838	—	—	5 183
副食品零售业	26 493	13 953	746	—	1 917
日用百货零售业	537 204	612 104	42 695	126 565	33 962
＃百货零售业	497 965	602 814	42 695	126 565	33 962
文化体育用品零售业	10 502	2 509	—	—	—
纺织品、服装和鞋帽零售业	9 302	7 248	3 778	859	599
日用杂品零售业	772	—	—	828	—
五金、交电、化工零售业	82 778	9 255	776	1 129	5 042
药品及医疗器械零售业	200 869	5 241	3 463	6 651	4 729
图书报刊零售业	43 069	21 529	4 860	2 138	2 709
其他零售业	329 770	177 858	19 718	5 116	—
＃家具零售业	1 797	741	—	—	—
汽车、摩托车及其零配件零售业	233 565	109 389	14 785	—	—
计算机及软件、办公设备零售业	55 381	43 826	672	—	—

年)

单位:万元

丹东	锦州	营口	阜新	辽阳	盘锦	铁岭	朝阳	葫芦岛
8 906	39 648	9 890	8 560	1 729	6 461	12 528	21 242	5 686
—	—	—	—	—	6 461	—	17 119	—
8 906	39 648	9 890	8 560	1 729	—	12 528	4 123	5 686
32 139	9 568	589	—	—	—	—	4 148	—
—	20 745	21 459	—	4 003	65 827	862	571	26 838
—	—	8 582	—	—	—	862	—	—
—	—	—	—	—	—	—	—	—
—	—	3 352	—	4 003	65 827	—	571	26 838
—	20 745	9 525	—	—	—	—	—	—
—	—	—	—	—	—	—	—	—
—	—	494	—	—	—	—	—	—
—	—	494	—	—	—	—	—	—
—	—	—	—	—	—	—	—	—
—	—	—	—	—	—	—	—	—
—	—	—	—	—	—	—	—	—
—	—	—	—	—	—	—	—	—
—	—	—	—	—	—	—	—	—
—	—	—	—	—	—	—	—	—
—	—	—	—	—	—	—	—	—
—	—	—	—	—	—	—	—	—
—	1 306	123	—	749	—	—	933	—
—	1 306	—	—	—	—	—	933	—
—	—	—	—	—	—	—	—	—
10 396	68 749	37 505	21 366	7 388	68 889	862	22 483	32 524
10 396	68 749	37 505	21 366	7 388	68 889	862	22 483	32 524
—	—	—	—	—	—	—	—	—
—	620	2 191	—	—	—	—	—	1 859
—	—	—	—	—	—	—	—	—
—	466	1 597	2 529	—	7 323	1 572	571	—
4 516	32 718	4 814	—	1 729	2 903	12 528	—	—
1 913	2 938	3 553	1 894	3 959	2 483	1 110	1 522	1 315
32 139	3 857	46 001	—	—	—	2 727	2 906	—
—	—	—	—	—	—	—	—	—
—	458	7 217	—	—	—	—	1 915	—
—	3 399	—	—	—	—	—	—	—

16—10 各地区限额以上批发

(2002

经济类型、行业	沈 阳	大 连	鞍 山	抚 顺	本 溪
总 计	**11 423 267.3**	**4 169 401.5**	**1 726 906.4**	**477 166.5**	**223 473.3**
一、批 发 业	10 011 458	3 142 180.2	1 632 103.3	278 321.6	142 874.8
其中:国有及国有控股	8 444 890.5	2 416 850.8	1 488 158.5	183 596.4	138 368.1
1.按登记注册类型分组					
内资企业	9 471 918.6	2 928 143.8	1 629 652.5	278 321.6	142 874.8
国有企业	1 936 446.4	1 119 952.8	1 412 117.8	92 817	102 534.8
集体企业	188 339.5	86 080.3	10 721.5	11 159.2	4 423.8
股份合作企业	69 431.4	7 477.7	—	3 450	—
联营企业	17 571	4 900.3	—	—	—
国有联营企业	13 756	—	—	—	—
集体联营企业	—	—	—	—	—
国有与集体联营企业	—	4 900.3	—	—	—
其他联营企业	3 815	—	—	—	—
有限责任公司	582 579	728 113.5	50 339.6	90 248	—
国有独资企业	74 556	231 363.8	—	5 531.3	—
其他有限责任公司	508 023	496 749.7	50 339.6	84 716.7	—
股份有限公司	6 388 006.7	817 221.6	76 040.7	80 647.4	35 916.2
私营企业	289 544.6	164 397.6	80 432.9	—	—
私营独资企业	1 396.1	8 473.7	24 154.7	—	—
私营合伙企业	—	—	—	—	—
私营有限责任公司	269 421.9	149 763.2	5 121.5	—	—
私营股份有限公司	18 726.6	6 160.7	51 156.7	—	—
其他企业	—	—	—	—	—
港、澳、台商投资企业	265 152.2	166 648.5	2 450.8	—	—
合资经营企业	175 404.7	144 262	—	—	—
合作经营企业	—	—	—	—	—
独资经营企业	76 200	22 386.5	2 450.8	—	—
投资股份有限公司	13 547.5	—	—	—	—
外商投资企业	274 387.2	47 387.9	—	—	—
中外合资经营企业	155 576.4	26 908.8	—	—	—
中外合作经营企业	—	—	—	—	—
外资企业	118 810.8	20 479.1	—	—	—
外商投资股份有限公司	—	—	—	—	—
2.按国民经济行业分组	—	—	—	—	—
食品饮料烟草和家庭用品批发业	1 142 596.3	1 448 883.3	198 477.7	51 432.7	35 504.7
食品、饮料、烟草批发业	595 007.8	592 779.8	185 522.5	46 987.3	32 842
粮食、食用油批发业	232 492.4	160 048.4	107 226.4	—	

零售贸易业商品销售总额

年)

单位:万元

丹　东	锦　州	营　口	阜　新	辽　阳	盘　锦	铁　岭	朝　阳	葫芦岛
135 137.9	**505 947.9**	**212 760.8**	**104 093.1**	**107 340.7**	**207 733.4**	**194 418.7**	**122 950**	**194 385.7**
80 965.1	359 836.5	112 445	72 237.3	96 643.9	114 879.8	174 072.2	91 963.1	152 520.6
76 777.8	302 293.5	99 112.9	72 237.3	94 996.6	112 811.3	160 558.5	82 151.4	152 520.6
80 965.1	353 918.3	112 445	72 237.3	96 643.9	114 879.8	174 072.2	91 963.1	152 520.6
76 777.8	259 278.1	60 581.9	45 221.1	94 996.6	79 351.2	102 617.7	48 896.8	96 381.9
2 643.5	32 144	3 131.8	—	1 647.3	—	3 042.3	1 761.9	—
—	—	6 521.8	—	—	—	—	—	—
—	—	—	—	—	—	—	—	—
—	—	—	—	—	—	—	—	—
—	—	—	—	—	—	—	—	—
—	—	—	—	—	—	—	—	—
—	—	—	—	—	—	—	—	—
1 543.8	19 480.8	2 016.1	1 285.7	—	2 068.5	10 471.4	3 042.4	
—	—	—	—	—	—	—	—	—
1 543.8	19 480.8	2 016.1	1 285.7	—	2 068.5	10 471.4	3 042.4	—
—	43 015.4	38 531	25 730.5		33 460.1	57 940.8	33 254.6	56 138.7
—	—	1 662.4	—	—	—	—	5 007.4	—
—	—	—	—	—	—	—	—	—
—	—	—	—	—	—	—	—	—
—	—	1 662.4	—	—	—	—	5 007.4	—
—	—	—	—	—	—	—	—	—
—	—	—	—	—	—	—	—	—
—	5 918.2	—	—	—	—	—	—	—
—	5 918.2	—	—	—	—	—	—	—
—	—	—	—	—	—	—	—	—
—	—	—	—	—	—	—	—	—
—	—	—	—	—	—	—	—	—
—	—	—	—	—	—	—	—	—
—	—	—	—	—	—	—	—	—
—	—	—	—	—	—	—	—	—
—	—	—	—	—	—	—	—	—
—	—	—	—	—	—	—	—	—
67 605	268 131.8	59 028.7	46 506.8	56 687.8	35 354.6	95 884.7	45 834.4	55 521.8
67 605	236 373.1	55 203.1	45 221.1	56 687.8	35 354.6	95 884.7	45 834.4	45 551.8
36 360.2	203 215.9	6 440.4	24 402.2	26 500.8	6 085.8	36 272.8	2 944.3	

经济类型、行业	沈　阳	大　连	鞍　山	抚　顺	本　溪
烟草及其制品批发业	252 352.9	237 472.9	78 296.1	44 463	32 842
棉、麻、土畜产品批发业	6 602.2	32 280.7	—	—	—
纺织品、服装和鞋帽批发业	8 102.2	545 086.2	3 327.1	—	—
日用百货批发业	131 328.7	109 220.6	—	—	—
日用杂品批发业	—	1 540.6	—	—	—
五金、交电、化工批发业	188 090.5	17 007	1 983.3	3 107.8	
药品及医疗器械批发业	213 464.9	150 968.4	7 644.8	1 337.6	2 662.7
能源材料和机械电子设备批发	8 665 890.1	1 589 340.7	1 424 549.9	225 528.8	102 946.3
能源批发业	6 352 945.8	483 187.4	89 273.8	171 045.4	35 999.1
石油及制品批发业	6 311 113	471 671.8	84 237.3	143 272.4	35 999.1
煤炭及制品批发业	41 832.8	11 515.6	5 036.5	27 773	—
化工材料批发业	78 822.1	194 146.9	—	30 387.3	—
木材批发业	—	3 900.5	—	—	—
建筑材料批发业	67 005.7	11 822.9	—	—	—
矿产品批发业	12 304.6	124 423.9	1 782.8	—	—
金属材料批发业	860 021.7	70 620.6	1 316 033.2	10 532	66 947.2
机械、电子设备批发业	677 356.3	212 662	8 303.4	6 448	
汽车摩托车及零配件批发业	611 478.4	479 193	5 201	7 116.1	
汽车批发业	343 992.2	457 686.2	5 201	7 116.1	—
再生物资回收批发业	5 955.5	9 383.5	3 955.7	—	—
其他批发业	202 971.6	103 956.2	9 075.7	1 360.1	4 423.8
工艺美术批发业	4 030.8	4 493.2	—	—	—
图书报刊批发业	25 048.3	—	—	—	—
农业生产资料批发业	160 391.1	71 623.9	9 075.7	1 360.1	4 423.8
其他类未包括的批发业	13 501.4	27 839.1	—	—	—
二、零　售　业	1 411 809.3	1 027 221.3	94 803.1	198 844.9	80 598.5
其中：国有及国有控股	458 858.5	569 289.5	46 659.4	117 742.6	50 802.1
1.按登记注册类型分组					
内资企业	1 247 845.9	792 611.3	92 584.6	198 844.9	80 598.5
国有企业	222 070.4	96 705.9	31 563.3	38 455.7	50 802.1
集体企业	14 591.7	63 037.8	1 126.9	5 104	147
股份合作企业	41 920.4	4 917.8	6 548.7	4 394.9	—
联营企业	117.1	513.7	—	—	—
国有联营企业	—	513.7	—	—	—
集体联营企业	—	—	—	—	—
国有与集体联营企业	117.1	—	—	—	—
其他联营企业	—	—	—	—	—

年)

单位:万元

丹东	锦州	营口	阜新	辽阳	盘锦	铁岭	朝阳	葫芦岛
31 244.8	17 966.9	47 100.3	20 818.9	30 187	29 268.8	56 279	42 890.1	45 551.8
—	4 368.3	—	—	—	—	—	—	—
—	—	—	—	—	—	—	—	—
—	—	—	—	—	—	—	—	—
—	—	—	—	—	—	—	—	—
—	23 664.4	926.8	—	—	—	—	—	—
—	3 726	2 898.8	1 285.7	—	—	—	—	9 970
13 360.1	91 704.7	51 211.3	25 730.5	38 308.8	77 456.7	75 145.2	41 324.4	96 998.8
13 360.1	84 851.6	51 211.3	25 730.5	36 838.6	72 167.1	69 310	38 262	56 138.7
13 360.1	61 749.5	50 202.3	25 730.5	34 845.6	72 167.1	69 310	38 262	56 138.7
—	23 102.1	1 009	—	1 993	—	—	—	—
—	—	—	—	—	5 289.6	—	—	—
—	—	—	—	—	—	—	—	—
—	—	—	—	—	—	—	—	—
—	—	—	—	—	—	—	—	—
—	3 143.7	—	—	—	—	5 835.2	—	40 860.1
—	3 709.4	—	—	1 470.2	—	—	3 062.4	—
—	—	—	—	—	—	—	—	—
—	—	—	—	—	—	—	—	—
—	—	—	—	—	—	—	—	—
—	—	2 205	—	1 647.3	2 068.5	3 042.3	4 804.3	—
—	—	—	—	—	—	—	—	—
—	—	—	—	—	—	—	—	—
—	—	2 205	—	1 647.3	2 068.5	3 042.3	4 804.3	—
—	—	—	—	—	—	—	—	—
54 172.8	146 111.4	100 315.8	31 855.8	10 696.8	92 853.6	20 346.5	30 986.9	41 865.1
42 172.8	102 933.2	62 416.1	28 705.4	4 177.1	20 554.5	11 106.6	24 695.6	1 326.8
54 172.8	146 111.4	99 908.9	31 855.8	10 696.8	92 853.6	20 346.5	30 986.9	41 865.1
8 735.8	64 508.8	60 691.7	21 021.1	4 177.1	5 561.9	5 236.6	2 442.8	1 326.8
—	538.5	3 159.7	3 150.4	—	2 059.8	1 078.8	—	—
—	—	363.4	—	627.5	2 356.1	—	—	2 538.5
—	—	—	—	—	—	—	—	—
—	—	—	—	—	—	—	—	—
—	—	—	—	—	—	—	—	—
—	—	—	—	—	—	—	—	—
—	—	—	—	—	—	—	—	—

16－10续表2　　　　　　　　　　　　　　　　　　　　　　　　　　　　　　　（2002

经济类型、行业	沈　阳	大　连	鞍　山	抚　顺	本　溪
有限责任公司	417 583.6	157 288.2	7 987.7	3 396.3	833
国有独资企业	—	10 271.1	—	3 396.3	—
其他有限责任公司	417 583.6	147 017.1	7 987.7	—	833
股份有限公司	346 106.6	342 913.6	21 962.6	79 719.3	—
私营企业	205 456.1	127 234.3	23 395.4	67 774.7	28 816.4
私营独资企业	5 636.3	596.7	500	—	9 408.7
私营合伙企业	—	1 178.3	635.6	—	—
私营有限责任公司	187 734	115 244.4	21 240.4	36 620.3	19 407.7
私营股份有限公司	12 085.8	10 214.9	1 019.4	31 154.4	—
其他企业	—	—	—	—	—
港、澳、台商投资企业	73 140.3	56 598.1	2 218.5	—	—
合资经营企业(港或澳、台资)	64 978.7	42 889.4	1 486.8	—	—
合作经营企业(港或澳、合资)	3 928	13 708.7	—	—	—
港、澳、台商独资经营企业	4 233.6	—	731.7	—	—
港、澳、台商投资股份有限公司	—	—	—	—	—
外商投资企业	90 823.1	178 011.9	—	—	—
中外合资经营企业	3 950.3	154 948.6	—	—	—
中外合作经营企业	85 204.2	14 181.4	—	—	—
外资企业	1 668.6	8 881.9	—	—	—
外商投资股份有限公司	—	—	—	—	—
2.按国民经济行业分组					
食品、饮料和烟草零售业	32 584.1	64 105.3	1 716.1	—	10 564.6
#粮油食品零售业	—	904.8	—	—	7 165.5
副食品零售业	31 963.9	16 842.8	1 216.1	—	1 708.4
日用百货零售业	699 139.8	733 996.5	58 391.6	180 740.4	56 833.9
#百货零售业	651 176.8	721 200.2	58 391.6	180 740.4	56 833.9
文化体育用品零售业	10 941.3	2 917	—	—	—
纺织品、服装和鞋帽零售业	10 353	7 283.6	4 685.5	1 228.1	833
日用杂品零售业	800	—	—	1 105.6	—
五金、交电、化工零售业	78 760.4	7 618.7	716	1 352	4 886.6
药品及医疗器械零售业	194 018.7	4 578	3 699	7 225	5 054.4
图书报刊零售业	44 731.8	21 534.3	4 595.2	2 089.8	2 426
其他零售业	351 421.5	188 104.9	20 999.7	5 104	—
#家具零售业	2 284.4	1 278.2	—	—	—
汽车、摩托车及其零配件零售业	246 680.9	113 391.7	15 356.8	—	—
计算机及软件、办公设备零售业	59 853.5	45 806	824.2	—	—

年)

单位:万元

丹东	锦州	营口	阜新	辽阳	盘锦	铁岭	朝阳	葫芦岛
12 000	42 875.7	10 318.6	7 684.3	1 694	12 932.8	13 164	23 030.5	4 101.8
—	—	—	—	—	12 932.8	—	17 444.1	—
12 000	42 875.7	10 318.6	7 684.3	1 694	—	13 164	5 586.4	4 101.8
33 437	11 156.9	2 439.3	—	—	—	—	4 808.7	—
—	27 031.5	22 936.2	—	4 198.2	69 943	867.1	704.9	33 898
—	—	9 107.5	—	—	—	867.1	—	—
—	—	—	—	—	—	—	—	—
—	—	3 048.7	—	4 198.2	69 943	—	704.9	33 898
—	27 031.5	10 780	—	—	—	—	—	—
—	—	—	—	—	—	—	—	—
—	—	406.9	—	—	—	—	—	—
—	—	406.9	—	—	—	—	—	—
—	—	—	—	—	—	—	—	—
—	—	—	—	—	—	—	—	—
—	—	—	—	—	—	—	—	—
—	—	—	—	—	—	—	—	—
—	—	—	—	—	—	—	—	—
—	—	—	—	—	—	—	—	—
—	—	—	—	—	—	—	—	—
—	—	—	—	—	—	—	—	—
—	1 306	159.7	—	621.2	—	—	1 180.2	—
—	1 306	—	—	—	—	—	1 180.2	—
—	—	—	—	—	—	—	—	—
13 520.9	93 958.5	39 452.4	26 823.4	7 108.3	80 923.4	867.1	25 258.6	37 999.8
13 520.9	93 958.5	39 452.4	26 823.4	7 108.3	80 923.4	867.1	25 258.6	37 999.8
—	—	—	—	—	—	—	—	—
—	650.9	1 682.9	—	—	—	—	—	2 538.5
—	—	—	—	—	—	—	—	—
—	550.1	2 195.8	3 150.4	—	6 368.3	1 617	704.9	—
5 467.3	40 753.9	6 743	—	1 694	3 007.6	13 164	—	—
1 747.6	4 823.2	3 526.1	1 882	1 273.3	2 554.3	2 221.6	1 262.6	1 326.8
33 437	4 068.8	46 555.9	—	—	—	2 476.8	2 580.6	—
—	—	—	—	—	—	—	—	—
—	538.5	7 275.1	—	—	—	—	1 938.3	—
—	3 530.3	—	—	—	—	—	—	—

16—11 各地区限额以上批发

(2002

经济类型、行业	沈阳	大连	鞍山	抚顺	本溪
总计	**657 359.1**	**280 491.5**	**151 473.7**	**40 755**	**20 777.1**
一、批发业	488 362	199 009.4	134 079.2	25 933.7	11 594.1
其中:国有及国有控股	347 372.4	134 466.1	128 377.1	21 405	7 755.4
1.按登记注册类型分组					
内资企业	483 073.3	172 709.1	134 037.5	25 933.7	11 594.1
国有企业	235 449.9	95 793	127 069.8	6 702.6	2 335.5
集体企业	42 211.6	8 064.8	921.7	23.2	3 828.3
股份合作企业	5 892.8	428.8	—	43	—
联营企业	850.7	542.3	—	—	—
国有联营企业	769.6	—	—	—	—
集体联营企业	—	—	—	—	—
国有与集体联营企业	—	542.3	—	—	—
其他联营企业	81.1	—	—	—	—
有限责任公司	64 753.2	27 957.7	1 639.1	14 702.4	—
国有独资企业	9 209.3	11 620.3	—	10 950.3	—
其他有限责任公司	55 543.9	16 337.4	1 639.1	3 752.1	—
股份有限公司	98 450.5	28 538.9	1 307.3	4 462.5	5 430.3
私营企业	35 464.6	11 383.6	3 099.6	—	—
私营独资企业	153.9	710.6	922.6	—	—
私营合伙企业	—	—	—	—	—
私营有限责任公司	32 114.7	10 089.9	103	—	—
私营股份有限公司	3 196	583.1	2 074	—	—
其他企业	—	—	—	—	—
港、澳、台商投资企业	3 913.6	15 587.4	41.7	—	—
合资经营企业	1 033.3	14 005.8	—	—	—
合作经营企业	—	—	—	—	—
独资经营企业	795.9	1 581.6	41.7	—	—
投资股份有限公司	2 084.4	—	—	—	—
外商投资企业	1 375.1	10 712.9	—	—	—
中外合资经营企业	201.1	3 382.7	—	—	—
中外合作经营企业	—	—	—	—	—
外资企业	1 174	7 330.2	—	—	—
外商投资股份有限公司	—	—	—	—	—
2.按国民经济行业分组					
食品饮料烟草和家庭用品批发业	222 539.8	94 751.3	74 301.9	3 372.9	2 017.1
食品、饮料、烟草批发业	146 427.8	36 585.9	72 181.8	3 042.7	1 647
粮食、食用油批发业	115 544.9	5 808.3	61 097.9	—	

零售贸易业商品库存总额

年)

单位:万元

丹东	锦州	营口	阜新	辽阳	盘锦	铁岭	朝阳	葫芦岛
16 525.5	**110 642.7**	**25 056.8**	**27 024.8**	**25 736.6**	**29 997.7**	**31 125**	**26 284.4**	**11 858.6**
6 458.1	94 102.1	9 060.7	23 056.1	20 391.3	11 622.1	27 172.6	23 475.9	6 527.5
6 402.2	90 670.7	7 690.7	23 056.1	19 767.6	11 616.1	27 163.5	22 952.3	6 527.5
6 458.1	94 102.1	9 060.7	23 056.1	20 391.3	11 622.1	27 172.6	23 475.9	6 527.5
6 402.2	89 308.5	5 257.5	22 003.6	19 767.6	8 536.1	23 258.9	19 329	5 777.4
41.7	2 235.6	400.5	—	623.7	—	—	102.1	—
—	—	269.9	—	—	—	—	—	—
—	—	—	—	—	—	—	—	—
—	—	—	—	—	—	—	—	—
—	—	—	—	—	—	—	—	—
—	—	—	—	—	—	—	—	—
—	—	—	—	—	—	—	—	—
14.2	1 195.8	302	108.6	—	6	9.1	104	—
—	—	—	—	—	—	—	—	—
14.2	1 195.8	302	108.6	—	6	9.1	104	—
—	1 362.2	2 433.2	943.9	—	3 080	3 904.6	3 623.3	750.1
—	—	397.6	—	—	—	—	317.5	—
—	—	—	—	—	—	—	—	—
—	—	—	—	—	—	—	—	—
—	—	397.6	—	—	—	—	317.5	—
—	—	—	—	—	—	—	—	—
—	—	—	—	—	—	—	—	—
—	—	—	—	—	—	—	—	—
—	—	—	—	—	—	—	—	—
—	—	—	—	—	—	—	—	—
—	—	—	—	—	—	—	—	—
—	—	—	—	—	—	—	—	—
—	—	—	—	—	—	—	—	—
—	—	—	—	—	—	—	—	—
—	—	—	—	—	—	—	—	—
—	—	—	—	—	—	—	—	—
—	—	—	—	—	—	—	—	—
6 299.3	91 018.9	4 309.5	22 112.2	15 295.2	8 536.1	22 676.8	17 933.9	5 777.4
6 299.3	87 143.6	3 762	22 003.6	15 295.2	8 536.1	22 676.8	17 933.9	3 165.4
437.5	84 882.2	1 520.1	19 377.8	12 261.2	7 294.3	18 978.5	14 496.1	

16－11 续表 1 (2002

经济类型、行业	沈阳	大连	鞍山	抚顺	本溪
烟草及其制品批发业	20 224.8	17 263.7	11 083.9	2 964.9	1 647
棉、麻、土畜产品批发业	3 767.7	416.1	—	—	—
纺织品、服装和鞋帽批发业	4 149.4	30 118.6	1 085.6	—	—
日用百货批发业	9 591.1	2 723	—	—	—
日用杂品批发业	—	583.4	—	—	—
五金、交电、化工批发业	17 333.6	5 098.9	550.4	259	—
药品及医疗器械批发业	41 270.2	19 225.4	484.1	71.2	370.1
能源材料和机械电子设备批发	238 229.1	95 989.6	59 209.8	22 028.8	5 748.7
能源批发业	87 375.3	11 947.8	1 726.9	9 620	5 440.7
石油及制品批发业	74 747.6	10 845.6	1 307.3	8 014.7	5 440.7
煤炭及制品批发业	12 627.7	1 102.2	419.6	1 605.3	—
化工材料批发业	8 330.3	19 505.5	—	151.6	—
木材批发业	—	2 826.7	—	—	—
建筑材料批发业	7 724.5	302.5	—	—	—
矿产品批发业	841.9	4 554.5	—	—	—
金属材料批发业	69 166.8	5 310	57 401.7	10 879.1	308
机械、电子设备批发业	42 332.9	13 611.9	0.9	—	—
汽车摩托车及零配件批发业	22 377.1	37 161.5	77.6	1 378.1	—
汽车批发业	10 918.9	35 381.6	77.6	1 378.1	—
再生物资回收批发业	80.3	769.2	2.7	—	—
其他批发业	27 593.1	8 268.5	567.5	532	3 828.3
工艺美术批发业	236.7	—	—	—	—
图书报刊批发业	4 448.9	—	—	—	—
农业生产资料批发业	18 940.3	6 642.4	567.5	532	3 828.3
其他类未包括的批发业	3 967.2	1 626.1	—	—	—
二、零　售　业	168 997.1	81 482.1	17 394.5	14 821.3	9 183
其中:国有及国有控股	67 500.8	47 200.2	7 754.8	11 784.4	5 222.3
1.按登记注册类型分组					
内资企业	154 501.4	66 191.6	17 313.6	14 821.3	9 183
国有企业	32 112	14 977.1	5 961.2	5 905.3	5 222.3
集体企业	5 417.8	7 496.7	175.6	11.9	60
股份合作企业	9 731.3	2 978.8	718.5	256	—
联营企业	34.9	105.4	—	—	—
国有联营企业	—	105.4	—	—	—
集体联营企业	—	—	—	—	—
国有与集体联营企业	34.9	—	—	—	—
其他联营企业	—	—	—	—	—

年)　　　　单位:万元

丹　东	锦　州	营　口	阜　新	辽　阳	盘　锦	铁　岭	朝　阳	葫芦岛
5 861.8	1 428.6	1 844.3	2 625.8	3 034	1 241.8	3 393	3 437.8	3 165.4
—	1 721.1	—	—	—	—	—	—	—
—	—	—	—	—	—	—	—	—
—	—	—	—	—	—	—	—	—
—	—	—	—	—	—	—	—	—
—	967.3	140.2	—	—	—	—	—	—
—	1 186.9	407.3	108.6	—	—	—	—	2 612
158.8	3 083.2	4 490.9	943.9	4 472.4	3 080	4 495.8	5 335.9	750.1
158.8	2 322.3	4 490.9	943.9	4 394.6	3 080	4 264.1	3 940.8	750.1
158.8	2 212.1	3 436	943.9	3 443	3 080	4 264.1	3 940.8	750.1
—	110.2	1 054.9	—	951.6	—	—	—	—
—	—	—	—	—	—	—	—	—
—	—	—	—	—	—	—	—	—
—	—	—	—	—	—	—	—	—
—	—	—	—	—	—	—	—	—
—	104.8	—	—	—	—	231.7	—	—
—	656.1	—	—	77.8	—	—	1 395.1	—
—	—	—	—	—	—	—	—	—
—	—	—	—	—	—	—	—	—
—	—	—	—	—	—	—	—	—
—	—	260.3	—	623.7	6	—	206.1	—
—	—	—	—	—	—	—	—	—
—	—	—	—	—	—	—	—	—
—	—	260.3	—	623.7	6	—	206.1	—
—	—	—	—	—	—	—	—	—
10 067.4	16 540.6	15 996.1	3 968.7	5 345.3	18 375.6	3 952.4	2 808.5	5 331.1
3 742.3	9 407.4	4 826.5	3 966	4 578.1	2 775	1 870.3	1 200.7	157.9
10 067.4	16 540.6	15 558	3 968.7	5 345.3	18 375.6	3 952.4	2 808.5	5 331.1
2 251.3	6 565.1	4 479.3	3 358.5	4 578.1	1 429.8	1 197.5	563.2	157.9
—	148.8	1 074	2.7	—	261.2	400.3	—	—
—	—	55	—	105.1	79.8	—	—	900.2
—	—	—	—	—	—	—	—	—
—	—	—	—	—	—	—	—	—
—	—	—	—	—	—	—	—	—
—	—	—	—	—	—	—	—	—

16-11 续表 2 (2002

经济类型、行业	沈阳	大连	鞍山	抚顺	本溪
有限责任公司	62 141	9 925.9	3 273	599.1	120.5
国有独资企业	—	151.6	—	599.1	—
其他有限责任公司	62 141	9 774.3	3 273	—	120.5
股份有限公司	22 776.9	22 837.2	3 150.2	5 670.7	—
私营企业	22 287.5	7 870.5	4 035.1	2 378.3	3 780.2
私营独资企业	1 397	18.7	800	—	814.8
私营合伙企业	—	712.3	133.9	—	—
私营有限责任公司	19 536.8	6 929.3	2 761.1	998	2 965.4
私营股份有限公司	1 353.7	210.2	340.1	1 380.3	—
其他企业	—	—	—	—	—
港、澳、台商投资企业	6 357.8	5 793.8	80.9	—	—
合资经营企业(港或澳、台资)	5 841.6	5 793.8	76.5	—	—
合作经营企业(港或澳、台资)	309	—	—	—	—
港、澳、台商独资经营企业	207.2	—	4.4	—	—
港、澳、台商投资股份有限公司	—	—	—	—	—
外商投资企业	8 137.9	9 496.7	—	—	—
中外合资经营企业	1 272.8	8 317.2	—	—	—
中外合作经营企业	4 412	793.3	—	—	—
外资企业	2 453.1	386.2	—	—	—
外商投资股份有限公司	—	—	—	—	—
2.按国民经济行业分组					
食品、饮料和烟草零售业	3 446.5	5 078.6	1 110	—	3 089.5
#粮油食品零售业	—	35.8	—	—	2 488.7
副食品零售业	3 400.1	1 394.9	310	—	489
日用百货零售业	74 633	55 825.9	9 979.9	12 867.9	4 320.3
#百货零售业	70 214	53 040	9 979.9	12 867.9	4 320.3
文化体育用品零售业	2 997.7	2 236.2	—	—	—
纺织品、服装和鞋帽零售业	1 355.4	1 191.8	2 976.9	52.6	120.5
日用杂品零售业	104.7	—	—	108.3	—
五金、交电、化工零售业	9 010.7	2 698.9	118	294.3	541.4
药品及医疗器械零售业	25 608.7	828.8	536.4	989.8	313
图书报刊零售业	21 701.9	6 123.2	1 445.4	496.5	798.3
其他零售业	33 136.2	9 734.9	1 227.9	11.9	—
#家具零售业	1 412	438	—	—	—
汽车、摩托车及其零配件零售业	16 247.8	5 798.5	603	—	—
计算机及软件、办公设备零售业	4 652.8	2 641.7	102.1	—	—

年)

单位:万元

丹东	锦州	营口	阜新	辽阳	盘锦	铁岭	朝阳	葫芦岛
6 325.1	6 918.3	2 944.7	607.5	333.1	1 084	2 131.9	1 676.3	2 598.5
—	—	—	—	—	1 084	—	188.1	—
6 325.1	6 918.3	2 944.7	607.5	333.1	—	2 131.9	1 488.2	2 598.5
1 491	408.4	271.3	—	—	—	—	449.4	—
—	2 500	6 733.7	—	329	15 520.8	222.7	119.6	1 674.5
—	—	1 043.7	—	—	—	222.7	—	—
—	—	—	—	—	—	—	—	—
—	—	1 110.6	—	329	15 520.8	—	119.6	1 674.5
—	2 500	4 579.4	—	—	—	—	—	—
—	—	—	—	—	—	—	—	—
—	—	438.1	—	—	—	—	—	—
—	—	438.1	—	—	—	—	—	—
—	—	—	—	—	—	—	—	—
—	—	—	—	—	—	—	—	—
—	—	—	—	—	—	—	—	—
—	—	—	—	—	—	—	—	—
—	—	—	—	—	—	—	—	—
—	—	—	—	—	—	—	—	—
—	—	—	—	—	—	—	—	—
—	—	—	—	—	—	—	—	—
—	0.6	44	—	152.1	—	—	132.5	—
—	0.6	—	—	—	—	—	132.5	—
—	—	—	—	—	—	—	—	—
6 533.7	12 031.1	8 924.7	3 328.5	2 124.9	15 852	222.7	1 024.9	4 273
6 533.7	12 031.1	8 924.7	3 328.5	2 124.9	15 852	222.7	1 024.9	4 273
—	—	—	—	—	—	—	—	—
—	186	1 957.9	—	—	—	—	—	900.2
—	—	—	—	—	—	—	—	—
—	114.4	1 098.7	2.7	—	1 093.8	802	119.6	—
1 758	3 162.4	1 970.7	—	333.1	925.8	2 131.9	—	—
284.7	510.8	521.7	637.5	2 735.2	504	378.5	430.7	157.9
1 491	535.3	1 478.4	—	—	—	417.3	1 100.8	—
—	—	—	—	—	—	—	—	—
—	148.8	—	—	—	—	—	364.8	—
—	386.5	—	—	—	—	—	—	—

16—12 限额以上批发、零售贸易业商品销售类值

（2002年）　　单位:万元

类　　别	销售合计	批　　发	零　　售
总　　计	**19 031 512.3**	**15 705 862.1**	**3 325 650.2**
食品、饮料、烟酒类	2 551 718.2	2 041 978.9	509 739.3
#肉禽蛋类	106 868.3	25 807.8	81 060.5
其他食品类	1 237 901.9	950 901.7	287 000.2
饮料类	78 463.3	28 703.8	49 759.5
烟酒类	1 128 484.7	1 036 565.6	91 919.1
服装鞋帽、针、纺织品类	1 306 648.2	513 625.1	793 023.1
#服装类	908 548.2	368 079.7	540 468.5
鞋帽类	175 480.2	35 792.6	139 687.6
针、纺织品类	222 619.8	109 752.8	112 867
化妆品类	89 066.9	6 674.6	82 392.3
金银珠宝类	107 024.3	18 438.7	88 585.6
日用品类	212 654.4	38 336	174 318.4
#洗涤用品类	51 196.1	3 277.7	47 918.4
儿童玩具类	6 784.4	421.8	6 362.6
五金、电料类	88 366.1	69 187.6	19 178.5
体育、娱乐用品类	34 499.9	14 734.4	19 765.5
书报杂志类	148 571.3	57 770.8	90 800.5
电子出版物及音像制品类	11 404.7	4 133.5	7 271.2
家用电器和音像器材类	591 947.2	198 501.5	393 445.7

16－12续表1　　(2002年)　　单位:万元

类别	销售合计	批发	零售
中西药品类	580 256.5	316 924.1	263 332.4
＃西药	426 900.6	235 240.2	191 660.4
中草药及中成药	135 993.7	75 013.5	60 980.2
文化办公用品类	496 786.8	423 671.7	73 115.1
家具类	22 256.3	5 218.9	17 037.4
通讯器材类	196 499.3	157 890.2	38 609.1
煤炭及制品类	132 204	125 964.2	6 239.8
木材及制品类	17 542.2	17 485.3	56.9
石油及制品类	7 968 533.6	7 677 123.8	291 409.8
化工材料及制品类	533 258.5	533 258.5	—
＃化肥类	178 694.5	178 694.5	—
金属材料类	1 698 522.3	1 698 522.3	—
建筑及装潢材料类	135 615.2	122 534.7	13 080.5
机电产品及设备类	1 457 147.2	1 067 512	389 635.2
＃农机类	56 774.7	56 774.7	—
汽车类	1 114 193.7	740 113.1	374 080.6
种子饲料类	16 313.8	16 313.8	—
棉麻类	19 969.4	19 845.1	124.3
其他类	614 706	560 216.4	54 489.6

16—13 限额以上批发零售

(2002

经济类型	流动资产小计	长期投资	固定资产小计	固定资产原价	累计折旧
总计	**6 955 706**	**541 279**	**2 547 991**	**2 830 340**	**549 294.8**
一、批发企业	5 735 641	412 790.4	1 237 655	1 464 590	345 330.1
＃国有及国有控股	4 786 193	376 555	1 128 104	1 330 244	304 339.6
按登记注册类型分组					
内资企业	5 569 805	412 424.2	1 229 296	1 454 518	334 176.5
国有企业	3 474 304	165 047.7	813 334.2	976 902.3	232 339.4
集体企业	228 108.3	3 912.7	29 233.2	38 868	10 795.5
股份合作企业	29 018.5	4 455.3	10 831.8	11 381.3	2 029.8
联营企业	6 923.6	105	182.6	327.9	150.5
国有联营企业	3 484.6	—	168.6	254.8	91.4
集体联营企业	—	—	—	—	—
国有与集体联营企业	2 095	90	11.8	70.7	58.9
其他联营企业	1 344	15	2.2	2.4	0.2
有限责任公司	706 500	78 142.5	203 642.8	236 207.1	38 036.1
国有独资企业	252 704.9	53 606.8	64 098.4	79 484.1	17 311.5
其他有限责任公司	453 795.1	24 535.7	139 544.4	156 723	20 724.6
股份有限公司	948 582	149 624.5	159 085	174 943.8	46 765.6
私营企业	176 368.8	11 136.5	12 987.2	15 888.5	4 059.6
私营独资企业	15 878.1	1 142.1	121.1	169.7	52.8
私营合伙企业	—	—	—	—	—
私营有限责任公司	136 127.3	9 454.4	9 510.5	11 850.6	3 494.2
私营股份有限公司	24 363.4	540	3 355.6	3 868.2	512.6
其他企业	—	—	—	—	—
港、澳、台商投资企业	51 396.3	366.2	1 172.2	2 141	9 195.7
合资经营企业	36 249.2	—	587.9	1 130.1	542.2
合作经营企业	—	—	—	—	—
独资经营企业	13 782.1	366.2	545.4	955.7	8 637.2
投资股份有限公司	1 365	—	38.9	55.2	16.3
外商投资企业	114 439.3	—	7 186.6	7 930.6	1 957.9
中外合资经营企业	9 508.3	—	138.6	206.4	67.8
中外合作经营企业	—	—	—	—	—
外资企业	104 931	—	7 048	7 724.2	1 890.1
外商投资股份有限公司	—	—	—	—	—

贸易业主要财务指标

年)

单位:万元

资产合计	负债合计	所有者权益合计	#实收资本	商品销售收入净额	商品销售成本
10 786 133	**9 005 857**	**1 780 275**	**2 211 066**	**16 653 383**	**15 630 926**
7 915 587	6 876 435	1 039 151	1 612 537	13 946 904	13 249 880
6 786 226	6 056 815	729 410.5	804 916.4	11 767 892	11 192 878
7 738 764	6 761 783	976 981	1 578 205	13 297 765	12 638 907
4 665 646	4 287 821	377 824.9	568 526.7	4 896 556	4 572 776
275 912	241 307.9	34 604.1	40 342.2	276 284.2	259 864.6
46 141	24 485.9	21 655.1	12 929.9	77 955.8	74 644.1
7 233.8	7 818.7	-584.9	1 397	20 855.2	20 947.4
3 675.7	2 855	820.7	800	12 169.6	11 744.4
—	—	—	—	—	—
2 196.8	4 144.2	-1 947.4	72	4 870.6	5 508.8
1 361.3	819.5	541.8	525	3 815	3 694.2
1 017 174	805 059.1	212 115	169 688.4	1 223 711	1 144 393
379 668	307 320.8	72 347.2	59 360.1	256 785.2	243 314.8
637 506.1	497 738.3	139 767.8	110 328.3	966 926	901 078.3
1 521 043	1 240 065	280 978.1	147 913.1	6 308 329	6 093 812
205 613.1	155 224.4	50 388.7	637 408.6	494 073.7	472 469.4
16 209	15 618.7	590.3	750	30 206.7	29 234.6
—	—	—	—	—	—
160 253.5	116 490	43 763.5	632 820.6	387 248.2	370 597
29 150.6	23 115.7	6 034.9	3 838	76 618.8	72 637.8
—	—	—	—	—	—
53 862.3	42 104.9	11 757.4	4 382.5	374 055.2	355 585
37 730.1	29 648.5	8 081.6	2 490.3	280 158.3	266 231
—	—	—	—	—	—
14 728.3	10 978.3	3 750	1 842.2	82 317.8	77 328.7
1 403.9	1 478.1	-74.2	50	11 579.1	12 025.3
122 960.4	72 546.9	50 413.5	29 948.8	275 083.3	255 388.3
9 664.2	6 173.8	3 490.4	1 084.9	153 989.4	152 066.8
—	—	—	—	—	—
113 296.2	66 373.1	46 923.1	28 863.9	121 093.9	103 321.5
—	—	—	—	—	—

16－13续表1 （2002

经 济 类 型	流动资产 小 计	长期投资	固定资产 小 计	固定资产 原 价	累计折旧
二、零售企业	1 220 065	128 488.6	1 310 335	1 365 750	203 964.7
＃国有及国有控股	637 232	99 263.9	806 668.1	790 410.2	112 506.9
按登记注册类型分组					
内资企业	1 102 301	125 385.6	1 101 542	1 116 163	163 169.1
国有企业	257 089.8	4 178.2	247 249.9	273 067.8	50 724.7
集体企业	58 928.6	6 896.2	32 592.5	39 741.3	10 261.7
股份合作企业	28 829.1	28.5	23 659.5	28 877.2	5 377.6
联营企业	475.1	—	1.8	28	26.2
国有联营企业	145.3	—	1.8	28	26.2
集体联营企业	—	—	—	—	—
国有与集体联营企业	329.8	—	—	—	—
其他联营企业	—	—	—	—	—
有限责任公司	258 204.6	5 174.9	161 992	145 255.6	20 376.3
国有独资企业	7 405.8	—	72 875.1	49 824.5	7 680.2
其他有限责任公司	250 798.8	5 174.9	89 116.9	95 431.1	12 696.1
股份有限公司	321 130.4	97 608.4	533 433.7	520 467.8	61 277.9
私营企业	177 643.8	11 499.4	102 612.8	108 725.5	15 124.7
私营独资企业	7 839	40	3 531.3	3 905	1 158.8
私营合伙企业	965.6	—	365.5	396.3	30.8
私营有限责任公司	141 193.8	10 860.7	56 081.6	62 900.6	8 640.8
私营股份有限公司	27 645.4	598.7	42 634.4	41 523.6	5 294.3
其他企业	—	—	—	—	—
港、澳、台商投资企业	61 161.6	3 000	76 136.7	92 307.2	16 172.3
合资经营企业	39 455.3	3 000	17 513.7	22 416.7	4 903
合作经营企业	21 115.7	—	58 603.7	69 855.6	11 253.7
独资经营企业	590.6	—	19.3	34.9	15.6
投资股份有限公司	—	—	—	—	—
外商投资企业	56 602	103	132 656.6	157 279.8	24 623.3
中外合资经营企业	44 778.2	103	118 721.9	140 059.5	21 337.7
中外合作经营企业	6 628.7	—	10 041.9	13 303.7	3 261.8
外资企业	5 195.1	—	3 892.8	3 916.6	23.8
外商投资股份有限公司	—	—	—	—	—

年)

单位:万元

资产合计	负债合计	所有者权益合计	#实收资本	商品销售收入净额	商品销售成本
2 870 545	2 129 422	741 123.3	598 529.6	2 706 479	2 381 045
1 643 497	1 196 014	447 483	265 553.7	1 200 564	1 043 605
2 477 178	1 808 943	668 235.2	440 900.9	2 416 864	2 144 603
530 986	486 222.6	44 763.4	79 992.8	452 980.5	393 238
107 159.6	79 172.8	27 986.8	33 527.3	75 479.4	67 539
54 911.6	40 385.6	14 526	9 956.5	53 947.3	46 885.6
476.9	675.1	-198.2	160	1 380.3	1 355.4
147.1	355.3	-208.2	160	395.6	389.8
—	—	—	—	—	—
329.8	319.8	10	—	984.7	965.6
—	—	—	—	—	—
447 597.5	353 073.8	94 523.7	76 819.3	631 335	578 247.7
88 461	77 602.9	10 858.1	10 868.2	33 512.2	27 349.1
359 136.5	275 470.9	83 665.6	65 951.1	597 822.8	550 898.6
1 023 612	596 494.5	427 118.2	170 016.8	679 218.5	583 050.9
312 434.3	252 919	59 515.3	70 428.2	522 523.1	474 287
11 237.6	7 839.7	3 397.9	4 134.4	19 872.4	18 716.9
1 377.8	1 188.7	189.1	105.2	1 721.5	1 484.8
226 071.1	186 848.8	39 222.3	50 169.9	423 769.9	385 750.4
73 747.8	57 041.8	16 706	16 018.7	77 159.3	68 334.9
—	—	—	—	—	—
171 641.5	167 155	4 486.5	69 649.6	92 990.3	68 668.5
74 692.5	55 172.4	19 520.1	27 187.2	74 478.6	58 153
96 339.1	111 396.7	-15 057.6	42 432.4	17 886.3	9 966.1
609.9	585.9	24	30	625.4	549.4
—	—	—	—	—	—
221 725.5	153 323.9	68 401.6	87 979.1	196 624.8	167 773.2
184 632.6	135 813.1	48 819.5	71 445.7	140 349.7	117 447.3
28 004.9	10 306.8	17 698.1	15 125.6	45 956.3	40 630.9
9 088	7 204	1 884	1 407.8	10 318.8	9 695
—	—	—	—	—	—

经济类型	经营费用	商品销售税金及附加	商品销售利润	管理费用	财务费用
总计	**704 072.8**	**20 086.3**	**298 298.4**	**494 981.7**	**134 477.8**
一、批发企业	562 171.6	9 151.1	125 700.9	263 661.9	100 358.3
#国有及国有控股	506 433.7	7 715.9	60 865	223 589.2	87 615.7
按登记注册类型分组					
内资企业	551 105.1	9 139.3	98 614	258 702.3	96 963.7
国有企业	163 221.3	5 518.1	155 041	160 754.5	60 766
集体企业	8 791.2	268.8	7 359.6	8 219.9	3 092.1
股份合作企业	1 145.8	21.2	2 144.7	1 979.8	394.3
联营企业	350	13.8	-456	358.3	60.8
国有联营企业	228.4	8.1	188.7	178.6	3.1
集体联营企业	—	—	—	—	—
国有与集体联营企业	81.9	4.2	-724.3	124.7	58.2
其他联营企业	39.7	1.5	79.6	55	-0.5
有限责任公司	59 317.9	1 196.1	18 804.1	44 603.3	10 403.2
国有独资企业	10 096	307.2	3 067.2	11 739.3	3 840
其他有限责任公司	49 221.9	888.9	15 736.9	32 864	6 563.2
股份有限公司	307 229.9	1 591.3	-94 304.7	35 977.5	19 651.6
私营企业	11 049	530	10 025.3	6 809	2 595.7
私营独资企业	408.7	4.2	559.2	440.7	12.9
私营合伙企业	—	—	—	—	—
私营有限责任公司	8 189.8	459.9	8 001.5	5 546.8	2 333.2
私营股份有限公司	2 450.5	65.9	1 464.6	821.5	249.6
其他企业	—	—	—	—	—
港、澳、台商投资企业	8 598.2	7.5	9 864.5	2 450.5	2 589
合资经营企业	4 949.5	0.7	8 977.1	1 197.1	2 469.2
合作经营企业	—	—	—	—	—
独资经营企业	2 562.4	6.8	2 419.9	1 253.4	119.6
投资股份有限公司	1 086.3	—	-1 532.5	—	0.2
外商投资企业	2 468.3	4.3	17 222.4	2 509.1	805.6
中外合资经营企业	554.2	4.3	1 364.1	401	181.2
中外合作经营企业	—	—	—	—	—
外资企业	1 914.1	—	15 858.3	2 108.1	624.4
外商投资股份有限公司	—	—	—	—	—

年）

单位:万元

营业利润	利润总额	本年应付工资总额	本年应付福利费总额	本年应缴增值税总额	本年进项税额	本年销项税额
−183 025	**−143 975**	**207 506.9**	**35 213.8**	**85 342.6**	**2 297 542**	**2 332 139**
−173 359	−131 054	133 248.2	23 522	45 896.8	1 948 964	1 954 729
−192 868	−153 952	116 048.4	21 329.2	30 192.2	1 674 098	1 656 184
−193 204	−151 306	130 982.9	23 467	39 433.6	1 854 112	1 853 296
−31 015.4	2 952.1	92 653.6	17 660	23 922	615 315.4	627 199.2
−967.8	371.3	2 483.3	574.4	1 602.2	12 788.3	15 089
24.3	−20.3	483.9	36.4	627.6	11 908.4	12 345.3
32.1	−876.1	348.7	4.1	88.3	2 621.3	2 760.4
7	1.7	306.6	2.4	74.2	1 951.4	2 069.6
—	—	—	—	—	—	—
—	−902.9	37.5	1.1	14.1	28.1	42.2
25.1	25.1	4.6	0.6	—	641.8	648.6
−16 302.4	−9 543.9	16 312.2	2 454	−931.5	146 852.7	130 440.8
−10 050.1	−8 544.3	4 636.1	784.9	1 328.5	34 801.7	31 009.1
−6 252.3	−999.6	11 676.1	1 669.1	−2 260	112 051	99 431.7
−146 140	−145 988	16 039.5	2 493.8	11 931.3	1 003 353	994 148.6
1 165.7	1 798.4	2 661.7	244.3	2 193.7	61 272.9	71 313.6
105.6	139.6	62.6	26.8	65	4 841.4	4 893.6
—	—	—	—	—	—	—
491.7	1 069.2	2 299.1	186.4	1 548.9	44 827.8	54 231.6
568.4	589.6	300	31.1	579.8	11 603.7	12 188.4
—	—	—	—	—	—	—
5 408.6	5 786.3	1 516.7	4.2	3 358.5	52 299.4	55 804.8
5 783.4	6 236.3	705	—	2 368.3	39 297.3	41 992.5
—	—	—	—	—	—	—
1 157.4	1 082.2	725.7	3.7	816.3	11 203.4	11 839.7
−1 532.2	−1 532.2	86	0.5	173.9	1 798.7	1 972.6
14 436.3	14 465.5	748.6	50.8	3 104.7	42 552.8	45 627.7
906.9	991.1	126.4	14.6	370.7	25 007	25 401.4
—	—	—	—	—	—	—
13 529.4	13 474.4	622.2	36.2	2 734	17 545.8	20 226.3
—	—	—	—	—	—	—

经济类型	经营费用	商品销售税金及附加	商品销售利润	管理费用	财务费用
二、零售企业	141 901.2	10 935.2	172 597.5	231 319.8	34 119.5
#国有及国有控股	64 406.8	5 529.8	87 022.9	111 174.1	16 060
按登记注册类型分组					
内资企业	112 033.3	9 901.5	150 325.7	195 609.5	25 653.6
国有企业	21 945.3	2 115.3	35 681.9	50 103.3	8 153.3
集体企业	2 903.5	452.4	4 584.5	8 321.3	222.9
股份合作企业	2 686.6	661.2	3 713.9	3 333.7	1 033.4
联营企业	—	1.7	23.2	81	-0.2
国有联营企业	—	1.2	4.6	68.4	—
集体联营企业	—	—	—	—	—
国有与集体联营企业	—	0.5	18.6	12.6	-0.2
其他联营企业	—	—	—	—	—
有限责任公司	38 549.4	1 790	12 747.9	36 290	3 551
国有独资企业	3 745.1	302.8	2 115.2	2 759.4	714.2
其他有限责任公司	34 804.3	1 487.2	10 632.7	33 530.6	2 836.8
股份有限公司	27 962	3 292.1	64 913.5	63 387.4	7 059.6
私营企业	17 986.5	1 588.8	28 660.8	34 092.8	5 633.6
私营独资企业	541.6	80.5	533.4	816.2	160.6
私营合伙企业	—	2.1	234.6	252.4	4.7
私营有限责任公司	13 069.6	1 103.1	23 846.8	25 073.2	4 480.6
私营股份有限公司	4 375.3	403.1	4 046	7 951	987.7
其他企业	—	—	—	—	—
港、澳、台商投资企业	17 580.8	906.4	5 834.6	16 225.5	3 606.3
合资经营企业	11 559.6	84.2	4 681.8	9 811.9	499.2
合作经营企业	5 954	822.2	1 144	6 399.1	3 107.1
独资经营企业	67.2	—	8.8	14.5	—
投资股份有限公司	—	—	—	—	—
外商投资企业	12 287.1	127.3	16 437.2	19 484.8	4 859.6
中外合资经营企业	6 845.2	126	15 931.2	16 215.5	4 732.3
中外合作经营企业	4 763.5	—	561.9	3 167.4	119.7
外资企业	678.4	1.3	-55.9	101.9	7.6
外商投资股份有限公司	—	—	—	—	—

年）

单位:万元

营业利润	利润总额	本年应付工资总额	本年应付福利费总额	本年应缴增值税总额	本年进项税额	本年销项税额
-9 665.5	-12 920.7	74 258.7	11 691.8	39 445.8	348 578.3	377 409.9
751.5	6 056	40 632.5	7 275.3	18 655	154 809.6	174 298.1
2 262.6	5 987.6	69 090.9	11 238.4	37 317.8	319 906.8	345 898.2
-3 983.7	-3 600	19 595.3	3 704.1	5 925.9	50 238.3	58 425.8
-364	-399	4 353.8	591.5	472.7	6 020.1	6 677.5
536.8	463.8	1 412.5	214.2	1 212	5 394.6	6 474.3
70	-54.1	38.8	0.5	10.8	220.6	234.8
63.8	-60.2	35.1	—	10.3	58.2	67.4
—	—	—	—	—	—	—
6.2	6.1	3.7	0.5	0.5	162.4	167.4
—	—	—	—	—	—	—
-4 369.3	-1 294	13 801.5	1 826.4	7 219.2	88 393.1	94 531.3
-1 115.1	-1 141.6	2 078.5	350.5	413.3	3 437.8	3 815.5
-3 254.2	-152.4	11 723	1 475.9	6 805.9	84 955.3	90 715.8
13 170.8	16 067.8	20 411.7	3 581.2	14 032	101 616.6	104 063.7
-2 798	-5 196.9	9 477.3	1 320.5	8 445.2	68 023.5	75 490.8
-156.3	-158.4	372.2	35.8	88.5	2 704.8	2 821.7
-22.5	-22.6	41.5	7.2	-74.5	282.8	208.3
-1 265.8	-3 525	6 766.5	954	7 536.7	56 989.2	63 496.2
-1 353.4	-1 490.9	2 297.1	323.5	894.5	8 046.7	8 964.6
—	—	—	—	—	—	—
-11 437.3	-18 394.6	1 862.4	110.7	815.5	12 138.8	13 030.1
-4 794.1	-4 969.8	1 563.4	105.5	628	10 992.8	11 715.1
-6 637.5	-13 419.1	263	0.2	174.5	1 052.7	1 208.7
-5.7	-5.7	36	5	13	93.3	106.3
—	—	—	—	—	—	—
-490.8	-513.7	3 305.4	342.7	1 312.5	16 532.7	18 481.6
-1 637.5	-1 610.9	2 760.6	248.3	822.6	12 696.2	14 870.4
1 287.7	1 247.6	428.1	81.1	414.5	2 382.8	2 063.7
-141	-150.4	116.7	13.3	75.4	1 453.7	1 547.5
—	—	—	—	—	—	—

16—14 限 额 以 上 餐 饮

(2002

经 济 类 型	流动资产 小 计	长期投资	固定资产 小 计	固定资产 原 价
总 计	**169 718.2**	**10 755.5**	**525 066.4**	**609 383.4**
#国有及国有控股	37 274.5	5 586.3	167 647.7	202 816.9
一、按登记注册类型分组				
内资企业	111 341	9 526	302 921.1	337 683.3
国有企业	22 907.4	5 097	45 822	50 765.5
集体企业	5 714.1	68	19 824.3	25 392.3
股份合作企业	4 338.1	30	14 137.3	16 932.8
联营企业	—	—	—	—
国有联营企业	—	—	—	—
集体联营企业	—	—	—	—
国有与集体联营企业	—	—	—	—
其他联营企业	—	—	—	—
有限责任公司	15 328	2 033	91 242.8	92 994.2
国有独资企业	—	—	—	—
其他有限责任公司	15 328	2 033	91 242.8	92 994.2
股份有限公司	4 805.9	—	22 432.6	30 495.6
私营企业	58 247.5	2 298	109 462.1	121 102.9
私营独资企业	15 490	824.5	23 818.4	27 039.7
私营合伙企业	1 489.1	—	10 261.4	11 115.4
私营有限责任公司	35 417.5	1 473.5	64 821.8	71 634.8
私营股份有限公司	5 850.9	—	10 560.5	11 313
其他企业	—	—	—	—
港、澳、台商投资企业	21 994.1	793.2	92 033.4	117 427.3
合资经营企业	16 626	793.2	66 644.8	87 777.8
合作经营企业	3 546.2	—	6 014.9	12 472.7
独资经营企业	548.6	—	377	747.7
投资股份有限公司	1 273.3	—	18 996.7	16 429.1
外商投资企业	36 383.1	436.3	130 111.9	154 272.8
中外合资经营企业	25 748.6	435	105 660	123 018.2
中外合作经营企业	2 379.6	1.3	11 173.2	13 394.8
外资企业	8 254.9	—	13 278.7	17 859.8
外商投资股份有限公司	—	—	—	—
二、按行业分组				
正 餐	158 950.3	9 896.5	500 879.8	578 940.4
快 餐	9 847.6	859	24 152.3	30 323.5
其他餐饮业	920.3	—	34.3	119.5

业 主 要 财 务 指 标

年)　　　　　　　　　　　　　　　　　　　　　　　　　　　　单位:万元

累计折旧	资产合计	负债合计	所有者权益合计	#实收资本	营业收入
111 388.9	**779 033.5**	**512 301.1**	**266 732.4**	**319 671.6**	**308 217.6**
45 287.9	220 441.4	174 284.5	46 156.9	79 555.6	42 489.9
56 342.8	462 425.3	292 814	169 611.3	156 200.1	179 140.2
9 886	77 669.4	54 514.9	23 154.5	23 576	21 969.8
5 601.3	28 306.6	13 080.9	15 225.7	9 756.7	15 342.4
2 846.3	21 297.3	10 309.1	10 988.2	11 401.6	14 174.9
—	—	—	—	—	—
—	—	—	—	—	—
—	—	—	—	—	—
—	—	—	—	—	—
—	—	—	—	—	—
13 341.1	116 028.6	90 600.4	25 428.2	21 445.1	22 700.4
—	—	—	—	—	—
13 341.1	116 028.6	90 600.4	25 428.2	21 445.1	22 700.4
8 063	27 774.7	7 796.4	19 978.3	10 816.7	9 336.1
16 605.1	191 348.7	116 512.3	74 836.4	79 204	95 616.6
3 338.2	42 638.7	20 224.7	22 414	21 361.3	24 903.3
930.4	19 274.7	17 324.9	1 949.8	2 622.7	3 322.5
11 584	112 695.3	68 016.6	44 678.7	50 152.9	58 470.3
752.5	16 740	10 946.1	5 793.9	5 067.1	8 920.5
—	—	—	—	—	—
30 658.3	121 974.1	113 271.5	8 702.6	53 579	34 223
21 241.2	88 481.3	77 196.4	11 284.9	41 126.8	26 271.2
6 457.8	13 290	15 213.5	−1 923.5	8 357.9	3 633
370.7	961.7	788.9	172.8	957.9	1 157.8
2 588.6	19 241.1	20 072.7	−831.6	3 136.4	3 161
24 387.8	194 634.1	106 215.6	88 418.5	109 892.5	94 854.4
17 585	146 322.9	77 631.3	68 691.6	91 782.9	9 977.1
2 221.6	14 544.5	10 326.1	4 218.4	6 872.2	16 112.6
4 581.2	33 766.7	18 258.2	15 508.5	11 237.4	68 764.7
—	—	—	—	—	—
105 132.4	730 897.5	483 997.3	246 900.2	304 822	225 473.8
6 171.3	47 181.4	27 411	19 770.4	14 839.6	82 662.1
85.2	954.6	892.8	61.8	10	81.7

16-14续表 (2002

经济类型	营业成本	营业费用	营业税金及附加	经营利润
总计	**155 201.9**	**95 885.4**	**18 003.6**	**39 126.7**
#国有及国有控股	19 246.6	14 435.9	2 369.5	6 437.9
一、按登记注册类型分组				
内资企业	98 085.1	47 894.4	11 402.1	21 758.6
国有企业	10 114.6	7 527.3	1 428.4	2 899.5
集体企业	9 197.8	3 619.3	1 035.3	1 490
股份合作企业	7 810.3	2 774.9	774.6	2 815.1
联营企业	—	—	—	—
国有联营企业	—	—	—	—
集体联营企业	—	—	—	—
国有与集体联营企业	—	—	—	—
其他联营企业	—	—	—	—
有限责任公司	11 131.7	7 153.8	1 301.7	3 113.2
国有独资企业	—	—	—	—
其他有限责任公司	11 131.7	7 153.8	1 301.7	3 113.2
股份有限公司	4 767.8	3 065	586.6	916.7
私营企业	55 062.9	23 754.1	6 275.5	10 524.1
私营独资企业	14 007.7	6 528	1 631.3	2 736.3
私营合伙企业	1 475.1	941.7	205.7	700
私营有限责任公司	34 242.2	14 064.8	3 793.3	6 370
私营股份有限公司	5 337.9	2 219.6	645.2	717.8
其他企业	—	—	—	—
港、澳、台商投资企业	16 011.9	14 068.9	1 713.8	2 428.4
合资经营企业	12 045.2	9 208.9	1 263.2	3 753.9
合作经营企业	1 856.1	3 483.2	216.9	-1 923.2
独资经营企业	871.8	289.2	47.9	-51.1
投资股份有限公司	1 238.8	1 087.6	185.8	648.8
外商投资企业	41 104.9	33 922.1	4 887.7	14 939.7
中外合资经营企业	4 367.8	6 753.3	519.8	-1 663.8
中外合作经营企业	8 216.3	5 640.6	818.9	1 436.8
外资企业	28 520.8	21 528.2	3 549	15 166.7
外商投资股份有限公司	—	—	—	—
二、按行业分组				
正餐	119 752.7	68 740.6	13 850.6	23 129.9
快餐	35 424.4	27 124.6	4 148.7	15 964.4
其他餐饮业	24.8	20.2	4.3	32.4

年）

单位:万元

管理费用	财务费用	营业利润	利润总额	本年应付工资总额	本年应付福利费总额
51 723.6	9 592	−22 188.9	−21 793.3	25 603.6	2 203.3
13 166.8	1 481.6	−8 210.5	−6 759.6	4 695.2	494.5
29 153.6	4 487	−11 882	−11 104.5	16 937.7	1 733.4
4 800.6	355.5	−2 256.6	−1 763	2 815.2	322.8
1 560.6	207.5	−278.1	−208.7	1 516.9	172.7
2 530.3	341.2	−56.4	12.6	670.6	69.3
—	—	—	—	—	—
—	—	—	—	—	—
—	—	—	—	—	—
—	—	—	—	—	—
—	—	—	—	—	—
5 878.2	1 032.8	−3 797.8	−3 820.8	2 994.2	346.9
—	—	—	—	—	—
5 878.2	1 032.8	−3 797.8	−3 820.8	2 994.2	346.9
1 306.5	190.6	−580.4	−507	644.1	51.7
13 077.4	2 359.4	−4 912.7	−4 817.6	8 296.7	770
2 413.9	448.7	−126.3	14	2 380.9	217.5
976.3	192.9	−469.2	−455.3	307.8	16.4
8 806.1	1 592.1	−4 028.2	−4 062	4 761.2	452.5
881.1	125.7	−289	−314.3	846.8	83.6
—	—	—	—	—	—
9 596	1 917.7	−9 085.3	−9 167	3 112.7	174.5
6 431.4	858.8	−3 536.3	−3 544.4	2 699.8	138
1 046	1 042.2	−4 011.4	−3 998.9	180.2	4.9
74	0.5	−125.6	−124.7	18.5	—
2 044.6	16.2	−1 412	−1 499	214.2	31.6
12 974	3 187.3	−1 221.6	−1 521.8	5 553.2	295.4
4 690.2	2 576.1	−8 930.1	−8 188.1	1 352.1	67.4
2 250.4	303.3	−1 116.9	−988	642.1	17.9
6 033.4	307.9	8 825.4	7 654.3	3 559	210.1
—	—	—	—	—	—
44 507	8 986.9	−30 364	−28 817.6	21 485.5	1 941.6
7 190.4	595.7	8 178.3	7 027.5	4 098.7	258.7
26.2	9.4	−3.2	−3.2	19.4	3

16—15 限额以上批发零售贸易业商品销售数量

(2002年)

品名	单位	合计	批发	零售
粮食	吨	5 042 261	4 937 744	104 517
食用植物油	吨	19 846	7 227	12 619
食糖	吨	23 872	21 858	2 014
棉花	吨	18 709	18 679	30
鞋	百双	188 091	76 984	111 107
布	百米	1 271 919	1 209 589	62 330
电视机	台	645 742	211 772	433 970
组合音响	台	59 251	9 408	49 843
摄像机	台	7 662	595	7 067
录像机	台	2 814	452	2 362
影碟机	台	298 553	107 803	190 750
家用电冰箱	台	486 610	249 553	237 057
家用洗衣机	台	340 259	125 947	214 312
房间空调器	台	172 214	104 698	67 516
微波炉	台	316 705	94 479	222 226
微型计算机	台	362 534	325 980	36 554
普通电话机	台	436 779	225 633	211 146
移动电话机	台	360 149	178 728	181 421
寻呼机	台	10 925	10 076	849
化学肥料	吨	1 416 706	1 416 706	—
化学农药	吨	91 253	91 253	—
农用薄膜	吨	2 711	2 711	—
煤炭	吨	4 760 126	4 492 697	267 429
木材	立方米	23 691	23 691	—
汽油	吨	7 293 259	6 751 049	542 210
煤油	吨	860 747	858 456	2 291
柴油	吨	17 831 815	17 536 847	294 968
钢材	吨	5 506 855	5 506 855	—
铜	吨	36 916	36 916	—
铝	吨	6 146	6 146	—
水泥	吨	40 771	40 771	—
汽车	辆	76 483	51 369	25 114
#轿车	辆	36 720	21 655	15 065
摩托车	辆	28 434	19 890	8 544
拖拉机	台	3 045	3 045	—

16—16 各地区限额以上批发零售贸易业企业资产

(2002年)

单位:万元

地　　区	资产合计	#流动资产	#固定资产	#长期投资
全　　省	**10 786 133**	**6 955 706.5**	**254 799.1**	**541 279**
沈　　阳	4 404 321.5	3 012 822.2	751 693.7	181 127.8
大　　连	3 580 564.5	2 066 766.5	1 089 918.6	321 709.7
鞍　　山	823 753.8	585 992.4	179 076.2	12 534.1
抚　　顺	184 269.1	90 069.9	80 702.7	6 790.6
本　　溪	119 085.4	76 069.6	37 782	104.3
丹　　东	78 595	45 280.3	21 022.9	468.4
锦　　州	352 227.1	251 134.5	84 102.4	5 838.2
营　　口	225 814.6	123 099	76 360.3	1 595.9
阜　　新	125 876.4	81 001.9	36 696.6	595
辽　　阳	129 144.5	63 676.5	53 713.3	270.4
盘　　锦	136 698.9	86 921.1	40 075.9	8 445.5
铁　　岭	191 727.6	134 492.3	38 627.2	1 010.5
朝　　阳	106 399.4	47 073.2	41 941.5	223.6
葫 芦 岛	327 655.2	291 307.1	16 277.8	565

16—17 各地区限额以上批发零售贸易业企业负债及所有者权益

(2002 年)

单位:万元

地区	负债合计	所有者权益合计	#实收资本	国家资本	港澳台资本	外商资本
全省	**9 005 857.8**	**1 780 275.2**	**2 211 066.8**	**851 449.1**	**49 150.8**	**88 519.6**
沈阳	3 847 050.6	557 270.9	677 695.3	376 895.1	21 109.1	41 460.4
大连	2 599 856.4	980 708.1	1 212 800	280 954.6	25 899.2	47 059.2
鞍山	674 004.4	149 749.4	93 420	53 037.1	2 030	—
抚顺	136 116.3	48 152.8	27 424.1	11 021.8	—	—
本溪	124 525.2	-5 439.8	19 669.4	16 721.6	—	—
丹东	65 075	13 520	2 717.6	2 007.7	100	—
锦州	351 440.2	786.9	31 016.8	16 861.7	—	—
营口	179 125.5	46 689.1	45 089.3	6 852.9	12.5	—
阜新	127 445.4	-1 569	9 544.8	8 957.8	—	—
辽阳	147 382.1	-18 237.6	5 419.1	3 736	—	—
盘锦	127 133.8	9 565.1	27 842.7	11 659.4	—	—
铁岭	247 924.3	-56 196.7	14 159.7	6 773.7	—	—
朝阳	97 776.8	8 622.6	6 318.2	4 090.2	—	—
葫芦岛	281 001.8	46 653.4	37 949.8	31 879.5	—	—

16—18 各地区限额以上批发零售贸易业企业主要财务指标

(2002 年)

单位:万元

地区	商品销售收入净额	商品销售成本	商品销售税金及附加	商品销售利润	管理费用中的税金
全省	**16 653 383.5**	**15 630 926**	**20 086.3**	**298 298.4**	**20 412.2**
沈阳	9 726 600.1	9 275 284.1	7 846.7	29 522.3	6 897.3
大连	3 448 526.4	3 117 318	6 771.1	165 178.9	9 143.6
鞍山	1 547 538.5	1 493 870	1 012.7	23 077.4	846.3
抚顺	316 973.6	285 472.6	1 223.6	17 304.3	416.9
本溪	117 828.9	101 801.5	238.3	8 420.8	190.1
丹东	118 325.3	102 860.5	196.8	4 344.6	110.7
锦州	379 935	347 064.5	563.9	13 034.3	515.2
营口	195 516.5	179 300.7	498	5 463.1	523.1
阜新	83 894.8	74 816.7	127.8	2 240.4	201
辽阳	97 973.9	90 610.8	166.8	1 343.7	208.2
盘锦	182 539.1	163 441.7	530.3	8 660.7	769.6
铁岭	169 130.9	154 412.1	336.4	5 553.1	175.9
朝阳	97 802.1	87 577	312.3	5 606.7	313.5
葫芦岛	170 798.4	157 095.8	261.6	8 548.1	100.8

16—19　各地区限额以上批发零售贸易业企业增加值

（2002年）

单位：万元

地　　区	增加值合计	本年提取的固定资产折旧	本年应付工资总额	本年应付福利费总额	劳动就业保险费	商品销售税金及附加	利润总额	管理费用中税金额
全　省	**272 651.1**	**95 558**	**207 506.9**	**35 213.8**	**37 849.4**	**20 086.3**	**-143 975.5**	**20 412.2**
沈　阳	-8 110.9	26 699.7	70 198.7	9 354.1	13 635.3	7 846.7	-142 742.7	6 897.3
大　连	142 512.9	36 815.9	57 317.7	10 474.6	12 355.7	6 771.1	9 634.3	9 143.6
鞍　山	25 673.6	4 993.1	11 096	1 662.9	3 681.9	1 012.7	2 380.7	846.3
抚　顺	14 843.5	4 617.3	4 408.5	780.8	945.4	1 223.6	2 451	416.9
本　溪	7 942.3	1 085	4 284.7	1 278.7	641.6	238.3	223.9	190.1
丹　东	5 924.9	1 706.2	2 553.2	267.1	941.6	196.8	149.3	110.7
锦　州	14 056.9	3 850.3	6 115.5	893.3	1 394.7	563.9	724	515.2
营　口	5 090.2	2 273.1	4 139.7	582.4	760.5	498	-3 686.6	523.1
阜　新	3 274.3	1 327.3	2 939.7	332.6	880.9	127.8	-2 535	201
辽　阳	2 686.2	4 252.3	1 940.1	423.7	675.3	166.8	-4 980.2	208.2
盘　锦	6 898.7	1 310.9	3 798.4	498.1	529.5	530.3	-538.1	769.6
铁　岭	5 833.3	5 025.3	4 015.2	606.6	671.1	336.4	-4 997.2	175.9
朝　阳	3 915.2	727.9	1 999.4	276	475	312.3	-188.9	313.5
葫芦岛	42 110	873.7	32 700.1	7 782.9	260.9	261.6	130	100.8

16—20 各地区限额以上餐饮业增加值

（2002 年） 单位:万元

地　区	增加值合计	本年提取的固定资产折旧	本年应付工资总额	本年应付福利费总额	劳动就业保险费	营业税金及附加	利润总额	管理费用中税金额
全　省	**50 681.3**	**23 703.7**	**25 603.6**	**2 203.3**	**1 184.3**	**18 003.6**	**－21 793.3**	**1 776.1**
沈　阳	26 005.4	7 572.6	10 370.6	633.4	377.5	8 231.2	－1 779.5	599.6
大　连	10 732.1	10 831	8 108.5	742.5	391.1	5 020.5	－15 006.6	645.1
鞍　山	7 545.1	3 621.6	2 850.1	372.1	151.4	1 636.2	－1 437.4	351.1
抚　顺	1 637.3	236.5	905.6	49.9	53.3	444.1	－69.6	17.5
本　溪	1 880.4	337.7	761.8	115	175.3	706.5	－333.8	117.9
丹　东	440.4	115.9	146.9	27.5	1.3	252.9	－104.1	—
锦　州	39.3	18	48.4	7	9.5	37.2	－93.3	12.5
营　口	－416.8	110.1	455.1	53.3	2.8	368.7	－1 416.1	9.3
阜　新	—	—	—	—	—	—	—	—
辽　阳	1 134.9	5	406.5	8.5	2	349.4	359.7	3.8
盘　锦	1 189.5	222.3	1 071	142.2	17.9	734	－1 007.2	9.3
铁　岭	153.6	35	40	2.8	—	46	19.8	10
朝　阳	—	—	—	—	—	—	—	—
葫芦岛	340.1	598	439.1	49.1	2.2	176.9	－925.2	—

主要统计指标解释

社会消费品零售额 指各种经济类型的批发零售贸易业、餐饮业、制造业和其他行业对城乡居民和社会集团的消费品零售额和农民对非农业居民零售额的总和。这个指标反映通过各种商品流通渠道向居民和社会集团供应的生活消费品来满足他们生活需要,是研究人民生活、社会消费品购买力、货币流通等问题的重要指标。社会消费品零售额包括:(1)售给城乡居民作为生活用的商品及修建房屋用的建筑材料;(2)售给机关、团体、学校、部队、企业、事业单位的职工食堂和旅店(招待所)附设专门供本店旅客食用,不对外营业的食堂的各种食品、燃料;企业、单位和国营农场直接售给本单位职工和职工食堂的自己生产的产品;(3)售给部队干部、战士生活用的粮食、副食品、衣着品、日用品、燃料;(4)售给来华的外国人、华侨、港澳台同胞的消费品(包括友谊商店、在海关前后设立的免税商店、外轮供应公司等);(5)居民自费购买的中、西药品、中药材及医疗用品;(6)报社、出版社直接售给居民和社会集团的报纸、图书、杂志,集邮公司(包括邮局集邮专柜)出售的新旧纪念邮票、特种邮票、首日封、集邮册、集邮工具等;(7)旧货寄售商店自购、自销部分的商品零售额;(8)煤气公司、液化石油气站售给居民和社会集团的煤气灶具和罐装液化石油气;(9)农民售给非农业居民和社会集团的商品。

批发零售贸易业商品购、销、存总额 指以各种经济类型的批发、零售贸易业为总体的商品购、销、存。

商品购进总额 指从本企业(单位)以外的单位和个人购进(包括从国外直接进口)作为转卖或加工后转卖的商品。这个指标反映批发零售贸易业从国内、国外市场上购进商品的总量。商品购进总额包括:(1)从工农业生产者购进的商品;(2)从出版社、报社的出版发行部门购进的图书、杂志和报纸;(3)从各种经济类型的批发零售贸易企业(单位)购进的商品;(4)从其他单位购进的商品,如从机关、团体、企业、单位购进的剩余物资,从餐饮业、服务业购进的商品,从海关、市场管理部门购进的缉私和没收的商品,从居民收购的废旧商品等;(5)从国(境)外直接进口的商品。

商品销售总额 指对本企业(单位)以外的单位和个人出售(包括对国(境)外直接出口)的商品。这个指标反映批发零售贸易业在国内市场上销售商品以及出口商品的总量。商品销售总额包括:(1)售给城乡居民和社会集团消费用的商品;(2)售给工业、农业、建筑业、运输邮电业、批发零售贸易业、餐饮业、服务业、公用事业等作为生产、经营使用的商品;(3)售给批发零售贸易业作为转卖或加工后转卖的商品;(4)对国(境)外直接出口的商品。

批发零售贸易业年末库存 指年末各种经济类型的批发零售贸易企业(单位)已取得所有权的商品。它反映各地区、各批发零售贸易企业(单位)的商品库存情况和对市场商品供应的保证程度。期末库存包括:(1)存放在批发零售贸易业经营单位(如门市部、批发站、经营处)仓库、货场、货柜和货架中的商品;(2)挑选、整理、包装中的商品;(3)已记入购进而尚未运到本单位的商品,即发货单或银行承兑凭证已到而货未到部分;(4)寄放他处的商品,如因购货方拒绝承付而暂时存放在购货方的商品和已办完加工成品收回手续而未提回的商品;(5)委托其他单位代销(未作销售或调出)尚未售出的商品;(6)代其他单位购进尚未交付的商品。

城乡集市贸易成交额 指在农村集市和城市集市上买卖双方(包括农民、非农业居民、机关、团体、工商企业、个体商贩)成交的全部商品金额,是反映集市贸易规模的综合性指标。

第十七篇

对外经济贸易和国际旅游

17

DUIWAI
JINGJI
MAOYI
HE
GUOJI
LVYOU

17—1 外贸进出口总额

单位:亿美元、%

年份	进出口总额	出口额	#地方产品出口	进口额	差额(+、-)	指数(以上年为100)		出口额指数(以1953年为100)
						出口额	进口额	
1953	0.9	0.9	0.9	—	+0.9	—	—	100.0
1957	1.6	1.6	1.6	—	+1.6	86.0	—	170.2
1965	1.9	1.9	—	…	+1.9	108.4	400.0	205.3
1970	1.8	1.6	—	0.2	+1.4	94.8	300.0	173.4
1975	13.2	12.8	—	0.4	+12.4	141.6	158.8	1 364.9
1978	15.9	15.2	—	0.7	+14.5	130.1	190.6	1 614.9
1979	26.7	26.0	—	0.7	+25.3	171.5	116.4	2 769.1
1980	40.5	39.8	—	0.7	+39.1	152.9	104.2	4 234.0
1981	44.3	43.4	8.9	0.9	+42.5	109.1	117.6	4 619.1
1982	43.7	43.0	8.1	0.7	+42.3	99.0	80.5	4 572.3
1983	40.0	39.2	9.1	0.8	+38.3	91.2	111.4	4 168.1
1984	51.1	49.9	10.7	1.2	+48.7	127.4	159.0	5 309.6
1985	53.9	50.4	10.5	3.5	+46.9	101.0	280.6	5 363.8
1986	34.3	30.8	12.1	3.5	+27.0	61.1	100.3	3 276.6
1987	42.2	37.9	15.1	4.3	+33.6	123.0	132.1	4 029.8
1988	44.5	38.7	18.9	5.8	+32.9	102.3	124.9	4 121.3
1989	53.4	44.5	21.3	8.9	+35.6	114.8	154.2	4 729.8
1990	63.2	56.1	25.1	7.1	+49.0	126.0	78.3	5 957.4
1991	67.3	57.7	32.1	9.6	+48.1	103.0	138.3	6 138.3
1992	76.6	61.8	39.1	14.8	+37.0	106.9	153.2	6 569.3
1993	84.6	62.1	42.5	22.5	+39.6	100.7	151.7	6 901.1
1994	97.0	68.7	52.9	28.3	+40.4	110.5	125.5	7 627.8
1995	109.9	82.6	65.6	27.3	+55.2	120.3	96.7	9 175.6
1996	112.5	83.4	68.2	29.1	+54.3	100.9	106.4	9 264.4
1997	129.6	88.9	75.0	40.7	+48.2	106.6	139.9	9 877.8
1998	127.4	80.5	73.0	46.9	+37.1	87.8	75.4	8 942.3
1999	137.3	82.0	77.4	55.3	+26.7	101.9	117.9	9 111.1
2000	190.2	108.5	105.3	81.7	+26.8	132.3	147.7	12 055.5
2001	199.1	111.1	104.8	88.0	+23.1	102.4	107.7	12 344.4
2002	217.4	123.7	118.2	93.7	+30.0	111.3	106.5	13 744.4

注:1998年以后为海关统计数。

17—2 按贸易性质分的进出口总额

单位:万美元

分　　类	2001年	2002年	2002年比上年增长%	比重(%)	
				2001年	2002年
进出口总额	**1 990 786**	**2 173 901**	**9.2**		
出口总额	**1 110 912**	**1 236 592**	**11.3**	**100.0**	**100.0**
一般贸易	480 390	505 321	5.2	43.2	40.9
国家间、国际组织无偿援助和赠送的物资	457	916	100.4	…	0.1
来料加工装配贸易	131 738	123 564	-6.2	11.9	10.0
进料加工贸易	471 687	557 572	18.2	42.5	45.1
寄售、代销贸易	14	10	-28.6	…	…
边境小额贸易	4 645	3 945	-15.1	0.4	0.3
对外承包工程货物	1 181	893	-24.4	0.1	0.1
租赁贸易	93	—	—	…	—
出料加工贸易	21	126	500.0	…	…
易货贸易	468	181	-61.3	…	…
保税仓库进出境货物	11 238	22 281	98.3	1.0	1.8
保税区仓储转口货物	8 899	21 764	144.6	0.8	1.8
其他	80	20	-75.0	—	—
进口总额	**879 874**	**937 309**	**6.5**	**100.0**	**100.0**
一般贸易	330 777	318 422	-3.7	37.6	34.0
国家间、国际组织无偿援助和赠送的物资	1 241	255	-79.5	0.1	…
华侨、港澳同胞、外籍华人捐赠物资	4	21	425.0	…	…
来料加工装配贸易	93 819	87 661	-6.6	10.7	9.4
进料加工贸易	326 805	380 528	16.4	37.1	40.6
寄售、代销贸易	—	—	—	—	—
边境小额贸易	1 281	1 703	32.9	0.1	0.2
来料加工装配进口的设备	1 878	2 212	17.8	0.2	0.2
租赁贸易	9 070	4 760	-47.5	1.0	0.5
外商投资企业作为投资进口的设备、物品	64 317	48 522	-24.6	7.3	5.2
出料加工贸易	41	92	124.4	…	…
易货贸易	606	485	-20.0	0.1	0.1
保税仓库进出境货物	19 862	29 490	48.5	2.3	3.1
保税区仓储转口货物	37 082	58 860	58.7	4.2	6.3
其他	3 092	4 299	39.0	0.4	0.5

17—3 各地区进出口总额

单位:万美元

地区	进口总额			出口总额		
	2000年	2001年	2002年	2000年	2001年	2002年
总计	**817 377**	**879 874**	**937 309**	**1 084 839**	**1 110 912**	**1 236 592**
沈阳	138 623	154 076	145 535	132 146	123 002	138 045
大连	561 016	571 588	625 195	741 154	763 187	848 935
鞍山	11 687	20 217	38 627	39 943	30 613	35 293
抚顺	4 657	10 132	9 255	14 368	13 265	16 661
本溪	5 102	15 038	10 091	8 622	4 346	10 131
丹东	35 874	43 365	53 093	64 000	78 565	90 042
锦州	6 012	5 215	4 133	9 276	10 241	12 448
营口	25 963	24 568	21 801	39 406	45 327	49 573
阜新	278	475	194	803	1 311	1 664
辽阳	7 928	9 832	6 161	8 122	5 598	6 502
盘锦	3 438	3 148	4 461	2 738	4 712	5 084
铁岭	1 951	2 090	2 138	3 229	3 808	4 530
朝阳	2 391	1 475	1 030	3 156	3 178	2 418
葫芦岛	12 457	18 653	15 595	17 876	23 761	15 266

17—4 外贸主要商品出口数量

品名	单位	1980年	1985年	1990年	1995年	2000年	2001年	2002年
大豆	万吨	10.8	56.7	5.9	2.2	1.4	1.7	5.2
食用植物油	吨	—	36 414	1 466	5 597	2 070	736	1 336
花生仁	吨	3 291	23 098	32 968	53 526	25 426	38 495	23 123
冻鸡	吨	6 696	5 269	4 907	34 385	36 465	36 867	35 777
水产品	吨	15 299	11 089	65 994	151 597	222 071	279 824	358 964
罐头	吨	18 387	11 556	18 553	22 920	—	—	—
苹果	吨	75 920	47 724	48 157	36 461	22 388	17 046	23 157
食盐	万吨	15.2	11.7	1.5	1.4	—	—	—
棉布	万米	2 477	4 753	7 067	5 892	3 024	—	—
柞蚕丝	吨	194	305	181	77	—	—	—
绸缎	万米	714.4	622	737	678	24.5	19.2	29.8
呢绒	万米	33.5	9.0	196.0	359	—	—	—
蜂蜜	吨	9 269	7 999	8 407	5 841	4 303	3 599	6 148
纸张	吨	17 868	8 690	19 086	43 970	6 389	4 834	6 742
烤烟	吨	3 025	846	2 581	4 489	607	1 547	5 931
陶瓷	万件	5 074	1 217	1 987	1 352	—	—	—
钢材	万吨	9.6	4.6	27.0	182.7	65.7	31.5	64.7
烧碱	吨	500	7 186	11 556	24 576	—	—	—
煤炭	万吨	59.7	30.0	13.1	16.7	—	—	16.6
成品油	万吨	221	378	345.0	199	204.2	372.8	425.3
原油	万吨	984	1 757	1 499	1 149	368	348	313.8
生铁	万吨	6.3	2.3	16.0	56.8	—	—	3.0
重烧镁	吨	122 364	158 778	635 826	1 284 144	—	—	—
砩石	吨	59 031	15 185	37 260	43 532	26 038	38 004	21 823
滑石块	吨	185 291	233 410	202 789	219 342	284 059	319 428	248 632
滑石粉	吨	34 412	69 704	161 625	426 004	—	—	—
轻烧镁	吨	43 499	86 911	197 581	368 150	—	—	—
石蜡	吨	51 042	43 895	86 155	120 430	200 458	233 116	263 763
纯碱	吨	9 542	9 800	56 139	82 555	—	—	—
染料	吨	19	1 347	4 629	10 844	11 995	13 375	15 186
轮胎	套	5 200	32 020	196 346	154 374	2 513 218	2 626 445	2 311 811
机床	台	20	189	2 985	2 451	6 884	5 856	4 346
轴承	万套	52.6	—	496.0	4 024	5 711	3 894	2 331
汽车	辆	157	680	1 091	429	2 438	2 795	606

注:2000年及以后为海关数据。

17—5 外贸主要商品进口数量

品名	单位	1980年	1985年	1990年	1995年	2000年	2001年	2002年
货船	艘	—	9	2	—	49	373	27
汽车	辆	324	944	49	1 633	7 295	12 627	20 134
卡车	辆	231	76	36	1	212	181	517
旅行车	辆	11	315	4	4	484	1 875	2 345
小轿车	辆	—	463	5	1 463	3 278	7 339	8 626
机床	台	11	65	53	267	2 125	2 387	3 875
钢材	吨	24 335	140 962	381 048	265 308	630 032	586 775	707 053
型材	吨	2 185	75 869	269 139	47 986	—	8 733	4 266
锅炉钢板	吨	—	5 853	—	268	—	—	—
钢丝	吨	119	2 257	138	222	—	—	—
矽钢片	吨	—	96	—	842	—	—	—
铜	吨	110	3 038	2 388	4 904	36 846	20 059	10 783
铝	吨	—	1 627	—	174	28 103	12 251	12 145
生铁	吨	—	30 000	—	2 494	—	—	—
橡胶	吨	82	595	—	9 501	54 661	—	—
纯碱	吨	—	3 535	1 000	—	3 303	—	—
染料及中间体	吨	—	—	—	580	528	—	—
农药	吨	—	259	497	5	848	2 609	749
电冰箱	台	—	1 392	—	480	—	—	—
彩色电视机	台	23	1 755	—	922	216	432	298
显像管	只	—	58 799	152 551	10 000	2 279 913	2 418 493	2 753 565
收录机	台	1 089	9 408	—	—	103	218	276

注:2000 年及以后为海关数据。

17—6 海关同主要国家(地区)进出口总额

单位:万美元

国家、地区	进出口总额			进口总额			出口总额		
	2000年	2001年	2002年	2000年	2001年	2002年	2000年	2001年	2002年
香港	42 313	39 766	51 221	5 622	6 225	7 839	36 691	33 541	43 382
澳门	92	156	200	—	24	—	92	132	200
朝鲜	23 596	39 000	46 210	1 410	10 608	21 025	22 186	28 392	25 185
日本	724 615	740 105	791 354	280 189	287 178	323 397	444 426	452 927	467 957
菲律宾	7 374	7 759	10 216	2 930	2 982	2 597	4 444	4 777	7 619
韩国	248 115	241 843	284 723	147 589	134 496	158 103	100 536	107 347	126 620
泰国	16 219	12 859	15 308	10 089	7 924	8 677	6 130	4 935	6 631
马来西亚	20 200	20 474	27 469	5 010	8 310	14 411	15 190	12 164	13 058
新加坡	45 481	61 500	70 527	6 941	9 608	7 817	38 540	51 892	62 710
印度尼西亚	13 545	10 284	16 704	6 344	4 519	5 671	7 201	5 765	11 033
匈牙利	1 906	3 216	3 189	29	93	22	1 877	3 123	3 167
德国	58 014	80 433	79 463	31 953	54 611	49 131	26 061	25 822	30 332
法国	10 946	14 044	15 578	4 654	6 351	7 470	6 292	7 693	8 108
意大利	17 891	22 837	19 893	7 937	13 671	7 234	9 954	9 166	12 659
比利时	5 845	7 098	13 511	1 019	2 326	6 438	4 826	4 772	7 073
英国	16 912	23 686	22 638	3 759	11 367	8 048	13 153	12 319	14 590
丹麦	8 801	11 083	4 558	3 279	3 278	3 023	5 522	7 805	1 535
瑞典	10 450	4 532	10 308	7 308	3 227	5 792	3 142	1 305	4 516
瑞士	3 270	2 957	2 255	2 453	2 117	1 422	817	840	833
奥地利	2 605	2 860	5 561	2 275	2 613	4 948	330	247	613
西班牙	9 118	8 748	7 987	1 553	1 910	1 408	7 565	6 838	6 579
加拿大	21 084	19 134	20 317	9 814	9 636	7 978	11 270	9 498	12 339
美国	204 033	219 562	238 930	53 053	72 963	57 624	150 980	146 599	181 306
澳大利亚	21 538	30 071	30 017	13 276	18 615	20 691	8 262	11 456	9 326
新西兰	3 321	3 705	4 399	2 495	2 774	3 032	826	931	1 367
土耳其	2 112	2 084	2 958	378	315	754	1 734	1 769	2 204
荷兰	45 150	48 845	44 977	2 637	3 373	3 689	42 513	45 472	41 288
巴基斯坦	2 805	2 536	2 284	1 165	1 214	1 002	1 640	1 322	1 282
埃及	3 723	1 602	1 834	2 252	167	78	1 471	1 435	1 756
利比亚	636	129	502	—	59	24	636	70	478
俄罗斯	23 676	26 212	32 949	15 200	15 983	20 030	8 476	10 229	12 919
波兰	1 476	1 367	2 923	78	56	205	1 398	1 311	2 718
捷克	446	432	439	232	180	99	214	252	340
罗马尼亚	519	717	1 546	198	144	487	321	573	1 059
保加利亚	355	248	921	241	4	433	114	244	488
孟加拉	1 620	1 108	1 284	194	99	74	1 426	1 009	1 210
巴西	5 373	19 127	12 884	3 159	16 540	9 513	2 214	2 587	3 371

17—7 利用外资

单位:个、万美元

年份	总计		对外借款		外商直接投资		外商其他投资	
	项目	金额	项目	金额	项目	金额	项目	金额
签订利用外资协议(合同)								
1980	24	487	—	—	—	—	24	487
1981	13	133	—	—	—	—	13	133
1982	61	2 448	21	1 045	1	140	39	1 263
1983	51	1 458	—	—	3	97	48	1 361
1984	145	6 366	5	910	28	1 508	112	3 948
1985	136	24 213	22	3 916	71	16 353	43	3 944
1986	161	43 852	21	28 941	51	7 838	89	7 073
1987	200	56 494	50	37 502	57	12 314	93	6 678
1988	514	132 271	93	105 889	266	19 186	155	7 196
1989	471	84 960	77	51 624	269	27 979	125	5 357
1990	550	85 298	70	34 403	365	46 703	115	4 192
1991	720	92 238	40	33 733	575	54 006	105	4 499
1992	2 264	269 694	39	68 353	2 148	197 922	77	3 419
1993	4 147	431 588	27	49 074	4 054	379 615	66	2 899
1994	2 810	499 888	63	50 495	2 677	448 846	70	547
1995	2 484	466 820	54	60 702	2 406	397 449	24	8 669
1996	1 901	502 673	27	24 728	1 853	445 601	21	32 344
1997	1 734	550 991	17	57 080	1 698	438 835	19	55 076
1998	1 740	506 974	26	46 747	1 708	438 957	6	21 270
1999	1 785	505 987	44	51 200	1 736	444 517	5	10 270
2000	1 908	555 807	17	26 983	1 883	517 775	8	11 049
2001	1 893	592 312	14	31 611	1 876	546 649	3	14 052
2002	2 132	742 914	5	11 194	2 125	718 520	2	13 200
实际利用外资额								
1980		457		—		—		457
1981		80		—		—		80
1982		662		283		38		341
1983		808		—		278		530
1984		1 523		49		391		1 083
1985		4 192		1 617		1 569		1 006
1986		9 003		4 005		3 297		1 701
1987		55 338		43 087		6 441		5 810
1988		55 011		40 065		9 046		5 900
1989		58 900		45 945		10 893		2 062
1990		78 725		51 749		24 831		2 145
1991		97 157		61 429		31 360		4 368
1992		85 931		39 512		43 916		2 503
1993		169 055		43 402		122 731		2 922
1994		198 135		55 230		142 388		517
1995		190 691		49 377		140 405		909
1996		237 915		44 637		167 142		26 136
1997		305 876		29 775		221 446		54 655
1998		314 104		71 742		220 471		21 891
1999		303 820		85 470		206 366		11 984
2000		301 620		35 472		255 219		10 929
2001		358 627		33 282		311 293		14 052
2002		425 538		20 777		391 561		13 200

17—8 对外签定利用外资协议(合同)额

单位:个、万美元

指标	1990年		1995年		2000年		2001年		2002年	
	项目	金额	项目	金额	项目	金额	项目	金额	项目	金额
总计	**550**	**85 298**	**2 484**	**466 820**	**1 908**	**555 807**	**1 893**	**592 312**	**2 132**	**742 914**
对外借款	70	34 403	54	60 702	17	26 983	14	31 611	5	11 194
政府贷款	33	15 074	9	3 079	6	18 598	11	11 125	3	10 466
国际金融机构贷款	21	7 482	22	41 324	8	7 424	2	18 700	1	128
其他	16	11 847	23	16 299	3	961	1	1 786	1	600
外商直接投资	365	46 703	2 406	397 449	1 883	517 775	1 876	546 649	2 125	718 520
合资经营	282	35 959	1 700	240 576	978	242 227	965	265 946	943	290 140
合作经营	34	1 924	249	43 360	164	138 375	143	77 955	113	80 524
独资经营	49	8 820	457	113 513	741	133 236	766	197 225	1 069	340 291
外商其他投资	115	4 192	24	8 669	8	11 049	3	14 052	2	13 200
补偿贸易	27	1 242	18	5 009	1	120	—	—	—	—
加工装配	80	969	2	157	6	2 317	—	—	—	—
国际租赁	8	1 981	4	3 503	—	—	3	14 052	2	13 200
对外发行股票	—	—	—	—	1	8 612	—	—	—	—

17—9 各地区实际利用外资额

单位:万美元

地区	2001年				2002年			
	总计	对外借款	外商直接投资	外商其他投资	总计	对外借款	外商直接投资	外商其他投资
总计	**358 627**	**33 282**	**311 293**	**14 052**	**425 538**	**20 777**	**391 561**	**13 200**
沈阳	120 827	21 558	85 217	14 052	165 000	10 920	140 880	13 200
大连	147 690	2 290	145 400	—	163 136	2 827	160 309	—
鞍山	15 233	1 220	14 013	—	18 722	2 300	16 422	—
抚顺	5 283	830	4 453	—	6 260	445	5 815	—
本溪	4 661	3 348	1 313	—	3 379	1 295	2 084	—
丹东	5 560	—	5 560	—	7 553	—	7 553	—
锦州	10 500	—	10 500	—	11 911	—	11 911	—
营口	21 147	3 204	17 943	—	24 453	2 923	21 530	—
阜新	1 200	100	1 100	—	1 726	24	1 702	—
辽阳	4 018	—	4 018	—	5 233	—	5 233	—
盘锦	11 860	—	11 860	—	5 592	—	5 592	—
铁岭	5 441	—	5 441	—	6 587	—	6 587	—
朝阳	2 235	—	2 235	—	2 483	—	2 483	—
葫芦岛	2 972	732	2 240	—	3 503	43	3 460	—

17—10 外商实际直接投资额

单位:万美元

国 别、地 区	1995年	1997年	1998年	1999年	2000年	2001年	2002年
香港	44 582	63 649	59 439	49 933	66 398	101 211	127 241
澳门	3 397	557	98	551	767	192	770
台湾	6 264	4 665	8 501	10 481	7 427	14 681	15 350
印度尼西亚	12	73	99	—	10	—	245
日本	32 072	57 984	59 457	55 285	44 910	65 881	80 675
马来西亚	2 115	1 850	723	1 012	2 252	1 414	399
菲律宾	28	87	—	160	52	3	50
新加坡	1 913	7 220	7 134	4 989	7 452	6 575	12 936
韩国	7 934	15 958	16 738	18 182	26 405	26 919	29 707
泰国	1 629	774	175	1 086	306	514	333
比利时	12	266	1 181	637	382	304	54
丹麦	17	—	—	150	60	3 173	93
英国	879	4 312	5 528	2 358	2 910	1 840	4 725
德国	358	5 773	2 309	5 188	6 447	2 359	11 788
法国	9 121	1 127	3 102	1 114	87	1 641	2 783
意大利	148	140	150	308	240	1 643	361
卢森堡	—	—	217	—	—	—	—
荷兰	—	380	2 186	3 553	4 051	13 498	904
新西兰	120	251	183	41	326	91	527
西班牙	35	110	50	16	23	190	58
芬兰	—	214	64	41	798	2 519	95
瑞士	23	2 357	1 727	1 235	3 531	1 384	450
加拿大	1 084	2 151	3 996	1 708	3 234	3 883	6 482
美国	9 160	15 374	27 811	31 797	47 045	41 460	49 760
澳大利亚	481	4 686	2 045	4 756	1 980	2 022	3 128

17—11 外商直接投资

(按国别、地区分)　　单位:个、万美元

国别	2000年		2001年		2002年	
	项目	合同外资额	项目	合同外资额	项目	合同外资额
日本	281	62 177	317	70 483	366	76 057
香港	279	138 766	269	152 981	193	208 746
韩国	574	50 789	597	49 935	672	95 089
澳门	5	2 395	6	508	4	3 796
新加坡	34	9 429	56	10 371	38	24 491
泰国	10	3 861	4	1 451	6	4 313
马来西亚	6	3 006	2	258	14	23 158
美国	291	89 316	233	121 822	295	116 846
英国	15	1 562	15	3 749	26	17 345
法国	8	1 845	8	6 557	11	1 568
德国	16	2 404	18	10 974	22	15 177
澳大利亚	32	8 059	42	17 708	40	9 978
意大利	9	859	8	640	10	1 261
加拿大	51	8 311	53	21 576	66	19 600
西班牙	3	348	4	87	4	91
瑞士	2	453	4	43	1	622
菲律宾	6	2 700	2	1 158	2	2 150
荷兰	6	3 259	6	19 269	7	2 040
丹麦	—	—	9	4 501	2	69
比利时	3	6 565	—	—	2	28
新西兰	6	137	4	117	8	1 012
芬兰	1	2 000	—	—	—	—
台湾	147	27 814	127	28 435	142	30 535

17—12 按行业分对外签订外商直接投资协议

行业	项目(个)				金额(万美元)			
	1999年	2000年	2001年	2002年	1999年	2000年	2001年	2002年
总计	**1 736**	**1 883**	**1 876**	**2 125**	**444 516**	**517 775**	**546 649**	**718 520**
农、林、牧、渔业	76	74	92	87	22 387	25 526	38 889	36 691
采掘业	5	5	7	15	6 819	4 544	6 016	8 076
制造业	1 141	1 299	1 220	1 381	217 180	255 310	282 646	424 994
电力、煤气及水的生产和供应业	5	3	6	16	9 711	6 050	10 979	19 806
建筑业	65	35	48	43	19 468	12 306	24 084	13 854
交通运输、仓储及邮电通信业	10	13	11	15	7 165	9 748	6 698	13 322
批发和零售贸易餐饮业	189	166	181	223	35 979	28 750	21 433	20 611
房地产业	75	94	87	120	61 157	127 864	113 904	113 567
社会服务业	134	144	179	185	53 287	38 023	32 108	55 022
卫生体育和社会福利业	4	1	1	5	945	2 795	5	2 881
教育、文化艺术和广播电影电视业	2	—	—	3	40	—	—	18
其他行业	30	49	25	32	10 378	6 859	5 121	9 678

17—13 按行业分外商实际直接投资额

单位:万美元

行业	1998年	1999年	2000年	2001年	2002年
总计	**220 471**	**206 365**	**255 219**	**311 293**	**391 561**
农、林、牧、渔业	3 544	5 071	5 135	10 064	10 351
采掘业	5 756	8 265	8 460	9 036	4 199
制造业	112 665	116 592	151 145	184 827	232 136
电力、煤气及水的生产和供应业	3 846	3 780	10 112	8 866	18 757
建筑业	1 310	3 105	3 143	11 159	7 037
交通运输、仓储及邮电通信业	3 372	1 129	3 536	1 541	2 678
批发和零售贸易餐饮业	24 931	21 930	15 678	18 384	24 485
房地产业	39 803	28 544	37 091	48 684	62 165
社会服务业	24 239	13 857	19 332	14 592	23 653
卫生体育和社会福利业	3	225	1 073	1 494	91
教育、文化艺术和广播电影电视业	—	—	—	—	55
其他行业	1 002	3 826	514	2 147	5 954

17—14 年末登记外商投资企业行业分布情况

行业	企业数(户)		投资总额(百万美元)		注册资本(百万美元)		#外方	
	2001年	2002年	2001年	2002年	2001年	2002年	2001年	2002年
总计	**13 158**	**13 642**	**63 797**	**66 408**	**40 465**	**43 002**	**24 550**	**27 956**
农、林、牧、渔业	437	418	987	1 014	759	750	623	540
采掘业	55	55	178	182	112	113	68	63
制造业	8 662	8 976	38 770	40 554	26 599	28 498	15 124	18 897
电力、煤气及水的生产和供应业	39	52	1 685	1 876	663	759	414	505
建筑业	529	483	1 552	1 653	1 137	1 218	696	753
地质勘查业、水利管理业	7	6	39	34	21	17	15	12
交通运输、仓储及邮电通信业	87	100	2 924	3 161	1 293	1 411	982	1 085
批发和零售贸易餐饮业	1 438	1 516	2 880	3 018	1 797	1 885	1 190	1 268
金融、保险业	3	4	66	93	48	57	39	51
房地产业	669	710	9 240	9 502	4 880	5 126	3 443	2 703
社会服务业	952	1 009	4 660	4 426	2 717	2 728	1 677	1 795
卫生体育和社会福利业	21	23	49	140	42	46	18	23
教育、文化艺术和广播电影电视业	34	27	185	97	127	83	57	43
科学研究和综合技术服务业	57	77	378	365	137	127	108	89
其他行业	168	186	204	293	133	184	96	129

17—15 外商投资企业分国别、地区注册登记情况

(2002年)

地　区	企业个数(个)		投资总额(万美元)		注册资本(万美元)		#外方(万美元)	
	年末实有	本年新增	绝对数	比　重	绝对数	比　重	绝对数	比　重
合　计	**13 642**	**1 771**	**559 699**	**100.0**	**350 419**	**100.0**	**267 708**	**100.0**
香　港	2 926	206	181 740	32.5	105 808	30.2	81 904	30.6
澳　门	56	2	643	0.1	340	0.1	328	0.1
台　湾	991	99	26 846	4.8	16 777	4.8	13 850	5.2
印度尼西亚	16	1	2 100	0.4	840	0.2	378	0.1
日　本	2 478	311	31 573	5.6	21 261	6.1	15 110	5.6
马来西亚	71	6	747	0.1	720	0.2	720	0.3
菲律宾	22	2	2 030	0.4	2 030	0.6	2 030	0.8
新加坡	295	26	11 079	2.0	8 851	2.5	7 697	2.9
韩　国	2 848	528	70 857	12.7	50 861	14.5	44 049	16.5
泰　国	88	5	4 382	0.8	2 316	0.7	1 849	0.7
比利时	20	2	35	0.01	35	0.01	35	0.01
丹　麦	9	1	120	0.02	84	0.02	25	0.01
英　国	115	16	9 536	1.7	5 470	1.6	3 639	1.4
德　国	127	20	24 070	4.3	9 069	2.6	4 968	1.9
法　国	54	4	92	0.02	84	0.02	53	0.02
奥地利	19	3	2 740	0.5	1 866	0.5	1 119	0.4
意大利	49	7	995	0.2	688	0.2	299	0.1
卢森堡	4	1	40	0.01	30	0.01	30	0.01
荷　兰	42	7	2 077	0.4	1 137	0.3	919	0.3
希　腊	1	—	—	—	—	—	—	—
葡萄牙	5	—	—	—	—	—	—	—
西班牙	23	4	64	0.01	59	0.02	50	0.02
芬　兰	5	—	—	—	—	—	—	—
瑞　士	18	1	375	0.07	375	0.1	350	0.1
加拿大	302	48	12 702	2.3	8 657	2.5	7 141	2.7
美　国	1 711	202	89 516	16.0	61 984	17.7	46 685	17.4
澳大利亚	215	29	4 945	0.9	4 433	1.3	4 083	1.5
新西兰	25	7	320	0.06	266	0.1	112	0.04

17—16 对外承包工程和劳务合作

年份	合同份数（份）	合同金额（万美元）	营业额（万美元）	营业利润（万美元）	外汇净收入（万美元）	派出人员（人）	年末在外人数（人）
总计							
1985	77	8 045	3 547	231	347	1 236	2 415
1990	223	23 984	8 445	478	830	10 354	8 459
1991	253	13 942	9 037	392	741	12 074	9 945
1992	354	27 501	14 170	985	948	18 197	13 167
1993	396	39 143	20 609	—	—	18 983	16 821
1994	609	55 763	31 484	—	—	—	24 569
1995	795	62 925	32 117	—	—	20 946	26 868
1996	832	48 704	29 599	—	—	21 159	23 573
1997	1 002	63 469	37 784	—	—	23 866	29 095
1998	1 173	56 681	44 406	—	—	25 925	31 717
1999	1 362	44 661	35 574	—	—	31 052	36 724
2000	1 381	62 229	41 334	—	—	38 781	45 936
2001	1 284	50 554	46 512	—	—	42 240	47 744
2002	1 017	54 504	50 326	—	—	51 585	57 292
承包工程							
1985	32	6 523	2 392	59	38	207	297
1990	46	14 052	6 767	332	280	1 999	2 280
1991	54	6 433	4 505	132	302	3 842	2 555
1992	79	18 867	9 231	428	380	6 441	3 009
1993	136	26 818	10 877	—	—	4 883	3 556
1994	180	44 900	19 600	—	—	—	—
1995	191	39 414	17 626	—	—	4 509	4 966
1996	209	28 875	15 850	—	—	5 616	3 027
1997	216	39 754	20 980	—	—	3 399	4 263
1998	247	35 901	28 258	—	—	4 467	4 305
1999	215	21 137	17 503	—	—	2 722	2 860
2000	—	32 811	20 309	—	—	—	1
2001	72	9 327	15 962	—	—	2 751	2 265
2002	156	23 330	18 474	—	—	1 749	2 741
劳务合作							
1985	45	1 522	1 155	172	309	1 029	2 118
1990	177	9 932	1 678	146	550	8 355	6 179
1991	199	7 509	4 532	260	439	8 232	7 390
1992	275	8 634	4 939	557	568	11 756	10 158
1993	260	12 325	9 732	—	—	14 100	13 265
1994	429	10 863	11 884	—	—	—	24 569
1995	596	22 804	14 451	—	—	16 408	21 848
1996	618	19 634	13 616	—	—	15 504	20 545
1997	763	22 776	16 313	—	—	20 459	24 823
1998	922	20 397	15 660	—	—	21 428	27 401
1999	1 129	23 478	18 006	—	—	28 316	33 851
2000	—	29 310	20 926	—	—	—	—
2001	926	27 486	20 326	—	—	26 766	33 599
2002	850	30 175	31 700	—	—	49 748	54 551

17—17 旅游事业发展情况

指标	单位	1980年	1985年	1990年	1995年	2000年	2001年	2002年
接待的国家和地区数	个	66	93	120	135	—	—	—
接待的旅游人数	人次	32 094	96 446	114 064	263 759	612 222	739 985	929 428
外国人	人次	29 400	79 993	74 765	214 563	500 509	619 137	794 172
华侨	人次	275	1 302	2 124	4 606	—	—	—
港澳台同胞	人次	2 419	15 151	37 175	44 590	111 713	120 848	135 256
平均逗留天数	天	2.3	3.2	4.8	4.0	3.4	3.3	3.2
旅游外汇收入总额	万美元	565	1 557	6 870	18 900	38 265	46 303	55 021

17—18 接待外国旅游人数

单位:人次

国别	1980年	1985年	1990年	1995年	2000年	2001年	2002年
总计	**29 400**	**79 993**	**74 765**	**214 563**	**500 509**	**619 137**	**794 172**
#日本	20 065	43 498	40 835	94 387	216 857	256 406	320 136
菲律宾	113	367	475	723	1 748	2 071	6 720
新加坡	237	835	1 118	4 660	7 676	11 162	13 767
泰国	226	254	577	742	2 914	2 145	4 050
印度尼西亚	33	109	277	632	2 427	4 134	4 519
美国	4 165	14 821	5 232	8 878	15 808	18 783	23 266
加拿大	373	980	687	1 532	3 688	4 806	5 642
英国	414	1 837	1 245	2 104	3 774	4 881	6 389
法国	469	765	607	1 686	2 733	3 373	3 585
德国	799	4 708	1 989	3 349	5 963	7 252	8 898
意大利	63	1 045	703	1 281	2 675	2 737	2 754
俄罗斯	17	247	3 789	15 466	19 813	19 583	33 738
澳大利亚	387	794	685	1 670	3 485	4 008	5 972
新西兰	23	99	154	209	501	849	1 606

17—19 按地区分的接待国际旅游人数

单位:人次

地区	1980年	1985年	1990年	1995年	2000年	2001年	2002年
接待旅游人数	**32 094**	**96 446**	**114 064**	**263 759**	**612 222**	**739 985**	**929 428**
沈阳	12 468	30 407	41 899	103 696	172 766	176 961	237 627
大连	14 003	48 626	51 987	131 118	338 286	433 286	491 100
鞍山	1 996	3 668	4 887	5 033	29 963	36 831	45 812
抚顺	3 627	2 566	1 985	2 579	3 495	4 208	6 903
本溪	—	1 367	1 082	1 765	7 847	10 951	20 527
丹东	—	4 971	5 123	7 979	40 258	53 791	75 508
锦州	—	1 466	1 583	2 865	3 755	4 660	15 950
营口	—	1 337	1 511	3 519	5 991	7 338	12 160
阜新	—	311	317	354	643	1 236	1 620
辽阳	—	1 099	1 338	2 007	1 476	2 274	3 889
盘锦	—	—	792	379	1 712	2 050	2 730
铁岭	—	289	437	513	352	693	1 182
朝阳	—	339	483	684	519	615	725
葫芦岛	—	—	640	1 268	5 159	5 091	13 695

17—20 按地区分的旅游外汇收入

单位:万美元

地区	1990年	1995年	1998年	1999年	2000年	2001年	2002年
旅游外汇收入	**6 870**	**18 900**	**26 244**	**30 444**	**38 265**	**46 303**	**55 021**
沈阳	1 574	4 178	8 565	9 575	10 014	9 912	13 702
大连	4 014	13 028	15 391	18 003	23 427	30 422	33 000
鞍山	97	325	1 013	1 364	2 053	2 582	3 189
抚顺	57	127	103	105	191	229	332
本溪	13	148	69	91	202	312	515
丹东	584	582	455	814	1 480	1 900	2 629
锦州	18	81	138	129	170	222	510
营口	409	154	107	91	167	220	326
阜新	5	27	54	40	26	45	60
辽阳	34	113	82	80	57	87	158
盘锦	1	25	77	55	73	88	137
铁岭	1	15	26	18	18	35	54
朝阳	60	53	25	20	28	31	38
葫芦岛	3	44	139	59	359	218	371

17—21 按地区分的国内旅游人数及收入

（2002 年） 单位:万人次、百万元

地区	国内旅游接待人数	过夜旅游者	一日游游客	国内旅游收入	过夜旅游者	一日游游客
全省	**6 305**	**4 456**	**1 849**	**39 760**	**36 757**	**3 003**
沈阳	2 115	1 203	912	13 316	11 826	1 490
大连	1 401	1 079	322	10 828	10 224	604
鞍山	528	417	111	3 587	3 418	169
抚顺	136	96	40	748	683	65
本溪	326	281	45	1 682	1 623	59
丹东	388	266	122	2 430	2 244	186
锦州	290	236	54	1 657	1 570	87
营口	239	178	61	1 237	1 158	79
阜新	80	60	20	329	305	24
辽阳	139	103	36	743	685	58
盘锦	139	100	39	787	721	66
铁岭	111	105	6	403	395	8
朝阳	111	99	12	687	672	15
葫芦岛	302	233	69	1 326	1 233	93

主要统计指标解释

利用外资　指我国各级政府、部门、企业和其他经济组织通过对外借款、吸收外商直接投资以及用其他方式筹措的境外现汇、设备、技术等。

对外借款　是我国利用外资的一种形式。包括我国通过对外国政府贷款，国际金融组织贷款，外国银行商业贷款，出口信贷以及对外发行债券等方式，从境外筹措的资金。

外商直接投资　是指外国企业和经济组织或个人(包括华侨、港澳台胞以及我国在境外注册的企业)按我国有关政策、法规，用现汇、实物、技术等在我国境内开办外商独资企业、与我国境内的企业或经济组织共同举办中外合资经营企业、合作经营企业或合作开发资源的投资(包括外商投资收益的再投资)以及经政府有关部门批准的项目投资总额内，企业从境外借入的资金。

对外承包工程　包括各对外承包公司以招标议标承包方式承揽的下列业务(1)承包国外工程建设项目；(2)承包我国对外经援项目；(3)承包我国驻外机构的工程建设项目；(4)承包我国境内利用外资进行建设的工程项目；(5)与外国承包公司合营或联合承包工程项目时我国公司分包部分；(6)以服务成果向业主收费的技术服务项目(包括承担地形地貌测绘；地质资源勘探与普查；建设区域规划；提供设计文件、图纸、生产工艺技术资料和工程技术经济咨询；工程项目的可行性考察、研究和评估；进行技术指导和培训人员等)；(7)对外承包兼营的房屋开发业务。对外承包工程的营业额是以货币表现的本期内完成的对外承包工程的工作量，包括以前年度签订的合同和本年度新签订的合同在报告期完成的工作量。

对外劳务合作　指以收取工资的形式向业主或承包商提供技术和劳动服务的活动。我国对外承包公司在境外开办的合营企业，中国公司同时又提供劳务的，其劳务部分也纳入劳务合作统计。劳务合作营业额按报告期内向雇主提交的结算数(包括工资、加班费和奖金等)统计。

旅游人数　指来我国参观、访问、旅行、探亲、访友、休养、考察、参加会议和从事经济、科技、文化、教育、体育、宗教等活动的外国人、华侨、港澳和台湾同胞的人数。不包括外国在我国的常住机构，如使领馆、通讯社、企业办事处的工作人员；来我国常驻的外国专家、留学生以及在岸逗留不过夜人员。

旅游外汇收入　指国内各部门为来我国旅游的外国人、华侨、港澳和台湾同胞提供商品和劳务而获得的外汇收入。包括供应商品、饮食和提供住宿、交通、邮电、文化娱乐、导游等各项服务所得到的全部外汇收入。

第十八篇

金融

18

JINRONG

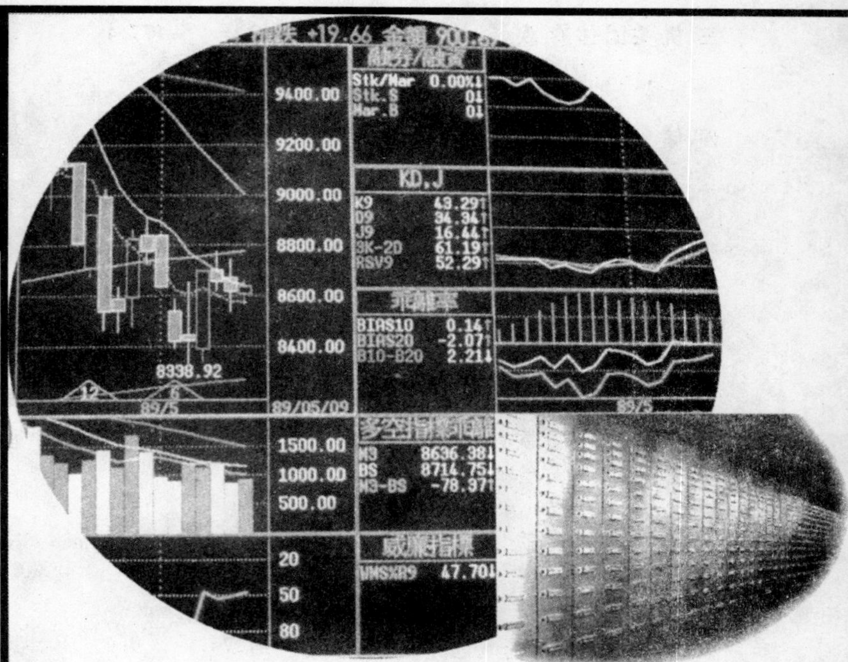

18—1　金融机构存款、贷款余额

单位:亿元

指　　标	2000年	2001年	2002年	指　　标	2000年	2001年	2002年
年末存款余额	**5 880.0**	**6 591.4**	**7 600.1**	商业贷款	997.3	1 097.0	1 052.6
一、企业存款	1 637.8	1 961.8	2 150.6	建筑业贷款	66.2	94.5	119.7
活期存款	1 245.4	1 509.8	1 611.9	农业贷款	177.2	185.9	207.6
定期存款	392.4	452.0	538.7	乡镇企业贷款	263.3	273.9	286.1
二、财政存款	26.2	41.7	56.2	三资企业贷款	142.6	159.2	125.6
三、机关团体存款	56.5	82.4	177.4	私营企业及个体贷款	25.9	51.0	46.9
四、储蓄存款	3 779.6	4 131.0	4 665.0	其他短期贷款	740.2	619.3	735.5
活期存款	826.1	992.2	1 210.5	二、中期流动资金贷款	211.2	269.8	260.3
定期存款	2 953.4	3 138.8	3 454.5	三、中长期贷款	1 027.6	1 396.8	1 734.2
五、农业存款	60.8	69.8	86.9	基本建设贷款	564.7	620.9	942.1
六、信托存款	96.1	12.7	2.3	技术改造贷款	279.0	281.6	76.2
七、委托存款	67.2	41.7	9.9	其他中长期贷款	183.9	494.2	716.0
八、其他存款	155.9	250.2	451.8	四、信托贷款	51.2	22.7	11.5
年末贷款余额	**5 195.6**	**5 597.4**	**6 247.4**	五、融资租赁	1.1	1.1	0.1
一、短期贷款	3 528.9	3 755.0	3 930.0	六、委托贷款	86.6	56.1	28.2
工业贷款	1 117.4	1 274.2	1 356.0	七、票据融资及各项垫款	-	95.9	283.0

18—2 各地区金融机构存款余额

(2002 年)　　单位:万元

地　　区	金融机构存款余额	#企业存款	#居民储蓄存款余额	定期存款	活期存款
全　　省	**76 001 078**	**21 506 273**	**46 650 485**	**34 545 038**	**12 105 446**
沈　　阳	22 827 834	7 153 738	12 116 042	8 512 984	3 603 058
大　　连	18 414 889	6 835 742	9 547 788	7 159 232	2 388 556
鞍　　山	5 332 220	1 001 227	4 030 545	2 951 064	1 079 480
抚　　顺	3 334 030	556 313	2 549 619	1 926 767	622 852
本　　溪	2 375 227	384 006	1 781 642	1 356 913	424 729
丹　　东	3 039 521	436 384	2 357 522	1 781 213	576 309
锦　　州	3 569 038	732 576	2 622 300	2 008 852	613 448
营　　口	2 423 764	417 078	1 904 286	1 398 451	505 835
阜　　新	1 391 197	265 238	1 075 437	809 539	265 898
辽　　阳	2 142 115	360 003	1 670 305	1 257 084	413 221
盘　　锦	2 731 875	553 998	2 090 053	1 610 951	479 102
铁　　岭	1 776 257	241 206	1 494 591	1 138 323	356 268
朝　　阳	1 830 443	237 570	1 434 983	1 118 613	316 370
葫 芦 岛	2 618 174	517 899	1 877 451	1 460 390	417 061

18—3 各地区金融机构贷款余额

（2002 年）

单位：万元

地区	金融机构贷款余额	# 工业贷款	# 商业贷款	# 农业贷款
全省	**62 473 642**	**13 559 911**	**10 526 025**	**4 264 311**
沈阳	21 236 787	3 575 166	3 258 976	1 092 474
大连	14 989 841	2 989 905	2 086 842	413 104
鞍山	4 243 855	1 324 502	714 486	300 036
抚顺	1 984 547	733 319	257 837	106 637
本溪	1 721 952	563 960	153 989	62 908
丹东	1 970 249	440 398	438 736	172 943
锦州	2 721 909	655 088	534 631	305 492
营口	2 112 921	518 638	378 363	210 413
阜新	1 585 124	416 840	393 791	194 398
辽阳	1 836 106	503 489	441 241	236 223
盘锦	1 238 146	377 660	276 605	174 352
铁岭	1 782 073	231 255	827 157	619 760
朝阳	1 813 821	403 066	459 170	263 666
葫芦岛	2 118 302	496 190	294 715	111 904

18—4 金融机构现金收入

单位:亿元

项目	1980年	1985年	1990年	1995年	2000年	2001年	2002年
收入总计	**124.3**	**308.5**	**972.8**	**4 385.6**	**14 891.5**	**16 843.3**	**18 631.6**
商品销售收入	80.5	160.0	280.0	622.5	1 558.0	1 550.4	1 634.0
服务事业收入	9.6	18.3	51.5	171.7	597.4	649.1	696.3
税款收入	…	1.1	6.3	20.8	63.9	90.1	93.3
农村信用社收入	8.1	21.5	37.4	124.8	—	—	—
乡镇企事业收入	—	5.7	10.9	47.8	—	—	—
个体经营收入	—	1.2	3.2	37.8	451.5	490.5	474.3
储蓄存款收入	20.8	80.1	449.4	2 412.8	9 515.1	11 172.2	13 062.3
城市信用社收入	—	—	20.6	226.4	—	—	—
汇兑收入	1.5	3.0	18.4	322.0	362.1	392.0	382.0
其他收入	3.7	17.6	95.1	399.0	2 443.5	2 499.0	2 289.4

18—5 金融机构现金支出

单位:亿元

项目	1980年	1985年	1990年	1995年	2000年	2001年	2002年
支出总计	**131.0**	**324.1**	**1 027.3**	**4 439.9**	**14 891.6**	**16 811.6**	**18 631.4**
工资及对个人其他支出	68.6	133.8	304.0	720.7	1 009.9	1 005.4	937.0
农副产品采购支出	8.0	32.0	63.6	121.1	331.7	306.2	348.8
行政企业管理费支出	7.8	20.4	59.1	269.7	818.8	903.4	982.0
农村信用社支出	27.5	46.7	68.7	155.3	—	—	—
乡镇企、事业支出	—	13.4	25.9	75.4	—	—	—
个体经营支出	—	2.2	7.2	47.6	584.1	641.3	704.3
储蓄存款支出	14.9	59.4	362.1	2 121.4	9 406.5	10 975.2	12 793.2
城市信用社支出	—	—	36.6	256.3	—	—	—
汇兑支出	1.2	2.9	9.1	299.3	187.2	218.6	198.9
其他支出	3.0	13.3	91.0	373.1	2 553.4	2 761.6	2 667.2

18—6　金融机构现金投放回笼差额

单位:亿元

年　份	现金收入	现金支出	投放(+) 回笼(-)	年　份	现金收入	现金支出	投放(+) 回笼(-)
1953	20.3	22.0	1.7	1979	96.9	102.8	5.9
1956	30.7	32.2	1.5	1980	124.3	131.0	6.7
1957	34.7	35.1	0.4	1981	148.4	154.5	6.1
1958	38.9	39.8	0.9	1982	164.2	166.6	2.4
1959	45.3	46.7	1.4	1983	202.9	212.0	9.1
1960	49.4	51.1	1.7	1984	245.4	256.8	11.4
1961	43.0	45.8	2.8	1985	308.5	324.0	15.5
1962	40.0	39.6	-0.4	1986	390.7	406.1	15.4
1963	38.1	37.5	-0.6	1987	511.9	530.5	18.6
1964	40.0	39.9	-0.1	1988	760.4	825.8	65.4
1965	40.8	41.8	1.0	1989	905.4	937.1	31.7
1966	43.1	44.9	1.9	1990	972.8	1 027.3	54.5
1967	44.3	46.8	2.5	1991	1 174.3	1 241.5	67.2
1968	42.6	43.3	0.7	1992	1 671.6	1 770.8	99.2
1969	46.0	47.2	1.2	1993	2 541.2	2 692.7	151.5
1970	46.0	45.8	-0.2	1994	3 333.6	3 477.7	144.1
1971	49.2	50.3	1.1	1995	4 385.6	4 439.9	54.3
1972	53.9	55.2	1.3	1996	5 274.4	5 292.2	17.8
1973	57.3	59.5	2.2	1997	7 116.1	7 116.9	0.8
1974	60.7	62.2	1.5	1998	10 171.1	10 170.2	-0.9
1975	63.9	66.3	2.4	1999	12 223.3	12 256.7	33.4
1976	67.1	70.1	2.9	2000	14 891.5	14 891.6	0.1
1977	72.2	74.7	2.5	2001	16 843.3	16 811.6	-31.7
1978	78.6	82.7	4.0	2002	18 631.6	18 631.4	-0.2

18—7 全省城乡储蓄存款年末余额

单位:万元

年份	总计	定期	活期	人均年末储蓄余额（元）
1980	245 865	—	—	71
1981	325 130	—	—	92
1982	416 003	—	—	116
1983	552 337	—	—	152
1984	736 296	—	—	201
1985	1 009 775	—	—	274
1986	1 408 872	—	—	378
1987	1 977 449	—	—	523
1988	2 565 080	—	—	671
1989	3 452 835	—	—	891
1990	4 631 835	115 455	4 516 380	1 182
1991	5 912 030	149 431	5 762 599	1 501
1992	7 287 623	197 779	7 089 844	1 841
1993	8 999 197	279 226	8 719 971	2 259
1994	12 183 191	577 748	11 605 443	3 040
1995	16 598 143	1 289 838	15 308 305	4 115
1996	22 910 247	1 477 237	21 433 010	5 647
1997	27 274 384	22 974 919	4 299 465	6 690
1998	31 899 065	26 870 855	5 028 210	7 799
1999	35 457 579	28 999 085	6 458 494	8 641
2000	37 795 571	29 534 329	8 261 242	9 140
2001	41 310 225	31 388 192	9 922 033	9 961
2002	46 650 485	34 545 038	12 105 446	11 226

主要统计指标解释

信贷资金 国家银行用于发放贷款的资金叫信贷资金。中国人民银行信贷资金的来源有各项存款、对国际金融机构负债、流通中货币、银行自有资金及当年结益等。信贷资金的运用有各项贷款、黄金占款、外汇占款、财政借款及在国际金融机构中的资产等。

存款 企业、机关、团体或居民根据可以收回的原则，把货币资金存入银行或其他信用机构保管并取得一定利息的一种信用活动形式。根据存款对象的不同可划分为企业存款、财政存款、机关团体存款、基本建设存款、城镇储蓄存款、农村存款等科目。它是银行信贷资金的主要来源。

贷款 银行或其他信用机构根据必须归还的原则，按一定利率，为企业、个人等提供资金的一种信用活动形式。我国银行贷款，分流动资金贷款、固定资产贷款、城乡个体工商户贷款以及农户贷款等科目。

第十九篇

教育、科技和文化

19

JIAOYU
KEJI
HE
WENHUA

19—1 教育事业基本情况

指标	1980年	1985年	1990年	1995年	2000年	2001年	2002年
学校数(所)	**19 465**	**19 724**	**19 331**	**18 282**	**16 562**	**15 854**	**15 250**
普通高等学校	41	62	63	61	58	61	66
中等学校	3 479	3 758	3 638	3 627	3 148	3 054	3 023
#专业学校	111	149	166	171	133	119	137
普通中学	2 696	2 511	2 489	2 459	2 401	2 376	2 362
小学	15 945	15 904	15 630	14 594	13 356	12 739	12 161
专任教师(人)	**339 885**	**351 898**	**403 979**	**396 888**	**381 972**	**381 377**	**378 243**
普通高等学校	12 832	19 046	23 292	23 400	27 508	30 364	33 819
中等学校	155 546	141 183	168 491	174 673	168 580	169 569	168 875
#专业学校	5 972	8 658	11 633	12 378	9 285	8 441	8 742
普通中学	142 725	114 708	132 769	137 185	139 731	142 503	142 232
小学	171 507	191 669	212 196	198 815	185 884	181 444	175 549
招生数(人)	**2 026 092**	**1 603 447**	**1 379 611**	**1 669 257**	**1 545 644**	**1 537 474**	**1 573 193**
普通高等学校	15 949	34 076	35 102	53 310	110 211	127 577	151 116
中等学校	1 134 283	851 877	748 479	912 409	926 526	925 236	958 986
#专业学校	18 092	29 545	30 047	43 821	30 399	37 222	56 814
普通中学	1 025 557	715 460	629 468	756 666	830 026	817 663	812 406
小学	875 860	717 494	596 030	703 538	508 907	484 661	463 091
在校学生(人)	**7 290 053**	**6 457 986**	**6 353 039**	**6 375 163**	**6 271 649**	**6 268 241**	**6 273 311**
普通高等学校	62 514	95 161	123 314	179 412	297 710	372 336	450 536
中等学校	2 803 672	2 139 409	2 156 351	2 443 810	2 529 767	2 665 388	2 761 377
#专业学校	47 060	70 371	103 902	140 870	148 905	143 044	151 810
普通中学	2 632 189	1 868 360	1 810 876	2 008 338	2 167 017	2 323 395	2 398 928
小学	4 423 867	4 223 416	4 073 374	3 751 941	3 444 172	3 230 517	3 061 398
毕业生数(人)	**2 119 466**	**1 274 174**	**1 282 011**	**1 448 850**	**1 450 106**	**1 450 778**	**1 476 024**
普通高等学校	11 068	17 495	33 768	44 072	49 834	60 271	72 791
中等学校	1 309 311	567 081	656 589	732 296	677 947	710 655	780 697
#专业学校	11 347	20 226	29 716	33 966	35 843	42 499	42 856
普通中学	1 289 581	502 101	550 359	601 421	551 157	581 476	666 377
小学	799 087	689 598	591 654	672 482	722 325	679 852	622 536
每一教师负担学校数(人)							
普通高等学校	4.9	5.0	5.3	7.7	10.8	12.3	13.3
中等学校	18.0	15.2	12.8	14.0	15.0	15.7	16.4
小学	25.8	22.0	19.2	18.9	18.5	17.8	17.4

19—2 各级各类学校情况

年份	普通高等学校	中等专业学校	# 中等师范学校	普通中学	农业中学职业中学	小学	幼儿园	盲、聋哑学校
一、学校数(所)								
1980	41	111	21	2 696	402	15 945	3 688	34
1981	44	113	21	2 569	425	16 147	3 267	33
1982	44	121	24	2 559	321	16 056	4 443	37
1983	50	127	24	2 539	460	16 033	2 178	35
1984	57	132	24	2 526	540	15 860	6 923	33
1985	62	149	28	2 511	775	15 904	7 424	36
1986	64	160	31	2 507	750	15 762	7 177	35
1987	64	163	31	2 517	734	15 729	6 672	38
1988	63	169	32	2 509	681	15 732	11 416	46
1989	63	167	31	2 499	653	15 679	8 633	48
1990	63	166	31	2 489	618	15 630	9 714	51
1991	62	167	31	2 478	613	15 540	9 300	53
1992	61	165	30	2 457	598	15 230	9 372	52
1993	61	166	30	2 433	608	14 805	12 536	53
1994	61	165	30	2 448	606	14 655	10 923	52
1995	61	171	30	2 459	594	14 594	11 220	50
1996	61	173	29	2 447	561	14 464	9 945	51
1997	62	174	30	2 434	537	14 386	10 176	53
1998	61	170	26	2 444	523	14 084	9 899	52
1999	64	151	12	2 429	450	13 748	9 935	52
2000	58	133	9	2 401	383	13 356	9 990	50
2001	61	119	5	2 376	333	12 739	6 913	73
2002	66	137	5	2 362	340	12 161	6 639	75
二、教职工数(人)								
1980	35 996	15 290	2 457	190 400	2 761	204 586	28 528	896
1981	38 181	16 679	2 621	185 583	5 368	210 559	35 118	948
1982	44 104	18 447	2 615	177 969	5 100	221 262	36 825	1 002
1983	45 397	18 752	2 823	169 196	8 065	222 132	48 106	1 037
1984	47 931	19 389	—	164 619	10 509	226 149	—	1 113
1985	51 718	20 282	3 622	168 036	16 390	230 139	59 594	1 102
1986	52 404	22 437	4 052	170 815	18 218	233 434	64 637	1 169
1987	54 572	23 448	4 577	176 662	20 075	235 433	69 138	1 208
1988	56 047	24 981	4 656	181 151	20 998	241 978	88 908	1 364
1989	58 438	24 885	4 926	182 481	20 918	246 153	81 554	1 431
1990	57 825	25 143	5 049	184 851	20 920	249 322	77 645	1 551
1991	58 277	24 832	4 869	187 373	21 253	248 415	78 709	1 686
1992	59 008	25 295	4 904	189 663	20 774	248 454	82 566	1 775
1993	59 138	25 492	4 973	186 545	21 518	239 700	83 082	1 876
1994	58 687	25 429	5 029	184 758	21 266	237 673	71 633	2 056
1995	58 455	25 757	5 044	189 553	22 979	237 981	69 346	1 847
1996	57 727	25 935	4 785	189 329	21 597	235 189	64 877	1 907
1997	57 359	25 368	4 424	188 057	22 068	233 770	62 089	1 882
1998	58 078	24 387	3 681	175 632	20 291	224 535	56 463	2 012
1999	59 590	22 602	1 984	175 820	19 443	222 460	54 582	1 891
2000	61 707	18 651	1 457	175 455	17 858	216 677	52 422	1 911
2001	65 237	16 211	719	178 162	16 974	211 684	39 271	2 375
2002	69 667	16 560	622	177 547	17 014	205 229	39 592	2 457

年份	普通高等学校	中等专业学校	#中等师范学校	普通中学	农业中学职业中学	小学	幼儿园	盲、聋哑学校
三、教师数(人)								
1980	12 832	5 972	1 151	142 725	2 010	171 507	15 421	564
1981	13 140	6 452	1 257	130 973	3 813	173 226	15 088	593
1982	16 176	7 421	1 354	122 877	3 302	183 664	17 459	620
1983	16 549	7 619	1 433	116 484	5 010	184 083	22 269	656
1984	17 518	7 845	1 600	111 632	6 804	187 319	27 885	650
1985	19 046	8 658	1 834	114 708	10 218	191 669	32 490	717
1986	21 196	9 586	2 060	117 852	11 417	195 086	33 925	742
1987	21 963	10 114	2 264	123 376	12 645	197 593	34 294	790
1988	22 640	11 466	2 495	129 309	13 195	206 399	37 070	884
1989	23 933	11 587	2 545	130 884	13 091	209 873	44 427	964
1990	23 292	11 633	2 665	132 769	13 067	212 196	42 776	1 061
1991	23 384	11 703	2 642	135 487	13 464	211 353	43 835	1 152
1992	23 503	11 856	2 686	137 044	13 045	210 141	49 473	1 257
1993	23 575	12 003	2 661	135 397	13 336	201 664	48 909	1 254
1994	23 530	12 129	2 735	135 499	13 429	202 349	43 828	1 378
1995	23 400	12 378	2 730	137 185	13 765	198 815	44 598	1 326
1996	23 079	12 502	2 592	139 660	13 561	198 408	43 103	1 369
1997	23 109	12 435	2 367	140 643	13 915	197 347	42 274	1 334
1998	23 394	12 282	2 059	138 546	13 983	192 539	38 981	1 398
1999	25 179	11 286	1 103	139 497	13 691	191 011	37 881	1 357
2000	27 508	9 285	795	139 731	12 517	185 884	36 383	1 399
2001	30 364	8 441	391	142 503	11 875	181 444	22 801	1 743
2002	33 819	8 742	337	142 232	11 798	175 549	23 521	1 829
四、在校学生数(人)								
1980	62 514	47 060	11 601	2 632 189	65 142	4 423 867	429 056	3 564
1981	74 885	40 408	10 969	2 221 820	66 662	4 333 400	445 352	3 434
1982	60 979	46 494	12 952	1 982 561	56 521	4 363 900	527 236	3 346
1983	67 218	51 202	14 222	1 817 581	77 011	4 286 634	652 632	3 416
1984	79 001	60 923	18 311	1 761 390	95 273	4 308 307	838 423	3 286
1985	95 161	70 371	20 350	1 868 360	147 212	4 223 416	929 591	3 365
1986	107 434	81 860	26 526	2 014 999	149 910	4 189 324	928 257	3 446
1987	112 652	89 384	30 526	2 048 761	137 783	4 107 393	937 057	3 617
1988	120 510	97 540	31 018	1 962 214	146 140	4 082 650	1 270 266	3 958
1989	122 543	102 879	28 894	1 830 394	147 422	4 126 831	976 651	4 065
1990	123 314	103 902	28 442	1 810 876	149 780	4 073 374	936 852	4 468
1991	124 777	104 269	28 888	1 887 654	151 572	3 915 360	1 037 576	4 769
1992	134 671	110 011	29 447	1 969 532	155 112	3 736 363	1 134 184	5 089
1993	155 554	124 707	32 019	1 911 632	155 231	3 686 796	1 257 278	5 100
1994	171 284	133 067	33 162	1 922 132	167 876	3 750 611	1 090 474	5 186
1995	179 412	140 870	32 182	2 008 338	182 984	3 751 941	1 021 123	5 050
1996	182 684	143 911	27 537	2 029 776	185 244	3 790 718	936 111	4 815
1997	188 159	149 730	24 426	1 950 241	195 742	3 886 760	879 987	4 870
1998	199 223	155 459	23 723	1 884 915	207 315	3 829 655	853 886	4 882
1999	235 819	156 847	18 872	1 961 673	194 860	3 666 131	838 133	4 837
2000	297 710	148 905	16 845	2 167 017	170 517	3 444 172	835 542	4 933
2001	372 336	143 044	7 949	2 323 395	154 398	3 230 517	726 634	8 590
2002	450 536	151 810	2 857	2 398 928	164 241	3 061 398	667 930	8 926

19－2续表2

年份	普通高等学校	中等专业学校	＃中等师范学校	普通中学	农业中学职业中学	小学	幼儿园	盲、聋哑学校
五、招生数（人）								
1980	15 949	18 092	5 572	1 025 557	60 799	875 860	—	717
1981	15 290	18 762	5 350	828 500	27 020	820 200	—	695
1982	17 387	17 677	4 761	650 100	31 750	733 700	—	584
1983	22 780	22 752	6 814	581 195	48 429	679 322	—	520
1984	27 402	25 221	7 093	597 400	62 211	646 509	—	—
1985	34 076	29 545	7 929	715 460	80 307	717 494	—	772
1986	32 827	33 191	11 544	715 455	69 237	748 948	—	690
1987	34 756	34 311	10 929	683 593	57 539	669 707	—	757
1988	38 398	36 156	10 388	657 379	59 625	674 101	—	1 012
1989	35 149	31 655	8 539	610 627	59 407	710 199	—	635
1990	35 102	30 047	8 911	629 468	55 550	596 030	—	975
1991	36 094	33 803	9 101	696 406	58 782	523 096	498 215	836
1992	45 129	39 517	10 232	721 178	60 251	559 753	596 844	768
1993	55 071	44 226	10 398	653 170	60 781	652 210	689 042	705
1994	52 183	43 849	9 637	690 513	68 753	750 424	0	750
1995	53 310	43 821	7 957	756 666	67 881	703 538	607 336	715
1996	55 048	41 930	6 385	660 620	61 469	643 884	564 749	766
1997	56 373	47 282	7 732	600 728	74 485	611 404	527 969	721
1998	60 302	45 681	7 290	668 295	75 897	512 002	502 367	693
1999	87 851	42 839	3 523	755 550	56 341	503 795	481 840	609
2000	110 211	30 399	3 743	830 026	50 470	508 907	483 092	576
2001	127 577	37 222	2 303	817 663	52 691	484 661	440 299	913
2002	151 116	56 814	1 376	812 406	63 208	463 091	394 029	1 082
六、毕业生数（人）								
1980	11 068	11 347	5 039	1 289 581	578	799 087	—	512
1981	2 776	24 905	5 946	714 489	13 576	797 104	—	522
1982	31 121	11 488	2 763	613 639	21 153	598 542	—	384
1983	16 565	17 907	5 618	574 763	27 632	547 519	—	371
1984	15 612	15 528	3 098	548 891	22 999	512 965	—	—
1985	17 495	20 226	6 318	502 101	27 994	689 598	—	517
1986	20 583	22 752	6 138	494 658	43 709	704 016	—	459
1987	29 394	26 932	7 019	522 777	54 614	680 861	—	405
1988	31 552	28 004	9 724	587 835	42 195	637 753	—	471
1989	32 708	26 326	10 882	572 508	47 204	593 257	—	429
1990	33 768	29 716	9 400	550 359	45 627	591 654	—	377
1991	33 530	33 223	8 484	538 346	49 550	660 343	415 665	419
1992	35 208	33 377	9 564	540 132	50 882	685 996	516 460	439
1993	33 615	30 449	7 821	542 163	50 122	630 759	650 232	330
1994	35 923	30 362	8 588	575 786	49 965	636 786	—	478
1995	44 072	33 966	9 304	601 421	51 246	672 482	—	522
1996	51 068	37 503	11 093	573 876	57 709	576 164	—	543
1997	49 591	40 340	10 497	626 046	63 502	500 252	—	513
1998	47 557	37 850	7 721	686 541	66 788	555 892	—	527
1999	49 964	40 100	7 158	618 065	60 060	644 042	—	551
2000	49 834	35 843	5 921	551 157	70 175	722 325	—	467
2001	60 271	42 499	4 825	581 476	66 852	679 852	379 010	883
2002	72 791	42 856	559	666 377	53 324	622 536	366 891	871

19—3 研 究 生 数

单位:人

年份	招生数	在校学生数			毕业生数		
		小计	攻读硕士学位	攻读博士学位	小计	攻读硕士学位	攻读博士学位
1978	302	302	—	—	—	—	—
1980	143	709	—	—	—	—	—
1981	382	691	672	19	397	397	—
1982	439	941	920	21	160	160	—
1983	614	1 426	1 396	30	132	132	—
1984	819	2 124	2 082	42	122	121	—
1985	2 091	3 687	3 170	155	584	578	6
1986	1 989	5 009	4 146	208	670	639	13
1987	1 771	5 570	4 857	317	1 193	838	17
1988	1 575	5 160	4 668	379	1 929	1 604	24
1989	1 322	4 637	4 180	417	1 763	1 599	86
1990	1 404	4 343	3 858	462	1 677	1 558	84
1991	1 320	4 144	3 581	563	1 500	1 401	75
1992	1 415	4 290	3 671	619	1 245	1 159	85
1993	2 016	4 955	4 185	770	1 307	1 222	85
1994	2 602	6 274	5 298	976	1 273	1 138	135
1995	2 367	7 236	5 972	1 264	1 425	1 272	153
1996	2 647	7 787	6 313	1 474	1 962	1 753	209
1997	2 978	8 304	6 621	1 683	2 316	2 106	210
1998	3 197	9 164	7 292	1 872	2 126	1 852	274
1999	4 005	10 574	8 203	2 371	2 426	2 101	325
2000	5 804	13 655	10 726	2 929	2 910	2 532	378
2001	7 898	18 446	14 637	3 809	2 971	2 589	382
2002	9 569	23 949	19 131	4 818	3 674	3 135	539

19—4 各类高等学校基本情况

(2002年)

单位:人

项目	学校数(所)	毕业生数	招生数	在校学生数	教职工数	#专任教师
总计	**66**	**72 791**	**151 116**	**450 536**	**69 667**	**33 819**
综合大学	3	7 569	13 598	45 542	6 870	3 318
理工院校	17	27 278	56 913	183 786	29 393	13 346
农林院校	2	2 421	6 901	20 033	2 539	1 141
医药院校	6	2 905	9 494	29 130	6 146	2 445
师范院校	8	9 314	20 321	59 386	8 856	5 125
语文院校	1	621	1 805	6 382	688	419
财经院校	3	3 759	4 795	16 093	2 408	1 113
政法院校	2	1 362	2 272	6 972	1 086	448
体育院校	1	500	1 263	4 209	727	299
艺术院校	2	356	1 464	3 776	1 053	548
民族院校	1	632	2 010	5 595	515	367
短期职业大学	20	16 074	30 280	69 632	9 386	5 250

19—5 各类中等专业学校基本情况

(2002年) 单位:人

项目	学校数(所)	毕业生数	招生数	在校学生数	教职工数	#专任教师
中等专业学校	**137**	**42 856**	**56 814**	**151 810**	**16 560**	**8 742**
中等技术学校	132	42 297	55 438	148 953	15 938	8 405
工业	46	11 532	20 817	50 909	6 755	3 449
农业	9	1 955	3 234	9 179	1 421	673
林业	1	434	694	2 052	250	107
医药	22	2 639	7 977	15 595	2 461	1 205
财经	17	3 840	6 182	15 279	1 798	1 052
政法	2	—	—	—	155	67
体育	14	1 383	1 383	4 174	1 130	610
艺术	15	1 345	2 853	9 298	1 682	1 080
其他	6	19 169	12 298	42 467	286	162
中等师范学校	5	559	1 376	2 857	622	337
#幼儿师范	1	196	320	805	200	105

19—6 普通中学和其他学校基本情况

(2002年) 单位:人

项目	学校数(所)	毕业生数	招生数	在校学生数	教职工数	#专任教师
普通中学	2 362	666 377	812 406	2 398 928	177 547	142 232
高中	453	143 387	202 394	518 810	—	30 312
初中	1 909	522 990	610 012	1 880 118	—	111 920
职业中学	340	53 324	63 208	164 241	17 104	11 798
技工中学	184	18 140	26 558	46 398	10 469	6 103
小学	12 161	622 536	463 091	3 061 398	205 229	175 549
盲聋哑学校	75	871	1 082	8 926	2 457	1 829

19—7 各类成人教育情况

(2002年)　　单位:人

项　　目	学校数(所)	毕业生数	招生数	在校学生数	教职工数	#专任教师
成人高等教育	**30**	**48 748**	**75 948**	**201 302**	**7 942**	**4 084**
#电视大学	3	3 699	4 038	9 684	2 328	1 275
教育学院	1	585	1 017	2 466	370	148
职工大学	24	5 942	8 749	21 499	4 611	2 400
管理干部学院	2	1 024	492	1 038	483	244
成人中等教育	**7 771**	**1 923 271**	**1 762 880**	**1 404 306**	**11 012**	**4 815**
# 中等专业教育	—	5 854	—	9 398	—	—
广播电视中专	1	6 184	6 419	15 764	578	333
教师进修学校	—	—	—	—	—	—
成人初等教育	**702**	**24 376**	**25 641**	**33 276**	**1 209**	**760**

19—8 教育发展水平

年　份	各类学校在校生占全省人口(%)	平均每万人口中有(人)			大中小学生各占学生总数(%)		
		大学生	中学生	小学生	大学生	中学生	小学生
1952	16.7	8.5	94.1	1 556.4	0.5	5.6	92.2
1957	15.1	11.0	219.2	1 291.9	0.7	14.2	83.7
1965	21.6	14.5	268.1	1 876.2	0.7	12.2	85.7
1975	26.1	9.6	856.9	1 741.6	0.4	32.8	66.6
1978	24.2	15.1	1 039.2	1 371.5	0.6	42.7	56.3
1980	20.7	18.0	778.5	1 276.8	0.9	37.3	61.2
1981	19.1	21.3	651.8	1 234.3	1.1	34.0	64.3
1982	18.1	17.1	572.2	1 224.6	0.9	31.3	67.0
1983	17.4	18.6	524.7	1 187.2	1.1	30.1	68.0
1984	17.3	21.7	511.4	1 183.0	1.3	29.5	68.3
1985	17.4	25.9	549.1	1 150.6	1.5	31.5	65.9
1986	17.6	29.0	584.1	1 130.4	1.6	33.1	64.0
1987	17.2	30.0	582.8	1 094.8	1.7	33.7	63.2
1988	16.8	31.7	554.6	1 074.0	1.9	32.9	63.7
1989	16.3	31.8	513.6	1 071.7	1.9	31.2	65.2
1990	15.6	31.6	464.7	1 045.3	2.0	29.6	66.7
1991	15.7	31.8	519.2	996.8	2.0	33.0	63.3
1992	15.1	34.1	498.8	946.3	2.3	33.1	62.8
1993	14.8	39.2	481.5	928.6	2.6	32.5	62.7
1994	14.9	42.9	481.1	938.8	2.9	32.2	62.7
1995	15.1	44.6	499.5	933.2	3.0	33.0	61.7
1996	15.2	45.2	501.7	937.0	3.0	33.0	61.7
1997	15.2	46.3	479.5	955.7	3.0	31.6	62.9
1998	14.9	48.8	461.6	937.8	3.3	31.0	63.1
1999	14.7	57.6	478.8	894.9	3.9	32.6	60.9
2000	14.7	72.3	526.1	836.1	4.9	35.8	56.8
2001	14.7	89.9	561.0	780.1	6.1	38.3	53.2
2002	14.6	108.5	577.9	737.5	7.4	39.6	50.5

19—9 小学学龄儿童入学率

单位:人、%

年份	学龄儿童数	已入学学龄儿童	入学率
1965	5 094 000	4 498 000	88.3
1975	4 700 000	4 530 000	96.4
1978	3 744 000	3 536 000	94.4
1980	3 616 000	3 437 000	95.0
1985	3 644 719	3 591 473	98.5
1986	3 020 219	2 973 574	98.5
1987	3 037 379	3 007 794	99.0
1988	3 133 929	3 101 714	99.0
1989	3 777 864	3 741 750	99.0
1990	3 202 048	3 184 099	99.4
1991	3 700 850	3 664 595	99.0
1992	3 509 600	3 472 679	99.0
1993	3 473 708	3 445 259	99.2
1994	3 556 638	3 523 878	99.1
1995	3 566 042	3 544 419	99.4
1996	3 628 267	3 602 582	99.3
1997	3 757 095	3 733 660	99.4
1998	3 692 021	3 668 996	99.4
1999	3 504 103	3 481 240	99.3
2000	3 250 643	3 228 610	99.3
2001	2 920 141	2 910 887	99.7
2002	2 774 177	2 756 727	99.4

19—10　初中毕业生和小学毕业生升学率

单位:人、%

年　份	初中毕业生升学率			小学毕业生升学率		
	初中毕业生数	高级中等学校招生数	升学率	小学毕业生数	初级中等学校招生数	升学率
1952	18 105	9 177	50.7	89 802	98 408	109.6
1957	104 943	26 709	25.5	272 030	192 382	70.7
1965	149 243	24 901	16.7	497 500	257 532	51.8
1970	172 200	218 713	127.0	836 400	477 187	57.1
1975	620 539	576 984	93.0	899 122	775 272	86.2
1978	417 464	405 659	97.2	921 384	907 055	98.4
1979	923 000	542 000	58.7	860 000	828 000	96.3
1980	763 153	427 222	56.0	799 087	778 335	97.4
1981	576 640	150 216	26.1	797 104	718 996	90.2
1982	491 182	148 178	30.2	598 542	533 696	89.2
1983	484 752	149 362	30.8	547 519	471 677	86.1
1984	480 879	161 742	33.6	512 965	482 275	94.0
1985	426 914	159 361	37.3	689 598	615 860	89.3
1986	398 304	176 043	44.2	704 016	627 683	89.2
1987	416 020	163 381	39.3	680 861	601 656	88.4
1988	490 546	170 786	34.8	637 753	572 173	89.7
1989	487 479	165 183	33.9	593 257	527 711	89.0
1990	469 723	163 165	34.7	591 654	544 454	92.0
1991	456 697	169 475	37.1	660 343	610 817	92.5
1992	454 607	176 057	38.7	685 996	635 183	92.6
1993	459 104	179 171	39.1	630 759	570 033	90.3
1994	492 907	201 528	40.9	636 786	594 777	93.4
1995	519 607	216 855	41.7	672 482	645 676	93.0
1996	492 733	206 428	41.9	576 164	552 888	96.0
1997	530 975	237 389	44.7	500 252	480 629	96.1
1998	580 411	279 820	48.2	555 892	532 015	95.7
1999	511 067	255 705	50.0	644 042	612 990	95.2
2000	432 265	248 173	57.4	722 325	678 289	93.9
2001	447 794	257 111	57.4	679 852	650 024	95.6
2002	522 990	346 978	66.3	622 536	610 621	98.1

注:1998 年高级中等学校招生数中含技工学校招生数。

19—11 各类技工学校情况

(2002年)　　单位:人

指　　标	学校数(所)	招生数	#高级班学生	#女生	在校学生人数	#高级班学生
总　　计	**184**	**26 558**	**1 575**	**7 160**	**46 398**	**3 437**
一、地方国有单位办校	120	16 117	1 101	3 651	30 569	2 382
#行业办	46	4 575	60	1 109	11 974	199
企业办	74	11 542	1 041	2 542	18 595	2 183
二、地方劳动保障部门	49	6 566	407	1 921	13 358	892
三、国务院部委技校	4	425	60	95	827	60
四、其　　他	11	3 450	7	1 493	1 644	103

19－11续表1　　(2002年)　　单位:人

指　　标	毕业生数	教职工数	专任教师数	文化技术理论课教师	生产实习课指导教师
总　　计	**18 140**	**10 469**	**6 103**	**4 888**	**1 215**
一、地方国有单位办校	12 902	7 435	4 103	3 240	863
#行业办	3 515	2 908	1 710	1 386	324
企业办	9 387	4 527	2 393	1 854	539
二、地方劳动保障部门	4 262	2 084	1 396	1 119	277
三、国务院部委技校	109	639	401	356	45
四、其　　他	867	311	203	173	30

19—12　科学研究和技术开发机构数

单位:个

指　　标	1990年	1995年	1998年	1999年	2000年	2001年	2002年
一、政府部门属机构	**464**	**405**	**380**	**368**	**356**	**268**	**270**
1.县级以上自然科学机构	335	320	307	299	290	203	204
国　家　属	48	39	38	38	36	16	11
省　　属	66	65	61	60	61	57	57
市　　属	221	216	208	201	193	130	136
2.县级以上社会科学机构	24	14	12	11	12	12	12
省　　属	11	5	5	4	5	5	5
市　　属	13	9	7	7	7	7	7
3.县级自然科学机构	105	71	61	58	54	53	54
二、高等院校属机构	**98**	**109**	**87**	**333**	**—**	**—**	**345**
三、大中型工业企业技术开发机构	**658**	**907**	**463**	**435**	**336**	**266**	**254**
#大　　型	288	460	310	330	260	219	206

19—13　县级以上政府部门属自然科学研究和开发机构情况

指　　标	1990年	1995年	1998年	1999年	2000年	2001年	2002年
一、从事科技活动人员数(人)	**40 625**	**27 786**	**24 221**	**22 980**	**21 395**	**12 458**	**12 036**
# 科学家、工程师	21 024	16 951	16 481	16 339	15 185	8 985	8 845
# 课题活动人员	21 872	15 700	14 877	14 135	13 064	7 294	7 260
二、课 题 数(项)	**4 414**	**3 134**	**2 939**	**2 684**	**2 458**	**1 666**	**1 647**
当年内开题数	1 923	1 203	1 121	—	—	—	—
当年内完成数	2 230	1 683	1 202	—	—	—	—
三、获 奖 成 果(项)	**567**	**394**	**365**	**325**	**—**	**—**	**—**
国家、省部级奖励	183	119	197	146	—	—	—
地 市 级 奖 励	384	274	168	179	—	—	—
四、本年经费支出(万元)	**101 528**	**162 399**	**205 163**	**216 654**	**207 329**	**135 858**	**158 576**
#科研业务费	32 130	38 228	58 546	56 967	65 925	47 698	52 034
劳　务　费	17 271	39 040	49 516	54 261	—	46 323	52 251

19—14 县级以上政府部门属社会科学研究和开发机构情况

指 标	单 位	1990 年	1995 年	1998 年	1999 年	2000 年	2001 年	2002 年
一、从事科技活动人员数	**人**	**785**	**593**	**532**	**506**	**535**	**493**	**508**
#科学家、工程师	人	558	478	470	458	465	430	452
#课题活动人员	人	490	330	363	298	325	291	305
二、课 题 数	**项**	**318**	**110**	**248**	**165**	**143**	**156**	**148**
当年内开题数	项	242	87	219	—	—	—	—
当年内完成数	项	232	83	228	—	—	—	—
三、获 奖 成 果	**项**	**68**	**163**	**32**	**86**	**—**	**—**	**—**
四、本年经费支出	**万元**	**946.5**	**1 385**	**1 915**	**2 100**	**2 369**	**2 708**	**2 922**
#科研业务费	万元	277.4	298	323	441	335	494	241
劳 务 费	万元	359.0	674	1 081	1 108	—	1 569	2 167

19—15 科学技术情报机构基本情况

指 标	单 位	1990 年	1995 年	1998 年	1999 年	2000 年	2001 年	2002 年
一、机 构 数	**个**	**16**	**16**	**16**	**16**	**16**	**16**	**16**
二、职 工 总 数	**人**	**795**	**732**	**691**	**680**	**663**	**643**	**629**
#科学家、工程师	人	459	465	408	441	427	397	389
专业技术干部	人	655	614	582	567	558	518	490
三、获 奖 成 果	**项**	**11**	**10**	**6**	**3**	**—**	**—**	**—**
国家、省部级奖励	项	1	1	2	—	—	—	—
地市级奖励	项	10	9	4	3	—	—	—
四、本年经费支出	**万元**	**1 119.3**	**2 272**	**2 277**	**2 303**	**2 564**	**2 929**	**2 862**
#科研业务费	万元	95.6	338	609	450	535	626	444
劳 务 费	万元	235.2	654	1 006	986	—	1 543	1 698

19—16　县级政府部门属科学研究与技术开发机构基本情况

指　标	单　位	1991 年	1995 年	1998 年	1999 年	2000 年	2001 年	2002 年
一、从事科技活动人员数	**人**	**1 631**	**1 046**	**824**	**792**	**721**	**721**	**687**
＃科学家、工程师	人	513	440	416	385	380	375	391
其他科技人员	人	606	417	327	291	291	275	256
＃课题活动人员	人	689	582	423	443	418	406	366
二、课　题　数	**项**	**301**	**295**	**317**	**270**	**138**	**99**	**77**
当年内开题数	项	182	171	226	210	—	—	—
当年内完成数	项	147	167	213	192	—	—	—
三、本年经费支出	**万元**	**1 618**	**2 159**	**2 116**	**2 364**	**1 717**	**2 043**	**2 012**
＃科研业务费	万元	230	259	174	313	193	233	273
劳　务　费	万元	583	908	960	1 017	—	1 233	1 275

19—17　高等院校科技活动开展情况

指　标	单　位	1991 年	1995 年	1998 年	1999 年	2000 年	2001 年	2002 年
一、从事科技活动人员总数	**人**	**44 349**	**43 530**	**44 245**	**45 745**	**45 653**	**47 454**	**49 647**
＃教　　授	人	1 115	1 893	2 154	2 205	2 451	2 625	3 238
副　教　授	人	5 107	6 226	6 606	6 972	7 259	7 714	9 117
讲　　师	人	9 806	9 235	8 817	9 074	8 771	8 985	9 333
二、研究与开发全时人员数	**人**	**6 031**	**7 604**	**7 804**	**8 495**	**6 954**	**7 054**	**7 780**
＃教　　授	人	507	759	915	973	919	974	1 115
副　教　授	人	1 121	1 495	1 792	2 082	1 801	1 838	2 060
讲　　师	人	1 421	1 861	1 609	1 672	1 375	1 305	1 386
三、研究与发展课题	**项**	**4 093**	**4 759**	**6 147**	**6 000**	**3 968**	**4 733**	**4 436**
基　础　研　究	项	471	859	1 266	1 299	1 402	1 170	1 010
应　用　研　究	项	2 728	2 745	3 664	3 473	1 974	2 551	2 947
实　验　发　展	项	894	1 155	1 217	1 228	592	1 012	479
四、技术转让合同数	**项**	**516**	**224**	**135**	**136**	**130**	**154**	**225**
当年成交金额	万元	3 306.5	2 000	3 077	4 884	4 633	7 262	10 774
当年实现金额	万元	1 398.9	794	1 353	1 971	2 342	3 073	3 497
＃专利成交额	万元	117.4	41	—	120	104	526	788
当年实现额	万元	106.4	4	—	40	61	214	430

19—18 大中型工业企业技术开发基本情况

指标	单位	1990年	1995年	1998年	1999年	2000年	2001年	2002年
企业数	个	971	1 591	1 416	847	857	869	879
企业办技术开发机构	个	658	907	463	435	336	266	254
企业从事技术开发人员数	人	78 782	106 179	74 963	73 508	76 116	82 448	83 239
#科学家、工程师	人	35 508	41 044	37 977	37 987	47 998	51 029	50 957
#开发机构中人员	人	35 829	36 567	27 472	24 944	27 759	24 475	23 985
企业技术开发经费筹集额	万元	165 373	295 867	290 198	315 374	454 652	510 288	736 796
#本企业自筹	万元	88 389	201 594	232 558	247 148	371 657	434 849	598 354
企业技术开发经费支出额	万元	149 765	292 321	273 922	287 872	409 903	488 249	707 024
#开发新产品用款	万元	64 713	106 055	87 468	107 643	141 192	164 822	259 931
企业技术改造支出总额	万元	286 755	1 137 372	766 480	578 339	1 035 027	1 017 161	1 005 539
企业技术引进支出总额	万元	116 260	361 614	247 609	303 202	213 251	83 101	172 515
#引进设计图纸、工艺专利用款	万元	10 049	18 433	35 169	17 195	79 300	75 050	67 656
企业消化吸引支出总额	万元	4 172	7 821	2 935	3 331	6 197	1 642	2 687
企业购买国内技术支出总额	万元	2 662	7 863	2 518	5 017	5 877	1 887	1 991
企业技术开发项目数	个	3 131	7 513	4 783	4 908	9 099	6 440	7 076
#完成项目数	个	1 769	4 870	—	—	—	—	—
R&D项目数	个	1 167	2 597	2 904	3 342	5 477	3 791	4 145
企业科技成果转让成交金额	万元	5 169	884	—	—	—	—	—
#技术出口成交金额	万元	15	258	—	—	—	—	—
企业对外技术服务收入	万元	11 207	16 150	—	—	—	—	—
企业技术开发成果获奖数	项	—	1 122	719	729	—	—	—
#获国家级奖励	项	—	52	51	60	—	—	—
获省部级奖励	项	—	505	219	288	—	—	—
企业专利申请数	件	295	449	321	333	382	316	365
企业专利获准数	件	199	297	242	275	341	248	279

19—19 国有单位各类专业技术人员数

单位:人

类别	1990年	1995年	1998年	1999年	2000年	2001年	2002年
总计	**1 529 758**	**1 692 025**	**1 557 372**	**1 220 714**	**1 217 378**	**1 164 135**	**1 080 938**
工程技术人员	385 760	409 954	362 773	241 539	246 033	228 402	197 859
农业技术人员	22 298	23 074	26 609	26 609	27 167	27 553	26 906
科学研究人员	17 797	16 735	13 304	6 070	7 305	6 703	6 869
卫生技术人员	173 339	190 696	182 051	157 578	165 385	165 332	161 440
教学人员	404 034	462 992	460 595	433 737	434 342	433 638	433 434
经济人员	271 366	238 459	193 751	125 443	114 521	99 973	78 800
会计人员	158 125	166 019	151 795	106 471	102 559	93 668	80 367
统计人员	45 354	36 417	28 709	23 899	21 151	18 544	14 753
翻译人员	3 936	4 115	3 770	2 713	2 779	2 731	2 601
图书、档案、文博人员	24 091	22 312	19 153	15 678	15 434	14 522	13 483
新闻出版人员	7 833	8 781	9 077	8 633	8 806	8 662	8 984
律师公证人员	1 752	1 390	1 600	1 583	1 455	1 147	840
播音人员	—	—	—	—	1 539	1 444	1 400
工艺美术人员	1 756	1 769	1 336	1 376	948	814	720
体育人员	1 722	1 661	1 756	1 142	1 590	1 646	1 604
艺术人员	5 970	5 589	5 432	1 618	5 157	4 957	4 944
政工人员	—	94 804	88 609	61 242	61 210	54 399	45 934
其他	4 625	7 258	7 052	5 383	—	—	—

注:1999年后为地方国有单位各类专业技术人员。

19—20 国有单位各类高级专业人员数

单位:人

类别	1996 年	1997 年	1998 年	1999 年	2000 年	2001 年	2002 年
总计	**112 297**	**97 680**	**110 509**	**91 426**	**100 425**	**106 728**	**109 749**
高级工程师	41 079	32 053	34 663	21 335	22 318	21 893	19 413
高级农艺师	1 614	1 663	1 728	1 792	1 938	1 958	2 039
正副研究员	3 789	2 225	4 005	1 403	1 743	1 636	1 708
正副主任医师	12 349	11 595	11 633	10 354	11 295	12 668	12 617
正副教授、高级讲师	39 280	36 633	43 877	45 295	50 632	55 509	60 532
高级经济师	4 041	3 447	3 913	2 601	2 541	2 543	2 370
高级会计师	1 592	1 525	1 793	1 547	1 739	2 113	2 380
高级统计师	202	181	182	163	206	226	231
正副译审	366	316	367	174	226	195	188
正副研究馆员	665	658	792	713	778	796	850
正副编审、高级及主任记者	—	—	1 317	1 355	1 401	1 462	1 604
一、二级律师、公证员	—	—	—	—	45	36	30
播音指导、主任播音员	—	—	—	—	53	56	62
高级工艺美术师	104	93	36	60	60	41	43
国家级及高级教练	264	320	320	319	308	346	358
一、二级艺术人员	653	671	699	657	681	673	705
高级政工师	4 842	4 479	2 801	3 564	4 461	4 577	4 619
其他	1 457	1 821	2 413	94	—	—	—

注:1999 年后为地方国有单位各类高级专业技术人员。

19—21 国有单位各类中级专业人员数

单位:人

类别	1996 年	1997 年	1998 年	1999 年	2000 年	2001 年	2002 年
总计	**522 966**	**494 723**	**506 539**	**431 025**	**443 583**	**433 890**	**420 759**
工程师	125 083	109 535	116 096	78 483	80 586	75 107	65 387
农艺师	6 532	6 549	6 487	6 320	6 462	6 414	6 337
助理研究员	6 114	3 598	5 416	2 371	3 236	2 951	2 852
主治医师	43 980	42 499	45 344	39 437	43 949	46 027	46 259
讲师	195 679	200 009	216 592	211 348	217 741	219 550	226 418
经济师	49 946	42 076	43 165	25 869	24 221	21 695	18 130
会计师	27 415	26 422	29 286	20 199	20 466	18 977	17 035
统计师	6 182	5 664	5 614	4 738	4 256	3 966	3 319
翻译	1 610	1 497	1 505	1 011	1 017	864	736
馆员	7 224	6 938	7 517	6 337	6 465	6 308	6 031
编辑、记者、一级校对	3 859	3 918	4 028	3 752	3 891	3 718	3 741
三级律师、公证员	507	499	485	470	429	314	232
一级播音员	180	178	198	205	217	261	271
工艺美术师	431	431	427	381	316	292	239
一级教练	702	714	720	648	627	646	621
三级艺术人员	2 753	26 479	2 642	2 588	2 480	2 358	2 327
政工师	42 810	39 851	19 046	26 868	27 224	24 442	20 824
其他	1 959	1 696	1 971	—	—	—	—

注:1999 年后为地方国有单位各类中级专业技术人员。

19—22 文化事业基本情况

项　　目	1980 年	1985 年	1990 年	1995 年	2000 年	2001 年	2002 年
一、文化事业机构数(个)	**12 751**	**15 068**	**10 839**	**2 479**	**1 994**	**15 129**	**15 467**
文化部门	1 897	2 261	2 281	2 068	1 994	6 355	4 916
其他部门	10 854	12 807	8 558	411	—	8 774	10 551
二、文化事业人员数(人)	**47 938**	**49 627**	**41 446**	**22 098**	**20 922**	**65 135**	**62 167**
文化部门	5 908	26 432	25 595	21 652	20 922	36 364	28 804
其他部门	42 029	23 195	15 851	446	—	28 771	33 363
三、各类文化艺术事业单位数(个)							
文化馆、艺术馆	138	177	177	128	125	126	125
公共图书馆	85	121	123	127	128	129	128
博物馆	8	21	25	26	30	34	34
电影院	333	683	787	501	322	—	—
艺术表演场所	78	70	84	79	71	67	69
艺术表演团体	132	120	96	89	77	75	72
电影放映单位	10 340	11 818	6 877	4 159	738	—	—
四、戏剧、电影观众(万人次)							
戏剧	4 720.5	2 292.1	1 460.7	981.8	1 169.2	1 371.3	818.0
电影	140 299.5	45 066.0	45 844.8	11 215.4	—	—	—
五、按总人口平均每人观看(次)							
戏剧	1.36	0.62	0.39	0.24	0.28	0.33	0.20
电影	40.49	12.28	11.77	2.79	—	—	—

注:1995 年以后文化事业机构、人数中不包括电影,与前几年不可比。

19—23 图书、杂志和报纸出版情况

年份	图书 种数（种）	图书 #新出版	图书 总印数（万册）	图书 总印张数（万印张）	杂志 种数（种）	杂志 总印数（万册）	杂志 总印张数（万印张）	报纸 种数（种）	报纸 总印数（万份）	报纸 总印张数（万印张）
1980	497	—	18 000	—	99	6 000	—	34	47 000	—
1985	1 544	—	30 000	—	219	27 000	—	83	118 000	—
1990	2 776	2 087	20 000	79 000	236	14 000	30 000	65	83 000	63 000
1991	3 603	2 799	22 000	94 000	242	15 000	33 000	67	99 000	71 000
1992	3 203	2 336	21 000	90 000	255	16 000	30 000	70	94 000	70 000
1993	3 602	—	23 000	120 000	289	16 000	38 000	84	87 000	88 000
1994	4 419	2 986	24 000	108 000	—	—	—	—	—	—
1995	3 585	1 975	18 000	79 000	295	15 000	34 000	88	90 000	88 000
1996	4 419	2 228	23 000	107 000	288	14 000	31 000	97	88 000	117 000
1997	4 979	2 678	22 000	104 000	286	14 000	31 000	89	99 000	124 000
1998	5 251	2 838	24 000	114 000	274	13 000	31 000	85	105 000	175 000
1999	5 256	2 711	23 000	106 000	277	13 000	32 000	85	110 000	206 000
2000	5 008	2 752	17 082	108 047	289	8 634	22 369	87	125 845	319 018
2001	5 117	2 719	18 176	123 953	306	14 043	33 907	97	124 584	1 097 498
2002	6 632	3 026	16 374	106 225	321	12 896	31 246	17	52 989	110 635

注：2002 年报纸为省级报纸统计数。

19—24 广播电视事业

项　目	单　位	1990年	1995年	1998年	1999年	2000年	2001年	2002年
一、职工人数	人	**15 522**	**19 955**	**21 798**	**21 551**	**22 178**	**23 466**	**24 498**
二、广播事业情况								
广播电台	座	16	72	17	16	16	15	15
发射台及转播台	座	31	37	37	35	35	35	35
发射机功率	千瓦	676	1 023	1 041	1 045	1 057	1 058	1 062
平均每天播音时间	小时:分	220:40	741:18	912:14	957:24	1 024:36	1 100:02	1 182:55
广播人口综合覆盖率	%	74.2	78.5	93.81	97.82	97.92	97.82	97.80
平均每日自办节目时间	小时:分	192:27	586:13	761:49	800:14	873:36	944:17	1 006:15
新闻节目	小时:分	17:55	69:12	74:39	75:18	84:18	91:29	109:58
文艺节目	小时:分	105:23	266:53	332:28	331:14	365:30	389:46	382:42
专题节目	小时:分	18:40	122:06	189:29	159:38	174:09	205:02	242:41
教育节目	小时:分	23:06	21:46	17:15	11:15	17:10	20:15	23:06
服务性节目	小时:分	27:23	106:16	147:58	139:34	148:34	145:00	149:50
广告节目	小时:分	—	—	—	83:15	83:55	92:45	97:58
三、电视事业情况								
电视台	座	19	34	15	15	15	15	15
电视发射及转播台	座	498	609	616	575	585	566	483
发射机功率	千瓦	339	458	482	455	463	465	463
平均每周播出时间	小时:分	845:23	1 935:25	2 705:59	3 120:10	3 528:01	8 296:36	9 391:34
电视人口综合覆盖率	%	72.8	77.9	93.95	97.67	97.83	97.40	97.60
平均每周自办节目时间	小时:分	322:31	1 245:01	2 058:21	2 441:17	2 920:37	7 450:45	8 268:16
新闻节目	小时:分	27:48	113:13	172:54	169:31	206:36	462:23	486:52
文艺节目	小时:分	221:52	801:41	1 383:43	1 691:36	2 134:53	5 157:10	5 534:48
专题节目	小时:分	27:07	117:04	147:42	152:13	177:52	681:07	862:52
教育节目	小时:分	9:24	25:45	25:20	37:11	24:25	72:11	111:15
服务性节目	小时:分	36:20	187:18	328:42	158:56	123:50	457:33	533:56
广告节目	小时:分	—	—	—	231:50	253:01	620:21	738:35

主要统计指标解释

普通高等学校 指按照国家规定的设置标准和审批程序批准举办，通过国家统一招生考试，招收高中毕业生为主要培养对象，实施高等教育的全日制大学、独立设置的学院和高等专科学校、短期职业大学。

成人高等学校 指按照国家有关规定审批，招收通过全国成人高教统一招生考试的具有高中毕业或同等学历的在职从业人员利用脱产、半脱产、业余或函授等多种形式对其实施高等学历教育，培养高等教育专科或本科毕业水平的专门人才，修业年限、课程设置和总学时数均按高等学历教育要求付诸实施的学校。包括广播电视大学、职工高等学校、农民高等学校、管理干部学院、教育学院、独立设置的函授学院等。

小学学龄儿童入学率 指调查范围内已入小学学习的学龄儿童占校内外学龄儿童总数(包括弱智儿童在内，但不包括盲聋哑儿童)的比重。计算公式：

$$小学学龄儿童入学率=\frac{已入学的小学学儿童数}{校内外小学学龄儿童总数}\times 100\%$$

独立研究与开发机构 指有明确的任务和研究方向，有一定学术水平的业务骨干和一定数量的研究人员，具有研究、开发、开展学术工作的基本条件，主要进行科学研究与技术开发活动，并且在行政上有独立的组织形式，财务上独立核算盈亏，有权与其他单位签订合同，在银行有单独户头的单位。包括国务院各部门、中国科学院、中国社会科学院和各省、自治区、直辖市以及地(市)以上〔含地(市)〕各部门所属的国有独立的科学研究与技术开发机构。

独立研究与开发机构职工 指在科学研究与技术开发机构工作，并由其支付工资的各种人员。包括长期职工和临时职工，不包括编制以外的离休、退休人员和停薪留职人员，但包括招聘人员。

研究与发展经费支出 指报告期内用于研究与试验发展课题活动(基础研究、应用研究、试验发展)的全部实际支出。包括用于研究与发展课题活动的直接支出，还包括间接用于研究与发展活动的一切支出(院、所管理费、维持院、所正常运转的必需费用和与研究发展有关的基本建设支出)。

科学家和工程师 指具有大学本科及以上学历和不具备上述学历但有高、中级职称的人员。

其他科技人员 指大专、中专毕业和具有初级职称的从事科技活动人员。

自然科学技术人员 指已取得科学技术职称，或大学、中专的理、工、农、医科系毕业，以及国民经济各部门从工作实践中提拔，从事理、工、农、医等自然科学技术的研究、教学、生产的专业人员和在机关、企业、事业中从事科学技术业务管理工作的专业人员。

工程技术人员 指在国民经济各行业从事工程技术工作的自然科学技术专业人员，包括：高级工程师、工程师、助理工程师、技术员和未评定职称的技术人员。

农业技术人员 指在国民经济各行业从事农业技术工作的自然科学技术专业人员，包括：高级农艺师、农艺师、助理农艺师、技术员和未评定职称的技术人员。

卫生技术人员 指在国民经济各行业从事卫生医务工作的自然科学技术专业人员，包括：正副主任医师、主治医师、医师、医(护)士和未评定职称的技术人员。

科学研究人员 指在国民经济各行业从事科学技术活动的自然科学技术专业人员，包括：正副研究员、助理研究员、研究实习员、技术员和未评定职称的技术人员。

教学人员 指在国民经济各行业从事自然科学技术方面教学活动的专业人员，包括：正副教授、讲师、助教、教师和在中学从事自然科学技术方面教学活动的人员。

发明 专利法及其实施细则所称的发明是指对有关产品、方法或其改进所提出的新的技术方案。

实用新型 专利法及其实施细则所称的实用新型是指对产品的形状、构造或者其结合所提出的适于实用的新的技术方案。

外观设计 专利法及其实施细则所称的外观设计是指对产品的形状、图案、色彩或者其结合所作出的富有美感并适于工业上应用的新设计。

文化事业机构 指从事专业文化工作和为专业文化工作服务的独立建制的单独核算的单位。不包括这些单位另外举办独立核算的其他机构和各部门的业务文化组织。

艺术表演团体 指从事戏曲、音乐、舞蹈、杂技等专业艺术表演，有独立帐户，实行单独核算的团体。不包括半工半艺、半农半艺的业余剧团。

电影放映单位指具有放映机器设备、固定或不固定的放映场所与专职或兼职的放映技术人员，经有关部门登记批准，经常为一定的观众对象放映电影的机构。包括经批准对外开放进行营业，并与电影发行放映管理机构分帐的专用放映单位和军委系统租片单位。

电影观众人数(人次) 指各类型放映单位及军委系统租片单位映出的观众人次数。一个观众连续看了一部长片和短片专场规定的短片,为二人次。

艺术表演观众人数(人次) 指售票、包场演出或民族地区免费演出的艺术表演观众人次数。不包括彩排审查和内部观摩演出的观看人次数。

第二十篇

体育、卫生、社会福利和其他

20

TIYU
WEISHENG
SHEHUIFULI
HE
QITA

20—1 体委系统职工人数

(2002年) 单位:人

人员分类	合计	#优秀运动队	#体育运动学校
全省	**6 081**	**2 089**	**1 162**
运动员	1 278	1 278	—
专职教练员	1 258	240	382
专职文化教师	435	79	339
科技人员	19	5	9
宣传出版人员	—	—	—
医务人员	59	36	17
管理人员	1 396	226	169
其它人员	1 636	225	246

20－1续表 (2002年) 单位:人

人员分类	合计		
	#少儿业余体校	#公共体育场馆	#体育服务公司
全省	**1 674**	**35**	—
运动员	—	—	—
专职教练员	619	—	—
专职文化教师	17	—	—
科技人员	—	—	—
宣传出版人员	—	—	—
医务人员	4	—	—
管理人员	585	10	—
其它人员	449	25	—

20—2　分项目体委系统一二三线队伍情况

（2002 年）　　单位:人

项目	合计	一线在队人数	二线在队人数	三线在队人数
总计	**16 693**	**1 274**	**5 693**	**9 726**
#田径	4 413	89	913	3 411
游泳	1 514	86	796	632
体操	114	13	101	—
艺术体操	17	17	—	—
举重	870	69	298	503
拳击	259	39	170	50
国际式摔跤	580	47	414	119
柔道	914	109	435	370
击剑	242	78	104	60
射击	764	94	146	524
射箭	106	21	16	69
自行车	178	80	5	93
赛艇	168	81	29	58
皮划艇	191	42	39	110
足球	1 127	34	474	619
篮球	2 763	65	851	1 847
排球	380	55	155	170
乒乓球	948	41	224	683
羽毛球	135	35	100	—
网球	112	18	64	30
曲棍球	65	43	22	—
沙滩排球	5	5	—	—
垒球	15	15	—	—
武术	259	24	94	141
滑水	1	1	—	—
蹼球	25	25	—	—
围棋	52	—	—	52
蹦床	10	9	1	—
技巧	7	5	2	—
摩托车	5	—	—	5
跆拳道	338	12	206	120
帆船	76	18	18	40
轮滑	20	—	—	20

20—3 新建体育场地数

单位:个

项目	1985年	1986年	1987年	1988年	1989年	1990年	1993年	2001年	2002年
体育场	3	3	—	—	3	1	—	—	—
甲级	1	—	—	—	—	1	—	—	—
乙级	—	—	—	—	2	—	—	—	—
丙级	2	—	—	—	1	—	—	—	—
丁级	—	3	—	—	—	—	—	—	—
体育馆	1	2	1	4	1	—	—	—	—
甲级	—	—	1	2	—	—	2	—	—
乙级	—	—	—	2	1	—	—	—	—
丙级	—	—	—	—	—	—	—	—	—
丁级	—	—	—	—	—	—	1	—	—
室内游泳池	1	—	1	5	1	—	1	—	—
有固定看台灯光球场	3	7	2	3	1	—	—	—	—

20—4 运动员历年创世界纪录情况

年份	项数(项)	#女子	人数(人)	#女子	次数(次)	#女子
1985	1	1	2	2	2	2
1986	1	—	1	—	1	—
1987	3	2	7	5	12	9
1988	2	2	4	4	9	9
1989	10	10	4	4	10	10
1990	2	1	4	3	2	1
1991	8	8	6	6	10	10
1992	3	3	8	8	20	20
1993	20	18	14	12	30	27
1994	3	3	4	4	4	4
1995	1	1	1	1	1	1
1996	2	2	1	1	3	3
1997	9	9	5	5	11	11
1998	17	15	14	12	20	18
1999	13	12	9	8	22	21
2000	4	3	2	1	7	6
2001	4	4	6	6	4	4
2002	11	11	7	7	13	13

注:总计的项数和人数中剔除了历年重复数(以下同)。

20—5 运动员分项创世界纪录情况

(2002年)

项目	项数(项)	#女子	人数(人)	#女子	次数(次)	#女子
总计	**11**	**11**	**7**	**7**	**13**	**13**
举重	7	7	3	3	9	9
射击	3	3	3	3	3	3
蹼泳	1	1	1	1	1	1

20—6 运动员分项获得世界冠军情况

(2002年)

项目	项数(项)	#女子	人数(人)	#女子	次数(次)	#女子
总计	**12**	**10**	**10**	**8**	**12**	**10**
羽毛球	1	1	1	1	1	1
曲棍球	1	1	3	3	1	1
拳击	1	1	1	1	1	1
射击	5	3	4	2	5	3
柔道	—	—	—	—	—	—
蹼泳	4	4	1	1	4	4

20—7 运动员近年获得世界冠军情况

年份	项数(项)	#女子	人数(人)	#女子	次数(次)	#女子
1985	3	1	3	1	4	1
1986	6	4	8	4	8	4
1987	4	3	6	4	8	6
1988	2	1	4	3	10	8
1989	11	10	5	4	11	10
1990	11	7	7	4	12	8
1991	15	13	7	5	16	14
1992	6	5	8	7	13	12
1993	24	24	18	18	24	24
1994	4	4	7	5	12	8
1995	7	3	9	5	8	4
1996	6	6	5	5	8	8
1997	7	7	4	4	7	7
1998	14	8	11	9	15	8
1999	14	12	9	8	15	13
2000	9	7	6	5	9	7
2001	9	9	4	4	9	9
2002	12	10	10	8	12	10

20—8 运动员分项创获亚洲冠军情况

(2002 年)

项目	项数(项)	#女子	人数(人)	#女子	次数(次)	#女子
总计	**28**	**15**	**28**	**17**	**31**	**15**
#排球	1	1	3	3	1	1
篮球	1	1	1	1	1	1
田径	2	—	2	—	2	—
举重	2	2	2	2	2	2
赛艇	3	1	3	1	3	1
帆板	3	—	1	—	3	—
射击	5	2	3	2	5	2

20—9 与外国体育活动交往情况

项目	单位	1995 年	1997 年	1998 年	1999 年	2000 年	2001 年	2002 年
来我省的体育团体								
次数	次	54	31	62	31	58	45	—
人数	人	638	391	1 058	451	830	585	—
我省派出的体育团体								
次数	次	49	124	114	133	254	123	194
人数	人	564	719	653	509	977	615	391

注:1994 年是我省与外国体育活动交往的总体情况,分不出来团与出团。

20—10 群众体育活动情况

单位:次、人

项目	1990 年	1995 年	1998 年	1999 年	2000 年	2001 年	2002 年
《国家体育锻炼标准》达标人数	4 489 143	4 339 333	4 767 809	4 563 603	4 658 266	4 696 266	4 662 153
优秀级	1 812 529	1 194 677	1 408 032	1 320 392	1 381 392	1 419 392	1 401 354
良好级	1 613 981	1 437 794	1 643 994	1 504 622	1 510 575	1 510 575	1 572 126
及格级	1 062 633	1 706 862	1 715 783	1 738 589	1 766 299	1 766 299	1 688 673
举办运动会次数	32 719	3 017	2 770	2 010	1 034	900	174
体委系统	1 037	1 585	773	566	523	521	174
教育系统	652	—	—	—	—	—	—
工业系统	359	632	773	443	375	379	—
农业系统	1 488	—	—	—	—	—	—
参加运动会运动员人数	1 498 638	1 026 941	819 258	639 427	287 773	242 944	—
体委系统	326 958	400 491	239 087	176 681	147 366	149 588	—
教育系统	357 346	—	—	—	—	—	—
工业系统	75 342	226 859	197 112	150 128	91 656	93 356	—
农业系统	459 937	—	—	—	—	—	—

20—11 卫生机构、床数、人员数

(2002年)

卫生机构名称	机构数(个)	床位数(张)			人员数(人)			
		编制床位	实有床位	标准床位	合计	卫生技术人员		
						小计	执业医师	执业助理医师
总　计	**3 410**	**187 960**	**173 615**	**105 461**	**251 245**	**190 768**	**67 898**	**13 447**
市	2 391	159 003	148 720	92 505	212 150	160 214	57 748	9 562
县	1 019	28 957	24 895	12 956	39 095	30 554	10 150	3 885
一、医　院	920	146 179	138 625	87 291	183 761	139 750	48 934	6 638
市	793	130 327	123 695	78 883	163 390	123 911	43 696	5 345
县	127	15 852	14 930	8 408	20 371	15 839	5 238	1 293
综合医院	630	102 840	99 204	62 645	136 625	105 180	36 961	4 889
县医院	54	10 697	10 387	5 748	14 271	11 085	3 566	820
其他医院	576	92 143	88 817	56 897	122 354	94 095	33 395	4 069
中医医院	98	13 574	12 096	7 466	18 649	14 131	5 546	921
中西医结合医院	8	507	204	126	725	566	213	73
民族医院	2	170	130	60	310	219	76	8
专科医院	182	29 088	26 991	16 994	27 452	19 654	6 138	747
口腔医院	14	203	226	88	1 424	1 119	500	88
眼科医院	8	471	457	101	505	324	102	6
耳鼻喉科医院	—	—	—	—	—	—	—	—
肿瘤医院	6	1 915	1 873	1 763	1 883	1 471	494	10
心血管病医院	1	36	36	—	38	29	14	—
胸科医院	3	1 098	1 098	285	1 409	932	252	31
血液病医院	2	70	70	61	86	56	25	4
妇产(科)医院	20	3 504	2 993	1 374	5 174	4 003	1 338	181
儿童医院	2	600	530	530	913	707	268	6
精神病医院	36	8 942	8 549	6 325	5 748	3 742	958	138
传染病医院	17	3 576	3 723	1 841	3 666	2 532	725	52
皮肤病医院	2	420	46	—	193	123	42	4
结核病医院	10	3 385	2 809	2 000	2 082	1 328	341	45
麻风病医院	—	—	—	—	—	—	—	—
职业病医院	5	972	872	770	798	645	222	16
骨科医院	15	1 330	1 189	478	1 342	1 022	314	79
康复医院	12	766	763	514	978	743	260	33
整形外科医院	1	18	18	18	36	30	20	—
美容医院	2	32	31	31	36	30	6	8
其他专科医院	26	1 750	1 708	815	1 141	818	257	46
护理院	—	—	—	—	—	—	—	—
二、疗养院	36	10 642	9 195	5 818	4 792	2 299	609	225
三、社区卫生服务中心	60	854	674	412	2 914	2 473	869	142
四、卫生院	1 093	25 554	20 759	9 426	27 826	22 194	6 728	3 709
街道卫生院	65	471	452	218	1 044	856	264	162
乡镇卫生院	1 028	25 083	20 307	9 208	26 782	21 338	6 464	3 547
市	511	13 796	11 832	5 692	14 580	11 524	3 474	1 899
县	517	11 287	8 475	3 516	12 202	9 814	2 990	1 648
中心卫生院	218	8 693	6 922	3 256	9 526	7 683	2 358	1 137

20-11 续表 1　　(2002 年)

卫生机构名称	机构数(个)	床位数(张)			人员数(人)			
		编制床位	实有床位	标准床位	合计	卫生技术人员		
						小计	执业医师	执业助理医师
乡卫生院	810	16 390	13 385	5 952	17 256	13 655	4 106	2 410
五、门诊部	407	725	794	446	5 534	4 387	2 027	265
市	398	631	727	423	5 397	4 280	1 987	257
县	9	94	67	23	137	107	40	8
综合门诊部	249	583	623	370	3 621	2 885	1 263	200
中医门诊部	56	39	38	14	721	552	299	25
中西医结合门诊部	22	—	26	—	311	252	138	5
民族医门诊部	—	—	—	—	—	—	—	—
专科门诊部	80	103	107	62	881	698	327	35
六、急救中心(站)	10	70	70	70	673	328	144	4
七、采供血机构	31	—	1	—	1 266	835	131	35
八、妇幼保健院(所、站)	118	1 845	1 628	979	5 829	4 705	2 106	499
省属	1	100	100	100	197	142	63	1
省辖市(地区)属	14	591	388	236	1 186	934	408	39
地辖市属	71	774	681	362	3 029	2 484	1 139	307
县属	30	380	459	281	1 386	1 119	486	149
其他	2	—	—	—	31	26	10	3
妇幼保健院	30	1 462	1 278	775	2 941	2 354	910	236
妇幼保健所	51	320	289	172	1 992	1 636	811	191
妇幼保健站	37	63	61	32	896	715	385	72
生殖保健中心	—	—	—	—	—	—	—	—
九、专科疾病防治院(所、站)	116	1 290	1 225	491	3 648	2 712	1 041	275
专科疾病防治院	5	340	210	150	427	320	137	22
传染病防治院	—	—	—	—	—	—	—	—
结核病防治院	1	10	10	—	23	19	6	4
职业病防治院	2	280	150	150	309	222	96	13
其他	2	50	50	—	95	79	35	5
专科疾病防治所(站、中心)	111	950	1 015	341	3 221	2 392	904	253
口腔病防治所(站、中心)	17	12	17	—	556	473	191	33
精神病防治所(站、中心)	2	80	80	—	26	19	6	1
皮肤病与性病防治所(站、中心)	—	—	—	—	—	—	—	—
结核病防治所(站、中心)	60	624	684	341	1 839	1 292	434	136
麻风病防治所(站、中心)	—	—	—	—	—	—	—	—
职业病防治所(站、中心)	3	120	120	—	180	132	63	5
地方病防治所(站、中心)	24	14	14	—	420	330	170	58
寄生虫病防治所(站、中心)	—	—	—	—	—	—	—	—
血吸虫病防治所(站、中心)	—	—	—	—	—	—	—	—
药物戒毒所(中心)	1	100	100	—	40	11	5	—
其他	4	—	—	—	160	135	35	20
十、疾病预防控制中心(防疫站)	135	68	68	8	10 249	7 805	3 920	1 110
疾病预防控制中心/防疫站/防病中心	120	60	60	—	9 882	7 530	3 777	1 059
省属	1	—	—	—	390	235	103	4

20－11续2　　(2002年)

卫生机构名称	机构数(个)	床位数(张) 编制床位	实有床位	标准床位	人员数(人) 合计	卫生技术人员 小计	执业医师	执业助理医师
省辖市(地区)属	13	—	—	—	2 150	1 606	931	91
地辖市属	72	—	—	—	4 811	3 719	1 829	533
县属	28	60	60	—	2 236	1 741	786	414
其他	6	—	—	—	295	229	128	17
其中:疾病预防控制中心	19	—	—	—	2 474	1 785	960	112
卫生防疫站	101	60	60	—	7 408	5 745	2 817	947
卫生防病中心	—	—	—	—	—	—	—	—
预防保健中心	15	8	8	8	367	275	143	51
十一、卫生监督所	16	—	—	—	880	648	491	71
省属	1	—	—	—	119	96	76	1
省辖市(地区)属	8	—	—	—	575	435	350	40
地辖市属	6	—	—	—	154	117	65	30
县属	1	—	—	—	32	—	—	—
其他	—	—	—	—	—	—	—	—
十二、卫生监督检验(监测.检测)所(站)	8	—	—	—	236	157	43	34
卫生(综合)监督检验(监测、检测)所(站)	1	—	—	—	10	3	3	—
环境卫生监督检验(监测、检测)所(站)	—	—	—	—	—	—	—	—
放射卫生监督检验(监测、检测)所(站)	—	—	—	—	—	—	—	—
劳动(职业、工业)卫生监督检验(监测、检测)所(站)	—	—	—	—	—	—	—	—
食品卫生监督检验(监测、检测)所(站)	3	—	—	—	196	133	38	34
学校卫生监督检验(监测、检测)所(站)	—	—	—	—	—	—	—	—
其他	4	—	—	—	30	21	2	—
十三、医学科学研究机构	13	335	285	285	421	202	78	11
医学科学(研究)院(所)	4	—	—	—	87	27	21	—
预防医学研究院(所)	—	—	—	—	—	—	—	—
中医(药)研究院(所)	2	—	—	—	36	25	9	2
中西医结合研究所	—	—	—	—	—	—	—	—
民族医(药)学研究所	1	100	60	60	33	—	—	—
医学专科研究所	6	235	225	225	265	150	48	9
药学研究所	—	—	—	—	—	—	—	—
十四、医学在职培训机构	—	—	—	—	—	—	—	—
十五、健康教育所(站、中心)	14	—	—	—	200	96	65	6
十六、其他卫生机构	433	398	291	235	3 016	2 177	712	423
护理站	—	—	—	—	—	—	—	—
临床检验中心(所、站)	2	—	—	—	70	21	13	3
精神病收容所	—	—	—	—	—	—	—	—
麻风村	—	—	—	—	—	—	—	—
卫生消毒站	—	—	—	—	—	—	—	—
乡防保组	353	134	44	23	1 660	1 334	425	297
农村改水中心	—	—	—	—	—	—	—	—
其他	78	264	247	212	1 286	822	274	123

20－11续3　　　　　　　　　　(2002年)

卫生机构名称	人员数(人)						
	卫生技术人员				其他技术人员	管理人员	工勤人员
	注册护士	药剂人员	检验人员	其他			
总计	**66 773**	**14 878**	**9 940**	**17 832**	**8 881**	**19 869**	**31 727**
市	58 885	12 096	8 470	13 453	7 609	17 151	27 176
县	7 888	2 782	1 470	4 379	1 272	2 718	4 551
一、医院	56 104	11 471	6 348	10 255	6 078	13 756	24 177
市	50 649	9 824	5 660	8 737	5 465	12 472	21 542
县	5 455	1 647	688	1 518	613	1 284	2 635
综合医院	42 776	8 210	4 780	7 564	4 325	9 586	17 534
县医院	4 096	1 090	487	1 026	443	822	1 921
其他医院	38 680	7 120	4 293	6 538	3 882	8 764	15 613
中医医院	4 426	1 797	569	872	833	1 479	2 206
中西医结合医院	180	47	26	27	23	81	55
民族医院	38	60	9	28	—	73	18
专科医院	8 684	1 357	964	1 764	897	2 537	4 364
口腔医院	276	20	17	218	46	140	119
眼科医院	143	22	12	39	29	58	94
耳鼻喉科医院	—	—	—	—	—	—	—
肿瘤医院	695	92	65	115	36	105	271
心血管病医院	12	2	1	—	—	7	2
胸科医院	478	74	59	38	32	164	281
血液病医院	18	6	3	—	14	5	11
妇产(科)医院	1 629	236	220	399	144	442	585
儿童医院	338	45	30	20	41	66	99
精神病医院	2 080	204	107	255	164	534	1 308
传染病医院	1 138	260	202	155	157	336	641
皮肤病医院	48	14	10	5	—	32	38
结核病医院	614	107	85	136	79	234	441
麻风病医院	—	—	—	—	—	—	—
职业病医院	252	39	36	80	16	66	71
骨科医院	375	89	43	122	79	93	148
康复医院	309	48	35	58	25	110	100
整形外科医院	8	1	1	—	3	3	—
美容医院	2	1	1	12	—	2	4
其他专科医院	269	97	37	112	32	140	151
护理院	—	—	—	—	—	—	—
二、疗养院	1 005	144	94	222	183	689	1 621
三、社区卫生服务中心	966	263	114	119	37	272	132
四、卫生院	4 728	1 995	865	4 169	949	1 863	2 820
街道卫生院	229	85	19	97	27	72	89
乡镇卫生院	4 499	1 910	846	4 072	922	1 791	2 731
市	2 548	976	480	2 147	501	1 018	1 537
县	1 951	934	366	1 925	421	773	1 194
中心卫生院	1 747	697	312	1 432	346	550	947

20－11续4　　(2002年)

卫生机构名称	人员数(人)						
	卫生技术人员				其他技术人员	管理人员	工勤人员
	注册护士	药剂人员	检验人员	其他			
乡卫生院	2 752	1 213	534	2 640	576	1 241	1 784
五、门诊部	1 193	426	196	280	268	509	370
市	1 175	414	191	256	267	496	354
县	18	12	5	24	1	13	16
综合门诊部	840	259	142	181	199	307	230
中医门诊部	80	92	18	38	19	86	64
中西医结合门诊部	54	33	12	10	15	25	19
民族医门诊部	—	—	—	—	—	—	—
专科门诊部	219	42	24	51	35	91	57
六、急救中心(站)	136	7	5	32	36	47	262
七、采供血机构	376	5	215	73	91	175	165
八、妇幼保健院(所、站)	1 034	234	387	445	177	548	399
省属	56	9	9	4	1	27	27
省辖市(地区)属	300	55	80	52	48	115	89
地辖市属	521	93	209	215	102	258	185
县属	151	75	85	173	26	144	97
其他	6	2	4	1	—	4	1
妇幼保健院	714	145	174	175	67	266	254
妇幼保健所	248	64	150	172	75	177	104
妇幼保健站	72	25	63	98	35	105	41
生殖保健中心	—	—	—	—	—	—	—
九、专科疾病防治院(所、站)	630	145	177	444	121	420	395
专科疾病防治院	78	15	23	45	32	15	60
传染病防治院	—	—	—	—	—	—	—
结核病防治院	3	1	2	3	—	4	—
职业病防治院	68	12	19	14	30	10	47
其他	7	2	2	28	2	1	13
专科疾病防治所(站、中心)	552	130	154	399	89	405	335
口腔病防治所(站、中心)	85	10	1	153	21	47	15
精神病防治所(站、中心)	6	1	1	4	—	3	4
皮肤病与性病防治所(站、中心)	—	—	—	—	—	—	—
结核病防治所(站、中心)	348	100	107	167	44	257	246
麻风病防治所(站、中心)	—	—	—	—	—	—	—
职业病防治所(站、中心)	19	4	19	22	2	20	26
地方病防治所(站、中心)	32	8	22	40	13	43	34
寄生虫病防治所(站、中心)	—	—	—	—	—	—	—
血吸虫病防治所(站、中心)	—	—	—	—	—	—	—
药物戒毒所(中心)	3	1	1	1	—	24	5
其他	59	6	3	12	9	11	5
十、疾病预防控制中心(防疫站)	257	74	1 374	1 070	519	1 014	911
疾病预防控制中心/防疫站/防病中心	219	65	1 366	1 044	501	968	883
省属	3	—	125	—	5	95	55

20－11续5　　　　　　　　　　　　　　　　(2002年)

卫生机构名称	人员数(人)						
	卫生技术人员				其他技术人员	管理人员	工勤人员
	注册护士	药剂人员	检验人员	其他			
省辖市(地区)属	103	19	354	108	140	211	193
地辖市属	61	16	623	657	269	473	350
县属	40	27	228	246	73	164	258
其他	12	3	36	33	14	25	27
其中:疾病预防控制中心	122	23	473	95	140	293	256
卫生防疫站	97	42	893	949	361	675	627
卫生防病中心	—	—	—	—	—	—	—
预防保健中心	38	9	8	26	18	46	28
十一、卫生监督所	8	1	21	56	39	123	70
省属	—	—	—	19	6	5	12
省辖市(地区)属	7	1	18	19	23	74	43
地辖市属	1	—	3	18	10	14	13
县属	—	—	—	—	—	30	2
其他	—	—	—	—	—	—	—
十二、卫生监督检验(监测.检测)所(站)	1	6	19	54	18	14	47
卫生(综合)监督检验(监测、检测)所(站)	—	—	—	—	5	2	—
环境卫生监督检验(监测、检测)所(站)	—	—	—	—	—	—	—
放射卫生监督检验(监测、检测)所(站)	—	—	—	—	—	—	—
劳动(职业、工业)卫生监督检验(监测、检测)所(站)	—	—	—	—	—	—	—
食品卫生监督检验(监测、检测)所(站)	1	—	18	42	12	9	42
学校卫生监督检验(监测、检测)所(站)	—	—	—	—	—	—	—
其他	—	6	1	12	1	3	5
十三、医学科学研究机构	38	13	24	38	68	85	66
医学科学(研究)院(所)	—	—	—	6	44	14	2
预防医学研究院(所)	—	—	—	—	—	—	—
中医(药)研究院(所)	5	3	1	5	2	6	3
中西医结合研究所	—	—	—	—	—	—	—
民族医(药)学研究所	—	—	—	—	—	33	—
医学专科研究所	33	10	23	27	22	32	61
药学研究所	—	—	—	—	—	—	—
十四、医学在职培训机构	—	—	—	—	—	—	—
十五、健康教育所(站、中心)	5	2	—	18	54	27	23
十六、其他卫生机构	292	92	101	557	243	327	269
护理站	—	—	—	—	—	—	—
临床检验中心(所、站)	—	—	5	—	37	10	2
精神病收容所	—	—	—	—	—	—	—
麻风村	—	—	—	—	—	—	—
卫生消毒站	—	—	—	—	—	—	—
乡防保组	103	46	27	436	74	164	88
农村改水中心	—	—	—	—	—	—	—
其他	189	46	69	121	132	153	179

20—12　历届省人民代表大会的代表人数

单位:人

项　　目	第一届 1954年	第二届 1959年	第三届 1964年	第四届 1975年	第五届 1978年	第六届 1983年	第七届 1988年	第八届 1993年	第九届 1998年
代表总数	588	566	795	—	1 200	900	725	745	622
在代表总数中									
女代表	100	107	—	—	292	219	142	159	123
占代表总数%	17.00	18.90	—	—	24.33	24.33	19.59	21.34	19.77
在代表总数中									
少数民族代表	—	39	—	—	160	146	118	115	97
占代表总数%	—	6.89	—	—	13.33	16.22	16.28	15.44	15.59

20—13　历届省政治协商会议的委员人数

单位:人

项　　目	第一届 1954年	第二届 1959年	第三届 1963年	第四届 1977年	第五届 1983年	第六届 1988年	第七届 1993年	第八届 1998年
委员总数	122	376	403	586	595	696	695	723
在委员总数中								
中国共产党代表	28	123	125	245	220	245	242	283
占代表总数%	22.95	32.71	31.02	41.81	36.97	35.20	34.82	39.14
在委员总数中								
少数民族代表	16	32	31	57	65	83	81	97
占代表总数%	13.11	8.51	7.69	9.73	10.92	11.93	11.65	13.42

20—14 工会组织情况

年份	工会基层组织数(个)	全省已建工会组织的基层单位的职工与会员人数(人)				工会专职工作人员数(人)
		职工人数	＃女职工	会员人数	＃女会员	
1980	19 004	6 149 000	2 340 000	5 182 000	—	26 000
1981	20 341	7 097 000	2 864 000	6 020 000	2 446 000	30 000
1982	20 953	7 372 000	2 986 000	6 455 000	2 651 000	33 000
1983	21 141	7 546 000	2 032 000	6 770 000	2 738 000	34 000
1984	22 350	7 881 000	3 199 000	7 092 000	2 876 000	38 000
1985	22 763	8 267 000	3 388 000	7 421 000	3 078 000	43 709
1986	23 190	8 341 973	3 462 049	7 605 645	3 202 109	47 842
1987	24 742	8 536 873	3 532 603	7 880 001	3 257 621	47 301
1988	25 753	8 712 119	3 611 855	8 034 410	3 370 064	41 910
1989	27 217	8 840 457	3 665 482	8 181 168	3 394 077	44 150
1990	27 836	8 968 227	3 750 636	8 340 951	3 497 883	46 875
1991	28 642	8 979 281	3 768 625	8 387 414	3 541 636	48 521
1992	29 222	9 164 759	3 828 618	8 567 567	3 584 922	45 584
1993	30 083	9 177 011	3 781 547	8 537 051	3 540 817	41 276
1994	27 629	9 133 500	3 843 987	8 420 047	3 501 514	31 215
1995	28 448	9 290 683	3 987 323	9 234 588	3 796 173	36 167
1996	27 517	9 095 895	3 796 520	8 577 752	3 564 856	39 693
1997	24 310	8 395 588	3 276 594	7 180 188	2 956 720	33 321
1998	23 317	7 198 855	2 994 485	6 694 517	2 784 204	23 766
1999	21 647	6 199 418	2 529 928	5 659 855	2 315 330	21 406
2000	41 167	8 018 747	3 360 629	7 515 909	3 100 980	27 396
2001	64 659	—	—	8 155 000	—	—
2002	41 715	8 877 337	2 566 828	8 606 854	2 454 640	18 372

注:1998 年以后工会专职工作人员数为工会专职干部人数。

20—15 妇联组织情况

项　　目	单 位	1999 年	2000 年	2001 年	2002 年
妇联组织总计	个	**1 800**	**1 766**	**1 770**	**1 862**
一、地 方 妇 联	个	**1 784**	**1 745**	**1 757**	**1 862**
省 级 和 市 级	个	15	15	15	14
县(市)、区、乡(镇)级	个	1 286	1 256	1 256	1 229
街 道 妇 联	个	480	474	486	619
二、农 林 场 妇 联	个	**16**	**21**	**13**	**—**
建立基层妇代会组织数	个	25 274	22 024	21 276	19 876
#一 类 妇 代 会	人	—	16 224	15 721	—
二 类 妇 代 会	人	—	5 540	5 360	—
各类妇女工作委员会	个	4 371	3 111	5 656	432
各类妇女联谊组织数	个	328	299	638	38
民主党派中的妇女组织	个	80	73	69	44

20—16 律师、公证、调解工作基本情况

项目	单位	1985年	1990年	1995年	2000年	2001年	2002年
一、律师工作							
律师事务所	个	118	141	305	397	406	417
律师	人	1 800	2 255	3 520	4 280	4 141	4 330
专职律师	人	603	1 169	1 703	3 281	3 562	4 044
兼特邀职律师	人	1 197	1 086	1 817	999	579	286
聘请担任常年法律顾问的单位	处	1 928	6 527	8 823	7 497	6 176	6 374
民事诉讼代理	件	5 019	17 061	14 567	25 283	22 992	24 842
经济诉讼代理	件	—	—	—	12 713	11 280	10 156
行政诉讼代理	件	—	—	—	1 305	1 580	1 560
刑事辨护	件	6 637	13 844	9 054	12 203	12 444	12 420
非诉讼法律事务	件	2 572	2 058	15 962	15 592	15 282	19 035
解答法律咨询	万人次	7.9	12.4	11.5	24.08	14.93	18.78
代写法律事务文书	万件	1.8	2.7	2.6	4.30	4.08	4.65
涉外及港澳台	件	—	—	—	400	334	389
二、公证工作							
公证处	个	94	107	111	112	111	109
公证人员	人	553	811	823	922	973	976
#公证员	人	269	496	535	659	661	624
公证员助理	人	95	135	67	80	93	95
办理公证文书	万件	14.1	42.7	51.4	67	41.7	41.2
三、人民调解工作							
专职司法助理员	人	1 547	1 715	1 739	1 614	1 504	1 682
人民调解委员会	个	31 105	38 726	43 195	32 724	29 795	135 781
调解人员	万人	32.0	43.6	20.5	19.8	33.3	27.2
调解民间纠纷	万件	27.3	27.8	21.8	17.1	17.7	14.8

20—17 国内公证文书分类

(2002年)

分类	办证件数(件)	比重(%)	分类	办证件数(件)	比重(%)
一、经济公证			其他	12 613	9.4
合计	133 754	100.0	二、民事公证		
购销	2 934	2.2	合计	278 107	100.0
联营	20	…	收养	361	0.1
拍卖	359	0.3	解除收养	12	…
贷款	84 071	62.9	继承权	13 017	4.7
担保	2 774	2.1	遗嘱	4 762	1.7
招标、投标	1 948	1.5	产权	3 887	1.4
科技协作	5	…	亲属关系	668	0.2
供用电	157	0.1	死亡	13	…
劳务合同	7 898	5.9	房屋买卖	87 474	31.5
建筑工程承包	176	0.1	房屋租赁	2 084	0.7
工商服务业承包	209	0.2	留学协议	85	…
农林牧副渔业承包	1 823	1.4	遗赠扶养协议	509	0.2
乡镇企业承包	134	0.1	其他民事协议	42 734	15.4
财产租赁	290	0.2	委托书	16 647	6.0
企业租赁	132	0.1	赠与书	6 533	2.3
资产经营责任制	64	…	声明书	7 978	2.9
其他经济合同	13 272	9.9	现场监督	15 183	5.5
法人(代表人)资格	1 333	1.0	签名印鉴属实	585	0.2
法人委托书	1 455	1.1	文本相符	800	0.3
公司章程	64	…	宅基地使用权	1 917	0.7
执行许可证明	220	0.2	证据保全	1 605	0.6
提存	1 803	1.3	其他	71 253	25.6

20—18 涉外公证文书分类

(2002年)

分　　类	办证件数(件)	比　重(%)	分　　类	办证件数(件)	比　重(%)
合　　计	**281 885**	**100.0**	委　托　书	1 080	0.4
收　　养	32	…	营业证书	2 586	0.9
遗　　嘱	2	…	公司章程	202	0.1
出　　生	44 449	15.8	其他法律文书	3 649	1.3
死　　亡	685	0.2	职　　称	2 026	0.7
生存、居住	1 664	0.6	法人资格	356	0.1
学　　历	34 685	12.3	商标注册	4	…
经　　历	3 539	1.3	贷　　款	6	…
国　　籍	2 903	1.0	担　　保	166	0.1
婚姻状况	26 280	9.3	其他经济合同	596	0.2
亲属关系	37 452	13.3	副本等与原本相符	37 730	13.4
继　承　权	205	0.1	签名印鉴属实	33 051	11.7
受、未受刑事处分	29 580	10.5	其　　他	16 396	5.8
声　明　书	2 561	0.9			

20—19 调解民间纠纷分类

项　　目	调节纠纷(件)			各类纠纷所占比重(%)		
	2000年	2001年	2002年	2000年	2001年	2002年
合　　计	**170 464**	**170 551**	**148 133**	**100.00**	**100.00**	**100.00**
婚　　姻	41 946	38 248	33 914	24.61	22.43	22.89
继　　承	9 088	8 925	7 522	5.33	5.23	5.08
赡、抚、扶养	13 617	13 964	11 231	7.99	8.19	7.58
家　　庭	12 112	12 852	11 313	7.11	7.54	7.64
房屋宅基地	16 340	15 936	14 126	9.59	9.34	9.54
债　　务	11 647	12 931	11 090	6.83	7.58	7.49
生产经营	15 323	14 587	13 478	8.98	8.55	9.10
邻　　里	24 338	24 944	22 934	14.28	14.63	15.48
损害赔偿	7 808	7 942	7 703	4.58	4.66	5.20
其　　他	18 245	20 222	14 822	10.70	11.86	10.00

20—20　婚姻登记和离婚情况

年　份	准予登记结婚（对）	初　婚（人）	再　婚（人）	准予登记离婚（对）	离婚率（‰）
1983	331 960	640 749	23 171	8 649	0.24
1984	387 829	748 957	26 701	8 810	0.24
1985	419 729	811 197	28 261	8 963	0.24
1986	440 722	845 008	36 436	14 416	0.39
1987	472 011	900 299	43 723	19 006	0.51
1988	415 219	785 176	45 262	22 379	0.59
1989	395 049	739 189	43 448	22 530	0.59
1990	383 976	710 383	57 569	24 459	0.63
1991	340 245	628 962	51 528	23 541	0.60
1992	411 425	772 983	49 867	24 565	0.62
1993	330 506	612 579	48 433	26 825	0.68
1994	294 877	539 149	50 605	29 890	0.75
1995	304 103	553 927	54 279	29 554	0.74
1996	308 500	560 821	56 179	30 279	0.75
1997	275 310	496 601	54 019	32 828	0.81
1998	264 684	473 115	56 253	34 772	0.85
1999	257 598	462 363	52 833	34 657	0.85
2000	272 644	482 897	62 391	35 300	0.86
2001	253 586	448 154	59 018	40 376	0.97
2002	235 007	402 638	67 376	40 731	0.98

20—21　各地区离婚登记和离婚情况

（2002 年）

地　区	准予登记结婚（对）	初　婚（人）	再　婚（人）	准予登记离婚（对）
全　省	**235 007**	**402 638**	**67 376**	**40 731**
沈　阳	42 777	72 390	13 164	9 895
大　连	29 506	52 041	6 971	5 376
鞍　山	16 968	28 923	5 013	3 412
抚　顺	12 718	21 695	3 741	2 794
本　溪	8 250	13 482	3 018	1 919
丹　东	13 423	22 935	3 911	2 424
锦　州	20 231	36 150	4 312	2 113
营　口	10 376	18 176	2 576	1 980
阜　新	12 759	22 990	2 528	2 212
辽　阳	10 171	16 525	3 817	2 253
盘　锦	7 818	14 234	1 402	938
铁　岭	14 053	25 100	3 006	2 534
朝　阳	18 230	33 284	3 176	1 253
葫芦岛	17 727	24 713	10 741	1 628

20—22 交通事故发生情况

(2002年)

指　　标	单　位	合　计	按事故发生程度分			按事故发生地区分	
			特大	重大	一般	城市	郊区、县
发生起数	起	19 777	170	3 673	15 934	8 219	11 558
死　　亡	人	4 210	339	3 871	—	1 122	3 088
受　　伤	人	14 906	312	1 737	12 857	5 690	9 216
损失折款	万元	11 179.1	1 567.9	2 339.0	7 272.2	4 087.2	7 091.9
平均每起事故损失	元	5 653	92 227	6 368	4 565	4 973	6 136

20—23 火灾事故发生情况

(2002年)

指　　标	单　位	合　计	按事故发生程度分		
			特大	重大	一般
发生起数	起	25 012	1	13	24 998
死　　亡	人	147	—	20	127
受　　伤	人	180	—	8	172
损失折款	万元	5 451.1	136.7	424.0	4 890.4
平均每起事故损失	元	2 179	1 366 931	326 116	1 956

20—24 各地区离休、退休、退职人员人数

(2002年)　　单位:人

地　　区	截至本年末止人数			
	合　计	离休人员	退休人员	退职人员
全　　省	**3 190 871**	**118 939**	**3 009 000**	**62 932**
沈　　阳	750 517	23 163	713 599	13 755
大　　连	459 009	22 984	424 940	11 085
鞍　　山	353 940	9 598	337 108	7 234
抚　　顺	259 889	10 396	244 435	5 058
本　　溪	168 726	5 200	154 077	9 449
丹　　东	156 747	7 405	147 389	1 953
锦　　州	164 878	7 364	155 415	2 099
营　　口	149 170	5 199	142 962	1 009
阜　　新	147 245	3 988	142 172	1 085
辽　　阳	89 307	2 430	84 313	2 564
盘　　锦	80 439	2 092	76 579	1 768
铁　　岭	97 894	3 926	92 773	1 195
朝　　阳	108 731	4 891	102 114	1 726
葫 芦 岛	113 584	4 152	106 998	2 434

注:不含民政部门的离、退休、退职人员。

20—25 社会福利事业、企业单位数和人员数

指　　标	机构数(个)			工作人员数(人)		
	2000年	2001年	2002年	2000年	2001年	2002年
总　　计	**4 072**	**4 080**	**4 158**	**110 903**	**107 705**	**111 327**
一、社会福利事业单位	1 194	1 237	1 260	9 954	10 594	11 673
民政部门办	56	80	94	2 857	3 603	3 758
社会集体办	1 138	1 157	1 166	7 097	6 991	7 915
二、社会福利企业单位	2 769	2 733	2 790	99 427	95 638	98 168
民政部门办	1 908	2 122	2 093	72 554	77 860	79 778
社会集体办	861	611	697	26 873	17 778	18 390
三、烈士纪念建筑物管理单位	22	22	23	397	345	337
四、收容遣送单位	44	41	41	735	714	719
五、殡葬管理单位	43	47	44	390	414	430

20—26 社会福利事业单位基本情况

(2002年)

指　　标	院数(个)	工作人员数(人)	床位数(张)	年末收养人数(人)	集体供给金额(万元)
总　　计	**1 260**	**11 673**	**59 766**	**42 435**	**5 449.2**
一、民政部门办社会福利事业单位	70	3 108	9 996	7 466	6
城镇福利院	70	3 108	9 996	7 466	6
收养性单位	—	—	—	—	—
二、社会办敬老院	1 190	8 565	49 770	34 969	5 443.2

20—27 社会救济情况

单位:人

指　　标	1985年	1990年	1995年	2000年	2001年	2002年
困难户人数	**1 276 123**	**966 443**	**691 521**	**2 442 038**	**1 948 012**	**1 883 065**
#困难户得到救济人数	687 094	548 433	424 231	405 185	1 824 055	1 883 065
#国家定期定量救济人数	32 584	12 445	26 285	12 365	16 070	—
精减退职老职工得救济人数	**17 566**	**15 422**	**13 653**	**12 594**	**11 934**	**11 227**
#享受原工资40%救济人数	11 040	9 182	8 342	7 832	7 422	6 866
#享受定期定量求济人数	6 526	6 240	5 311	4 762	4 512	4 361
社会散居孤老残幼人数	**70 088**	**55 549**	**56 422**	**58 877**	**150 977**	**28 292**
#集体供养人数	44 697	39 995	41 602	36 031	30 660	28 292
#国家给予定期定量救济人数	10 431	10 215	13 136	—	3 369	—

20—28 各地区城镇社区服务设施和城市居民最低生活保障制度情况

（2002 年）

单位：个

地区	城镇社区服务设施数	从业人员	便民利民服务网点	城乡居民最低生活保障情况			
				城镇低保人数（人）	保障资金（万元）	农村低保人数（人）	保障资金（万元）
全省	**10 564**	**156 594**	**71 861**	**1 501 831**	**10 360.3**	**150 115**	**2 858.1**
沈阳	2 810	34 571	18 597	229 211	1 060.9	19 083	263.4
大连	370	10 715	14 110	146 812	1 057.4	16 301	600.7
鞍山	1 618	16 258	10 587	80 707	665.4	17 081	362.8
抚顺	1 576	26 017	7 620	159 166	1 233.2	8 551	287.0
本溪	451	14 197	2 215	124 784	961.1	10 469	163.0
丹东	170	25 127	3 255	75 580	680.8	6 443	150.8
锦州	255	2 029	1 127	71 765	591.8	7 952	90.0
营口	93	7 877	5 078	73 571	556.6	3 963	79.0
阜新	23	6 607	1 538	192 038	912.9	534	12.0
辽阳	1 290	2 173	699	37 239	298.9	11 856	132.9
盘锦	286	2 198	2 430	18 034	135.4	6 726	183.9
铁岭	111	389	139	71 889	377.8	12 707	191.0
朝阳	1 059	5 609	1 672	151 573	1 184.2	14 547	155.1
葫芦岛	452	2 827	2 794	69 462	643.9	13 902	186.5

20—29 各地区优抚事业基本情况

（2002年）　　单位：人

地区	优抚对象总人数	革命伤残人员	烈军属人数	在乡退伍红军战士	在乡复员军人	在乡退伍军人
全省	**122 695**	**38 017**	**9 815**	**18**	**63 775**	**11 070**
沈阳	14 459	6 168	899	—	5 907	1 485
大连	20 523	6 531	1 540	—	9 373	3 079
鞍山	9 655	3 444	986	—	4 363	862
抚顺	5 235	2 023	341	—	2 804	67
本溪	5 594	2 009	395	16	2 936	238
丹东	10 019	2 953	795	—	5 719	552
锦州	9 965	2 627	748	—	5 887	703
营口	9 424	2 883	1 134	1	4 287	1 119
阜新	4 829	1 263	398	—	2 958	210
辽阳	4 152	1 238	363	—	2 030	521
盘锦	4 138	838	333	—	2 599	368
铁岭	7 794	1 885	596	—	4 880	433
朝阳	8 889	2 162	710	—	5 122	895
葫芦岛	8 019	1 993	577	1	4 910	538

20—30 社会福利企业基本情况

年份	民政部门办				社会办			
	单位(个)	职工(人)	#残疾职工	产值(万元)	单位(个)	职工(人)	#残疾职工	产值(万元)
1985	148	33 016	10 373	22 799	628	24 656	10 181	14 671
1986	140	31 301	9 784	22 182	1 890	74 710	21 738	33 051
1987	187	36 741	11 903	33 828	2 409	77 225	30 056	64 145
1988	218	40 198	13 638	51 371	3 296	86 756	31 168	95 904
1989	246	42 287	14 596	58 395	3 390	93 962	38 010	153 303
1990	289	39 853	13 553	52 017	3 535	105 385	42 729	142 508
1991	368	43 379	15 688	70 576	3 539	103 478	45 088	190 422
1992	361	42 179	15 220	100 934	3 867	111 643	48 951	260 161
1993	430	40 424	14 899	27 455	4 223	115 500	49 712	79 187
1994	470	40 752	15 552	32 854	4 084	119 815	51 702	128 240
1995	436	35 778	14 049	27 521	4 378	132 557	58 644	122 310
1996	416	33 252	12 814	24 987	4 140	116 753	54 131	116 124
1997	804	44 072	15 972	34 206	3 460	102 985	46 956	104 842
1998	437	29 493	11 327	22 986	3 574	98 703	45 725	125 878
1999	298	21 366	7 815	—	3 263	99 320	45 176	—
2000	1 908	72 554	31 978	—	861	26 873	11 837	—
2001	2 122	77 860	35 426	—	611	17 778	8 002	—
2002	2 093	79 778	35 594	—	697	18 390	8 837	—

20—31 “三废”排放、处理及治理情况

指　　标	单　位	1990年	1995年	2000年	2001年	2002年
一、废　　水						
废水排放总量	万吨	223 713	221 022	205 622	196 009	189 218
#工 业 废 水	万吨	163 714	140 193	109 044	99 505	92 001
工业废水处理量	万吨	49 420	148 657	178 348	—	—
工业废水达标量	万吨	37 767	92 897	87 196	84 381	80 819
工业废水排放达标率	%	76.4	66.3	80.0	84.8	87.8
二、废　　气						
工业废气排放总量	亿标立方米	8 136	8 498	9 432	10 042	10 462
#燃料燃烧过程中废气排放量	亿标立方米	5 198	4 727	5 925	5 843	6 077
#经过消烟除尘的	亿标立方米	3 858	3 920	5 295	—	—
#生产工艺过程中废气排放量	亿标立方米	2 939	3 771	3 507	4 199	4 385
#经过净化处理的	亿标立方米	1 623	2 737	2 961	—	—
二氧化硫排放量	万吨	97	82	71	61	57
烟 尘 排 放 量	万吨	105	60	55	47	42
工业粉尘排放量	万吨	69	40	43	39	34
工业粉尘去除量	万吨	228	296	309	370	340
三、废　　物						
工业固体废物产生量	万吨	7 451	6 920	7 562	7 865	8 146
工业固体废物排放量	万吨	218	95	84	44	35
历年工业固体废物堆存总量	万吨	201 533	160 928	110 699	—	—
工业固体废物占地面积	万平方米	18 875	7 018	4 605	—	—
#占 农 田 面 积	万平方米	162	218	—	—	—
工业固体废物处置量	万吨	5 239	1 099	252	447	1 311
工业固体废物贮存量	万吨	—	3 427	4 067	4 658	3 726
工业固体废物综合利用量	万吨	1 836	2 442	2 573	2 733	3 139
“三废”综合利用产品产值	万元	76 670	301 153	164 388	—	—
“三废”综合利用产品利润	万元	24 820	55 544	34 933	—	—
四、污 染 治 理						
1.资金来源合计	万元	38 953	61 689	120 195	114 664	102 427
基 建 资 金	万元	11 066	5 127	16 911	50 840	59 181
更 改 资 金	万元	9 899	27 741	15 987	—	—
综合利用利润留成	万元	1 866	3 387	9 177	—	—
环保补助资金	万元	7 887	5 509	4 713	15 856	3 612
贷　　款	万元	5 072	1 450	6 405	3 821	1 824
其　　他	万元	3 163	18 473	67 002	44 147	37 810
2.资金使用合计	万元	38 953	61 689	120 195	114 664	102 427
治 理 废 水	万元	16 289	19 958	61 765	46 077	42 208
治 理 废 气	万元	15 623	26 024	42 489	58 467	18 952
治理固体废物	万元	4 203	11 700	8 857	6 707	10 504
治 理 噪 声	万元	716	916	373	68	201
其　　他	万元	2 122	3 091	6 711	3 345	30 562
五、排污收费和污染赔(罚)款						
排污费交纳单位	个	19 148	23 454	41 757	43 426	45 270
排污费征收额	万元	16 242	28 908	44 020	45 425	50 465
排污费支出额	万元	16 383	44 507	51 559	45 514	48 419
污 染 事 故	次	156	115	94	59	26

注:1990年以前为废气,1991年以后为工业废气。工业粉尘去除量1999年以前都是工业粉尘回收量。

主要统计指标解释

等级运动员人数 指经考核正式批准授予等级运动员称号的人数,运动员等级分为国际级运动健将、运动键将、一级运动员、二级运动员、三级运动员、少年级运动员。

等级裁判员人数 指经考核正式批准授予等级裁判员称号的人数。裁判员等级分为国际裁判、国家级裁判、一级裁判、二级裁判、三级裁判。

体育场 指有400米跑道(中心含足球场),有固定道牙,跑道6条以上,并有固定看台的室外田径场地。以看台容纳观众人数分:甲级25 000人以上,乙级15 000－25 000人,丙级5 000－15 000人,丁级5 000人以下。

体育馆 指有固定看台,可供篮球、排球、羽毛球、乒乓球、体操等项目训练比赛活动用的室内运动场地。以看台容纳观众人数分:甲级6 000人以上,乙级4 000－6 000人,丙级2 000－4 000人,丁级2 000人以下。

医院 指名称为医院,设有固定床位能收容病人住院并能为病人提供医疗、护理服务的医疗机构。包括县及县以上的医院、农村乡卫生院、其他医院三部分。按所属性质分为卫生部门、工业及其他部门,集体经济单位三类。其中县及县以上的医院按业务性质分为综合医院和专科医院。

卫生技术人员 指卫生事业机构支付工资的全部固定职工和合同制职工中现任职务为卫生技术工作的专业人员。包括中医师、西医师、中西医结合高级医师、护师、中药师、西药师、检验师、其他技师、中医士、西医士、护士、助产士、中药剂士、西药剂士、检验士、其他技士、其他中医、护理员、中药剂员、西药剂员、检验员,其他初级卫生技术人员。

医生 指经卫生部门审查合格,从事医疗工作的专业人员。分为中医医生和西医医生。包括卫生技术人员中的中医师、西医师、中西结合高级医师、中医士、西医士和其他中医。

社会福利事业单位 指集中收养社会孤老、残、幼的机构。包括由民政部门管理的社会福利院、儿童福利院、精神病人福利院和城镇集体办的福利院,以及农村集体举办的敬老院。

社会福利事业单位收养人数 包括民政部门管理的和城镇及农村集体举办的社会福利事业单位中收养的老人、少年儿童、缺乏生活自理能力的残疾人员和精神病人。

社会福利企业单位 指以安置城镇有一定劳动能力的盲、聋、哑和肢体残疾人员就业为目的,享受国家减免税待遇的国有或集体经济性质的企业。包括福利工厂、福利商业服务业、假肢厂和安置农场等单位。

农村五保户 指农村中既无劳动能力,又无经济来源的老、弱、孤、残的农民生活由集体供养,实行保吃、保穿、保住、保医、保葬(孤儿保教),简称:"五保"。享受五保待遇的家庭叫五保户。

双扶户 包括被扶持的优扶户和贫困户。主要是对具有一定劳动能力且生活困难的两户给予一定的救济金以扶持其通过生产自救达到脱贫的目的。

律师 指受聘参加法律顾问处工作,提任法律顾问、刑(民)事代理人、刑事辩护人,输非诉论事件、解答法律询问,代写法律事务文书等主要从事律师业务的专职法律工作者和兼职律师。

公证人员 指在国家公证机关依法办理公证事务的司法人员。包括公证员、助理公证员和在公证处工作的其他人员。

办理公证文书 指公证处在一定时期内办结的公证文书件数。公证文书系按司法部规定或批准的格式制作。包括国内公证和涉外公证两部分。其中国内公证分为经济合同公证和民事法律关系公证两大类。

调解人员 指在人民调解委员会担负调解民间一般民事纠纷和轻微违法行为所引起的纠纷的工作人员。包括调解委员会的委员和调解小组的调解员。

调解民间纠纷 指调解委员会依照法律规定,根据自愿原则,用说服教育的方法调解民间发生的有关民事权利和义务的争执,促成当事双方达到协议和谅解,解决纠纷。包括婚姻家庭纠纷,财产权益纠纷等。不包括法院受理调解的民事案件数。

保险福利费用 指企业、事业、机关单位在工资以外实际支付给职工和离休、退休、退职人员个人以及用于集体的劳动保险和福利费用。

(1)职工保险福利费用具体包括:

①医疗卫生费 指实行公费医疗企业的职工及其供养的直系亲属的医疗费、医务经费、职工因工负伤就医路费以及住院伙食补助费等;卫生部门开支的事业及机关单位职工的公费医疗经费;未参加公费医疗的企业、事业和机关单位职工的医药费。

②丧葬抚恤救济费 指职工死亡的丧葬费、丧葬补助费和所遗供养直系新属的抚恤费、救济费、生活补助费以及职工供养直系亲属死亡时的丧葬补助费等。

③生活困难补助 指对生活困难的职工实际支付的定期补助和临时性补助。

④文体宣传费 指企业、事业和机关单位实际支付的文体宣传费。不包括学习费。

⑤集体福利事业补贴费 指对职工浴室、理发室、洗衣房、哺乳室、托儿所等集体福利设施各项支出与收入相抵后的差额补

助费。

⑥集体福利设施费　指按照国家规定开支的集体福利设施费用。如职工食堂炊事用具的购置费、修理费、职工宿舍的修缮费用。不包括由企业、事业、机关单位自筹经费开支的职工福利设施的基本建设费用。

⑦计划生育补贴　指发给职工独生子女的补贴费和保健费。

⑧其他　指上述费用以外,单位支付给职工的保险福利费。

(2)离休、退休、退职人员保险福利费用具体包括:

①离休金　指发给离休人员的工资和按1982年国务院发布的"关于老干部离职休养制度的几项规定"发给符合规定的离休干部相当于1-2个月标准工资的生活补贴和国务院〔1989〕82、83号文件规定提高离休人员的待遇所增加的费用及粮油价格补贴等。

②退休金　指按照国家有关规定发给退休人员的退休费和国务院〔1989〕82、83号文件规定提高退休人员的待遇所增加的费用及粮油价格补贴等。

③退职生活费　指按照1978年国务院《关于工人退休、退职的暂行办法》规定定期发给退职人员的生活费用和国务院〔1989〕82、83号文件规定提高退职人员的待遇所增加的费用及粮油价格补贴等。

④医疗卫生费　指离休、退休、退职人员的医疗费、住院费以及住院伙食补助等费用。

⑤护理费　指因工致残、饮食起居需人扶助的离休、退休人员的护理费以及因病不能自理的离休人员的护理费。

⑥生活补贴　指按照1985年国务院《关于发给离休退休人员生活补贴的通知》规定,发给离休、退休人员的生活补贴费。

⑦交通费补贴　指按月发给离休人员的交通费补贴。

⑧丧葬抚恤救济费　指离休、退休、退职人员死亡的丧葬费、丧葬补助费和所遗供养直系亲属的抚恤费、救济费、生活补助费以及供养直系亲属死亡时的丧葬补助费等。

⑨其他　包括易地安置的离休、退休、退职人员的安家补助费;离休、退休、退职人员的生活困难补助费、书报费、洗理费、副食品价格补贴、房租价格补贴、水电补贴、少数民簇补贴以及老干部活动经费开支的旅游费用等。

废水排放总量　包括生产废水和生活污水。生产废水指企、事业单位在生产、科研过程中向外环境排放的所有排放口的废水量总和。生活污水指城镇居民区和企、事业单位职工集中居住区排放的污水量。

工业废水排放总量　指经过工业企业厂区所有排放口排到企业外部的工业废水量。包括外排的直接冷却水、超标排放的矿井地下水和与工业废水混排的厂区生活污水,不包括外排的间接冷却水(清污不分流的间接冷却水应计算在内)。

工业废水排放达标量　指全面达到国家、地方排放标准的外排工业废水量,包括经过处理后达标外排的和未经处理达标外排的两部分工业废水。国家排放标准见国标(GB8978-88)。

工业废水处理量　指经过各种水处理装置净化处理后的外排工业废水量(包括虽经处理仍未达到国家或地方标准的外排工业废水量)。

废气排放总量　指燃料燃烧和生产工艺过程中排放的各种废气总量,以标准状态下每年万标立方米表示。

燃料燃烧过程废气排放量　指燃煤、燃油、燃气锅炉、烘干炉、锻造加热炉、退火炉和其它工业炉窑在燃烧过程(燃料和物料不混合的纯加热过程)中所排废气的总量。它可以根据烟气计算公式或经验计算公式求得。

经过消烟除尘的燃料燃烧废气量　指燃料燃烧过程中排放的废气经过消烟除尘装置处理的量。

经过净化处理的生产工艺废气量　指生产工艺过程中排放的废气经过各种净化处理装置净化、处理的量。

工业粉尘排放量　指工业企业在生产工艺过程中排放的固体微粒总重量。如钢铁企业的耐火材料粉尘、焦化企业的筛焦系统粉尘、烧结机的粉尘、石灰窑的粉尘、建材企业的水泥粉尘等。不包括电厂排入大气的烟尘。

工业粉尘回收量　指经生产工艺废气净化处理装置处理回收的粉尘和尘泥量(包括干法和湿法)。不包括电厂的烟尘。通常情况下:

工业粉尘产生量=工业粉尘排放量+工业粉尘回收量

工业固体废物产生量　指工业企业在生产过程中产生的固体状、半固体状和高浓度液体状废弃物的总量,包括冶炼废渣、粉煤灰、炉渣、煤矸石、化工废渣、尾矿、放射性废渣和其它废渣等;不包括矿山开采的剥离废石和掘进废石(煤矸石和呈酸性或碱性的废石除外)。酸性或碱性废石是指采掘的废石其流经水、雨淋水PH值小于4或PH值大于10.5者。

工业固体废物处理量　指以符合环境保护要求的方式将固体废物放置在不再回取的场所的固体废物量,如填埋、焚烧、经封场处理的专业贮存场(库)、深层灌注、回填矿井等(包括当年处置往年的堆存量)。

工业固体废物综合利用量　指已用作农业肥料、造田、生产建筑材料、筑路以及其它方式综合利用的固体废物量(包括当年利用往年的工业固体废物堆存量)。综合利用量由原产固体废物的单位统计。

"三废"综合利用产品产值　指工业企业回收利用"三废"作为主要原料生产的产品产值。按国发(1985)117号文规定执行。

"三废"综合利用产品利润　指工业企业回收利用"三废"作为主要原料生产的产品自用或出售后所得的利润额。

环境污染与破坏事故　指由于违返环境保护法规的经济、社会活动与行为,以及意外因素的影响或不可抗拒的自然灾害等原因,致使环境受到污染,国家重点保护的野生动植物、自然保护区受到破坏,人体健康受到危害,社会经济和人民财产受到损失，造成不良社会影响的突发性事件。

受理劳动争议案件权 是指劳动争议仲裁委员会根据国家有关规定，对劳动争议当事人的申请予以审查，符合受理条件而正式立案、准备处理的劳动争议案件权。

附录

各省、市、县、区经济指标比较

附录

GESHENG
SHIXIANQU
JINGJI
ZHIBIAO
BIJIAO

附录1 2002年各省(市、区)主要经济指标

地区	国内生产总值				第一产业增加值			
	绝对值(亿元)	位次	比上年增长(%)	位次	绝对值(亿元)	位次	比上年增长(%)	位次
全国	**102 397.90**		**8.0**		**14 883.25**		**2.9**	
北京	3 130.02	15	10.2	15	95.50	26	5.0	10
天津	2 022.60	21	12.5	1	83.85	28	6.1	7
河北	6 076.64	6	9.6	20	950.16	6	4.6	14
山西	2 001.75	22	10.8	8	195.00	25	12.0	1
内蒙古	1 724.84	24	11.6	4	371.98	18	4.8	12
辽宁	**5 458.22**	**7**	**10.2**	**15**	**588.00**	**13**	**8.0**	**4**
吉林	2 242.96	18	9.5	21	456.10	16	6.3	6
黑龙江	3 901.50	13	10.3	13	447.00	17	8.1	3
上海	5 408.76	8	10.9	7	88.24	27	3.0	25
江苏	10 636.32	2	11.6	4	1 122.56	3	3.5	22
浙江	7 670.00	4	12.3	3	680.00	10	3.3	23
安徽	3 569.00	14	8.9	28	773.09	8	3.9	20
福建	4 681.97	11	10.5	11	663.00	11	2.7	26
江西	2 450.00	16	10.5	11	536.00	14	4.4	17
山东	10 550.00	3	11.6	4	1 390.00	1	2.5	28
河南	6 163.15	5	9.5	21	1 282.00	2	4.5	15
湖北	4 975.63	9	9.1	25	707.00	9	2.0	30
湖南	4 340.94	12	9.0	27	847.29	7	2.6	27
广东	11 674.40	1	10.8	8	1 023.87	5	3.2	24
广西	2 434.75	17	10.2	15	591.42	12	7.0	5
海南	602.69	28	9.2	24	229.23	23	9.2	2
重庆	1 971.10	23	10.3	13	315.78	19	4.1	19
四川	4 875.12	10	10.6	10	1 027.62	4	4.8	12
贵州	1 180.02	26	9.1	25	280.52	22	2.2	29
云南	2 231.88	19	8.1	29	469.94	15	3.7	21
西藏								
陕西	2 035.96	20	9.7	19	303.79	21	4.2	18
甘肃	1 161.00	27	9.4	23	214.00	24	5.8	9
青海	341.03	29	12.4	2	44.89	30	4.5	15
宁夏	329.70	30	10.2	15	52.80	29	6.0	8
新疆	1 598.28	25	8.1	30	305.00	20	5.0	10

注:1.国内生产总值、工业总产值、农业总产值绝对值按现价计算,速度按不变价计算。

2.工业总产值统计范围是全部国有及限额以上非国有工业企业。

3.本部分数据为各地(含我省)快报数,与年报略有出入。

附录1续表1

地　　区	第二产业增加值 绝对值（亿元）	位次	比上年增长（%）	位次	第三产业增加值 绝对值（亿元）	位次	比上年增长（%）	位次
全　　国	**52 981.87**		**9.9**		**34 532.78**		**7.3**	
北　　京	1 114.44	15	8.8	29	1 920.08	9	11.4	4
天　　津	978.75	17	14.3	5	960.00	18	11.2	5
河　　北	3 033.92	5	10.6	24	2 092.56	7	10.5	11
山　　西	1 050.80	16	11.9	16	755.95	23	8.9	27
内 蒙 古	729.86	24	16.5	2	623.00	24	11.8	3
辽　　宁	**2 611.78**	**7**	**9.9**	**27**	**2 258.44**	**6**	**11.1**	**6**
吉　　林	964.55	18	10.5	25	822.31	20	10.1	15
黑 龙 江	2 188.49	10	10.7	23	1 266.01	14	10.2	14
上　　海	2 564.69	8	12.1	14	2 755.83	5	10.0	16
江　　苏	5 546.57	2	13.8	8	3 967.19	2	11.0	8
浙　　江	3 925.00	4	13.3	11	3 065.00	4	13.4	1
安　　徽	1 552.21	14	10.8	21	1 243.69	15	9.8	19
福　　建	2 159.94	11	14.2	7	1 859.03	11	9.4	22
江　　西	938.24	20	18.3	1	975.76	17	6.9	30
山　　东	5 309.54	3	14.8	4	3 852.52	3	10.6	10
河　　南	2 953.33	6	11.5	17	1 927.82	8	10.0	16
湖　　北	2 446.05	9	10.3	26	1 822.58	12	10.3	13
湖　　南	1 737.20	13	10.9	19	1 756.45	13	10.5	11
广　　东	5 856.89	1	12.1	14	4 793.64	1	11.1	6
广　　西	847.61	22	10.9	19	995.72	16	11.9	2
海　　南	143.55	30	11.5	17	250.67	28	8.1	29
重　　庆	826.45	23	13.8	8	828.87	19	9.2	24
四　　川	1 982.44	12	14.3	5	1 865.06	10	10.0	16
贵　　州	474.45	27	13.6	10	425.03	26	9.0	26
云　　南	955.99	19	9.8	28	805.95	22	8.8	28
西　　藏								
陕　　西	925.78	21	12.2	13	806.39	21	9.2	24
甘　　肃	530.15	26	10.8	21	416.85	27	9.6	20
青　　海	152.58	28	16.4	3	143.56	29	10.8	9
宁　　夏	150.80	29	12.5	12	126.00	30	9.4	22
新　　疆	672.10	25	8.4	30	621.18	25	9.6	20

附录1续表2

地　区	人均国内生产总值		就业人员		在岗职工平均工资		国有在岗职工平均工资	
	绝对值（元）	位次	绝对值（万人）	位次	绝对值（元）	位次	绝对值（元）	位次
全　国	**7 997**		**73 740**		**12 422**		**12 869**	
北　京	27 746	2	799	24	21 852	3	23 754	3
天　津	22 068	3	403	27	16 258	6	17 059	6
河　北	9 047	11	3 386	8	10 032	21	10 578	21
山　西	6 098	21	1 417	20	9 357	28	9 931	27
内蒙古	7 233	16	1 010	23	9 683	25	10 287	24
辽　宁	**13 000**	**8**	**1 842**	**16**	**11 659**	**11**	**12 239**	**14**
吉　林	8 322	13	1 095	22	9 990	22	10 369	23
黑龙江	10 235	10	1 626	19	9 926	23	9 921	28
上　海	40 627	1	743	25	23 959	2	24 719	2
江　苏	14 397	6	3 506	5	13 509	8	15 030	8
浙　江	16 570	4	2 835	9	18 785	4	22 808	4
安　徽	5 817	24	3 404	7	9 296	29	9 961	26
福　建	13 510	7	1 711	17	13 306	9	15 026	9
江　西	5 827	23	1 955	14	9 262	30	9 607	30
山　东	11 643	9	4 752	2	11 374	14	12 778	10
河　南	6 431	18	5 522	1	9 174	31	9 864	29
湖　北	8 319	14	2 467	11	9 611	26	10 403	22
湖　南	6 565	17	3 469	6	10 967	17	11 378	18
广　东	14 908	5	3 967	4	17 814	5	19 696	5
广　西	5 062	29	2 571	10	10 774	19	11 086	19
海　南	8 054	15	342	28	9 480	27	9 368	31
重　庆	6 353	20	1 640	18	10 960	18	11 745	16
四　川	5 766	26	4 409	3	11 183	15	12 388	12
贵　州	3 140	31	2 081	13	9 810	24	10 150	25
云　南	5 178	28	2 341	12	11 987	10	12 429	11
西　藏	5 983	22	129	31	24 766	1	25 675	1
陕　西	5 523	27	1 873	15	10 351	20	10 700	20
甘　肃	4 493	30	1 255	21	11 147	16	11 791	15
青　海	6 424	19	247	30	14 472	7	15 816	7
宁　夏	5 800	25	282	29	11 640	12	12 366	13
新　疆	8 365	12	701	26	11 605	13	11 435	17

附录1续表3

地区	全社会固定资产投资 绝对值（亿元）	位次	比上年增长（%）	位次	房地产开发投资额 绝对值（亿元）	位次	商品房销售额 绝对值（亿元）	位次
全国	**43 202.0**		**16.1**		**7 736.0**		**5 721.2**	
北京	1 814.3	8	18.5	7	989.4	2	813.4	1
天津	811.6	23	15.1	14	175.8	12	141.1	11
河北	2 046.7	6	5.4	30	175.0	13	72.0	19
山西	838.3	19	18.3	9	67.4	26	36.2	26
内蒙古	715.0	25	44.0	1	72.5	25	47.7	23
辽宁	**1 605.3**	**11**	**13.0**	**20**	**387.9**	**7**	**268.3**	**6**
吉林	804.9	24	18.4	8	115.7	19	69.0	20
黑龙江	1 107.9	15	11.5	24	145.8	16	124.2	12
上海	2 158.4	5	8.2	29	720.2	4	808.0	2
江苏	3 849.2	2	16.5	13	544.7	5	444.1	5
浙江	3 458.0	4	24.9	4	724.0	3	504.8	4
安徽	1 133.3	14	17.6	12	146.5	15	102.5	14
福建	1 230.8	13	8.5	28	249.0	9	222.0	9
江西	925.0	18	40.0	2	95.4	20	39.3	25
山东	3 512.0	3	25.1	3	390.5	6	240.8	7
河南	1 826.5	7	12.2	22	138.4	17	86.1	15
湖北	1 695.2	10	9.2	27	178.6	11	117.3	13
湖南	1 355.9	12	12.0	23	150.9	14	80.9	16
广东	3 943.8	1	12.5	21	1 117.4	1	731.7	3
广西	835.0	20	14.2	18	74.4	24	62.6	21
海南	225.5	30	9.3	26	19.5	29	11.8	29
重庆	995.7	16	24.2	5	245.9	10	158.2	10
四川	1 805.2	9	14.7	16	345.0	8	238.2	8
贵州	631.5	26	18.3	9	77.5	23	43.6	24
云南	818.0	21	11.3	25	95.0	21	60.3	22
西藏	105.0	31	—	—	—	—	—	—
陕西	974.4	17	14.5	17	123.6	18	73.0	17
甘肃	575.8	27	13.9	19	37.7	27	22.3	27
青海	245.0	28	21.5	6	16.9	30	7.0	30
宁夏	230.8	29	17.9	11	30.9	28	22.1	28
新疆	812.6	22	15.1	14	86.0	22	73.0	18

附录1续表4

地　区	地方财政一般预算收入				地方财政一般预算支出			
	绝对值（亿元）	位次	比上年增长（%）	位次	绝对值（亿元）	位次	比上年增长（%）	位次
全　国	**18 913.9**		**15.4**		**22 011.7**		**16.5**	
北　京	534.0	6	17.6	4	628.3	9	12.4	24
天　津	171.8	18	5.0	25	265.2	27	13.0	23
河　北	302.3	8	6.6	20	576.6	10	12.1	25
山　西	150.8	19	13.6	6	334.3	23	15.5	18
内蒙古	112.9	25	13.5	7	393.6	19	23.3	7
辽　宁	**399.7**	**7**	**7.9**	**18**	**690.9**	**7**	**8.7**	**28**
吉　林	131.5	22	8.6	15	362.6	20	11.1	27
黑龙江	231.9	13	8.6	16	531.9	12	11.2	26
上　海	709.0	2	16.3	5	862.4	2	21.8	9
江　苏	643.7	3	12.5	10	860.3	4	17.9	13
浙　江	566.9	5	13.2	8	749.9	5	25.5	4
安　徽	200.2	16	4.2	28	456.9	15	13.1	22
福　建	272.9	11	-0.5	30	397.4	18	6.5	29
江　西	140.5	21	6.5	22	341.4	22	20.3	10
山　东	610.2	4	6.5	23	860.6	3	14.2	21
河　南	296.7	9	10.8	11	629.2	8	23.7	5
湖　北	243.4	12	5.0	26	511.4	14	5.6	31
湖　南	231.1	14	12.5	9	533.0	11	23.5	6
广　东	1 201.6	1	3.5	29	1 521.1	1	15.3	19
广　西	186.7	17	4.5	27	419.6	16	19.3	11
海　南	46.2	28	5.6	24	92.3	31	16.9	15
重　庆	126.1	23	18.8	3	305.9	25	28.8	3
四　川	291.9	10	7.7	19	701.6	6	18.1	12
贵　州	108.3	26	8.6	14	315.6	24	14.7	20
云　南	206.8	15	8.1	17	526.9	13	6.1	30
西　藏	7.3	31	19.8	2	137.8	28	31.8	2
陕　西	150.3	20	10.7	12	404.9	17	15.7	17
甘　肃	76.2	27	9.1	13	274.5	26	16.6	16
青　海	21.1	30	6.5	21	118.7	29	17.2	14
宁　夏	26.5	29	-4.1	31	114.6	30	22.4	8
新　疆	116.5	24	22.5	1	361.2	21	37.2	1

附录1续表5

地区	价格指数(%)				城镇居民人均可支配收入			
	居民消费价格指数	位次	商品零售价格指数	位次	绝对值(元)	位次	比上年增长(%)	位次
全国	**99.2**		**98.7**		**7 702.8**		**12.3**	
北京	98.2	31	98.4	23	12 463.9	2	7.7	21
天津	99.6	10	97.4	30	9 337.6	5	4.2	27
河北	99.0	24	99.2	7	6 679.7	17	11.6	12
山西	98.4	30	98.6	18	6 234.4	24	15.6	5
内蒙古	100.2	4	99.4	3	6 051.0	29	9.3	17
辽宁	**98.9**	**28**	**97.4**	**30**	**6 524.5**	**19**	**12.5**	**9**
吉林	99.5	15	99.0	11	6 260.2	22	17.2	2
黑龙江	99.3	20	98.5	21	6 100.6	27	12.4	10
上海	100.5	2	98.7	16	13 249.8	1	2.8	29
江苏	99.2	21	98.4	23	8 177.6	7	10.9	13
浙江	99.1	22	98.7	16	11 715.6	3	12.0	11
安徽	99.0	25	99.2	7	6 032.4	30	6.4	25
福建	99.5	16	98.3	26	9 189.4	6	10.5	14
江西	100.1	6	100.2	1	6 335.6	20	15.1	7
山东	99.3	19	98.8	14	7 614.4	9	7.2	22
河南	100.1	5	99.2	7	6 245.4	23	18.6	1
湖北	99.6	11	98.8	14	6 788.5	16	15.9	4
湖南	99.5	14	99.2	7	6 958.6	13	2.6	31
广东	98.6	29	98.5	21	11 137.2	4	6.9	23
广西	99.1	23	98.1	27	7 315.3	10	9.7	15
海南	99.5	13	98.4	23	6 822.7	15	16.9	3
重庆	99.6	12	98.9	12	7 238.0	12	7.7	20
四川	99.7	9	99.4	3	6 610.8	18	3.9	28
贵州	99.0	26	99.3	5	5 944.1	31	9.0	18
云南	99.8	8	98.1	27	7 240.6	11	6.5	24
西藏	100.4	3	99.5	2	8 079.1	8	2.7	30
陕西	98.9	27	98.6	18	6 330.8	21	15.4	6
甘肃	100.0	7	98.9	12	6 151.4	26	14.3	8
青海	102.3	1	99.3	5	6 170.5	25	5.4	26
宁夏	99.4	18	98.6	18	6 067.4	28	9.4	16
新疆	99.4	17	97.9	29	6 899.6	14	7.9	19

附录1续表6

地区	农民人均纯收入 绝对值（元）	位次	比上年增长（%）	位次	城镇居民恩格尔系数 系数（%）	位次	农村居民恩格尔系数 系数（%）	位次
全国	**2 475.6**		**4.6**		**37.7**		**46.2**	
北京	5 398.5	2	7.4	7	33.8	28	34.1	31
天津	4 278.7	4	8.4	4	36.2	19	38.0	28
河北	2 685.2	10	3.1	31	35.4	22	38.9	27
山西	2 149.8	18	9.9	1	32.5	30	43.9	21
内蒙古	2 086.0	22	5.7	13	31.5	31	43.4	22
辽宁	**2 751.3**	**9**	**7.6**	**6**	**38.8**	**13**	**45.0**	**18**
吉林	2 301.0	16	5.4	17	36.4	18	44.1	20
黑龙江	2 405.2	13	5.5	16	35.5	21	41.6	24
上海	6 223.6	1	6.0	12	39.4	11	35.3	30
江苏	3 979.8	5	5.2	20	40.4	8	39.9	26
浙江	4 940.4	3	7.8	5	39.9	9	40.8	25
安徽	2 117.6	19	4.8	23	43.2	3	47.5	15
福建	3 538.8	7	4.7	24	43.4	2	45.9	17
江西	2 306.5	15	3.4	30	40.5	7	50.2	9
山东	2 947.7	8	5.1	21	34.4	25	42.0	23
河南	2 215.7	17	5.6	14	33.7	29	48.0	12
湖北	2 444.1	11	3.9	27	37.2	16	50.0	10
湖南	2 397.9	14	4.3	25	35.6	20	52.5	7
广东	3 911.9	6	3.8	28	38.5	14	47.6	14
广西	2 012.6	23	3.5	29	40.7	6	51.9	8
海南	2 423.2	12	8.8	3	44.6	1	59.1	2
重庆	2 097.6	21	6.4	10	38.0	15	55.8	5
四川	2 107.6	20	6.1	11	39.8	10	53.9	6
贵州	1 489.9	30	5.5	15	38.9	12	58.1	3
云南	1 608.6	27	4.9	22	41.6	4	55.9	4
西藏	1 462.3	31	4.1	26	40.8	5	63.8	1
陕西	1 596.3	28	7.1	9	34.1	26	37.8	29
甘肃	1 590.3	29	5.4	18	35.4	23	46.1	16
青海	1 668.9	26	7.2	8	36.7	17	48.0	13
宁夏	1 917.4	24	5.2	19	34.8	24	44.6	19
新疆	1 863.3	25	8.9	2	33.9	27	49.0	11

附录1续表7

地区	建筑业总产值		社会消费品零售总额		进出口总额			
	绝对值（亿元）	位次	绝对值（亿元）	位次	绝对值（亿美元）	位次	比上年增长（%）	位次
全国	**17 116.8**		**40 910.5**		**6 207.68**		**21.8**	
北京	1 055.1	5	1 744.8	11	525.09	4	2.0	28
天津	340.3	18	941.4	18	227.54	8	25.3	9
河北	606.6	9	1 968.3	9	66.66	10	16.3	15
山西	394.0	15	755.4	21	23.12	21	19.2	13
内蒙古	201.4	24	606.0	24	24.41	19	20.0	11
辽宁	**827.3**	**7**	**2 258.4**	**5**	**217.39**	**9**	**9.8**	**23**
吉林	347.9	17	1 008.1	17	37.07	15	15.6	17
黑龙江	389.5	16	1 320.0	14	43.50	12	28.5	6
上海	799.8	8	2 035.2	8	726.40	2	19.3	12
江苏	2 136.1	2	3 215.8	2	702.97	3	36.9	4
浙江	2 175.9	1	2 877.5	4	419.61	5	27.9	7
安徽	515.4	12	1 228.7	15	41.81	13	15.7	16
福建	325.8	19	1 663.3	13	284.00	7	25.5	8
江西	202.1	23	832.7	19	16.95	26	10.7	21
山东	1 118.8	3	3 181.9	3	339.35	6	17.2	14
河南	512.8	13	2 189.8	7	32.03	16	15.2	18
湖北	547.6	10	2 198.4	6	39.53	14	10.5	22
湖南	536.1	11	1 678.9	12	28.76	17	4.3	27
广东	1 061.9	4	5 013.6	1	2 211.06	1	25.3	10
广西	199.5	25	1 025.5	16	24.30	20	35.2	5
海南	33.0	30	204.4	28	18.67	24	6.9	26
重庆	465.8	14	763.1	20	17.94	25	−2.2	29
四川	962.9	6	1 850.1	10	44.69	11	44.2	2
贵州	160.3	27	416.2	27	6.91	28	7.0	25
云南	309.8	20	711.3	23	22.26	22	12.0	20
西藏	—	—	53.2	31	1.30	31	40.3	3
陕西	300.3	21	728.2	22	22.25	23	8.0	24
甘肃	167.9	26	433.5	26	8.77	27	12.7	19
青海	68.0	29	101.0	30	1.97	30	−4.0	30
宁夏	84.0	28	108.8	29	4.43	29	−16.9	31
新疆	279.25	22	442.9	25	26.92	18	52.0	1

附录1续表8

地区	出口总额				进口总额			
	绝对值（亿美元）	位次	比上年增长（%）	位次	绝对值（亿美元）	位次	比上年增长（%）	位次
全国	**3 255.65**		**22.3**		**2 952.03**		**21.2**	
北京	126.15	7	7.2	23	398.94	3	0.4	27
天津	115.73	9	22.0	12	111.82	7	28.8	8
河北	45.95	10	16.2	16	20.72	11	16.6	15
山西	16.62	18	13.3	20	6.50	25	37.5	4
内蒙古	8.07	26	28.7	4	16.34	16	16.1	16
辽宁	**123.65**	**8**	**12.4**	**21**	**93.73**	**9**	**6.6**	**24**
吉林	17.68	17	21.0	13	19.39	12	11.1	18
黑龙江	19.87	15	23.3	10	23.62	10	33.3	5
上海	320.46	3	16.0	17	405.95	2	22.0	13
江苏	384.71	2	33.3	3	318.26	4	41.6	3
浙江	294.16	4	28.0	5	125.45	6	27.7	9
安徽	24.53	12	7.5	22	17.28	15	29.6	7
福建	173.73	6	24.8	6	110.27	8	26.7	10
江西	10.52	24	1.3	28	6.42	26	30.6	6
山东	211.09	5	16.5	15	128.27	5	18.4	14
河南	21.19	13	24.4	7	10.85	18	0.7	26
湖北	20.98	14	16.8	14	18.55	13	4.2	25
湖南	17.95	16	2.4	26	10.81	19	7.5	22
广东	1 184.65	1	24.2	9	1 026.40	1	26.6	11
广西	15.07	19	22.0	11	9.23	21	64.3	2
海南	8.19	25	2.7	25	10.48	20	10.4	20
重庆	10.91	23	-1.0	29	7.03	24	-3.9	28
四川	27.11	11	71.4	2	17.58	14	15.9	17
贵州	4.42	28	4.8	24	2.50	28	11.1	19
云南	14.30	20	14.9	19	7.97	23	7.0	23
西藏	0.81	31	-1.5	30	0.49	30	367.2	1
陕西	13.77	21	24.3	8	8.48	22	-11.0	29
甘肃	5.49	27	15.4	18	3.28	27	8.6	21
青海	1.51	30	1.3	27	0.46	31	-18.2	30
宁夏	3.28	29	-6.7	31	1.15	29	-36.6	31
新疆	13.08	22	95.8	1	13.83	17	25.7	12

附录1续表9

地区	外商实际直接投资额				农林牧渔业总产值			
	绝对值（亿美元）	位次	比上年增长（%）	位次	绝对值（亿元）	位次	比上年增长（%）	位次
全国	**527.4**		**12.5**		**27 395.00**		**4.6**	
北京	17.9	9	1.2	26	235.53	26	10.0	3
天津	38.1	7	78.6	5	181.00	28	6.8	8
河北	8.2	14	22.4	14	1 729.12	5	2.9	24
山西	2.5	23	6.9	24	349.50	25	15.9	1
内蒙古	2.1	24	12.6	21	583.24	18	4.9	14
辽宁	**39.2**	**6**	**25.9**	**13**	**1 128.70**	**11**	**7.9**	**7**
吉林	3.2	20	−5.2	28	724.82	17	9.9	4
黑龙江	9.5	13	178.5	2	777.02	15	9.3	5
上海	50.3	4	17.2	17	233.76	27	2.7	27
江苏	103.7	2	50.0	8	2 015.50	3	3.0	22
浙江	31.6	8	42.9	9	1 154.49	10	4.2	18
安徽	3.8	19	12.9	20	1 304.63	8	3.7	20
福建	40.1	5	2.3	25	1 085.23	12	2.2	30
江西	10.9	11	175.4	3	825.02	14	4.4	17
山东	55.9	3	58.8	7	2 526.05	1	2.9	24
河南	4.5	17	−1.6	27	2 182.00	2	3.8	19
湖北	14.0	10	17.8	16	1 203.30	9	2.6	28
湖南	10.3	12	27.3	12	1 320.66	7	2.9	24
广东	131.1	1	9.9	22	1 767.94	4	4.7	15
广西	4.9	16	27.6	11	916.79	13	5.0	13
海南	3.0	21	−35.7	30	360.17	23	10.8	2
重庆	2.8	22	9.2	23	459.78	21	6.6	9
四川	6.6	15	13.4	19	1 561.07	6	6.4	11
贵州	0.4	28	41.4	10	431.24	22	3.0	22
云南	1.1	26	70.4	6	736.59	16	4.7	15
西藏	—	—	—	—	52.78	31	—	—
陕西	4.1	18	16.6	18	510.44	20	6.6	9
甘肃	0.5	27	−32.8	29	356.67	24	3.5	21
青海	1.4	25	283.7	1	64.80	30	2.4	29
宁夏	0.2	30	19.0	15	92.20	29	8.1	6
新疆	0.4	28	96.6	4	524.97	19	5.7	12

附录1续表10

地区	规模以上工业总产值				产品销售收入		税金总额	
	绝对值（亿元）	位次	比上年增长（%）	位次	绝对值（亿元）	位次	绝对值（亿元）	位次
全国	**110 410.81**		**18.9**		**108 186.0**		**6 104.1**	
北京	3 083.13	12	8.1	29	3 169.8	12	148.8	16
天津	3 323.12	11	22.8	6	3 346.0	11	138.2	18
河北	4 283.82	8	16.3	20	4 392.5	7	245.9	9
山西	1 689.31	18	18.8	11	1 616.6	18	130.5	19
内蒙古	994.75	25	24.3	3	972.5	24	68.0	27
辽宁	**4 904.75**	**6**	**15.3**	**23**	**4 925.3**	**6**	**280.9**	**7**
吉林	2 169.85	15	21.8	8	2 140.6	15	138.5	17
黑龙江	2 439.56	14	10.7	26	2 501.3	14	251.7	8
上海	7 740.56	5	14.7	24	7 976.6	5	435.6	5
江苏	13 868.51	2	19.5	10	13 554.2	2	575.7	2
浙江	9 909.72	4	23.8	5	9 325.7	4	448.5	4
安徽	2 089.48	17	17.0	17	2 127.4	16	162.5	14
福建	3 676.38	9	25.9	2	3 450.3	10	157.7	15
江西	1 188.60	22	16.5	19	1 114.2	23	83.8	23
山东	11 495.29	3	23.8	4	11 037.3	3	538.4	3
河南	4 303.66	7	15.6	22	4 149.5	8	245.2	10
湖北	3 676.24	10	18.3	13	3 451.3	9	225.9	11
湖南	2 131.02	16	17.3	16	1 980.4	17	194.5	12
广东	16 039.31	1	18.5	12	15 928.6	1	577.9	1
广西	1 176.00	23	18.2	14	1 152.7	22	88.1	22
海南	265.49	29	22.6	7	223.3	29	17.9	28
重庆	1 227.88	21	20.3	9	1 236.4	21	90.7	21
四川	2 723.69	13	26.0	1	2 661.9	13	188.1	13
贵州	795.24	27	16.0	21	707.7	27	76.9	24
云南	1 261.61	20	9.2	27	1 252.8	20	297.2	6
西藏	20.59	31	8.1	29	11.7	31	1.1	31
陕西	1 500.95	19	17.0	18	1 442.1	19	113.7	20
甘肃	1 035.52	24	12.8	25	914.2	25	74.9	25
青海	208.09	30	6.7	31	220.9	30	16.3	30
宁夏	299.54	28	17.6	15	296.7	28	17.7	29
新疆	889.15	26	8.5	28	906.2	26	73.5	26

附录1续表11

地区	利润总额		亏损企业亏损总额		资产合计		负债合计	
	绝对值（亿元）	位次	绝对值（亿元）	位次	绝对值（亿元）	位次	绝对值（亿元）	位次
全国	**5 620.4**		**1 072.9**		**144 791.4**		**85 008.8**	
北京	151.9	12	48.1	6	4 713.1	11	2 543.8	11
天津	177.4	10	58.0	5	4 215.9	13	2 447.8	12
河北	252.6	7	39.4	9	5 982.3	7	3 742.7	8
山西	61.1	21	18.3	23	3 721.3	15	2 369.9	14
内蒙古	37.3	23	10.8	27	2 151.1	21	1 252.1	25
辽宁	**155.1**	**11**	**72.9**	**4**	**8 789.4**	**6**	**5 151.3**	**4**
吉林	99.7	15	44.1	8	3 461.3	16	2 177.7	15
黑龙江	462.2	6	32.2	10	4 360.1	12	2 420.9	13
上海	544.6	5	110.2	2	10 100.1	4	4 966.5	5
江苏	553.8	4	77.8	3	13 522.7	2	8 133.4	2
浙江	589.2	3	26.6	16	8 857.8	5	4 901.4	6
安徽	84.4	17	18.3	24	3 445.8	17	2 070.5	18
福建	190.1	8	25.9	17	4 064.4	14	2 177.0	16
江西	21.4	25	16.4	25	2 003.4	25	1 308.3	22
山东	625.4	2	45.9	7	11 902.5	3	7 104.4	3
河南	182.1	9	27.2	15	5 949.0	8	3 769.2	7
湖北	148.4	13	31.2	11	5 249.0	9	3 269.2	9
湖南	70.8	20	27.9	13	3 317.3	18	2 099.6	17
广东	716.9	1	138.2	1	16 301.6	1	9 138.7	1
广西	35.6	24	27.9	13	2 064.9	23	1 354.7	21
海南	14.5	28	5.8	28	409.1	30	227.2	30
重庆	40.8	22	21.1	21	2 109.2	22	1 292.0	23
四川	112.7	14	25.0	19	5 187.2	10	3 221.6	10
贵州	20.6	27	15.7	26	1 726.9	27	1 076.6	27
云南	75.0	18	25.1	18	2 653.0	20	1 396.6	20
西藏	0.8	31	0.8	31	74.9	31	18.9	31
陕西	90.8	16	29.1	12	3 119.7	19	2 070.4	19
甘肃	20.9	26	20.6	22	2 037.3	24	1 286.8	24
青海	6.1	29	4.0	30	767.8	28	512.6	28
宁夏	5.4	30	5.3	29	614.2	29	356.4	29
新疆	73.0	19	23.4	20	1 919.6	26	1 150.8	26

附录1续表12

地区	总资产贡献率		资产负债率		资本保值增值率	
	绝对值(%)	位次	绝对值(%)	位次	绝对值(%)	位次
全国	**9.8**		**58.7**		**110.1**	
北京	7.5	22	54.0	27	108.9	16
天津	8.8	14	58.1	21	104.7	27
河北	10.3	7	62.6	10	107.5	21
山西	6.9	24	63.7	5	119.4	4
内蒙古	6.8	26	58.2	20	118.8	5
辽宁	**6.4**	**28**	**58.6**	**19**	**104.1**	**30**
吉林	8.2	18	62.9	9	103.6	31
黑龙江	17.9	1	55.5	25	109.1	14
上海	10.3	6	49.2	30	108.5	19
江苏	10.2	8	60.2	15	110.8	10
浙江	14.5	3	55.3	26	119.9	3
安徽	8.7	15	60.1	16	112.5	9
福建	10.6	5	53.6	28	112.9	8
江西	7.3	23	65.3	4	108.5	18
山东	12.2	4	59.7	18	114.8	7
河南	9.6	11	63.4	6	110.7	11
湖北	8.7	16	62.3	12	106.2	23
湖南	9.9	9	63.3	7	107.6	20
广东	9.6	12	56.1	23	110.2	12
广西	7.7	21	65.6	3	104.6	28
海南	9.6	10	55.5	24	123.0	2
重庆	8.1	19	61.3	14	105.9	24
四川	7.8	20	62.1	13	109.0	15
贵州	6.9	25	62.3	11	109.4	13
云南	15.7	2	52.6	29	105.7	26
西藏	5.1	30	25.2	31	106.3	22
陕西	8.6	17	66.4	2	104.5	29
甘肃	6.4	27	63.2	8	105.7	25
青海	4.7	31	66.8	1	123.6	1
宁夏	5.6	29	58.0	22	118.8	6
新疆	9.1	13	60.0	17	108.6	17

附录 1 续表 13

地区	成本费用利润率		全员劳动生产率		产品销售率	
	绝对值（%）	位次	绝对值（元/人）	位次	绝对值（%）	位次
全国	**5.6**		**54 885**		**98.0**	
北京	4.9	13	76 855	2	98.2	14
天津	5.7	12	66 887	4	99.1	5
河北	6.2	9	45 506	16	98.7	8
山西	4.0	21	25 845	31	97.5	27
内蒙古	4.0	21	34 975	25	98.2	13
辽宁	**3.3**	**25**	**45 453**	**17**	**98.2**	**12**
吉林	4.9	14	55 446	10	98.0	17
黑龙江	23.3	1	43 044	18	97.7	23
上海	7.3	4	111 222	1	99.0	6
江苏	4.3	19	59 361	9	97.6	25
浙江	6.8	8	61 739	8	97.2	29
安徽	4.2	20	40 002	20	98.4	9
福建	5.9	11	63 628	6	97.5	26
江西	2.0	30	32 542	28	98.1	15
山东	6.1	10	48 252	12	97.8	22
河南	4.7	16	33 332	27	98.3	11
湖北	4.6	17	53 599	11	98.0	18
湖南	3.9	23	37 811	22	99.8	1
广东	4.9	15	73 333	3	97.9	19
广西	3.2	26	42 566	19	97.9	20
海南	7.0	6	66 190	5	97.7	24
重庆	3.4	24	45 923	15	98.1	15
四川	4.5	18	47 883	13	99.2	4
贵州	3.1	27	35 692	23	95.8	30
云南	7.5	3	62 187	7	98.4	9
西藏	7.1	5	33 403	26	91.1	31
陕西	6.9	7	37 975	21	97.9	20
甘肃	2.4	29	26 219	30	97.3	28
青海	3.0	28	35 331	24	99.5	2
宁夏	1.8	31	31 114	29	98.9	7
新疆	9.5	2	47 171	14	99.4	3

附录2 省 辖 市

指 标 名 称	单 位	沈 阳	大 连	鞍 山	抚 顺	本 溪
行政区域土地面积	平方公里	1.30	1.26	0.93	1.09	0.85
国内生产总值	亿元	1 400.02	1 406.10	708.96	280.18	193.50
第一产业	亿元	83.54	118.50	51.54	22.51	15.80
第二产业	亿元	615.17	661.14	391.24	166.02	98.42
#工 业	亿元	545.70	597.71	349.65	151.83	88.14
建筑业	亿元	69.47	63.43	41.58	14.19	10.28
第三产业	亿元	701.31	626.46	266.19	91.65	79.27
#交通邮电仓储和邮电通信业	亿元	129.97	101.79	48.58	16.87	14.09
批发和零售贸易餐饮业	亿元	231.26	178.60	77.25	30.58	19.47
人均国内生产总值	元	20 316	25 276	20 609	12 362	12 362
国内生产总值指数	上年=100	113.1	114.1	111.0	110.5	110.5
第一产业	上年=100	108.0	106.2	106.4	108.8	107.1
第二产业	上年=100	114.6	115.1	110.4	109.8	111.1
#工 业	上年=100	114.5	114.8	110.3	109.8	113.1
建筑业	上年=100	114.9	117.5	111.4	109.9	96.0
第三产业	上年=100	112.5	114.8	112.9	112.1	110.5
#交通邮电仓储和邮电通信业	上年=100	113.1	113.0	112.9	112.9	109.9
批发和零售贸易餐饮业	上年=100	111.7	112.0	113.1	113.4	109.7
人均国内生产总值指数	上年=100	112.8	113.5	111.0	110.7	110.7
年末总人口	万人	688.92	557.93	344.70	226.12	156.57
男性	万人	347.39	281.94	175.60	114.20	79.19
女性	万人	341.53	275.99	169.10	111.92	77.38
出生人口	人	45 609	39 954	26 114	13 395	10 493
死亡人口	人	39 785	25 280	21 270	12 725	8 283
年末总户数	万户	223.98	188.91	107.90	75.90	51.86
城镇就业人员	万人	211.16	172.04	97.91	79.29	50.70
城镇国有经济	万人	78.79	46.35	44.00	26.59	24.86
城镇集体经济	万人	26.28	7.41	22.07	19.59	9.96
城镇其他单位合计	万人	35.63	37.80	5.03	12.12	5.40
内资	万人	27.40	20.55	4.12	11.05	3.97
港澳台投资经济	万人	2.86	2.44	0.56	0.39	1.23
外商投资经济	万人	5.37	14.81	0.35	0.68	0.20
城镇私营经济	万人	25.36	46.65	11.63	8.24	3.92
城镇个体	万人	45.11	33.83	15.19	12.75	6.55
在岗职工人数	万人	99.43	76.65	45.79	31.52	25.84
国有经济	万人	59.07	39.27	33.47	17.32	18.95
城镇集体经济	万人	12.20	4.87	8.66	5.20	3.01
其他单位合计	万人	28.16	32.52	3.66	8.99	3.88
城镇登记失业人员数	万人	13.91	8.80	6.08	3.89	4.44
在岗职工工资总额	亿元	136.56	119.89	51.76	35.40	28.88
国有经济	亿元	89.01	66.06	43.04	21.38	23.56
城镇集体经济	亿元	9.35	5.14	5.56	3.16	2.00
其他单位合计	亿元	38.19	48.70	3.17	10.86	3.33
在岗职工平均工资	元	13 166	15 440	10 933	10 781	10 845
全社会固定资产投资	亿元	402.46	367.95	149.17	65.25	52.97
基本建设	亿元	155.02	118.17	22.89	17.23	10.48

基　本　情　况(地区数)

丹 东	锦 州	营 口	阜 新	辽 阳	盘 锦	铁 岭	朝 阳	葫芦岛
1.50	1.03	0.54	1.04	0.48	0.41	1.30	1.97	1.05
202.65	242.87	217.63	85.21	201.95	302.01	151.81	102.62	206.08
37.78	64.20	29.90	15.05	24.22	35.10	46.68	29.93	30.88
74.64	85.81	108.02	33.97	94.43	207.54	52.30	32.88	97.07
65.03	73.04	95.04	24.16	83.55	191.02	42.30	28.12	88.11
9.61	12.77	12.98	9.81	10.87	16.52	10.00	4.76	8.97
90.23	92.86	79.71	36.19	83.30	59.37	52.84	39.81	78.12
17.07	26.17	22.50	9.50	9.53	11.31	12.68	8.32	19.25
32.32	26.36	17.36	9.02	29.81	15.96	11.71	9.39	23.42
8 403	7 907	9 549	4 420	11 099	24 468	5 076	3 066	7 633
109.5	112.0	112.5	120.4	112.0	107.0	110.0	111.6	112.0
106.0	113.4	108.0	143.3	106.0	107.7	113.3	118.4	103.9
110.9	109.2	114.4	120.6	114.9	105.8	108.8	113.8	115.4
111.3	108.5	114.1	114.0	121.6	105.8	109.2	115.8	116.2
108.6	113.8	117.1	140.8	78.2	106.0	107.0	102.8	107.9
109.7	113.7	111.7	113.2	110.6	111.8	108.5	105.5	111.3
110.1	113.5	111.2	116.2	107.5	113.3	113.4	105.0	113.1
112.5	110.8	112.2	104.3	111.0	110.8	104.3	110.8	110.3
109.4	111.9	111.9	120.1	111.8	106.2	109.9	111.3	111.6
241.30	307.15	228.45	192.96	182.07	123.92	299.33	335.16	270.86
122.06	155.65	116.78	97.32	93.10	63.26	153.17	172.61	139.38
119.23	151.49	111.67	95.64	88.97	60.66	146.16	162.55	131.49
20 140	24 285	16 544	16 189	12 875	11 045	22 523	31 276	22 454
14 776	18 753	12 088	10 903	8 831	5 037	15 409	17 749	12 982
75.03	99.41	74.31	60.60	62.25	41.86	94.21	102.36	85.85
49.75	65.38	38.62	37.72	37.02	47.83	48.73	37.97	35.67
17.36	26.61	16.28	16.20	13.50	36.07	19.81	17.14	17.41
5.31	8.31	3.62	6.71	4.71	1.56	8.40	4.06	6.29
7.04	5.89	5.84	2.53	5.08	3.01	7.91	6.30	5.68
5.95	4.92	3.88	2.43	4.64	2.75	6.92	6.00	5.28
0.08	0.54	0.51	0.02	0.11	0.07	0.92	0.22	0.25
1.02	0.42	1.46	0.08	0.34	0.19	0.07	0.08	0.14
5.98	5.31	4.63	2.75	4.29	2.99	2.69	4.26	2.08
14.06	19.26	8.24	9.53	9.43	4.20	9.91	6.21	4.21
20.11	26.77	17.48	17.36	16.96	37.00	24.03	21.49	22.71
13.18	18.30	11.34	12.91	10.70	33.05	14.16	14.63	13.81
2.01	3.82	1.51	2.54	2.16	1.15	3.20	1.74	4.05
4.92	4.65	4.62	1.91	4.10	2.79	6.66	5.13	4.84
9.68	4.55	2.36	3.60	2.58	1.01	4.70	7.62	2.24
21.00	28.38	17.77	15.96	19.90	34.54	22.64	19.44	22.61
15.13	20.22	12.85	12.48	12.97	30.42	12.30	13.25	13.41
1.37	2.68	0.96	2.05	1.79	1.03	1.89	1.25	2.76
4.49	5.48	3.97	1.42	5.14	3.09	8.46	4.95	6.45
9 920	10 338	9 784	8 521	11 075	9 301	9 177	8 672	9 809
55.12	61.47	73.80	41.25	44.27	112.16	43.66	38.67	57.01
15.21	22.41	24.17	16.66	10.14	43.46	9.49	14.23	19.27

附录2续表1

指标名称	单位	沈阳	大连	鞍山	抚顺	本溪
更新改造	亿元	95.14	51.82	46.60	28.65	24.29
房地产开发	亿元	116.08	125.20	21.60	9.84	11.58
其他	亿元	36.22	72.76	58.07	9.55	6.63
国有经济固定资产投资	亿元	166.74	119.76	67.25	33.47	37.55
国有经济投资新增固定资产	亿元	110.41	68.06	40.06	22.38	46.36
商品房屋销售额	亿元	56.41	119.35	15.40	7.77	8.18
商品房屋销售面积	万平方米	206.07	419.86	83.70	49.00	44.18
地方财政收入	亿元	88.99	98.76	29.33	14.61	13.18
#增殖税	亿元	13.88	19.01	2.81	2.44	2.62
营业税	亿元	26.76	33.31	6.30	3.00	2.21
企业所得税	亿元	11.99	11.15	4.18	1.25	1.34
地方财政支出	亿元	115.61	131.13	46.52	30.75	24.45
#基建支出	亿元	3.27	26.20	1.71	1.50	1.97
科技三项费	亿元	2.23	5.31	0.74	0.16	0.23
文教科卫事业费	亿元	22.82	17.69	7.96	5.49	5.14
农村居民人均纯收入	元	3 500.45	4 140.47	3 782.27	3 113.18	3 150.00
农村居民人均生活费总支出	元	1 978.22	2 746.52	2 183.96	2 067.45	2 305.69
#食品支出	元	859.20	1 278.68	899.73	865.14	1 113.53
城镇居民人均可支配收入	元	7 050.29	8 199.54	6 851.02	5 898.45	5 828.65
城镇居民人均消费性支出	元	6 074.38	7 117.77	5 821.00	4 792.50	4 783.19
#食品支出	元	2 265.78	2 926.47	2 174.11	1 816.26	1 934.16
乡村户数	万户	78.2	92.2	51.3	24.9	15.7
乡村从业人员	万人	107.8	121.6	69.2	43.8	26.4
#农林牧渔业	万人	69.6	73.8	40.6	30.4	15.6
耕地面积	千公顷	675.6	250.4	243.0	126.8	78.0
农林牧渔业总产值	亿元	153.4	216.8	106.0	46.8	28.4
农林牧渔业总产值指数	上年=100	107.9	106.8	112.8	110.2	110.4
农业机械总动力	万千瓦	203.7	259.1	88.1	39.1	41.8
化肥使用量(折纯量)	万吨	16.1	13.0	7.1	2.3	1.2
农村用电量	万千瓦小时	238 891	219 303	184 679	28 428	13 838
有效灌溉面积	千公顷	247.3	94.9	94.7	45.4	24.8
总播种面积	千公顷	577.4	302.1	229.9	90.0	58.8
#粮食作物	千公顷	426.6	245.4	171.5	72.1	43.1
粮食产量	万吨	278.2	87.5	106.6	41.8	21.9
棉花产量	吨	952	14	—	—	—
油料产量	万吨	8.6	1.2	1.8	0.6	0.4
猪肉产量	万吨	20.4	18.4	13.5	6.5	3.4
牛肉产量	吨	26 305	14 433	41 638	28 966	13 056
羊肉产量	吨	2 810	2 251	2 774	2 789	2 586
水产品产量	吨	125 062	2 180 386	23 915	6 105	5 252
工业企业单位数	个	1 116	1 124	630	335	210
大型企业	个	90	154	29	20	11
中型企业	个	67	173	24	10	17
小型企业	个	959	797	577	305	182
工业总产值	亿元	828.33	1 250.49	525.95	363.07	241.53
内资企业	亿元	577.13	720.04	506.21	338.87	238.88

丹 东	锦 州	营 口	阜 新	辽 阳	盘 锦	铁 岭	朝 阳	葫芦岛
6.48	11.09	9.17	7.71	9.38	37.12	8.30	5.81	13.12
12.36	14.74	14.62	9.93	6.67	13.95	9.37	7.78	14.60
21.06	13.22	25.84	6.94	18.08	17.64	16.50	10.85	10.02
17.13	23.04	22.25	19.21	12.93	28.11	19.41	19.85	29.06
5.61	13.72	9.59	16.67	10.30	25.11	15.99	11.25	17.13
9.22	8.06	12.12	5.13	6.46	5.11	6.58	5.18	8.34
63.18	44.35	97.45	43.15	41.31	31.79	54.84	42.92	55.67
11.67	14.01	11.19	5.22	11.18	13.89	8.81	6.16	11.32
1.98	1.55	2.19	0.92	1.42	1.36	1.63	1.42	1.11
2.98	4.54	2.94	1.53	2.10	3.43	2.20	1.48	3.20
1.22	1.35	1.43	0.28	0.74	2.12	0.76	0.65	0.62
26.60	27.17	22.45	20.47	20.51	18.74	21.02	25.52	22.64
1.46	1.36	1.31	3.97	1.23	1.28	0.69	1.91	1.01
0.43	0.14	0.28	0.08	0.16	0.05	0.08	0.34	0.09
6.36	5.13	4.09	3.52	4.03	4.21	5.30	2.77	4.30
3 662.89	2 822.40	3 314.17	1 592.29	3 311.84	3 778.79	2 929.33	1 644.40	2 415.58
2 489.32	1 488.19	1 785.14	1 721.99	1 747.68	2 513.10	1 613.98	1 425.57	1 610.48
1 250.49	705.33	792.16	821.79	760.48	1 071.82	807.11	641.84	672.64
4 919.04	6 546.77	6 454.24	4 673.42	5 922.26	7 816.26	4 801.41	4 624.53	6 734.62
4 055.88	4 852.39	4 897.82	3 749.87	4 663.72	6 003.11	3 942.83	3 596.43	4 522.26
1 751.66	2 038.05	1 906.85	1 420.74	1 846.47	1 958.76	1 431.96	1 416.30	1 869.53
41.7	60.0	40.7	33.2	37.1	21.4	60.3	73.0	56.1
64.6	84.5	60.8	54.8	43.9	29.2	71.1	131.4	84.4
43.1	60.0	35.2	43.0	26.1	19.0	50.0	91.7	59.0
208.0	394.8	119.9	340.4	178.4	132.2	536.0	466.6	226.3
63.3	131.4	51.5	30.6	46.9	63.4	105.1	56.5	58.6
106.7	111.0	108.6	133.3	106.1	108.5	114.8	117.7	101.3
93.5	112.8	82.0	93.6	43.6	49.7	108.9	88.8	74.9
5.6	12.1	5.3	8.0	4.4	3.9	17.4	8.8	6.2
64 031	60 387	86 164	24 446	71 420	49 989	44 402	67 759	37 945
67.1	162.6	89.9	64.0	91.0	102.6	157.8	168.7	88.9
194.6	384.1	98.5	329.7	147.9	106.4	441.5	389.3	226.8
148.0	255.7	81.8	222.8	116.0	93.6	311.6	309.6	160.8
80.5	159.9	51.4	93.1	70.1	80.0	239.5	104.7	78.2
	452	60	34	3	—	—	995	473
1.4	13.9	0.2	10.5	1.3	—	8.4	2.8	5.3
6.6	27.8	4.4	11.1	5.1	3.3	17.8	5.4	11.9
17 600	45 308	6 422	14 008	12 497	1 176	101 605	13 588	22 680
1 916	12 229	1 981	5 121	1 753	129	4 892	9 253	7 199
264 789	223 354	285 420	4 016	56 012	186 234	11 005	1 318	310 316
366	322	586	207	343	187	226	200	164
16	22	21	11	13	10	10	8	13
30	9	30	16	31	9	13	14	11
320	291	535	180	299	168	203	178	140
121.18	211.44	223.42	68.97	242.13	384.05	102.26	90.83	234.38
106.99	184.62	155.06	65.70	189.03	380.48	84.13	88.27	225.52

附录2续表2

指标名称	单位	沈阳	大连	鞍山	抚顺	本溪
国有企业	亿元	180.20	146.28	277.93	47.69	17.91
集体企业	亿元	19.12	27.49	86.45	15.39	6.87
股份合作企业	亿元	14.12	13.27	24.69	1.44	0.61
联营企业	亿元	2.19	1.43	0.27	0.21	
有限责任公司	亿元	169.31	298.51	27.86	65.92	201.65
股份有限公司	亿元	140.03	185.17	25.82	192.32	1.80
私营企业	亿元	52.15	47.89	62.90	15.89	10.04
其他内资企业	亿元	—	—	0.28	—	—
港澳台商投资企业	亿元	76.94	45.66	9.54	11.54	1.18
外商投资企业	亿元	174.26	484.79	10.20	12.66	1.48
工业总产值指数	上年=100	110.2	116.0	102.5	110.6	114.9
工业企业增加值	亿元	220.70	318.97	161.56	92.39	64.80
工业企业资产总计	亿元	1 791.58	1 691.64	1 003.29	568.68	503.49
工业企业负债合计	亿元	1 157.41	952.84	497.04	318.16	310.83
工业企业产品销售收入	亿元	830.20	1 236.73	501.86	366.18	279.14
工业企业利润总额	亿元	17.61	44.39	19.61	0.80	6.24
建筑企业单位数	个	595	597	264	113	109
建筑业企业从业人员	万人	15.6	22.8	11.9	5.8	5.3
建筑业总产值	亿元	204.0	206.3	62.7	34.3	30.8
房屋建筑施工面积	万平方米	1 973.9	1 971.7	456.2	215.7	228.4
房屋建筑竣工面积	万平方米	865.1	1 081.7	236.7	139.8	140.3
#住宅	万平方米	629.3	642.9	130.2	101.4	105.3
公路里程	公里	5 279	4 589	3 466	3 210	2 486
#等级公路	公里	5 279	4 589	3 456	3 187	2 439
民用汽车拥有量	辆	237 170	199 584	74 352	47 291	38 420
社会消费品零售总额	亿元	695.2	591.9	156.0	135.9	63.2
贸易业	亿元	515.7	430.5	105.5	98.1	52.9
餐饮业	亿元	85.9	83.6	27.2	15.5	5.6
制造业	亿元	32.0	4.4	8.9	4.9	0.3
其它	亿元	61.6	73.4	14.4	17.6	4.4
批发零售贸易业法人企业个数	个	443	292	86	48	24
#零售贸易业	个	171	111	36	24	18
批发零售贸易业从业人员	人	62 946	40 097	13 681	9 064	7 078
#零售贸易业	人	35 257	21 874	6 992	6 510	5 441
批发零售贸易业购进总额	亿元	1 078.7	374.7	154.5	39.9	18.9
批发零售贸易业销售总额	亿元	1 142.4	416.9	172.7	47.7	22.3
批发	亿元	988.7	299.9	162.9	27.2	13.3
零售	亿元	153.7	117.0	9.8	20.5	9.0
批发零售贸易业库存总额	亿元	65.7	28.0	15.1	4.1	2.1
外商直接投资	万美元	140 880	160 309	16 422	5 815	2 084
入境国际旅游者人数	万人次	23.8	49.1	4.6	0.7	2.0
#外国人	万人次	19.5	41.9	4.1	0.7	1.4
国际旅游外汇收入	万美元	13 702	33 000	3 189	332	515
国内旅游人数	万人次	2 115	1 401	528	136	326
国内旅游总收入	万元	1 331 626	1 082 844	358 735	74 799	168 222

丹 东	锦 州	营 口	阜 新	辽 阳	盘 锦	铁 岭	朝 阳	葫芦岛
24.47	12.14	25.02	47.15	19.32	100.17	20.39	13.12	40.03
12.48	9.73	28.75	4.13	24.08	4.06	2.97	3.04	13.79
4.37	3.64	1.55	2.28	5.55	7.25	0.57	1.33	2.26
	0.21	0.24	—	2.30	—	—	0.08	0.36
29.83	35.49	41.38	5.35	10.31	40.25	41.26	57.58	77.23
15.67	103.95	9.44	3.31	81.74	215.91	3.45	5.48	83.05
19.89	19.45	47.50	3.49	45.73	12.84	15.48	7.63	8.68
0.28	—	1.19	—	—	—	—	—	0.12
3.49	17.46	14.06	0.26	47.16	2.48	16.92	1.18	4.13
10.70	9.37	54.29	3.01	5.93	1.09	1.21	1.37	4.73
114.6	116.6	118.9	117.5	121.8	117.3	116.4	120.6	106.9
28.95	46.55	56.13	25.79	53.99	183.67	37.58	25.07	48.35
229.30	238.76	280.83	167.99	343.02	574.46	217.17	160.90	508.62
142.73	166.30	156.82	126.02	196.54	274.31	130.91	114.89	367.84
118.96	197.53	203.62	45.51	237.32	373.61	88.93	90.05	210.34
1.12	−1.50	6.49	0.06	2.07	51.25	2.78	0.27	−0.57
112	110	92	76	96	88	50	69	90
3.9	6.0	2.9	2.7	4.8	3.6	3.3	3.1	3.5
31.1	41.6	25.6	20.5	62.1	48.4	21.9	21.9	28.2
287.9	403.5	289.5	264.9	201.9	143.9	198.8	254.3	344.5
195.2	249.4	190.6	164.1	126.2	106.4	137.9	184.3	219.3
106.2	201.1	120.6	119.4	83.1	88.6	84.3	126.9	166.6
4 062	3 418	1 673	3 112	1 809	1 676	4 705	5 530	3 036
4 049	3 418	1 673	3 104	1 730	1 676	4 687	5 471	3 011
39 368	52 087	43 780	11 818	43 615	33 657	35 014	5 395	30 728
85.4	108.7	71.1	47.6	62.7	56.6	68.1	44.4	71.6
66.1	78.2	51.4	40.1	51.0	38.8	46.6	33.0	59.2
12.9	14.3	12.8	4.4	10.6	8.5	11.0	6.2	6.7
0.4	3.9	0.2	0.4	—	1.5	1.7	2.1	0.4
6.0	12.3	6.7	2.7	1.1	8.0	8.6	3.1	5.1
16	63	40	17	14	18	20	19	13
7	20	27	7	5	11	8	8	5
3 396	13 395	6 863	5 392	2 542	6 412	6 561	3 474	4 470
1 925	6 931	5 424	3 134	1 439	5 725	1 363	2 428	3 386
12.5	36.9	19.4	9.2	9.2	18.6	16.1	11.1	21.9
13.5	50.6	21.3	10.4	10.8	20.8	19.4	12.3	19.4
9.2	37.2	11.7	5.7	9.7	11.6	15.4	8.3	12.8
4.3	13.4	9.6	4.7	1.1	9.2	4.0	4.0	6.6
1.7	11.1	2.5	2.7	2.6	3.0	3.1	2.6	1.2
7 553	11 911	21 530	1 702	5 233	5 592	6 587	2 483	3 460
7.5	1.6	1.2	0.2	0.4	0.3	0.1	0.1	1.3
7.5	1.0	1.1	0.1	0.4	0.3	0.1	0.1	1.2
2 629	510	326	60	158	137	54	38	371
388	290	239	80	139	139	111	111	302
243 039	165 705	123 674	32 838	74 339	78 685	40 282	68 685	132 590

指标名称	单位	沈阳	大连	鞍山	抚顺	本溪
星级饭店数	个	105	116	21	19	18
金融机构存款	亿元	2 282.78	1 841.49	533.22	333.40	237.52
#企业存款	亿元	715.37	683.57	100.12	55.63	38.40
储蓄存款余额	亿元	1 211.60	954.78	403.05	254.96	178.16
定期	亿元	851.30	715.92	295.11	192.68	135.69
活期	亿元	360.31	238.86	107.95	62.29	42.47
金融机构贷款	亿元	2 123.68	1 498.98	424.39	198.45	172.20
#工业贷款	亿元	357.52	298.99	132.45	73.33	56.40
商业贷款	亿元	325.90	208.68	71.45	25.78	15.40
农业贷款	亿元	109.25	41.31	30.00	10.66	6.29
幼儿园数	所	529	1 720	722	313	307
入园儿童数	万人	4.44	4.91	4.00	2.01	1.96
学龄儿童入学率	%	99.78	98.89	95.70	99.79	100.00
小学学校数	所	1 366	1 239	938	587	391
小学专任教师数	人	27 435	20 743	14 223	9 070	6 741
小学在校学生数	万人	45.78	40.14	24.18	14.26	10.86
小学招生数	万人	6.54	5.90	4.01	2.18	1.53
小学毕业生数	万人	9.21	8.58	4.79	3.26	2.33
普通中等学校数	所	507	363	198	190	115
#普通中学	所	365	282	172	160	99
普通中等学校专任教师数	人	31 196	22 480	12 707	8 884	6 958
#普通中学	人	24 689	19 688	11 775	7 823	5 901
普通中等学校在校学生数	万人	49.23	41.14	21.57	14.44	11.31
#普通中学	万人	39.29	35.72	19.94	12.77	9.76
普通中等学校招生数	万人	16.70	13.81	6.67	4.96	3.86
#普通中学	万人	13.07	11.91	6.12	4.22	3.17
普通中等学校毕业生数	万人	14.60	10.99	5.60	4.32	3.63
#普通中学	万人	11.80	9.19	5.01	3.76	3.21
普通高等学校数	所	24	18	2	3	1
普通高等学校专任教师数	人	13 538	8 924	1 599	1 307	503
普通高等学校在校学生数	万人	20.23	11.80	1.93	1.52	0.61
普通高等学校招生数	万人	6.69	3.79	0.56	0.58	0.27
普通高等学校毕业生数	万人	3.32	1.74	0.24	0.26	0.26
公共图书馆	个	20	12	9	8	8
公共图书馆藏书量	万册	766.60	417.20	173.50	98.00	86.90
广播覆盖率	%	100.00	97.47	97.06	98.70	98.84
电视覆盖率	%	99.40	97.95	96.03	98.40	97.80
卫生机构数	个	688	413	203	202	119
医院、卫生院	个	331	237	137	122	81
卫生防疫站	个	16	13	10	8	8
妇幼保健站	个	17	12	7	8	7
卫生机构床位数	张	33 465	25 846	17 034	10 412	8 483
#医院、卫生院	张	31 696	23 733	14 197	9 099	7 868
卫生机构人员数	人	55 765	38 478	23 212	13 746	12 749
医院、卫生院技术人员	人	35 669	24 864	14 472	9 265	7 903

丹 东	锦 州	营 口	阜 新	辽 阳	盘 锦	铁 岭	朝 阳	葫芦岛
26	21	17	16	6	13	7	9	15
303.95	356.90	242.38	139.12	214.21	273.19	177.63	183.04	261.82
43.64	73.26	41.71	26.52	36.00	55.40	24.12	23.76	51.79
235.75	262.23	190.43	107.54	167.03	209.01	149.46	143.50	187.75
178.12	200.89	139.85	80.95	125.71	161.10	113.83	111.86	146.04
57.63	61.34	50.58	26.59	41.32	47.91	35.63	31.64	41.71
197.02	272.19	211.29	158.51	183.61	123.81	178.21	181.38	211.83
44.04	65.51	51.86	41.68	50.35	37.77	23.13	40.31	49.62
43.87	53.46	37.84	39.38	44.12	27.66	82.72	45.92	29.47
17.29	30.55	21.04	19.44	23.62	17.44	61.98	26.37	11.19
343	883	195	156	387	287	550	199	48
2.84	3.06	2.15	1.80	1.78	1.45	2.95	3.89	2.17
99.99	99.66	99.76	99.94	99.99	99.55	99.66	100.00	99.89
830	870	640	791	517	311	1 184	1 455	1 042
10 994	12 257	9 552	9 553	6 567	6 448	12 943	16 963	12 060
16.89	22.47	17.84	14.94	12.32	9.97	23.19	29.79	23.50
2.70	3.36	2.38	2.39	2.06	1.62	3.61	4.56	3.46
3.55	4.36	4.45	2.74	2.18	1.91	4.25	5.92	4.71
166	200	127	142	110	94	194	257	176
136	166	108	120	98	81	169	241	165
9 044	10 645	8 240	7 683	6 567	5 505	10 561	13 528	8 774
7 933	9 697	7 204	6 634	5 989	5 018	9 349	12 317	8 215
15.25	17.65	17.01	11.71	10.55	8.31	15.66	21.70	15.95
13.65	15.84	15.44	10.25	9.42	7.82	14.61	20.46	15.19
5.17	6.14	6.21	3.91	3.53	2.74	5.72	8.01	5.82
4.59	5.49	5.59	3.38	3.06	2.56	5.11	7.47	5.51
4.17	5.30	4.43	3.33	3.45	2.19	4.38	5.46	4.36
3.71	4.68	4.04	2.79	3.14	2.05	4.08	5.12	4.07
3	5	2	2	2	1	1	1	1
1 298	2 849	527	1 466	558	246	264	398	342
1.60	3.65	0.61	1.93	0.47	0.10	0.15	0.25	0.20
0.60	1.28	0.23	0.65	0.16	0.04	0.06	0.09	0.10
0.35	0.47	0.20	0.21	0.08	0.04	0.06	0.08	0.02
8	8	8	8	9	5	9	9	7
107.60	106.60	77.80	44.70	73.30	31.00	47.90	55.90	31.70
96.30	99.00	98.89	95.00	99.00	100.00	95.29	96.40	96.28
96.90	98.60	98.80	98.30	96.00	100.00	95.39	96.50	95.36
162	241	165	213	121	106	204	351	225
125	138	118	106	80	66	116	202	154
7	9	5	10	8	6	7	9	7
6	8	7	10	8	6	7	8	7
11 017	11 112	8 762	6 971	7 695	6 030	7 537	8 909	10 342
10 103	10 727	7 615	6 296	7 160	5 305	7 067	8 899	8 306
12 902	16 600	12 459	10 778	8 856	8 287	13 050	12 126	12 458
8 592	10 710	7 787	6 524	6 115	5 600	6 784	8 407	7 585

附录3 各市市辖区基本情况

区名称	年末总人口（万人）	当年出生人口（人）	当年死亡人口（人）	年末总户数（户）	年末单位从业人员数（人）	#第二产业	#第三产业	城镇登记失业人员数（人）
沈阳市								
和平	63.0	3 066	4 170	206 312	24 376	4 926	19 450	15 606
沈河	60.1	3 172	4 105	200 434	21 830	5 124	16 706	12 063
大东	64.5	3 303	4 724	220 315	30 743	13 361	17 382	16 000
皇姑	73.1	3 746	4 669	233 109	24 610	6 409	18 201	6 683
铁西	76.5	3 569	5 726	255 034	72 271	50 408	21 863	21 154
大连市								
中山	36.2	1 958	2 291	131 744	25 547	6 882	18 407	
西岗	32.4	1 535	2 090	119 421	20 332	6 760	13 572	26 905
沙河口	61.1	3 713	3 425	205 665	16 742	6 149	10 593	43 897
鞍山市								
铁东	48.5	2 632	2 863	146 530	46 310	2 046	44 264	17 857
铁西	29.0	1 624	2 310	99 445	6 155	634	5 521	9 463
立山	42.5	2 273	3 026	137 855	7 469	1 088	6 381	11 000
抚顺市								
新抚	29.7	1 521	1 638	98 989	67 076	1 808	65 268	19 276
东洲	28.9	1 355	1 730	107 708	10 303	4 215	6 088	3 583
望花	33.3	1 616	1 981	113 487	11 283	4 809	6 466	1 200
丹东市								
元宝	18.5	1 067	1 209	67 437	18 263	7 703	10 560	2 951
振兴	38.2	2 382	2 144	131 075	16 314	10 241	6 041	8 627
锦州市								
古塔	24.2	1 639	1 012	84 225	4 663	924	3 739	1 756
凌河	36.3	2 804	1 611	132 005	8 184	2 920	5 252	2 053
营口市								
站前	26.4	1 531	1 396	94 908	5 460	2 166	3 294	16 519
西市	16.1	939	881	65 929	15 318	8 731	6 587	3 550
阜新市								
海州	28.2	1 945	1 650	95 616	6 309	2 466	3 843	4 604
新邱	9.4	575	761	36 141	5 067	618	4 449	18 970
太平	17.5	1 176	1 109	62 654	5 317	2 166	3 151	25 000
辽阳市								
白塔	21.6	1 484	997	77 562	33 775	11 559	20 756	
文圣	17.3	1 182	994	68 078	16 411	7 668	8 403	6 980
宏伟	11.1	816	384	39 006	12 811	5 176	5 635	410

附录3续表1

区名称	行政区域土地面积(平方公里)	国内生产总值(万元)	第一产业增加值	农业	林业	牧业	渔业
沈阳市							
和平	21.0	455 718	1 730	1 417		313	
沈河	18.0	441 000					
大东	49.0	331 947					
皇姑	37.0	139 897					
铁西	39.0	459 000					
大连市							
中山	43.9	241 002	6 589				6 589
西岗	26.1	224 806					
沙河口	49.8	191 530					
鞍山市							
铁东	35.6	100 880	120	120			
铁西	15.4	96 658					
立山	59.3	98 000	3 298	1 124		2 164	10
抚顺市							
新抚	30.4	100 500	347	300		28	19
东洲	216.0	53 750	6 300	3 618	8	2 622	52
望花	112.0	80 809	6 704	1 842	292	4 562	8
丹东市							
元宝	81.0	44 652	3 388	1 208	642	1 500	38
振兴	79.9	82 757	7 200	2 004	227	595	4 374
锦州市							
古塔	26.0	77 121	308	261		47	
凌河	30.0	79 400	1 250	902		348	
营口市							
站前	63.9	56 661					
西市	22.0	39 400					
阜新市							
海州	70.9	42 018	1 117	591	41	474	11
新邱	141.7	14 892	2 703	1 491	84	1 128	
太平	87.6	21 123	1 831	764	105	962	
辽阳市							
白塔	24.0	64 630	1 100	848		251	1
文圣	42.0	62 200	624	624			
宏伟	70.4	168 223	5 623	3 445	20	2 124	34

区名称	国内生产总值(万元) 第二产业增加值	#工业	第三产业增加值	地方财政预算内收入(万元)	各项税收(万元)	财政支出(万元)	#科学事业费支出	#教育事业费支出
沈阳市								
和平	26 714	23 203	427 274	63 169	61 365	65 106	36	16 062
沈河	50 104	44 814	390 896	47 112	40 737	49 281	23	14 800
大东	111 817	105 010	220 130	37 726	37 592	45 210	950	12 247
皇姑	43 783	36 221	96 114	30 761	28 108	38 009	22	10 860
铁西	229 000	227 592	230 000	35 765	33 357	44 595	15	12 707
大连市								
中山	43 792	26 254	190 621	43 916	43 106	46 846	84	5 698
西岗	78 764	59 043	146 042	36 464	35 346	44 254		4 199
沙河口	57 350	49 294	134 180	35 678	34 228	45 796	24	6 523
鞍山市								
铁东	23 601	18 041	77 159	17 160	14 319	28 608	492	5 562
铁西	51 904	49 426	44 754	10 078	9 148	17 169	1	3 100
立山	40 860	40 618	53 842	11 248	9 850	19 599	13	4 568
抚顺市								
新抚	15 000	13 617	85 153	11 401	9 111	19 100	59	3 320
东洲	25 600	24 800	21 850	5 621	4 839	14 581	6	2 382
望花	37 737	35 655	36 368	6 744	5 313	11 517	2	2 948
丹东市								
元宝	12 113	10 243	29 151	4 241	3 747	5 304	11	1 945
振兴	21 240	19 000	54 317	11 858	17 156	9 506	3	3 304
锦州市								
古塔	18 418	17 172	58 395	9 374	8 505	13 361	44	1 714
凌河	21 672	17 472	56 478	12 610	17 579	16 717		1 788
营口市								
站前	25 116	23 030	31 545	5 580	8 324	7 640	1	1 245
西市	22 700	22 085	16 700	4 331	7 014	7 049		1 207
阜新市								
海州	12 142	6 840	28 759	4 111	3 734	8 197	4	2 039
新邱	6 998	6 458	5 191	1 378	809	3 598		788
太平	7 316	5 847	11 976	3 381	2 804	6 774	3	2 059
辽阳市								
白塔	40 030	35 300	23 500	7 241	6 638	7 069	5	1 374
文圣	24 550	23 514	37 026	5 323	4 817	5 853	1	1 194
宏伟	103 138	97 419	59 462	6 888	5 766	18 995	2	3 550

附录3续表3

区名称	规模以上工业企业数（个）	规模以上工业总产值（现价、万元）	内资企业	港、澳、台商投资企业	外商投资企业	工业从业人员年平均数（人）	流动资产年平均余额（万元）	固定资产净值年平均余额（万元）
沈阳市								
和平	29	47 700	31 918	7 126	8 656	3 753	69 827	28 327
沈河	17	27 132	25 686	1 446		2 270	28 851	12 465
大东	41	162 456	47 359	42 181	72 916	8 468	163 309	86 211
皇姑	19	41 554	28 744		12 810	1 910	27 077	13 544
铁西	118	670 574	602 303	21 883	46 388	66 133	1 325 113	814 743
大连市								
中山	35	43 333	4 286	12 555	26 492	2 064	28 794	10 594
西岗	32	101 933	13 643	609	87 681	2 978	134 860	56 582
沙河口	30	45 407	12 747	6 826	25 834	2 765	26 011	12 800
鞍山市								
铁东	3	7 352	6 256	1 096		579	6 113	4 740
铁西	19	18 706	13 260	4 936	510	1 229	8 136	6 157
立山	14	25 350	23 932	1 418		1 872	33 581	21 316
抚顺市								
新抚	5	15 275	11 254		4 021	952	12 493	3 007
东洲	11	15 446	13 791		1 655	2 879	13 843	1 570
望花	19	29 981	29 981			5 953	18 702	9 950
丹东市								
元宝	16	30 085	24 081	3 359	2 645	3 158	21 642	14 008
振兴	33	58 993	49 065.4		9 927.6	7 792	57 253.2	27 065.2
锦州市								
古塔	9	15 943	15 943			991	16 181	5 066
凌河	16	23 055	20 718	1 068	1 269	1 122	7 488	1 968
营口市								
站前	33	84 244	62 344	7 018	14 882	3 390	21 510	15 151
西市	28	63 308	43 171	15 541	4 596	2 633	39 719	20 285
阜新市								
海州	10	8 807	8 807			1 152	8 892	4 275
新邱	5	29 907.2	29 907.2			1 880	7 353	7 339
太平	12	9 090.3	9 090.3			1 219	4 836.8	4 152.2
辽阳市								
白塔	10	168 400	168 400			2 111	44 700	28 233
文圣	7	16 122	16 122			821	7 494	3 867
宏伟	32	367 710	70 474	288 844	8 392	11 766	257 959	462 004

附录3续表4

区名称	产品销售收入（万元）	#产品销售税金及附加	本年应交增值税（万元）	利润总额（万元）	规模以下工业企业数（个）	工业总产值（现价、万元）	限额以上批发零售贸易业商品销售总额（万元）	出口总额（万美元）
沈阳市								
和平	47 879	412	2 402	3 182	374	45 079	38 215	654
沈河	25 743	560	840	−585	246	221 232	138 000	594
大东	164 252	1 437	6 061	9 297	1 023	679 227	97 824	3 457
皇姑	40 982	77	510	−909	360	84 802	51 167	227
铁西	590 886	2 721	23 646	−28 022	464	208 019	54 113	1 184
大连市								
中山	42 014	14	1 129	973	1 137	45 374	33 160	6 150
西岗	151 046	96	3 141	1 533	986	120 279	18 630	4 155
沙河口	46 503	58	1 166	3 112	1 752	168 915	25 616	7 776
鞍山市								
铁东	7 591	4	20	65	405	63 925		320
铁西	18 847	122	712	1 216	285	83 591		86
立山	25 163	147	1 393	755	410	205 413		239
抚顺市								
新抚	133 954	52	483	−953	346	54 353	2 765	87
东洲	14 760	35	280	−684	1 341	123 600		357
望花	27 506	152	939	−447	833	191 368		466
丹东市								
元宝	27 652	198	1 643	263	305	21 126		1 573
振兴	57 357.5	163.2	2 857.9	−1 294.9	501	145 916.6	9 353	4 839
锦州市								
古塔	14 947	296	544	994	936	135 675	6 500	202
凌河	21 916	107	1 103	380	1 234	48 555	18 345	207
营口市								
站前	65 183	130	1 254	1 822	419	114 717	3 678	1 700
西市	45 108	150	1 335	2 218	118	20 080	14 179	930
阜新市								
海州	7 995	105	721	101	604	23 083		83
新邱	25 358	255	558	194	205	13 220.2		
太平	5 231.3	42	239.1	134.7	391	22 187.5		30.5
辽阳市								
白塔	164 258	78	4 732	827	784	70 488	3 077	70
文圣	14 046	47	225	622	128	104 369	5 973	580
宏伟	377 623	579	6 065	29 689	278	37 183	535	1 386

附录3续表5

区 名 称	当年合同外资金额（万美元）	当年实际使用外资金额（万美元）	旅游总收入（万元）	旅游人数（人）	基本建设投资完成额（万元）	#地方项目	基本建设新增固定资产（万元）
沈阳市							
和平	15 000	8 365	133 000	890 000	13 431	12 831	1 990
沈河	8 618	6 015	1 466	2 090 000	16 833	13 292	16 833
大东	10 417	6 108			57 490	57 490	50 185
皇姑	4 268.9	9 200	16 439	167 469	21 626	21 626	5 050
铁西	24 000	6 464	22	225	21 495	21 495	922
大连市							
中山	8 600	5 600			144 011	144 011	
西岗	7 437	4 785			34 023	34 023	31 570
沙河口	7 365	4 820			106 862	106 862	100 000
鞍山市							
铁东	4 580	751			1 930	1 930	1 630
铁西	1 594	709					
立山	2 485	703			244	162	244
抚顺市							
新抚	419	381			11 443	11 443	10 198
东洲	577	211.8			13 620	13 620	2 010
望花	700	400			14 215	14 215	14 215
丹东市							
元宝	2 277	501			9 930	9 930	11 620
振兴	3 481.4	1 019			660	660	660
锦州市							
古塔	1 097	325	22 000	2 052	400	400	400
凌河	3 592	327			1 783	1 783	1 783
营口市							
站前	2 688	850			3 305	3 305	980
西市	2 617	823			5 949	5 949	5 949
阜新市							
海州		103			2 800	2 800	554
新邱			5	2 000	16 670	16 670	4 170
太平	200	116.5			8 252	8 252	5 367
辽阳市							
白塔	1 000	300.5			1 779	1 779	1 779
文圣	1 238.5	337.5			4 600	4 600	4 600
宏伟	2 462	2 065			46 416	46 416	36 306

附录3续表6

区名称	更新改造投资完成额（万元）	其它投资完成额（万元）	普通中学数（所）	小学数（所）	普通中学专任教师数（人）	小学专任教师数（人）	普通中学在校学生数（人）
沈阳市							
和平	30 666	7 868	26	43	2 862	2 068	40 178
沈河	9 800	3 875	30	33	2 330	2 064	37 119
大东	18 492	425	33	41	2 299	1 909	36 200
皇姑	23 696	3 067	36	40	2 709	2 571	45 947
铁西	75 892	7 079	31	41	2 587	1 982	44 438
大连市							
中山			12	28	1 120	1 020	17 226
西岗	20 584	205 682	9	26	839	965	11 894
沙河口		118 900	20	33	1 490	1 596	21 854
鞍山市							
铁东	2 140	24 113	11	21	1 258	1 053	24 389
铁西	675	10 550	9	18	810	686	11 408
立山	855	2 687	15	25	1 076	973	20 832
抚顺市							
新抚	1 245		10	15	666	636	14 163
东洲	4 305		14	34	640	973	9 030
望花	624	9 796	16	39	962	1 140	15 814
丹东市							
元宝	7 180	4 990	1	1 544	120	621	1 601
振兴	6 069	26 081	4	25	147	1 859	2 992
锦州市							
古塔	1 729	17 260		18		863	
凌河	3 067	37 439		16		823	
营口市							
站前	900	4 173		15		734	
西市	402	17 249		16		674	
阜新市							
海州	2 593		10	24	734	1 169	9 571
新邱	10 500	2 000	5	21	324	608	3 332
太平	1 309	1 576	9	22	634	910	7 478
辽阳市							
白塔	2 000	20 432		17		727	
文圣	2 190	6 770		14		746	
宏伟	10 110		7	14	576	288	8 554

附录3续表7

区名称	小学在校学生数（人）	医院、卫生院数（所）	医院、卫生院床位数（床）	医院、卫生院技术人员数（人）	#医生	城镇在岗职工年平均人数（人）	城镇在岗职工工资总额（万元）
沈阳市							
和平	30 797	18	365	1 180	473	12 995	30 565
沈河	35 081	16	620	6 608	6 351	21 281	26 373
大东	31 604	26	1 000	1 395	1 000	30 997	33 577
皇姑	41 251	13	240	1 183	900	23 839	26 892
铁西	37 064	18	1 062	1 766	935	74 790	78 532
大连市							
中山	20 236	1	112	120	90	18 792	21 375
西岗	17 096	7	130	246	99	16 076	19 229
沙河口	32 709	2	300	434	192	14 076	16 781
鞍山市							
铁东	24 226	9	390	650	540	10 745	8 846
铁西	12 813	8	111	240	152	6 163	5 821
立山	19 770	2	182	146	69	9 458	7 285
抚顺市							
新抚	32 733	2	150	245	107	7 528	6 147
东洲	16 126	3	100	30	18	8 788	8 044
望花	15 980	4	355	287	121	10 679	8 072.3
丹东市							
元宝	8 001	7	170	216	100	10 242	6 830
振兴	22 641	135	3 309	4 653	1 530	24 941	11 660.4
锦州市							
古塔	13 454	2	410	150	137	5 058	5 016
凌河	15 028	2	224	284	211	8 057	6 929
营口市							
站前	13 646	7	80	149	139	5 289	4 573
西市	9 195	8	40	45	13	15 000	15 300
阜新市							
海州	15 255	1	50	68	43	6 884	5 197
新邱	6 290	21	292	324	155	4 061	2 647.2
太平	11 794	2	80	39	14	4 745	3 773.5
辽阳市							
白塔	14 528	5	60	150	90	5 410	4 689
文圣	10 314	1	120	77	44	4 111.5	
宏伟	6 250	4	769	455	221	10 669	11 935

附录3续表8

区名称	社会福利院数（个）	社会福利院床位数（床）	参加基本养老保险的职工数（人）	参加基本医疗保险的职工数（人）	交通事故件数（件）	刑事案件立案数（件）	犯罪人数（人）	民事案件发案数（件）
沈阳市								
和平	1	120	51 600	123 148	563	9 534	1 197	4 700
沈河	2	150			1 628	7 710	1 329	5 630
大东	1	170	123 380		963	858	832	6 078
皇姑	1	130	49 000		503	7 240	785	3 358
铁西	1	120	396 992		543	792	888	62
大连市								
中山	1	100			310	3 770	604	4 513
西岗	5	300						
沙河口	1	60			336			
鞍山市								
铁东			17 900	8 500	210	3 130	351	2 427
铁西			12 184	4 151	122	1 227	331	1 357
立山	6	300	12 065	5 270	174	1 457	251	1 881
抚顺市								
新抚	2	111	6 282	4 682	400	285	390	1 450
东洲	11	470	14 826	2 263		1 167	1 564	10 307
望花	4	152	17 616	4 402	125	2 689	467	2 610
丹东市								
元宝			12 000	3 700		178	246	1 137
振兴	12	650	16 314	16 314	85	287	375	2 397
锦州市								
古塔			5 663	3 583		1 400	275	1 805
凌河			3 343	2 381		320	408	1 504
营口市								
站前	6	330	4 513	5 683		178	216	1 460
西市	4	166	7 915	6 612		369	84	695
阜新市								
海州	2	45	2 836		2 792	831	1 228	847
新邱	2	82	2 961	1 722	149	266	90	234
太平			3 143		251	422	189	458
辽阳市								
白塔						177	249	747
文圣			2 780	2 290		617	172	568
宏伟	1	20	2 840	4 000	116	363	119	403

附录4 各市农业县区基本情况

县、区名称	年末总人口（万人）	当年出生人口（人）	当年死亡人口（人）	年末总户数（户）	年末单位从业人员数（人）	#第二产业	#第三产业	城镇登记失业人员数（人）
苏家屯区	41.5	2 747	2 416	139 536	28 291	11 308	16 983	5 933
东陵区	42.2	3 621	2 522	133 481	14 193	9 228	4 965	6 786
新城子区	29.3	2 269	1 922	91 936	21 117	5 450	15 600	3 336
于洪区	38.4	2 917	2 264	123 790	18 312	6 604	11 408	7 650
辽中县	52.4	5 231	1 235	178 720	18 159	6 786	10 373	4 150
康平县	34.3	2 213	787	103 772	18 293	6 339	11 854	6 949
法库县	44.4	3 339	2 089	132 863	15 106	1 468	12 761	2 085
新民市	69.2	5 938	3 156	220 468	25 045	2 003	21 461	9 985
甘井子区	56.0	4 371	3 161	191 073	13 047	2 081	10 966	2 180
旅顺口区	21.0	1 409	1 382	78 281	19 558	7 044	12 209	708
金州区	48.0	3 211	2 192	178 096	31 127	11 749	17 576	4 100
长海县	9.0	773	376	29 142	4 490	408	3 819	1 531
瓦房店市	103.0	7 662	3 609	349 542	33 603	5 105	26 281	4 400
普兰店市	83.0	6 324	4 542	270 000	24 051	2 965	20 483	10 593
庄河市	90.0	7 178	4 892	273 828	27 179	1 958	23 034	11 131
千山区	24.6	2 031	1 380	79 005	6 643	990	5 401	2 650
台安县	37.2	3 952	2 289	117 980	19 698	3 000	12 052	3 048
岫岩县	50.1	3 849	3 001	140 154	24 110	7 140	16 023	6 056
海城市	111.8	9 678	6 357	354 871	39 186	4 838	32 861	3 200
顺城区	38.9	2 074	1 867	132 766	11 622	6 371	4 587	14 041
抚顺县	22.2	1 571	1 526	70 878	11 696	3 136	7 140	1 397
新宾县	30.6	2 244	1 708	91 312	16 135	2 416	11 807	16 291
清原县	34.0	2 412	1 786	113 247	16 929	2 854	10 472	11 326
平山区	35.1	2 265	1 949	114 982	72 442	41 018	25 648	11 194
溪湖区	22.6	1 326	1 433	82 011	65 790	44 118	19 872	4 810
明山区	30.0	2 044	1 495	96 004	75 812	51 413	21 100	2 692
南芬区	8.6	662	494	31 041	30 130	19 804	10 086	1 998
本溪县	30.0	2 080	1 460	98 939	14 617	2 140	12 146	3 215
桓仁县	30.2	2 116	1 452	95 591	16 769	4 321	10 460	2 907
振安区	19.3	1 278	1 144	61 316	38 680	19 998	18 680	1 699
宽甸县	43.5	4 282	2 669	122 928	17 063	2 500	13 764	5 862
东港市	64.0	5 925	3 982	191 043	25 932	3 939	14 304	8 455
凤城市	57.8	5 206	3 628	176 510	28 903	10 325	17 528	1 210
太和区	20.8	624	316	71 350	6 808	710	5 111	2 821
黑山县	63.2	3 942	3 469	203 819	18 705	3 543	14 947	20 856
义县	44.0	3 742	3 082	126 566	15 296	1 576	12 778	9 593
凌海市	60.6	5 096	3 982	195 129	22 370	3 256	14 905	11 125
北宁市	53.3	4 532	3 634	162 748	15 152	631	13 021	12 063
鲅鱼圈区	15.0	1 303	192	50 377	21 718	14 712	7 006	633

附录4续表1

县、区名称	年末总人口（万人）	当年出生人口（人）	当年死亡人口（人）	年末总户数（户）	年末单位从业人员数（人）	#第二产业	#第三产业	城镇登记失业人员数（人）
老边区	12.7	848	402	47 648	6 361	323	5 133	3 721
盖州市	88.5	6 781	5 063	268 936	20 408	2 087	16 738	13 861
大石桥市	71.8	5 156	3 780	219 817	22 383	2 661	19 221	11 238
海州区	28.2	1 945	1 650	95 616	6 309	2 466	3 843	4 604
新邱区	9.4	575	761	36 141	5 067	618	4 449	18 970
太平区	17.5	1 176	1 109	62 654	5 317	2 166	3 151	25 000
清河门区	7.5	680	291	26 567	2 291	134	2 157	195
细河区	14.8	1 023	515	45 019	2 289	141	2 054	7 800
阜新县	73.1	6 265	4 096	211 244	26 343	12 094	11 853	7 960
彰武县	41.5	4 397	2 406	125 336	18 496	2 659	13 816	4 343
弓长岭区	9.5	644	220	31 440	25 278	19 227	6 051	1 650
太子河区	12.2	1 017	512	37 787	6 781	689	3 280	1 060
辽阳县	59.4	3 715	3 055	192 842	14 317	2 161	11 835	3 600
灯塔市	51.1	3 889	2 652	170 870	12 663	1 167	11 496	8 004
双台子区	20.0	1 857	444	63 057	7 037	2 473	3 748	1 013
兴隆台区	36.7	3 504	868	129 590	97 260	25 805	60 947	1 700
大洼县	39.2	3 211	1 698	137 680	122 246	4 551	16 434	9 753
盘山县	28.4	2 137	1 334	90 569	47 195	3 336	11 553	8 198
银州区	31.0	2 053	1 121	112 807	7 776	3 359	4 287	3 231
清河区	9.8	704	509	31 511	9 283	4 012	5 231	1 528
铁岭县	38.0	2 728	2 345	117 933	16 910	3 772	12 391	2 835
西丰县	34.3	2 985	2 246	104 302	15 438	2 032	13 406	3 690
昌图县	102.2	7 881	4 906	306 870	38 349	715	37 634	20 096
铁法市	23.7	1 681	853	76 106	19 168	10 649	8 419	1 431
开原市	57.7	4 294	3 267	183 586	25 845	6 049	19 468	5 118
双塔区	33.6	3 031	942	111 128	5 382	1 460	3 659	712
龙城区	13.8	1 548	368	46 044	3 576	381	3 134	3 137
朝阳县	62.0	5 375	3 152	171 911	26 715	8 251	17 361	7 295
建平县	57.5	5 508	3 450	181 135	25 138	4 363	19 975	16 417
喀左县	42.1	3 994	2 395	126 282	21 391	5 438	15 803	13 000
北票市	61.7	5 152	3 970	201 021	24 641	6 485	17 624	29 670
凌源市	64.0	5 473	2 776	186 013	28 866	6 805	21 469	15 727
连山区	63.0	4 797	3 083	214 858	14 215	2 260	10 993	950
龙港区	16.0	1 532	318	57 867	17 115	13 181	3 880	2 224
南票区	15.0	1 038	822	51 442	16 548	13 876	2 672	3 000
绥中县	62.0	5 125	3 236	193 461	16 762	623	15 212	16 269
建昌县	61.0	4 330	2 660	163 472	22 430	4 639	17 294	8 876
兴城市	55.0	5 632	2 863	177 435	17 410	2 170	14 509	15 710

附录4续表2

县、区名称	行政区域土地面积(平方公里)	国内生产总值(万元)	第一产业增加值	农业	林业	牧业	渔业
苏家屯区	776	839 157	85 664	39 624	1 280	42 808	1 952
东陵区	675	1 001 204	26 419	21 854	1 620	2 715	230
新城子区	849	585 635	75 757	42 202	143	30 004	3 408
于洪区	775	1 544 295	75 443	55 018	1 553	15 468	3 404
辽中县	1 645	564 550	163 550	95 940	4 121	50 718	12 771
康平县	2 175	139 035	60 623	31 183	1 263	27 633	544
法库县	2 290	262 832	107 832	60 035	11 063	36 378	356
新民市	3 353	966 056	209 486	105 681	4 264	87 318	12 223
甘井子区	492	1 280 020	68 973	8 743	15	2 108	58 107
旅顺口区	507	537 887	82 593	5 924	291	7 768	68 610
金州区	1 054	1 445 348	115 341	36 161	736	27 355	51 089
长海县	191	135 708	91 786	1 902	242	557	89 085
瓦房店市	3 794	1 080 108	210 893	83 460	599	28 282	98 552
普兰店市	2 896	998 905	204 056	101 328	5 991	53 810	42 927
庄河市	4 039	1 003 060	231 724	86 875	2 055	52 552	90 242
千山区	519	627 488	37 663	22 051	627	8 486	6 499
台安县	1 388	488 361	162 261	128 477	3 427	25 324	5 033
岫岩县	4 502	500 013	81 202	44 294	13 325	23 010	573
海城市	2 732	2 049 952	230 019	132 145	397	92 460	5 017
顺城区	277.7	266 508	22 704	12 409	189	9 943	163
抚顺县	2 349.7	281 348	54 800	20 647	3 603	27 521	3 029
新宾县	4 287.6	255 000	53 670	31 531	4 054	12 488	5 597
清原县	3 921.2	234 400	52 326	24 740	10 442	9 864	7 280
平山区	179	326 747	4 846	2 713	356	1 733	44
溪湖区	302.4	432 172	15 255	9 572	183	5 262	238
明山区	400	409 752	18 250	11 016	868	6 216	150
南芬区	619	226 505	12 042	5 777	570	4 239	1 456
本溪县	3 342.8	294 581	50 279	24 148	12 152	9 534	4 445
桓仁县	3 551	237 915	56 808	31 350	11 443	5 625	8 390
振安区	669	81 075	18 565	14 036	958	3 002	569
宽甸县	6 115	330 987	65 096	34 237	9 015	8 487	13 357
东港市	2 444.6	861 000	192 286	80 831	4 323	10 536	96 596
凤城市	5 513	471 939	91 023	59 731	9 191	16 072	6 029
太和区	292	97 572	29 885	17 431	99	12 131	224
黑山县	2 487	393 650	170 678	103 036	908	63 576	3 158
义县	2 476	223 101	52 074	36 444	2 230	13 108	292
凌海市	2 876	395 679	133 344	69 012	3 084	25 882	35 366
北宁市	1 694	446 196	224 110	174 955	7 972	36 184	4 999
鲅鱼圈区	66	327 875	27 033	507	406	938	25 182

附录4续表3

县、区名称	行政区域土地面积（平方公里）	国内生产总值（万元）	第一产业增加值	农业	林业	牧业	渔业
老边区	305	186 836	38 729	5 609	264	7 543	25 313
盖州市	3 313	501 470	123 430	49 248	3 562	21 536	49 084
大石桥市	1 598	941 916	93 427	46 667	983	31 136	14 641
海州区	70.9	42 018	1 117	591	41	474	11
新邱区	141.7	14 892	2 703	1 491	84	1 128	
太平区	87.6	21 123	1 831	764	105	962	0
清河门区	99	23 799	4 542	2 712	59	1 771	
细河区	106	18 241	1 961	1 138	122	701	
阜新县	6 246	168 010	87 683	54 795	4 504	28 326	58
彰武县	3 617	78 050	49 352	29 229	4 820	14 626	677
弓长岭区	292	96 200	7 200	4 443	335	2 324	98
太子河区	174	137 100	16 400	13 278	129	2 971	22
辽阳县	2 853	479 953	111 603	73 550	2 947	20 404	14 702
灯塔市	1 332.6	470 976	101 159	54 144	3 743	23 034	20 238
双台子区	56	136 101	5 501	1 421	36	736	3 308
兴隆台区	187	300 555	16 495	9 228	191	3 851	3 225
大洼县	1 683	338 798	174 720	91 644	424	12 073	70 579
盘山县	2 145	320 540	135 040	63 121	1 316	12 042	58 561
银州区	178	52 501	5 679	3 442	199	1 945	93
清河区	465	49 698	10 642	6 292	305	3 929	116
铁岭县	2 249	180 757	91 757	52 939	2 553	34 738	1 527
西丰县	2 685	113 925	48 475	16 940	10 384	20 915	236
昌图县	4 317	318 956	174 582	91 225	1 825	80 062	1 470
铁法市	263	78 225	14 168	7 933	271	5 813	151
开原市	2 828	261 827	111 715	61 749	5 169	43 403	1 394
双塔区	211.8	60 715	7 815	6 147	541	1 121	6
龙城区	346	46 895	16 657	11 578	656	4 407	16
朝阳县	4 215	126 577	56 554	45 854	1 695	8 914	91
建平县	4 865	142 259	63 059	51 140	4 722	7 060	137
喀左县	2 238	85 609	40 635	29 911	2 917	7 742	65
北票市	4 545	145 158	60 100	40 885	3 320	15 820	75
凌源市	3 278	218 512	54 517	42 289	2 379	9 701	148
连山区	1 651	324 894	52 451	29 395	418	21 626	1 012
龙港区	138	119 537	7 664	2 279	20	1 837	3 528
南票区	512	81 947	12 880	6 354	430	6 096	
绥中县	2 765	432 989	124 540	59 502	1 027	18 636	45 375
建昌县	3 195	138 395	55 783	35 973	3 091	16 523	196
兴城市	2 147	316 613	43 543	6 199	203	6 582	30 559

附录 4 续表 4

县、区名称	国内生产总值(万元)			地方财政预算内收入(万元)	各项税收(万元)	财政支出(万元)	# 科学事业费支出	# 教育事业费支出
	第二产业增加值	# 工业	第三产业增加值					
苏家屯区	411 200	393 626	342 293	12 356	12 356	24 269	68	7 884
东陵区	410 644	400 754	564 141	33 115	32 785	47 259	210	9 453
新城子区	346 880	334 080	162 998	20 209	17 401	18 898	10	6 296
于洪区	760 108	715 837	708 744	31 627	29 858	42 736	20	11 750
辽中县	186 000	174 000	215 000	6 037	5 271	13 556		7 505
康平县	31 719	27 065	46 693	3 275	2 709	15 279	9	5 860
法库县	88 000	78 000	67 000	4 966	4 124	16 414	42	6 338
新民市	378 728	359 449	377 842	8 508	7 557	21 683	15	7 601
甘井子区	611 031	366 959	600 016	64 589	116 307	76 972	668	9 974
旅顺口区	278 142	237 906	177 152	32 230	26 926	38 386	459	5 102
金州区	914 992	795 460	415 015	54 804	113 039	70 952	1 069	11 633
长海县	7 556	3 755	36 366	11 325	10 584	17 358	95	3 051
瓦房店市	606 532	576 815	262 683	37 368	49 800	60 226	71	13 524
普兰店市	624 829	583 462	170 020	37 380	67 565	57 785	67	10 700
庄河市	520 819	450 787	250 517	37 250	35 152	55 604	79	11 241
千山区	344 825	341 625	245 000	23 142	19 341	30 170	9	5 459
台安县	206 100	181 330	120 000	10 898	10 961	21 918	27	5 085
岫岩县	260 571	234 003	158 240	10 320	17 229	32 437	15	5 707
海城市	1 069 635	986 743	750 298	55 798	78 297	77 324	350	14 295
顺城区	120 866	109 996	122 938	11 915	11 881	18 533	13	4 108
抚顺县	161 276	153 276	65 272	9 664	15 269	15 514	1	2 753
新宾县	120 330	100 330	81 000	7 186	6 278	22 577	9	5 114
清原县	107 574	105 234	74 500	7 199	6 091	20 003	18	5 496
平山区	146 807	101 978	175 094	6 009	5 541	7 712	70	2 938
溪湖区	239 964	176 941	176 953	11 635	17 151	21 946	34	2 048
明山区	221 187	143 527	170 315	6 122	5 492	8 414	1	3 023
南芬区	121 222	89 738	93 241	2 697	2 458	3 658	23	1 133
本溪县	141 400	129 300	102 902	12 102	9 064	30 084	42	5 972
桓仁县	96 539	77 339	84 568	9 555	8 754	26 154	6	5 801
振安区	34 150	31 800	28 360	4 754	9 228	9 294	50	2 616
宽甸县	144 302	122 371	121 589	10 340	14 868	23 545	68	7 536
东港市	332 000	293 000	336 714	24 206	19 411	39 916	91	10 335
凤城市	231 538	185 500	149 378	21 394	29 284	36 619	63	10 781
太和区	43 070	36 921	24 617	8 554	7 278	14 705	60	2 320
黑山县	104 501	90 220	118 471	9 785	10 679	19 336	23	4 836
义县	86 101	75 271	84 926	6 155	3 752	15 676	22	3 493
凌海市	138 465	125 216	123 870	18 222	16 381	29 266	60	5 968
北宁市	81 377	73 456	140 709	10 739	8 990	24 392	64	5 284
鲅鱼圈区	185 562	150 600	115 280	12 877	22 928	16 377		2 659

附录4续表5

县、区名称	国内生产总值(万元)			地方财政预算内收入(万元)	各项税收(万元)	财政支出(万元)		
	第二产业增加值	#工业	第三产业增加值				#科学事业费支出	#教育事业费支出
老边区	106 028	98 958	42 079	7 262	14 336	12 072	114	2 570
盖州市	234 242	217 016	143 798	16 216	21 886	33 512		6 010
大石桥市	506 751	455 736	341 738	27 578	49 727	47 610	5	7 481
海州区	12 142	6 840	28 759	4 137	3 856	8 197	4	2 039
新邱区	6 998	6 458	5 191	4 778	1 378	4 109		788
太平区	7 316	5 847	11 976	3 409	2 906	6 774	3	2 059
清河门区	8 776	8 198	10 481	1 590	1 115	3 843	7	872
细河区	4 522	2 813	11 758	1 901	1 562	4 325	45	1 092
阜新县	36 622	27 622	43 705	7 251	9 623	24 431	15	7 357
彰武县	12 130	5 880	16 568	3 906	2 887	14 428	6	3 393
弓长岭区	29 000	23 500	60 000	6 856	6 486	12 895	20	1 030
太子河区	74 700	74 200	46 000	4 917	4 029	9 714	18	1 248
辽阳县	188 350	175 750	180 000	12 258	7 857	24 499	16	5 832
灯塔市	188 032	179 219	181 785	14 745	26 548	27 264	23	7 237
双台子区	40 000	30 000	90 600	7 395	6 563	11 586	22	1 480
兴隆台区	112 189	90 206	171 871	18 908	16 707	22 964	52	1 276
大洼县	93 599	79 689	70 479	13 160	15 263	31 988		3 993
盘山县	108 383	95 160	77 117	11 232	15 115	18 299	23	2 582
银州区	14 636	11 451	32 186	5 883	5 447	12 579	9	1 641
清河区	22 903	19 085	16 153	6 608	5 656	10 734	34	1 492
铁岭县	45 000	37 900	44 000	8 994	7 580	15 447	20	2 817
西丰县	22 937	16 268	42 513	4 262	3 506	13 897	6	2 900
昌图县	55 970	44 374	88 404	11 094	8 137	26 422	6	6 894
铁法市	23 596	14 812	40 461	7 532	6 085	13 921	28	3 273
开原市	77 579	67 700	72 533	12 720	10 081	22 773	46	4 671
双塔区	9 700	6 650	43 200	3 742	3 243	7 275	5	1 532
龙城区	9 737	6 435	20 501	2 917	2 815	7 380	4	1 153
朝阳县	20 788	8 374	49 235	6 007	5 397	20 185	25	6 282
建平县	33 800	27 600	45 400	6 674	11 582	21 000	36	5 677
喀左县	18 374	15 088	26 600	4 351	3 865	18 038	33	5 413
北票市	30 368	22 274	54 690	7 267	6 275	26 425	33	5 510
凌源市	97 156	92 656	66 839	7 009	5 779	22 431	39	5 558
连山区	126 424	96 612	146 019	17 658	15 178	32 781	53	7 083
龙港区	55 303	12 241	56 570	18 579	13 969	20 894	12	2 588
南票区	49 134	48 524	19 933	2 912	2 182	5 675	20	1 074
绥中县	172 725	164 055	135 724	16 036	10 839	24 152	25	5 273
建昌县	33 186	24 925	49 426	5 617	4 093	22 018	13	6 844
兴城市	132 246	115 807	140 824	13 364	15 434	20 733	14	5 485

附录4续表6

县、区名称	农业机械总动力（万千瓦特）	农村用电量（万千瓦时）	有效灌溉面积（公顷）	农作物总播种面积（公顷）	#粮食作物播种面积	#油料播种面积	#蔬菜播种面积	粮食总产量（吨）
苏家屯区	15.4	32 303	21 990	39 202	26 389	389	8 300	175 617
东陵区	19.7	30 619	22 760	31 218	24 602	773	3 610	144 045
新城子区	22.2	15 376	17 670	49 195	29 483	819	15 735	212 840
于洪区	28.1	77 032	30 600	38 863	29 013	710	7 602	188 603
辽中县	22.4	23 290	50 030	82 343	66 663	6 293	6 551	413 041
康平县	17.8	4 808	24 130	78 704	60 542	9 714	6 163	254 587
法库县	23.3	7 953	24 740	104 414	78 535	9 588	8 584	611 740
新民市	50.4	27 143	86 050	147 929	107 440	11 079	11 540	612 159
甘井子区	34	21 400	976	3 620	1 258	1	2 354	3 301
旅顺口区	26	24 000	4 900	8 145	4 989	11	3 110	11 597
金州区	35	32 312	13 284	30 042	20 455	1 741	6 872	66 287
长海县	1	4 854	480	1 761	1 570	3	188	7 510
瓦房店市	61	22 093	20 660	82 312	69 929	925	7 997	191 289
普兰店市	44	31 285	24 550	73 099	57 041	3 993	10 687	218 166
庄河市	51	24 787	29 130	95 856	85 594	1 014	7 903	365 244
千山区	13.9	7 253	11 160	11 824	7 944	22	3 730	39 619
台安县	16.8	24 060	33 090	72 509	46 468	4 285	19 227	350 070
岫岩县	15.7	22 088	7 230	47 570	34 669	2 216	9 480	181 900
海城市	41.7	123 620	43 230	96 124	81 736	567	11.861	491 267
顺城区	2.5	3 660	2 230	4 326	2 622	99	1 486	17 576
抚顺县	9.6	9 126	5 172	24 969	18 337	1 791	3 149	121 206
新宾县	12	3 680	11 322	27 202	25 155	119	1 079	123 550
清原县	10.6	6 529	13 770	24 361	21 075	133	923	129 034
平山区	2.7	1 680	715	2 005	645	4	1 336	2 956
溪湖区	6.9	2 158	1 269	4 040	2 007	164	1 580	11 627
明山区	5.4	2 750	1 264	3 295	1 397	138	1 584	6 268
南芬区	2.6	3 156	265	2 645	1 731	1	746	6 859
本溪县	13.7	3 812	1 288	20 949	16 601	309	1 464	89 940
桓仁县	10.5	2 865	5 912	25 990	20 683	609	2 080	101 749
振安区	6.3	5 073	2 332	12 442	6 495	86	5 049	25 684
宽甸县	26.3	18 660	3 220	33 750	27 214	402	3 528	118 122
东港市	28.3	20 323	53 106	89 418	72 727	1 660	9 972	448 633
凤城市	28.6	19 642	10 160	55 110	38 894	2 906	7 206	196 138
太和区	5.5	6 817	6 400	10 579	6 174	331	3 744	30 003
黑山县	21.1	9 677	21 074	125 216	79 637	26 477	15 843	548 927
义县	13.6	3 423	31 000	68 883	40 113	11 846	13 656	174 109
凌海市	34.9	25 173	45 070	92 696	72 074	5 866	11 546	486 141
北宁市	34	12 241	24 777	80 156	53 944	11 310	14 275	344 440
鲅鱼圈区	4.2	900		771	682	5	74	1 128

附录4续表7

县、区名称	农业机械总动力（万千瓦特）	农村用电量（万千瓦时）	有效灌溉面积（公顷）	农作物总播种面积（公顷）	#粮食作物播种面积	#油料播种面积	#蔬菜播种面积	粮食总产量（吨）
老边区	14.9	756	8 832	5 807	4 977		728	25 140
盖州市	34.2	23 675	6 129	36 499	27 801	480	6 551	130 119
大石桥市	27.6	39 224	37 982	50 573	45 305	705	4 374	330 044
海州区	1.8	644	167	1 434	1 015	23	396	1 712
新邱区	2.9	1 050	280	2 636	1 999	33	515	4 740
太平区	2	758	96	1 252	858	47	296	497
清河门区	2.2	203	274	3 959	1 503	749	652	8 942
细河区	1.5	1 320	539	2 735	1 663	83	785	3 492
阜新县	55.5	13 920	32 650	208 021	139 053	50 937	13 909	585 540
彰武县	26.5	5 596.2	32 190	105 324	76 308	21 583	5 091	325 261
弓长岭区	0.4	2 910	800	2 378	1 625	76	408	7 837
太子河区	2.7	5 362	2 617	7 950	4 407	30	2 576	26 872
辽阳县	18	28 044	14 747	73 252	55 581	1 570	12 465	322 842
灯塔市	20.5	11 029	33 206	62 047	53 585	742	5 898	338 337
双台子区	3		259	387	259		128	1 126
兴隆台区	3.9	4 380	5 874	5 512	5 304		198	42 815
大洼县	18.2	17 037	45 525	56 194	48 570		7 518	425 184
盘山县	19.8	18 282	29 274	37 208	32 624	66	4 157	294 143
银州区	2.1	320	481	2 917	1 558	27	1 208	9 172
清河区	2.8	64	2 484	7 415	6 404	44	241	40 352
铁岭县	19.4	12 912	21 551	67 150	53 336	517	10 487	421 932
西丰县	15.7	4 055	5 530	44 226	34 428	735	4 511	259 058
昌图县	34.5	23 800	49 850	237 384	157 053	25 207	44 743	1 178 582
铁法市	3.3	883	1 412	10 427	8 107	59	1 852	48 475
开原市	25.5	10 081	23 238	69 387	48 196	1 546	10 603	423 315
双塔区	2.6	457	1 468	3 614.7	2 534.9	89.8	963	8 620
龙城区	3	4 872	2 881	9 956	7 944	164	1 712	22 678
朝阳县	14	12 858	11 629	81 915	69 326	5 362	4 701	171 046
建平县	25.5	13 870	14 768	117 128	87 433	16 347	1 976	395 000
喀左县	12.3	8 211	31 300	44 365	37 260	2 598.9	3 137.1	144 967
北票市	20.4	996.6	26 640	84 334	63 118	6 030	14 960	201 678
凌源市	11	11 022	11 891	47 989	41 939	344	5 137	103 130
连山区	15	12 348	6 139	40 566	29 095	5 023	5 589	134 923
龙港区	1	493	252	2 130	1 432	16	559	3 208
南票区	4	140	550	8 739	5 878	66	1 936	24 748
绥中县	26	8 450	11 295	67 255	39 917	8 535	18 250	231 420
建昌县	18	4 100	7 480	51 766	48 308	183	2 834	226 990
兴城市	11	6 990	8 783	56 383	36 218	16 026	3 522	160 654

附录4续表8

县、区名称	油料产量（吨）	水果产量（吨）	肉类总产量（吨）	蔬菜产量（吨）	水产品产量（吨）	国有及年销售收入500万元以上的非国有工业企业数（个）	工业总产值（现价、万元）	内资企业
苏家屯区	1 002	14 149	72 760	374 925	6 566	55	154 964	136 896
东陵区	1 353	4 629	10 722	180 621	257	67	176 283	106 327
新城子区	2 597	7 770	38 312	773 803	8 234	57	150 382	102 867
于洪区	1 479	5 791	16 765	374 016	2 413	106	356 958	226 290
辽中县	17 957	12 687	88 691	364 172	60 588	33	102 018	91 152
康平县	19 551	1 215	49 657	98 434	1 420	30	18 036	18 036
法库县	20 046	24 675	48 208	177 549	1 840	29	36 827	36 827
新民市	21 961	5 676	88 145	424 803	33 933	52	120 270	109 547
甘井子区	1	14 265	9 113	77 193	231 509	86	413 499	153 868
旅顺口区	14	12 804	11 359	127 894	291 182	72	131 940	78 627
金州区	2 481	32 110	52 064	423 003	200 507	195	690 237	357 950
长海县	2	471	1 546	5 681	326 006	6	4 207	2 467
瓦房店市	892	230 000	51 797	419 526	267 100	89	349 345	151 701
普兰店市	7 467	192 195	92 590	560 814	134 221	62	415 366	311 654
庄河市	1 339	161 140	95 622	414 273	248 431	64	246 965	129 680
千山区	39	20 274	39 948	189 337	1 510	60	255 245	253 551
台安县	11 486	15 068	103 080	1 103 161	11 500	79	309 320	304 177
岫岩县	5 263	19 288	43 576	274 441	805	73	191 765	172 495
海城市	1 140	48 358	118 337	641 780	10 100	184	1 521 560	1 434 834
顺城区	274	5 699	17 836	65 833	272	19	70 652	56 173
抚顺县	4 413	37 121	43 563	114 136	1 168	15	148 758	148 758
新宾县	379	1 540	24 620	27 617	1 632	49	62 520	62 520
清原县	374	5 406	25 616	26 538	1 900	44	54 566	50 541
平山区	8	1 010	2 190	46 990	85	40	563 751	562 043
溪湖区	624	7 119	11 006	63 926	380	36	671 908	668 134
明山区	291	1 959	4 560	70 697	240	47	681 920	676 743
南芬区	2	6 554	8 121	34 673	660	24	327 977	326 104
本溪县	884	13 481	16 134	55 319	1 687	40	111 875	108 719
桓仁县	1 764	16 350	16 564	94 047	2 200	23	57 903	47 076
振安区	180	4 586	9 271	175 222	1 103	41	60 624	44 292
宽甸县	743	19 159	23 177	127 238	23 020	43	91 758	74 702
东港市	6 090	60 227	34 336	512 197	211 288	89	182 127.9	123 979.4
凤城市	6 798	17 141	38 147	248 386	7 180	85	123 673.5	119 007.5
太和区	772	4 487	15 908	505 429	260	25	57 658	55 858
黑山县	66 070	26 726	131 816	679 363	8 430	36	90 909	90 909
义县	28 806	24 603	76 957	1 042 106	171	29	65 122	46 611
凌海市	14 045	19 529	59 812	604 484	106 150	40	106 069	98 812
北宁市	26 658	198 725	149 803	718 165	7 200	27	53 343	51 924
鲅鱼圈区		2 071	1 330	2 368	38 584	67	243 558	36 027

附录4续表9

县、区名称	油料产量(吨)	水果产量(吨)	肉类总产量(吨)	蔬菜产量(吨)	水产品产量(吨)	国有及年销售收入500万元以上的非国有工业企业数(个)	工业总产值(现价、万元)	内资企业
老边区		452	14 490	43 044	55 228	80	173 900	170 201
盖州市	1 092	325 816	34 948	241 247	120 004	163	272 560	145 811
大石桥市	866	8 806	48 337	225 237	33 953	144	655 823	534 439
海州区	23	13	1 637	14 300	50	10	8 807	8 807
新邱区	28	602	2 370	29 117	10	5	29 907	29 907
太平区	19	171	1 963	15 036		12	9 090.3	9 090.3
清河门区	1 920	752	7 713	30 573		5	4 551	4 551
细河区	141	74	2 318	40 379	5	2	4 202	4 202
阜新县	69 671	9 311	89 373	343 962	190	41	65 174.1	61 752.3
彰武县	32 846	1 245	44 783	125 151	2 500	26	17 009.2	17 009.2
弓长岭区	187	5 860	3 339	24 285	150	22	40 969	33 727
太子河区	55	5 806	6 188	127 594	52	52	133 789	107 459
辽阳县	10 769	61 501	54 059	464 668	19 345	72	460 875	453 732
灯塔市	2 075	28 892	32 973	239 284	32 024	56	113 438	97 685
双台子区		50	1 482	11 300	4 819	15	48 718	48 015
兴隆台区		31	3 600	24 321	2 300	72	245 454	234 138
大洼县		6 713	25 195	513 064	127 484	44	162 229	151 868
盘山县	297	3 270	21 807	311 118	54 210	39	160 152	160 152
银州区	54	62	3 028	55 527	238	15	43 988	37 103
清河区	109	8 692	6 215	8 892	340	12	37 198	37 198
铁岭县	1 287	7 810	62 821	537 728	4 108	34	40 048	38 522
西丰县	1 951	12 971	39 038	150 122	605	11	13 187	12 527
昌图县	76 694	19 649	175 796	1 462 390	3 506	33	51 000	47 000
铁法市	117	4 869	15 914	104 965	280	13	22 352	22 352
开原市	4 011	32 553	86 967	582 189	2 620	24	48 606	35 804
双塔区	107	886	2 128	56 502	20	8	18 384.9	10 874.9
龙城区	104	5 519	4 322	94 909	40	12	12 693	12 693
朝阳县	5 061	16 664	13 061	164 691	206	22	25 999	23 871
建平县	14 299	4 451	19 094	73 877	180	21	51 114	47 718
喀左县	2 628	8 687	9 998	180 667	200	21	33 222.6	27 568.6
北票市	5 131	7 705	29 331	233 529	300	32	43 815	43 815
凌源市	515	30 827	27 078	304 504	320	24	35 949.5	33 867.5
连山区	10 608	63 773	36 444	242 557	2 930	35	138 524	101 277
龙港区	35	2 672	1 552	32 172	13 135	19	212 011	207 972
南票区	107	21 664	10 728	86 943		2	10 910	10 910
绥中县	16 115	237 511	77 365	996 722	145 140	19	26 009	23 004
建昌县	306	70 083	42 398	89 211	641	12	24 818	24 131
兴城市	26 237	6 983	31 964	171 382	143 652	21	37 228	26 389

附录4续表10

县、区名称	工业总产值(现价、万元)		从业人员年平均数(人)	流动资产年平均余额(万元)	固定资产净值年平均余额(万元)	产品销售收入(万元)		本年应交增值税(万元)
	港、澳、台商投资企业	外商投资企业					#产品销售税金及附加	
苏家屯区	3 965	14 103	8 234	93 241	68 370	140 425	704	2 576
东陵区	36 041	33 915	12 178	133 376	93 006	173 194	587	6 858
新城子区	21 419	26 096	10 185	113 496	104 258	138 904	796	4 559
于洪区	44 564	86 104	24 350	328 709	209 629	334 539	1 157	9 512
辽中县	9 151	1 715	6 147	39 689	32 184	109 042	570	3 360
康平县			8 541	16 688	20 407	13 240	142	481
法库县			4 903	15 282	23 157	34 054	675	970
新民市	2 294	8 429	7 166	34 149	49 135	95 740	1 549	3 096
甘井子区	8 370	251 261	23 289	321 804	155 240	404 003	603	8 912
旅顺口区	9 127	44 186	12 080	94 688	65 161	125 273	461	5 486
金州区	96 074	236 213	37 253	410 130	253 819	664 202	845	13 101
长海县	1 118	622	405	2 501	1 355	3 885	13	112
瓦房店市	44 851	152 793	26 629	157 325	186 970	338 762	781	7 950
普兰店市	21 961	81 751	24 120	140 390	226 351	337 919	3 448	13 326
庄河市	13 564	103 721	16 379	172 289	123 635	234 391	829	3 970
千山区	1 694		9 074	96 811	48 836	243 427	1 427	8 460
台安县	3 235	1 908	10 519	36 335	78 211	300 000	1 994	5 006
岫岩县	4 170	15 100	17 712	64 317	65 513	172 629	3 853	6 982
海城市	27 307	59 419	53 671	539 782	340 298	1 166 260	13 040	33 586
顺城区	1 516	12 963	4 949	16 980	19 363	72 021	58	1 029
抚顺县			9 463	65 640	30 082	137 484	1 262	3 646
新宾县			6 046	17 799	19 814	58 397	347	2 221
清原县	1 934	2 091	5 617	15 212	28 278	50 274	992	973
平山区	80	1 628	40 937	381 415	763 815	596 871	8 340	39 466
溪湖区	1 196	2 578	35 890	449 256	546 989	808 152	10 102	33 609
明山区	739	4 438	44 934	426 642	571 629	676 101	20 698	35 422
南芬区	407	1 466	19 254	250 256	581 485	559 896	11 960	30 959
本溪县	3 156		11 032	77 644	75 091	99 012	1 935	4 603
桓仁县	6 180	4 647	5 884	32 184	33 487	51 378	498	3 430
振安区	7 328	9 004	4 543	42 397	16 862	55 871	255	2 106
宽甸县	847	16 209	9 156	60 948	56 610	87 511	508	5 348
东港市	17 224.3	40 924.2	16 240	70 873.6	62 736.9	174 094.9	1 354	6 117.5
凤城市	2 026	2 640	17 656	74 401.8	81 260.5	115 921.5	1 942.1	5 334.8
太和区	1 158	642	3 131	17 050	16 988	51 306	120	1 132
黑山县			7 678	40 360	20 394	90 301	323	1 320
义县	18 511		5 087	30 261	28 933	54 766	285	1 582
凌海市		7 257	7 316	33 197	34 972	96 006	322	3 349
北宁市	519	900	4 526	23 202	21 598	48 848	156	1 135
鲅鱼圈区	6 612	200 919	14 038	109 612	105 336	190 872	256	939

附录 4 续表 11

县、区名称	工业总产值(现价、万元)		从业人员年平均数(人)	流动资产年平均余额(万元)	固定资产净值年平均余额(万元)	产品销售收入(万元)		本年应交增值税(万元)
	港、澳、台商投资企业	外商投资企业					#产品销售税金及附加	
老边区	441	3 258	8 759	65 789	58 154	138 538	355	2 858
盖州市	41 094	85 655	26 727	147 633	90 939	252 126	1 104	4 733
大石桥市	38 183	83 201	28 501	309 228	200 339	568 337	2 697	17 944
海州区			1 152	8 892	4 275	7 995	105	721
新邱区			1 880	7 353	7 339	25 358	255	558
太平区			1 219	4 836.8	4 152.2	5 231.3	42	239.1
清河门区			529	3 316	2 085	2 573	22	127
细河区			371	1 982	769	4 037	26	239
阜新县	2 556.4	865.4	4 499	26 848.9	36 590.5	55 987.9	1 950.5	1 277.4
彰武县			3 241	14 513.9	20 866.9	12 250	79.9	622
弓长岭区	4 142	3 100	12 329	30 240	13 182	39 869	982	1 657
太子河区	12 164	14 166	7 571	64 252	75 618	128 600	639	3 700
辽阳县	2 731	4 412	78 969	88 361	73 736	441 195	1 352	5 604
灯塔市	3 370	12 383	8 673	32 053	61 025	114 834	1 304	4 729
双台子区		703	1 723	12 222	11 297	42 386	1 158	721
兴隆台区	6 431	4 885	11 238	149 027	70 569	226 237	3 623	9 469
大洼县		10 361	4 736	36 046	56 986	101 562	1 454	1 350
盘山县			3 544	36 584	47 179	125 289	2 526	2 431
银州区	4 952	1 933	2 638	27 689	13 176	28 154	275	281
清河区			2 514	14 758	7 061	36 466	1 650	1 529
铁岭县		1 526	6 970	19 040	21 770	34 787	497	2 319
西丰县	660		1 699	4 521	6 291	11 703	246	673
昌图县	4 000		5 136	37 244	23 450	41 169	415	854
铁法市			7 378	10 159	7 340	23 899	90	510
开原市	12 802		7 827	26 298	1 965	47 968	144	1 516
双塔区	7 510		1 009	6 120	3 424.2	18 217.1	393	1 044.2
龙城区			1 438	10 628	7 119	12 147	90	522
朝阳县		2 128	5 251	22 008	15 682	26 498	983	1 597
建平县		3 396	5 439	34 961	41 538	45 649	2 566	2 157
喀左县	734	4 920	5 777	22 326.4	22 401.1	32 908.7	199	1 892.4
北票市			6 405	28 387	16 708	41 188	171	2 030
凌源市		2 082	5 448	18 097.6	21 289.7	33 910.4	228.4	936.7
连山区		37 247	5 578	50 807	35 940	140 682	355	6 110
龙港区	4 039		11 305	55 885	53 632	67 890	2 655	2 187
南票区			160	311	399	9 548	7	165
绥中县		3 005	2 740	15 851	8 027	19 318	492	641
建昌县	687		7 988	21 441	18 978	19 906	160	1 561
兴城市	6 442	4 397	5 437	37 856	38 105	37 142	1 288	1 180

附录4续表12

县、区名称	利润总额（万元）	年销售收入500万元以下的非国有工业企业数（个）	工业总产值（现价、万元）	限额以上批发零售贸易业商品销售总额（万元）	出口总额（万美元）	当年合同外资金额（万美元）	当年实际使用外资金额（万美元）
苏家屯区	1 403	4 996	1 501 711	10 850	3 038	5 486	4 036
东陵区	6 239	4 893	1 838 250	4 079	5 603	7 407	4 200
新城子区	1 744	4 080	1 540 315	14 943	2 419	1 467	2 609
于洪区	20 830	5 397	2 780 479	1 420	7 778	4 730	4 700
辽中县	1 336	4 842	702 213	17 800	1 367		54
康平县	－1 415	2 955	90 813	20 560	72		
法库县	2 445	239	405 657	28 660	55	260	411
新民市	621	11 612	1 300 216	29 500	581	1 500	1 500
甘井子区	27 388	2 518	1 078 898	34 000	43 806	13 100	8 613
旅顺口区	5 577	2 004	598 168	64 432	14 936	12 694	4 560
金州区	35 053	6 955	3 230 716	62 594	37 000	27 855	8 702
长海县	297	165	15 549	24 001	1 860		481
瓦房店市	4 918	4 722	2 460 499	74 456	15 332	12 594	5 886
普兰店市	15 339	5 676	2 843 446	58 290	16 811	12 000	5 928
庄河市	14 018	8 547	1 963 971	41 779	13 151	12 618	6 506
千山区	17 112	3 310	1 493 719	25 882	2 369	5 439	887
台安县	21 000	9 453	554 599	47 095	7 269	2 632	776
岫岩县	8 178	11 518	1 005 811	8 669	1 355	5 066	1 165
海城市	92 311	19 451	5 249 011	71 955	38 910	10 339	5 570
顺城区	－6	2 312	501 500		2 308	700	400
抚顺县	12 250	2 488	785 000	444	1 420	741	345
新宾县	1 888	4 412	455 535	4 184.4	209	37	167
清原县	1 013	8 608	413 585	7 274	300		159
平山区	428	739	26 893	51 637	269.9	73	32.4
溪湖区	4 120	866	49 526	45 979	308	395	
明山区	180	1 237	151 239	60 332	264	884	309
南芬区	632	250	38 608	23 016	3 655		
本溪县	2 309	2 969	256 738		397	624	2
桓仁县	362	3 791	205 098	35 432	1 653	3 791	200
振安区	1 800	1 190	132 656		1 110	2 637	1 009
宽甸县	931	3 921	871 445	5 919	768	1 600	1 006
东港市	9 327.1	6 880	1 130 031.1	2 028	15 006	2 081	1 750
凤城市	－1 456	4 550	786 205	14 538.8	2 600	1 704	1 053
太和区	1 223	1 539	188 878	1 306	1 030	710	312
黑山县	8 181	5 610	415 787	75 432	871	1 000	56
义县	1 804	3 593	491 841	9 288	30 831	21	21
凌海市	2 980	5 100	328 112	34 259	6 675	27	27
北宁市	30	4 250	454 596	19 171	126	200	120
鲅鱼圈区	6 302	2 900	217 609	18 610	20 045	11 173	5 105

附录4续表13

县、区名称	利润总额（万元）	年销售收入500万元以下的非国有工业企业数（个）	工业总产值（现价、万元）	限额以上批发零售贸易业商品销售总额（万元）	出口总额（万美元）	当年合同外资金额（万美元）	当年实际使用外资金额（万美元）
老边区	8 532	900	277 677	1 353	6 535	2 983	781.4
盖州市	10 977	5 534	740 878	27 153	12 653	8 499	2 296
大石桥市	24 643	4 506	1 229 388	63 064	21 186	6 467	2 339
海州区	101	604	23 083		83		103
新邱区	194	205	13 220				
太平区	134.7	391	22 187.5		30.5	200	116.5
清河门区	20	83	29 858		18	152	71
细河区	31	497	10 315	580	258	426	56
阜新县	627.4	3 555	145 870	7 356	104.6	229.3	229.3
彰武县	−104.9	1 176	20 722.5	7 686	18	136	32
弓长岭区	456	447	59 864		340	1 573	410
太子河区	4 158	753	243 818		1 120	1 500	401.6
辽阳县	19 147	8 218	490 242	116 010	10 154	2 024	860
灯塔市	2 357	5 936	781 364	452	661	1 557.9	601
双台子区	1 207	106	24 053	6 642	63	1 392	18
兴隆台区	2 501	848	123 125	79 673	795	2 681	511
大洼县	−1 177	3 073	251 744		1 288	1 358	328
盘山县	3 565	1 609	266 082	1 479	367	1 318	84.4
银州区	−256	629	30 000		953		
清河区	823	482	55 442		1 620	1 100	600
铁岭县	1 487	6 833	202 577	5 938	325	1 549	735
西丰县	269	2 025	12 380	5 802	154	104	105
昌图县	4 376	8 990	358 180	5 721	200	1 150	692
铁法市	139	2 486	63 000	3 510	475	1 587	607
开原市	3 256	3 501	324 542	15 421	854.7	2 169	825.6
双塔区	1 049.6	388	17 134.6	2 830	650	540	301
龙城区	−44	594	19 022	1 938	5	25	104
朝阳县	−287	2 845	45 830				
建平县	799	2 252	51 911	12 820	276	1 173	353
喀左县	1 653.2	1 436	23 160.1	4 284	833		
北票市	144	2 367	54 168	13 488	200	1 100	503
凌源市	−151.5	2 700	43 855.9	4 291	150	306	306
连山区	5 947	4 556	254 550	22 028	5 096	3 300	189
龙港区	−145	1 541	145 103		1 000	3 456	1 000
南票区	8	2 608	178 485		1 150	600	
绥中县	−181	3 034	243 977	7 720	840	2 260	324
建昌县	−603	1 366	60 182	8 976	282		188
兴城市	−1 201	2 004	210 455	15 619	2 612	350	250

附录4续表14

县、区名称	基本建设投资完成额(万元)	#地方项目	基本建设新增固定资产(万元)	更新改造投资完成额(万元)	其它投资完成额(万元)	普通中学数(所)	小学数(所)
苏家屯区	25 807	25 807	27 203	15 059	13 451	25	69
东陵区	23 648	2 648	11 309	39 348	7 336	23	75
新城子区	24 052	24 052	23 772	42 559	21 953	19	88
于洪区	34 895	34 895	32 395	42 570	10 723	24	103
辽中县	15 896	15 896	15 896	21 426	4 290	26	178
康平县	24 182	24 182	23 412	12 540	465	19	170
法库县	4 124	4 124	4 411	21 350	16 093	23	202
新民市	25 797	25 797	13 970	28 540	550	35	283
甘井子区	5 622	5 622	5 622	3 012		26	71
旅顺口区	43 981	43 981	28 572	607	14 802	16	40
金州区	22 552	22 552	23 754	1 776	193 563	27	85
长海县	4 082	4 082	4 082	2 121	1 074	9	34
瓦房店市	36 901	36 901	17 014	23 520	91 928	40	342
普兰店市	51 416	51 416	71 307	3 046	9 654	39	253
庄河市	32 756	32 756	32 756	30 688	43 830	31	299
千山区	54 245	54 245	47 556	41 474	1 815	17	57
台安县	17 828	17 828	17 828	18 902	14 000	17	142
岫岩县	23 019	23 015	14 046	8 936	8 280	30	253
海城市	28 546	28 546	9 681	2 080	7 381	51	418
顺城区	22 560	22 560	21 469	1 065	26	12	39
抚顺县	4 884	4 884	4 884			21	97
新宾县	24 892	22 342	16 279	6 807		26	180
清原县	19 856	19 856	19 856			29	173
平山区	14 761	5 828	5 828	217 882	10 513	19	35
溪湖区	10 952	10 952	4 150	6 856	5 380	16	43
明山区	13 703	13 703	3 276	5 156	4 145	18	46
南芬区	12 107	12 107	98 691		888	6	35
本溪县	5 765	5 765	5 572	9 507	4 858	22	126
桓仁县	47 478	47 478	18 418	3 466	262	22	146
振安区	6 586	4 605	2 335	3 721		9	53
宽甸县	17 498	17 498	9 368	1 810	1 000	28	255
东港市	103 827	98 827	95 784	12 500	2 101	38	217
凤城市	16 941	16 941	13 712	9 793	4 630	33	253
太和区	6 131	4 427	3 697	450	4 214	12	57
黑山县	20 434	19 615	13 125	6 619	5 424	32	250
义县	12 354	12 325	6 327	8 933	5 186	23	136
凌海市	12 565	12 565	5 365	8 836	9 009	32	167
北宁市	16 728	16 728	12 190	7 192	3 666	29	191
鲅鱼圈区	37 834	37 834	26 039	2 720	7 492	7	19

县、区名称	基本建设投资完成额（万元）	#地方项目	基本建设新增固定资产（万元）	更新改造投资完成额（万元）	其它投资完成额（万元）	普通中学数（所）	小学数（所）
老边区	1 323	1 123	5 068	670	6	34	
盖州市	21 734	21 734	10 219	9 021	2 610	36	308
大石桥市	43 089	43 089	35 216	25 275	18 519	35	242
海州区	2 800	2 800	554	2 593		10	24
新邱区	16 670	16 670	4 170	10 500	2 000	5	21
太平区	8 252	8 252	5 367	1 309	1 576	9	22
清河门区	4 200	4 200	3 900	1 100	1 300	5	20
细河区	7 308	7 308	7 308	1 600		4	11
阜新县	48 110	48 110	30 000	2 140	8 760	46	474
彰武县	23 459	7 797	23 459	1 241		30	218
弓长岭区	8 000	8 000	8 000	5 021	5 455	8	28
太子河区	420	420	420		12 569	4	25
辽阳县	4 767	4 767	4 067	5 498	10 096	34	234
灯塔市	3 273	3 273	3 273	9 912	2 988	27	195
双台子区	33 983	33 983	7 100	3 178			14
兴隆台区	43 744	43 744	6 762	2 634	8 513	21	15
大洼县	70 596	70 596	35 092	17 339	10 349	24	120
盘山县	37 918	37 918	49 708	21 610	6 544	19	141
银州区	2 480	2 480	260	200	383	22	19
清河区	7 258	7 258	4 375	4 537	2 676	7	51
铁岭县	762	762	762	4 500	7 600	22	178
西丰县	809	809	809	9 070	3 080	23	146
昌图县	15 182	14 861	6 745	7 652	4 476	45	475
铁法市	1 190	1 190	1 690	11 384	7 046	11	16
开原市	13 575	13 575	10 392	8 750	4 407	30	257
双塔区	1 162	1 162	1 162	1 167	6 677	2	37
龙城区	344	344	344	1 246	1 845	8	49
朝阳县	65 000	1 317	756	1 317	1 410	317	47
建平县	6 268	3 872	6 066	3 989	2 200	39	288
喀左县	12 516	12 516	12 716	1 825	1 240	35	202
北票市	40 047	40 047	40 047	1 083	1 121	47	286
凌源市	4 284	4 284	4 284	1 314	788	45	237
连山区	42 884	42 884	42 874	16 382		29	159
龙港区	67 195	67 195	67 195			8	16
南票区	1 272	1 272	1 272	1 953	7 296	7	36
绥中县	18 437	18 437	17 215	7 812		33	257
建昌县	19 204	9 582	15 346	15 048	3 545	40	341
兴城市	2 220	2 220	2 220	14 769	6 000	34	222

附录4续表16

县、区名称	普通中学专任教师数（人）	小学专任教师数（人）	普通中学在校学生数（人）	小学在校学生数（人）	城镇在岗职工年平均人数（人）	城镇在岗职工工资总额（万元）	农村居民人均纯收入（元）	社会福利院数（个）	社会福利院床位数（床）
苏家屯区	1 513	1 647	26 362	31 157	24 258	23 027	4 177	15	510
东陵区	615	1 991	18 832	24 895	11 741	8 385	5 106	24	768
新城子区	1 199	1 419	17 400	22 300	15 441	16 741	4 115	12	350
于洪区	1 371	1 879	20 446	33 729	18 576	20 363	4 897	1	80
辽中县	2 003	3 071	22 519	42 211	18 159	14 910	3 272	21	1 170
康平县	1 015	2 054	18 661	32 861	19 200	12 700	1 391	17	685
法库县	1 350	2 360	17 626	40 008	16 027	10 137	2 767	19	806
新民市	2 138	3 450	25 058	45 702	26 971	21 717	3 341	27	1 120
甘井子区	1 797	2 100	27 940	46 508	12 411	16 867	6 369	28	1 980
旅顺口区	1 050	941	16 417	17 967	18 995	24 161	5 883	13	580
金州区	2 307	2 231	38 013	40 890	30 537	33 863	5 047	12	794
长海县	378	454	5 954	7 760	4 439	5 950	6 251	5	156
瓦房店市	3 273	4 223	65 458	73 157	31 869	29 960	3 200	29	1 493
普兰店市	2 525	3 453	42 039	60 929	23 521	22 223	3 412	25	1 404
庄河市	2 627	3 353	53 936	66 362	27 839	25 368	3 704	22	2 100
千山区	975	1 333	14 135	16 402	7 196	8 521	4 829	7	300
台安县	1 182	1 919	19 928	30 355	19 344	13 863	2 880	15	823
岫岩县	1 419	2 640	22 680	45 035	24 527	18 161	2 778	24	1 070
海城市	3 626	5 829	57 227	93 083	38 537	38 907	4 365	29	1 600
顺城区	749	1 092	12 250	20 062	12 167	11 461	4 430	6	200
抚顺县	663	994	10 304	14 545	11 814	9 059	3 650	15	650
新宾县	1 040	1 727	17 068	23 497	15 851	14 298	2 712	15	830
清原县	1 234	1 943	16 373	25 608	16 259	13 146	2 670	16	540
平山区	1 327	1 380	24 416	20 441	71 003	86 487	3 620	1	30
溪湖区	840	978	8 663	13 558	64 308	63 077	3 759	5	128
明山区	948	1 247	19 988	15 574	69 644	90 847	3 920	7	79
南芬区	286	357	4 046	5 558	23 596	20 102	3 368	3	141
本溪县	1 143	1 643	15 667	26 383	14 606	16 816	3 365	15	250
桓仁县	1 060	1 695	18 960	24 918	18 018	16 676	2 800	22	586
振安区	391	997	6 529	12 264	7 312	6 996	3 512	6	320
宽甸县	1 205	2 336	22 119	31 979	16 913	17 206	3 125	22	966
东港市	2 199	2 714	31 324	50 415	27 438	25 145	3 357	19	1 300
凤城市	1 834	3 057	30 603	40 550	27 735	26 009	3 200	24	960
太和区	837	1 231	7 254	16 231	6 204	6 264	3 530	5	150
黑山县	1 741	2 553	25 061	46 926	19 705	13 820	2 951	22	848
义县	1 430	2 833	21 920	32 798	14 290	8 891	1 527	22	768
凌海市	1 710	2 387	27 824	47 170	22 104	18 030	3 212	27	700
北宁市	1 634	1 984	30 915	39 570	15 029	14 454	3 486	20	550
鲅鱼圈区	750	647	12 395	14 263	26 430	21 655	3 800	3	70

附录4续表17

县、区名称	普通中学专任教师数（人）	小学专任教师数（人）	普通中学在校学生数（人）	小学在校学生数（人）	城镇在岗职工年平均人数（人）	城镇在岗职工工资总额（万元）	农村居民人均纯收入（元）	社会福利院数（个）	社会福利院床位数（床）
老边区	430	779	6 881	9 930	6 800	5 903	3 991	4	160
盖州市	2 512	3 754	49 486	69 711	19 612	13 686	2 970	26	500
大石桥市	2 191	3 069	48 511	57 545	20 495	19 491	3 429	20	680
海州区	734	1 169	9 571	15 255	6 844	5 197	2 889	2	45
新邱区	324	608	3 332	6 290	4 061	2 647	2 673	2	82
太平区	634	910	7 478	11 794	4 745	3 774	2 668		
清河门区	322	556	3 046	6 084	2 133	1 991	2 620	1	20
细河区	331	483	5 130	9 090	2 289	2 161	3 089	2	250
阜新县	2 584	4 521	40 810	64 213	27 386	17 357	1 400	37	621
彰武县	1 306	1 829	19 387	32 479	19 724	10 204	1 573	23	519
弓长岭区	430	504	4 869	5 266	25 850	20 163	3 575	1	35
太子河区	156	365	2 404	6 235	6 604	5 053	3 860	1	100
辽阳县	1 745	2 089	26 960	40 681	13 798	11 031	3 100	16	670
灯塔市	1 827	2 299	23 403	36 791	14 206	11 945	3 282	17	734
双台子区		615		11 634	6 820	6 391	4 201	1	50
兴隆台区	1 247	2 155	24 713	33 000	27 600	30 615	4 005	1	100
大洼县	1 374	2 294	22 589	33 117	16 035	12 977	3 741	14	700
盘山县	1 015	1 734	14 363	24 535	49 989	35 015	3 810	17	1 450
银州区	1 508	1 188	17 290	21 016	7 205	5 642	3 510	1	80
清河区	340	481	3 462	7 209	10 265	9 452	3 163	1	121
铁岭县	878	1 756	15 452	27 688	17 756	12 840	3 005	16	730
西丰县	933	1 413	16 232	25 802	14 537	10 230	2 103	20	850
昌图县	3 083	5 350	40 714	80 855	38 187	22 891	2 838	33	1 285
铁法市	1 007	1 471	10 886	21 110	19 195	11 550	3 221	1	52
开原市	1 690	2 377	29 481	46 412	29 811	18 353	2 872	20	630
双塔区	68	1 150	1 043	27 952	5 275	4 567	2 319	3	120
龙城区	497	917	4 778	9 678	3 760	2 962	2 120	5	280
朝阳县	2 039	3 533	21 662	60 885	26 083	15 941	1 347	29	852
建平县	2 352	3 518	34 785	54 803	24 489	17 809	1 619	30	390
喀左县	2 416	3 111	31 016	44 954	21 486	13 707	1 602	22	407
北票市	2 623	3 350	36 096	50 335	20 978	14 303	1 634	26	1 390
凌源市	2 310	3 182	41 000	57 000	23 000	15 867	1 596	24	428
连山区	1 686	2 611	29 487	44 756	14 713	15 138	2 830	18	650
龙港区	492	578	5 688	9 080	17 097	14 396	4 250	1	28
南票区	342	544	3 916	7 158	2 670	2 577	2 538	5	130
绥中县	1 624	2 804	32 999	55 463	17 274	13 253	2 718		
建昌县	1 822	3 096	35 090	66 589	28 706	13 857	1 851	19	550
兴城市	1 598	2 529	23 612	44 778	17 044	14 273	2 334	24	550

附录5 东北三省国民经济主要指标

指　　标	单　位	三省合计	辽　宁	吉　林	黑龙江	辽宁省相当于三省%
人口、从业人员						
年末总人口	万人	10 667.8	4 155.4	2 699.4	3 813.0	39.0
从业人员	万人	4 815.0	2 025.3	1 186.6	1 603.1	42.1
第一产业	万人	2 092.5	697.6	587.3	807.6	33.3
第二产业	万人	1 138.1	580.6	219.0	338.5	51.0
第三产业	万人	1 584.3	747.1	380.3	456.9	47.2
职工人数	万人	1 480.2	685.4	298.3	496.5	46.3
国民核算						
国内生产总值	亿元	11 566.5	5 458.2	2 246.1	3 862.2	47.2
第一产业	亿元	1 483.4	590.2	446.2	447.0	39.8
第二产业	亿元	5 737.5	2 609.9	978.4	2 149.2	45.5
#工业	亿元	5 031.6	2 332.0	803.5	1 896.1	46.3
第三产业	亿元	4 345.7	2 258.2	821.5	1 266.0	52.0
人均国内生产总值	元		12 986.0	8 334.0	10 132	
固定资产投资						
固定资产投资总额	亿元	3 499.9	1 605.6	808.0	1 086.3	45.9
#住宅投资	亿元	773.9	376.3	160.9	236.7	48.6
#基本建设	亿元	1 396.2	529.0	371.6	495.6	37.9
更新改造	亿元	741.7	365.4	161.2	215.1	49.3
房地产开发	亿元	650.9	388.3	116.8	145.8	59.7
#国有单位	亿元	1 529.9	648.9	349.8	531.2	42.4
集体单位	亿元	247.0	173.5	25.8	47.7	70.2
个体	亿元	449.7	240.2	79.2	130.3	53.4
财政收支						
财政收入	亿元	1 807.7	1 101.2	244.9	461.6	60.9
#地方财政收入	亿元	798.2	399.7	131.5	267.0	50.1
地方财政支出	亿元	1 619.4	690.9	362.6	565.9	42.7
金融						
金融机构现金收入	亿元	40 110.6	18 631.6	8 237.4	13 241.6	46.5
金融机构现金支出	亿元	40 319.6	18 631.4	8 374.6	13 313.6	46.2
金融机构存款余额	亿元	14 715.1	7 600.1	2 878.3	4 236.7	51.6
金融机构贷款余额	亿元	12 929.1	6 247.4	3 057.7	3 624.0	48.3
人民生活						
职工平均工资	元	31 575.0	11 659.0	9 990.0	9 926	36.9
城镇居民人均可支配收入	元	18 885.8	6 524.6	6 260.2	6 101	34.5
农村居民人均纯收入	元	7 517.1	2 751.3	2 360.8	2 405	36.6
城乡居民年末储蓄余额	亿元	9 600.1	4 665.0	2 019.4	2 915.7	48.6
物价(上年=100)						
居民消费价格总指数	%		98.9	99.5	99.3	

附录5续表1

指　　标	单　位	三省合计	辽　宁	吉　林	黑龙江	辽宁省相当于三省%
商品零售价格总指数	%		97.4	99.0	98.5	
农　　业						
农林牧渔业总产值	亿元	2 625.2	1 132.5	716.0	776.7	43.1
耕地面积	万公顷	1 789.3	397.6	440.5	951.2	22.2
主要农业产品产量						
粮豆薯	万吨	6 666.4	1 510.4	2 214.8	2 941.2	22.7
油料	万吨	155.4	56.5	46.1	52.8	36.4
甜菜	万吨	553.6	39.8	76.2	437.6	7.2
蔬菜	万吨	4 282.7	2 098.6	859.4	1 324.7	49.0
造林面积	万公顷	283.1	23.8	14.2	245.1	8.4
大牲畜年末存栏头数	万头	1 580.2	421.5	560.4	598.3	26.7
#牛年末存栏	万头	1 157.1	264.8	460.0	432.3	22.9
生猪年末存栏头数	万头	3 367.4	1 304.0	900.4	1 163.0	38.7
羊年末存栏只数	万只	1 669.8	548.4	372.3	749.1	32.8
肉类总产量	万吨	723.7	270.2	263.5	190.0	37.3
#猪牛羊肉	万吨	506.1	182.8	175.4	147.9	36.1
牛奶产量	万吨	281.9	28.1	18.0	235.8	10.0
水产品产量	万吨	427.1	374.8	10.5	41.8	87.8
工　　业						
全部国有及销售收入500万元以上工业企业主要指标						
工业总产值	亿元	9 546.8	4 888.0	2 171.2	2 487.6	51.2
轻工业	亿元	1 951.3	971.9	448.5	530.9	49.8
重工业	亿元	7 595.5	3 916.1	1 722.7	1 956.7	51.6
工业增加值	亿元	3 309.0	1 377.7	669.3	1 262.0	41.6
流动资产年平均余额	亿元	6 457.3	3 427.0	1 337.6	1 692.7	53.1
年末固定资产原价	亿元	12 675.8	6 543.9	2 317.4	3 814.5	51.6
利税总额	亿元	1 391.2	437.8	245.7	707.7	31.5
#利润总额	亿元	712.3	156.2	96.9	459.2	21.9
主要工业产品产量						
原煤	万吨	12 748.7	5 180.8	1 685.3	5 882.6	40.6
原油	万吨	6 786.1	1 351.2	421.8	5 013.1	19.9
天然气	亿立方米	33.5	13.3		20.2	39.7
木材	万立方米	977.3	69.8	294.9	612.6	7.1
糖	万吨	37.9	4.2	1.6	32.1	11.1
机制纸及纸板	万吨	143.9	52.0	30.4	61.5	36.1
农用化肥(折纯量)	万吨	144.9	88.8	7.6	48.5	61.3
化学纤维	万吨	70.4	33.5	17.6	19.3	47.6

附录5续表2

指标	单位	三省合计	辽宁	吉林	黑龙江	辽宁省相当于三省%
水泥	万吨	3 992.7	2 145.8	889.2	957.7	53.7
平板玻璃	万重量箱	2 281.7	1 470.9	343.2	467.6	64.5
生铁	万吨	2 224.4	1 886.4	247.8	90.2	84.8
钢	万吨	2 367.7	1 942.5	281.0	144.2	82.0
成品钢材	万吨	2 470.6	2 086.7	286.7	97.2	84.5
汽车	万辆	80.4	9.0	52.9	18.5	11.2
彩色电视机	万台	462.5	404.8	41.9	15.8	87.5
发电量	亿千瓦小时	1 480.3	725.3	295.7	459.3	49.0
运输、邮电						
货运量	亿吨	17.6	8.4	3.4	5.8	47.7
客运量	亿人	13.0	5.4	2.5	5.1	41.5
货运周转量	亿吨公里	3 505.8	1 914.3	615.3	976.2	54.6
旅客周转量	亿人公里	1 218.1	585.5	232.3	400.3	48.1
邮电业务总量	亿元	547.8	249	112	186.3	45.5
年末市内电话	万户	1 708.7	742.3	478.0	488.4	43.4
移动电话用户	万户	1 967.6	846.6	463.0	658.0	43.0
国内外经济贸易						
社会消费品零售总额	亿元	4 586.5	2 258.4	1 008.1	1 320.0	49.2
城乡集市贸易成交额	亿元	3 013.6	1 798.0	552.8	662.8	59.7
进口总额	亿美元	131.3	93.7	17.7	19.9	71.4
出口总额	亿美元	166.7	123.7	19.4	23.6	74.2
实际利用外资额	亿美元	60.5	42.6	5.5	12.4	70.5
教育、科技、文化						
高等学校在校学生	万人	105.1	45.1	26.5	33.5	42.9
中等专业学校在校学生	万人	35.9	15.2	8.5	12.2	42.3
普通中学在校学生	万人	651.2	239.9	155.2	256.1	36.8
小学在校学生	万人	752.0	306.1	202.2	243.7	40.7
科技机构数	个	2 141.0	869	666	606	40.6
科技活动人员数	万人	29.8	19.7	2.8	7.3	66.2
广播人口覆盖率	%	292.0	97.8	95.7	98.5	33.5
电视人口覆盖率	%	293.0	97.6	96.7	98.7	33.3
报纸出版印数	亿份	14.3		6.9	7.42	
杂志出版印数	亿册	2.6	1.3	0.7	0.65	49.1
图书出版印数	亿册	4.0	1.6	1.5	0.87	40.8